自然资源经济研究文集

张新安 等编著

中国财经出版传媒集团
经济科学出版社
Economic Science Press
·北京·

图书在版编目（CIP）数据

自然资源经济研究文集 / 张新安等编著. -- 北京：经济科学出版社，2025.5. -- ISBN 978-7-5218-6930-9

Ⅰ.F062.1-53

中国国家版本馆 CIP 数据核字第 2025G7R633 号

责任编辑：程辛宁　周国强
责任校对：李　建
责任印制：张佳裕

自然资源经济研究文集
ZIRAN ZIYUAN JINGJI YANJIU WENJI
张新安　等编著
经济科学出版社出版、发行　新华书店经销
社址：北京市海淀区阜成路甲 28 号　邮编：100142
总编部电话：010-88191217　发行部电话：010-88191522
网址：www.esp.com.cn
电子邮箱：esp@esp.com.cn
天猫网店：经济科学出版社旗舰店
网址：http://jjkxcbs.tmall.com
北京季蜂印刷有限公司印装
787×1092　16 开　33.25 印张　680000 字
2025 年 5 月第 1 版　2025 年 5 月第 1 次印刷
ISBN 978-7-5218-6930-9　定价：168.00 元
(图书出现印装问题，本社负责调换。电话：010-88191545)
(版权所有　侵权必究　打击盗版　举报热线：010-88191661
QQ：2242791300　营销中心电话：010-88191537
电子邮箱：dbts@esp.com.cn)

中国自然资源经济研究院
《自然资源经济研究文集》编写组

主　编　张新安

副主编　贾文龙　高　兵　申文金　石吉金　汪恩满

编　者　姚　霖　范振林　石吉金　高　兵　周　璞　周　伟　刘伯恩
　　　　　强　真　贾文龙　马晓妍　毛馨卉　苏子龙　吕　宾　李兆宜
　　　　　马朋林　付　英　李　储　廖永林　刘天科　沈　镭　余　韵
　　　　　张　惠　张君宇　张小全　邓　锋　侯华丽　余振国　程　萍
　　　　　宝明涛　郭　妍　郝欣欣　黎藺娴　李劲松　李　楠　申文金
　　　　　沈　悦　王欢欢　谢　茜　张俊杰　钟　帅　周　玉　厉　里
　　　　　杜越天　胡纡寒　林　静　时　晨　舒俭民　宋　猛　王翻羽
　　　　　王智涵　乌佳美　张　晖　曾　楠

积跬步，积小流，锲而不舍
打基础，利长远，水滴石穿

——努力夯实自然资源经济研究基础

一

2018年3月，中共中央印发《深化党和国家机构改革方案》决定组建自然资源部并指出，"建设生态文明是中华民族永续发展的千年大计。必须树立和践行绿水青山就是金山银山的理念，统筹山水林田湖草系统治理。为统一行使全民所有自然资源资产所有者职责，统一行使所有国土空间用途管制和生态保护修复职责，着力解决自然资源所有者不到位、空间规划重叠等问题，将国土资源部的职责，国家发展和改革委员会的组织编制主体功能区规划职责，住房和城乡建设部的城乡规划管理职责，水利部的水资源调查和确权登记管理职责，农业部的草原资源调查和确权登记管理职责，国家林业局的森林、湿地等资源调查和确权登记管理职责，国家海洋局的职责，国家测绘地理信息局的职责整合，组建自然资源部"。自然资源部的主要职责是："对自然资源开发利用和保护进行监管，建立空间规划体系并监督实施，履行全民所有各类自然资源资产所有者职责，统一调查和确权登记，建立自然资源有偿使用制度，负责测绘和地质勘查行业管理等。"2018年11月，自然资源部根据《中央编办关于自然资源部所属事业单位机构编制的批复》，将中国国土资源经济研究院更名为中国自然资源经济研究院；2019年12月，自然资源部党组批准中国自然资源经济研究院（以下简称"经济研究院"）"三定"规定，明确要求"围绕部核心职责和部党组部署开展自然资源经济、管理和改革研究"。

经济研究院成立于1976年，前身是国家地质总局地质机械仪器设计院，1978年更名为国家地质总局地质勘查技术研究设计院（后增设国家地质总局地质经济研究室），1982年更名为地质矿产部地质技术经济研究中心。1989 年更名为中国地质矿产经济研究院，1998 年更名为中国国土资源经济研究院，2018 年更名为中国自然资源经济研究院。按照部批准的"三定"方案，经济研究院的主要职责任务是开展自然资源经济、管理和改革研究，开展自然资源发展战略、矿产资源战略、地质勘查战略及相关重大战略研究，开展自然资源发展中长期规划、矿产资源规划、地质勘查规划及其他相关规划的编制与实施研究，开展全民所有自然资源资产所有者权益研究，开展自然资源有偿使用和高效利用制度、生态产品价值实现机制研究，开展矿产资源经济和政策研究，开展矿山地质环境恢复治理、地质灾害防治相关理论与政策研究，承担标准体系构建、标准（含预算定额标准）研制、标准国际化等业务支撑工作，为自然资源管理提供基础业务支撑和决策咨询服务。

恩格斯指出："一个民族要想站在科学的最高峰，就一刻也不能没有理论思维。"[①] 习近平总书记 2018 年 5 月在纪念马克思诞辰 200 周年大会上的讲话中引用了恩格斯这一论述，并明确提出："中华民族要实现伟大复兴，也同样一刻不能没有理论思维。"[②] 2016 年 5 月 17 日，习近平总书记在哲学社会科学工作座谈会上讲话指出，"一个国家的发展水平，既取决于自然科学发展水平，也取决于哲学社会科学发展水平。一个没有发达的自然科学的国家不可能走在世界前列，一个没有繁荣的哲学社会科学的国家也不可能走在世界前列。"[③] 我们每年都在学习习近平总书记"5·17"重要讲话精神，认为自然资源经济研究本质上是自然科学底蕴下的哲学社会科学研究，综合经济学、政治学、社会学、生态学、管理学及法学等基本原理，研究资源调查评价、保护与合理利用中的各种关系，从而服务于预测预警、战略导向、规划布局、政策分析、管理支撑和改革推进，为当好自然资源"大管家"，当好自然资本（自然资源资产）"大掌柜"，当好国土空间利用"调节人"，当好生态与资源安全"守夜人"，实现"两统一"提供扎实的服务支撑。把自然科学与哲学社会科学相结合，经济学与政治学、社会学、生态学等相关学科相结合，形成自然资源经济研究学科体系，推动资源科学管理，则是我们的根本任务。习近平总书记系列重要讲话精神，明晰了自然资源经济研究的历史地位和时代价值，为加快构建中国特色自然资源经济学指明了方向，明确了任务，提出了要求。

做好自然资源经济研究要深刻认识和把握"五个坚持"重大原则。必须坚持以习近平新时代中国特色社会主义思想为指导，才能保证自然资源经济研究不会偏离方向。"东西

---

① 马克思恩格斯文集：第 9 卷 [M]. 北京：人民出版社，2009：437.
② 十九大以来重要文献选编：上 [M]. 北京：中央文献出版社，2019：428.
③ 习近平. 在哲学社会科学工作座谈会上的讲话（2016 年 5 月 17 日）[M]. 北京：人民出版社，2016：2.

南北中，党是领导一切的"。只有切实增强"四个意识"、坚定"四个自信"、做到"两个维护"，在思想上政治上行动上同以习近平同志为核心的党中央保持高度一致，我们的自然资源经济研究工作才能砥砺前行、奋发有为。必须坚持围绕中心、服务大局，才能保障自然资源经济研究更好地支撑服务自然资源管理。找准定位才能更好服务大局，明确方向才能有所作为，我们始终把握经济研究工作的正确方向，努力支撑服务自然资源中心工作，在取得系列重大成果的同时，也形成了我们自身的研究积淀。必须坚持推进创新驱动，才能为自然资源经济研究事业提供持续发展动力。抓创新就是抓发展，谋创新就是谋未来。我们坚持在稳步转型中求发展、在主动担当中求发展、在开拓创新中求发展，着力探索构建一手数据的采集渠道、创新重点难点问题的攻关方式、构建新型高效的团队协作模式、搭建激励科研人员成长成才的机制平台，不断夯实资源经济研究事业发展基础。必须坚持科学的理念方法，才能有效提升自然资源经济研究支撑服务效能。方法对才能出实招，理念对才能见实效。我们以习近平总书记对哲学社会科学工作者提出的新要求为指导，注重理论指导实践，用实践检验理论，再以更精准的理论指导更科学的实践探索。我们强化理论探索、方法开拓、模型构建和制度创新，注重学科建设与青年人才作用的发挥，不断提升研究的深度与广度。必须坚持构建良好的政治生态，才能建设一支高素质的自然资源经济研究队伍。良好的政治生态，不仅能够营造风清气正的科研氛围和环境，更能培养科研人员尤其是青年一代坚定信念、真诚奉献、埋头苦干的品质，能够有效预防问题的发生，也才能够真正打造出一支忠诚、干净、有担当的高素质资源经济研究队伍。青年科研人员都应当抓住时代赋予的机会，在为人民服务中茁壮成长、在艰苦奋斗中砥砺意志品质、在实践中增长工作本领，努力成为推进中国式现代化建设中的有用之才、栋梁之材。

做好自然资源经济研究要练好四项基本功：研判形势，凝练规律，探求理论，决策支撑。一要准确研判形势，以底线思维练就未雨绸缪的"先手"。"明者远见于未萌，智者避危于无形"。要见微知著抓苗头。2019年9月3日，习近平总书记在中央党校（国家行政学院）中青年干部培训班开班式上发表重要讲话时指出："领导干部要有草摇叶响知鹿过、松风一起知虎来、一叶易色而知天下秋的见微知著能力，对潜在的风险有科学预判，知道风险在哪里，表现形式是什么，发展趋势会怎样，该斗争的就要斗争。"[①] 最终目的就在于力求棋先一招，赢得先发优势。二要凝练规律，以系统思维探求规律。要探求数据背后隐藏的规律，探求数据与数据碰撞之后产生的思想火花。要学会分类，找规律，举一反三。马克思主义政治经济学"最终目的就是揭示现代社会的经济运动规律"。习近平总书记强调，"我们要立足我国国情和我们的发展实践，深入研究世界经济和我国经济面临的

---

① 习近平谈治国理政：第三卷 [M]. 北京：外文出版社，2020：226-227.

新情况新问题，揭示新特点新规律，提炼和总结我国经济发展实践的规律性成果，把实践经验上升为系统化的经济学说"①。三要探求理论，不断推进理论创新。习近平总书记指出："当代中国正经历着我国历史上最为广泛而深刻的社会变革，也正在进行着人类历史上最为宏大而独特的实践创新。这种前无古人的伟大实践，必将给理论创造、学术繁荣提供强大动力和广阔空间。这是一个需要理论而且一定能够产生理论的时代，这是一个需要思想而且一定能够产生思想的时代。我们不能辜负了这个时代。"②"一切有理想、有抱负的哲学社会科学工作者都应该立时代之潮头、通古今之变化、发思想之先声，积极为党和人民述学立论、建言献策，担负起历史赋予的光荣使命。"③ 四要以"召之即来、来之能战、战之必胜"的精神做好决策支撑，到斗争一线学会化危为机的"高招"。紧盯世界之变、时代之变、历史之变，主动到斗争实践中历练淬炼，依靠顽强斗争打开事业发展新天地。

做好自然资源经济研究要"观大势、谋大事，懂全局、抓落实"。观大势是贯穿党的十八大以来习近平总书记进行理论和实践创新全过程和各方面的一个重要的思想方法。习近平总书记多次强调，要"善于观大势、谋大事，自觉在大局下想问题、做工作"；要"观大势、谋大事，牢牢把握工作主动权"；要"增强世界眼光、历史眼光，提高观大势、定大局、谋大事的能力"。自然资源经济研究要有战略思维，全局视野，把自然资源经济研究工作自觉地放到国家发展全局、自然资源工作发展大局中去谋划、去思考，把握方向、掌握主动，抓住机遇、顺势而为。自然资源经济研究要以重大问题为导向，瞄准习近平总书记强调的"四个面向"，即面向世界科技前沿、面向经济主战场、面向国家重大需求、面向人民生命健康，抓住关键问题进一步研究思考，从战略的角度谋划大项目、承担大课题，推动解决我国自然资源支撑经济社会发展所面临的一系列突出矛盾和问题。懂全局是要放眼全局谋一域，突破本专业、本行业的局限，把研究工作放在国家发展全局中来思考，把具体问题提到原则高度来把握，把当前任务放在过程链条中来运筹。具体来说，一方面通过扩大知识面和信息面，更好地把握国内国际形势，把握自然资源系统内部及其与经济社会的联系和规律，对各种矛盾了然于胸；另一方面具备前瞻意识，在把握全局的基础上，对事物发展具有预见性，能够超前谋划、超前研究。抓落实是做好一切工作的根本保证，习近平总书记强调："党和国家事业发展，离不开全党脚踏实地、真抓实干。"④ 开展自然资源经济研究工作要全面学习贯彻习近平新时代中国特色社会主义思想，特别是

---

① 习近平. 不断开拓当代中国马克思主义政治经济学新境界 [J]. 求是，2021（6）.
②③ 习近平. 在哲学社会科学工作座谈会上的讲话 [N]. 人民日报，2016-05-19（2）.
④ 习近平. 论坚持党对一切工作的领导 [M]. 北京：中央文献出版社，2019：172.

习近平经济思想、习近平生态文明思想、习近平文化思想和总体国家安全观，聚焦自然资源工作定位，在学习上下苦功夫，在研究上铆足劲，在成果上见真章，强化自然资源经济研究基础能力建设，加强自然资源领域重点难点科研攻关，推动研究成果推广转化。

做好自然资源经济研究要"懂政治、懂政策、懂国情、懂民意、懂专业"。懂政治就是坚持正确的政治方向和学术立场，在持之以恒的政治理论学习中，不断提高政治判断力、政治领悟力、政治执行力，以政治为前提和基础开展研究，将政治立场与科学效率有机融合，将政治原则所要求的规范约束转化为指导研究工作的路线方法，将政治道路落实到履职尽责、做好科研的实效上。懂政策就是提高理解政策、把握政策、执行政策的能力，首先要完整准确全面领会政策颁布的原因、目的、要求，只有充分了解政策的前因后果和深层逻辑，准确领会政策的意图和精神实质，才能真正把政策吃透，做到思路清、方向明；其次要能够将政策任务与解决实际问题紧密结合，从经济社会发展重点、堵点中，从群众急难愁盼的痛点、难点中，找准政策与问题研究的结合点，摸清政策的落脚点、着力点。懂国情就是坚持立足我国基本国情开展各项研究工作，"凡益之道，与时偕行"，科学认识我国发展新的历史方位，深入分析和准确判断当前基本国情，深刻学习领悟习近平总书记关于我国基本国情的重要论述，从社会主要矛盾出发，从社会主义初级阶段这个最大实际出发，切实做到"讲出一两重的话，资料至少一斤重"的研究作风。懂民意就是察民情、知民意、解民忧，"听民声方能知民情，懂民意方能解民需"，坚持用好调查研究这一研究方法，把问需于民、问策于民、问效于民贯穿做研究、提建议全过程，通过真调查、真研究，将调查研究成果实实在在转化为能够经世致用的政策建议、前瞻观点。懂专业就是具备专业知识、专业思维、专业精神和专业方法，基于自然资源经济研究的专业性研究需要和跨专业研究特点，在领域内深耕的同时兼收并蓄、融会贯通，不断增强做研究的毅力、定力、能力、魄力，做到"有眼界、有情怀、有学识、有理论、有工具、有模型、有数据、有渠道、有平台"。

做好自然资源经济研究要有一支研究功底深的科研团队。战胜守固，必借强兵；欲得强兵，必须坚甲利器，实选实练。开展自然资源经济研究，为自然资源管理提供基础业务支撑和决策咨询服务，需要一支"召之即来、来之能战、战之必胜"的科研团队。为此，我们坚持开展"科研大练兵"，并将其作为一项重要的年度科研评选活动。从近几年的实践看来，"科研大练兵"的确是一个很好地接受指导，取长补短，丰富科研实践经验的锻炼机会。通过"科研大练兵"活动，以比促学，以比促能，以比促效，进一步激发了全院干部职工特别是青年干部职工的创造、创新热情和不甘落后的拼搏精神，营造一种你争我赶的良好竞争氛围。通过"科研大练兵"活动，科研人员牢固树立了"练在平时、用在急时、赢在战时"的工作思想，练兵的场所更是扩大延伸到地质队、矿山企业、自然资源所、实验室等基层一线。

通过"科研大练兵"活动，我们最终的目的是要出成果、出人才。当前，开创自然资源经济研究新局面、推动自然资源事业高质量发展必须摆脱传统思想束缚、要坚持"道器并重"。所谓"道"不是传统文化中玄妙的悟道，而是指科学的理论规律、前瞻的战略思维。要发挥理论先导作用，从挑战与机遇、国内与国际、当前与长远出发，积极开展自然资源战略研究。所谓"器"，指的是技术、装备和方法。自然资源门类多，涉及经济、管理、法律等多个学科，交叉融合程度深，必须有独特的工具，建立一定的技术方法模型，才能铸牢自然资源经济研究战略高地。研究创新要注重以道驭器，超越实用理性，谋求以器兴道。

只有把提高科研人员的科技素养作为基础性工作来抓，努力营造浓厚的科研练兵氛围，才能通过练兵全面提升科研成果质量，并锻造遴选一批懂科学、懂技术，同时也懂哲学、懂政治的人才队伍。这支队伍要深谙传统文化的精髓，善于在自然资源经济研究与民族文化之间架设桥梁，要熟悉基础科学的前沿问题，要懂得经济、管理、改革之间的交叉关系，要善于从人类文明新形态视角探寻自然资源经济研究的新方向、新需求。

以"科研大练兵"活动为一项基础而重要的实践抓手，深入领会党的创新理论的道理学理哲理，做到知其言更知其义、知其然更知其所以然，理解把握党的创新理论的世界观和方法论，坚持好、运用好贯穿其中的立场观点方法，切实夯实自然资源经济研究根基，肩负起新时代自然资源经济研究新的历史使命！

二

以前我们的实战化是端起枪来再瞄靶，琢磨的是枪的事。今天我们要琢磨靶子是不是定得准，是不是围绕主责主业。找准方向，才能同向而行。2018年自然资源部成立后，自然资源经济研究适应改革需要，积极树立和践行绿水青山就是金山银山的理念，统筹山水林田湖草沙一体化保护和系统治理，坚持"巩固、提升、开拓、创新"的总体思路，围绕统一行使全民所有自然资源资产所有者职责、统一行使所有国土空间用途管制和生态保护修复职责开展深入系统研究，着力解决自然资源所有者不到位、空间规划重叠等问题，推动原有的研究领域得到巩固、提升，同时开拓了一些新的研究领域，并进行了创新性研究。巩固与提升，就是针对我们的传统研究领域和优势，稳住自然资源经济研究基本盘，继续开展自然资源尤其是地质矿产领域的研究与支撑，并进一步提升能力、深化研究、强化支撑、提高影响力。开拓与创新，就是针对新形势、新任务、新机遇，开拓新的研究领域，主要是全力支撑自然资源部统筹推进自然资源资产产权制度改革等，落实统一行使全民所有自然资源资产所有者职责，并在支撑研究中推进科研成果、学科体系和科研人才创新。

持续巩固地质勘查行业管理、矿产资源规划、保护与利用、矿业权管理、自然资源标准与预算定额编制、资源环境承载力等传统优势领域的基础研究工作。在地质勘查行业管理与改革发展研究方面，巩固全国地质勘查行业统计和形势分析、地勘单位改革跟踪评估，开展中央财政地质调查项目评估，加强地灾防治单位资质管理和监管服务，支撑地质勘查行业管理。在矿产资源规划编制、实施与管理政策研究方面，持续做好全国矿产资源规划编制研究与实施评估研究，研究制定省、市县级矿产资源总体规划编制技术规范，促进矿产资源保护和合理利用。在矿产资源经济理论与管理制度方面，巩固矿产资源形势分析、矿产资源安全风险评估和资源安全政策研究、矿产资源战略问题研究，及时研判矿产资源供需形势。在矿产资源保护与利用政策研究方面，持续跟踪绿色矿山及绿色矿业发展示范区建设，持续开展矿产资源综合利用相关问题研究，支撑矿产资源开发利用水平调查评估、矿产资源节约与综合利用先进适用技术推广应用、激励约束政策研究等工作，促进矿产资源保护和利用水平提升。在矿业权管理政策及技术支撑方面，巩固全国矿业权出让登记监测研究、矿产资源管理改革与矿业权管理政策研究、矿业权管理领域落实生态文明建设相关技术研究，推动提高矿产资源优化配置和高效利用水平。在环境经济研究方面，巩固矿山地质环境保护与治理恢复、地质灾害防治、古生物化石保护等的理论方法、政策法规和标准研究，巩固地质遗迹与矿业遗迹保护利用及地质公园矿山公园建设管理支撑研究、自然资源开发利用的环境经济政策法规与管理研究，促进矿产资源开发与生态环境保护协调持续发展。在自然资源标准化研究方面，巩固自然资源标准化工作规划、计划、标准体系编制和自然资源标准制修订，持续履行好全国自然资源与国土空间规划标准化技术委员会（TC93）秘书处和可持续矿业与矿山关闭分技术委员会（ISO/TC82/SC7）国内技术对口单位职责。巩固自然资源支出预算定额标准理论、方法研究和定额标准制修订研究，以及预算绩效管理研究，为预算管理规范化提供研究支撑。在资源环境承载力研究方面，巩固资源环境承载力理论方法与技术应用研究，构建"四位一体"的资源环境承载力理论框架体系，力争建设成为自然资源和国土空间治理能力现代化评价理论方法研究的领跑者、政策规章的起草者、标准规程的制定者、地方实践的指导者。

大力提升自然资源经济研究深度、决策咨询水平和平台影响力。通过持续创新研究方式方法，稳步提高自然资源经济研究深度和业务支撑能力，增强自然资源经济研究平台影响力。研究深度和决策咨询水平提升方面，地勘行业统计应用由服务地勘行业管理拓展至支撑"自然资源综合统计调查""自然资源年鉴""国家统计局地勘指标"等，地勘行业管理由原来的地勘资质审批管理转到服务支撑行业监管和培训，地勘行业服务管理效能进一步提升；将省级矿产资源总体规划编制技术规程上升为国家行业标准，深化国际矿产资源战略规划的编制与实施研究，为我国矿产资源战略规划的制定提供借鉴，进一步提升矿产资源规划技术支撑能力；提高市场跟踪监测评价和形势分析研判能力、矿业政策演化跟踪与评估能力、资源安全风险评估和政策研究能力、捕捉资源领域前沿热点问题研究能力，进一步增强矿业经济形势分析水平和敏感性；提出矿产资源开发监管体系，形成矿产资源勘查开采监管长效机制，推进监管顶层设计，推进《矿产资源节约和综合利用先进适用技术评价规范》等行业标准的研制与发布，拓展在绿色矿山、绿色矿业发展示范区等方面的研究，进一步提升矿产资源开发利用保护监管理论和制度研究水平；加大在自然资源管理与生态文明制度、自然资源促进社会经济发展等方面的研究，进一步提升资源环境承载力研究水平。学术平台影响力提升方面，经济研究院主办的公开出版刊物《中国国土资源经济》于2024年入选"中国人文社会科学核心期刊""中国应用型核心期刊"双核心，入选《智库期刊群2.0版》（自然资源部主管期刊中唯一入选刊），复合影响因子近几年从不到0.5上升到近3.0，在工业经济学科综合影响力排序进入Q1区前三名；内部刊物《自然资源经济参考》从2016年鲜见部领导批示到现在近半文章获批示，影响力进一步提升。

不断开拓自然资源改革、自然资源战略、自然资源资产管理、自然资源开发利用、自然资源资金运用等新研究领域。为适应新形势新要求，特别是贯彻落实党的十九大以来历次中央全会精神，我们不断开拓新的研究领域并取得积极进展和成效。在自然资源领域改革重大问题研究方面，扎实推进自然资源重大改革顶层设计研究、区域自然资源重大改革试点跟踪评估研究、乡村振兴与农村土地制度改革研究、自然资源管理体制改革研究等，为自然资源领域重大改革提供全面支撑。在自然资源发展相关战略研究方面，持续开展区域协调发展自然资源支持政策及重大问题调查研究，以及自然资源保护和利用规划编制、实施与评估的理论、方法、技术研究，加强国家重点发展区域自然资源政策研究，提出符合地方发展需要的自然资源政策新方向和新举措，促进区域协调发展。在自然资源资产管理研究方面，进一步拓宽研究思路，推进自然资源资产产权制度研究，开展全民所有自然资源资产清查、全民所有自然资源资产保护使用规划、自然资源资产负债表、国有自然资源资产报告、自然资源领域生态产品价值实现机制、自然资源资产损害赔偿、全民所有自然资源资产考核评价等方面基础理论、技术方法和制度规范研究，支撑自然资源资产管理制度体系建设。在自然资源节约集约利用方面，开展自然资源节约集约利用和有偿使用政策研究，针对重点领域关键环节，以问题导向形成政策储备，开展耕地保护补偿研究，推进节地技术和节地模式遴选与应用推广研究，支撑自然资源节约集约示范县创建，促进自然资源节约集约和高效利用。在自然资源资金运用方面，深入开展矿业权出让收益理论研究，支撑矿业权出让收益征收方式改革，支撑服务自然资源领域财税体制改革。

加力推进科研成果、学科体系和科研人才创新。我们积极推进新时期自然资源经济学科体系建设，出版《中国自然资源经济学通论》《中国自然资源经济学分论》《自然资源经济简明术语》《自然资源管理服务支撑碳达峰碳中和》等著作，初步建成具有中国特色、契合时代需要的自然资源经济学科体系框架。我们不断提高科研成果质量和创新力度，累计完成各类科研项目1835项，承担并完成国家科技攻关项目和各类基金项目62项，获得省部级以上成果奖191项，其中2024年获自然资源科学技术奖一等奖1项，二等奖3项，青年科技奖2项。我们不断加强科技人才队伍建设，激发创新创造活力，入选部高层次科技创新人才工程科技领军人才3人，青年科技人才10人，地质找矿青年科技人才1人，地质找矿后备青年科技人才2人。

三

经济研究院主办的《自然资源经济参考》创刊于20世纪90年代初期（曾用名《地矿经济参考》《国土资源经济参考》），主要立足于自然资源管理与自然资源经济研究工作，对涉及自然资源领域的基本概念、重大关系、基础理论以及管理实践开展研究探索，承担研判形势、探求规律、提炼理论和决策支撑四大功能和使命，刊发研究工作中形成的部分成果，力争为自然资源管理与实践提供决策参考与咨询服务。2018年，适应改革需要，按照"巩固、提升、开拓、创新"理念，深入开展自然资源经济研究，更名后的《自然资源经济参考》刊发文章的重点自然顺势转变。

《自然资源经济参考》每年刊发的文章都有所侧重、有特别的主题，为促进成果共享，接受各界读者的指导，本书主要从2018年以来《自然资源经济参考》刊发的217篇文章中重点选取了41篇进行集成，这些文章大多是我们近年来新拓展的领域，也有一些基础性、前瞻性、战略性的研究，多数已经产生了较好的转化应用效果或者引起了广泛关注。选取的41篇文章紧扣自然资源领域亟待解决的综合性的重点难点问题，兼顾国外前沿与国内需求，统筹理论研究与实践探索，逻辑、法理与技术并重，逐步形成自然资源要素融合、自然资源资产管理、生态产品价值实现、自然资源助力"碳达峰、碳中和"、自然受益型经济转型等五大领域研究亮点，各领域研究相辅而行、齐头并进，共同推进自然资源经济研究走深走实。需要说明的是，选取的41篇文章反映当时情况，本着尊重原文的原则，本书没有对文章的内容进行修改，仅对部分文字做了编辑。

在机构改革之初，我们主要从自然资源法理、分类、特征、战略规划等方面系统研究实现自然资源融合管理的基础理论，明确涉及自然资源综合管理的系列基本问题和逻辑关系，以适应自然资源统一管理、依法行政的新形势。如本书选取的《自然资源部语境下的自然资源统一立法研究》以逻辑、法理和技术为理论框架，提出了自然资源法律体系和基本制度安排，以及编制自然资源法通则的"分步走"思路。《基于统一管理的自然资源分类研究》汇聚国内自然资源领域知名专家共识，充分梳理自然资源系统之间以及各亚系统与整体间相互联系、相互制约的关系，以系统理论、资源理论为基础，形成较科学的自然资源分类管理体系，并分析了自然资源基本特征，为当时的管理提供了决策依据。《国土空间管控与自然资源管理之间逻辑关系的思考》为统筹推进自然资源治理和国土空间治理提供了理论参考。《重塑与优化国土空间配置的新思维》《新时代国土空间规划职能设计与路径建议》分别基于国外国土空间规划前沿技术和我国现阶段国土空间保护开发面临的主要矛盾和问题特征，对重构国土空间规划职能体系、任务框架、新规划学科建设方向进行了有益探讨。《新时代下应对全球变化的国家自然资源安全战略思考》在研判新时代下国家自然资源安全新内涵、新定位、新挑战的基础上，提出应对全球变化的新时代国家自然资源安全保障策略。《国外自然资源综合规划概览及借鉴》对41个国家自然资源综合规划的逻辑起点、综合维度、规划内容、分析决策工具、实施机制等范式进行总结，提出对我国自然资源保护和利用规划编制的启示建议。《澳大利亚和欧盟土壤战略比较与借鉴》从战略出台背景、目标、任务和主要行动等多方面对澳大利亚和欧盟的土壤战略进行对比，从而得出对我国自然资源管理的启示。

随着自然资源领域改革进入深水期、攻坚期，特别是落实《关于统筹推进自然资源资产产权制度改革的指导意见》部署要求，我们从自然资源开发利用经济关系、产权管理体系、资产管理制度和支撑技术等方面系统开展自然资源资产管理研究，以更好契合统一行使全民所有自然资源资产所有者职责的新要求，实现好、维护好、发展好各类自然资源资产产权主体合法权益。如本书选取的自然资源开发利用和保护中的经济关系三篇文章，分别从维护自然资源所有者权益维度、可持续发展观、"生命共同体"系统观看待所有权人与使用权人、资源使用权人与他项权利人、不同资源使用权人之间的经济关系。《地下空间开发利用过程中的自然资源资产产权体系探究》以盐穴地下空间利用为切入点，分析地下空间权与其他权利之间的关系。《基于所有者职责履行的全民所有自然资源资产损害赔偿机制研究》在统一行使全民所有自然资源资产所有者职责的大背景下，阐释全民所有自然资源资产损害赔偿"是什么、为何要做、做什么、怎么做"。《基于"两统一"职责的全民所有自然资源资产考核评价基础要点研究》基于国外、国内相关考核评价实践，阐述了全民所有自然资源资产考核评价的内涵与考核评价机制的基础问题。《资源资产核算的新拓展：自然资源资产负债表及其逻辑体系》以"自然资源、自然资源资产、资产负债表"三个概念群为线索，厘清自然资源资产负债表的基本认识、框架设计及基本原理。《自然资本核算的中国路径》从对象识别、边界确定、核算内容、账户建立等方面梳理自然资本核算的内容和方法，提出推进自然资本核算的中国路径与成果应用方式。

2018年4月，习近平总书记在深入推动长江经济带发展座谈会上明确要求"探索政府主导、企业和社会各界参与、市场化运作、可持续的生态产品价值实现路径"。自然资源部作为生态文明建设的主责部门，如何建立自然资源领域生态产品价值实现机制，促进绿水青山向金山银山双向转化成为新时代重要命题。我们从生态产品理论体系、实践案例、制度设计、技术方法等方面深入开展研究，为自然资源领域生态产品价值实现机制建设提供理论和技术支撑，以推动"绿水青山就是金山银山"理念在自然资源领域开花结果，不断满足人民日益增长的优美生态环境需要。如本书选取的《关于生态产品价值实现机制有关情况的研究报告》《生态产品价值实现经济关系及运行规律》《生态系统服务价值核算现状与改进方向》《生态产品开发适宜性评价框架初探》先后从基本内涵、重大关系、实践案例、价值核算与技术应用五个层面，较为系统地构建了生态产品价值实现的理论和技术方法体系。《我国流域上下游横向生态保护补偿制度建设情况的调研报告》系统梳理分析了我国流域上下游横向生态保护补偿机制建设进展、国外典型流域补偿经验与现实问题。《耕地生态产品价值实现机制研究》基于理论层面，按照公共性、准公共性和经营性等不同生态产品分别设计了有针对性的价值实现路径和保障措施。《耕地生态保护与补偿调研报告》对耕地"三位一体"保护方式以及多元耕地生态保护补偿形式进行了深度调研。《基于粮食安全和生态安全双重目标的耕地生态保护研究》对标粮食和生态安全目标，提出了耕地生态保护的具体举措和对策建议。

2021年，习近平总书记在中央财经委员会第九次会议上指出，"实现碳达峰、碳中和是一场广泛而深刻的经济社会系统性变革""把节约能源资源放在首位"，碳排放的源头是资源利用，减碳、除碳靠资源，碳汇提升更离不开自然资源。随着我国生态文明建设进入以降碳为重点战略方向的关键时期，我们聚焦自然资源管理如何促进"碳中和"问题，系统开展理论和实践研究，积极探索将"碳中和"纳入自然资源治理路径，助推自然资源在碳达峰、碳中和过程中充分发挥基础性作用。如本书选取的《自然资源管理促进"碳中和"的思考》呼吁"自然"是碳排放引起气候变化的"受害者"，也是"碳中和"应对气候变化的"阵地"，"碳中和"需要基于自然的解决方案。《系统观视角下的碳中和问题研究》提出要系统算好"大账"、做好"加减法"，处理好碳源与碳汇、总量与结构、空间与布局，摆布好减碳与储碳、提效与增汇、适用与应对、自然增汇与工程增汇的逻辑关系，使碳源和碳汇能够在动态中平衡。《"基于自然的气候变化解决方案"（NbS）的前沿进展与政策建议》与《"基于自然的解决方案"的学理逻辑、技术路径与执行挑战》分别介绍了NbS的内涵与演变，结合国内外典型案例，剖析NbS的落地要素，提出我国NbS实施的建议。生物多样性是二氧化碳清除的基础，《〈让自然回归生活：2030年欧盟生物多样性战略〉的评述与思考》《美国"30×30"生物多样性保护目标与启示》客观评述了相关区域与国家的重大战略举措，为我国以自然资源管理促进生物多样性保护提供借鉴。二氧化碳捕集和资源化利用是应对气候变化的前沿热点，《二氧化碳利用的技术和经济前景及气候效益》总结梳理了二氧化碳利用的 10 种主要途径在碳减排、碳汇以及增加经济效益等方面的效果。

当前我国经济社会发展进入加快绿色化、低碳化的高质量发展阶段，我们聚焦经济发展与自然保护统筹难题、自然估值助力实现可持续发展转型变革的实践路径探索等方面，积极开展自然受益型经济转型研究，以助推用较少的资源消耗、较小的生态损害支撑更大规模的经济发展。如本书选取的《可持续性理念与自然资源经济研究初探》，阐述了强可持续性范式、弱可持续性范式、弱可持续性范式的拓展这三种西方可持续发展理论流派下自然资源管理的价值观与侧重点。《经济分析对美国自然资源管理具有重要的支撑作用》总结了美国自然资源管理中经济研究关注的重点领域，梳理了国外自然资源开发利用的经济学理论渊源与流派，为我国建立适应绿色化、低碳化的高质量发展的自然资源经济理论体系提供参考。《立足资源禀赋　推进绿色发展》深入调研并总结推广习近平生态文明思想的重要孕育地和"两山"理论的重要萌发地——南平践行"两山"理论的实践经验。《让自然估值更好地支撑可持续发展决策》对生物多样性和生态系统服务政府间科学政策平台（IPBES）发布的《关于自然多样化价值和估值的评估报告》进行评述，呼吁可持续发展决策不应忽视自然价值及其自然价值观的多样性，自然估值不应忽视自然价值及其知识支撑体系的多样性，最终提出自然估值助力实现可持续发展转型变革的路径。《以基于自然的解决方案推动我国向自然受益型经济转型》基于近两年联合国环境署、世界经济论坛等国际组织牵头发布的重要报告，提出我国向自然受益型经济转变的具体举措。

经济研究院从 2016 年起承担马克思主义理论研究和建设工程项目"党的十八大以来国土资源工作践行治国理政新方略的探索与创新研究"，提炼形成以新型资源安全观、新型资源利用观、新型空间治理观、新型资源价值观、新型资源生态观为主体的新型资源观；到 2023 年系统开展自然资源重大基础理论问题研究，从自然资源、自然资产、国土空间、生态、环境等基本概念和生态、经济、社会、政治、文化、安全、自然等基本属性出发，提出"资源统一管理，资产统一所有，空间统一管控，生态统一修复，环境统一监管"，找准自然资源在"五位一体"总体布局中的定位，在统筹高质量发展和高水平保护、高质量发展和高水平安全中的着力点；再到 2024 年承担中宣部理论局委托课题"厦门以高水平的海洋生态修复助力高质量发展的实践和经验"，运用习近平新时代中国特色社会主义思想的世界观和方法论，提炼形成以高水平生态修复助力高质量发展的规律性认识；都是紧紧围绕中国式现代化的发展逻辑、人与自然和谐共生的学理逻辑、促进"两统一"职责深度融合的实践逻辑,持续深化自然资源经济研究,夯实理论基础,为立足自然资源推动习近平生态文明思想体系化、学理化进程奠定基础。

四

习近平总书记强调:"加快构建中国特色哲学社会科学,归根结底是建构中国自主的知识体系。"[①] 党的二十届三中全会指出,要"创新马克思主义理论研究和建设工程,实施哲学社会科学创新工程,构建中国哲学社会科学自主知识体系"。这是我们党站在统筹中华民族伟大复兴战略全局和世界百年未有之大变局的高度,对我国哲学社会科学建设作出的科学判断和战略部署,对哲学社会科学工作者提出的时代任务和光荣使命。在日新月异的时代发展中实施哲学社会科学创新工程,在进一步全面深化改革进程中构建中国哲学社会科学自主的知识体系,是推动我国哲学社会科学高质量发展的根本路径。经济研究院的光荣使命就是从社科与自科相结合、宏观与微观相结合、理论与实践相结合的角度,构建并不断丰富新时代中国特色自然资源经济研究学科体系,编撰自然资源系列教材,与高校共建自然资源经济学相关硕士博士点,建立人类社会系统适应自然生态系统的自我调节、自我改造、自我发展的机制,为我国经济社会和自然界寻求一条资源低耗、资源节约、人与自然和谐共生、相互协调的高质量发展之路。同时,根据自然资源工作战略定位,构建反映自然资源不同领域工作成效的简明、通俗、可量化的自然资源综合指数,逐步将自然资源标志性指标体系打造成为衡量高质量发展和生态文明建设成效的"风向标""晴雨表"。此外,突出"人与自然和谐共生"主题,构建更有利于管理融合、更有利于社会传播的自然资源话语体系,助力构建自然资源大宣传格局。

当前,自然资源综合管理已在众多领域取得积极成效,但在单门类资源向系统融合转化、自然资源高效利用与经济高质量发展统筹协调、自然资源领域深化改革与推动新质生产力同向发力等方面仍有提升空间,需要系统深入开展自然资源属性、概念、经济关系、规律、政策、标准、体制机制等方面研究,从基本概念入手,明晰自然资源基本属性,厘清自然资源基本关系,探寻自然资源基本规律,钻研自然资源重大实践问题,构建系统全面、逻辑严密、科学完整的自然资源理论体系,用理论阐释实践,用实践促进理论升华;需要深化自然资源重大问题研究,围绕自然资源部"两统一"核心职责,推进自然资源要素深度融合,实现资源、空间、生态一体化运行。面对自然资源管理的新形势、新要求、

---

① 坚持党的领导 传承红色基因 扎根中国大地 走出一条建设中国特色世界一流大学新路[J]. 人民日报, 2022-04-26(1).

新任务，我们深感：专业知识结构还不够科学全面、基础理论研究还不够系统深入、方法模型还不够先进合理；调查多研究少、情况多分析少，特别是对自然资源领域普适性和制度性的问题、涉及改革发展稳定的深层次关键性问题了解得还不深不透；研究思路从"板块式"向"融合式"转变还需进一步加快，统筹资源、资产、空间、生态和环境等要素的综合研究支撑还不够；部党组关心的重大基础理论问题还没有拿出前瞻性、战略性、系统性的解决方案等。为此，我们鼓励广大科研人员瞄准自然资源经济研究前沿，大胆前往无人之地，推进重大理论创新、管理创新、实践创新，抢占未来自然资源经济研究的战略制高点。我们引导广大科研人员特别是年轻科研人员，将个人成长成才融入自然资源经济研究事业，做学问、搞研究要做到"灵魂三问"，问一问能给自然资源管理事业留下什么？能给单位和部门留下什么？能给自己留下什么？彻底进行一次精神上的洗礼。

近年来，为大力营造愉悦轻松的科研环境，促进青年科研人员成长成才，持续提升自然资源管理基础业务支撑能力和决策咨询服务水平，经济研究院立足科研"微团队"建设，不断在"学思想、提质量、增能力、出成果、出人才"上下功夫，精心打造青年科研先锋队伍。"微团队"紧密围绕自然资源部"两统一"核心职责和部党组工作中心、重心，结合职能定位和主责主业，做好部决策咨询服务工作。"微团队"注重成果转化应用，在真查、细研、实究中摸清底子、厘清路子、开对方子，把研究成果的思路、办法和举措转化为解决问题、促进发展的实际行动。同时，利用"自然资源经济学堂"学术品牌，邀请专家授课，为青年科研人员搭建学习和交流平台。此外，通过开展"科研大练兵"活动，挖掘和发现"微团队"中的优秀科研成果和青年科研骨干，持续不断为"微团队"注入"新鲜血液"。通过探索科研"微团队"建设，创新人才教育培养，激发创新活力，用一朵云推动另一朵云，让青年科研人员生长的美好姿态感染每一个"微团队"集体，形成向阳而生的科研氛围，并逐步打造出一支特别讲政治、特别懂业务、特别能战斗、特别能吃苦的人才队伍。

自然资源经济研究是经济研究院的根基，饱含一代代经济研究院人付出的努力和心血，如今时代的接力棒传递到我们手中，这是一份沉甸甸的责任和使命。《自然资源经济研究文集》的出版，正值建设人与自然和谐共生的现代化的关键期，愿为自然资源管理者提供有益参考，愿为构建中国特色的自然资源经济学科建设添砖加瓦，愿为有志于投身自然资源科学的研究者贡献一份有价值的学习素材。我们期待与更多的专家、学者，以及基层有经验的管理者共同交流探讨。我们将继续以习近平新时代中国特色社会主义思想，特别是习近平生态文明思想、习近平经济思想、总体国家安全观以及习近平总书记关于自然资源工作的重要论述和重要指示批示精神为指导，坚持人民至上、坚持自信自立、坚持守正创新、坚持问题导向、坚持系统观念、坚持胸怀天下，立足我国国情和自然资源管理实践，深入分析自然资源管理与经济研究面临的新形势新任务、新特点新问题，训练好研判形势的基本功、学扎实探求规律的必修课、掌握牢提炼理论的好技能、真提升决策支撑的硬本领，把实践经验上升为系统化的自然资源经济研究理论，不断开拓当代中国马克思主义政治经济学新境界。

目　录

自然资源部语境下的自然资源统一立法研究
　　——初论自然资源法总则 ………………………………………… 付　英（1）
基于统一管理的自然资源分类研究 ……………………………… 编写组（6）
新时代下应对全球变化的国家自然资源安全
　　战略思考 ……………………… 沈　镭　钟　帅　胡纾寒　张红丽（19）
经济分析对美国自然资源管理具有重要的支撑作用 ……… 刘伯恩　程　萍（31）
可持续性理念与自然资源经济研究初探 ………………………… 余　韵（42）
资源资产核算的新拓展：自然资源资产负债表及其逻辑体系 ……… 姚　霖（52）
新时代国土空间规划职能设计与路径建议 ……………………… 强　真（65）
自然资源开发利用和保护中的经济关系之一
　　——从维护自然资源所有者权益维度看待所有权人
　　与使用权人的经济关系 ………………………………………… 编写组（76）
自然资源开发利用和保护中的经济关系之二
　　——用"可持续发展观"看待资源使用权人与他项
　　权利人之间的经济关系 ………………………………………… 编写组（90）
自然资源开发利用和保护中的经济关系之三
　　——用"生命共同体"系统观看待不同资源使用权人
　　之间的经济关系 ………………………………………………… 编写组（102）
国土空间管控与自然资源管理之间逻辑
　　关系的思考 …………………… 周　璞　侯华丽　强　真　郝　庆（114）
我国流域上下游横向生态保护补偿制度建设情况的
　　调研报告 ………………………………………………… 姚　霖　余振国（127）
二氧化碳利用的技术和经济前景及气候效益 …………………… 周　璞（139）

美国"30×30"生物多样性保护目标与启示 ………… 马晓妍 范振林 厉 里（151）
重塑与优化国土空间配置的新思维 ……………………………… 强 真（157）
《让自然回归生活：2030年欧盟生物多样性战略》的
　　评述与思考 …………………………… 姚 霖 余振国 杜越天（166）
立足资源禀赋　推进绿色发展
　　——福建南平践行"两山"理论的探索与实践 ………… 调研组（177）
生态系统服务价值核算现状与改进方向 ………………………… 课题组（189）
自然资本核算的中国路径 ………… 范振林 张俊杰 王翻羽 刘冬惠（203）
耕地生态保护与补偿调研报告 ………………………………… 联合调研组（214）
关于生态产品价值实现机制有关情况的研究报告 ………… 课题研究小组（225）
"基于自然的气候变化解决方案"的前沿进展
　　与政策建议 …………………… 张小全 谢茜 曾楠 靳彤 姚霖（235）
自然资源管理促进"碳中和"的思考 …… 高兵 邓锋 范振林 强海洋（246）
系统观视角下的碳中和问题研究 ………………………………… 编写组（258）
"基于自然的解决方案"的学理逻辑、技术路径
　　与执行挑战 …………………… 姚霖 李楠 吕宾 吴琼 张萌（270）
基于义务保有量的耕地保护补偿研究 …………………………… 周 伟（283）
耕地生态产品价值实现机制研究 …………………………… 专题研究小组（296）
以基于自然的解决方案推动我国向自然受益型
　　经济转型 ……………………… 高兵 邓锋 程萍 白斯如 王心一（320）
基于所有者职责履行的全民所有自然资源资产损害赔偿
　　机制研究 ……………………………………………… 李兆宜 石吉金（332）
澳大利亚和欧盟土壤战略比较与借鉴 ………… 周璞 毛馨卉 侯华丽 张惠（345）
地下空间开发利用过程中的自然资源资产产权体系探究
　　——以盐穴地下空间为例 …………………………… 张 惠 侯华丽（357）
让自然估值更好地支撑可持续发展决策
　　——《自然多样性价值和估值的评估报告》
　　　　评述 ………………………… 姚霖 申文金 邓锋 王飞宇（369）
国外自然资源综合规划概览及借鉴 ……………… 刘天科 沈悦 时晨（381）
保障粮食安全，促进人与自然和谐共生的现代化建设
　　——基于粮食安全和生态安全双重目标的耕地生态
　　　　保护研究 ……………………………… 周伟 石吉金 范振林（394）

基于"两统一"职责的全民所有自然资源资产考核评价基础
  要点研究 ………………………… 马朋林 郝欣欣 周 伟 范振林（405）
生态产品价值实现经济关系及运行规律 ……… 范振林 郭 妍 厉 里 马朋林（417）
生态产品开发适宜性评价框架初探 ……………………… 苏子龙 石吉金 范振林（429）
探索"1 + N"模式破解耕地种粮、增产、
  增收难题 …………………………… 贾文龙 周 伟 乌佳美 范振林（439）
全类型自然资源资产核算技术方法探索的
  "深圳模式" ………… 张君宇 王欢欢 张 晖 揣雅菲 项 前 杨微石（451）
全民所有自然资源资产权利配置优化的"经营权模式"
  探索 ………………………… 毛馨卉 周 玉 林 静 李 储 张君宇（463）
有为政府与有效市场协同治理的生态保护补偿机制
  路径 ………………………………… 李 储 黎蔺娴 王智涵 张君宇（474）

参考文献 ……………………………………………………………………………………（491）

自然资源部语境下的自然资源统一立法研究

——初论自然资源法总则[*]

付 英

改革开放 40 余年来，我国自然资源各门类立法发展迅速，相对成熟。但自然资源统一立法研究薄弱、综合法律文本空缺。自然资源部成立后，自然资源统一立法工作应当提上议事日程。

一、自然资源的概念

在自然资源一词中，资源处于中心位置，自然是限定词，划定了资源的边界。这与地质学排序规则一致。

资源一词是具有向度（dimension）的一个概念。一种物质被称为资源，是有时间、社会制度、目的与手段设计及技术的向度的。[①] 如对资源价值的认知，取决于经济社会发展阶段、产权制度安排和开发利用技术水平。

资源的基本含义是"资财的来源"[②]。随着工业社会的发展，环境问题逐步影响到人类社会生活，出现了生态化转向。财富价值和生态功能，构成了自然资源的双重属性。

资源和环境的关系像一枚硬币的两面，既不对立也非包容，而是相互映照，这枚硬币

---

[*] 本文原载于《国土资源经济参考》2018 年第 4 期。
[①] 于宗先. 经济学百科全书（第七卷）人力资源、资源经济、农业经济学 [M]. 台北：台湾联经出版事业公司，1986.
[②] 辞海 [M]. 上海：上海辞书出版社，1989.

的名称为自然要素。因此，自然资源全要素生产率，既包括自然资源财富生产率，也包括自然生态功能生产率。

从法学分支看：规范自然资源经济法律关系的，可称之为自然资源法学；规范自然生态效用法律关系的，可称之为自然环境法学。

二、自然资源的分类

从自然资源赋存状况看，有地表资源和地下资源之分。地表资源包括山岭、水流、森林、耕地、湖泊、草原、滩涂、海洋、气候（光热风雨）、动植物等；地下资源包括矿藏等（俄罗斯《地下资源法》）。

从自然资源再生状况看，有可再生资源、不可再生资源和恒定资源之分。资源消耗后，在人类社会生产活动的时间尺度内，能够通过自然过程恢复的，属于可再生资源，包括水资源和一般生物资源；资源消耗后，在人类社会生产活动的时间尺度内，不可能通过自然过程恢复的，属于不可再生资源，包括除海水化学物质之外的所有矿产资源（地热有争议）、原始森林等；资源消耗后，能够即时自动补偿或者几乎不发生数量消耗的，属于恒定资源，包括太阳能、水力、风力等能源和土地、海洋等空间资源。[①]

人类合理利用自然资源的顺序是：恒定资源、可再生资源和不可再生资源。通过技术进步，不断扩大对恒定资源开发利用的效率和范围。遵循客观规律，保护可再生资源循环利用的自然条件。节约集约利用不可再生资源，尽可能延长其使用期限。

从自然资源法学体系看，处于顶端的为自然资源法总则；次一级为可再生资源法、不可再生资源法、恒定资源法，或者为空间资源法、能量资源法、物质资源法；再次一级为各门类资源法，例如，土地管理法、矿产资源法、水法、森林法、草原法、海洋基本法、渔业法等；最下面是自然资源法规及规章。

三、自然资源的特征

自然性、社会性、系统性和相对性，构成了自然资源的四个基本特征。

（1）自然性。一是天然生成。没有凝结任何社会劳动，遵循自然界自身的规律。二是

[①] 张文驹．中国矿产资源与可持续发展［M］．北京：科学出版社，2007．

形态各异。同一门类的自然资源具有质、量、形态、时间、空间等多种自然属性；不同门类的自然资源相互之间自然性质迥异。三是生存之基。人类社会生存和发展的基础是物质生产。而物质生产的起点，是从自然界取得各种形态的物质和能量。

（2）社会性。一是人化作用。自人类进入工业社会之后，资源需求呈 S 形增长曲线，越来越多的自然资源要素被纳入社会生产的循环过程，人类活动也深深地介入了自然资源的演化过程。二是市场驱动。自然资源产权交易制度设计极大地推动了社会财富的积累过程，而自然资源的稀缺性则带来了剧烈的市场竞争。三是价值核算。人类对自然资源的过度开发、粗放利用和奢侈消费导致了生态环境的破坏，影响到人类生活质量。资源价值核算、比较效益评价成为常态。

（3）系统性。一是形态相连。多种自然资源依附于一种自然资源之上。例如，山岭、水流、森林、耕地、湖泊、草原、野生动物等依附于土地之上。二是功能响应。一种资源发生变化就会影响到其他自然资源的生存状态。在一个生态系统中，森林资源的变化势必会影响到生物群落、气候、河流等自然资源的功能。三是圈层互动。岩石圈、水圈、大气圈和生物圈之间存在着相互运动的规律，山岭冷热气流交汇带来大气降水、地表径流补充地下水源、地下水位上升浸润植被、植被茂盛滋养动物繁衍。[①]

（4）相对性。一是无中生有。随着技术进步，特别是技术革命，非自然资源成为自然资源，如页岩气、石墨烯。二是相互转化。不可再生资源，用一点就会少一点，其有限性固然不容置疑，但人类的创造力可以延长其"有限时间"使之趋向"无限"。当然，人类的破坏力也可以缩短其"有限时间"而使之趋于"枯竭"。[②] 三是循环替代。例如，废旧金属回收、铝替代铜等。

从立法角度看：自然资源的社会性、系统性为自然资源统一立法提供了法理依据；而自然资源的自然性、相对性却给自然资源统一立法增加了难度。

四、自然资源的管理

自然资源管理的目的是合理开发利用自然资源和保护自然资源。即以资源的可持续利用促进经济社会的可持续发展。保证中国的粮食安全、水资源安全和能源资源安全，是自

---

① 三峡大坝蓄水后，云南一带连续四年大旱，虽然其因果关系存疑，但调集各省地勘队伍入滇打井抗旱，这是我亲身经历过的。

② 付英. 矿产资源与社会经济发展［M］. 北京：地震出版社，1994.

然资源部必须承担的三大任务。

从逻辑上看，自然资源适宜"两条线"管理。一条线是行政管理，包括空间管控、用途管制、有偿使用、系统修复等；另一条线是产权管理，包括确权登记、出让流转、收益分配、征收补偿等。从法理上看，自然资源产权具有财产权利和行政特许权双重属性。公权私权化是其理论基础。因此，其管理应以平等民事关系为主，行政隶属关系为辅，尽量避免两者的混合使用，降低行政权侵犯财产权的概率。从技术上看，应当加快人工智能、大数据和航空遥感技术（北斗定位系统正在由厘米级向毫米级迈进）在自然资源的调查、评价、监测和预警方面的应用，实现一张图管理自然资源。

自然资源统一立法原则，包括国家所有权控制原则、合理规划和利益平衡原则、经济效益和生态效益双赢原则、自然资源有偿使用原则和最优利用原则。自然资源法的调整对象，包括自然资源的权属关系、流转关系和管理关系。

五、自然资源的基本制度

从近年来我国的改革实践看[①]，自然资源有八项基本制度可以入法。

（1）自然资源资产产权制度。其逻辑起点是"松绑经济"；其问题导向是产权虚置、收益流失、市场化低、无序配置；其法理依据是"公地悲剧"；其制度重构是统一确权登记、所有权向使用权让渡（科学定价）、使用权依法流转。

（2）自然资源空间规划制度。功能定位、政策分区、区块拒止、统分结合是其逻辑。体系化、地尽其利、物尽其用是其法理。多龙治水、数据矛盾、叠床架屋、成本高昂是其问题。本底清晰、承载合理、战略引领、三线协同、多规合一、用地控制是其技术原则。

（3）自然资源用途管制制度。适宜性评价、用途转换许可、经济和生态补偿是其逻辑。公权约束私权是其法理。总量、结构、时序、强度、类型控制是其技术构成。

（4）自然资源严格保护制度。保护优先、节约优先、自然恢复、代际平衡是其逻辑。构建人与自然生命共同体是其法理。保护自然生态系统是其核心（美国国家公园）。源头严控、过程严管、后果严惩是其技术路线（河长制）。

（5）自然资源节约集约利用制度。规划引领、技术先行、政策鼓励、税费减免是其逻辑。"节约资源就是保护环境，循环利用就是生态修复"是其法理。制定自然资源节约集约标准体系和分门类资源节约集约标准是其技术手段。

---

① 马永欢，等．生态文明视角下的自然资源管理制度改革研究［M］．北京：中国经济出版社，2017．

（6）自然资源有偿使用制度。产权明晰、权能丰富、规则完善、监管有效、权益落实是其逻辑。维护自然资源国家所有者权益，合理征收资源税费是其法理。资源核算、价值评估、市场出让、收益管理、监测监管是其技术要求。

（7）自然资源生态修复与补偿制度。专项整治、系统修复、异地补偿、升质奖励是其逻辑。"谁开发谁保护、谁受益谁补偿"是其法理。央地共同参与、多元主体介入、差别化政策激励、自然综合整治是其技术路线。

（8）自然资源执法监督制度。立体监督、综合执法、公众参与、政绩考核是其逻辑。"全面提升自然资源领域治理体系和治理能力的现代化"是其法理。"天上看、地上查、网上管"是其技术路线。

调整对象的特定性、法律规范的整合性、法律功能的同质性和法律实施的可操作性，是构建自然资源法律制度体系需要把握的四个原则。撰写自然资源法总则，要以基本法律制度为主体内容。整合各门类资源法的"最大公约数"，是自然资源统一立法的思想逻辑。

基于统一管理的自然资源分类研究[*]

编写组[**]

自然资源是人类生存和发展的物质基础,是生活之基、生产之要、生态之本、财富之源,是生态文明建设的根本载体。合理划分自然资源类型,是统一行使全民所有自然资源资产所有者职责、统一行使所有国土空间用途管制和生态保护修复职责的前提。自然资源是一个复杂巨系统,充分认识自然资源系统之间以及各亚系统与整体间相互联系、相互制约的关系,以系统理论、资源理论为基础,形成科学的自然资源分类管理体系,推进自然资源治理实现高质量发展。

一、自然资源管理理论基础

(一)生态文明相关理论思想

1.“生命共同体”思想

习近平总书记从生态文明建设的宏阔视野提出"山水林田湖草是一个生命共同体"[①]

---

[*] 本文原载于《国土资源经济参考》2018年第6期。

[**] 编写组成员:吕宾、邓锋、石吉金、范振林、罗世兴。张新安、贾文龙组织专家进行了研讨。参与研讨的专家:李裕伟、谷树忠(国务院发展研究中心),封志明、姜鲁光(中国科学院地理科学与资源所),潘懋(北京大学地球与空间学院),林震(北京林业大学人文社会学院),王晓娟(水利部发展研究中心),王晓丽(国家林业和草原局),刘随臣、邓国平、霍雅勤、刘丽。

[①] 中共中央宣传部.习近平新时代中国特色社会主义思想学习纲要[M].北京:学习出版社,人民出版社,2019:193.

的论断。山水林田湖草等生态要素之间存在着相互依存、能量转化和物质循环的和谐共生、动态平衡规律，客观上要求在对自然资源科学合理分类的基础上"对山水林田湖草进行统一保护、统一修复"。

2. 可持续发展理论

1987年，格罗·哈莱姆·布伦特兰（Gro Harlem Brundtland）为主席的联合国世界与环境发展委员会发表了《我们共同的未来》，正式提出可持续发展概念。可持续发展要求满足贫困人民的基本需要，并对环境构成危害的需要加以限制，不危及支持地球生命自然系统中的大气、水体、土壤和生物。其公平性、持续性和共同性原则，也是促进自然资源治理高质量发展和实现资源永续要遵循的原则。

3. 地球系统科学理论

地球系统科学把地球看成一个由相互作用的地核、地幔、岩石圈、水圈、大气圈、生物圈和人类社会等组成部分构成的统一系统。理论核心是把握地球系统各组成部分之间的联系和相互作用，维持充足的自然资源供给，调节全球环境变化并使危害降到最小。地球系统的形成与演化机制、物质转化过程与相互作用，是科学划分自然资源类型的理论来源。

4. 地球表层理论

地球表层是指与人类直接有关的大气、水、岩石、生物在内的特殊圈层。地球表层理论解释了地球表层各子系统之间能量、物质和信息的流动转化及动态规律、人和环境之间的相互作用等，研究对象包括自然地理系统、自然生态系统和人类生态系统三个基本层次。近年来，地质学家张文驹、李裕伟等又开始关注地表、地下、地上资源的三维管理，特别是"底土"资源（地下空间或地下资源）的管理。地球表层理论中关于自然生态和社会不同系统间的状态、功能和相互作用的理论思想，是自然资源分类的重要依据。

5. 循环经济理论

"循环经济"一词由美国经济学家肯尼思·波尔丁（Kenneth Boulding）提出。主要研究对物质转化的全过程采取战略性、综合性、预防性措施，降低经济活动对资源环境的过度使用及对人类所造成的负面影响，使人类经济社会循环与自然循环更好地融合，实现区域物质流、能量流、资金流的系统优化配置。其遵循减量化（reduce）、再利用（reuse）、再循环（recycle）的"3R"原则，无论以永续性为条件的自然资源分类或以可更新为标准的分类方法都以此为参考。

(二) 资源经济相关理论思想

1. 资源资产核算理论

自然资源核算的理论与方法产生于20世纪80年代的西方发达国家。自然资源转化为资源资产，表现出实物与价值双重形态，使自然资源性资产能够以实物计量、价值计量及市场交易，并反映在自然资产负债表上[①]。资源环境资产核算理论依据主要来源于基本统计核算理论、环境经济核算理论等统计学理论，资产定价理论、负债确认理论等会计学理论，以及资源环境经济学相关理论。中央提出探索编制自然资源资产负债表，将自然资源资产理论实践应用提升至国家治理层面，对自然资源分类提出了新的要求。

2. 自然资本理论

自然资本包括了自然生态系统所提供的各种财富。1988年，英国环境经济学家大卫·皮尔斯（David Pearce）第一次明确提出了"自然资本"一词。自然资本理论认为，自然环境是一种自然资产存量，用于服务经济发展，水、矿物、石油、森林、空气等为人类所利用的资源通常被西方学者认为是自然资本，其中也包括草原、湿地、森林、海洋等在内的生态系统。生态学和环境学界强调自然资源的"有用"性是自然资本的前提条件，从经济视角看，环境资源也被看作资产或能够为人类提供公共服务的一种非再生性资本[②]。

3. 资源耗竭理论

哈罗德·霍特林（Harold Hotelling）的《可耗尽资源的经济学》发展了资源耗竭理论，其结论被称为霍特林定律，为以可耗竭性或可更新性为属性的自然资源分类方法奠定了理论基础。可耗竭性资源的开采成本随开采时间提高，边际使用者成本不断降低。边际成本不变的情况下，非再生资源将被耗尽。但在边际开采成本增长到一定程度后，部分资源可能不会耗尽。技术进步会降低开采成本，加速开采，但新资源的发现将减缓向寻求替代资源的转换。

4. 资源价值理论

自然资源分类以科学界定自然资源范围为基础，以是否具有价值作为自然资源分类的前提。西方经济学是以效用价值论为基础讨论资源价值，并构建自然资源的价值理论体系。效用价值论认为，某一物品要有价值，首先要有效用，其次是该物品具有稀缺性。效用和稀缺性结合就是物品的边际效用，即不断地增加某一消费品取得的一系列递减效用中

[①] 向书坚，郑瑞坤. 自然资源资产负债表中的资产范畴问题研究 [J]. 统计研究，2015 (12)：3–11.

[②] Pearce D W, Turner R K. Economics of natural resources and the environment [M]. Baltimore：Johns Hopkins University Press，1990：51–53.

最后一个单位所带来的效用。

二、国际自然资源分类情况

（一）国际社会对自然资源的定义

联合国环境规划署（UNEP，1972）对自然资源的解释是："一定时间条件下，能够产生经济价值以提高人类当代和未来福利的自然环境因素的总和。"《大英百科全书》关于自然资源的定义是："人类可以利用的自然生成物，以及形成这些成分源泉的环境功能。"美国联邦法典定义为："由美国、州或地方政府、外国政府、印第安部落，或当资源是由受到差异化限制的信托管理时的印第安部落的成员所拥有、管理或通过信托方式持有、附属于这些机构或为其所控制的土地、鱼、野生生物、生物群、空气、水、地下水、饮用水供应及其他这类资源。"俄罗斯联邦资源环境保护法规定："自然资源是指在经济和其他活动中被用作或可能被用作能源、生产原料和消费品及具有使用价值的自然环境要素、自然客体和自然人文客体。"其他国家如新西兰《保护法》指出自然资源是，"各类植物和动物；植物或动物生存需要的空气、水和土壤；风景和地形；地质特征；互动活着的有机体系统或其所处的环境；在自然资源中的任何权益"。

综上所述，国际社会对自然资源的定义是将其作为生产实践的自然条件和物质基础，是可供人类利用并造福人类的自然物质和能量。虽然定义的表述和范围不同，但总体上有以下几点共识：一是自然资源来自自然界，是天然生成物；二是自然资源具有有用性，能够产生经济价值或给人类带来福利；三是国际社会普遍将自然物质资源和自然环境都看作自然资源。此外，也有部分国家认为具有一定人类初始活动作用结果的自然物也是自然资源，例如，俄罗斯的"自然人文客体"。

（二）国际上自然资源的分类方法

1. SNA 和 SEEA 的自然资源分类

自然资源分类（SNA）。国民账户体系（System of National Accounts 2008，SNA2008）是联合国、欧盟委员会、经济合作与发展组织、国际货币基金组织和世界银行集团联合主持制订和发布的宏观经济账户统计框架。SNA2008 的自然资源明细项目包括了土地、矿产和能源储备、非培育性生物资源、水资源、其他自然资源和无线电频谱。SNA2008 虽然比较重视的是国内生产总值及其增长速度，但仍将自然资源单独作为一项资产纳入表内，目的是在经济增长中计入自然资源的消耗，以此来实现国民账户体系的完善、系统和科学。

自然资源分类（SEEA）。环境经济核算体系中心框架（System of Environmental-Economic Accounting 2012：Central Framework，SEEA2012）是国际环境经济核算统计标准，对资源环境资产进行了统计分类。框架将自然资源分为矿产和能源资源、土地资源、土壤资源、木材资源、水产资源、其他生物资源（木材和水生资源除外）和水资源七大类。其中：矿产和能源资源包括石油、天然气、煤和泥炭、非金属矿产和金属矿产资源；木材资源包括培养木材和天然木材资源；水产资源包括种植和自然两种；水资源包括地面水、地下水和土壤水。

2. 部分国家自然资源分类

（1）美国的自然资源分类。第一，按物质特性分类，分为生物资源、非能源矿物、能源和环境资源。其中：生物资源包括鱼类、野生动物、花、鲸、昆虫及大多数农产品；非能源矿物（non-energy mineral）包括黄金、铁矿、盐或土壤；能源包括太阳能、燃料木材和天然气；环境资源包括空气、水、森林、臭氧层及原始野地。第二，按资源再生过程（adjustment processes）时间分类，分为可永续消费的（expendable）、可再生的（renewable）、可耗竭的（depletable）和濒临灭绝的物种以及表层土（top soil）。其中：可永续消费的如太阳能、水电、大多数农产品等[①]；可再生的如地表水、鱼类、野生动物等；可耗竭的（depletable）如原油、天然气、固体矿产、原始的野地（wilderness）。

（2）俄罗斯的自然资源分类。俄罗斯《宪法》以列举方式将自然资源分为土地、森林、矿藏、水和自然保护区、历史文化古迹。管理模式上，俄罗斯对资源实行相对集中的分类、分部门管理，土地、农用地、建筑用地、能源、矿产等资源分别归属五个部门管理。其中自然资源与生态部是涉及自然资源最广的联邦机关，负责矿产资源、油气地质、水资源、森林资源、林用地、动物及其生存环境、水文气象、生态监督与监测等自然资源领域相关的政策制定与监管。

（3）巴西的自然资源分类。巴西《宪法》涉及资源分类的表述如下：湖泊、河流及陆地上的水路，水域及毗邻的陆地及河滩；与他国边境区上的河流和湖泊中的岛屿、海滩、海洋中的岛屿和近海岛屿；大陆架和专属经济区的自然资源；领海；潮汐土地和冲积形成的土地；潜在的水利能源选址地；矿产资源，包括下层土中的矿产资源；自然形成的地下空腔，考古及史前遗址；传统上印第安人占有的土地。

（4）英国的哈格特（Haggett）自然资源分类。哈格特自然资源分类方法以存储性和

---

① 阿兰·V. 尼斯，詹姆斯·L. 斯威尼. 自然资源与能源经济学手册：第2卷 [M]. 李晓西，史培军，等译. 北京：经济科学出版社，2009.

流动性来划分自然资源。分为不可更新资源（储存性资源）、可更新资源（流动性资源）以及其他生态环境资源（风景、空间等）。其中不可更新资源又被分为利用后变性毁灭的资源（化石燃料）、循环利用资源（金属矿物）。可更新资源分为直接太阳能、间接太阳能和地热能，其中的间接太阳能包括了地球物理过程（风、潮汐、水流）和光合作用过程（短期作物和长期林木等）[1]。

（5）其他国家的自然资源分类。部分国家通过宪法以分散列举自然资源规范管理。德国宪法涉及的资源包括狩猎、自然景观、土地、水资源；印度宪法涉及自然资源的表述为领海海底的土地、矿物及其他有价值的资源；秘鲁宪法涉及的资源包括矿山、土地、森林、水源、燃料和能源、亚马孙河、生物多样化、自然区等。

3. 国际组织的自然资源分类

（1）联合国粮农组织（FAO）。联合国粮农组织为满足对农业资源管理需要，将自然资源划分为土地资源、水资源、森林资源、牧地饲料资源、野生动物资源、鱼类资源及种质遗传资源等；并曾经对自然资源进行逐级分类并形成体系。农业自然资源划分为气候资源、水资源、土壤资源、生物资源与遗传资源等。水资源划分为天然降水资源、地表水资源和地下水资源。生物资源划分为植物资源、动物资源、昆虫资源、微生物资源等。

（2）联合国经济及社会理事会（ECOSOC）。联合国经济及社会理事会设有能源和自然资源促进发展委员会，并按资源类型设置能源问题分组和水资源分组，且对可耗竭性资源设置了分类框架。2009年修订完成《联合国化石能源与矿产资源分类框架（2009）》，框架保持三轴架构，分别为 E（economic and social viability）、F（field project status and feasibility）、G（geological knowledge）。E 轴考虑非科技因素外的经济、法律、环境等问题；F 轴代表项目状态和资源开发技术的可行性；G 轴代表对目标矿产地的地质认知程度。[2]

（3）欧盟自然资源分类。"环境行动计划"是《欧盟环境法》的基本大纲，《第七个环境行动纲领》为欧盟资源环境政策提供了合理的框架结构。第一目标：保护、保存和节约自然资本，包括生物多样性、土壤资源、水、海洋、空气、气候等各个方面的保护战略与政策指令。第二目标：资源高效与低碳经济，包括了废弃物、能源、交通、水、设计与创新等方面战略和政策指令。第三目标：保护人们免受环境健康危机的威胁，包含空气质量、饮用水质量、城市废水处理、浴水、噪声、化学品、气候等多个方面的环境政策。[3]

---

[1] 蔡运龙. 自然资源学原理 [M]. 北京：科学出版社，2001.
[2] 李剑，张大伟，杨桦，等. 联合国分类框架现状以及与我国矿产资源储量分类的对比研究 [C]//中国地质学会2013年学术年会论文摘要汇编：S15 固体矿产勘查理论与技术方法研讨会. 中国地质学会，2013：5.
[3] 李芸，张明顺. 欧盟环境政策现状及对我国环境政策发展的启示 [J]. 环境与可持续发展，2015，40（4）：22－26.

(三) 国外自然资源分类特征

1. 国际上尚无公认的分类系统

国际上针对自然资源分类尚无定式和统一标准,可按多角度或目的分类。除统计标准方面,国民账户体系(SNA)和环境经济核算体系(SEEA)等自然资源分类标准受到普遍接纳外,使用较多的分类方法还包括以下几类。按自然资源属性分类如土地资源、矿产资源、森林资源、海洋资源等;按发生方式分类如可再生资源、可更新资源、不可再生资源;按耗竭方式分类如耗竭性资源和非耗竭性资源。其他还有按物理形态、地理分布等不同的分类方法。总体而言,目前国际上相对系统的自然资源分类会同时兼顾分类和分级,并在不同层级的资源分类中综合考虑相适宜的属性或因素划分种类。

2. 各国从法律层面对自然资源进行分类调整

无论是大陆法系国家还是英美法系国家,基本上都进行了自然资源分类调整。大陆法系国家如法国将其分为公产和私产,德国实行的是公物制度。英美法系国家在普通法调整自然资源国家所有权的同时,基于资源环境保护目的的新公共信托原则,宣告某些自然资源国家所有。但国外法律中并无系统的自然资源分类。各国法律中更多是采用列举式规定。如德国宪法列举了自然生活环境、土地、联邦水道等,俄罗斯也是列举了土地、水、矿产和其他自然资源等。

3. 国际组织和各国根据实际需要设立分类管理标准

因自然资源的禀赋、产业结构和国家治理体系的不同,各国在实施自然资源管理的过程中,并不完全按照学术上的自然资源分类体系进行分类管理。各国会结合自身国情,考虑本国自然资源的优劣势和资源开发利用情况科学分类治理本国资源。同时,会按照自然资源管理体制改革的目标和方向,科学调整自然资源管理分类。此外,由于生态环境要求的不断提高,各国都会统筹考虑本国的资源管理和环境保护。

三、我国自然资源分类研究现状

(一) 自然资源定义

我国对自然资源的概念有多种理解,理论上比较权威的是《辞海》和《中国资源科学百科全书》。《辞海》将自然资源定义为:"一般天然存在的自然物(不包括人类加工制造的原材料),如土地资源、矿藏资源、水利资源、生物资源、海洋资源等,是生产的原料来源和布局场所。"《中国资源科学百科全书》提出,自然资源是"人类可以利用的、自然生成的物质与能量。它是人类生存与发展的物质基础。"北京大学蔡运龙教授认为,自然资源是人类能够从自然界获取以满足其需求与欲望的任何天然生成物及作用于其上的人类活动结果。或可认为自然资源是人类社会活动中来自自然界的初始投入。[①]

《中共中央关于全面深化改革若干重大问题的决定》辅导读本指出:"自然资源是指天然存在、有使用价值、当前和未来福利的自然环境因素的总和。"我们认为,自然资源的概念具有动态性,读本关于自然资源的定义,强调了自然资源的天然、有用、时间、系统等特性,是对自然资源比较准确、全面的定义,本研究采用此定义。

(二) 自然资源分类

目前国内常见的自然资源分类可概括为三大类。

1. 基于学理基础的分类

(1)《中国资源科学百科全书》资源分类。根据自然资源的属性和用途进行多级综合分类,是我国较为广泛适用的一种分类。该分类将自然资源分为陆地自然资源系列、海洋自然资源系列和太空(宇宙)自然资源系列三个一级类型。陆地自然资源系列又分为土地资源、水资源、矿产资源、生物资源、气候资源五个二级类型;海洋自然资源系列分为海洋生物资源、海水资源(或海水化学资源)、海洋气候资源、海洋矿产资源、海底资源五个二级类型。二级类型又可细分为若干三级类型,例如,土地资源又分为耕地资源、草地资源、林地资源、荒地资源等(见表1)。更多级分类在本分类系统表中不再列举。

表1　　　　　　　　自然资源多级综合分类系统表

一级	二级	三级
陆地自然资源系列	土地资源	耕地资源
		草地资源
		林地资源
		荒地资源

[①] 蔡运龙.自然资源学原理[M].北京:科学出版社,2001:41.

续表

一级	二级	三级
陆地自然资源系列	水资源	地表水资源
		地下水资源
		冰雪资源
	矿产资源	金属矿产资源
		非金属矿产资源
		能源资源
	生物资源	植物资源
		动物资源
		微生物资源
	气候资源	光能资源
		热能资源
		水分资源
		风力资源
		空气资源
海洋自然资源系列	海洋生物资源	海洋植物资源
		海洋动物资源
		海洋浮游生物资源
	海水资源（或海水化学资源）	—
	海洋气候资源	—
	海洋矿产资源	深海海底矿产资源
		滨海砂矿资源
海洋自然资源系列	海洋矿产资源	海洋能资源
	海底资源	
太空（宇宙）自然资源系列	—	—

资料来源：孙鸿烈．中国资源科学百科全书［M］．北京：中国大百科全书出版社，2000.

（2）自然资源固有特征分类。这些特征主要包括自然资源的可更新性（renewability）、耗竭性（exhaustibility）、可变性（mutability）和重新使用性（reusability）等。按此思路，首先根据自然资源是否可能耗竭的特征，把自然资源分为耗竭性资源与非耗竭性资源，其中耗竭性资源又分为可更新性资源和不可更新性资源；非耗竭性资源又分为恒定性资源和易误用及污染的资源。恒定性资源是指可以源源不断地进行持续利用的资源（见图1）。

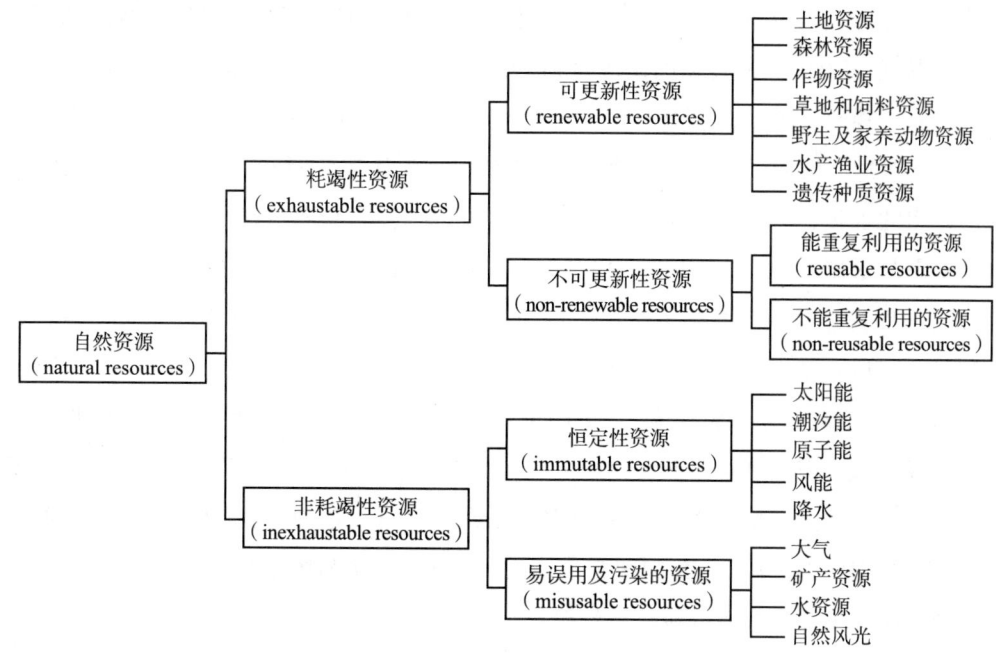

```
                                    ┌─ 土地资源
                                    ├─ 森林资源
                    ┌─可更新性资源   ├─ 作物资源
                    │ (renewable     ├─ 草地和饲料资源
                    │  resources)    ├─ 野生及家养动物资源
        ┌─耗竭性资源─┤                ├─ 水产渔业资源
        │(exhaustable│                └─ 遗传种质资源
        │ resources) │
        │           │ 不可更新性资源  ┌─ 能重复利用的资源
        │           └─(non-renewable ─┤   (reusable resources)
自然资源─┤              resources)    └─ 不能重复利用的资源
(natural│                                 (non-reusable resources)
resources)│                        ┌─ 太阳能
        │           ┌─恒定性资源   ├─ 潮汐能
        │           │ (immutable   ├─ 原子能
        │           │  resources)  ├─ 风能
        │非耗竭性资源│              └─ 降水
        └─(inexhaustable┤
           resources)  │ 易误用及污染的资源 ┌─ 大气
                       └─(misusable       ├─ 矿产资源
                          resources)      ├─ 水资源
                                          └─ 自然风光
```

图1 自然资源的综合特征分类系统

资料来源：封志明.资源科学导论[M].北京：科学出版社，2004.

（3）自然资源社会经济属性分类。按照自然资源的社会经济属性特别是使用性质，将自然资源分为公益性自然资源与经营性自然资源，前者是用于公共目的、不以获取经济利益为目的的自然资源，如自然保护区、风景名胜区、国家地质公园、生态用水、生态用地、国家森林公园以及公益林等特殊生态保护区域和政府的各种公共用地；后者如经营性建设用地和农业生产用地以及经济林木、矿产等资源，依据不同目标和原则管理。

此外，还有其他基于学理的分类方式。如按照资源的自然条件和规律，分为气候资源（大气圈）、生物资源（生物圈）、土地资源（土圈）、水资源（水圈）和矿产资源（岩石圈）五大类。按照再生特征，自然资源分为可再生资源与非可再生资源。按资源稀缺程度，分为空气、阳光等不稀缺的资源和土地、矿产等稀缺的资源。

2. 基于法理基础的分类

综合我国《中华人民共和国宪法》和相关法律规定，自然资源共涉及矿藏、水流、水面、森林、山岭、草原、荒地、滩涂、海域、海岛、野生动植物、无线电频谱、气候资源等十三类。

（1）按照《中华人民共和国宪法》的规定，自然资源分为矿藏、水流、森林、山岭、草原、荒地、滩涂七类自然资源。第九条规定："矿藏、水流、森林、山岭、草原、荒地、滩涂等自然资源，都属于国家所有，即全民所有；由法律规定属于集体所有的森林和山岭、草原、荒地、滩涂除外。"国家保障自然资源的合理利用，保护珍贵的动物和植物。

（2）按照《中华人民共和国民法通则》①的规定，自然资源分为矿藏、水流、森林、山岭、草原、荒地、滩涂、水面八类自然资源。第八十一条规定，"国家所有的森林、山岭、草原、荒地、滩涂、水面等自然资源""公民、集体依法对集体所有的或者国家所有由集体使用的森林、山岭、草原、荒地、滩涂、水面的承包经营权，受法律保护""国家所有的矿藏、水流"。相比《中华人民共和国宪法》，增加了水面分类表述。

（3）按照《中华人民共和国物权法》②的规定，自然资源分为矿藏、水流、森林、山岭、草原、荒地、滩涂、海域、野生动植物资源、无线电频谱十类。第四十六条规定："矿藏、水流、海域属于国家所有。"第四十八条规定："森林、山岭、草原、荒地、滩涂等自然资源，属于国家所有，但法律规定属于集体所有的除外。"第四十九条"法律规定属于国家所有的野生动植物资源，属于国家所有。"第五十条规定："无线电频谱资源属于国家所有。"相比《中华人民共和国宪法》，《中华人民共和国物权法》对野生动植物资源、海域资源、无线电频谱资源三种资源作了规定。

此外，根据《中华人民共和国海岛保护法》，海岛资源也是一类自然资源。《中华人民共和国气象法》专门规定了气候资源开发利用和保护。

3. 基于管理实践的分类

一是自然资源管理部门分类。按照管理需要和法律法规，自然资源分为土地、矿产、水、森林、草原、海域、海岛、野生动植物、气候、空域、无线电频谱、自然保护区、风景名胜区等十三种，且大多数单门类自然资源进行了细分。管理部门包括自然资源部、生态环境部、水利部、农业农村部、工业和信息化部、国家能源局、国家林业和草原局、中国民用航空局。单门类自然资源法规包括《中华人民共和国土地管理法》《中华人民共和国农村土地承包法》《中华人民共和国矿产资源法》《中华人民共和国水法》《中华人民共和国森林法》《中华人民共和国草原法》《中华人民共和国海域使用管理法》《中华人民共和国海岛保护法》《中华人民共和国野生动物保护法》《中华人民共和国气象法》《中华人民共和国航空法》《中华人民共和国野生植物保护条例》《中华人民共和国无线电管理条例》《中华人民共和国自然保护区条例》《中华人民共和国风景名胜区条例》等。此外，部分资源出台实施了分类标准，例如，《土地利用现状分类》（GB/T 21010—2017）将土地利用现状分为十二个一级地类和七十二个二级地类；《中华人民共和国矿产资源法实施细则》将矿产资源细分为能源矿产、金属矿产、非金属矿产和水气矿产四大类。

---

① 随着《民法典》的施行，《民法通则》已于2021年1月1日废止。
② 随着《民法典》的施行，《物权法》已于2021年1月1日废止。

二是自然资源产业管理分类。按照自然资源在不同产业部门中所占的主导地位，自然资源划分为农业资源、工业资源、能源、旅游资源、医药卫生资源、水产资源等。在某种类型之下，可以按土地资源、水资源、牧地及饲料资源、森林资源、野生动物资源及遗传物种资源等进行分类，这是目前在生产领域比较通用的传统自然资源分类。

（三）现有自然资源分类特征

（1）各种分类普遍存在遗漏和交叉现象。除《中国资源科学百科全书》提出的自然资源多级综合分类系统外，其他自然资源分类多从不同角度提出，说明某一方面特征或用途，系统性不强。容易产生两方面不足。第一，某些自然资源被遗漏，如地下空间资源在所有分类中均未反映。第二，部分自然资源分类存在交叉重叠，例如，《中华人民共和国宪法》分类中山岭和森林很难划清边界；不同产业部门分类中，农业资源与旅游资源、水产资源，以及工业资源和能源之间界限难以明确。

（2）各种分类仅反映当时的认知水平和管理需要。人类对天然物质的认知永无止境，只能根据当时的认知水平进行分类，反映出典型的时代特色。随着人类对物质世界的认识不断提高，有些以前难以利用的自然生成物有可能成为资源，将进一步扩大自然资源的概念与范畴，客观要求对现有分类体系进行不断调整和完善。例如，随着土地资源日益稀缺和技术水平的提高，地下空间将成为重要的自然资源，必然要求建立相对应的自然资源分类体系。

（3）学理分类更注重系统性，法理和管理分类更注重实际需要。基于学理基础的自然资源分类，多数采用了分类分级的方法，具有较强的系统性，特别是《中国资源科学百科全书》提出的自然资源多级综合分类系统，进行了三级分类，分类较为清晰。而基于法理和管理基础的分类多出于管理需要，采取列举的方法，有利于管理便利，但不成系统，且难以穷尽，容易造成部分资源归类遗漏。

（4）各种分类侧重社会经济属性，环境要素体系不足。国际上普遍重视自然资源的环境属性或因素，并在分类中体现自然资源环境属性。相比之下，我国当前自然资源分类更注重自然资源社会经济属性，对自然资源的生态环境价值考虑不多，已不适应我国生态文明建设的要求，特别是作为生态文明建设重要载体的自然保护地、国家公园等综合型自然资源，如何在分类中体现，有待进一步深入研究。

（5）自然资源分部门管理标准不统一，资源底数不清。由于以前自然资源分部门管理，部分自然资源同时由多个部门管理，而各部门对同一种自然资源定义和界定标准不同，如原国土资源部与原农业部、原国家林业局对林地、草地的界定标准不一致等，这导致部分自然资源底数不清,甚至交叉统计。

科学划分自然资源类型,建立统一规范的自然资源分类标准和体系,是自然资源科学治理的前提。以习近平"生命共同体"思想、"地球系统科学"等为理论基础,体现"大资源""大科学"理念,从条块式管理转为系统管理,提高自然资源统一管理和系统治理能力。坚持系统共性综合管理与分类差异管理相结合,明确分类原则、建立分类框架、统一规范标准、推进综合立法。重视自然资源的社会经济属性,加强资源经济研究,树立自然价值和自然资本的理念,健全国家自然资源资产管理体制和资源资产产权制度。

新时代下应对全球变化的国家自然资源安全战略思考

沈镭　钟帅　胡纾寒　张红丽

党的十九大报告提出中国特色社会主义进入了新时代，社会主要矛盾已经转化为人民日益增长的美好生活需要和不平衡不充分的发展之间的矛盾；描绘了"两个一百年"奋斗目标——2020年左右全面建成小康社会以及再用三十年分两阶段分别实现美丽中国和现代化强国；提出了"坚持节约资源和保护环境的基本国策"，推进"资源全面节约和循环利用"，支持"资源型地区经济转型发展"，形成"绿色发展方式和生活方式"，加快"生态文明体制改革，建设美丽中国"等要求和举措。2018年3月，第十三届全国人民代表大会第一次会议通过了组建新的自然资源部和生态环境部的国务院机构改革方案，为新时代中国自然资源安全保障和综合管理的发展带来了新机遇。

新时代是三十年以上的大尺度，民众高质量的生活需求、经济高质量发展和高质量生态健康等对自然资源开发利用提出了更高要求，也赋予了自然资源安全新的内涵和使命。新的自然资源安全战略制定不是一年或几年的简单安排，应以党的十九大精神为统领，以自然资源部设立为契机，以提高自然资源对经济社会系统和生态环境系统综合协调能力和综合保障能力为重点，以服务于国家"两个一百年"奋斗目标为抓手，探索如何在全球变化挑战下缓解新时代自然资源安全压力，如何提升关键性和战略性资源保障能力，寻求新时代中国自然资源安全供给、健康发展的新路径。

全球变化已经成为地理科学、生态科学和环境科学最主要的研究方向之一，研究和解

---

* 本文原载于《自然资源经济参考》2018年第7期。
** 沈镭，中国科学院地理科学与资源研究所。

决好全球变化影响下的自然资源利用问题是自然资源学的核心任务。对于迈入新时代的中国而言，未来中国自然资源安全的战略重心应探索建立全球资源治理体系，采取内外并举的双向战略，综合保障资源的供给安全和需求安全。

一、新时代下国家自然资源安全新内涵与应对全球变化的新定位

（一）全球变化的内涵和特征

全球变化有狭义和广义之分。狭义的全球变化是指由自然和人文因素引起的地球系统功能在全球尺度范围的变化，包括大气与海洋环流、水循环、生物地球化学循环以及资源、土地利用、城市化和经济发展等方面的变化。广义的全球变化是人类社会系统及其赖以生存发展的地球环境系统因某种或几种因素作用后引起的格局改变，包含着极其复杂的经济、社会、资源、环境、技术等多重相互作用过程。

全球变化具有多元、复杂的特征。从速度上看，21世纪前20年内，全球变化的广度、深度和力度已发生深刻变革；从广度上看，全球变化已从单纯经济层面向气候、地缘政治、社会、技术、治理等多方向扩展；从深度上看，其影响因素日趋复杂且持续时间更长——5年、10年、20年甚至更长时间；从强度上看，近年来"黑天鹅""灰犀牛"事件突发、自然灾害或人为风险事件（如大规模黑客攻击）频发，在区域甚至国家层面造成深刻影响，局部地区出现了政治失衡、经济失调、社会失稳。因此，全球变化将带来全球政治和经济格局的深度调整，国际秩序进入一个较长的重组时期，局部地区的公共治理可能出现一个巨大的真空，较为剧烈的冲突和失序可能成为新常态。

（二）新时代国家自然资源安全的新内涵和新定位

2014年，习近平总书记首次提出了"总体国家安全观"，把资源和政治、国土、军事、经济、文化、社会、科技、信息、生态、核等领域十一种安全并列，纳入国家安全体系，资源安全首次提升到国家安全的战略高度。

新时代国家资源安全与传统意义上的国家资源安全相比具有更丰富的内涵。主要体现在：第一，传统的国家资源安全强调一个国家的资源供给或资源需求的经济性、战略价值，侧重资源生产国或消费国足量、稳定与可持续供应或消费的状态。而新时代国家资源

安全更多地关注如何规避资源供给对生态与环境健康、民生福祉带来的综合风险,关注资源安全与上述十种其他安全的内在关联和综合影响,例如,水-能源-粮食安全关联、能源-碳排放-经济增长关联、水-土地-可再生能源关联等。第二,新时代国家资源安全的侧重点转为关注大宗和战略性资源安全及其内部资源种类、结构、组合的分化和协同优化。

在全球变化形势下,中国国家自然资源安全的战略定位需要重新思考。中国进入新时代,自然资源对中长期经济社会的基础保障作用、人与自然和谐共生的可持续发展战略、立足国内开拓国际的"两种资源两个市场"导向均没有发生变化。然而,中国自然资源供需格局、自然资源与生态环境之间关系以及国内外的资源供给格局等发生了显著的变化。具体而言,需要明确以下几点认识。

(1)资源供给安全发生结构性变化。自然资源对国家经济社会发展具有重要的基础支撑作用。鉴于各类资源的需求差异和工业化和现代化发展的阶段性特点,未来中国各类资源需求结构将发生显著变化,进而引起资源供给安全发生结构性转型。一些支撑中国工业化和城市化的大宗战略性资源,如煤炭、石油、铁矿石、铝、铜、磷、石灰石、木材、工业用粮等,还将持续一段需求增长期,需求峰值预计在2025~2035年前后出现;一些战略性新兴矿产,特别是稀土金属、稀有金属、稀散元素等"三稀"矿产中的稀土、锂、锶、铍、锆、铌、钽、镓、锗、铟等十种金属矿产以及石墨、金刚石、高岭土等非金属矿产,在2025~2035年前后多数将随着新能源、新材料和新产业的发展保持较快的需求增长。

(2)绿色发展转型和美丽中国建设需要自然资源高质量的发展。中国是一个资源消耗大国,一些大宗物质资源消耗规模在世界上独一无二。20世纪70年代13种大宗资源年均消耗总量规模约为12亿~13亿吨,20世纪80年代年均消耗总量也不超过20亿吨,到了2004年超过30亿吨,2017年已达90亿吨以上。从短期来看,中国的资源国情、资源地位作用没有变,资源刚性约束态势没有变。不同矿种需求由"普涨"转向"分异"——中国铁矿石需求将出现下降趋势,2035年铁矿石消费下降到8亿吨左右,而废旧钢铁消费将有所增加。中国铜、铝、铅等金属矿产需求随着工业化逐渐完成将有所下降,但需求总量仍维持在较高水平。中国关键矿产资源供应严重不足,仍需依靠大量进口。2035年石油、天然气、铜矿等对外依存度将分别高达79%、40%和43%。

生态文明建设、美丽中国和绿色发展迫切要求未来的自然资源利用模式必须向"资源效率优先"转变。2012年以前,中国每万吨各类大宗性资源消耗创造的经济产出呈缓慢上升趋势,2013~2017年出现显著抬升,到2017年达到了1亿元经济产出的新水平,表明中国资源产出率已迈入新的历史阶段。预计2018~2035年,中国资源产出率将因大宗资源消耗压缩、经济产出不断增加、技术创新能力日益增强而呈现 2~3 倍数"阶梯式"快速上升，2050 年后可以实现 4 倍以上的资源效率提升。①

（3）中国资源经济创新并发挥国际影响的要求凸显。2030 年以前，中国将迎来经济周期调整的重要时间窗口，经济发展将由粗放型、高消耗进入高质量、高效率阶段。2018 年是中国改革开放 40 周年和"一带一路"倡议实施 5 周年，2019 年是中华人民共和国成立 70 周年，2021 年是中国共产党成立 100 周年。2030 年前后，中国一批资源性产品消费将达顶峰，中国的资源经济也将迎来创新发展。同时，随着中国更加积极地参与更多国际事务并获得主导权，全球资源治理也将迎来新时代。

总体而言，中国的自然资源安全在应对全球变化的过程中面临着内外部双重挑战：外部挑战来源于国际政治和经济局势的变化及其对国家自然资源安全造成的影响；内部挑战来源于改革开放以来，国内经济社会高速发展过程形成的资源环境问题，以及国家新时代发展目标对自然资源开发利用提出的新要求。

二、全球变化下中国自然资源安全面临的外部挑战

世界经济论坛《2016 年全球风险报告》提出，随着各种全球性问题及其影响不断显现，需要各界开展新的合作与创新，为应对全球变化的挑战提供相应的创新策略，但是，新的全球资源治理和资源安全保障将面临七大外部挑战。

（1）新的领导力。一些新兴国家、企业集团和地区领导者成为解决全球资源利用问题的领导力量，推动并重新界定国际新秩序。近年来，世界范围内已达成了许多具有标志性的政府间协议，例如，"2030 年可持续发展议程""2015 巴黎气候变化协定""蒙特利尔协定书修正案"等等。当前关注重点已经从谈判内容的争论转变为实施协议所采取的必要行动。

（2）第四次产业革命。第四次产业革命为应对全球环境与资源问题提供了难得的机遇和新的解决方案，资源生产与消费及其管理模式将迎来新的变革。一些重点产业向网络化生态系统转变，传统的自上而下、由少数专家主导的环境治理模式被替代，跨学科和交叉领域的共同合作成为应对全球海洋、大气、森林和水资源等问题的关键所在。

（3）日益恶化的全球影响。2009 年，一个国际科学家组织提出了一个新概念——"行星边界"（planetary boundary），用来衡量人类行为引起行星生命支持系统变化的阈值，并指出地球的 9 个行星边界已经被突破了 4 个，可能引起环境发生不可逆转变化，例如，

---

① 国务院. 全国矿产资源规划（2016—2020 年）[R]. 北京：国务院办公厅，2016.

气候变暖、水资源危机、海洋酸化和物种灭绝，也可能极大改变资源供应链稳定性、劳动力市场效率和可供性以及消费者预期。因此，很多学者认为人类活动已经把地球推向一个全新世纪——"人类世"。

（4）绿色金融。绿色基础设施部门正在成为挖掘投资潜力和推动可持续发展的主要驱动力。在当前世界经济增速放缓、技术成本不断下降、政策倾向转变为支持更多基础设施投资的背景下，绿色可持续基础设施诉求不断高涨。然而，实施绿色投资计划的关键环节是找到合适的公私伙伴关系组合及配套的融资模式；同时，大规模的基础设施投资需要多边、区域性开发银行甚至全球融资平台的支持，而显著增长的私人绿色融资仍然还难以满足巨量投资需求。

（5）转型过渡期。"转型过渡期"的概念是在国际非营利性组织中广泛倡导的新提法，旨在保护环境的同时确保持续繁荣。世界各国已经出现大量的转型过渡期行动计划，其中普遍的做法是采取可持续的包容性经济体系。然而，很多管理者和学者普遍认为，当前世界所处的转型过渡期可能将会非常漫长，在一些重大决策中需要更多商业、技术开发者、资源环境专家的积极参与。

（6）非国家力量。当今领导全球资源与环境挑战的领导力量已经出现多元化趋势。传统的政府和国际组织架构正在不断拓展，一些新的技能、资源利用模式和前景规划随着新的领导力量产生而不断呈现。各国政府致力于制定新的政策框架，探索实现可持续发展目标（SDGs）和2015年《巴黎协定》的操作方案，而真正促进政策实施的行动主体是企业和社区。

（7）交叉环境风险。全球及区域性交叉环境风险使得资源利用问题的形势更为严峻，加剧了世界各地经济增长、商业模式和社会福利方面的风险。持续变化的天气模式以及水资源危机可能引发或加剧地缘政治和社会风险，造成地缘脆弱带的军事冲突而引发人口被动迁移；对全球海洋、大气和气候系统管理不善，可能造成超越资源和环境系统负荷的局部或全球后果。

三、新时代中国自然资源安全面临的内部挑战

（1）水资源短缺，利用效率低与水污染并存。中国水资源供需矛盾突出，短缺形势严峻。中国每年水资源用量从21世纪初的5500亿立方米增长到6100亿立方米，年平均缺水量高达500亿立方米左右，处于严重紧缺状态。到了2020年，中国需水总量将达到6900亿立方米，2030年达到7200亿立方米，2050年达到8000亿立方米左右，接近中国

可利用水资源总量,但中国水资源开发利用潜力在未来十年预计每年供水量最多仅为7100亿立方米,保障生产和生活用水与保障生态健康的水资源压力将加大,尤其以北方城市最为严重。①

水资源利用效率较低,与发达国家还有较大差距。2014年,中国单位工业增加值取水量为357立方米/万美元(2010年不变价,下同),与世界平均水平相当,而英国仅为26立方米/万美元,日本和澳大利亚均为70立方米/万美元左右;中国单位农业增加值取水量为5738立方米/万美元,为世界平均水平的60%,但与德国(116立方米/万美元)、英国(562立方米/万美元)和法国(693立方米/万美元)相比差距很大。②

局部地区水资源还存在严重污染问题。中国地表水、地下水、河流和湖泊点源污染不断增加,非点源污染日益突出。2016年,中国地下水水质较差和极差的监测点占60%,主要是锰、铁、"三氮"等超标,部分监测点甚至存在砷、铅、汞等重金属超标现象。海河流域处于重度污染程度,63%的水质低于Ⅲ类,劣Ⅴ类水质高达41%。严重的水污染加剧了水资源短缺,成为区域经济社会发展的"瓶颈"。③

(2)耕地面积和质量不断下降,土地结构性问题突出。中国耕地资源有限,人均耕地面积仅为世界平均水平的1/2。由于建设占用、农业结构调整等原因,中国耕地面积不断减少,2012年为13516万公顷,到2016年已减少20万公顷。另外,中国建设用地快速增加,2016年已增长到3907万公顷。④ 随着城市化和工业化的推进,中国建筑用地将持续扩张,而耕地面积在未来较长时间内还会持续下降。预计到2020年,耕地面积将减少到1.30亿公顷。⑤ 随着人口峰值到来,人口规模的增加和生活水平的提升,粮食需求将迎来更高的增长。中国谷物消费到2020年将达到5.87亿吨,到2050年还将增加2亿吨左右⑥,未来耕地保护与建设用地间的结构性问题将更加突出,成为威胁国家粮食安全的重要原因。

中国耕地质量逐渐恶化,作物单产较低。中国耕地有机质含量较低,不及欧洲同类土壤一半。中国耕地基础地力较高的仅占27%,而且过度施用化肥现象严重。随着机械化水

---

① 中国水利水电科学研究院. 中国水资源短缺形势分析与对策研究 [M]. 北京:中国水利水电出版社,2020:45-52.

② FAO (Food and Agriculture Organization). AQUASTAT-Water Use in Agriculture [R]. Rome: FAO, 2018: 112-118.

③ 中华人民共和国生态环境部. 中国环境质量报告书 (2017) [M]. 北京:中国环境科学出版社,2018:112-125.

④ 中华人民共和国自然资源部. 全国土地利用变更调查报告 (2016年) [R]. 北京:自然资源部,2017.

⑤ 中华人民共和国国务院. 全国土地利用总体规划纲要 (2006—2020年) [M]. 北京:人民出版社,2008:89-98.

⑥ 中华人民共和国国务院. 国家粮食安全中长期规划纲要 (2008—2020年) [M]. 北京:人民出版社,2009:45-52.

平的提高及农村劳动力的减少,中国耕地土壤耕层不断变浅,板结严重,导致耕地透水透气性差,保水保肥能力较低。同时,中国作物单产与部分发达国家有较大差距。2016年,中国谷物单产为6030千克/公顷①,低于美国(8143千克/公顷)、德国(7182千克/公顷)和英国(7023千克/公顷)单产水平。②

(3)化石能源和矿产资源自给率下降且利用效率低,能源和矿产资源的需求结构出现分化。2016年,中国煤炭、石油和天然气需求量分别达到37.7亿吨、5.8亿吨和2058亿立方米,石油资源对外依存度已高达65%。③随着国内经济结构调整和产业转型升级,中国能源需求总量略有放缓,但仍处在高位。预计未来中国化石能源需求增长将平稳下降,呈现较长L字形演变轨迹。到2020年,中国能源总需求将达到50亿吨标准煤,2035年达到56亿吨标准煤,其中煤炭消费比重将大幅下降,预计到2020年煤炭需求在32亿~41亿吨,2035年减少至29亿~35亿吨。④非常规天然气、铀矿、可再生能源的消费比重快速上升,有效替代煤炭资源消费的占比。然而,作为世界最大煤炭消费国,中国煤炭消费量仍占世界总消费量的30%~40%。中国石油消费在替代能源发展等因素影响下将在2030年前后达峰。中国天然气消费将持续增加,2035年的消费量将比2015年增长3倍。⑤

中国主要矿产资源供需缺口大,对外依存程度较高。中国铁矿石2012年对外依存度为68%,2016年已超过80%。铜、铝、铅和锌等大宗矿产的供需缺口也较大,尤其是铜矿供需缺口达350万吨左右⑥,进口成为供应的主要来源。同时,中国矿产资源储量不足,大宗支柱性矿产品位较低且共生伴生矿多,加大了国内资源保障难度。

中国化石能源和大宗矿产利用效率低下,低于世界平均水平。煤炭、石油矿产的消耗强度均较高,尤其是煤炭,消耗强度是世界平均水平的4倍多,利用效率远低于法国、英国、德国等发达国家。铁矿石、铜、铅、锌等矿产资源的利用效率也较低,消耗强度均是世界平均水平的4倍以上。2014年,我国铁矿石消耗强度为1.37吨/万美元,而世界平均消耗强度为0.27吨/万美元,美国和英国分别仅为0.03吨/万美元和0.05吨/万美元。⑦

---

① 中华人民共和国农业部.全国农产品成本调查报告(2016年)[M].北京:中国农业出版社,2017:45-52.
② FAO (Food and Agriculture Organization). World Agriculture: Towards 2015/2030 [R]. Rome: FAO, 2017: 112-118.
③ 国家能源局.2016年能源消费总量控制方案执行情况报告[R].北京:国家能源局,2017:28-35.
④ 中华人民共和国国家发展和改革委员会.能源发展"十三五"规划(2016—2020年)[M].北京:人民出版社,2016:38-45.
⑤ 国家发展和改革委员会能源研究所.中国能源中长期发展战略研究(2030—2050)[R].北京:中国计划出版社,2013:102-115.
⑥ 中国有色金属工业协会.中国有色金属工业发展报告(2016)[M].北京:中国有色金属工业出版社,2017:45-58.
⑦ 中华人民共和国国家统计局.中国能源统计年鉴(2015)[M].北京:中国统计出版社,2016:120-128.

同时，中国在过去自然资源开发利用过程中产生了大量的尾矿、固体废弃物和废旧金属资源。大规模的矿山开发会产生大量的废石、煤矸石、尾矿和冶炼矿渣等。截至2015年11月底，全国废石、煤矸石、尾矿总量超过600亿吨，占地近600万亩，而且主要集中在长江经济带和京津冀地区。大量可二次回收废旧产品严重积压，粗略估计废旧铁制品达85亿吨以上，加上铜、铝、铅锌等金属制品高达100亿吨以上。2017年，中国废钢利用量超过9000万吨，再生有色金属接近1000万吨，合计在1亿吨左右。[①]

(4) 森林资源木材供给压力加大，森林资源生态保护区与能源矿产开发区存在区位冲突。中国森林资源总量相对不足，木材安全形势严峻。目前，中国森林资源供给已难以满足经济社会发展对木材的需求。中国木材消费量从2012年的4.9亿立方米增长到2016年的6.09亿立方米，而木材产量却不足0.9亿立方米，扣除循环利用废旧木材，对外依存度将近50%。预计未来对木材的刚性需求将持续增加，2020年将达到8亿立方米，供需缺口将进一步加大。

中国森林资源质量不高，生态功能薄弱。中国森林中的中幼龄林比例过半，整体生产力较低。中国森林单位面积蓄积量为77立方米/公顷，不足世界平均水平的60%，分别仅为德国和英国的24%和37%。宜林地质量较好的仅占10%左右，且大多分布在西北、西南，立地条件较差。[②] 同时，中国森林生态系统功能较弱，随着人工林占比增多，林相简单，生物多样性减少，生态效益降低。

同时，中国有许多能矿资源成矿区带与自然保护区或国家公园在空间分布上高度重叠，加大了自然资源开发与保护的难度。据有关部门统计，截至2016年底，全国共有各类不同级别的自然保护区2750个，保护区总面积14733万公顷，其中国家级自然保护区与面积约10%的全国重点成矿区带重合，与面积约13.6%的重点勘查区重合。[③] 在新疆、内蒙古、宁夏、甘肃、湖南、重庆等省（自治区、直辖市）的自然保护区、水源保护区等地需要清退大量的矿业活动。

四、应对全球变化的新时代国家自然资源安全保障策略

以生态文明战略为统领，树立和践行"绿水青山就是金山银山"的理念，坚持节约资

---

① 中国钢铁工业协会. 中国钢铁工业发展报告 (2017) [M]. 北京：中国钢铁工业出版社，2018：78-85.
② 国家林业和草原局. 中国林业发展报告 (2017) [M]. 北京：中国林业出版社，2017.
③ 环境保护部. 2016中国环境状况公报 [R]. 环境保护部，2017.

源和保护环境的基本国策,推动形成人与自然和谐发展新格局,是新时代中国自然资源高质量发展并应对全球变化挑战的根本战略选择。

(一)抓紧开展面向新时代的中国自然资源战略研究及顶层设计

第十三届全国人民代表大会第一次会议通过了新组建自然资源部和生态环境部的方案,这是与"美丽中国"紧密相关的顶层设计。自然资源部的设立是一项重大战略安排,尽管具体方案尚在不断探索之中,涉及能源和矿产资源的管理机制尚不明晰,但其中的重大举措是将自然资源调查、开发和监管独立分开,实现水、土、矿、生等自然资源的综合管理。可以预见,自然资源部将在未来更多地履行宏观规划、战略研究、综合管理、信息共享等服务性政府职能。因此,自然资源安全和综合研究将再次提到重要高度,对自然资源学的学科发展也是难得机遇。早在20世纪80年代末,中国就开展了面向2000年的自然资源综合研究。自1983年以来,中国自然资源学会一直倡导和努力推动自然资源学的学科发展,对各类自然资源的单项和综合科学问题进行了长期研究并积累了大量的研究成果。近年来,欧美等发达国家纷纷提出了"面向2030年、2035年、2040年甚至2050年"的全球资源安全战略研究。随着中国"一带一路"倡议和建设的推进,中国构建并主导了一系列的全球双边、多边合作机制,为中国参与并制定新的全球资源治理体系提供了难得机遇,也将会迎来大量的自然资源学问题。中国仍需从资源安全角度加强综合的战略研究和顶层设计,需要系统总结自然资源消耗规律与经济社会发展规律、生态环境规律之间内在联系,全面梳理现有的各种国际性和区域性自然资源治理机制,提高国际能源和资源话语权,构建新秩序。

(二)实施与联合国可持续发展目标(SDGs)相一致的可持续资源利用战略

中国"十三五"及其更长时间内实施的生态文明建设和"五位一体"发展战略与联合国可持续发展目标(SDGs)高度契合,将带来重要的机遇和挑战,并在不同层面对中国发展产生深刻的影响。中国是全球大国中第一个出台了《中国落实2030年可持续发展议程国别方案》的负责任国家,积极推进联合国SDGs的行动计划在中国落地。2016年12月推出了《中国落实2030年可持续发展议程创新示范区建设方案》,2030年预计还有一批部门性和地方性发展规划相继出台。SDGs也与中国"一带一路"倡议相一致,鼓励基础设施互联互通、可持续增长、促进就业、减少国家之间和国家内部不平等、消除贫困、倡导全球伙伴关系等。预计未来 SDGs 将持续推动中国绿色发展、自然资源与环境体制改革，建立新的可持续发展评价体系。

（三）对标国家实行最严格的生态环境保护制度开展自然资源综合管理创新

生态文明建设是推动绿色发展新理念的重要任务，中央多次强调"要加快构建自然资源利用上限、生态功能保障基线、环境质量安全底线（三条红线）"。自然资源利用上限的划定，是对资源消耗规模与速度的限定、对资源利用质量和效率提升的严格要求，是贯彻资源节约集约循环利用的新型资源观的具体体现。"三条红线"最终都将落实在对各类自然资源的确权管理上，需对标已实行的最严格的生态环境保护制度推动自然资源综合管理的不断创新和完善。新成立的自然资源部应尽快组织制定面向 2020 年、2035 年和 2050 年发展目标的自然资源综合规划，对接国家战略部署和区域发展需求；制定并完善水、土地、矿产、森林等资源专项规划，加强与其他规划的统筹衔接。自然资源全民所有（部分为集体所有）是中国基本制度之一。今后各级政府的自然资源部门都将统一行使其全民所有者职责，负责保护、修复生态红线以内、资源上线以外的自然资源，并向社会释放可供生产经营、开发利用的各类自然资源产权。例如，中国目前已建立了土地使用权、矿业权、林权，部分地区正试行水权交易或流域水资源生态补偿机制，将来各类自然资源产权都可以进一步地完善和扩容。

（四）推进资源供给结构优化，加快资源开发利用的科技创新

为解决国内经济增长动力不足、迎接世界范围内第四次产业革命，以科技为核心的创新驱动发展应适应中国经济发展新要求。鉴于中国能源和矿产资源需求结构异化特点，必须以优质、高效的资源产出效率为目标，以现代化建设和民生保障所需的大宗性和战略性资源为抓手，形成优质的资源供给结构，确保新型工业化、信息化、农业现代化建设的能源与矿产资源需求。继续严格实行煤炭、钢铁、水泥等产能过剩行业取用资源总量定额管理。大力发展油气及地热等清洁能源，加强页岩气、天然气水合物等非常规油气勘查，增加可再生资源、替代资源供给比重。优化资源利用结构，加强稀有、稀土和稀散金属等战略性新兴矿产勘查，服务于高端装备和新材料产业发展。

强化战略科技力量，深化科技体制改革。在水土资源综合利用、特殊地区的资源勘查、油气与非常规油气资源开发、矿产绿色开发与循环利用等方面，突破核心关键技术，重点研发关键装备，多领域、多渠道丰富资源有效供给。构建以企业为主体、市场为导

向，产学研深度融合的技术创新体系，建立若干高水平的基础理论研究与技术研发平台，促进科技成果转化。

（五）内外并举，大力提高国内资源利用效率，积极构建全球资源治理体系

中国应积极应对全球变化的诸多挑战，采取内外并举的双向战略。对外配合"一带一路"倡议构建新的全球资源治理体系，保障国家资源供给安全；对内深入推进"十三五"创新驱动发展战略，挖掘资源利用科技创新的新动能，保障国家资源需求安全。

中国是一个人口、资源、经济大国，保障资源供给安全，必须立足国内。一方面，可充分挖掘国内资源勘查和开发的潜力，增强自主保障能力。另一方面，树立节约集约与循环利用的资源观，推动资源利用方式根本转变。加强开发、生产、消费全过程节约管理，倡导简约适度的绿色消费模式，反对奢侈浪费和攀比消费；加强再生资源回收利用，促进生产和生活系统的循环链接，缓解原生资源供给压力，减少资源开发对生态环境的污染。

从国际上看，可结合"一带一路"倡议的实施，扩大国际资源供给渠道。中国应加强资源利用的国际合作，加快探索并推动全球资源合作的新模式。主要行动方案有四点：第一，注重海外资源开发投资，并承担更多的环境、健康和社会责任与义务，改善资源性企业"走出去"和在境外投资办厂环境，拓展配套服务，满足中国资源性企业过剩产能向国际转移和资源加工制造业外迁对当地的资源需求；第二，积极争夺战略性资源定价话语权，重点是铁矿石、稀土、战略性新兴矿产等；第三，既要搞好与大国的竞争与合作关系，又要积极应对周边国家"倚美欺我"和小国"以小欺大"的各种挑衅；第四，更加理性地担当并推动新的全球资源治理体系建设。

（六）推动自然资源学的学科建设与发展，为自然资源综合管理提供人才支撑

近年来，地理设计框架在区域规划、景观设计、景观生态和建筑设计等相关的空间分析中得到了广泛应用，已经开发了引力模型、地图叠加分析、加权评价等一系列经典的空间分析方法和软件产品原型，建立了完备的地理信息科学理论体系。地理设计框架作为一种系统分析方法同样适用于自然资源学的综合研究。

物质流和资源流动研究也是当前资源科学的热点之一。主要是针对一个系统（如资源系统、经济系统、社会系统等）物质和能量的输入、迁移、转化、输出进行定量化的分析和评价方法，根据全球、国家、区域、特定产品生产过程等不同尺度可以划分为宏观、中

观和微观三个层次。在此基础上,国内外学者逐步向资源代谢与工业生态学领域拓展。资源代谢分析能直观、定量化表述人类活动对资源利用过程及其对环境的扰动过程,为进一步消减环境影响、提高资源及生态环境效益等工作提供更全面的数据支持和更系统的决策依据。

多种分析手段综合运用已成为自然资源学理论和应用发展的主要趋势,大力推动其发展,将为自然资源安全战略研究和人才培养提供更坚实的科技支撑。

经济分析对美国自然资源管理具有重要的支撑作用[*]

刘伯恩　程　萍

近期，美国内政部发布了《支撑自然资源管理——经济学在内政部的重要作用》的研究报告，详细介绍了2017年4月召开的美国内政部首届经济学研讨会。这次会议的目的在于明确、强调及更好地认识经济分析在支撑内政部使命方面的需求和机会，在深入分析了经济研究对美国自然资源管理的重要性、实际应用经济研究方法经验的基础上，提出了未来的发展展望与行动指南。

一、经济分析在美国自然资源管理中的重要性

（一）美国内政部高度重视经济分析在自然资源管理中的应用

美国内政部是一个内阁级机构，负责管理美国丰富的自然资源和文化资源。由于自然和文化资源管理者面临着复杂的问题，美国内政部经常要平衡不同竞争者之间的利益，因此高度重视经济分析在公共决策中的重要作用。

（1）经济分析在内政部各局都有所体现。美国内政部设有9个管理局，几乎每个局都设立专门的经济学部门或拥有经济学家，他们应用经济学方法来分析和支持自然资源管理工作。经

---

[*] 本文原载于《自然资源经济参考》2018年第8期。

济分析几乎与内政部所有关于土地、矿产资源、森林资源、水资源管理等的决策都相关。

（2）经济分析在自然资源管理领域的应用广泛。主要包括以下几方面：矿山租赁；执行和管理权利金、收入和费用；基础设施；水资源管理；评估项目替代方案的成本和收益，包括与行动相关的社会权衡；木材管理；确定决策的意外后果；确定外部性及其成本；估算自然资源的市场和非市场价值；在决策过程中评估科学信息的价值。

（二）自然资源管理对经济分析的需求持续增长

正如美国内政部首届经济学研讨会专家们所讲，内政部对社会经济分析的需求持续增长，这里仅列举其中几个方面来反映这种增长趋势。

（1）在自然资源监管小组研讨会中，与会者认为经济学家应继续在监管分析中发挥更为关键的作用，包括如何能对现行法规进行更好的稳健性分析、估算各项监管任务所累积的工作量、如何去衡量监管的有效性等。

（2）在非市场估值的快速讨论（lightning round）与工作会议上，与会者认为由于自然资源价值估算是处理资源管理问题的基础，应将生态系统服务价值纳入联邦规划和决策制定中，更加科学地评估自然资源和文化资源的非市场价值。

（3）在经济学、决策和政策的快速讨论中，讨论了将科学与经济学融为一体的重要性、数理统计验证的有效性、经济变量度量的精确性与有用性，同时也介绍了土地管理局的社会经济分析框架，该框架确定了计划实施过程中所涉及的关键步骤和主要问题，还分析了技术变革对美国能源行业以及相关政策的影响等。

（4）在数据和工具快速讨论中，研讨了现有经济数据以及经济分析工具的优势、劣势，并对未来自然资源信息需求的研发以及应用进行了展望。

（三）经济分析在自然资源管理中的应用仍有较大提升空间

尽管经济分析在美国内政部自然资源管理中作用显著，但在实际应用中，内政部经济学家的作用并未完全得到体现。主要存在以下几方面问题：

（1）内政部经济学家共同体在沟通方面存在差距。经济学家与决策者和管理者之间关于经济信息的有效沟通是项挑战，主要原因是经济概念的多样性、对经济情况的分歧，以及经济数据与分析的细微差别、限制条件和可得性。

（2）经济学家参与项目周期滞后。经济学家们在项目周期末期才参与进来，此时项目的生物物理分析已经完成，使得经济学家只能将其价值发挥在分析生物物理模型的结论上,这将增加项目的预算压力,并降低了跨学科研究的效果。

(3) 忽视自然资源的非市场价值。许多自然科学家贬低了非市场估值的重要性,他们可能难以理解估算人类从自然资源所获得益处进行估算的好处。

(4) 缺乏标准化研究方法。不同部门运用经济学分析与评估方法差别较大,需要关注自然资源价值估算的研究与标准化问题,以及能源资源建模中一致性等相关议题。

(5) 不能充分理解资源之间的相互关系。对内政部所管理的能源、水和生物资源之间的相互作用理解不够深入。

(6) 自然资源信息的挖掘与宣传程度不够。有关资源科学信息的价值没有被很好地理解,导致难以确定开发利用资源的优先顺序。同时,科学信息不易于公众理解,应保持相对简单,并提供有清晰、简明结果的信息图表。

二、美国内政部首届经济学研讨会的主要结论和建议

与会者一直认为,在美国内政部对社会经济分析的需求持续增长的重要时刻,召开了美国内政部首届经济学研讨会非常重要。研讨会涵盖广泛的主题,包括监管分析、内政部经济学家使用的工具和模型、数据需求和可获得性、非市场估值以及经济学在决策中的应用等,形成了一系列的结论和建议。具体内容如下:

(一) 美国内政部自然资源管理离不开经济学的有力支撑,未来将经济概念转化为公共决策的潜力巨大

内政部的管理人员、经济学家应共同编写材料,旨在解释经济概念、介绍经济学在公共决策中的应用以及基本的经济分析方法。通过这种方式,来提高经济学专业与非经济学专业的同事和公众的交流效果。在内政部网站上提供与自然资源经济相关的材料与图表,及时向社会公众传递自然资源管理情况,更好地提升沟通交流的能力与效果。同时,由内政部政策分析办公室牵头成立工作组,负责推动这项工作的开展,主要包括:

(1) 编制一份内政部经济技术指南,主要包括经济学基本概念、经济学在内政部自然资源管理中的实际应用、何时开展经济分析、如何更有效地应用经济学。

(2) 在内政部培训中心开设培训课程,专门讲授如何与经济学家沟通、共同促进经济学在自然资源管理中应用。

(3) 在内政部内部着力发现有能力与意愿的经济学家,为他们提供培训机会以提高其

演讲表达与沟通能力。

（4）为内政部的经济学家编写一份指南，指导他们何时撰写论文、发表简报、开展演讲等。

（5）充分利用社会媒体平台，专门研究一系列适合新媒体的传播的内容，用于网络平台发布。

（二）促进跨部门跨机构的经济学家之间的沟通协作，共同服务自然资源管理的公共决策

（1）每年或每半年定期举办内政部经济研讨会。

（2）建立内政部经济学实践联盟（ECOP）。该联盟负责规划内政部经济学研究与应用的研讨会及相关活动，旨在日常提供专业知识和信息分享，发现能力共享的机会，并编制计划、统筹协调研究重点。

（3）建立内政部经济协调小组（ECG）。该小组是由内政部各局和各办公室的代表构成，由政策分析办公室领导，为不同的研究方向确定所要研究的经济学专业知识。在各局和各办公室建立联络中心专门负责经济相关事务的沟通。该小组要作为内政部公共决策者的重要顾问和决策支撑，协助制定和协调统一行动，以开展与经济相关的高水平调查与研究等工作。此外，该小组负责识别与发现那些具有重要的战略价值的自然资源和文化资源，并且内政部可以从这些自然资源的经济分析中受益。

（三）自然资源价值核算方法与其标准化规范化的应用还存在着巨大差距，理解自然资源价值是管理资源和权衡利弊的首要基础

要发现和明确自然资源价值核算所存在的差距，从而确定需要开展研究的优先顺序，并组织协调内政部中不同部门，研究制定自然资源的非市场价值估算方法与路径。通过分析自然资源价值核算中的最佳实践，将相关内容提炼总结成为相关研究成果，以促进自然资源价值核算方法标准化。政策分析办公室领导的经济学小组已经启动这项工作。

（四）在能源资源管理经济研究建模的分析框架上，提高不同自然资源管理之间的内在一致性，包括资源收益等相关问题

美国内政部各局的经济学家经常使用投入产出分析和其他类型的经济模型，来分析其活

动的经济贡献和对拟推行的规则及政策的影响。为了克服不同部门经济学分析碎片化与不一致现象，需要在内政部层面构建统一的建模平台，以解决涵盖所有陆地和海洋能源资源的问题。

（五）自然资源管理中要理解各种自然资源之间相互转化、相互依存、相互融合、相互发展的关系

根据自然资源系统性、整体性、有序性与动态性等特征，以各种资源之间的耦合关系为分析基础，开发出自然资源综合分析开发框架以及多种资源的分析方法，考察给定区域的各种自然资源之间的相互关系和变化的影响，包括能源、矿产资源、水资源和生物资源。同时，这个分析框架应将多种资源集成在一个可以模拟各种自然资源相互影响、相互作用的平台上，包括经济效应、环境效应、生态效应等方面。

（六）进一步量化自然资源管理决策中所需的科学信息

应通过建立信息价值工作组，来编制内政部信息价值技术指南。该小组应由美国内政部的经济学家全体参与，并在指南中包括以下内容：内政部信息的价值是什么，何时能发挥最大作用，哪些方法可以使用，以及如何建立研究团队。同时，借助本次研讨会所取得的良好发展势头，应将其转化为有效的信息沟通渠道，建立信息分享和网络化平台。

三、美国自然资源管理中经济研究所关注的重点领域和问题

正如美国内政部首届经济研讨会所展示的，经济研究在美国自然资源管理中具有重要作用。事实上，内政部在资源管理中，也一直跟踪、研究资源相关的经济问题和经济关系。其所关注的重点领域和问题，既有长期性、战略性、趋势性研究，比如《2018~2022财政年度战略规划》，也有跟踪性、持续性的日常经济分析，体现在内政部部分局的经济研究成果中。

（一）美国内政部《2018~2022财政年度战略规划》中的主要任务领域及目标

美国内政部《2018~2022财政年度战略规划》是最新的有关内政部自然资源管理目

标任务详细表述的文件,设定了未来 5 年美国内政部工作的六大任务领域、21 个目标、34 个战略和近 120 个绩效评估标准。其中与自然资源管理相关的内容,有以下几个方面:

1. 保护土地和水资源

这是为了当代和后代能利用资源、享受资源并从中获益。确保公共土地及其资源的科学管理和永续利用,必须应用当前最好的科学手段,现代的自然资源管理,技术和工程,高效的决策过程,强有力的伙伴关系和不断改进的土地利用规划。

(1) 在土地、水、物种和栖息地管理中应用科学手段来支持决策和行动。提供数据、工具、技术和分析,以增进对自然资源、形成自然状态的内在因素,以及人类、动物、植物之间相互作用的了解。研究、监测和遥感对于了解和监测影响土地资源和过程的变化是必不可少的,这些土地资源和过程对于美国的经济增长至关重要。

(2) 熟练掌握土地利用规划的过程,尤其是在公共土地的利用和获得方面。内政部应该全面检查并提升土地规划的过程,以便为公共用地拓展进入途径和使用用途,同时恢复自然资源的保护与利用之间的平衡,包括土地、能源与矿产资源、水资源、鱼类与野生动植物,以及其他自然资源和文化资源。最新的科学手段、土地遥感成像以及数据库应用于土地利用规划的全过程,以使其发挥最大的社会效益。具体行动包括评估土地利用规划编制过程、使用绘图和成像技术编制土地利用规划等。

2. 利用自然资源和收取资源收益

美国内政部提供获取途径并管理能源和其他资源,包括石油、天然气、煤炭、木材、牧草、非能源矿产,以及外大陆架的天然气。通过能源生产,内政部致力于实现和维护美国能源的主导地位,以保障当代和后代的多种用途和经济利益。

(1) 实现美国的能源和经济安全。美国内政部管理美国大量的自然资源,包括石油、天然气、煤炭、矿物和可再生能源,如太阳能、风能、地热和水电等。其管理的公共土地上尚有大量未开发的能源储备。美国使用能源生产的收入来重建道路、学校、桥梁等公共基础设施。内政部的《走向经济可持续发展之路的全方位能源战略》(*The All-of-the-Above Strategy*)促进了所有能源资源的发展,通过减少对其他国家的依赖、创造就业岗位,并推动经济增长,使得美国更加强大。具体行动包括内政部各局开展工作来了解能源资源的勘探、开发、质量、供应和利用。

(2) 确保矿产资源的获取。公共土地是国家非能源矿物的重要来源,有些是关键矿产和战略性矿产。美国内政部通过负责任地、科学地管理矿产资源,来促进能源安全、环境保护和经济发展。土地管理局开展必要的复杂问题环境分析以授权公共土地的使用,并满足对非能源的固体可租让矿物,特别是钾和磷酸盐不断增加的需求。海洋能源管理局的"海洋矿产项目"为保护海岸基础设施,改善当地、区域乃至国家的发展提供砂石资源。

美国地质调查局"矿产资源项目"为提升资源发现能力提供了深入的科学分析,为资源战略、经济决策及地缘政治决策提供必要的信息和分析。

(3) 确保公众通过公平的市场价值获得自然资源,在某些区域还应包括生态环境恢复的成本。在公共土地、外大陆架以及采掘业收取租金、特许权使用费和红利。在这些收费过程中纳入适当的问责制和公平的回报对美国公众是非常重要的。确保及时、准确地核算和收取能源税费、有效收取和使用游憩费。

(二) 美国内政部经济研究的重点问题

美国内政部下属的多个管理局专门设立了经济研究部门,开展了大量经济分析。同时由于各局的管理重点、研究角度不同,其在资源管理的建模和内在分析的框架方面,存在不一致的问题,需要在内政部的层面加强其内在一致性。

1. 内政部政策分析办公室 (PPA) 经济小组

政策分析办公室负责经济和政策分析,并应要求在部内就与部职责有关的具体问题提供项目协调。该办公室的很大一部分工作需要分析自然资源政策和规章的经济影响,以及经济、环境、自然资源使用和管理之间的关系,特别是涉及内部局职责范围内、具有跨部门或政府间影响的问题。

政策分析办公室内设的经济小组的使命是及时提供高质量、客观的、定性和定量的建议、评论、分析、著作和报告。该经济小组使用经济分析手段为解决众多复杂且紧急的政策问题提供决策依据,包括:第一,运用市场和激励措施促进保护方面的评估;第二,水银行[1]和水运输分析;第三,协助开发地下水评估的经济模型;第四,资源等效性分析;第五,为决策所做的生态系统服务估值;第六,开发生境等价分析指标。

2. 土地管理局 (BLM) 社会经济学项目

土地管理局管理的公共土地为美国的国家经济和社会福利做出了至关重要的贡献。土地管理局设立社会经济项目,制定了《社会经济战略规划 (2012~2022)》,为该项目提供了十年期的路线图。该规划对土地管理局面临的社会经济问题和需求进行了分析,并列出了主要工作量,包括:

(1) 定期进行社会经济分析。包括审查土地管理局的行动及规划过程的社会经济影

---

[1] 水银行 (water banks) 目前还没有一个严格的定义,它是一些发达国家在水资源调配或水权运作中使用的一种配置手段。即把水当成货币,把多余的水存储起来。既然是银行,一定有人存,也会有人取,更会有人贷,贷的利息高于存的利息。储户获取利息,银行获取存贷之间的利息差,水银行也如此操作。

响，具体包含评估资源管理计划的社会经济基线和影响、分析特定油气开发对社会经济的影响、开展项目报告的客户满意度调查。

（2）使用方法和工具来应对土地管理局和内政部行动中遇到的新挑战。具体包括评估碳封存和其他生态系统服务的收益、设计成本效益评估工具测算休闲的经济收益、为内政部年度经济报告准备土地管理部分的内容。

（3）对短期管理的社会经济支撑。土地管理局的管理者和员工经常需应对短期挑战，他们可以从社会经济信息或分析中获益。

（4）项目中或国家特定的社会经济优先事项。有些州和项目都有需要员工全力支持的特定社会经济问题。包括：怀俄明州用于租赁销售的煤炭估值、确定阿拉斯加农村的生活使用区域和资源。

3. 美国鱼类及野生动植物管理局（FWS）经济研究室

鱼类及野生动植物管理局经济研究室为鱼类及野生动植物管理局提供经济分析支撑。根据分析需求，该经济研究室具有与服务处使命和目标相关的内部研究和外包的能力，这些使命和目标包括监管分析、水电站重新发证、濒危物种栖息地的确定、自然资源损害评估、与国家野生动物保护区有关的娱乐活动和国家鱼类养殖的生产和分配、以入侵物种和自然资源为基础的经济发展。经济研究室的重点研究包括：第一，重要栖息地经济分析；第二，生态系统服务估值模型；第三，保护银行①；第四，自然资源损害评估；第五，监管影响报告。

4. 美国地质调查局（USGS）科学与决策中心

美国地质调查局可以用科学领域的专业知识解决涉及能源、矿产、环境卫生、生态系统变化、土地利用、气候变化、水文和自然灾害等方面的复杂问题。科学与决策中心隶属地质调查局，其主要作用是提供多学科交叉的分析框架，将地质调查局的任务领域与自然资源决策相联系，并与其他机构合作，将地质调查局的科学研究与其他机构的自然资源管理相结合，根据他们的资源管理需求对地质调查局的科学研究事项进行优先级排序。目前，科学与决策中心关注五个科学领域的研究和应用。分别是：

（1）生态系统服务。以明确、衡量和评估不同景观中生态系统服务的生物物理效益、经济效益和社会效益。

（2）决策科学。开发、促进和支持使用决策科学方法来解决内政部和其他部门内部重大的、多学科和跨学科的自然资源管理问题。

---

① 永久保护的、为受威胁的和濒危物种管理的私有或公有土地，一个保护银行相当于一个生物账户，其拥有者拥有的是可售的生境或物种。

（3）弹性。弹性是指一个系统或一个社区能够化解冲击并保持相同的基本结构、过程和功能的能力。弹性概念的几个变体与自然资源的管理有关。

（4）公众参与和创新。公众参与和创新是指参与的技术，例如，众包、公民科学和公民黑客，它让志愿者、利益相关者和公众参与科学活动，通过更大范围开放创新的解决方案来增强科学和解决现实世界的问题。

（5）自然资源经济。从多个学科评估人类福祉和自然生态系统之间的相互依赖性。作为经济学领域的一个专门分支，该研究的重点是在地球上自然资源与传统经济发展之间的相互作用中所发现的约束和权衡。研究事项包括评估环境便利设施的价值、整合外部成本、评估环境信息的效益，以及调查激励与市场。

四、国外自然资源开发利用的经济学理论渊源及流派

考察经济分析在自然资源管理中的应用，必须从历史脉络、理论渊源、研究内容等方面来重新审视资源经济学。

（一）经济学理论渊源

从历史上看，经济学始终以解决现实生活中的实际问题为宗旨，不断推陈出新、理论演化，促进了经济社会的发展。威廉·配第的经济学名言"土地为财富之母，劳动为财富之父"，可视为资源经济学的萌芽。此后，古典经济学也关注自然资源开发利用的研究。包括李嘉图的级差地租理论、马尔萨斯陷阱、杰文斯悖论等等。20世纪上半叶发展起来的新古典经济学、福利经济学和制度经济学等学派，既是现代经济学的基础，也为资源经济分析提供了理论渊源。

（1）新古典经济学。新古典经济学家以效用价值论为基础，以资源优化配置为目标，以供给和需求分析为核心，采用演绎的研究方法，构建了市场经济分析体系，强调"看不见的手"和市场自稳定平衡，相信价格体系是最好的资源配置办法。该学派将经济系统独立于生态系统之外，将自然资源作为一种生产要素，纳入经济分析框架，其关于供需弹性、预算约束、一般均衡、垄断竞争等分析方法，对于竞争性、排他性的可进入市场的自然资源来讲，具有重要理论与实践意义。

（2）福利经济学。该学派以福利最大化为目标，重新界定了效率与公平的含义，将新

古典经济学的目标函数从经济福利扩展到非经济福利，揭示了外部性和公共产品等是造成市场失灵的重要原因。庇古的外部性理论，从发现铁路机车的火花可能造成周围树木或农作物损害入手，提出了通过税收矫正私人成本与社会成本的不匹配问题，以此设立的"庇古税"，也被称为环境税。福利经济学使得资源开发利用不只关注经济效率，还考虑社会福利、资源永续、环境保护、社会公平与经济发展等更多的目标。

（3）新制度经济学。新制度经济学突破了新古典经济学关于制度既定的假设，以制度为研究对象，以交易费用为研究范式，提出了制度的构成、制度变迁理论、制度供给、产权理论等理论，为自然资源开发利用的制度建设提供经济学研究基础，比如既要重视正式制度，也要重视非正式制度；自然资源制度变迁要沿着降低交易费用的方向发展，而且会产生路径依赖；哈丁的公共用地的悲剧、奥斯特罗姆的自然资源治理之道等。

（二）自然资源开发利用的经济学流派

美国经济学家伊利和莫尔豪斯合著的《土地经济学原理》（1924年）、霍特林的《可耗竭资源的经济学》（1931年）等经典成果，标志着资源经济学正式起步。20世纪60年代以来，随着资源问题、环境问题日益突出，围绕自然资源开发利用与治理保护等问题，不同学者具有不同的学术背景与关注重点，形成了自然资源经济学、环境经济学与生态经济等学科。特别是20世纪80年代末以来，受可持续发展思想的影响，开始更加关注资源要素、环境生态、经济发展、社会进步与科技创新等方面，综合研究资源开发利用中的经济问题和社会问题，以实现资源的可持续利用。

（1）自然资源经济学。人类的活动离不开对自然资源的开发利用，所以自然资源经济学的发展历史最悠久。自然资源经济学是研究资源开发、利用、保护和管理中经济因素和经济问题，以及资源与经济发展关系。[①] 其主要核心问题主要有：一是如何最大的限度发挥自然资源的开发利用效益，保障资源安全稳定供应；二是根据资源的不同特性，使得资源能够实现跨期配置与可持续利用。其研究的主要内容有自然资源的供给、需求、产权与价值、经济评价、经济开发、成本效益、资源资产管理、自然资源市场，以及资源开发与区域经济发展等内容。其分支学科有：土地经济学、矿产资源经济学、能源经济学、海洋经济学、森林经济学、水资源经济学等等。

（2）环境经济学。20世纪六七十年代，人类生产力的日新月异，带来了环境的污染与破坏，环境质量不断恶化，人类日益关注环境问题，环境经济学应运而生。环境经济学

---

① 谷树忠. 资源经济学的学科性质、地位与思维 [J]. 资源科学, 1998 (1): 18-24.

是运用经济学的基本原理研究如何管理环境资源。① 环境经济学的核心问题主要包括：一是人们为什么以及如何制定影响自然环境的各种决策；二是如何改进经济制度和经济政策，缓解人类需求与生态系统的矛盾。其主要研究内容有环境的基本理论（外部性理论、环境产权理论、物质平衡理论等），环境经济评价（环境价值评估、环境经济影响评估等），环境保护的经济手段（税收和补贴、排污权），等等。

（3）生态经济学。传统的生态学只关注生物与环境之间的关系，并不包括人类的经济活动。随着资源的耗竭与环境的污染，需要系统看待生态系统与经济系统之间相互依赖、相互制约的关系，生态学与经济学日益融合形成生态经济学。生态经济学是一门研究和解决生态经济问题、探究生态经济系统运行规律的经济科学，旨在实现经济生态化、生态经济化和生态系统与经济系统之间的协调发展。② 20世纪90年代以来，生态经济学已经从理论研究进入应用研究和实证研究阶段。生态经济学的核心问题在于研究生态系统与经济系统的协调发展。主要内容包括：生态经济的结构、功能，物质循环和能量流动理论，生态平衡与经济平衡，经济发展与生态系统协调发展的制度与政策，等等。

---

① 巴利·C. 菲尔德，玛莎·K. 菲尔德. 环境经济学［M］. 5版. 原毅军，陈艳莹，译. 大连：东北财经大学出版社，2010：3.

② 沈满洪. 生态经济学的定义、范畴与规律［J］. 生态经济，2009（1）：42-47，182.

可持续性理念与自然资源
经济研究初探[*]

余 韵

近一个世纪，特别是20世纪40年代以来，自然资源经济学取得长足的发展。单门类资源的经济学研究已经比较深入，且在指导现实的资源管理方面发挥了有效作用。但是，由于不同门类资源管理的实践不同，在管理中运用新的技术、方法、理念不同，以及研究过程中自然科学和经济学结合的方式不同，在经济社会发展中的地位和作用不同等原因，导致各门类资源经济学的发展也非常不平衡。

20世纪70年代之后，"石油危机"给各国经济学家及政治家留下深刻印象。"增长的极限"、可持续发展和自然资源综合管理理念的落地生根，使得资源经济学研究从单门类经济学研究向多门类的经济学研究转变。自然资源科学的发展，传统经济学研究的进展，使得对多门类自然资源经济学研究出现了百家争鸣的局面。

前沿经济学家开始质疑传统的社会经济产出统计方式，人们开始思考将自然和环境资本化，并将其纳入国民经济核算体系。"索洛-哈特维克可持续性范式"的提出，把自然资源放到经济框架中，不应该降低总资本存量的价值，自然资本、人力资本、人造资本之间一定程度的"替代"，相对而言是目前大家较为认同的一种认识。

本文简单介绍西方可持续性经济范式的发展和演变，并就强可持续性范式、弱可持续性范式、弱可持续性范式的拓展这三种可持续发展理论流派对自然资源管理的认识作一个简单的分析，仅供参考。

---

[*] 本文原载于《自然资源经济参考》2018年第12期。

一、问题的提出与研究的重要性

2014 年,《环境与发展经济学》杂志邀请全球知名自然资源经济学家回答一个问题,即"你认为过去 20 年环境和发展经济学最大的成就是什么"。加拿大自然资源经济学家哈特维克(2014)[①] 写道:过去 20 年,社会大众已经意识到全球变暖,海平面上升,部分鸟类、鱼类和动物栖息地在逐渐消失等问题。其中,"荷兰病"、碳税和排污许可交易市场化、可持续发展等自然资源问题都是世界性问题,也都是全球关注的热点、难点、焦点问题。自然资源经济学的成就是在自然资源面临这些问题的时候,研究如何作出选择。

2018 年 1 月,世界资源研究所发布了 2018 年环境与发展六个关键问题,包括空气污染、未来石油、国际气候行动进展、负排放、海平面上升以及水资源冲突等。这些问题均与可持续性密切相关。对于这些问题的解决,自然资源经济学家已经作出许多贡献,创造了许多可实现可操作可度量的方式和方法,例如,自然资本、真实储蓄、绿色国民核算、生态系统生产总值、环境服务估值、公共自然资源管理、碳税开征设计、小型资源型国家大量资源收益管理、资源诅咒、长周期能源经济等。只是这些方式和方法还在不断研讨之中。

人类处于广受关注的可持续发展问题的中心,可持续性研究是自然资源经济学家的本心,更是初心。20 世纪 70 年代,已经有自然资源经济学家,例如,罗伯特·索洛(Solow,1974)[②]、约翰·哈特维克(Hartwick,1977)[③],通过严谨的数学模型将自然资本嵌入经济体系中,推导出可持续性指标模型。这些早于"布伦特兰协议",是最早的可实现可操作可度量的可持续性原则。1989 年,皮尔森正式称这条可持续发展原则为"索洛-哈特维克可持续性范式"。至今,40 多年过去了,可持续发展一直都是自然资源经济学研究的重要目标。

二、从霍特林规则到"索洛-哈特维克可持续性范式"

相比其他经济学理论分支来说,自然资源经济学是一门"古老而年轻"的学科。谓其"古老",因为自然资源经济学的源头可以追溯到 17 世纪的威廉·配第,其"土地

[①] Hartwick J M. Twenty Years of Environment and Development Economics [J]. Environment and Development Economics, 2014, 19 (3): 303 – 304.

[②] Solow R M. Intergenerational Equity and Exhaustible Resources [J]. Review of Economic Studies, 1974, 41 (128): 29 – 45.

[③] Hartwick J M. Intergenerational Equity and the Investing of Rents from Exhaustible Resources [J]. American Economic Review, 1977, 66 (5): 972 – 974.

(lands) 是财富之母"被视为资源价值论的早期集成。谓其"年轻",因为20世纪70年代自然资源经济学关注的对象从土地转向不可再生资源。长期以来自然资源经济学的关注点,都是人们在经济社会发展中遇到的大量而又复杂的涉及自然资源的问题。时至今日,自然资源经济学理论仍在发展和创新之中,不断生长出"新枝绿叶"。

20世纪初期,随着技术进步和社会发展,人们的生活富裕起来。同时,也出现一些前所未有的挑战和难题,其核心是人口及经济增长与自然资源配置的不匹配。不少经济学家将视角投向不可再生资源领域,研究关于不可再生资源利用和保护的经济学课题。格瑞(Gray, 1914)[1] 的主要贡献是将动态最优引入分析中,分析多期(7期)最优开采路径。霍特林(Hotelling, 1931)[2] 用动态最优方法思考不可再生资源勘查开发问题,打下了可耗竭资源经济学的理论基础。与格瑞不同,霍特林将研究集中到整个开采行业,研究更长的连续时间。其研究理论——"霍特林规则"(Hotelling's rule),指出开采不可再生资源的价格增长率必须等于贴现率。哈特维克(Hartwick, 2015)认为:霍特林给这些研究构建了一种思考方式,测算了自然资本和可持续发展的量度。延续霍特林研究方向的学者有很多,包括哈特维克(Hartwick, 1990)[3]、利塔和汉密尔顿(Ruta and Hamilton, 2007)[4]、阿罗(Arrow, 2012)[5] 等。

自然资源的一个显著特点是公共性。哈丁(Hardin, 1968)[6] 在《公地悲剧》中将公共自然资源管理的严肃问题用简单例子加以列举。公共自然资源不属于任何一个具体的人,因此缺乏保护的动力。而且,在其他人占有之前,每个人都会尽可能更多地使用。所以,公共自然资源容易导致自然资源耗竭现象的产生。当时,解决问题的方案倾向于简单的禁止,建立国家公园和自然保护区,把自然资源"圈起来",制定法律去约束。埃莉诺·奥斯特罗姆因为建立公共资源社会准则的理论,为解决自然资源的公共性问题找到了较为满意的途径,获得了诺贝尔经济学奖。但实践中不可能把所有的地区都圈起来,难以保护和保存自然资源的例子比比皆是。

20世纪70年代,人们进一步意识到自然资源稀缺性和资源耗竭问题的严重性。1972

---

[1] Gray L C. Rent Under the Assumption of Exhaustibility [J]. Quarterly Journal of Economics, 1914, 28: 466 – 489.

[2] Hotelling H. The Economics of Exhaustible Resources [J]. Journal of Political Economy, 1931, 39: 137 – 175.

[3] Hartwick J M. Natural Resources, National Accounting and Economic Depreciation [J]. Journal of Public Economics, 1990, 43 (3): 291 – 304.

[4] Ruta G, Hamilton K. The Capital Approach to Sustainability [M]//Atkinson G, Dietz S, Neumayer E. Handbook of Sustainable Development. MA, USA: Edward Elgar, 2007.

[5] Arrow K J, Dasgupta P, Goulder L H, et al. Sustainability and the Measurement of Wealth [J]. Environment and Development Economics, 2012, 17 (3): 317 – 353.

[6] Hardin G. The Population Problem Has no Technical Solution: It Requires a Fundamental Extension in Morality [J]. Science, 1968, 162 (3859): 1243 – 1248.

年,"罗马俱乐部"《增长的极限》问世。1973 年和 1978 年连续爆发两次全球性"石油危机",以及 20 世纪 80 年代北海地区等石油资源的开采。这期间一系列事件导致全球油价经历大起大落,随后进入低谷。与之相适应,自然资源经济学家不仅研究不可再生资源的最优开采,而且更多地开始考虑代际公平、代际间资源最优配置(Solow,1974;Hartwick,1977)。约翰·伯格斯特罗姆和阿兰·兰多尔在《资源经济学:自然资源与环境政策的经济分析》一书中得出结论:"代际公平"的宗旨十分明确,即在不损害未来世代满足其发展要求的资源基础前提下的发展。1974 年,诺贝尔奖获得者罗伯特·索洛考虑了不可再生资源与经济增长的关系,认为如果在人造资本产出和自然资本产出间有充足的替换,社会总消费将保持不变。随后,哈特维克(Hartwick,1977)提出,如果人们将自然资源开采得到的所有稀缺租金以资本方式进行投资,那么就可以将资源的消费始终维持在一个固定水平上,得到持续的消费轨迹。这个理论称为"哈特维克规则"(Hartwick,1978,1990,1993,1995,2013),汉密尔顿(Hamilton,1999)称其为"真实储蓄"。皮尔斯和阿特金森(Pearce and Atkinson,1993)[①] 认为"真实储蓄"是弱可持续性范式的衡量指标。学界将索洛和哈特维克理论(索洛,1974,1986,1993)(Hartwick,1977,1978,1990,1993)合称为"索洛-哈特维克原则"或"弱可持续性范式"。

从霍特林规则到"索洛-哈特维克可持续性范式",自然资源经济学把零散的概念和理论串联起来指导现实管理。外部性、稀缺性、资源最优配置、代内代际公平、公共属性等,为资源的使用和保护以及最优污染水平的确定及现实管理方面发挥了有效的作用,而且为保护国家和全球资源提供了理论指导。在可持续发展理论指导下,市场特定问题的解决方案与环境管理问题互相关联起来。这就是自然资源经济学研究"水到渠成"的过程。

三、可持续性经济范式的发展

可持续性指的是一种可以长久维持的过程或状态。严格来说,可持续性是指为限制自然资本的流失或恶化并为保护和恢复自然资本进行投资。在一个超过 74 亿人口的星球上,这显然是不可能的,但是无限制地使用资源和制造废物也是不能接受的。这之间需要找到一个平衡的原则来指导实际决策。1972 年,斯德哥尔摩联合国人类环境会议上正式提出了可持续发展的概念。1987 年,世界环境与发展委员会《我们共同的未来》研究报告将可持

---

① Pearce D W, Atkinson G D. Capital Theory and the Measurement of Sustainable Development: An Indicator of "Weak" Sustainability [J]. Ecological Economics, 1993, 8 (2): 103 – 108.

续发展定义为："既能满足当代人的需要，又不对后代人满足其需要的能力构成危害的发展。"1992年6月，联合国里约热内卢"环境与发展大会"，通过了以可持续发展为核心的《里约环境与发展宣言》《21世纪议程》等文件。

可持续性范式，作为理论基础和实践规范，是可持续发展研究的坐标、参照系与基本方式。皮尔斯等（1989）认为"索洛-哈特维克原则"是"弱可持续性范式"，于是提出"强可持续性范式"的概念。伊迈尔（2013）在《强与弱可持续性范式研究》一书中写道：在可持续发展理论发展中，有两个经济范式。弱可持续性范式（WS）是自然资本可替代的范式，强可持续性范式（SS）是自然资本不可替代的范式。哈里斯（Harris）和罗奇（Roach）的《环境与自然资源经济学》[1] 中提到这里的"强"和"弱"是指假设的强度，并不意味着一个就一定比另一个好。蒂坦伯格和刘易斯的《环境与自然资源经济学》[2] 提出，不同看法和研究派系相互之间是一种"互补关系"，但是"互补"并不意味着相互间完全认同。

（一）强可持续性范式

1. 强可持续性范式要点：保护一切，自然资本不可替代

强可持续性范式，是在弱可持续性范式提出之后出现的。其要点是遵循"保护一切"原则，强调自然资本是不可替代的，只允许每个类别的自然资本本身具有可替代性。甚至认为"可持续发展"这个概念是带有争议的（Jacob，1995b）。

埃里克诺伊迈尔（2013）认为界定强可持续性是个难题：倡议者们在有些时候对什么是强可持续性及其含义有相当不同的看法，甚至皮尔斯根本不愿意给自己贴上强还是弱可持续性提倡者的标签[3]。比较活跃的强可持续性范式研究者包括科斯坦萨和戴利（Costanza and Daly, 1992）[4]、伊金斯（Ekins, 1994）[5]、雅各布（Jacobs, 1991）[6]、斯帕希（Spash,

---

[1] Harris J M, Roach B. Environmental and Natural Resource Economics: A Contemporary Approach [M]. 4th. Routledge, 2017.

[2] 汤姆·蒂坦伯格，琳恩·刘易斯. 环境与自然资源经济学 [M]. 8版. 北京：中国人民大学出版社，2011.

[3] Neumayer E. Weak Versus Strong Sustainability-Exploring the Limits of Two Opposing Paradigms [M]. Edward Elgar, 2013.

[4] Costanza R, Daly H E. Natural Capital and Sustainable Development [J]. Conservation Biology, 2010, 6 (1): 37-46.

[5] Ekins P. The Environmental Sustainability of Economic Processes: A Framework for Analysis [M]//van den Bergh J C J M, van den Straaten J. Toward Sustainable Development. Concepts, Methods and Policy. Washington, Covelo, 1994, S. 25-55.

[6] Jacobs M. Sustainable Development, Capital Substitution and Economic Humility: A Response to Beckerman [J]. Environmental Values, 1991, 4 (1): 57-68.

1993)① 等学者。

"强可持续性范式"的出发点，人口假说（现代马尔萨斯）、资源储量耗尽（梅多斯等人）、石油峰值说（哈伯特，1956）等观点，这些命题本身毋庸置疑，但自然资源经济学会考虑稀缺的价格机制、后备技术（达斯格普塔等，1974）和地缘政治下的替代品等因素，试图以此缓解这些约束。

2. 强可持续性范式的实践

强可持续性范式强调自然资源的不可替代，其实践工具包括可持续性晴雨表（Barometer of Sustainability）、生态足迹法（ecological footprint analysis，EFA）等被广泛使用。戴利（1992）提出可持续经济福利指数（index of sustainable economic welfare，SEW），后发展为真实增长指数（genuine progress indicator，GPI），试图用这个指标最终替代一个国家的 GNP 或者 GDP，但其研究的假设也是自然资本的可替代性，认为所有经济活动包括污染对福利均具有正面的贡献。

强可持续性范式影响很广，许多保护主义者高举的正是强可持续性范式的旗帜，但实际上，自然资本不可替代为核心的强可持续性范式基本上无法运用于自然资源管理实践，因为它不仅没有解决开发和保护的权衡问题，而且还使得这个问题进一步复杂化。

（二）弱可持续性范式

1. 弱可持续性范式的要点

弱可持续性范式的要点是总资本存量不减少，自然资本具有替代性，所有稀缺租金必须全部用于投资弱可持续性范式。这个范式是在两位经济学家工作的基础之上建立起来的：一位是诺贝尔奖获得者索洛（Solow，1974）②，另一位是著名自然资源经济学家哈特维克（Hartwick，1977）③。弱可持续性范式通过严谨的数学模型推导出总资本总消费不变的模型，将自然资本嵌入经济体系中考虑。

弱可持续性范式指出，前代人使用的资源量不应该妨碍后代人至少实现同样福利水平的资源量，即对于子孙后代十分重要的人造资本、自然资本和其他形式的资本的总资本存

---

① Spash C L. Economics, Ethics, and Long-term Environmental Damages [J]. Environmental Ethics, 1993, 15 (2): 117 – 132.

② Solow R M. Intergenerational Equity and Exhaustible Resources [J]. Review of Economic Studies, 1974, 41 (128): 29 – 45.

③ Hartwick J M. Intergenerational Equity and the Investing of Rents from Exhaustible Resources [J]. American Economic Review, 1977, 66 (5): 972 – 974.

量不减少。

弱可持续性需要衡量总资本存量不减少。弱可持续性观点认为，为了实现可持续性，只需要保存资本总量的价值就行。也就是说，按照"索洛－哈特维克规则"，弱可持续性要求保持"总的净投资"，它被适当地界定为包括所有大于或等于零的有关形式的资本。反过来说，实现可持续性，必须保证总的净投资大于或等于零。布伦特兰对可持续发展的定义，从广义上认为可持续发展是针对通用的总资产的规则。因此，根据弱可持续性范式的假设，总资本恒定是成立的。我们通过检查总资本存量价值下降与否，可以判断配置是否可持续。在不知道有关后代配置或偏好的任何信息的情况下，可以每年进行资本存量的检查。

弱可持续性需要衡量各种资本之间可替代的可能性。弱可持续性范式试图解决对不可再生资源的配置问题，因为人类对不可再生资源的选择反映为代际间的配置，当代人消耗还是后代人消耗。自然资本被看作本质上在消费品的生产中是可替代的，是效用的直接提供者。也就是说，弱可持续性必须假定在效用函数中的组成要素是可替代的。所以，弱可持续性要求，现在消耗一部分获得租金收益投入广义的资本之中，比如投资到人造资本中修建新的工厂，投资到人力资本中提升教育水平，投资到可再生资源中补给资源。当然，这种"替代"也不是无限的，有人将其放入"资源诅咒"的研究中，对于资源富裕国大量的资源租金建立社会责任基金，比如挪威的基金，取得了研究成果。我们通过验算各种资本的数额来检查是否具有可替代性。例如，为了扩张农业生产而砍伐森林，首先要对被砍伐的森林进行正确估值，当新生产的人造资本大于损失的自然资本时可以砍伐这片森林，当新生产的人造资本小于损失的自然资本时则不可以砍伐。

弱可持续性需要衡量所有稀缺租金必须全部用于投资，不能用于消费。暗示了可持续性结果需要的具体的共享程度。很多学者认为总资本不变在现实中很容易实现，弱可持续性原则过于宽松。在现实中，我们可能已经消费了部分稀缺性租金，因此，仅仅靠市场自身维持是不够的，必须制定政策才能保持可持续的结果。

2. 弱可持续性范式的实践

弱可持续性的度量方法，其核心是自然资本需要纳入经济体系中。各种资本之间具有可替代性，主要包括"真实储蓄""绿色核算""环境调整的国内生产净值"等。其优点是可操作性强并被国际机构广泛使用。

"真实储蓄"，世界银行称其为"调整后储蓄"（adjusted net saving，ANS），是一种测量可持续性的指标。一般来说，正的真实储蓄率表示可持续性。而负的真实储蓄率是一个不可持续的自然资本再投资到其他资本的指标。真实储蓄率的计算从国民储蓄开始，考虑固定资产折旧、教育、自然资源损耗、二氧化碳排放带来的负投资等。真实储蓄是一个国民核算指标,旨在核算一个国家为其将来实际储蓄了多少。与国民储蓄不同,真实储蓄认为自然资本和人力资本是建立生产力的基础并因此决定了一国的福利水平。由于不可再生资源的消耗,或者可再生资源的过度开发,减少了作为一种资产价值的资源存量,这样的活动代表了对未来生产力和福利的负投资。真实储蓄给政策制定者提供一个以年度数据为基础的及时监测指标。世界银行对真实储蓄的核算已经开展20余年。

把自然资本纳入全社会经济框架中考虑,让很多学者思考绿色国民核算。但传统的国家统计体系认为以土地耗竭、森林砍伐、矿产耗竭为代价的经济活动视为收入,而不考虑自然资本的减少。哈特维克(1990)、梅尔(1991)、汉密尔顿(1994,1996)、阿什海姆和韦茨曼(2001)、塞夫顿和威尔(2006)、李和洛夫格伦(2011)不断推进这方面的研究。

环境调整的国内生产净值(EDP),指将自然资本的折旧以货币的形式从国内生产净值中扣除的国民经济核算指标。里佩托等(Repetto et al., 1989)[①]开创性地在分析印度尼西亚的国民生产总值的增长率时采用传统的未调整过的数据和考虑自然资源贬值进行调整的数据。他们的研究发现,1971~1984年未调整的国民生产总值增长率为年均7.1%,而调整后的数据约为4.0%。随后美国等国开始公布自然资源价值的初步评估。

2012年,联合国统计委员会将环境经济核算体系中心框架(SEEA—2012)作为一项国际标准,这是一部用于理解环境与经济之间交互作用的多目标概念框架。它提供了国际公认的环境经济核算的概念和定义,因此成为收集综合统计数据、开发一致且可比的统计指标、测度可持续发展进程的有力工具。虽然环境核算体系中心框架为评估国民账户体系资产范围内的可再生和不可再生自然资源及土地提供指导,但它对国民账户体系已包含价值以外的这些资产和相关流量评估方法的指导,仍然是一个未解决的问题。

弱可持续范式在自然资源管理实践中运用最广,已经基于这种范式设计了相应的自然资源管理制度,特别是自然资源向自然资本的转化理论以及资源配置优化问题等,在一定程度上可以探索资源开发和保护的平衡点。但是,进一步的运用还需要更谨慎的假设,更小心的求证。

(三)弱可持续性范式的拓展——更严格的弱可持续性范式

近年来,学界讨论一种更为严格的弱可持续性范式。这是延续弱可持续性范式的一种

---

① Repetto R, Magrath W, Wells M, et al. Wasting Assets: Natural Resources in the National Income Accounts [J]. World Resources Institute, 1989, 66 (261): 285-296.

假设。这种假设不是要求现在消耗一部分获得租金收益投入广义的资本中,而是要求现在消耗一部分获得租金收益只投入可再生自然资本中,补充不可再生资源的消耗,不可再生自然资源和可再生自然资源看作一个整体的自然资本保持总量不变。

更严格的弱可持续性范式的要点:自然资本总量不变,自然资本具备可替代性,自然资本在其他资本之上,是最主要的一种资本。

布伦兰特定义的狭义解释为:未来的人需要至少和我们一样好的资源。如果把所有的资源都赋予资产化,那么这个定义可以看作:未来的人需要至少和我们一样好的自然资本,即是自然资本总量保持不变。佐藤和金(Sato and Kim,2002)[①] 把"热力学第一定律"作为约束条件,完善了哈特维克"真实储蓄"理论模型。

皮尔斯等(Pearce et al.,1990)[②] 已经提出保持自然资本总量规则的雏形。这个规则暗含自然资本总量不变,自然资本在其他资本之上,是最主要的一种资本。在"索洛-哈特维克规则"框架下,很多自然资源没有进入资本的概念,只有能被货币定价或者被物质衡量其价值的情况下才能进入自然资本中。笔者认为,对所有的自然资本估值是庞大的工程,不可能完成。但是这个规则试图解决弱可持续发展中没有解决的问题,可再生资源流量可以永远持续下去。可再生自然资源是可以再生的,但有两类资源值得关注:一是某种可再生资源可能要变成不可再生资源,在临界值之上;二是某种最大化效益的可再生资源。这个范式需要解决几个问题:一是在哪里寻找最需要关注的自然资源,克服核算自然资本单位的问题,特别是可再生资源;二是识别发现需要集中关注的自然资本,估算哪些可再生自然资源处于变成不可再生自然资源甚至消亡的临界值;三是计算临界值以上的自然资本所带来的经济利益,经济增长并不是与之相悖的。

在这个范式里,可再生自然资源是研究的重点。根据经合组织(OECD,2015)[③] 数据,2015~2050年,要实现将气候变暖控制在2℃以下的"巴黎气候协议"目标,可再生能源投资每年需要增长150%,达到约16万亿美元。2018年OECD发布可再生能源投资持续增加,但是不合理的政策、电力市场的错位以及烦琐和有风险的投资条件等一系列问题也随之出现。

更严格的弱可持续性范式从理论上看更适合应用于自然资源管理实践,但这种范式所

[①] Sato R, Kim Y. Hartwick's Rule and Economic Conservation Laws [J]. Journal of Economic Dynamics and Control, 2002, 26 (3): 437-449.

[②] Pearce D W, Barbier E B, Markandya A. Sustainable Development: Economics and Environment in the Third World [J]. American Journal of Agricultural Economics, 1990, 38 (4): 1294-1294.

[③] OECD. Policy Guidance for Investment in Clean Energy Infrastructure: Expanding Access to Clean Energy for Green Growth and Development [R]. OECD Publishing, Paris, 2015.

要求的假设和前提过于苛刻,在现实中很难实现,因此,尽管文献中对这种范式的研究非常广泛,但其实际的应用不如弱可持续性范式。

四、结　　语

当前,《2030年可持续发展议程》所制定的各项目标（总共17大项）正在不断地往前推进,促进经济繁荣的同时保护地球。如果社会致力于可持续发展,那么应当采纳哪种可持续性范式?现有的理论都是有道理有经验有证据支持的。不同的政策管理目的和实践,必定会在管理中运用不同的理论和实践工具。在本文中有很多概念在多个范式中出现,如自然资本、绿色国民核算、公共自然资源管理等,我们将开展更深入的对比分析研究。

资源资产核算的新拓展：自然资源资产负债表及其逻辑体系[*]

姚 霖

自然资源资产负债表既是一个"新问题"，也是一个"老问题"。编制自然资源资产负债表，绝非照搬现成的核算体系，而需考虑到它同财务资产负债表、国民经济核算体系、国家资产负债表、环境经济核算体系之间的异同，并找到契合其功能定位的理论依据。为此，本文尝试以自然资源资产负债表包含的"自然资源、自然资源资产、资产负债表"三个概念群为线索，以清明轮廓。

一、自然资源资产是自然资源资产化的产物

资源性资产是一种特殊的资产类型。一方面，资源性资产依附自然资源而存在，表现为实物形态并具备自然资源的一切特征；另一方面，资源性资产是自然资源资产化的产物，表现为价值形态并具有明显的资产属性。

（一）自然资源兼具经济、生态与社会三重价值

当前，对自然资源的学术解释多达数十种，其实多样概念界定的背后都潜藏着各自的研究取向。例如：第一，着重人地关系研究的人文地理学将自然资源定义为："人类认识

---

[*] 本文原载于《自然资源经济参考》2018 年第 14 期。

的、可以萃取的、可以利用的一切要素及其组合体。"第二,关注资源优化配置的经济学将自然资源定义为:"自然资源是指在一定时空内,能够产生经济价值的、以提高人类当前和未来福利的自然环境因素和条件。"第三,研究生物体与其周围环境相互关系的生态学认为:"资源是对于完成生理上的、社会经济上的以及文化上的需要所必备的能量或物质。"

可见,从自然资源的特性来看,"原生、有利、可用、能用"的特征已获学术共识。从个性来看,自然资源概念差异源于对自然资源使用价值的实现形式(生产原料、生态维系、景观休憩)侧重不同而出现差别。其实,自然资源的水桶并没有变化,只是取水的瓢与舀水的人发生了变化。

所以,理解自然资源的概念,应当综合三棱镜的三面,关注到自然资源兼具的经济价值、生态价值与社会价值。例如,在矿产资源的认识上,不仅要认识到矿产开发利用为人类社会带来的经济价值,还需把握矿产依存的气候、光照、水文、地质环境与生态条件,考虑到矿产资源在特定区域对山、水、林、田、湖、草之间共生关系的生态贡献,理解矿产资源勘查、开发、利用、保护、修复等过程与社区福利的联系。

(二)自然资源资产区别于经济资产

"资产"是原生态自然资源向资源性资产转化的关键核心词汇,它不仅引发了产权与价值的创造性转变,也拓展了对传统经济学中"资产"的历史认知。

如图1所示,资产概念共经历了未来服务说、未耗用成本说[①]、借方余额说、财产权说、经济资源说、未来经济利益说、资源说以及权利说等8个典型阶段,并形成了不同的定义。

总的来看,人们对资产认识的趋势是内容上越来越科学,范畴界定上也越发准确。虽然关于资产的内涵目前还存在不一致的地方,但均强调了以下特征:第一,资产必须是历史形成的。在企业财务中资产不能是预期资产,而是企业过去发生的交易事项中能够确认的。只有过去发生的交易、事项才能增加或者减少资产,不能根据谈判中的交易或者计划中的经济业务来确认某笔资产。第二,资产必须是实际拥有或者控制的。实际拥有与控制权利表明所有者主体能够按照自己的意愿进行使用和处置,并从这种资产的排他性中获取利益。第三,资产必须预期会产生经济利益流入,能够给所有者主体带来经济利益。

基于以上对资产的讨论,可以为我们了解自然资源资产提供线索。

---

① 未耗成本是指企业尚未发生,但按正常经营状况来看迟早要发生的成本。

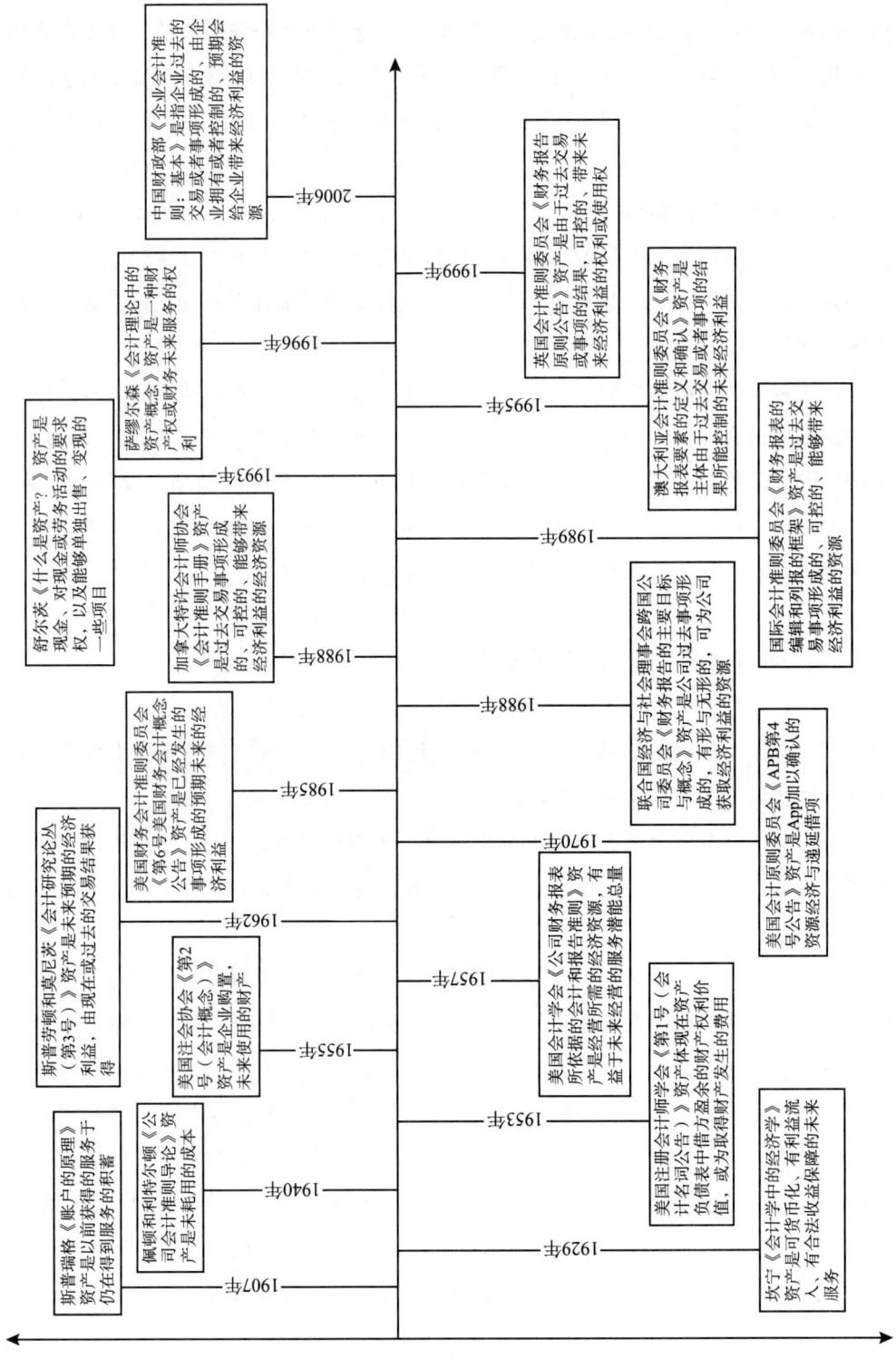

图1 资产概念历史演进图示

（1）自然资源资产是以自然资源形态存在的物质资产。广义来看，可将其视为包括自然资源和自然条件在内的一切自然状态，自然资源资产的范围要大于自然资源；狭义来看，自然资源资产也可理解为产权清晰、贡献确定、可控制、可交易的自然资源，自然资源资产的范围比自然资源的范围要小。虽然两者属性边界的约束力不强，但有"价值与实物形式、同质性与非普遍同质性、一体化管理与单项管理"上的差别。

（2）自然资源资产区别于其他资产。第一，自然资源资产能够带来的福利并不限于经济价值，还包括生态价值、社会价值等非经济价值。尤其在资源环境问题日渐倒逼生态经济转型的时代，自然资源资产多元价值逐渐获得国家和大众的认同。第二，自然资源资产具有较强的主权属性。特定空间的资源资产不仅是一国人民生产和生活的保障，还关系到国家主权独立与领土完整。正因如此，在自然资源资产所有权上，很多国家才纷纷在宪法中规定了各种形式的国家所有制制度。第三，自然资源资产交易市场相较于其他资产交易而言具有特殊性。国家作为最主要的自然资源资产所有者，资源使用权一般通过政府有关行政主管部门的行政许可取得。

（3）自然资源资产分类取决于资产管理需要。在自然资源资产"条块式"的管理模式及其衍生的多维管理下，生成了多样的自然资源资产分类。比如：所有者主体分类（国有、集体所有等）、实物性质分类（土地、矿产、生物、水、林木等）、按照资产使用性质分类（公益性、准公益性、非公益性）、存在位置分类（原位性自然资源资产和开采性或非原位性自然资源资产）、所有权分割分类（专有、共享）、作用大小分类（战略性与非战略性）等。

综上所述，禀赋"国家主权性、财富性、生态性、政治性、民生性、技术性"的自然资源资产是资源资产化的结果，是运用经济手段实现优化配置的重要内容，是能够产生经济价值、生态价值与社会福利的综合体。

二、企业资产负债表与国家资产负债表是自然资源资产负债表框架设计的主要依据

自然资源资产负债表框架参照了企业与国家资产负债表的设计方法，汲取了两者中周期等式、项目等式、核算步骤等编制范式。科学理解企业资产负债表与国家资产负债表的历史渊源与设计原理，了解核算优势与功能不足，可为自然资源资产负债表框架设计提供有益借鉴。

（一） 企业资产负债表的设计原理

企业资产负债表是反映企业在某一特定日期财务状况（即资产、负债和业主权益的状况）的财务会计报表，它是利用会计平衡原则，根据资产、负债和所有者权益之间的相互关系，按照一定的分类标准和顺序，把企业在某特定日期的资产、负债、所有者权益各项目予以适当排列，并对日常工作中形成的大量数据进行高度浓缩整理后编制而成。它表明企业在某一特定日期所拥有或可控制、预期能为企业带来利益的经济资源、所承担的现有义务和所有者对净资产的要求权。

1. 财务资产负债表的演变史

在商品经济初期，社会经济活动比较简单，各经济主体更为关心小成本制作的资产与欠债情况，他们通过"日记月会"的算式来比较月初月末的变化，从而判断当期盈亏。至今，小微零售店仍沿用这种核算方法。细究会发现，这种汇总式的核算并不对每一笔采购、收付进行核算，而是通过期末盘点存货来确定资产（卖完的加上剩余的）、负债（借款和偿还情况）。

随着市场经济日渐成熟，不论是交易主体，还是商贸范围都变得复杂起来。以往简易的资产负债计算已满足不了经济主体对自身经济状况信息了解的需要。例如，要了解各种产品详细收支情况，需要核算每种产品的进销收支、成本（采购价、人力、运输、仓储）和费用（税费），以此来编制利润表。这样来看，这种"收入费用处置方法"相比资产负债的变化，更加关注了各种产品、经营方式的盈利情况。

20世纪70年代，全球经济持续通货膨胀的历史状况直接冲击了历史成本原则。这一时期，收入费用核算模式衍生了财务舞弊和利润操作的丑闻。这时，会计理论和实务界开始重新审视资产负债核算模式，认识到只有资产和负债才是最为真实的。随后，美国证券交易委员会呼吁用资产负债核算模式全面取代收入费用核算模式。2006年我国颁布的新企业会计准则，也引入了资产负债观，逐步以资产负债观取代收入费用核算方法。

2. 财务资产负债表的框架分析

（1）结构平衡与权益明确的框架设计。企业资产负债表作为财务会计核算工具，它同"利润表、现金流量表、所有者权益表、中期财务报告和附注"共同构成"财务报告"。如表1所示，它采用"资产＝负债＋所有者权益"的平衡公式，采用"左列资产、右列负债与所有者权益"的账户式结构，以"期初余额"和"期末余额"两栏填列。在内容上，资产方反映企业资产总额及其构成，揭示企业某一时点所拥有的经济资源、分布情况及盈利能力。负债方反映企业某一时点的负债总额及其结构，解释企业现今与未来需要支付的债务总额、偿债紧迫性和偿债压力大小。将负债与资产结合起来，可据以评估企业的绩效，分析其财务的弹性和安全性，以满足报表使用者做出经济决策的财务信息需要。

表1　　　　　　　　　　　　　　账户式资产负债表范式

资产	年初余额	期末余额	负债和所有者权益	年初余额	期末余额
流动资产：			流动负债：		
货币资金			短期借款		
短期投资			应付票据		
应收票据			应付账款		
应收股利			预收账款		
……			……		
流动资产合计			流动负债合计		
长期投资：			长期负债：		
长期股权投资			长期借款		
长期债权投资			应付债券		
长期投资合计			……		
固定资产：			长期负债合计		
固定资产原价			负债合计		
减：累计折旧					
固定资产净值			所有者权益：		
……			实收资本		
非流动资产合计			资本公积		
			……		
			所有者权益合计		
资产合计			负债和所有者权益总计		

（2）信息充盈与支持多维分析的信息加工。第一，从资产和负债的结构入手，分析资产负债的质量、风险、配比关系及其他比率；第二，从不同报告主体的资产负债表关系入手，分析经济活动、风险传导和经济危机的生成原因及应对策略；第三，从纵向时间维度、地理区域、行业的维度，比较资产负债表信息，分析宏观经济形势与企业竞争环境等；第四，结合社会经济指标，服务企业战略分析。

（3）内容局限、预测不强与衔接不畅的功能局限。第一，内容局限。资产方不能反映主体拥有或控制的所有资源。例如，自然资源、文化自然遗产、社会资本等资产，由于公允价值和历史成本都不可得，因此它们未被列示在资产负债表中。第二，预测性不强。基于信息可靠性原则，现行资产负债表中核算计量主要以历史成本记账为报表要素确认的基础，采取历史成本同现值、公允价值等其他计量属性相结合的混合计量模式。而这种计量模式在应变"可能事项"（在没有确凿证据证明交易信息的情况下）稍显滞后。此外，资产负债表只能够反映企业的各项资产、负债、所有者权益的增减变动及相互关系，通过计算资产负债率、速动比率、流动比率、产权比率等指标，分析企业的财务弹性和偿债能力，而对于"可能财务信息"预测性弱。第三，衔接不畅。资产负债表按照流动性和性质进行分类，损益表或利润表是按照营业活动（非营业活动）和收入费用的性质和功能进行分类，而现金流量表主要是按照功能即企业从事活动的性质（营业活动、投资活动、筹资活动）进行分类。

（二）国家资产负债表框架的设计原理

国家资产负债表是财务负债表核算方法的重要运用。20 世纪 90 年代，拉美危机引发了各国对国家债务危机的反思。国家资产负债表作为能够准确刻画一国债务风险、评估偿债能力的分析框架，获得了国际社会的青睐。

1. 国家资产负债表的历史演变

早在 1936 年，狄金森等美国学者提出了将企业资产负债表应用于国民经济核算的构想。直至 20 世纪 60 年代，国家资产负债核算才开始作为一种成熟的核算方法进入人们视野。美国经济学家戈德史密斯尝试将资产负债表的分析功能引入国家治理，开始研究国家资产负债表，并试编了美国 20 世纪初至 80 年代综合和分部门的资产负债表，并对项目结构和变化趋势进行了详细分析。1966 年，英国经济学家雷维尔试编了 1957~1961 年英国国家资产负债表，以此讨论了国家资产负债表编制的部门分类、资产范围和分类、估值方法、数据来源等理论和技术问题。自 1975 年以来，该表被正式纳入官方统计，英国国家统计局以蓝皮书形式每年定期发布国家资产负债表和部门资产负债表。

自 20 世纪 70 年代起，日本、苏联、加拿大、澳大利亚等国家也开始了国家资产负债表编制研究。1972 年，为研究日本金融发展状况，戈德史密斯着手编制了日本自明治时期起的国家资产负债表。20 世纪 90 年代后期，日本将国家资产负债表正式纳入国民账户体系并定期在日本统计年鉴中发布。加拿大于 1985 年首次公布国家资产负债表，并对此前若干年的部分数据做了估算，编制了自 1990 年以来的以账面值和市场值估算的国家资产负债表。20世纪90年代起，伴随着联合国国民账户体系理论与方法的完善，澳大利亚、加拿大、英国和日本等部分发达国家的官方统计部门开始定期公布国家资产负债表。至今，大部分经济合作与发展组织成员国都至少公布了不含有实物资产的金融资产负债表。

中国国家统计局于20世纪80年代中期开始研究国家资产负债表，1992年把资产负债表正式纳入中国国民经济核算体系，1995年制定了统一的国民资产负债核算制度，1996年开始试编中国的国家资产负债表，现已编制了1995~2000年共6年的国家资产负债表，全国各地区也编制了1995~2001年共7年的地区资产负债表。2000年起，国家统计局根据联合国国民经济核算体系（SAN-1993）对资产负债核算制度和方案进行了修订。因受核算数据的限制，此项工作还停留在统计方法和数据层面，缺乏系统性的政策分析，尚缺预测方法。2011年以来，曹远征、马骏、李扬分别对国家资产负债表做了实证研究。由于数据来源、估算方法以及对资产、负债的界定不同，其结论出现了差别。

2. 国家资产负债表的框架分析

国家资产负债表就是将企业资产负债表的经验运用于经济体，将经济体范畴内某一时点所有经济部门的资产与负债分类加总列示，得到反映该经济体总量（存量）的报表。如表2所示，国家资产负债表的框架及原理主要包括以下几个部分。

表2　　　　　　　　　　　SNA-2008国家资产负债表框架

资产类型	部门分类							
	非金融公司部门	金融公司部门	政府部门	住户部门	为住户服务的非营利机构部门	经济总体	国外部门	总计
一、非金融资产								
（一）非金融生产性资产								
（二）非金融非生产性资产								
1. 自然资源								
土地								
矿产和能源储备								
非培育性生物资源								
水资源								
其他自然资源								
无线电频谱								
其他								

续表

资产类型	部门分类							总计
	非金融公司部门	金融公司部门	政府部门	住户部门	为住户服务的非营利机构部门	经济总体	国外部门	
2. 合约、租约、和许可								
3. 商誉和营销型资产								
二、金融资产								
三、金融负债								
四、净资产								

（1）核算主体边界明确。

国家资产负债表遵循国家主权的核算边界，按经济责任主体（居民、非金融企业、金融部门、中央银行、中央政府、地方政府、对外部门）分类核算资产、负债与净值，继而汇总编制完成。

（2）遵守资产、负债与净资产的平衡关系。

资产包括非金融资产和金融资产两大项。其中，金融资产包括国内外各种金融债权、储备资产等；非金融资产界定则比较复杂，需满足拥有交易记录、与金融资产和负债相匹配以及具有某种合理可行估值方法三个条件，主要包括固定资产、存货和其他非金融资产（资源资产、无形资产等）。国家资产负债仅指金融负债，是一国或地区内所有机构单位的债务，无实物对应项。国家资产负债表中，资产与负债的差额为净资产，对应于企业资产负债表中的所有者权益。一般来说，纳入国家资产负债表的经济资产必须同时具备明确的所有权、控制权以及效益性等特征。

3. 关注存流量信息核算

存量表反映一个时点（期初、期末）所有机构部门或单个机构部门资产负债的存量。流量表反映一个时期（核算期间）所有机构部门或单个机构部门资产负债的变化，资产如果在不同机构部门之间转移，或者资产由一种类型转化为另一种类型等。存量表用于描述资产负债的总量与结构，流量表用于分析资产负债的转移及变化。

（三）财务资产负债表与国家资产负债表的核算差异

1. 目的不同

企业资产负债表以反映企业财务信息，服务信息使用者了解企业经济健康情况，为企业决策者准确制定经营发展战略提供信息支撑为目的。而国家资产负债表主要判断国家（政府）的资产负债表健康情况，以衡量政府债务问题，规避金融债务风险。例如，研究未来债务负担上升的原因和前景，如何提高资产的可变现能力，如何增加公共部门收入的能力，如何控制支出增长（如降低机关事业单位养老金的替代率，建立长期护理的商业保险体制）等。

2. 计量基础不同

企业资产负债表编制遵循财务复式记账法，其信息质量在"借贷"中有财务核算制度来保证，数据具有可靠性、相关性、可理解性、可比性、实质重于形式、重要性和谨慎性。而国家资产负债表登录的基础数据虽然大部分可以通过台账获得，但部分数据需要依靠估算。

3. 编制方法不同

企业资产负债表严格按照"资产＝负债＋所有者权益"的等式，表内有规范的逻辑关系。但国家资产负债表部分数据是通过测算与估算取得，资产与负债、所有者权益（净资产）的关系一般难以完全平衡。

通过分析企业财务资产负债表与国家资产负债表的基本概念、框架体系以及运用情况，可总结出"资产负债表"的基本特点。

（1）资产负债表是一套满足使用者信息需要的信息系统，具有非常明确的目的性、功能定位。

（2）遵守严格、规范的核算方法。在核算对象假设、核算周期、核算原则、资产与负债的确认、计量、核算逻辑等式等理论技术上，通过《会计准则》等标准予以规范，并形成了较为系统的规范体系。

三、自然资源资产负债表框架设计及其原理

（一）自然资源资产负债表的基本认识

自然资源资产负债表应该是一张（一套）既包括自然资源资产，也包括自然资源负债和所有者权益的"形神兼备"的资产负债表；是一套主要用于体现自然资源资产"存量与流量、数量与质量、实物量与价值量"的计量报表；是反映特定时空内"资源账、生态

账、管理账"的信息报告。

自然资源资产负债表的特殊性在于自然资源资产管理的特殊属性。长期以来，在经济利益的驱使下，自然资源的环境属性被人为剥离，社会及政府只关注其资源属性。又因自然资源具有公共物品的特点，自然资源成本在各经济主体的财务核算中一直未获重视，导致出现"有价值无计量，有资源无权益，有产品无价格，有义务无主体"的状况。

因此，自然资源资产负债表同企业、政府、事业单位，以及其他经济主体的资产负债表在核算理念、核算对象与核算工具选择上存在差异。这就要求自然资源资产负债表不仅要关注自然资源的经济价值、生态价值与社会价值，还要能够深化企业资产负债表与国家资产负债表中的核算框架，融合评价区域环境经济与政府生态责任绩效的功能。

（二）自然资源资产负债表与环境经济核算的异同

当前，部分学者一直未能捋清自然资源资产负债表与环境经济核算之间的关系，由此出现了将环境经济核算体系套用于自然资源资产负债表的问题。

1. 核算初衷有差异

从字面来看，环境经济核算中包含环境与经济两个要素，其目的是对两者的相互关系做量化分析，表现为经济过程对环境的利用，以及经济过程对环境的影响，从而为环境管理决策提供基础。以环境经济核算（SEEA）为例，其目标是："探讨如何编制可以研究和分析经济与环境间相互作用的各种账户，（因为）唯有将两个领域结合起来，才能发现不同生产与消费模式对可持续性的意义，或者研究保持给定环境标准的经济后果。"对其核算对象范围作以细化，则更能清晰呈现其意图：环境资产资源的存流量、环境活动的实物量与价值量、与环境有关的经济活动、与环境有关的社会活动及其他。

2. 核算思路有差异

环境经济核算体系以核算环境防护活动与评价经济活动的环境成本为设计思路。一般来说，环境经济核算主要侧重于进入国民经济活动之中的自然资源损耗及其开发利用导致的环境损失。比较而言，自然资源资产负债表的初衷并不是对 GDP 做加减法来反映经济活动的环境代价，而是从评价自然资源资产的所有者权益出发，核算一个国家、行政区域内自然资源资产的"存量与流量、数量与质量"。两者最为显著的差异在于：

（1）自然资源资产负债表不仅关注"进入"经济活动中的自然资源，还关注未进入经济活动中的自然资源。

（2）在环境损失核算上，自然资源资产负债表对环境的核算极具针对性，即在可持续发展理论框架下，核算因资源开发而导致的环境损失。

（3）自然资源资产负债表不仅是一笔"资源账"，还是"生态账"与"管理账"。

可见，自然资源资产管理的属性定位决定了它在核算理念、核算方法及信息报告体系上同环境经济核算有较大的差异。当然，我们也需注意到两类核算之间存在的"环境（生态）核算"共性，积极借鉴环境经济核算的理论与技术方法，为建立与完善全民所有自然资源资产负债表提供有益参考。

（三）自然资源资产负债表的框架设计

1. 以编制功能引导设计定位

自然资源资产负债表设计应当立足当前核算理论与技术经验，站位于自然资源所有者权益，不囿于财务资产负债表、国家资产负债表、国家资产负债表及环境经济核算体系等为代表的核算框架，而应围绕我国自然资源管理体制改革方向，进一步将自然资源与可持续发展管理过程联系起来进行测算与评价，并提供相关"信息"。具体而言，应将资源可持续利用理念和相应的管理工具（生态功能区、土地管理法、矿法、水法、环保法、林法等）引入其中，不仅关注经济活动过程中的资源消耗，尤其是过度消耗，还应关注已探明且已确权的自然资源存量状况。

2. 三本账搭建总体结构

如图2所示，自然资源资产负债表是一套包括"自然资源环境损益信息""自然资源资产负债信息""资源行政管理信息""或有事项说明"的四项基本内容的综合信息报告。这四套信息子体系分别通过对特定时空内自然资源资产的存流量情况、资源资产负债情况、资源开发利用导致的环境损益情况、资源行政管理绩效情况予以说明，以实现"自然资源资产负债表"禀赋的"资源账""生态账""管理账"信息功能。

3. 先易后难、先简后繁实施编制

编制过程按照"由实物量到价值量""由单项到汇总""由存量到流量"的步骤，解决实物量核算量纲问题、价值量定价问题、存流量数据客观性问题，做好与自然资源资产统一调查、确权、登记、有偿使用、生态空间管控、生态补偿、生态修复、离任审计等自然资源资产管理的衔接工作。

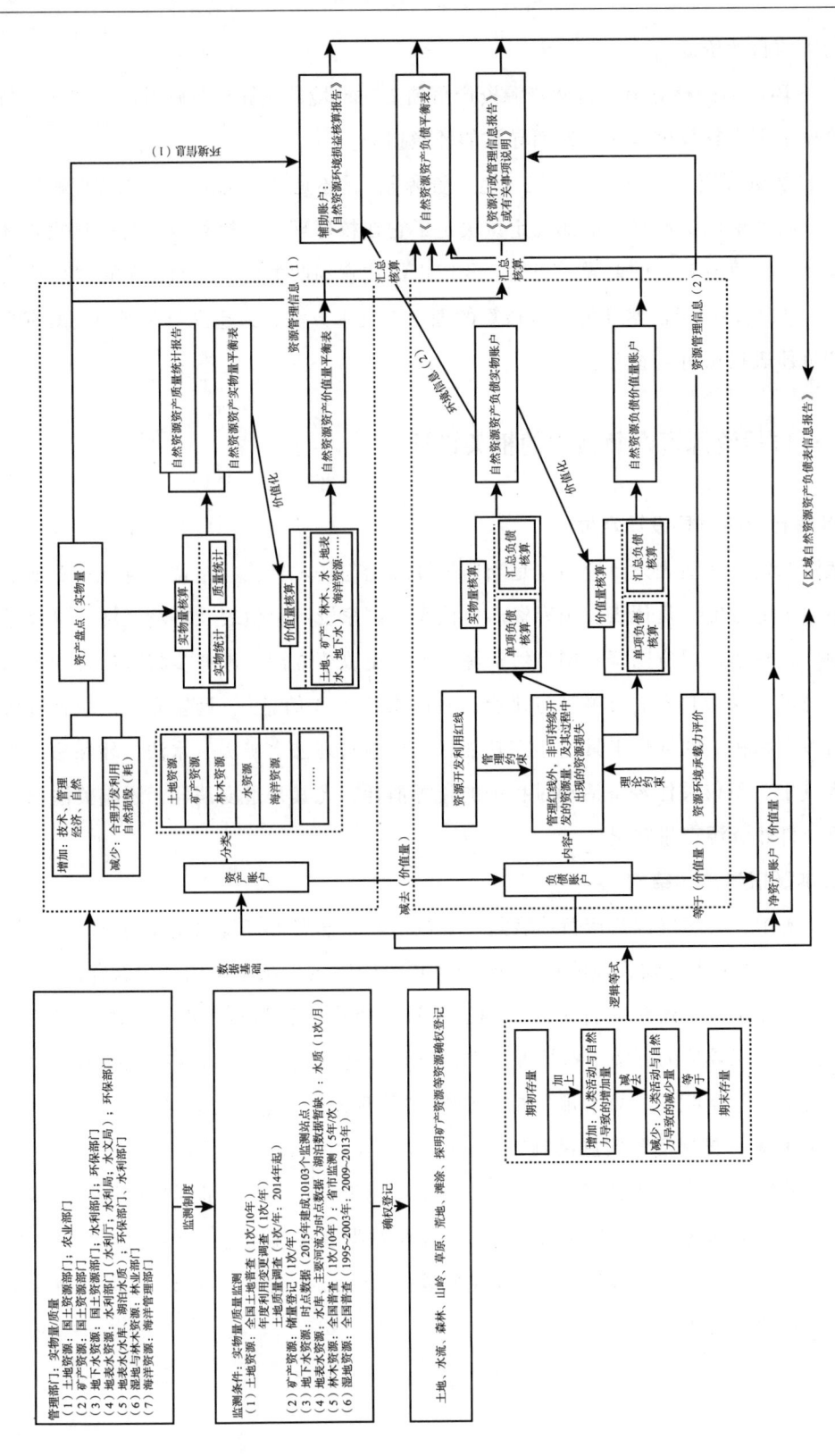

图2 自然资源资产负债表编制逻辑

新时代国土空间规划职能设计与路径建议[*]

强 真

党的十九大报告提出了"人与自然和谐共生""绿水青山就是金山银山"等绿色发展新理念,明确了实现"两个一百年"奋斗目标的总体部署和战略布局,拟定了 2035 年和 2050 年国家发展方向、发展方式和发展要务。国土空间规划应遵照党中央部署,重构职能体系,重建任务框架,精笔绘制生态文明美丽中国蓝图。

一、新规划职能设计

(一)规划职能体系

国土空间是指以自然资源为载体,汇集生态环境和各类经济社会活动于一体的系统关系总和,具有长、宽、高、深四维尺度,具备不同功能的立体范畴。国土空间规划是确保国家和地区生态、经济、社会发展安全,协调各类型空间功能需求,提升空间开发保护效能的总体管制方案。国土空间规划要应对全球气候变化,防止局部生态恶化,化解社会矛盾显化,避免经济金融弱化,杜绝城乡过度同化,为实现新时代梦想,提供新空间供给,重塑新空间利用方式,营造新空间格局,落实新空间战略,培养新空间动能。国土空间规划职能和性质应体现在约束性、引领性、保障性、系统性、包容性、创新性六个方面。

---

[*] 本文原载于《自然资源经济参考》2018 年第 16 期。

（1）约束性。为绘制国家2035年美丽中国蓝图，完成生态保护红线、永久基本农田、城镇开发边界三条控制线，形成优秀历史文化空间基线、民生服务设施用地设施保障线和矿产能源安全供给空间警戒线。

（2）引领性。为推进国家2035年经济社会发展质量变革、效率变革、动力变革，提供集约、高效、绿色、和谐、共享的空间供给侧结构性改革总体方案。

（3）保障性。为实现国家2035年可持续发展战略、区域协调发展战略和乡村振兴战略，提供科学、可靠、精准的空间保障策略。

（4）系统性。为迈出国家2035年全体人民共同富裕的坚实步伐，提供区域协同、城乡协作、工农互补、富贫互助的国土空间"一体化"配置决策。

（5）包容性。为力促国家2035年基本实现社会主义现代化，提供服务于人口发展、基础建设、文化繁荣的多元空间支撑路径。

（6）创新性。为确保国家2035年现代社会治理格局基本形成，提供空间开发、利用、保护、整治和景观建设"五同步"新政策制度束。

（二）规划任务构建方向

对应国家绿色发展对国土空间配置和管制总体要求，严格落实自然资源部党组提出的规划工作基本准则，规划任务框架可从全面系统、突出重点、显化特色、主线清晰、上下传导和可施可控角度进行设计，围绕国土空间治理新需求进行谋划。国土空间配置与管制"6化"特征与"6个时代"要求[①]，如表1和表2所示。

表1　　　　　　　　国土空间配置与管制"6化"特征

项目	特征内容
生态化	以严格保护和节约集约为国土空间配置出发点
全球化	从世界视野抉择国土空间配置和自然资源供给规划目标
区域化	将区域协同化、一体化下的国土空间配置作为规划重要谋略
人本化	将以人民为中心作为规划灵魂
信息化	以大数据为对象构建国土空间规划要素集成
法治化	将法律法规和公平公正公开作为国土空间用途管制实施保障

---

① 新时代空间治理理念可概括为"6化6时代"，是由自然资源部国土空间规划局局长庄少勤提出的，可作为国土空间用途管制和自然资源配置基本构架方向。

表2　国土空间配置与管制"6个时代"要求

项目	要求内容
塑造（大）存量为主的时代	1. 存量空间不仅仅局限于建设空间，任何没有发挥应有价值的空间，均应纳入存量空间范畴 2. 优化生态、农业和城镇空间组织机理，释放空间新价值，激发空间新活力 3. 致力于促进城乡建设空间"减肥提质"
塑造城镇群的时代	1. 重塑国家和区域城镇体系空间关系构架及职能构架 2. 打破地市单独规划模式，以城镇群为统一体，联动配置城镇和乡村建设空间 3. 发挥城镇群和重点区域空间总体动能，实现各组成单元空间利用和生态保护协同
塑造品质社区的时代	1. 通过补足民生设施建设空间，缩小城乡居民生活服务差距 2. 塑造城乡一体化品质的生活空间
塑造流量增值的时代	1. 充分发挥市场对资源配置的决定性作用，通过建立"总量（控制）、存量（整治）、流量（市场）、增值（交易）"流动机制，促进存量空间挖潜、增效 2. 形成区域与区域间、城市与城市间、城镇与乡村间、乡村与乡村间各类空间再利用的新格局
塑造数字驱动的时代	1. 建设各级规划统一的"时时变化、适时调整、实事跟踪、实时监测、实实决策"空间管理大数据平台 2. 实现一张蓝图绘到底的信息平台高效支撑
塑造共建共享的时代	国土空间规划要各界受用、管理必用、行之能用、造福各方

（三）基于保障国家安全的空间体系

国土空间安全主要涉及生态安全、食物安全、经济安全、社会安全、资源安全和边疆安全。具体如表3所示。

表3　国土空间安全施策重点方向

项目	具体内容
生态安全	1. 力促生态红线完整（2020年：划定形成最小生态空间边界，确保国家和区域生态底线安全，保证重要生态产品基本供给） 2. 生态产品供需平衡（2035年：构建国家较适宜生态空间体系，生态功能逐步优化，实现全系生态产品稳定供给和扭亏增盈） 3. 生态与景观均优（2050年：形成国家最优生态空间系统，实现生态保护与经济社会发展完美融合，生态功能与生态景观同步优异）
食物安全	1. 总量保证（夯实耕地和基本农田红线，确保粮食基本自给，实现动植物蛋白供给平衡） 2. 品质提升（优化农业生产空间规模结构，改良土壤等要素性状，适度降低空间利用强度） 3. 结构优化（引导农业生产空间利用多维化，实现农业产业化、规模化、园区化并行，兼顾物质食粮和精神食粮双向供给）

续表

项目	具体内容
经济安全	1. 保障实体（保证农业和优秀制造业生产空间稳定，实施空间收益分配政策创新，锚固国民财富基本来源） 2. 城产协稳（确保城镇居民资产价值基本稳定，力促产业结构调整优化，城乡各类空间改造整治成本可控） 3. 双资协优（优化关键领域资源配置，引导 M2 向乡村合理流动，促进农民资产增值）
社会安全	1. 保障民生（补齐"住行育卫终"空间用地配置短板，实施低成本空间供给，构建民生服务空间保障策略） 2. 成本降低（降低民生服务空间使用成本，在城乡间同等施策，优先保障乡村振兴空间配置需求） 3. 利"国"利"民"（实施国有与民营经济同等化空间政策待遇，优先保障优秀民企发展，实现城乡同步）
资源安全	1. 能源保障（构建能源供给基地体系，形成新型能源与传统能源双向稳定供给，实现供给与消费空间关系双平衡） 2. 矿产保障（构建重要矿产基准供和储备空间体系，开采与保护同步，优势战略性矿产以储备为先） 3. 供水保障（严格保护各类水源地，协调江河湖海关系，调处重要国际型河流开发利用与保护空间关系）
边疆安全	1. 繁荣发展（实施生产生活空间配置特色政策，促进"一带一路"重点区域发展，实现以繁荣促稳定） 2. 战备预留（形成特殊空间配置方案，构筑国防安全线，重塑边境国土安全空间格局） 3. 岛屿利用（鼓励岛屿开发，构筑蓝色国土安全线，保卫主权）

二、新规划任务体系设计

按照实施所有国土空间用途管制的工作要求，从"多规合一"和协调空间供需角度，国土空间规划本质应为供给侧结构性改革的空间落实方案，主要任务涉及八个方面。

（一）构建系统完备、功能突出的生态产品供给空间体系

优质生态空间既是国家生态安全生命线，也是实现"绿水青山就是金山银山"、实现生态资源资产变现和扶贫脱贫的重要空间载体。借鉴发达国家自然生态空间分级分类管理经验，分三个角度进行生态空间管制设计。

（1）力促生态保护红线空间边界与功能"双完整"。一是从国家生态安全层面，解决

水源涵养、生物多样化等单要素生态保护红线存在的插花化和破碎化问题，纠正部分红线边界偏差。二是从保障区域生态安全视角，强化多功能重叠型生态红线的严格保护，比如同时提供水源涵养、水土保持、生物多样性、防风固沙等2种及2种以上生态产品的同一片红线，原则上应禁止人类活动干扰。三是明确可供科研、旅游、观光等绿色产业发展生态红线管制规则及允许比例。

（2）重塑生态产品供给盈余的生态空间新格局。针对违法违规、严重破坏生态、无主低效的建设空间，谋划和实施"退建还生"系统工程，包括：退建还林、退建还湿、退建还湖、退建还河、退建还草、退建还物（动植物）。除"退耕还生"外，力争在生态保护红线基础上，适度扩大重要生态空间范围和面积，为2035年美丽中国蓝图提供机理联动化和功能网络化的新型生态网络化空间格局。

（3）引导非红线重要自然生态空间绿色开发。一是以重要生态功能区和各类优质自然生态空间为重点，参照发达国家经验（德国以生态群落分布环境的边界为基准，划定自然保护区、国家公园、国家级自然古迹、生物圈保护区、自然景观保护区、自然公园、自然纪念物、自然景观受保护区域，各类区域具有各自的保护和开发规则），在省级国土空间规划中划定非红线自然生态空间有限开发范围和边界。二是分区片制定有限开发管制规则，形成不同类型绿色产业发展指导目录（生态旅游、林下经济、文化遗迹教育等），结合"三块地"改革，变现生态空间经济价值，促进乡村振兴和扶贫脱贫。三是分类分级管理国家公园，根据不同类型国家公园生态空间主导类型和关键功能，分类分级形成国家公园绿色产业发展管控政策。

（二）建设绿色安全、品质优秀的农产品供给空间

伴随全球深度开放和产业结构调整步伐的加快，我国农业发展也已进入深化调整、深度变革、深入转型阶段。现有小、散、不专业等农业空间配置模式，某种程度上制约了农业现代化发展。平原地区适度规模化、山地丘陵地区精致专业化、都市周边特色服务化等现代农业多元化发展，需要统筹配置耕地、林地、园地、牧草地和养殖水面，并进行空间利用重构和经营重组。至2035年全国应基本建立数量供给有保障、品质安全有保证的绿色食品供给空间体系，实施支撑乡村振兴和农业可持续发展的"一线五模式四整治"空间配置方案，创新乡村生产生活生态空间配置政策。

（1）全面夯实耕地红线，并力求提高耕地资源保有量。耕地资源所承接的农业生产活动日益多元化，一方面要保证2035年总人口粮食自给率不低于90%，另一方面随着草原禁牧和载畜量的下降，畜牧业等养殖业也逐步向耕地空间转移，粮畜结合、

粮草结合发展趋势明显。同时，为实现可持续利用，休耕、轮作逐步推行，景观农业、设施农业发展及城市菜篮子工程不断建设，我国耕地资源所承担的农业产业化任务日益繁重。若对标欧盟现阶段农产品质量要求，我国应适度降低农药和化肥使用强度，单产水平将受到影响。在保障粮食、肉类供给规模不降低的前提下，至2035年，全国达到土壤、生态安全要求，并可直接使用的耕地和基本农田保护规模应不少于20亿亩和18亿亩。

（2）适度重组重构各类农业用地，建立现代农业生产空间配置"五模式"。包括：适度规模化和设施化的粮食、蔬菜产业空间，绿色生态化和品质化的肉蛋奶产业空间，逐步链接化和技术化的水果园艺产业空间，区域特色化和专营化的经济作物产业空间，城乡一体化和景观化的都市农业空间。在此基础上，分地域形成五种现代农业产业空间配置管制政策，明确农地农用和集体建设用地用于产业发展的收益分配及融资安全保证措施。全国国土空间规划要明确粮食优势区和非粮食优势区耕地农用非粮化比例上限，对于粮食优势区应不高于5%，非粮优势区不高于20%，并在省级规划中进行具体指引落地。

（3）力促耕地与山水林湖草生命协同，实施耕地"水-土-生"4整治工程。包括：耕地土壤质量恢复提升综合整治工程，水土污染和防护综合整治工程，耕地灌溉生态水网补充建设工程，耕地与山水林湖草共赢的生态综合体建设工程。至2035年，全国基本农田土壤质量应整体提高1~2个等别，粮食优势区土壤污染基本治理完毕，并形成旱涝双保的给排水大水网体系。根据耕地所在区域生态敏感性和脆弱性特征，以"山水林田湖草"生命共同体为统一体，开展农田水网与"河湖湿地"水系水质整治，实施山体植被修复和保护，系统建立护田林，强化防风固沙草地建设，形成"田肥、水清、山绿、林茂、湖澈、草丰"全生态链耕地景观体系。

（4）引导各类农业园区有序发展，做强做实乡村振兴动力点。按照《乡村振兴战略规划（2018—2022）》部署，以及《全国农业可持续发展规划（2015—2030）》《国家农业科技园区发展规划（2018—2025）》等国家规划安排，各类各级农业园区已成为带动传统农业转型、促进新农村建设、提高农业竞争力和力促乡村振兴的动力点。因此，全国国土空间规划应根据各地区实际需求，有序配置各级各类园区发展密度，确定2035年国家和省级农业园区空间发展总规模管控目标（包括核心区面积和示范区面积），制定不同园区农用地（含基本农田）、第二、第三产业建设用地和配套设施用地利用管制方案，防止建设无序和金融风险，提高产业空间利用效益，鼓励盘活存量，提升农村公共设施配套水平和建设现代农村社区。

(三) 构筑高质高效、区域协同的城乡生产生活产品供给空间

随着交通设施网络化和地区间经济要素联系快速化，人口空间布局逐步呈现区域间、城镇间频繁流动化特征。以地市等行政单元独立规划城乡建设空间已不适应新时代需要，其是造成一人多地，以及地市行政单元人口加和超过全国总人口的规划技术原因。因此，科学配置城乡建设空间必须客观研判区域间人口流动趋势，综合经济发展、生活成本、宜居宜业程度、民生服务水平等因素，进行综合定度。

从空间规模变化看，根据全国人口总体发展趋势和区域经济发展差异性，至 2035 年全国城乡建设用地空间配置应坚持"锁定总量、优化分量（结构）、引导流量、减合增量（城乡间）和提高质量"原则，分 3 个阶段进行配置指引。2018～2025 年，满足国家人口增长和中西部地区经济社会发展与建设需要，城乡建设空间规模总量应略增，东部地区应力促实现城乡增减平衡；2025～2030 年，随着人口规模进入稳定期，基础设施格局基本成形，建设空间规模基本稳定；2030～2035 年，人口规模因老龄化而明显下降，全国城乡建设空间正式进入减量化阶段。

从空间分异特征看，人口要素将进一步向大都市区和城镇群集聚，京津冀城市群（含雄安新区）、长三角城市群、珠三角城市群、成渝都市发展连绵带（长江上游城市带）、武汉都市圈（长江中游城市集聚区）、郑州大都市圈、西咸都市区等城镇群，城乡建设用地迫切需要打破地市行政边界，统一配置管理。全国规划应综合判别每个城镇群"1 小时通行圈"和"1 日往返圈"人口流动特征，锚固 2035 年城乡建设空间和城镇建设空间总规模，建立"一体化"配置管制模式：一是以城镇群为单元，统一划定形成城镇开发边界，建立市市间、市乡间"地随人走"的用地流动机制和弹性调整机制；二是注重城镇群内部交通廊道节点县镇城镇建设空间拓展保障；三是建立城镇群内市场化"增减挂钩""增存挂钩"模式，将部分集体建设用地直接纳入城镇建设空间利用范围，健全存量建设空间二次开发机制和收益分配机制；四是统一规划城乡居住、工业、交通基础设施（能源、水利等）、公共服务、民生工程、防灾减灾（城市洪涝疏排通道）和公共避险空间体系，从"一体化"角度构建综合化、安全化的城镇群大空间结构和大空间功能设计方案；五是形成城镇群"一体化"自然生态网络空间和景观体系。这些空间管制举措通过省级和地市国土空间规划进行分解落实。

从产业结构优化来看（见图 1），全国和省级国土空间规划应根据不同地区工业发展阶段特征，将城镇分为国际化大都市、国家重点城市、区域核心城市、工业型城镇、资源型城镇、旅游文化城镇、生态保护型城镇和农业型城镇等类型，结合"双评价"结果，差

别化制定工业生产空间规模指引方案，以空间配置优化倒逼产业升级。

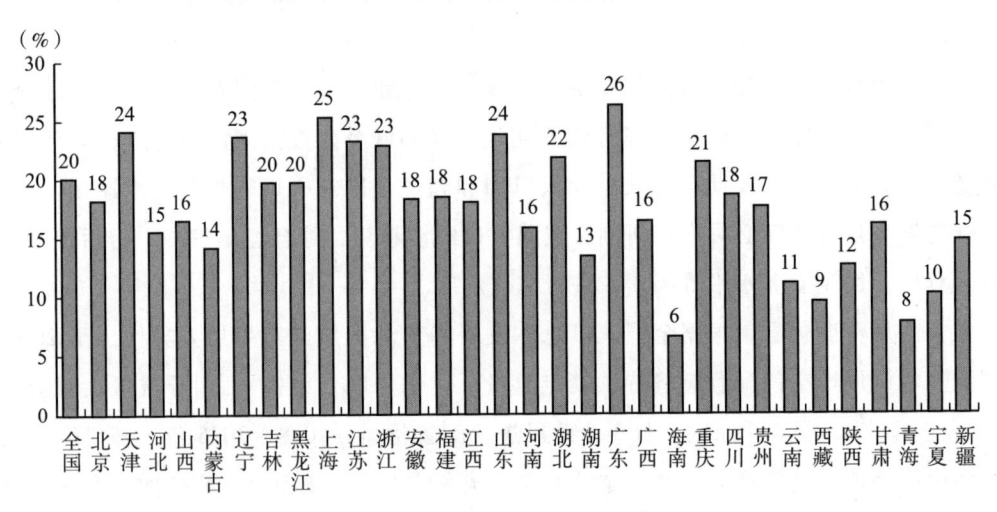

图 1 我国各地区城市工业用地占城市建设用地比例（2016 年）

注：不包含我国港澳台地区。
资料来源：国家统计局. 中国统计年鉴（2017）[M]. 北京：中国统计出版社，2017。

（四）立足自身、显化优势的重要矿产能源产品供给空间

协调矿业空间与生态空间、农业空间的关系，稳定重要资源供给保障度，实现矿业绿色发展是新时代国土空间规划重要任务。建设绿色矿业空间体系主要从以下方面进行规划设计。

（1）多维度确定关键矿种。以国家发展规划必需、经济社会对外依存度较高、人民生活高度依赖、国外大公司高度掌控为判定依据，将油气、重要有色金属、战略性新兴矿产、国防矿产作为重点矿种，构建绿色勘查、开采、加工和储备四统一的基准矿业空间布局。

（2）实施矿产资源开发与空间保护综合价值比选。若上述关键矿种经济可利用富集地分布在非红线生态保护空间范围，就应开展空间开发与保护选择价值比选，即从保障国家资源供给安全、资源开发对富集地产生的经济价值、当地人民就业及财政收入等社会综合价值的角度，与不开发下生态空间保护价值、国外进口资金付出、地区经济和社会保障机会成本进行综合比对，厘定矿耕、矿生矛盾空间最终用途决策方向。

（3）形成保障国家资源安全的基准矿业空间体系。以国家能源资源基地、国家规划矿区为主体，结合储量动态检测，差别化形成基准勘查、基准开采、基准储备三类矿业基准

空间，分别实施生态环境效益管控为先的绿色矿业发展空间政策。其中，基准勘查中的公益性勘查可与生态保护红线重叠，待摸清资源家底后，作为基准储备空间。

（五）集约高效和功能互补的交通等基础设施网络空间

国土空间规划对交通等重要基础设施建设的引导和管制重点，并不在于直接提出"路往哪里建、港在哪里设、管道哪里走"等规划方案，而应从空间需求保障、空间节约和绿色利用等方面提出规划管制要求，以免与相关专项规划职能重叠。

（1）构建交通等基础设施空间网络体系。与相关部门对接重大交通等基础设施中长期建设布局和空间需求，明确近期设施建设网络格局和关键走向，确定新增空间需求和空间矛盾关键位置点。

（2）做好国家重大项目空间预留。分析重点工程建设对永久基本农田和生态保护红线的影响，拟定空间选址修改和调整建议，提出空间预留方案，形成耕地和生态占补平衡空间落实举措。

（3）形成基础设施空间节约集约利用管制标准和安全预防方案。既要明确基础设施自身建设的空间节约化要求，又要提出配套建设空间利用节约集约标准。对的确属于盲目建设和过度建设的设施项目，可以提出否定方案。同时，对国家重大项目涉及的地质安全影响，应提供具体的规避措施和防范举措。

（六）彰显文明、体现魅力的历史文化产品供给空间

具有悠久历史和能够代表中华民族文化精神的各类遗迹、古迹、墓葬、建筑群等集聚地和传统村落，都应确定为国家历史文化保护空间。国土空间规划致力于以有限开发促进全面保护，在省级和地市层面形成保护地有限开发的空间利用管制规则，明确开发强度上限。比如，保护地的旅游人数上限、配套服务设施建设强度和三废排放上限等。对于开发潜力较好的保护地，可以出台专项政策，全方位盘活集体存量建设用地，挖掘新价值，带动乡村振兴。

（七）陆海协同和开发保护得力的海岛海岸绿色发展带

海洋是全面形成国土空间管制"一张图"的重要组成部分。其中，海岸带是实现陆地国土与海洋国土同步绿色发展的关键地带。国土空间规划应按照统一空间分类标准，划定

各类型海岸线开发保护规模和布局。11个沿海省区市统一划定港口及工业岸线、城镇建设岸线、旅游观光岸线、休闲游憩岸线、养殖岸线、生态保护岸线和保留岸线,以此形成近海海域用途管制方案,使海域与陆地国土空间实现利用分类和管制要求的同质化。以修复滨海湿地和海洋生态保护区为首要任务,实施海洋国土空间综合整治,实现以陆域管制带动海洋国土保护和利用的联动与统一。

(八) 和谐稳定和逐步繁荣的边境国土空间发展带

发达国家在空间规划编制过程中,一向比较重视边境国土空间发展与保护。例如,德国在联邦规划法中明确规定,国土空间规划必须注重邻国关系,强调空间开发利用与保护的国家关系协调,在保障国家安全和国家利益的前提下,鼓励边境地区发展和合作。我国有着丰富的陆域边境线,因此,全国国土空间规划和相关省级规划应重视边境空间开发保护战略的设计,从以下三个方面进行谋划。

(1) 大力推进边境线重点县、镇建成区规模化发展和建设。鼓励居民到0~100公里边境线范围长期定居,重点建设边境县、镇体系,通过出台土地、财税、金融、保险等优惠政策,鼓励边关产业发展,集聚人气。

(2) 注重边境地区开发保护相协调。在严格国土空间开发保护管控的基础上,以"兴农兴贸"带动边境国土安全体系建设。注重跨境河流国内部分流域空间管制,比如雅鲁藏布江、黑龙江和额尔齐斯河等重要国际性河流,应单独编制流域空间规划,作为协调国家间水资源利用和水生态安全的重要途径。

(3) 适时适地实施边境国土战备空间预留。预留战备道路、战略山体、防空体系、战备转移区等国土安全空间,做好和平时期国土战略预警空间支撑。

三、新规划学科建设方向

国土空间规划作为新时代统领国土空间开发保护的总体规划,区别于国民经济发展规划、区域规划、产业规划、交通规划和其他专项规划,既不能拼凑,也不能随意替代,必须以新的空间组织理念来统筹各项规划空间需求和空间开发保护任务。区别于现有点-轴理论、主体功能区理论和城乡规划理论,国土空间规划应以土地用途管制为抓手,上升为国土空间用途管制,以自然资源和生态环境本底限制性为基本约束,立足国土空间开发适宜性评价和资源环境承载力评价,围绕生态空间、城镇空间、乡村空间、产业空间、交通等基础设施空间、文化景观空间和边境国土空间，以及海洋海岸带空间，构建"国土空间发展类型体系及管制政策束"，将各类型国土空间规模、结构、布局、强度、景观配置与管控，作为国土空间用途管制的内容，形成规划编制主线和基本空间组织理念。

同步开展空间生态学、空间环境学、空间经济学、空间社会学、空间金融学等新学科建设，强化对规划编制的基础支撑。

自然资源开发利用和保护中的经济关系之一

——从维护自然资源所有者权益维度看待所有权人与使用权人的经济关系[*]

编写组[**]

经济关系是自然资源开发利用和保护中最基本的关系，与法律关系、社会关系也存在千丝万缕的联系。其主要表现是价税费金，主要载体是自然资源产权。在山水林田湖草生命共同体中，存在着多种多样的经济关系。这些经济关系有不同的分类，不同的理论基础。从管理上看，从自然资源产权主体角度划分更加有用、有效。从产权主体角度看共有5种经济关系：一是所有权人和使用权人的关系，基础是产权理论，核心是价税费金；二是中央和地方的关系，基础是委托代理理论，核心是收益分配和所有权代表及其行使；三是国家和集体的关系，主要表现在农村土地和农村土地制度改革三项试点方面；四是使用权人和他项权利人或者是其他权利主体的关系，基础是核算理论、外部性理论；五是不同门类资源使用权人之间的关系，体现为 A 类资源和 B 类资源的关系，主要是市场在起作用，但政府对不同类型资源的优化配置也发挥着重要作用。

所有权人和使用权人的关系主要是从维护自然资源所有者权益维度来考量，重点厘定基本概念，探寻理论支撑，明确哪些是自然资源，哪些自然资源可以转化为资产，哪些自然资源可以设置产权，哪些设置产权的自然资源可以并应该有偿使用，最后落脚到自然资源资产产权制度、有偿使用制度和统计报告制度建设。

---

[*] 本文原载于《自然资源经济参考》2018 年第 21 期。

[**] 编写组成员：石吉金、贾文龙、吕宾、刘伯恩、姚霖、范振林、罗世兴。本文在张新安研究员的悉心指导下完成。

一、自然资源资产管理的理论基础

（一）相关概念

1. 自然资源

人类认识和利用自然资源的历史久远，但自然资源的科学概念是到 20 世纪 70 年代才逐步形成的[①]，目前仍在不断发展和完善。1972 年，联合国环境规划署将自然资源定义为"在一定时间条件下，能够产生经济价值、提高人类当前和未来福利的自然环境因素的总和"。《英国大百科全书》将自然资源定义为"人类可以利用的自然生成物，以及生成这些成分的环境功能"，它强调环境功能也是自然资源。我国《辞海》提出，自然资源是"天然存在的自然物，不包括人类加工制造的原材料，如土地资源、矿产资源、水利资源、生物资源、海洋资源等，是生产的原料来源和布局场所"。这里强调自然资源天然性的同时，也将空间（场所）纳入自然资源范畴。党的十八届三中全会《中共中央关于全面深化改革若干重大问题的决定》辅导读本提出："自然资源是指天然存在、有使用价值、可提高人类当前和未来福利的自然环境因素的总和。"强调了自然资源的天然、有用、时间、系统等特性。

本文认为，自然资源是在一定时间和技术条件下，天然存在、能够产生价值、可提高人类当前和未来福利的自然环境因素总称，其存在形态既可以是具有实物形态的自然物质，也可以是非实物形态存在的能量和空间。本文根据我国资源管理实际，在《中国资源科学百科全书》分类基础上进行了补充完善，将自然资源分为陆地自然资源、海洋自然资源、太空（宇宙）自然资源三个系列，每个系列又进一步细分为多级资源类型，具体见表1。

表1　　　　　　　　　自然资源多级综合分类系统

一级	二级	三级
陆地自然资源系列	土地资源	耕地资源
		草地资源
		林地资源
		荒地资源
		地下空间资源*

[①] 张丽萍. 自然资源学基本原理 [M]. 北京：科学出版社，2017.

续表

一级	二级	三级
陆地自然资源系列	水资源	地表水资源
		地下水资源
		冰雪资源
		水面资源*
	矿产资源	金属矿产资源
		非金属矿产资源
		能源资源
	生物资源	植物资源
		动物资源
		微生物资源
	气候资源	光能资源
		热能资源
		水分资源
		风力资源
		空气资源
海洋自然资源系列	海洋生物资源	海洋植物资源
		海洋动物资源
		海洋浮游生物资源
	海水资源（或海水化学资源）	—
	海洋气候资源	—
	海洋矿产资源	深海海底矿产资源
		滨海砂矿资源
		海洋能资源
	海底资源	—
	海域水面*	—
太空（宇宙）自然资源系列	—	—

资料来源：孙鸿烈．中国资源科学百科全书［M］．北京：中国大百科全书出版社，2000，对部分内容进行了修改，标"*"为增加内容。

2. 自然资源资产

目前，对于自然资源资产概念内涵，国内学术界还存在较大的争议。主要观点有三种：第一种认为，自然资源资产是一种具有经济价值的资源[①]；第二种认为，自然资源资产是具有市场价值或潜在交换价值的、以自然资源形式存在的有形资产[②]；第三种认为，自然资源资产是具有明确的所有权且在一定的技术经济条件下能够给所有者带来效益的稀缺自然资源[③]。此外，《中共中央关于全面深化改革若干重大问题的决定》辅导读本提出，"自然资源资产是指其中具有稀缺性、有用性（包括经济效益、社会效益、生态效益）及产权明确的自然资源。"

本文认为，自然资源资产是指在现有经济技术水平下具有稀缺性、有用性且产权明确和可货币化计量的自然资源，可控性是自然资源资产最重要特性之一。自然资源资产应为一个动态概念，随着人类经济社会的发展和科技水平的不断进步，自然资源资产的范围会不断变化。自然资源资产不是资源的别称，而是自然资源的一部分，可以有条件转化。主要包括五个条件：一是具有稀缺性。稀缺性是资源转化为资产的重要前提，取之不尽、用之不竭的资源不能成为资产。二是具有有用性。这是资源转化为资产的主要目的，有用性包括现实的和潜在的效益，含经济效益、社会效益、生态效益。三是具有明确产权。这是资源转化为资产的根本保障，只有资产主体清晰，才能防止"资产"权益成为"共享品"，提高资源配置和使用效率。四是可货币化计量。这是资源转化为资产的重要路径，通过资源资产价值核算，统一计量标准，提高资源资产化管理水平。五是现有经济技术水平下可利用。人类对自然资源的认知和需求不同，利用深度和广度也不一。

3. 全民所有自然资源

全民所有自然资源是法律规定属国家所有的自然资源，根据《中华人民共和国宪法》《中华人民共和国物权法》[④]和自然资源单行法等，完全属于全民所有的自然资源包括矿藏、水流、城市土地、无线电频谱资源、海域、无居民海岛、野生动物七种，部分属于全民所有的自然资源共九种，即森林、山岭、草原、荒地、滩涂、农村和城市郊区的土地、水面、林地、野生植物资源，其中野生植物在国家层面未明确哪些属国家所有，也未明确除国有外还有哪些所有者主体（见表2）。此外，气候资源在国家层面未明确所有权归属，但在黑龙江等地方条例中规定属于国家所有。全民所有自然资源资产是指全民所有自然资源中，具有稀缺性、有用性、产权明确和可货币化计量的自然资源。

---

① 钱阔，陈绍志. 自然资源资产化管理——可持续发展的理想选择 [M]. 北京：经济管理出版社，1996.
② 谷树忠. 资源经济学的学科定位、逻辑框架与发展展望 [J]. 资源科学，2000，22 (3)：10 – 14.
③ 姜文来，杨瑞珍. 资源资产论 [M]. 北京：科学出版社，2003.
④ 随着《中华人民共和国民法典》的施行，《中华人民共和国物权法》《中华人民共和国民法通则》《中华人民共和国民法总则》已于 2021 年 1 月 1 日废止。

表2　　　　　　　　　　　　　法律规定的全民所有自然资源

类别	序号	资源类型	相关法律规定
一、全民所有自然资源	1	城市土地	《中华人民共和国宪法》第十条："城市的土地属于国家所有。"
	2	矿藏	《中华人民共和国宪法》第九条："矿藏、水流、森林、山岭、草原、荒地、滩涂等自然资源，都属于国家所有，即全民所有；由法律规定属于集体所有的森林和山岭、草原、荒地、滩涂除外。"
	3	水流	
	4	海域	《中华人民共和国物权法》第四十六条："矿藏、水流、海域属于国家所有。"
	5	无线电频谱	《中华人民共和国物权法》第五十条："无线电频谱资源属于国家所有。"
	6	无居民海岛	《中华人民共和国海岛保护法》第四条："无居民海岛属于国家所有。"
	7	野生动物	《中华人民共和国物权法》第四十九条："法律规定属于国家所有的野生动植物资源，属于国家所有。" 《中华人民共和国野生动物保护法》第三条："野生动物资源属于国家所有。"
二、全民所有和集体所有共存的自然资源	1	农村和城市郊区的土地	《中华人民共和国宪法》第十条规定："农村和城市郊区的土地，除由法律规定属于国家所有的以外，属于集体所有。"
	2	森林	《中华人民共和国宪法》第九条："矿藏、水流、森林、山岭、草原、荒地、滩涂等自然资源，都属于国家所有，即全民所有；由法律规定属于集体所有的森林和山岭、草原、荒地、滩涂除外。" 《中华人民共和国物权法》第四十八条："森林、山岭、草原、荒地、滩涂等自然资源，属于国家所有，但法律规定属于集体所有的除外。"
	3	山岭	
	4	草原	
	5	荒地	
	6	滩涂	
	7	水面	《中华人民共和国民法通则》第八十一条规定："公民、集体依法对集体所有的或者国家所有由集体使用的森林、山岭、草原、荒地、滩涂、水面的承包经营权，受法律保护。国家所有的矿藏、水流，国家所有的和法律规定属于集体所有的林地、山岭、草原、荒地、滩涂不得买卖、出租、抵押或者以其他形式非法转让。"
	8	林地	
三、所有权不清晰的自然资源	1	野生植物	《中华人民共和国物权法》第四十九条："法律规定属于国家所有的野生动植物资源，属于国家所有。" 《中华人民共和国野生植物保护条例》等国家层面法律均未明确哪些野生植物属于国家所有，也未明确除国家所有外还有哪些所有者主体。
	2	气候资源	国家层面法律未规定气候资源所有权归属。 《黑龙江省气候资源探测和保护条例》第七条规定："气候资源为国家所有。"

注：随着《中华人民共和国民法典》的施行，《中华人民共和国物权法》《中华人民共和国民法通则》已于2021年1月1日废止。

（二）理论基础

自然资源所有权人和使用权人的经济关系主要涉及产权、委托代理和价值等重大理论。

1. 产权理论

著名学者科斯于 1960 年在其论文《社会成本问题》中提出产权理论。科斯认为"如果定价制度运行毫无成本,最终的结果(产值最大化)是不受法律状况影响的"[①]。明晰的产权关系能使产权人提高资源利用效率,并自觉采取有效措施解决环境污染、生态破坏等外部性问题。从法律上讲,自然资源资产产权是在所有权的基础上形成的权利体系,它实质上体现产权主体之间的权利关系。

2. 委托-代理理论

《中华人民共和国宪法》明确了国有自然资源的最终所有者是全民,但全民无法直接行使所有权。实践中,通过《中华人民共和国物权法》等法律规定,由国务院代表行使国有自然资源所有权,国务院再通过行政委托方式将行使所有权职责分配给各级政府。这种管理模式能实现国务院对国有自然资源所有权行使的统一领导,也能激发各级政府合理利用和保护资源的积极性和创新性,但容易出现信息不对称、责任不对等、激励不兼容等问题,可能损害人民公共利益。

3. 价值理论

自然资源资产价值理论是自然资源有偿使用的基础。哲学上认为:价值是反映主体和客体之间的一种关系,即客体具有满足主体需要的某种功能或效用。自然资源能够满足人类生存、发展和享受的需要,具有使用价值;同时各种行为主体在让渡或使用自然资源过程中彼此产生价值交换,形成成本—收益关系,体现出自然资源的价值。当前,价值正从单一的经济价值转变为集经济、生态、社会等为一体的多元价值,这对自然资源资产管理提出了新要求。

二、自然资源资产产权制度建设

(一)我国现已基本建立自然资源资产产权制度框架

目前,我国自然资源资产产权制度已基本建立并日趋完善,保障和实现了经济社会持续健康发展。体现在五个方面:一是基本建立自然资源资产产权法律体系。形成了以《中华人民共和国宪法》为根本法,以《中华人民共和国物权法》《中华人民共和国民法通

[①] Coase R H. The Problem of Social Cost [J]. Journal of Law and Economics, 1960, 3 (1): 1-44.

则》《中华人民共和国民法总则》为基础,以《中华人民共和国土地管理法》《中华人民共和国矿产资源法》《中华人民共和国水法》《中华人民共和国森林法》《中华人民共和国草原法》《中华人民共和国海域使用管理法》《中华人民共和国海岛保护法》等单行法为主干,以多部行政法规和规章、地方性法规规章为补充的自然资源法律体系[①],土地、矿产、水、森林、草原、海域海岛等主要自然资源所有权、用益物权的行使和管理基本做到了有法可依。二是基本建立自然资源资产产权体系框架。我国是公有制国家,实行自然资源国家所有和集体所有,且自然资源所有权不得转让。在此前提下,我国建立了主要门类自然资源所有权与使用权分离的产权体系(见表3)。三是初步建立自然资源统一确权登记制度。完成了不动产统一登记国家层面机构建设和地方各级不动产登记机构职能整合,形成了统一确权登记的体制机制基础,我国不动产统一登记制度已逐步完善并开始实施;自然资源统一确权登记试点取得积极进展,截至2018年10月底,12个省份、32个试点区域共划定自然资源登记单元1191个,确权登记总面积186727平方公里[②]。四是初步建立自然资源资产产权保护制度。《中华人民共和国物权法》等综合法规和部分自然资源法规对自然资源资产产权保护进行规定,有效维护了产权人合法权益。五是初步形成更加集中统一的自然资源资产管理体制。2018年组建自然资源部,实现了土地、矿产、海洋、森林、草原等主要门类自然资源的集中统一管理,标志着我国综合自然资源管理体制已经建立,将更有利于产权制度建设。

表3　　　　　　　　　　我国自然资源产权权利体系

资源类型	权利类型	产权名称	备注
土地资源	所有权	国有土地所有权	
		集体土地所有权	
	使用权	建设用地使用权	
		土地承包经营权	正在探索所有权、承包权和经营权"三权分置"
		宅基地使用权	正在探索所有权、资格权和使用权"三权分置"
		国有农用地使用权	国家法律未设立该权利,属于地方探索
	其他权利类型	地役权	

[①] 魏莉华,宋歌. 自然资源法律体系变革与重构 [N]. 中国国土资源报, 2018 - 05 - 24.
[②] 自然资源统一确权登记试点取得积极进展 [EB/OL]. 自然资源部门户网站, 2018 - 10 - 29.

续表

资源类型	权利类型	产权名称	备注
水资源	所有权	国家所有权	
	使用权	取水权	
	其他权利类型	使用水域、滩涂从事养殖的权利	
		使用水域、滩涂从事捕捞的权利	
矿产资源	所有权	国家所有权	
	使用权	探矿权	
		采矿权	
森林资源	林地所有权	国家林地所有权	林权是一个权利束,包括所有权和使用权
		集体林地所有权	
	林地使用权	国家林地使用权	
		集体林地使用权	
		林地承包经营权	
	林木所有权	国家林木所有权	
		集体林木所有权	
		个人林木所有权	
草原资源	所有权	国家草原所有权	
		集体草原所有权	
	使用权	国有草原使用权	
		集体草原使用权	
		草原承包经营权	
海域资源	所有权	国家所有权	
	使用权	海域使用权	
	其他权利类型	使用水域、滩涂从事养殖的权利	
		使用水域、滩涂从事捕捞的权利	
海岛资源	所有权	国家所有权	
	使用权	无居民海岛使用权	财政部、国家海洋局《无居民海岛使用金征收使用管理办法》中有该"权"表述

（二）我国现行自然资源资产产权制度仍然存在权利设置不合理、权利主体不明确等问题

我国自然资源资产产权制度还存在一些亟待解决的问题：一是资源资产底数不清。由于以前自然资源分部门管理以及对林地、草地等分类资源的定义和界定标准不同等原因，导致部分自然资源资产底数不清，甚至交叉统计，如部分地区出现草原与林地"一地两证"现象等。二是所有者不到位。由于自然资源产权主体规定不明确、收益分配机制不合理等原因，导致部分自然资源所有者主体不到位，国家所有者权益未落实。如土地等部分国有自然资源采取"谁开发、谁受益"的管理模式，将资源收益全部归地方所有等。三是权利体系不完善。过去，我国长期实行自然资源分部门管理、分门类立法，产生产权名称不统一、权利交叉重叠等问题，导致部分自然资源权利体系不完善、产权主体权责不清晰。四是监管保护制度不健全。由于制度不完善、资金不足等原因，导致自然资源保护不严格、监管力度不够。特别是自然资源资产产权保护救济不完善，导致自然资源权属纠纷等诸多历史遗留问题长期不能得到有效解决。

（三）建立健全"归属清晰、权责明确、保护严格、流转顺畅、监管有效"的自然资源资产产权制度

建议着力完善四个方面的制度内容：

（1）按照完善权利设置、丰富权利权能、理顺权利关系的思路，建立健全分类科学的自然资源资产产权体系，解决主体缺位、权利交叉等问题。权利设置上，应在符合空间规划和用途管制前提下，探索建立以土地分类为基础的地上资源使用权权利体系，研究建立建设用地使用权和海域使用权立体分层设权的制度规范；权能丰富上，应研究赋予农村土地承包经营权、采矿权、海域使用权抵押等权能；权利关系上，应理顺取水权与地下水、矿泉水采矿权等关系，尽量避免权利交叉。

（2）按照明确中央和地方政府权责边界的要求，研究确定自然资源资产产权的具体行使主体，解决所有者不到位、权益不落实等问题。重点是根据国家探索建立分级代理行使所有权的体制要求，划清各级政府对全民所有自然资源资产的管理边界，应加快研究制定自然资源部行使全民所有自然资源资产所有权的资源清单和管理体制，并研究制定委托其他中央部门和地方政府代理行使所有权的资源清单和监督管理制度，研究确定国家公园内自然资源所有权行使主体，明确各级主体的权责利和管理边界。

（3）按照严格保护自然资源和产权人合法权益的要求，研究建立产权人保护自然资源的激励机制和保护救济制度，解决保护不严格、监管力度不够、产权纠纷多发等问题。重点要建立健全生态保护补偿机制，合理补偿自然资源保护的产权主体；健全自然保护地内权利体系，优化特许经营权等制度，完善自然保护地内矿业权等各类合法权利的退出机制；探索建立多元化的自然资源资产产权纠纷解决机制和救济制度。

（4）研究完善自然资源资产产权法律体系，加快修改矿产资源法、水法、森林法、草原法、海域使用管理法、海岛保护法等法律相关规定，如权利体系、产权行使主体等；研究制定国土空间开发保护法和自然保护地法律法规，促使改革成果法治化。

三、自然资源有偿使用制度建设

（一）我国现已基本建立主要门类国有自然资源有偿使用制度

改革开放以来，我国自然资源有偿使用制度逐步建立和完善，在促进自然资源保护和合理利用、维护所有者权益方面发挥了积极作用。主要体现在以下几方面：

（1）初步构建全民所有自然资源有偿使用制度的"四梁八柱"。2016年，国务院印发了《关于全民所有自然资源资产有偿使用制度改革的指导意见》，明确了全民所有自然资源资产有偿使用制度改革的指导思想、基本原则、主要目标、重点任务和落实途径，成为自然资源有偿使用制度建设的顶层设计，为今后一段时间国有土地、水、矿产、国有森林、国有草原、海域海岛等主要国有自然资源资产有偿使用制度改革指明了方向。

（2）逐步拓展自然资源有偿使用范围。国有自然资源方面，从20世纪70年代地方探索的水资源有偿使用开始，到20世纪80年后期至90年代初的国有建设用地、矿产资源和海域资源有偿使用，到21世纪初期的无居民海岛有偿使用，现已建立起国有建设用地、水、矿产、海域和无居民海岛等五类资源有偿使用制度，并积极探索国有农用地、国有未利用地等资源有偿使用；集体自然资源方面，通过农村土地三项试点工作，探索集体经营性建设用地、宅基地等有偿使用制度，加快推进集体自然资源有偿使用制度改革步伐。

（3）构建了多元化有偿使用方式。根据各资源特点和属性，建立起以出让为主，租赁、作价出资或者入股等为辅的有偿使用方式。例如，国有建设用地使用权可通过无偿划拨和有偿使用取得，有偿使用方式包括出让、租赁、作价出资或者入股等，其中有偿出让为有偿使用的主要方式，取得途径有招标、拍卖、挂牌、协议等；水资源实行取水权分级出让审批方式；矿产资源实行以招标、拍卖、挂牌为主的矿业权竞争性出让和特殊情形下的协议出让。

（4）形成税费并举的有偿使用实现形式。国有建设用地出让收取国有土地使用权出让收入（土地出让金），目前全额纳入地方财政；水资源收取水资源费，部分地区试点收取水资源税；矿产资源建立了矿产资源权益金制度，收取矿业权出让收益、矿业权占用费和资源税；海域海岛资源分别收取海域使用金和无居民海岛使用金（见表4）。

表4　　　　　　　我国主要门类自然资源有偿使用制度建设情况

类别	序号	资源类型	有偿方式	有偿形式	建立时期
一、已建立有偿使用制度	1	国有建设用地	使用权出让、租赁、作价出资或者入股等	收取国有土地使用权出让收入，全纳入地方财政	20世纪80年后期
	2	矿产资源	矿业权竞争性出让或协议出让	收取矿业权出让收益、矿业权占用费和资源税，资源税纳入地方财政，其他为中央与地方按固定比例分成	20世纪90年代初
	3	水资源	出让取水权	收取水资源费，部分地区探索收取水资源税，水资源费为中央和地方按固定比例分成	20世纪70年代初的地方实践
	4	海域资源	出让海域使用权	收取海域使用金，实行中央和地方按固定比例分成	20世纪90年代初
	5	无居民海岛	出让无居民海岛使用权	收取无居民海岛使用金，实行中央与地方按固定比例分成	2010年颁布实施的《中华人民共和国海岛保护法》
二、正在探索建立的有偿使用制度	1	国有农用地	按照《关于扩大国有土地有偿使用范围的意见》积极推进		—
	2	国有森林	国家林草局正在研究起草国有森林有偿使用制度改革方案		—
	3	国有草原	国家林草局正在研究起草国有草原有偿使用制度改革方案		—
	4	国有未利用地	新疆探索对国有未利用地实行有偿使用，在《实施〈中华人民共和国土地管理法〉办法》中明确规定，开垦国有荒地实行有偿使用		—
	5	集体经营性建设用地	使用权出让、租赁和入股	收取土地增值收益调节金，地方政府与农民集体按比例分成	2015年农村土地改革三项试点
	6	宅基地	使用权出让	收取有偿使用费，归农民集体所有	2015年农村土地改革三项试点

（二）我国自然资源有偿使用制度仍存在市场化比例偏低、进展不平衡、收益分配不合理等问题

我国自然资源有偿使用还存在与经济社会发展和生态文明建设不相适应的一些突出

问题。

（1）市场决定性作用发挥不充分。我国自然资源市场化配置比例偏低，市场配置资源的决定性作用尚未充分发挥，部分自然资源以招拍挂等市场方式出让使用权的比例偏低。

（2）有偿使用进展不平衡。国有建设用地、矿产、水、海域海岛已建立了相对完善的有偿使用制度，国有农用地和未利用地、国有森林、国有草原等资源有偿使用制度尚在探索推进，改变有偿使用制度"双轨"制任务依然艰巨。

（3）部分国有自然资源有偿使用收入分配不合理。例如，国有建设用地有偿使用收入全部归地方所有；一些地方以无偿方式取得国有农用地和未利用地的使用权，实际却成为土地所有权行使主体，享有占有、使用、收益和处分等各项权利；无偿取得的国有森林资源流转和有偿使用，没有向国家补缴相关收益等。

（4）集体自然资源有偿使用制度体系亟待建立。缺少集体自然资源有偿使用制度顶层设计，部分集体自然资源有偿使用制度处于起步探索阶段，不利于维护集体组织所有者权益。

（三）建立健全"范围全面、产权明晰、权能丰富、规则完善、监管有效、权益落实"的自然资源有偿使用制度

建议重点推进以下三项工作：

（1）研究完善国有自然资源有偿使用制度，加快研究制定和出台国有农用地、国有未利用地、国有森林、国有草原等国有自然资源有偿使用方案或办法，力争实现传统国有自然资源有偿使用范围全覆盖；积极探索无线电频谱、光伏产业利用的太阳能、风力发电产业利用的风能等新兴产业涉及的自然资源有偿使用的可行性和方式路径；加强国有自然资源有偿使用收费标准研究，确保合理征收各类自然资源有偿使用费（金），既能体现所有者权益，又不会让使用者增加太大税费负担；按照事权和财权相匹配的原则，进一步调整各种自然资源有偿使用收入分配，保证既能调动地方积极性，又能实现自然资源收益全民共享。

（2）建立健全集体自然资源有偿使用制度体系，研究制定集体自然资源有偿使用制度建设的指导意见，构建权利、义务关系清晰的集体自然资源有偿使用制度，提出各类集体自然资源有偿使用的总体思路、原则和目标任务。

（3）研究健全自然资源有偿使用的运行机制和配套制度。尽快开展自然资源有偿使用情况年度调查统计，及时掌握我国自然资源有偿使用机制运行状况和效率水平；建立自然资源有偿使用制度建设年度评估制度，构建有偿使用评价指标体系和工具，开展典型地区

实践跟踪评价，健全监督考核制度，推动有偿使用制度不断健全完善。

四、国有自然资源统计报告制度建设

（一）我国建立国有自然资源统计报告制度具备良好基础

《中共中央关于建立国务院向全国人大常委会报告国有资产管理情况制度的意见》明确要求，编制国有自然资源专项报告。2018年10月24日，国务院报告了2017年度国有资产管理情况的综合报告，并做了2017年度金融企业国有资产的专项报告，为国有自然资源报告编制提供了参考。此前，我国大部分自然资源已建立了资源总量调查评价和监测统计制度，也为开展这项工作奠定了基础。调查评价方面，开展了全国国土调查、土地利用现状变更调查、全国水资源调查评价、全国森林资源清查、海岛统计调查、耕地分等定级等工作；监测统计方面，主要建立了年度《中国土地矿产海洋资源统计公报》《中国水资源公报》等多项报告制度，基本摸清了主要门类自然资源总量情况和耕地、水等部分自然资源质量。

（二）建立国有自然资源统计报告制度在确定重点内容、制定顶层设计、明确技术方法等方面还存在困难

建立国有自然资源统计报告制度存在以下难点：一是确定报告内容难。虽然《中共中央关于建立国务院向全国人大常委会报告国有资产管理情况制度的意见》明确了国有自然资源报告重点，但对报告具体范围和内容，以及自然资源分类、计价等均缺乏相对统一的规定，可操作性有待提高。二是制定顶层设计难，国有自然资源统计报告编制工作处于起步探索阶段，相关的统计核算、监督核查等核心制度和标准规范基本处于空白，亟待加强国家层面的顶层设计，形成相对统一的管理体系和运行机制。三是明确核算方法难。从实物量看，缺少统一的自然资源分类标准，易产生同类资源数据不一致，如原国土资源部门和林业部门统计的林地数量相差较大等；另外，由于各类自然资源形态和属性不同，统计单位不一致，很难对所有种类的自然资源进行实物量加总和比较。从价值量看，缺乏统一公认的价值量核算方法，难以准确评估自然资源资产价值；此外，自然资源质量是衡量其价值量的重要依据，但部分缺少自然资源质量评定，如森林、草原等资源质量评定尚处起

步探索阶段，技术方法有待优化。

（三）建立健全"覆盖全面、体现价值、准确及时"的国有自然资源统计报告制度

建议以全面反映"统一行使全民所有自然资源资产所有者职责"和"统一行使所有国土空间用途管制和生态保护修复职责"的履职情况为目标，以自然资源资产特性为基础，加快探索自然资源资产统计和核算方法，建立健全管理制度和运行机制。一是研究确定国有自然资源统计报告内容。首先明确国有自然资源统计报告范围，建议先期仅报告土地、矿产、水、森林、草原、海域海岛、国家公园等自然保护地等主要传统自然资源，条件成熟后再将非传统自然资源纳入报告范围。其次明确国有自然资源统计报告的主要内容，应突出三方面：第一个方面是自然资源总量，按照实物全覆盖、价值有选择的原则，重点报告传统自然资源的总量、质量、结构和分布情况，优先探索将国家可控资源（未出让资源）的价值量纳入报告，条件成熟时还应积极探索生态服务量纳入报告的可行性和方法路径；第二个方面是重大制度建设情况，重点报告统一确权登记、空间用途管制、有偿使用等制度；第三个方面是自然资源保护与利用情况，重点报告耕地、湿地、国家公园等各类自然保护地等重要资源的保护情况以及各类自然资源节约集约利用情况。二是尽快建立国有自然资源统计报告制度体系。应研究制定国有自然资源报告编制管理、自然资源清产核资、自然资源财会、培训指导等多项制度。三是全面构建国有自然资源资产统计监测体系，及时掌握国有自然资源利用和变动状况，全面了解国有自然资源资产配置、使用、处置（招拍挂等）、收益、分配等情况。四是加快推进自然资源资产管理关键技术研发，建议重点推进两方面工作：首先是开展自然资源分类研究，形成全国统一的自然资源分类体系，避免不同部门统计的同类资源数据冲突。其次是开展自然资源资产核算方法研发，特别要推进自然资源资产价值量和生态量核算技术方法研究，探索编制自然资源资产负债表，制定完善相关标准规范，为确保科学、准确、及时摸清资产家底提供技术支撑。

自然资源开发利用和保护中的经济关系之二

——用"可持续发展观"看待资源使用权人与他项权利人之间的经济关系*

编写组**

资源使用权人与他项权利人之间的经济关系是自然资源开发利用中的重要经济关系,其本质是资源开发、利用与保护所引发的利益联系,是资源开发与保护决策权衡的重要内容。

一、"可持续发展观"的理论基础

20世纪70年代之后,"石油危机"给各国经济学家及政治家留下深刻印象。"增长的极限"、可持续发展等绿色理念的发展及意识的觉醒,如何处理好资源开发与环境保护的关系已经成为国际社会关注的话题。自1972年联合国人类环境会议上正式提出可持续发展倡议之后,1987年世界环境与发展委员会在《我们共同的未来》明确定义了可持续发展的概念,"既能满足当代人的需要,又不对后代人满足其需要的能力构成危害的发展"。此后,联合国发布的《里约环境与发展宣言》《21世纪议程》《2030年可持续发展议程》等一系列文件倡议得到了各界普遍认同。从理论看,有强可持续发展与弱可持续发展两种模式,分别对资源开发与保护的关系持有不同的认识。

---

* 本文原载于《自然资源经济参考》2018年第22期。
** 编写组成员:姚霖、贾文龙、刘伯恩、石吉金、余韵、马朋林。本文在张新安研究员的悉心指导下完成。

（一）强可持续性的理论与实践

强可持续性的理论基础是生态经济学，认为不但应该维持总的资本存量，还应该维持各种类型资本的存量，尤其是自然资本存量。该理论说明了经济系统与生态系统管理应当关注代际利益，人类的福利不但取决于制造的产品与设施，而且更加离不开环境服务。

基于资源不可替代假设构建的"强可持续性范式"引起了诸多人口、资源环境专家的共鸣，马尔萨斯的人口理论、梅多斯的资源储量耗尽论、哈伯特的石油峰值论[①]等流派就"可耗竭与持续发展"的问题持有悲观情绪，这些焦虑曾让经济学家们一度身陷思想的困境。在资源开发与生态保护的两难困境中，资源经济学一边借鉴生态经济理论，一边考虑如何运用市场天然的优化配置能力，采用稀缺的价格机制、技术要素等因素缓解这些约束。

强可持续性的实践工具包括可持续性晴雨表（barometer of sustainability）、生态足迹法（ecological footprint analysis，EFA）等。影响最深的是戴利（1992）提出可持续经济福利指数（index of sustainable economic welfare，SEW），以及福利指数的升级版真实增长指数（genuine progress indicator，GPI），该工具试图用这个指标最终替代一个国家的 GNP 或者 GDP，不过值得注意的是该研究所基于的假设也是自然资本的可替代性，认为所有经济活动包括污染对福利均具有"正贡献"。

强可持续性影响很广，许多保护主义者高举的正是强可持续性范式的旗帜，但实际上，以自然资本不可替代性为核心假设的强可持续性范式很难运用于自然资源管理实践，因为它不仅没有解决开发和保护的权衡问题，而且还使得这个问题进一步复杂化。

（二）弱可持续性的理论与实践

20 世纪 70 年代，罗伯特·索洛、约翰·哈特维克两位诺贝尔经济学奖获得者用福利和市场两把钥匙解开了资源环境可持续发展理论落地的难题，并开启了弱可持续发展理论模式。弱可持续性范式指出，前代人使用的资源量不应该耗损后代人至少实现同样福利水平的资源量，即对于子孙后代十分重要的人造资本、自然资本和其他形式的资本的总资本

[①] 石油峰值观点源于 1949 年美国著名石油地质学家哈伯特（Hubbert）发现的矿物资源"钟形曲线"规律。哈伯特认为，石油作为不可再生资源，任何地区的石油产量都会达到最高点。当到达峰值后该地区的石油产量将不可避免地开始下降。

存量不减少。

实施过程中,需要衡量在总量不变的框架下,充分考虑各种资本之间可替代的可能性与局限性,算一笔划不划得来的账,以此为依据做出是否开发某项资源的决策。比如,为了扩张农业生产而砍伐森林,首先要对被砍伐的森林进行估值,当新生产的人造资本大于自然资本损失时可以砍伐这片森林,当新生产的人造资本小于损失的自然资本时则不可以砍伐。事实上,在具体的案例中,开展核算及其基于核算信息的决策会比较复杂,不过该理论的价值衡量方法是值得借鉴和学习的。

从实践上看,弱可持续性的衡量方法是将自然资本纳入经济体系中,主要包括"真实储蓄""绿色核算""环境调整的国内生产净值"等。一是"真实储蓄",世界银行称其为"调整后储蓄"(adjusted net saving,ANS)是一个国民核算指标,旨在核算一个国家为将来实际储蓄了多少决定一国福利水平的自然资本和人力资本。二是绿色国民核算。将自然资本纳入全社会经济框架中考虑,考虑土地耗竭、森林砍伐、矿产耗竭等经济活动所带来的自然资本减少。三是"环境调整的国内生产净值"。将自然资本的折旧以货币的形式从国内生产净值中扣除的国民经济核算指标。2012年,联合国统计委员会发布了标准性意义的《环境经济核算体系中心框架(SEEA 2012)》《SEEA 试验性生态系统核算》《SEEA 应用和扩展》,它们所提供的环境经济核算体系与实务操作办法获得了国际社会广泛认可,也成为各国测度可持续发展的有力核算工具。

(三)更严格的弱可持续性范式是正确处理资源开发与环境保护重要理念

更严格的弱可持续性范式主张自然资本与其他资本相比具有优先重要性。处理资源开发与环境保护,既不能否定人类对自然资源供给的需要,也不能无视自然资本提供的生态产品。权衡两者之间的关系,可以借鉴弱可持续性范式的核心框架,并在此基础施加更加严格的管理模式。

主张在实践过程中需要遵循以下基本准则:一是保持资源开发的经济利益、生态价值与社会价值的平衡。综合考察自然资源经济价值、生态价值与社会价值的损益,保证自然资本总量不变;二是必须关注可再生资源的再生能力。如果超过了可再生资源恢复临界值,势必导致该种资源变成不可再生资源,进而造成自然资本的永久性耗损。

不过,在实践过程中还需解决几个问题:一是破解自然资源实物量与价值量核算方法的难题,尤其是无市场交易价格的自然资源定价问题。二是建立自然资源生态服务价值损益核算标准,科学核算自然资源生态产品价值,并研究资源环境承载力预警理论与技术方法。三是解决自然资源的社会价值评估及其价值实现的技术路径问题。比如:怎样运用市场机制、生态资本运营、社会参与等办法，实现资源开发与社区利益共享。

二、资源开发与生态补偿的价值决策

（一）自然资源开发的价值损益逻辑

1. 自然资源是经济价值、生态价值与社会价值的统一体

（1）在资产组成上。资源实物中包含土、矿、林、水、草等资源实体类别。在生态系统方面，包含了以资源实物为依托形成的矿区生态、森林生态、草原生态、农田生态、水域生态、湿地生态等生态系统。

（2）在价值结构上。人类通过直接或间接的开发利用，会享用到自然资源供给服务、生态调节服务与文化景观服务带来的"经济价值、生态价值与社会价值"。

（3）在价值形式上。资源供给价值是由人类将从大自然中获取的矿产、林木、水、草等资源作为生产生活原材料（或作为商品），通过生产、交易、消费来实现的经济价值。生态服务价值是各类有生命的自然资源通过向人类提供固碳释氧、涵养水源、调节气候等生态产品实现的生态价值。文化景观价值体现在自然资源提供的自然景观、地质遗迹等景观性产品、空间性产品等，满足人们休憩、科教等需求的社会服务价值（见图1）。

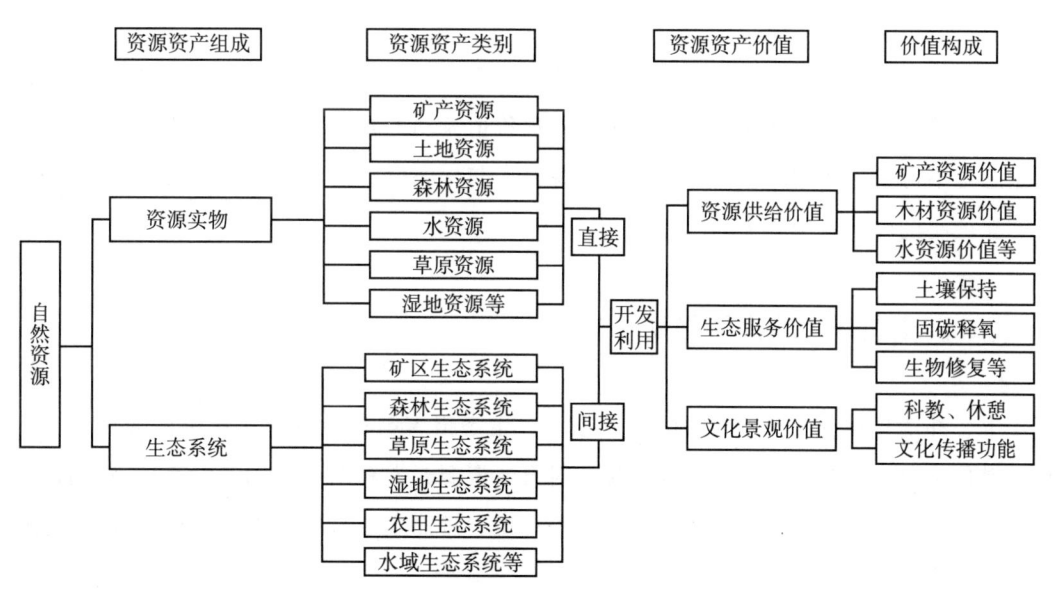

图1 自然资源要素与价值的逻辑结构

2. 资源开发会引发"此消彼长"的价值流动

自然资源开发是释放资源内在价值的重要生产活动。使用权人通过履行资源开发的权利，释放资源禀赋的使用价值，为人类供给生产材料、生活物资与生态产品，进而为人们物质、精神与文化发展需要提供物质基础。例如，资源开发会释放物质财富，为生态保护提供经济支持，继而生态保护又会反哺资源再生及开发。

由于自然资源价值的统一特性，开发活动也会导致经济价值与生态价值、社会价值的割裂。具体来说，资源开发会导致经济价值与生态价值、社会价值的互斥冲突，引发资源损耗、生态服务损害及环境污染、社区福利受损等问题，进而会削弱区域可持续发展能力（见图2）。例如，滥伐林木可以获得短暂的经济效益，但同时却毁灭了森林的生态效益和社会效益，引发生态和社会问题，进而又会反过来制约经济发展。

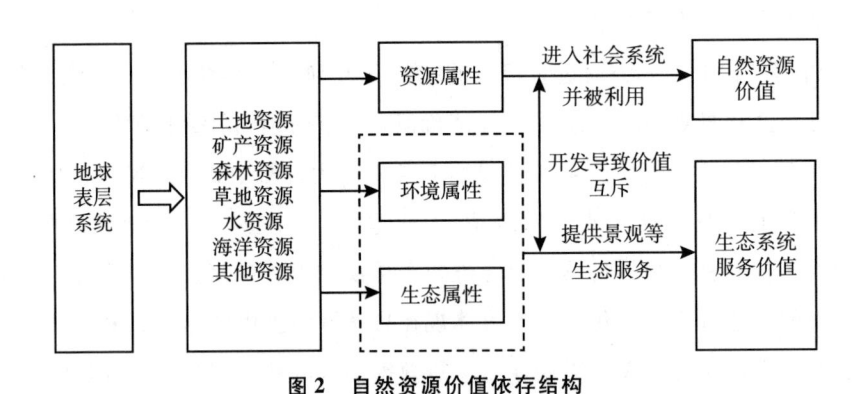

图 2 自然资源价值依存结构

正确认识自然资源开发所引发的价值流动，离不开科学理解资源开发与生态保护之间的辩证联系。割裂两者存在的客观联系，忽视价值流动的规律，专注资源开发或者极端保护生态皆不可取。通过制度设计去权衡资源开发与生态保护的利益关系，正是资源开发与生态保护制度设计亟待解决的问题。

（二）生态补偿的价值修复

生态补偿是对资源开发导致的资源损耗、生态损害与社会价值受损所做的价值平衡。如何通过法律、经济、行政和技术措施，对自然资源开发利用中造成的生态环境损害、资源耗减及其相关权益人损失、发展机会给予补偿，进而实现自然资本的可持续投资，是生态补偿理论建设的关键。

发轫于生态学的生态补偿理论，以资源耗竭理论、资源生态价值理论、外部性理论与区域可持续发展理论为依据,以实现生态利益的分配正义和生态责任的公平承担,促使资源开发的外部成本内部化,完成对资源损耗价值、生态损害价值与社会损失价值的补偿,从而提升"资源-生态-社会"的可持续发展能力(见图3)。

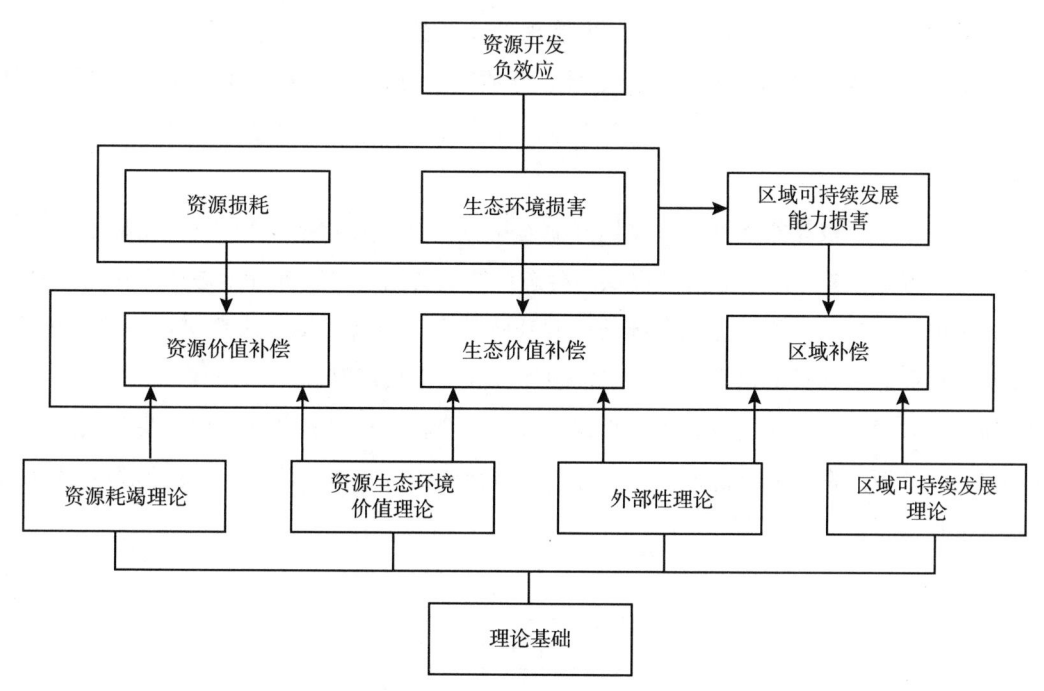

图 3 自然资源生态补偿逻辑

例如,加拿大在水电资源开发中,承认原住民对于国家水电事业发展的贡献,并确认了他们的土地权利,采取了与当地土著社区一起公平投资共享收益的策略,以确保当地土著社区可以通过土地入股作为水电项目的直接投资者,从而长期分享项目带来的利益。这也正是加拿大水资源利用效率位居世界前列的重要原因。

(三)资源开发可行性决策的价值权衡

1. 可持续发展是衡量资源开发价值的基线

"经济发展不应是对资源和生态环境的竭泽而渔,生态环境保护也不应该是舍弃经济发展的缘木求鱼"的可持续发展价值主张,要求在可持续发展逻辑框架下,每项资源的开发决策都需要衡量对他人(包括后代人)及生态环境的价值损益,以守住维系"当代与后代""人与自然""资源与生态"互惠共生的资源上线、生态红线与环境底线。也就是说，作出是否开发某项资源的决策，需要在可持续发展价值观的指引下，利用"经济账、生态账与社会账"作出权衡。

2. 基于资源环境核算的资源开发决策判断依据

资源环境核算能够为开发决策提供一本自然资源的经济收益账、生态价值损益账。

在资源账上，结合资源开发项目开发利用设计方案，根据各资源类别的历史成本交易价格，得出资源未来现值。例如，分地域、分质量、分市场发育程度，利用矿产品、林木、水资源历史交易价格建立价格基数模型，对矿产、林木、地表水、海洋等资源进行价值量核算。

在生态账上，核算方法可以参照国际生态服务产品核算指南（EEA），以林木、地表水、土地、湿地、矿区等生态系统提供的生态调节、文化景观服务等生态产品作为核算对象进行价值量核算。例如：林木资源的固碳释氧、水土保持、涵养水源等服务价值核算，以及社区居民意愿购买文化景观、生态福利等服务支出核算等。

通过对资源开发未来经济效益的测算，以及开发后生态服务产品价值损失的核算，可以得出某项资源开发后的经济价值、生态价值与社会价值的损益状况，并能够为后续生态补偿标准提供依据（见图 4）。

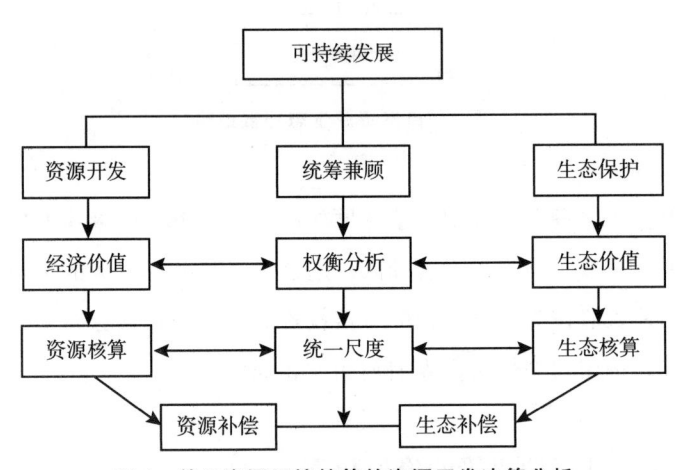

图 4 基于资源环境核算的资源开发决策分析

例如，2013 年 12 月，瑞典土地和环境法院通过了瑞典国有矿业集团（LKAB）在 Mertainen 铁矿 1220 公顷的森林、湿地及 2 个原住民放牧区开发矿产的案例。为向决策者提供科学核算依据，瑞典政府开发了森林和湿地景观核算的标准化体系，充分衡量了资源开发经济收益、生物多样性损失、森林生态损失、湿地生态损失与原住民生计损失。法院以评估结论为依据，于 2014 年 8 月通过了瑞典国有矿业集团对矿区及其周边 2600 公顷的补偿计划，以此保证将生态破坏损失、原住民生计损失控制在最小范围。

三、资源开发与生态保护的制度设计

（一）建立以资源开发的经济核算与环境保护的生态核算为基础的成本效益评价体系

严格的弱可持续发展根本在于总资本存量不减少，自然资本具有替代性。从生态环境中开发利用自然资源具有正向作用与负向作用，其相关作用的价值化，为核算自然资源开发利用的成本效益提供了基础。

资源开发正效益，包括提供自然资源产品、增加财政收入、促进就业、推进经济增长等。生态核算包括自然资源的调节、文化等服务功能。如果某种资源的开发经济收益超过其生态收益，则实施资源开发，反之，则不开发。例如：冰岛在资源开发决策中，将地热田和水电资源分为三类，即可开发、待研究和要保护。由资源部门和生态环境部门分别按照各自的价值体系提出三种开发类型的清单。然后两个部门分别将其方案交冰岛议会（世界上最早的议会）进行审议评价。议会聘请专家，使用层次分析法（AHP），考虑多种因素，按价值顺序对地热田和水电资源开发选项进行排序。

（二）推进以自然资源资产负债表编制为重点，反映自然资源资本的总量变化测度体系

将资产负债表核算框架和自然资本核算相关联的自然资源资产负债表，具备测度自然资本"存量与流量、数量与质量、实物量与价值量"的基础功能。

作为综合衡量"自然资本损益变动"价值测度技术体系的自然资源资产负债表，以政府为核算主体，以产权制度为基础，以开发、利用、保护、管理中的自然资本多元价值变动为线索，从实物统计、价值评估到定性描述，通过"摸清资源家底、评估生态损益、服务资产管理"，形成"资源账、生态账、管理账"的信息报告不仅可以为资源开发与生态保护决策提供整套"资产评估、生态环境损益、所有者权益盈亏"的核算信息，还能为制定生态补偿标准及开展效果评价提供依据。

例如，通过对 L 县 2011~2012 年的土地资源资产负债表核算结果可见（见表 1 和表 2），

该县土地经济、生态、社会价值总体实现了年度增长。其中，生态系统服务价值因为林地资源的占用（管理账中）未得到修复，而导致生物多样性价值出现了2.39万元的损失。

表1　　　　　　　　　　　L县2012年土地资源资产负债表　　　　　　　　　单位：万元

资产				负债及净资产			
项目	期初价值量	本期变化量	期末价值量	项目	期初价值量	本期变化量	期末价值量
土地资源经济价值	1227.7943	29.0860	1256.8803	土壤污染防治负债	0.0000	0.0000	0.0000
土地资源生态价值	1.8794	0.0017	1.8810	农业土壤肥力改良负债	0.0000	0.0000	0.0000
土地资源社会价值	8.0930	0.6932	9.6392	生态环境的土地修复负债	0.3836	-0.1069	0.2767
				土地整治负债	0.0735	0.0325	0.1060
资产合计	1237.7667	29.7808	1268.4005	负债合计	0.4571	-0.0744	0.3827
净资产	1237.3096	29.8552	1268.0178				

表2　　　　　　　　　　　L县2012年土地生态系统服务价值　　　　　　　　　单位：万元

功能类别	期初价值量	本期变化量	期末价值量
气体调节	1539.06	1.65	1540.72
气候调节	2619.37	3.35	2622.72
水源涵养	1838.15	2.06	1840.20
土壤形成与保护	4331.38	5.40	4336.78
废物处理	4719.28	6.54	4725.82
生物多样性	3746.55	-2.39	3744.16
总生态服务价值	18793.78	16.61	18810.39

（三）以生态产业化和产业生态化为路径推进资源产业与生态产业的良性发展

生态产业化是挖掘生态内在的价值，满足生态系统产品或服务价值的实现过程。对于生态环境条件好的地区、重要生态功能区，通过可恢复可持续的生态产业发展，激活生态资源潜力，可获得整体上的产业回报（特殊的优质农产品、优良的旅游观光休闲等生态服务等）。例如，四川九寨沟通过停止采伐木材，建立自然保护区和风景名胜区，发展生态旅游经济，将九寨沟生态系统提供的木材和畜牧等生态产品转换为经济价值，实现了生态保护与经济效益的双赢。

产业生态化是以产业内部的共生共存为基础,以绿色开发技术为基础,达到有效地降低环境扰动的目的。同时,延长产业链、投入深加工,将资源产业的线性发展升级为循环经济的闭环发展。例如:鄂尔多斯市通过深加工和产业链的延长,把传统"资源－产品－废弃物"的线性模式转变为"资源－产品－废弃物－再生资源"的循环模式,提高资源利用效率,增加资源利用等级,使资源得到最大程度的利用、污染物达到最小程度的排放。

(四) 构建以生态修复与产业再造功能为关键的资源再开发利用模式

生态修复是在生态学原理指导下,以生物修复为基础,结合各种物理修复、化学修复以及工程技术措施,对资源开发造成的生态环境破坏进行生态功能再造和提升的活动。通过"变废为宝、变绿为金",不仅可以重新激活生态产品的供给能力,还能够实现区域产业再造,创造绿色经济收益。

以上海辰山植物园矿坑花园生态修复为例:辰山作为开采建筑石材的场地,在经历一个世纪的采掘之后,山体受到了严重破坏,形成了面积达56900平方米的东西两个采石坑遗迹区。在国土资源部、财政部和上海市政府的共同努力下,于2010年完成了辰山矿坑的地质环境综合治理工程。如今,辰山矿坑已经成为国内首屈一指的园艺花园与旅游景点。

值得关注的是,通过引入市场化运营,生态修复已成功体现了生态质量提升、经济效益增长、社会福祉增强的效果。例如:亿利公益基金会在荒漠生态恢复时,就采取了供甘草苗条、技术服务、订单回购、包干种植、雇佣务工等办法,不仅让荒漠有了生机,企业有了效益,也让贫困家庭有了收益。

(五) 加快以理论技术规范为重点的生态补偿制度体系建设

目前,我国已经在水流、森林、湿地、草原、荒漠、海洋等重点领域和禁止开发区、重点生态功能区等重要区域实施了生态补偿,补偿机制已经初步形成。不过,在生态补偿理论、补偿主客体、补偿标准、补偿资金、补偿方式、补偿评价等方面还存在不足。

以流域上下游生态补偿为例,流域生态补偿资金的设立标准主要根据水质改善效果、补偿主体的财力、其他省份的生态补偿情况以及国家建议来确定。补偿协议的谈判主要是上一级政府的友好协商,最后由地方主官拍板。相关地域政府及行政管理部门既没有提供科学的计算方法和充分的技术论证,也没有深入参与谈判。

所以，现行的补偿协议定价机制和重要条款基本上采用的是行政主导手段，缺乏科学论证和市场化的"讨价还价"过程，而且协议对一些重要的具体问题"说不透"。例如，九洲江和汀江—韩江流域对2017年以后补偿协议是否延续，如何延续等问题，协议未做任何规定，这些都可能影响补偿机制的长期效应和稳定性。

因此，应当尽快出台生态保护补偿的相关法律、技术规范，建设以统筹协调、权责一致、补偿并举、多元补偿、建立标准、先行先试、动态评价、责任追究的内容补偿制度体系，总结前期试点探索经验，制定完善生态补偿的相关实施办法及配套政策体系，通过制度层面明确约束机制与激励机制，真正让人民群众公平地享受到资源开发与生态保护带来的经济收益和生态福祉。

四、研究展望

围绕资源使用权人与他项权利人之间的经济关系，经研院开展了一些制度建设方面的基础研究工作。一是建立以资源开发的经济核算与环境保护的生态核算为基础的成本效益评价体系；二是建立以自然资源资产负债表编制为重点，反映自然资源资本的总量变化制度体系；三是促进以生态产业化与产业生态化为主体推进资源产业与生态产业的良性发展；四是构建以生态修复与产业再造功能为关键的资源再开发利用模式；五是完善以明确补偿的主体和受体为核心的资源开发利用和环境保护的补偿制度。

为满足我国资源开发与生态保护的理论方法与技术需要，未来还需在以下几个方面做进一步的探索。

（一）开展生态补偿相关理论研究

一是研究确立生态补偿的基本原则、主体权责、主要领域、补偿范围、资金来源、补偿标准、补偿方式、考评办法、责任追究等制度内容。二是梳理前期我国生态补偿工作基础，认真总结各领域生态补偿试点经验，重点开展"生态保护补偿办法""流域上下游横向生态保护补偿机制""生态保护补偿实施指南"的研究工作。

（二）深入研究自然资源资产核算理论与技术方法

一是借鉴国内外资源核算理论与实践探索经验，研发固体矿产、土地、林木、水、草原等自然资源资产价值核算理论与技术方法体系，探索研究生态系统服务产品核算理论方法，深化自然资源资产负债表编制理论与技术方法，提出自然资本核算理论模型。二是加快研制《自然资源资产核算通则》《自然资源资产（土地）核算准则》《自然资源资产（矿产）核算准则》《自然资源资产（地表水）核算准则》《自然资源资产（草原）核算准则》《自然资源资产负债表编制指南》等。

（三）发展自然资源管理科学

运用"未来地球""地球关键带""地球系统科学"理论，建立具有中国特色的自然资源管理科学。一是以地域分异规律理论为基础，研究典型地域空间主导性开发活动对自然资源系统的影响机制，提出要素约束下的自然资源可持续开发利用模式。二是研究划定自然资源、自然资源资产与自然资源资本三者的概念边界，建构自然资源资产运营理论。三是探索自然保护地自然资源资产产权体系与国土生态空间管制协同促进机制。四是研究提出自然资源资产代际补偿与生态修复补偿理论方法。五是研究自然资源资产及其资本化与防范和化解风险的作用机理，构建维护国家经济安全的自然资源资产资本化计量模型。

自然资源开发利用和保护中的经济关系之三
——用"生命共同体"系统观看待不同资源使用权人之间的经济关系*

编写组**

与人类关系密切的自然资源、生态环境在时空上的结构、演化、发展及其相互作用，构成复杂的耦合系统。习近平总书记运用系统思维创造性地提出了"生命共同体"概念，强调"人与自然是生命共同体，人类必须尊重自然、顺应自然、保护自然"[①]，并指出"山水林田湖是一个生命共同体，人的命脉在田，田的命脉在水，水的命脉在山，山的命脉在土，土的命脉在树。……对山水林田湖进行统一保护、统一修复是十分必要的"。[②]"生命共同体"概念，从本质上深刻地揭示了人与自然的互动过程，是不同自然生态系统间能量流动、物质循环和信息传递的有机整体，为不同类型自然资源的开发、利用和保护提供全新的视角。

"自然－经济系统"构成系统耦合互动的复杂系统，形成"山水林田湖草"的生命共同体。通过地球系统、生态系统、资源系统与经济社会系统的耦合，分析不同自然资源开发利用和保护之间的耦合关系及其不同开发利用形成的不同功能。通过分析当前生活水平下，在不显著破坏生态环境的前提下，一定区域内资源环境的综合承载能力，以此来确定区域资源环境保护的红线与资源消耗的上线，找准区域发展的短板和限制性因素；通过自然资源开发利用的经济功能、社会功能和生态功能的权衡与影响因素分析，开展国土空间

---

* 本文原载于《自然资源经济参考》2018年第23期。
** 编写组成员：刘伯恩、贾文龙、石吉金、姚霖、余韵、马朋林。本文在张新安研究员的悉心指导下完成。
① 习近平. 论把握新发展阶段、贯彻新发展理念、构建新发展格局［M］. 北京：中央文献出版社，2021：204.
② 十八大以来重要文献选编：上［M］. 北京：中央文献出版社，2014：507.

开发适宜性评价，发现区域经济社会发展的长项和发展方向，并据此来制定多用途多时空的自然资源开发利用管理方案（见图1）。

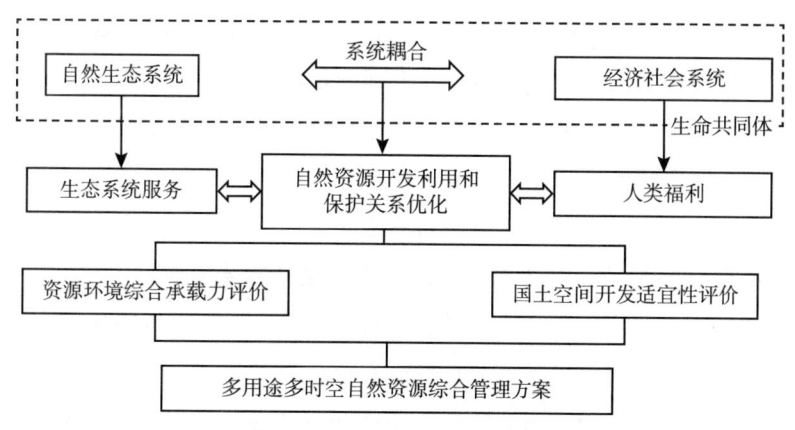

图1 "生命共同体"框架下自然资源开发利用和保护关系优化

一、"生命共同体"的理论基础

1. 自然资源系统的耦合关系

多门类自然资源耦合研究，对水资源安全、耕地安全、能源安全、矿产安全具有重大意义。其发端于国际知名智库，如兰德公司的"水－能源－粮食"耦合关系研究等。这些研究起源于全球水议程、全球粮食议程和全球能源安全议程等国际性倡议，最初是二元关系研究，例如，水－能源、水－粮食等，在这些二元关系研究的基础上，拓展了三元耦合关系研究。此后，相关研究的初步成果迅速被一些国际组织所接受，一些国家开始重视多门类自然资源耦合关系的研究，这意味着很可能在不久的将来，这些研究会应用于自然资源管理实践。

不同门类自然资源之间，存在多种耦合关系。既包括水土、陆海、河湖、水陆、林草、林农、水岩、地上地下、上游下游等这样的二元关系，也包括水－土－能、水－草－林等这样的三元关系，甚至也存在着一些多元关系，比如深部地热系统，存在着水－岩－能－金属－废物－植被之间的多元关系，这是欧盟正在突破的一项关键技术。从系统耦合可以看出，这些资源要素之间彼此影响、彼此感应，相互联系、相互依赖，甚至在一定程度上可以相互转化，既制约又协同。比如河湖的污染，常常是问题在水面，根源在陆地；很多地质现象，也是问题在地表，根源在地下。因此，应研究这些相互依存、相互制约的关系，研究不同空间尺度、不同时间尺度下自然资源系统复杂耦合关系的驱动形式、压力与挑战，以及所可能涉及的各种不同的风险。

多门类自然资源耦合关系的主要研究方法是自然科学研究与社会科学研究相结合的系统论。耦合关系的核心是水、粮食（土地）、能源，但也包括空间规划、人类健康和生态系统服务。因此，复杂系统耦合关系研究，大部分是以地球系统科学、能源系统科学、生态系统功能等方法为基础的。特别是，通过强化对地球多层圈交互带相互作用的研究，对水－岩－大气－生物多样性等不同要素在近地表环境中相互作用的研究，推进对地球关键带的研究，为人类的生存和福祉的全面提高奠定扎实的研究平台。

2."生命共同体"是"自然生态－经济社会"复杂耦合系统

山、水、林、田、湖、草构成的自然生态系统，与人类日常活动的经济社会系统具有密切的共生共存关系，共同组成了一个有机、有序的"生命共同体"。系统科学中系统耦合协同方法论可以用于分析"生命共同体"中的相互依存、相互关系，解决不同资源开发的矛盾与冲突具有重要作用。

保持"自然－经济系统"可持续运行和发展的前提是各个子系统之间存在关联度较高的耦合互动。各个子系统以要素流、信息流、物质流和能量流进行耦合互动。当这种耦合互动呈现良好的局面时，耦合后的生态经济系统功能和效益得以增强和扩大。这种耦合系统具有整体性与共生共存性、开放性与动态性、复杂性与不确定性、自组织与他组织性等特性。

3."生命共同体"框架下自然资源开发利用关系优化

"自然生态－经济社会系统"中的耦合关系，表现在资源开发活动与生态环境的相斥、相容、相促方面，即低度耦合、中度耦合和高度耦合方面。低度耦合（相斥关系）是指自然资源开发利用会严重破坏生态环境，如果要保护生态环境，就不得进行自然资源开发利用等生产活动，如果要进行这样的生产活动，就必须付出很大的生态环境代价。中度耦合（相容关系）是指自然资源开发利用活动能够在一定的生态环境容量中进行，可以不对生态环境造成重大破坏，处于自然界可自我净化的范围之内，或者可以进行生态环境还原或修复。高度耦合（相促）是指自然资源开发利用活动有助于保护生态环境，有助于促进生态环境改善，两者间是互利共赢关系。

"自然生态－经济社会系统"存在着正负两种反馈机制。总体上自然生态系统主要是以负反馈为主的减弱型机制，而经济系统是以正反馈为主的增长型机制。随着低度耦合向中度耦合，再向高度耦合的转变，自然生态系统负反馈机制逐步转变为正反馈机制，而经济社会的正反馈机制从稳定型机制向增长型机制转变，最终实现自然资源开发利用、生态保护与经济社会发展的多赢。

二、"生命共同体"的管理基础

要决定不同门类资源的开发顺序,确保一种资源的开发不会给其余资源的开发利用和保护产生不利影响,确定单门类资源开发的时间顺序和空间秩序,必须以资源环境承载能力和国土空间开发适宜性评价为基础,统筹谋划各类资源的开发利用和保护。

1. 开展资源环境承载能力评价——找准区域发展的短板

开展资源环境综合承载力评价,是识别资源环境对国土空间开发的限制性因素和阈值,确定区域资源环境开发利用与保护的短板,划定资源环境保护红线,设定资源开发的上限。

(1)资源环境综合承载力的发展历程。

从土地资源等单要素承载力向多要素综合承载力的转变。最早开展的是土地承载力评价,此后逐步扩展到水资源、森林资源、海洋资源、矿产资源以及环境承载力等等。自党的十八届三中全会明确提出要"建立资源环境承载能力监测预警机制"以来,各有关部委推动资源环境承载力评价的研究与应用工作。2016年国家发展改革委等12部门和中国科学院联合印发了《资源环境承载能力监测预警技术方法(试行)》。同年,国土资源部办公厅印发了《国土资源环境承载力评价技术要求(试行)》,以土地资源、地质环境、地下水、矿产资源为主导要素,综合考虑生态状况和环境质量等要素,明确了工作内容、成果要求和应用方向等。原国家海洋局、水利部等部门分别围绕海洋资源环境、水资源承载能力发布了相应的技术指南和技术大纲。

(2)资源环境综合承载力的逻辑思路。

自党的十八大提出生态文明建设以来,资源环境承载力以"自然-经济-社会"复合系统为研究对象,通过分析一定时期的某一区域内,在保障生态系统关键性资本不降低的前提下,资源环境的供给和纳污能力,并维持区域主体功能(包括社会经济活动规模、强度和结构等)可持续发展的能力。

从增强实用性角度出发,并考虑我国幅员辽阔、地域差异明显的实情,按照"分级-分类-分层"的总体思路开展评价工作(见图2)。分级评价是指要综合考虑评价区域的空间范围和尺度,分类评价是指要综合考虑评价区域的功能定位和发展阶段,分层评价是指根据承载主体对承载客体作用力的递阶层次结构,更加提升了承载力评价的科学性和成果应用价值。

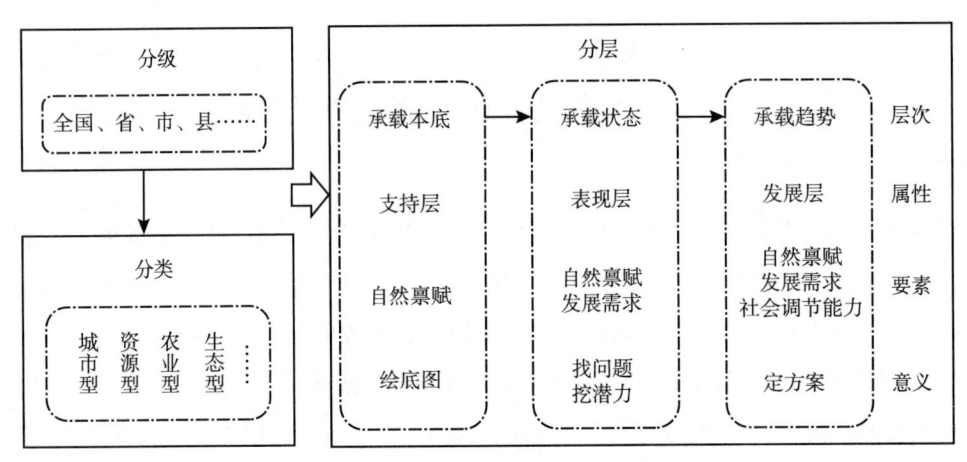

图 2　资源环境综合承载力评价的逻辑思路

(3) 资源环境综合承载力的评价内容。

新时代，围绕"国土空间开发格局与结构优化、资源合理配置与节约高效利用、自然生态系统和环境建设与保护"三大内容，可从"保红线、严标准、优布局、调结构、重防治、控规模"，分别进行"本底评价－状态评价－趋势预警"。具体评价内容可理解如下：

一是承载本底评价，以自然资源环境系统禀赋条件分析为切入点，评价区域生态系统的自我维持与调节能力、资源与环境子系统的供给与纳污能力；二是承载状态评价，核心任务是测度人类活动是否处于自然资源环境系统承受范围，资源环境供给、纳污能力与人类社会需求的平衡、匹配情况；三是承载趋势预警，预测资源环境承载状态的变化趋势、速度以及达到预警阈值的时间节点或危急程度，落脚于确定区域发展限制性因素和可持续发展方向研究。

2. 国土空间开发适宜性评价——找准区域发展的优势

国土空间开发利用及其变化是全球变化影响生态系统、气候系统和人类社会等问题的主要因素之一。由于国土空间开发的方式不同，其提供的生态系统价值也不同，必须通过国土空间开发适宜性评价，才能实现自然资源生态价值的最大化。主要有以下几方面。

(1) 国土空间开发中自然资源系统的多功能性。

国土空间作为生产之要、生存之本、生态之源、自然之基，为人类社会的发展提供了诸多产品和服务，不同的产品和服务是不同的自然资源利用功能的状况体现，并形成了不同的国土空间开发结构，产生了经济功能、社会功能与生态功能（见图3）。具体如下：

一是经济功能是国土空间开发中以自然资源为劳动对象或载体进行的生产活动而产出各种产品、服务和价值的功能，包括物质生产和经济发展两项子功能。

二是社会功能是国土空间开发中各类自然资源为人类生存和发展过程中提供的空间承载、物质和精神保障服务，以满足人类生活、文化、社会等方面的需求，实现人类福祉最大化，包括空间承载、生活保障和文化休闲三方面功能。

三是生态功能是国土空间开发中各类自然资源为维持生物（包括人类）生存和生活而提供的自然资源与生态环境的供容能力，包括环境调节和生态维持功能。其中，环境调节功能包括气候调节和污染净化功能，反映对有害物质的吸收、降解与净化能力；生态维持功能包括生物多样性、土壤保持、水源涵养和景观保育功能，反映了文化服务、生态支持等能力。

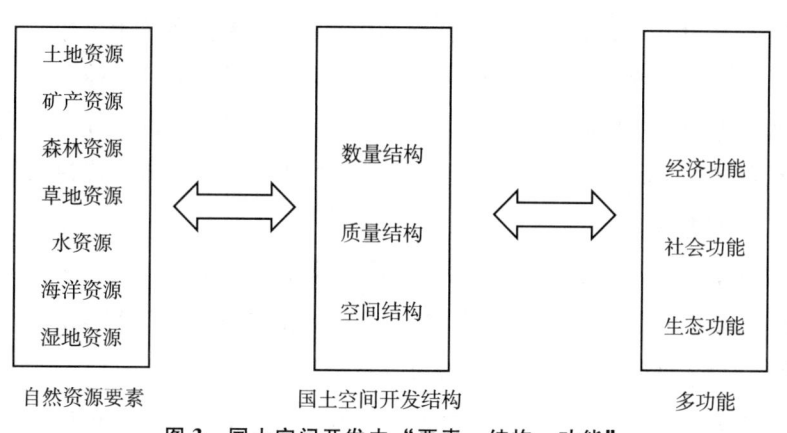

图 3 国土空间开发中"要素–结构–功能"

（2）国土空间开发中各类自然资源开发利用的多功能权衡。

自然资源开发利用具有多种用途，满足了人类不同的需求。不同自然资源开发的方式，由于人类的需求不同而产生变化。从经济学角度看，资源稀缺性是引发不同资源开发利用利益冲突的主要原因竞争（此消彼长）与协同（彼此增益）作用构成了生态系统服务相互关系中最重要的部分（见图4）。竞争关系是指，在一定时空尺度内，当一种自然资源的开发利用，是以降低其自身开发利用功能与其他自然资源的有关功能为代价。协同作用是指一种自然资源开发利用的类型，不但不会造成另外一种资源的减少，反而会增加另外一种资源的供给，或者说至少不减少另外一种资源的开发利用。协同作用即实现自然资源开发利用利益最大化是人类活动的最终目标。

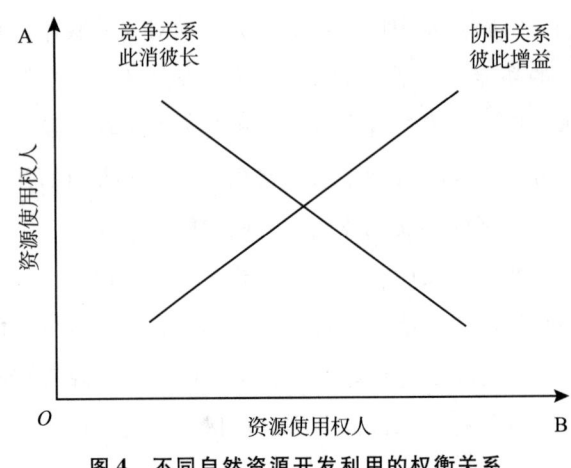

图 4　不同自然资源开发利用的权衡关系

（3）国土空间开发中各类自然资源开发利用相互关系及影响因素分析。

自然资源的要素结构形成不同的国土空间开发功能，其核心是自然能为人类提供的各类产品与服务的能力，其根据离不开两个决定性因素：一是作为人类各类活动的"载体"；二是人类社会的各类"需求"。这些自然资源在开发利用和保护之间的相互关系及影响因素，其主要的影响因素如下：

一是自然因素。地形、土壤、生物和气候因素是自然生态系统的基本组成要素。地形因素控制中小尺度空间的水热资源分配，影响实际太阳辐射量、温度、土壤矿化速率、植被分布等众多环境条件与生态过程，直接决定自然资源系统功能。

二是社会因素。经济发展水平、管理水平、政策行为等社会因素的区域分布不均与多元化发展，导致人类对不同类型的自然资源系统功能存在着选择偏好，进而导致自然资源系统功能权衡与需求差异。随着经济的不断发展，也逐步从优先关注的经济功能，开始转向社会功能、生态功能。这种选择偏好导致人类管理决策加剧了不同功能之间的冲突，增加了自然资源系统功能权衡的必要性。

三是技术因素。人类对自然开发利用的效果，取决于人类的需求与技术进步。新技术、新方法的应用拓展了自然资源开发利用的广度、深度与程度，特别是绿色技术的发展，被认为是处理不同资源开发的有效措施。随着科学技术水平的发展，自然资源开发利用的技术也不断提高。新技术应用，意味着更小的环境扰动和更大的资源开发效益。

（4）国土空间开发适宜性评价的内容。

国土空间开发的适宜性，要以不同自然资源开发利用的功能来权衡分析，以此来确定不同国土空间中的自然资源开发利用方式、格局、时序、空间和可逆性，主要有以下几方面内容：

一是空间上的权衡。是指不同区域间自然资源的开发利用所带来的供给与需求能力的空间差异进行的权衡，这类权衡表现为不同空间尺度上利益相关者对经济功能、社会功能与生态功能的竞争。比如森林的经济功能是服务当地的，但其生态功能是服务全球的。

二是时间上的权衡。是指自然资源开发利用的经济功能、社会功能与生态功能在当前与未来利用之间的权衡，是由于不同类型自然资源开发利用格局所引发的各种功能的时间特征或对自然资源管理的反馈周期不同造成的，如经济功能反馈迅速，而社会功能和生态功能往往周期漫长，对权衡管理反馈具有滞后效应。

三是权衡可逆性。是指自然资源开发利用在当前权衡干扰停滞后，恢复到最初状态的能力。当人类活动过度干扰自然生态系统时，其服务功能常常发生退化，甚至崩溃。因此，自然资源系统功能权衡必须重视生态系统稳定性和恢复力，力求在生态系统可逆变化和不可逆变化之间找到平衡点。

三、"生命共同体"的制度设计——多用途多时空自然资源综合管理方案

人类具有生产、生活、生态三方面需求，而工业用地、住宅用地、农用地、林地、草地、湿地等不同资源类型，满足人类的不同需求。在自然资源管理上，通过多用途多时空自然资源综合利用管理方案，使不同资源在时间、空间、强度、规模的权衡下，实现开发利用和保护的经济效益、社会效益和生态效益最大化。主要有以下几方面。

1. 构建更加科学合理的国土空间规划

当前，全球化、生态化、城镇化、信息化相互交织，引领区域发展，民本化、市场化所带来新理念与新方式，对国土空间规划提出了新要求。国土空间规划要在开展资源环境承载能力和国土空间开发适宜性评价的基础上，以生产发展、生活富裕、生态良好为目标，统筹划定生态保护红线、永久基本农田、城镇开发边界三条控制线，科学谋划国土空间开发保护格局，建立健全国土空间管控机制，促进经济社会发展格局、城镇空间布局、产业结构调整与资源环境承载能力相适应，做好同建立负面清单管理制度的衔接协调，实现生产空间集约高效、生活空间宜居适度、生态空间山清水秀。

2. 国土空间开发适宜性评价填图

不同自然资源利用格局的国土空间开发适宜性评价的最终目标，是为了辅助决策，为决策过程中涉及的决策者、利益相关者、受益者等相关方提供研究区域自然资源系统功能综合特征的定量、直观、可视化及时空变化详细描述的表达。国土空间开发适宜性填图是

根据决策需求，运用国土空间开发适宜性评价方法，对特定时空尺度上自然资源系统功能种类的组成、数量、空间分布和相互关系等综合特征以及各种自然－社会因素影响下的情景变化特征进行量化描述的过程，包括静态描述与动态模拟等表达形式。主要包括自然资源系统功能供给填图、需求填图，以及情境权衡分析填图等三方面。

3. 确定区域不同自然资源开发利用上限

以资源环境综合承载力为基础，加快确定自然资源利用上线，作为推动绿色发展方式和生活方式的重要举措。在科学评估区域自然生态约束因素，以及区域自然资源利用变化驱动因素的基础上，确定土地资源、矿产资源、森林资源、草地资源、水资源等自然资源利用的上限，保障资源安全和生态安全，确保区际公平与代际公平，使得关键性自然资本不减少。

4. 构建多用途多时空的自然资源综合管理模式

在自然资源管理中，以国土空间适宜性评价为基础，统筹安排不同自然资源用途与开发时序，需要遵循以下准则：一是生态优先原则，当某种资源开发与其他类型资源发生利益冲突时，将生态置于优先地位；二是资源最佳使用原则，人类对资源的开发利用，要确保社会、经济、环境和遗产价值最大化；三是共存原则，在对自然资源的其他用途未经评估的情况下，不得排除这些用途而制定自然资源利用决策；四是时序原则，不仅要在同一时间不同空间上优化国土空间开发利用，还要在同一空间不同时间上优化国土空间开发利用。

四、运用"生命共同体"看待不同自然资源开发的案例——浙江湖州探索资源开发与生态保护之间的协调发展

浙江湖州作为东部经济发达地区，素有"华东建材基地"之称，境内非金属矿产资源丰富，已知矿产达 61 种，主要是建筑石料、石灰岩和膨润土等，是华东地区最大的建筑石料生产基地和重要的优质水泥生产基地。矿业经济一度作为湖州支柱产业，历史上最高峰有矿山企业 1000 多家，年开采量 1.64 亿吨。[①] 但是，矿产资源无序开发，山体破损、矿山粉尘污染、水污染严重，社会矛盾突出。

（一）绿色矿山建设：绿水青山就是金山银山

2005 年 8 月 15 日，时任浙江省委书记的习近平同志在湖州调研考察时，首次提出

---

① 湖州市国民经济和社会发展统计公报（2017 年）[Z]．湖州市统计局，2018．

"绿水青山就是金山银山"。湖州在资源管理领域坚持以"两山"重要思想为引领,在全国率先提出建设绿色矿山。以2005年出台《湖州市人民政府关于创建绿色矿山的实施意见》为标志,开展绿色矿山建设工作,提出了"减点、控量、生态、集聚"思路,以"四铁精神"(铁的决心、铁的措施、铁的手段、铁的纪律)加大矿山整治力度,全面关停"低、小、散、污"矿山。经过十多年的努力,湖州绿色矿业发展理念深入人心,矿山开发秩序根本好转,矿山生态环境有序推进,国土空间开发格局持续优化,形成了"两山引领、政府主导,生态集聚、科学布局,标准先行、全域推进,矿地融合、产业衔接"特色鲜明的矿产开发与生态文明协调发展的新道路。

(二)生命共同体框架下的多用途多时空资源综合管理

湖州的绿色矿山建设既体现了"绿水青山就是金山银山"的发展观,也体现了"山水林田湖草"生命共同体的系统观。

1. 坚持"山水林田湖草"生命共同体的系统观

"山水林田湖草"生命共同体,为不同自然资源使用权人之间的经济关系提供了系统思维。湖州统筹资源开发与生态保护的关系,将资源开发与生态保护相互融合,决定不同门类资源的开发时序,确保一种资源的开发不会给其余资源的开发利用和保护产生不利影响。先后出台了《湖州市人民政府关于创建绿色矿山的实施意见》《湖州市鼓励绿色矿山创建实施办法》《湖州市市级绿色矿山管理办法》,体现了全面布局和系统推进的系统观与整体观。

2. 找准当地资源环境承载力的短板

资源环境承载力评价通过分析区域资源环境的供给能力和纳污能力,识别与发现本底的限制性因素与发展短板,从而确定国土开发空间的红线、布局、规模、时序等要求。湖州市尊重自然规律,从资源环境限制性要素出发,率先提出矿产资源开发的分区管理思想,科学调控矿业开发的规模、结构、布局和时序。一是1999年《湖州市矿产资源总体规划》第一轮规划中就最早提出"禁采区""限采区""开采区"的分区管理思路,禁采区的矿山一律在规划期限内关闭,限采区的矿山规模收缩,新设矿山全部在开采区内。二是提高资源节约集约利用效率,推动循环经济发展,最大化提升资源综合效益,实现生态环境负面影响最小化。三是实现了矿山生产的清洁化,确定了矿山生产的清洁化绿化美化标准等七个方面标准。

3. 发现国土空间开发的最佳适宜用途

国土空间开发适宜性评价通过分析国土空间的自然因素和社会因素,确定不同的国土空间开发的数量、质量和空间结构，实现国土空间开发效益的最大化。湖州市通过生态优先、因地制宜、分类推进，确定资源开发的最佳使用用途。一是生态优先下的绿色矿业开发与保护，走资源利用集约化、开采方式科学化、生产工艺环保化、企业管理规范化、闭坑矿区生态化的道路。二是统筹安排各类自然资源最佳适宜用途。遵循"宜林则林、宜耕则耕、宜建则建"原则，按照土地开发型、景观再造型、生态复绿型、土地整理型四种治理模式。三是统筹山水林田湖草的生态修复与治理。根据废弃矿山生态治理的功能定位采用不同的治理方法，充分研究最佳生态整治方案。比如湖州将市区仁皇山、潜山石矿治理复垦建设成市民生态休闲公园。

4. 资源开发中多用途多时空综合管理

国土空间开发受到自然因素等限制性因素的影响，必须辅以相应的管理体制机制与政策措施，才能统筹资源开发与生态保护中的多时空综合管控。一是建立专门的管理体制。湖州市委、市政府把矿业绿色发展作为生态文明建设的重要内容，专门研究、专门部署、专门发文，并成立了矿山综合管理办公室进行组织协调。二是建立科学的管理机制。把好源头关，要求所有矿山都必须创建绿色矿山；把好过程关，将绿色矿山建设目标列入县区综合考核和生态市建设考核的范围。三是发挥企业的主体作用。加强正向激励机制，对列入试点的绿色矿山企业给予优惠政策；加强标准引领，率先发布实施绿色矿山建设地方标准，覆盖了矿山企业矿产资源开发利用全过程。

五、研究展望

自从"生命共同体"概念提出以后，不同学者从不同学科角度进行了有益探索。如何厘清"生命共同体"理念的内在逻辑、外在表现与实践应用，还需要开展相关方面的研究。

（一）深化生命共同体的知识体系研究

发展自然资源科学理论，构建融合多学科的生命共同体科学知识体系。开展山水林田湖草生命共同体基础理论研究，发展区域自然系统演化协同理论、突变理论、超循环理论、分形理论、混沌理论，研究自然系统从无序变有序的自组织行为进化能力。研究生命共同体功能权衡协同模型、开发模拟预测模型。研究生命共同体与经济社会要素交互影响的演化规律，揭示多自然资源要素耦合状态下的系统关联。研究资源开发与生态保护的相对价值填图，以及区域最大资源开发容量和最小生态保护单元。

（二）深化资源环境承载力和国土开发适宜性评价相关研究

推进资源环境承载力多尺度多类型定量化评价、适时预警、趋势预测与政策模拟等关键技术研究，确立资源环境承载力评价的关键指标体系，建立不同区域尺度资源环境承载力评价与监测预警的理论和技术方法体系；研究能矿资源开发全生命周期资源环境承载力监测预警技术，加强资源利用上限研究。创新国土开发适宜性及城市空间功能复合性评价模型，形成国土空间多功能精细化识别技术和面向不同地域功能的国土开发适宜性评价方法。

国土空间管控与自然资源管理之间逻辑关系的思考[*]

周璞 侯华丽 强真 郝庆

统一行使全民所有自然资源资产所有者职责，统一行使所有国土空间用途管制和生态保护修复职责，是国家赋予自然资源部的"两个统一"职责，是习近平生态文明思想的具体落实。自然资源和国土空间存在密切的内在联系，两个逻辑不可割裂。充分认识并厘清自然资源与国土空间之间的逻辑关系，统筹推进自然资源治理和国土空间治理，是实行空间规划改革、实现高质量发展的必然要求。

一、把握现势，定位新时代空间规划

准确研判现势问题，引导空间治理的战略目标确定、主要任务部署，是空间规划的基本出发点。需要把握新时代国土空间开发中存在的问题，科学定位新时代国土空间规划。当前我国国土空间存在的诸多问题，本质上都与资源开发利用或配置不当相关。

（一）不要把"坑坑洼洼"的国土留给子孙后代

"坑坑洼洼"是资源开发方式不当引起的局部性问题。当前地球疤痕累累，全国因矿

---

[*] 本文原载于《国土资源经济参考》2018年第24期。本文系根据张新安研究员在"展望2050国土空间发展战略研讨会暨第一届北京大学规划论坛第十二期UP论坛"上的发言扩充而成。

产资源开发引起地面塌陷等矿山地质灾害26000多处，采空区地面塌陷共有4000余处，塌陷坑9000多处，平均每1万平方公里约有10处采矿导致的大陷坑，东部地区平均达到30个，农田取土也形成不少大大小小的坑坑洼洼。[①] 2017年全国非油气矿山数量6.77万座，较2005年高峰时期的12.67万座减少了近一半，大量关停或废弃矿山面临产业再生与环境再造。[②][③] 此外，地下水资源超采也形成了诸多大坑大洼，当前我国地下水超采区域超过了300个，总面积接近20万平方米，严重超采区突破了7.2万平方公里[④]，华北平原已经成为世界上最大的"漏斗区"，北京、天津、石家庄等城市在地下空间开发过程中，频频遭遇因地下水超采引发的地面塌陷问题。

（二）不要把"大雾弥漫"的国土留给子孙后代

"大雾弥漫"是资源利用方式不当引起的多发性问题。当前地球上水泥密布、钢铁密布、雾霾深重。改革开放之前的30年，水泥产量3.6亿吨，不足现在年产量的一半。现在3年的水泥产量相当于2000年以前的全部水泥产量。2006~2015年的十年间，全国钢产量达64亿吨，是之前历史总产量的2倍多，而这十年的钢消费量是之前历史消费量的3倍多。2000年以前我国历史上煤炭消费总量是300多亿吨，而21世纪以来煤炭消费量已接近500亿吨。[⑤] 大型火力发电厂至少在3000座以上。[⑥] 石炭纪以来，地球演化有近3.5亿年的历史，通过无数次地质作用过程在地球深部形成的煤炭，在十几年中非常快速地释放出来，雾霾自然难免。产能迅速扩张带来了资源的过度、粗放开发，并形成大量过剩产能，造成了资源的浪费。

（三）不要把"畸重畸轻"的国土留给子孙后代

"畸重畸轻"是资源空间配置不协调引起的区域性问题。当前我国区域经济发展不平衡、不协调问题突出，2015年东部、中部、东北和西部地区城乡建设开发强度分别为

---

① 关凤峻. 在2017年地勘局长座谈会上的专题报告 [Z].
② 国土资源部. 2006年中国国土资源统计年鉴 [M]. 北京：地质出版社，2007.
③ 国土资源部. 2018年中国国土资源统计年鉴 [M]. 北京：地质出版社，2018.
④ 徐丽丽，束龙仓，李伟，等. 2000—2020年中国地下水开采时空演变特征 [J]. 水资源保护，2023，39 (4)：79-85，93.
⑤ 国家统计局. 水泥产量、钢铁产量、煤炭消费量年度数据 [EB/OL]. https://data.stats.gov.cn/easyquery.htm?cn=C01.
⑥ 石泽红. 火力发电厂汽轮机的常见故障与检修处理方式研究 [J]. 价值工程，2019，38 (25)：205-207.

10.23%、7.54%、3.80%和1.18%，同时，东部地区国土经济密度分别是西部、中部、东北地区的近20倍、3倍和7倍。① 改革开放40余年，珠三角地区建设用地占比从0.5%增加到10%以上，而全国建设用地占比仅4%左右。南水北调、北煤南运、西煤东运、北油南运、西气东输等工程的实施，充分反映了资源禀赋、生态本底、产业布局不协调，国土空间发展不平衡、不充分的问题。我国的南水北调工程是世界上规模最大、距离最长、覆盖范围和人口最多的调水工程，规划年调水量448亿立方米②，相当于2016年全国供水量的7.4%。③ 化石能源的供应半径从20世纪80年代的约400公里增长到目前的约2000公里；砂石土的供应半径若超过30公里，其价值甚至会低于运费，现在部分地区已出现跨省运输。资源大规模跨区域调配促进了经济聚集，同时也增加了经济社会发展的空间组织成本和风险。

（四）不要把"松松垮垮"的国土留给子孙后代

"松松垮垮"是资源利用效率不高引起的突出性问题。一方面，发展方式不够节约集约。工业园区、新城、新区遍地开花，2017年全国国家级开发区工业综合容积率最低仅为0.09，建筑密度最低仅为7%，工业用地税收最低只有100万～200万元/平方公里。④ 许多城市发展重地上轻地下，重面子轻里子，地下基础设施管线经常"打架"，城市道路屡屡"开膛剖肚"，因暴雨引发城区大面积积水或"地陷"。另一方面，生活方式不够简约。1996年至今，我国建设用地增长了近30%⑤⑥，城市与农村建设用地双增加，成为世界城市化进程中独有的现象。大城市开敞空间不足，小城市形象工程过多。城市扩展过程中，一面大量侵占天然绿地，另一面大搞公路、广场绿化。非精明的城市增长模式，以及私人交通的飞速发展（1998年至今，我国私人汽车拥有量增长了44倍⑦⑧），导致交通拥堵成为许多大城市的通病。

---

① 国家统计局. 中国统计年鉴 [M]. 北京：中国统计出版社，2017.
② 中央人民政府. 南水北调工程的多个"世界之最" [EB/OL]. https://www.gov.cn/xinwen/2014 - 09/16/content_2751513. htm，2014 - 09 - 16.
③ 国家统计局. 中国统计年鉴（2018）[M]. 北京：中国统计出版社，2018.
④ 自然资源部空间规划局孙雪东副局长在2018年中国土地学会土地规划分会年会的主题报告《塑造以人为本的高品质国土空间》。
⑤ 国家统计局. 中国统计年鉴（1997）[M]. 北京：中国统计出版社，1997.
⑥ 国家统计局. 中国统计年鉴（2018）[M]. 北京：中国统计出版社，2018.
⑦ 国家统计局. 中国统计年鉴（2000）[M]. 北京：中国统计出版社，2000.
⑧ 国家统计局. 中国统计年鉴（2017）[M]. 北京：中国统计出版社，2017.

(五) 不要把"暮气沉沉"的国土留给子孙后代

"暮气沉沉"是资源利用转型缓慢引起的潜在性问题。国土空间正经历由增量时代向存量时代的转型，要与能源转型、产业升级相协调。以能源转型为例，按照国际上能源转型的成功经验，测度能源转型是否成功的指标有两个，一是某种能源在消费结构中的占比增减达到 10 个百分点，二是该种能源的总消费量增减超过两位数。当前我国能源转型尚未成功，煤炭消费占比变幅不大、总量上升，天然气以及可再生能源尽管消费量增长超过了两位数，但占比增加未达到 10 个百分点。早在"七五"时期我国就提出"油气并举"战略，至今仍未实现。此外，当前全球能源革命中，金属能源正成为国际能源资源博弈的重点。据国际能源署《全球电动汽车展望2018》数据，到 2050 年世界电动汽车保有量为 10 亿辆，占汽车总数的比重为 10%，将创造巨大的锂、钴、稀土、石墨、镍、铜、锰等金属能源需求。从金属能源的开发利用情况看，我国的能源转型正在艰难进行中。

二、明晰目标，引领新型空间治理观

空间是资源的载体，资源是空间的内涵。空间资源的合理保护和有效利用，离不开自然资源的合理利用和保护。空间发展战略的确定，离不开资源战略。空间用途管制的落地，也离不开资源政策的配合。因此，遵循自然资源和国土空间两个逻辑的内在联系，确定综合战略目标。

(一) 自然宁静

"心外无物，闲看庭前花开花落；去留无意，漫随天外云卷云舒"，是心情的宁静。"日出江花红胜火，春来江水绿如蓝"，是自然的宁静。实现自然宁静，就是要坚持人与自然和谐共生，尊重自然、顺应自然、保护自然。按照保护生态环境就是保护生产力，改善生态环境就是发展生产力的要求，划定并严守生态红线，保护和修复自然生态系统，维护生物多样性，构建由生态屏障、生态空间、生态隔离带、廊道形成的生态安全格局。划定自然资源利用上限，实施国土空间用途管制，加快形成节约和保护环境的空间格局、产业结构、生产方式、生活方式，实现经济社会发展和生态环境保护协同共进。巩固生态国土建设在生态文明建设中的基础和优先地位，真正实现"望得见山，看得见水，记得住乡愁"。

(二) 能源独立

能源安全关乎国家安全,美国最新的能源战略已从能源安全转向能源独立。如果不考虑生态容量,仅从能源资源角度,我国完全可以实现能源独立。纵观全球大国,除俄罗斯和加拿大外,我国总体能源安全形势最好。2017年全国一次能源消费总量44.9亿吨标准煤,对外依存度20%。当前,我国油气资源形势十分严峻,2017年全国石油消费量5.9亿吨,位列世界第二,对外依存度接近70%,天然气消费量居世界第三,对外依存度接近40%[①]。按照"以清洁补高碳,以气补油,以非常规补常规,充分利用金属能源"的战略思路,利用可再生能源和新能源以及金属能源替代10亿吨标准煤的化石能源,我国能源对外依存度将能够控制在10%以内,实现能源独立是可能的。应树立透视思维、立体思维,保障能源安全空间"底线"需求,为能源矿产尤其是锂、钴等战略性金属能源矿产开发预留空间。

(三) 资源永续

当前我国资源消耗基本步入稳定阶段,耕地红线坚守稳定,国民生产地耗、能耗、水耗持续下降,利用结构不断优化。许多大宗资源的需求拐点已经或即将陆续到来,多数将在2030年前后达到峰值拐点。粗钢、水泥、煤炭需求峰值已在"十二五"末"十三五"初提前到来;石油在考虑资源约束和能源消费革命情景下遏制不合理的需求,需求峰值将在"十四五"或"十五五"期间到来;多数有色金属需求峰值将在"十五五"或"十六五"期间到来;能源需求总量可能在2035~2040年实现零增长。在拐点出现之后,它们的需求总量仍将长期保持在较高的水平。新时代下,通过技术创新、制度和管理创新、产业升级和能源转型的共同作用,资源利用效率能够提升20%~50%,可实现经济增长达到资源消耗的四倍速乃至五倍速,即经济增长4~5个点,能源资源消耗增加1个点。

(四) 国土和合

"保合太和,乃利贞",是中华文化的首要价值和精髓,是自然和谐、人与自然和谐、人与人和谐、人自我和谐的高度统一,是化解纷争、消除危机、战胜灾害的有效思维方式

---

① 国家统计局网站,https://data.stats.gov.cn/easyquery.htm?cn=C01。

和行为方式。建设和合国土，就是要树立以人民为中心的新型资源价值观，开发为民所谋，保护为民所留，收益为民所系。将国土空间视为一个新陈代谢的有机生命体，在提升发展质量和效益的同时，注重历史人文、自然生态的传承。城市和农村"宜居宜业"，功能复合，和而不同。

（五）空间稳定

空间稳定本质上既是品质问题，更是协调问题。当前我国城市大规模扩张已经基本完成，越来越多城市从城市扩张向城市更新转变，要求加强精细化管控，提升城市空间品质。城市空间是人类文明的表达载体，规划应着力引导简约型生活方式，充分利用自然绿色开敞空间，减少环境污染与资源浪费，完善公共服务设施，便利群众生活，塑造活力、多元、特色的城市风貌。同时，空间稳定还表现在区域、城乡空间的协调和协同发展，缓解我国季节性的大规模人口迁徙和常态化的远距离资源调配等问题。实现国土空间发展的相对均衡、稳定，是贯彻以人民为中心的发展思想、体现以人为本的重要要求和空间目标。

三、厘清关系，指导实施新型空间治理

新时代下的新型空间治理，应按照习近平生态文明思想的要求，切实履行自然资源部"两个统一"的职责，统筹安排推进自然资源开发利用与保护、国土空间用途管制、生态修复与国土综合整治等任务，实现国土空间管控和自然资源综合管理的殊途同归。厘清国土空间与自然资源基本关系，把握国土空间管控与自然资源管理的内在实质，是实施新型空间治理的重要基础前提。

（一）空间资源与自然资源

国土空间是承载自然生态系统与人类活动系统的多维载体，包含了载体之上的人地系统。

空间资源有狭义和广义之分。狭义的空间资源是指客观实体以外的无形的、不可见的范围，能够为人类开发利用并获得收益的非物质资源（如：高架桥、空中走廊、地下管道占用的空间，太空空间等）。广义的空间资源是指存在于一定空间范围内，能够为人类开发利用、获得经济和其他效益的所有物质资源或非物质资源。从空间规划的角度，空间资

源作为规划对象，应该是具有实质意义和内涵的，因此，特指广义的空间资源。

自然资源是在一定时间和技术条件下，天然存在、能够产生价值、可提高人类当前和未来福利的自然环境因素总称，既可以是实物形态的自然物质，也可以是非实物形态存在的能量和空间。

空间资源强调存在边界，并非一定是自然生成；自然资源强调天然孕育，必须依托于特定空间客观存在。因此，广义的空间资源包含了自然资源（山水林田湖草矿等），以及人文资源（产业、教育、医疗、交通等经济资源、社会资源等）。空间资源兼具自然性、社会性，其价值由资源性质、位置、距离、方位、形状等综合决定，见图1。

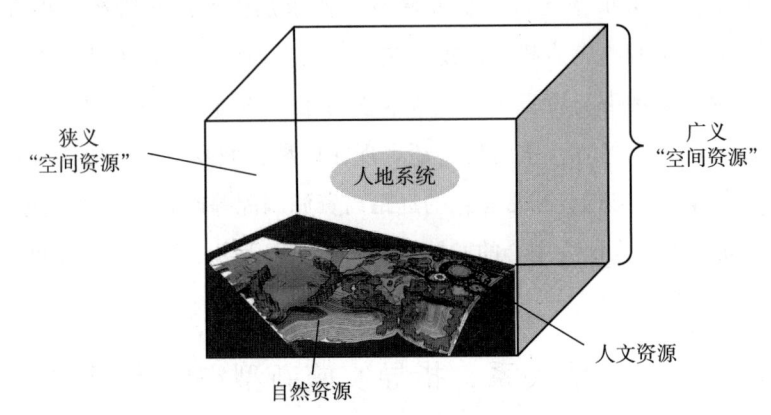

图1 广义空间资源与自然资源的关系

资料来源：笔者自绘。

空间资源的基本单元，取决于资源类型、空间尺度和利用目标。资源赋予了空间实质意义，尺度是空间规划的基本遵循，目标决定了基本单元的选择。首先，空间资源的基本单元需要根据资源类型和性质来确定，例如，自然资源中矿产资源的基本单元是一个矿区，经济资源中产业项目的基本单元是一个园区或工厂。其次，空间资源的基本单元需要根据空间尺度的大小来确定，例如：水文生态规划设计的基本单元从宏观到微观可逐步确定为流域、廊道、河道、河段、节点。最后，基于空间资源基本单元划分的多样性，如何选择取决于利用目标。如果服务于利用管理，结合我国行政体制，优先以行政区为基本单元，便于政策实施；如果侧重于自然保护，考虑依据资源的自然属性来确定基本单元。以水资源为例，用水总量按照行政区确定控制量，水资源保护强调流域管理。

（二）空间要素与资源要素

要素是系统存在、运行并维系发展的基本组成单元。

空间要素是自然资源要素、经济要素、社会要素、生态要素在一定空间范围内以点、线、面、立体等形式的实体存在，如：工厂、住宅等以点形式存在，交通干线等以线形式存在，广场、农田、草原等以面形式存在。资源要素是指在一定技术条件下可开发利用，并对人类经济社会活动产生重要影响的资源，如：水、土、技术、资金、人才等。

空间要素与资源要素具有交叉性，以实体形式存在的一切资源要素都是空间要素，具有可利用价值的一切空间要素都是资源要素。如：文化不是空间要素，文化遗址是空间要素。通常所说的自然资源要素（物质要素）都属于空间要素范畴。自然资源要素开发利用过程中，不仅在三维坐标、位置上形成边界，产生一系列经济、社会、生态等关系，并可以在不同空间内发生时空联系（例如山西的煤炭运到北京），形成了空间要素流动的载体。因此，空间要素可理解为以自然资源要素为基础，经济－社会－生态关系为重要组成，时空边界为限制条件的有机综合体。空间规划的关键就在于"空间－要素－关系"统筹。

（三）空间结构与资源结构

空间结构指各类要素在一定空间范围内的分布状态和组合形式，反映了要素的相对区位、分布形态以及空间中的相互关系。空间结构从形态和功能上包括点（中心）、线（轴线）、面（区域）、体（密度）和能（功能）五个方面。

空间结构与功能内涵相联系，才能具有相对稳定性。各类经济社会活动中，资源要素的类型、作用与运行方式等不同，在地理空间上表达出点、线、面、网络等不同空间形态，例如：企业是点状、交通是线状、农业是面状。各类点、线、面要素按照一定的经济、技术、文化、生态等内在逻辑联系在一起，空间上形成相对稳定的位置关系，功能上形成相对稳定的特定功能用途，例如：农业空间、生态空间、城镇空间，即形成了空间结构。将空间视为人地关系综合体，空间结构的实质则是各类资源开发利用和保护中产生的经济、社会、生态等关系的比重、主次，在空间上表达出相应的形态和功能。

空间结构形成及演化受到自然资源、地理区位、历史文化、基础设施、劳动力、资金、技术、市场、政策制度等因素影响。空间结构是自然资源结构、经济结构、产业结构以及其他结构在空间上的综合表达结果。空间结构和资源结构、产业结构、经济结构之间存在互动影响机制。以资源结构、产业结构和空间结构的相互影响为例：农地资源丰富的地区，农业比重相对较高，空间结构表现为以农田面状要素为主；矿产资源丰富的地区，矿业比重相对较高，空间结构上表现为以矿山企业、园区等点状、面状要素为主；资金、技术、市场等要素丰富的地区，现代服务业比重相对较高，在空间结构上表现为基础设施网络状要素发达等。

（四）空间效率与资源效率

效率是一个经济学和管理学概念，简单地度量就是投入产出比。资源效率就是单位资源投入所产生的经济、社会、生态等效益量。空间效率就是通过对各类资源要素进行空间配置（或理解为将空间资源进行分类使用），所能实现的"自然生态－经济社会"系统运行效率。合理的空间结构与布局，能够减少经济社会运行中各类要素的移动所带来的时间、劳动等成本耗费，从而缩短流程、提升效率。例如，"1小时都市圈""15分钟街区"，就是常用的倡导经济高效、生活便利的高效空间规划概念。

资源效率、空间效率的关系，就如同企业管理学中的劳动效率、组织效率（见图2）。资源效率类似于劳动效率，劳动效率通过劳动力的专业化分工来提高，资源效率通过资源在不同功能用途上的合理分配来提高；空间效率类似于组织效率，组织效率是专业分工下的分权，通过将责任合理匹配到职位来提高，空间效率是资源用途分配下的空间再分配，通过将用途合理布局到空间位置来提高。

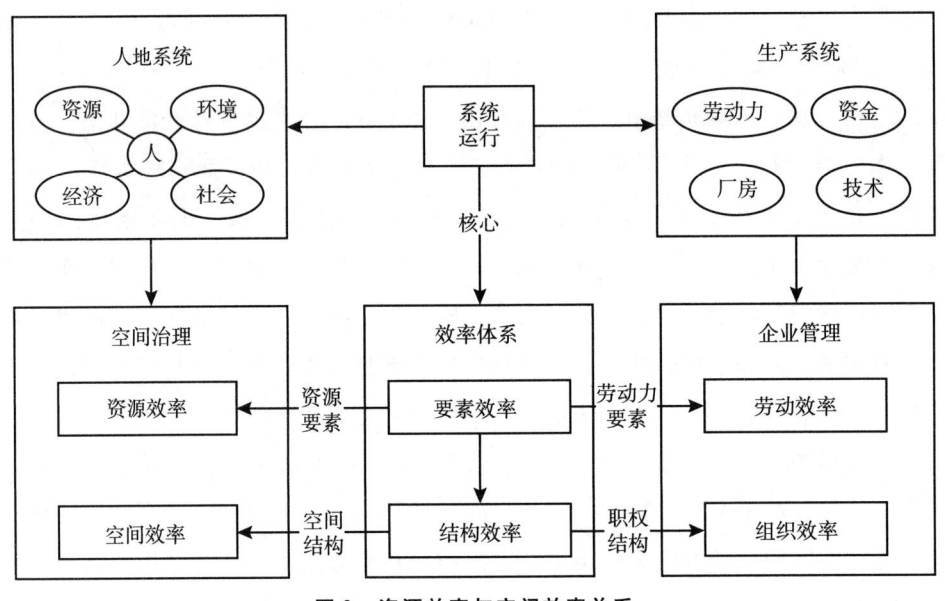

图2　资源效率与空间效率关系

国土产出效率是资源利用效率、空间组织效率的协同结果，资源效率是基础层级，空间效率是以开放系统为背景的高阶层级。空间规划必须围绕最稀缺的资源要素来进行空间组织，以提升"自然生态－经济社会"系统运行效率。当前生态文明背景下，生态是最重要、最稀缺的要素。

（五）空间权利与资源权利

对应于空间资源广义、狭义两种内涵，空间权利的理解也有两种。一种是狭义的空间权利，是指对特定空间（各类资源等实体以外的特定空间）所有、使用、占有、收益和处分的权利，是从土地等自然资源权利中分离出来的以特定空间为客体的权利类型。另一种是广义的空间权利，包括了空间范围内各类资源的所有、使用、占有、支配等权利，涵盖了狭义的空间权利，也涵盖了自然资源产权的内容。

资源产权是空间权利的重要基础，空间权利还包括协调一定空间内各类资源权利人之间的经济、社会、生态等利益关系。由于某一空间内各类资源具有空间相邻关系，甚至共同占有相同空间，以及自然资源开发利用的外部性问题，空间权利涉及不同门类资源使用权人之间的关系，以及自然资源使用权人和他项权利人之间的关系。例如：对某一煤炭矿区进行开发涉及的空间权利，既包括对煤炭资源的开采权，又包括对矿区空间其他用途的排他权，还包括了保障相邻空间居民生活环境不受污染的义务（即他项权利人享有生活环境不受污染的权利）。此外，某些空间资源由于具有公共产品的属性（如：离开地表一定高度以上的空间），权利人缺失或虚化，必须对这类空间开发利用进行权限设定，以保障公共利益不受侵犯。

公平正义是空间权利的思想内核。空间权利公平就是要通过合理的法律、制度设计，保障在一定空间内某权利人对某一资源开发利用时，不会对空间内其他权利人的权益造成损害，减少空间开发利用产生的负外部效用。并且，各个空间发展的机会均等，享有互相包容的最大自由限度的平等权利。空间规划作为一种制度设计，出发点是维护空间权利的公平正义。但实际上，由于空间功能用途的差别化规划，影响了空间内各要素的价值，导致不同空间即使资源要素相同，开发收益也有所不同。这个问题可理解为空间发展权的问题，这是空间规划改革所必须考虑和解决的公平问题。

（六）空间配置与资源配置

空间配置的内涵有两种理解，一是空间资源在不同功能用途的配置，即将空间视为有限的、相对稀缺的资源，在各种不同功能用途上比较并分配；二是资源要素在不同空间的配置，即将各类资源要素分配到不同空间单元，形成空间结构布局。根据上述内涵，空间配置的维度可以是功能维度，也可以是（资源）要素维度。

根据我国以往空间型规划编制历程，从土地、城乡、经济、生态环境、基础设施、海洋等维度发展出来多种空间型规划，本质上是因为这些资源要素或功能用途具有很强的空间属性。这些维度混合了要素维度和功能维度，造成了我国空间规划体系庞杂混乱、重复冲突的现状。因此，空间规划体系改革要求厘清空间配置的维度，或从要素维度划分，或从功能维度划分。

自然资源部的组建，将过去分散在其他部门的自然资源的调查和确权登记职能整合，统一行使全民所有自然资源资产所有者职责。因此，建议空间规划编制从功能维度进行空间配置，资源维度服从于功能维度。首先确定空间的功能用途，其次将各类资源要素合理配置到同一空间。按照功能用途维度，空间配置的维度可以初步细分为生态保护、城镇建设、乡村建设、农业生产、工业生产、文旅发展、基础支撑与保障等维度。

四、研究展望

新时代的空间规划是问题导向型规划，是管用、好用、能用、必用的规划。找准问题、提出路径、创新政策和以人为本，是新时代空间规划的基本要义和思想灵魂。在将关键问题、战略目标、基础关系研究透彻后，空间规划改革需要由形入神、步入深水区，加强基础理论、规划理念、规划任务研究，处理好规划和政策的关系，实现国土空间管控与自然资源综合管理的相统一。为满足空间规划体系改革的理论和实践需要，未来还需要在以下方面进一步探索。

（一）夯实空间治理基础理论研究

空间治理理论的发展需要自然科学、社会科学的高度融合，本文对空间规划中的几个基础概念、基本关系进行了系统梳理，但其中仍然有许多重大基础理论问题有待解决。

1. 确定空间资源的分类体系

空间资源包括自然资源和人文资源，如何构建二级分类体系有待下一步研究，进而明晰空间规划编制的具体对象，以及空间用途管制分区分类管理逻辑。

2. 确定空间的最小基本单元

生态功能保障基线、环境质量安全底线、自然资源利用上线三大红线，以及空间规划的生态保护红线、永久基本农田、城镇开发边界"三线"既有空间管控红线，也有数量管控红线，如何实现空间红线与数量底线相统一，并解决各地空间红线划定尺度、精度不一的问题，可从探索确定空间最小基本单元入手。通过划定最小空间单元，并开展山水林田湖草统一调查、评价和规划，确定资源最大开发容量和生态最小保护空间。

3. 构建空间治理的理论体系

继承地球系统科学、地域功能理论、承载力理论、空间结构理论、产业组织理论等基础理论，创新建立空间治理理论体系。首先，探索空间权利理论，在自然资源产权的基础上，统筹考虑空间、资源、环境与权利，完善空间权利设置、丰富空间权利内容、理顺空间权利关系。重点探索研究空间发展权如何实现，借鉴国外土地发展权的理论与经验，完善空间规划权利理论。其次，探索空间价值理论，国土空间资源在维系人类生产和发展过程中转化为不同产品和服务，表现出生产、生活、生态等不同功能，产生了经济、社会、生态等多元价值，研究空间价值测度、空间用途转换的成本－收益关系等理论方法，完善自然资源资产管理、生态修复补偿和地域功能理论。最后，探索生命共同体耦合系统理论，研究山水林田湖草生命共同体系统运行、空间耦合规律，分析不同门类自然资源、以及自然资源与经济社会系统之间的复杂耦合关系，指导自然资源产权管理与国土空间用途管制协同并进。

（二）树立"集约－节约－简约"空间治理观

空间规划的核心是协调好资源、空间与生态三要素的合理开发利用和保护关系，应践行"绿水青山就是金山银山"理念，按照推动形成绿色发展方式和生活方式的总体要求，树立以"集约－节约－简约"为主线的空间治理观。一方面，倡导生产方式集约节约，转变依赖物质资源消耗、空间粗放扩张的发展模式，推进供给侧结构性改革。另一方面，倡导生活方式节约简约，拒绝过度消费、奢侈浪费的生活消费模式，促进需求侧改革。研究提出"集约－节约－简约"空间治理观的原则性要求，具体落实到国土空间规划目标确定、要素配置、政策引导等各个方面，全方位、全地域、全过程落实生态文明建设要求。

（三）统筹国土空间管控与自然资源管理任务

在空间治理理论发展的基础上，在习近平生态文明思想指引下，综合运用地球系统科学、能源科学系统、生态系统功能等理论，从法理上、逻辑上、技术上，把握空间管控和资源管理的实质，统筹安排国土空间管控与自然资源管理任务，设计行政、法律、技术和经济手段相结合的治理措施。从自然资源管理角度，以山水林田湖草生命共同体理念为指导，权衡资源开发利用和保护方式，科学论证并决定不同门类资源开发的时间顺序和空间秩序，确保国土空间内多种资源开发利用互相协调。从国土空间管控角度，通过开展生态系统、资源系统、环境系统与经济系统、社会系统、产业系统的空间耦合分析，找准区域发展短板和长板，制定多用途多时空的自然资源和国土空间相统一的综合管理方案。

(四) 加强空间政策与资源政策协同研究

国土空间是以自然资源为基础，经济、社会、生态等各项关系的集合体。政策是调整和优化各类关系的重要工具和手段，所以新时代国土空间治理需注重空间政策和资源政策的协同配合，最大限度发挥政策合力。空间政策离不开资源政策，资源政策需要因地施策，下一步应重点着眼于国土空间用途管制制度，强化空间政策与资源政策的协同研究。围绕空间配置的功能维度，确定不同类型空间资源开发利用保护和治理导向及总量、强度、结构、布局、效率等管制要求。探索建立资源产权许可、空间载体使用准入许可相协同，自然资源产权管理与国土空间用途管制协同促进的政策机制。

我国流域上下游横向生态保护补偿制度建设情况的调研报告[*]

姚 霖 余振国

流域上下游横向补偿是我国生态保护补偿制度建设不应忽视的内容，也是自然资源资产实现优化配置的重要路径，亦是山水林田湖草生命共同体保护修复的一项激励性举措。

为总结我国流域上下游生态保护补偿制度建设经验，中国自然资源经济研究院课题组以"法理、逻辑、技术与经济"为指南，以"摸清现状、总结经验与健全完善"为路径，通过开展实地调研、专家座谈与文献分析，对我国流域上下游横向生态保护补偿机制建设进展、国外典型流域补偿经验、现实问题进行了梳理和分析。

一、我国流域上下游横向生态保护补偿制度建设历程

（一）流域生态保护补偿机制探索（2005~2010年）

我国流域补偿制度是伴随生态补偿机制的发展而成长起来的。从2005年"十一五"

---

[*] 本文原载于《自然资源经济参考》2019年第21期。本文得到了来自世界自然保护联盟、广东省生态环境厅、河南省水利厅、浙江省自然资源厅、浙江省发改委、浙江省生态环境厅、安徽省自然资源厅、生态环境部规划院、水利水电科学研究院、中科院地理所、中国人民大学、自然资源部海洋战略研究所、中国农业大学、北京师范大学、中国地质大学（武汉）的专家所提供的帮助。

规划开始，国家将生态补偿机制建设列为年度工作要点，并提出了建设生态保护补偿机制的要求，地方开始探索建立流域生态保护补偿制度。例如，2005年北京市与张家口、承德两市签订了《关于加强经济与社会发展合作备忘录》，北京市投入1亿元水资源环境治理合作资金，用于官厅水库和密云水库水污染治理和节水产业建设。

2007年国家环保总局发布《关于开展生态补偿试点工作的指导意见》，将流域水环境保护列为生态补偿试点的四个领域之一，要求各地建立流域生态补偿机制的政府管理平台，推动建立流域生态保护共建共享机制。加强与有关各方协调，推动建立促进跨行政区的流域水环境保护的专项资金。

2008年，《水污染防治法（修订）》首次以法律形式对流域生态补偿机制作出了明确规定："防治水污染应当按流域或者按区域进行统一规划"，"国家通过财政转移支付等方式，建立健全对位于饮用水水源保护区区域和江河、湖泊、水库上游地区的水环境生态保护补偿机制"。

从2008年起，江西省财政安排专项资金对"五河一湖"（赣江、抚河、信江、饶河、修河和鄱阳湖）和东江源头保护区进行生态补偿，资金的80%按照水质分配。[①] 江苏省在太湖流域，湖北省在汉江流域，福建省在闽江流域分别开展了生态补偿实践。北京市设立专项资金在密云水库上游地区实施"稻改旱"工程。天津市对"引滦入津"水源地进行生态补偿。各地陆续展开的流域生态保护补偿机制建设，在机制设计和补偿实践的探索方面均取得了初步成效。

这一时期是我国生态保护补偿的初始阶段，流域补偿主要目的是满足缺水地区的"水需求"，补偿资金主要依靠中央政府专项资金和地方政府财政专项资金，补偿内容比较宽泛。

（二）跨省流域生态保护补偿机制试点探索（2011~2014年）

2011年9月，财政部和环保部印发《新安江流域水环境补偿试点实施方案》，这是我国省际流域横向生态保护补偿机制建设的开端。

2011年，渭河沿岸的陕西、甘肃两省6市1区签订了《渭河流域环境保护城市联盟框架协议》，陕西省向渭河上游的甘肃天水、定西两市分别提供300万元渭河上游水质保护生态补偿资金，用于上游污染治理、水源地生态保护和水质监测等。[②] 与新安江流域不同，

---

① 江西省人民政府. 江西省生态补偿机制试点方案 [Z]. 江西省人民政府办公厅，2008.
② 陕西省财政厅. 关于下达2018年渭河流域生态补偿专项资金的通知 [Z]. 陕西省财政厅，2018.

渭河流域没有设立生态保护专项基金,也没有建立跨省、跨市的生态补偿机制。

为推进补偿进度,《中华人民共和国环境保护法》(2014年修订)提出"国家建立、健全生态保护补偿制度",加大对生态保护地区的财政转移支付力度,有关地方人民政府应当落实生态保护补偿资金,确保其用于生态补偿,国家指导受益地区和生态保护地区人民政府通过协商和按照市场规则进行补偿。

由于国家没有发布统一的指导文件和技术规范,各地区在进行跨省流域横向补偿协商时,存在"补偿缺标准、资金缺稳定、方式缺多元、管理缺制度、效果缺评估"等问题。

(三)机制顶层设计与横向生态补偿机制(2015年至今)

2015年之后,中央密集出台的相关文件,对全面推进生态补偿机制作出了日渐明朗的顶层设计。例如,2016年12月发布的《关于加快建立流域上下游横向生态保护补偿机制的指导意见》,针对流域横向生态保护补偿提出了战略性顶层设计,为有效推进流域横向生态保护补偿提供了重要的政策保障,各地相继开展了试点探索。

2018年12月,自然资源部、国家发展改革委、财政部等9部门联合颁布《建立市场化、多元化生态保护补偿机制行动计划》,针对建立政府主导、企业和社会参与、市场化运作、可持续的生态保护补偿机制,部署了配套行动计划。此后,我国流域补偿资金投入和市场化补偿加快了步伐,见表1。

表1　　2018年全国流域生态保护补偿资金不完全统计

类别	统计项	统计数据
中央财政补偿	跨省流域上下游生态补偿试点资金(亿元)	17.9
	跨省流域上下游生态补偿试点县(个)	38
	跨省流域上下游共建园区(个)	3
	跨省流域上下游共建人才培训人数(人)	108
市场化补偿	水权交易资金(亿元)	7.86

结合这一时期的新安江(安徽与浙江)、东江(江西与广东)等流域补偿的试点效果来看,流域生态保护补偿有效地调动了地方政府的积极性,提升了流域所属行政区保护"一江清水"的意愿,取得了实质性的成果,市场化多元化补偿制度也正借此东风在有序完善中。

二、我国省内与跨省流域生态补偿实践概况与总体特征

（一）省内流域生态保护补偿

目前，北京、河北、山西、辽宁、江苏、浙江、广东、江西、湖北、安徽、河南、福建、海南、云南等省份相继发布和实施了流域生态保护补偿政策，覆盖了长江、黄河、淮河、海河、辽河、东南诸河等流域。这些制度以省人民政府规章或规范性文件形式发布，内容主要涉及流域生态保护补偿的原则、目标、标准、措施和管理等内容。总的来看，呈现以下特征：

（1）赔偿与补偿并用。首先，上游地区的污染物排放量超过排污限制总量，对下游地区的水质造成污染，上游地区应该对下游地区进行赔偿。例如，江苏、河北、辽宁、陕西、安徽。其次，为了保护下游地区的水源区等具有特定用水功能的区域，上游地区实施了特殊的水生态环境保护措施，付出了额外的成本或者限制了区域经济社会发展，下游地区应该对上游地区进行保护性补偿。例如，福建、海南、山东。最后，兼用污染赔偿与保护补偿两种类型。例如，浙江、河南、山西。

（2）补偿核算方法已有雏形。从各地制定的补偿办法来看，补偿标准核算方法多是以断面监测水质变化为测算依据。具体核算办法如表2所示。

（3）资金依赖地方财政。从省内流域生态保护补偿试点制定的补偿办法来看，市场化补偿非常少，政府财政补偿多，补偿方式主要为资金补偿。

表2　　　　　　　　　我国流域生态保护补偿标准核算办法

序号	补偿标准核算	主要省份
1	通过考核断面特征污染物浓度，按超标倍数梯度扣缴固定金额的补偿金	北京、河北、河南、辽宁、四川、湖南、黑龙江
2	通过考核断面特征污染物浓度，按超标倍数及单位倍数核算补偿金	山西、陕西、云南
3	根据考核断面的水质达标率，梯度性奖惩固定金额的补偿金	河南、辽宁、广东、宁夏
4	根据考核断面的污染物通过量以及固定的污染物治理单位成本计算补偿金额	河南、湖南、贵州、江苏、河北

续表

序号	补偿标准核算	主要省份
5	按考核断面与上游来水水质比较或与往年水质比较的水质改善或降低情况，梯度性奖惩固定金额的补偿金	北京、山西、浙江、江苏、山东
6	按污染物排放量或减排目标计算补偿资金	山东
7	根据生态功能区域设定补偿标准或系数	江西、福建、江苏、上海
8	补偿金额规模固定，根据断面水质达标情况确定资金流向	安徽

（二）跨省流域生态保护补偿

截至目前，全国共有 6 个跨省流域补偿试点（见表 3）。试点主要以河流省界断面的水质水量为补偿标准，由中央政府、流域上游地区和流域下游地区等三方政府共同出资设立专项基金进行补偿，以省级政府之间签订补偿协议的方式，中央政府引导监督补偿协议的签订和实施，以此来保证流域横向生态保护补偿平稳运行。

表 3　　　　　　　　　　我国跨省界流域生态保护补偿试点情况

地区	时间	补偿主体	受偿对象	补偿依据	补偿形式
浙江—安徽（新安江）	2012~2014年、2016~2017年、2018~2020年	中央与浙江省	安徽	省界断面水流水质	1. 第一轮3年，两省每年各出资1亿元，中央财政每年3亿元补助安徽 2. 第二轮3年，两省每年各出资2亿元，中央财政每年按4亿元、3亿元、2亿元退坡的方式补助安徽 3. 第三轮3年，两省每年各出资2亿元
河北—天津（引滦流域）	2016~2018年	中央与天津市	河北	省界断面水流水质	河北与天津共同出资6亿元，实行双向补偿，中央依据考核标准给予河北奖励资金
广东—江西（东江流域）	2016~2018年	中央与广东省	江西	省界断面水流水质	广东与江西共同出资6亿元作为专项资金，中央财政依据考核给予江西奖励资金
广东—福建（汀江—韩江）	2016~2017年	中央与广东省	福建	省界断面水流水质	广东拨付福建2亿元作为补偿金额，实行双向补贴，中央财政依据考核给予福建奖励资金
广东—广西（九洲江）	2015~2017年	中央与广东省	广西壮族自治区	省界断面水流水质	1. 广东拨付广西3亿元作为2015~2017年补偿资金 2. 中央财政依据考核结果给予广西奖励资金

续表

地区	时间	补偿主体	受偿对象	补偿依据	补偿形式
云南—贵州—四川（赤水河）	2018年	赤水河流域横向生态保护补偿协议	三省共同分配	省界断面水流水质	1. 出资比例为云南、贵州、四川三省1:5:4，共同出资2亿元，设立赤水河流域横向补偿资金 2. 分配比例为云南、贵州、四川三省3:4:3。纳入中央财政支持长江流域生态保护补偿转移支付中

（三）我国流域生态保护补偿政策的总体特征分析

（1）部门各有工作基础，职责日渐明确。自2011年起，有关流域横向生态保护补偿的相关文件中，自然资源部、国家发展改革委、财政部、水利部、生态环境部等部门都在各自前期工作基础上，进一步清晰了职责。具体流域生态保护补偿的部门职责如表4所示。

表4　　　　　　　　　　流域生态保护补偿的部门职责

时间	发文机构	文件名称	分工内容
2011年	财政部、环保部	《新安江流域水环境补偿试点实施方案》	财政部、环境保护部组织开展
2015年	中共中央、国务院	《关于加快推进生态文明建设的意见》	提出建立地区间横向生态保护补偿机制。加快形成受益者付费、保护者得到合理补偿的生态保护补偿机制
2015年	中共中央、国务院	《生态文明体制改革总体方案》	制定横向生态补偿机制办法，以地方补偿为主，中央财政给予支持
2016年	中共中央、国务院	《关于加大脱贫攻坚力度支持革命老区开发建设指导意见》	提出支持老区开展水权交易试点，探索建立市场化补偿方式
2016年	国务院办公厅	《国务院办公厅关于健全生态保护补偿机制的意见》	水流生态保护补偿由水利部门牵头，环境保护部、住房城乡建设部、农业部、财政部、国家发展改革委组织开展工作
2016年	财政部、环境保护部、国家发展改革委、水利部	《关于加快建立流域上下游横向生态保护补偿机制的指导意见》	财政部、环境保护部、国家发展改革委、水利部联合开展
2016年	水利部	《水权交易管理暂行办法》	水利部门组织实施，建立流域水权交易及其交易制度，建立水权交易国家平台

续表

时间	发文机构	文件名称	分工内容
2018年	财政部	《关于建立健全长江经济带生态补偿与保护长效机制的指导意见》	财政部门通过转移支付支持建立流域上下游间生态补偿机制
2018年	国家发改委、财政部、自然资源部、生态环境部、水利部、农业农村部、人民银行、市场监管总局、林草局	《建立市场化、多元化生态保护补偿机制行动计划》	1. 自然资源部牵头，健全资源开发补偿制度 2. 水利部牵头，自然资源部、生态环境部参与完善水权配置 3. 发展改革委、财政部、生态环境部、水利部按职责参与，探索建立流域下游地区对上游地区提供优于水环境质量目标的水资源予以补偿的机制

（2）流域补偿制度凸显了水质评价导向，但是尚缺流域空间用途管制与水资源资产管理线索。其实，"水质的问题在岸上"，弱化空间用途管制的生态保护补偿，会削弱流域生态保护的效力。同样，"水配置的问题在管理"，建立流域生态保护补偿制度不仅应当充分尊重流域水资源的自然、经济与社会属性，还需在摸清水资源家底、明确权属、实现全面所有者权益和防范交易风险等水资源资产管理的工作框架下，开展补偿制度设计工作。

（3）政府行政占据主导，市场化、多元化生态保护补偿欠缺。结合2011年之后的流域生态保护补偿案例来看，资金筹集办法是采取中央财政引导与地方财政配套的方式，但市场化、多样化程度较低，从长效机制来看，存在可持续的风险。

（4）水权交易已经成为市场化流域补偿的一种形式。水权交易作为生态环境服务付费的一种类型，它通过用水权买卖机制去协调"受益者与保护者"之间的利益关系，从而达成流域生态保护与水资源优化配置的初衷。

以浙江省义乌市和东阳市流域水权交易为例。义乌市每年出资2亿元买断东阳市横锦水库（储水量为1.4亿立方米）每年5000万立方米的永久引水权，引水工程2005年起向义乌供水至今。通过该交易，金华江流域上游水生态治理得到了资金保障，东阳市获得了实惠，而且解决了义乌市缺水的难题。

此后，在地方政府先行先试的探索下，河南省内首宗跨流域区域水权交易（平顶山市和新密市）、永定河上游水权交易（河北友谊水库、河北响水堡水库、山西册田水库与北京官厅水库）、黄河流域内蒙古各盟市水权交易（企业与内蒙古水权收储转让中心）等相继成功，为流域水权交易制度建设打下了基础。

三、国外流域生态保护补偿的典型经验

国外流域生态保护补偿主要以保护流域生态产品可持续供给为目的，以完善法律体系为保障，在培育"环境/生态服务付费"（payment for environmental services, PES）市场交易的基础上，运用"市场机制"去协调"受益者与保护者"的利益关系，进而激励流域保护行为。当前流域生态服务付费框架已经在许多国家建立，国外流域生态保护补偿典型案例如表5所示。

表5　　　　　　　　　　　　国外流域生态保护补偿典型案例

领域	国家	案例名称	具体项目名称
水源地生态补偿	美国	纽约市饮用水源补偿	纽约市水源地保护
水源地生态补偿	日本	日本水源地补偿	日本水源地补偿
流域生态补偿	美国	纽约市流域管理	卡茨基尔和特拉华流域管理
流域生态补偿	美国	田纳西河流域生态补偿	田纳西河流域管理
流域生态补偿	德国-捷克	德国-捷克易北河流域生态补偿	德国-捷克易北河流域生态补偿
流域生态补偿	哥伦比亚	哥伦比亚流域生态补偿	考拉河流域
流域生态补偿水权市场	澳大利亚	墨累-达令河流域管理项目	墨累-达令河流域管理
水权市场	美国	加利福尼亚州水权交易	州立调水项目和中央山谷水项目
水权市场	美国	科罗拉多州水权交易	科罗拉多大汤姆森项目
水权市场	美国	亚利桑那州水权交易	亚利桑那州水权交易
水质交易	美国	俄亥俄州大迈阿密河水质排污权交易项目	俄亥俄州大迈阿密河水质排污权交易项目
水质交易	美国	切萨皮克湾流域水质交易：弗吉尼亚养分交易计划	弗吉尼亚养分交易计划
水质交易	美国	狄龙湖（狄龙水库）交易计划	狄龙湖（狄龙水库）交易计划
水质交易	美国	博尔德河交易项目	博尔德河交易项目
水质交易	美国	卡拉马祖河水质交易示范项目	卡拉马祖河水质交易示范项目
水质交易	美国	纽斯河流域养分敏感水体管理战略	纽斯河流域的养分敏感水体管理战略
水质交易	美国	TAR-PAMLICO流域养分削减交易计划	TAR-PAMLICO流域养分削减交易计划
水质交易	加拿大	South Nation河总磷管理计划	South Nation河总磷管理计划

续表

领域	国家	案例名称	具体项目名称
水质交易	加拿大	锡姆科湖水质交易计划	锡姆科湖水质交易计划
水质交易	新西兰	新西兰怀卡托陶波湖交易项目	新西兰怀卡托陶波湖交易项目
水权市场	澳大利亚	澳大利亚水权交易	澳大利亚水权交易
水权市场	智利	智利水权交易	智利水权交易
水权市场	南非	南非水权交易	南非水权交易
水流	法国	威泰尔矿泉水公司水源地补偿	威泰尔矿泉水

（一）初衷是保障生态产品可持续供应

补偿以流域生态服务增值为目的，着眼于下游"受益人"向上游"保护人"提供的付费机制。由于大部分国家土地私有，在许多中小流域，私人和私有部门的参与成为流域生态服务补偿的一种重要形式。以哥斯达黎加为例，为了维持和修复 Sarapiqui 上游地区的森林覆盖，使下游服务 4 万多户居民电力供应的 Energia Global 水电站获得稳定水量，水电站按每公顷土地 18 美元的标准向国家林业基金缴纳资金，国家政府基金在此基础上按每公顷土地增加 30 美元，用现金形式直接支付给上游的私有土地主，资助和鼓励他们造林、从事可持续林业生产，以保证流域的水量和减少水库泥沙淤积。

（二）注重流域管理法律体系建设

各国都将法治建设作为流域生态保护补偿实施的基础与前提。例如：美国的《田纳西河流域管理法》（1933 年）、日本的《河川法》（1997 年）、英国和法国的《水法》，均明确规定水资源管理应以自然流域为基础，按流域建立恰当的水资源管理体制，赋予流域机构广泛的权力，对整个流域事务进行全面规划管理，并明确流域机构的地位、职责，与地方的事权关系、组织机构和财务管理制度，使流域管理有法可依。

（三）建立可持续的补偿资金供给机制

美国、英国、德国等国家普遍利用市场交易和公共财政的方式，建立了以财税、信贷和市场等为主要内容的补偿资金筹措机制。比如：美国采用水土保持补偿机制，对流域内水土保持的保护者给予经济补偿，而资金来源于水土保持的受益者。纽约市通过征税、发行公债和基金等方式筹集资金，补贴卡兹奇（catskill）流域上游的生态环境保护者，激励其改变生产生活方式，调动其保护流域生态环境的主动性。英国泰晤士河从1050年至今不断进行治理，总耗资在300亿英镑以上，其资金主要来自政府的财政支出、征收的水资源费和市场融资等方面。德国在易北河流域整治的过程中，为改良农业灌溉用水质量，保护两河流域生物多样性，积极拓宽资金筹集渠道，建立了以财政贷款、研究补贴和排污费为主的生态保护补偿资金机制。

（四）尊重补偿利益相关方诉求

尊重流域"水生态、水环境和水资源量"保护、开发、利用和修复利益相关方的诉求，是生态保护补偿得以成功的关键。2002年的"纽约流域保护计划"就是一起典型案例。纽约市用水中约有90%来自卡茨基尔－特拉华流域（19个水库和3个受控湖泊）。如果要避免80亿美元的水处理项目，纽约市就必须寻求替代方案（运用市场路径确保干净的河水）。纽约市政府部门与超过70万平方千米流域的70%农村私人业主进行了沟通，并转达了水务部门对清洁水的期待，最终93%的农民都同意了纽约市购买土地的补贴计划。该项目不仅让保护者获得了经济补偿，也让纽约市拥有了比瓶装水便宜1000倍的清洁水质。

（五）实施动态监测评价

一是在监测评估指标上，不仅关注保护主体的行为转变，还考虑生态要素量化结果。比如：法国毕雷矿泉水案例中，监测和评价的内容主要侧重于核实农民管理资源业务的能力，闲置污染物产品的使用，以及购买所需的设备和材料不危害含水层。当泉水中含有非常少的硝酸盐时能够持续流动被评估为没有恶化。二是在定量数据采集方面，综合利用了中介参与、卫星遥感、地面采样、社会学调查等方法。例如：澳大利亚Wimmera河流域降低"盐度"的案例中，采用定期和抽样测试方式对河岸和围场特定区域拍摄照片监测盐度增减的办法，不但规避了实地设备监测招致的社区反感，而且增减了监测公信力。

（六）建立流域综合保护、开发、修复管理机制

发达国家大多数河湖流域规划和其他类型的资源开发规划往往比较协同。例如：澳大利亚在制定墨累河—达令河流域综合治理规划中，考虑到农业发展、土地资源保护和旅游

管理等多方面内容，这种综合治理规划不但实现了墨累河—达令河流域的有效管理，而且将生态环境保护因素也作为重点纳入流域开发管理之中，实现了经济社会发展与资源环境的协调。美国田纳西河流域管理局，一方面，注重土地资源的综合治理，通过倡导植树造林来防止水土流失，不但提高了农业的产出水平，而且增加了农民收入。另一方面，开展水资源的综合开发和治理，在田纳西河流域上大力发展交通、电力和水利等事业，从而有效地控制了洪水灾害，实现了流域经济社会和生态环境的双赢。

四、我国流域上下游生态保护补偿制度建设的瓶颈

（一）流域生态保护补偿缺乏制度保障

我国流域横向生态保护补偿尚处于制度初建阶段，多数是建立在上级政府统筹协调和地区间政府协商合作的基础之上，各自展开实践探索，在国家层面还未形成制度化、规范化的政策引导体系。一旦新一轮谈判协商受阻或进展不利，地区间开展的横向生态补偿工作就会面临不可持续的风险。例如：新安江在第二轮试点谈判刚开始并不顺利，本应在2015年初续期的试点工作，花了长达近两年时间反复协调，直到2016年12月才得以正式续签。

（二）水权交易制度尚需管控市场配置成本、风险与效率

（1）在资源配置成本上。建立水权制度与规则所需要的信息成本与输水设施建设成本很高。例如：内蒙古河套沈乌灌域节水改造工程投资为10亿元，河南省南水北调中线工程的新密市引水工程投资为3.6亿元。

（2）在交易市场上。我国流域水资源配置主要依靠行政手段，大多数流域尚未引入市场机制和开展水权交易。一些地区虽然开展了水权交易探索，但也大多由政府主导，供求、价格、竞争等市场机制尚未发挥其应有作用。

（3）在市场机制上。水权交易市场主体准入机制、定价机制、第三方评价机制、水权交易平台的运作机制、监管机制等尚不健全。

（4）在风险控制与配置效率上。流域产权界定成本很高，并交织着生存权、公共品保障的属性，市场体系比较复杂，所以水权交易制度建设需要重视市场配置的成本、风险与效率。

(三) 补偿标准缺乏科学依据

流域生态补偿资金的设立标准主要根据水质和水量的改善效果、补偿主体的财力、其他省份的生态补偿情况以及国家建议来确定。现行补偿协议定价机制和重要条款基本上采用的是行政主导手段,缺乏科学论证和市场化"讨价还价"过程,而且协议对一些重要的技术问题"说不透"。

例如:九洲江和汀江–韩江流域对 2017 年以后补偿协议是否延续,如何延续等问题,协议未作任何规定,这些都可能影响补偿机制的长期效应和稳定性。这种状况,也让一线补偿政策的执行人承担了相应的决策风险。

(四) 补偿资金来源单一

我国流域横向生态补偿的市场化机制尚不健全,还处于起步探索推进阶段,仍需要中央财政支持和省级财政投入。像"省里支持一块、市县集中一块"的资金筹集办法对贫困地区而言则是一笔不小的财政压力。此外,由于水资源有偿使用制度、排污权交易、水权交易等补偿资金筹集机制还在健全完善之中,势必会出现上下游生态保护补偿最后成为各级政府的财政负担,并未真正落实"谁受益、谁补偿"的补偿原则。

(五) 监测技术支撑有待加强

跨区域水质监测点位的设置暂时还不能满足流域上下游横向生态保护补偿机制的技术要求。例如:部分地区跨界水质监测断面位于上游境内或下游境内,与行政区域边界距离较远,其监测结果不能作为补偿资金核算的准确依据。尤其是在一些弯曲、复杂的界河中二级、三级、四级支流上并未覆盖监测网络。部分地区跨界水质监测断面仍归地方管理而非国家直管,上下游地区对监测结果的准确性都不能完全认可。另外,按照目前的部门职责分工,水质和水量数据的收集管理分属环保部门和水利部门,两部门在断面设置安排上并不统一,水量和水质数据在时间空间上也不匹配。

二氧化碳利用的技术和经济前景及气候效益[*]

周　璞

当前，气候变化已成为全球瞩目的环境问题，二氧化碳捕集和资源化利用能够有效地降低碳减排和碳清除的成本，并推动清洁生产，因此引发了科学界的高度关注。现阶段，人们对二氧化碳利用的认识尚不统一，多数人认可它是大规模促进碳减排或去除的有效方式，但也有人认为它是实现规模化地质封存（CCS）的"绊脚石"。本文总结梳理了二氧化碳利用的10种主要途径，不同途径在碳减排、碳汇以及增加经济效益等方面的成效各异。据评估，二氧化碳利用的单项潜力规模超过5亿吨/年，但目前具体实施过程中仍存在诸多障碍。

一、二氧化碳利用的定义与主要途径

（一）二氧化碳利用的内涵界定

多数研究将"二氧化碳利用"定义为，将浓缩的二氧化碳直接或作为原料用于工业或化学过程，生产有价值的含碳产品。这一定义排除了植物通过光合作用捕获和利用二氧化碳的情况。本文认为二氧化碳利用的内涵应更加宽泛，其强调的是一类过程，在这类过程

---

* 本文原载于《自然资源经济参考》2020年第4期。本文是根据卡梅伦·赫本（Cameron Hepburn）等于2019年11月在《自然》（*Nature*）上发表的《二氧化碳利用与清除的技术及经济前景》翻译并节选精简而成。

中通过利用二氧化碳生产出一种或多种具有经济价值的产品。被利用的二氧化碳或来自化石燃料产生的废气,或通过工业过程从大气中捕获,或通过以土地为基础的生物过程捕获。以土地为基础的生物利用路径也可以产生多种经济价值,如生产建筑用木材、生物燃料、生物衍生化学品以及通过提升土壤碳吸收增加作物产量等。本文对二氧化碳利用的定义不再局限于资源化利用过程,而是囊括了碳汇相关内容,以期通过比较不同利用途径的成本、收益以及技术和经济特点,指导科学制定减缓气候变化的战略和举措。

(二) 二氧化碳利用的10种主要途径

基于美国国家科学院和英国皇家学会在一次联合会议上的讨论结果,本文选择10种二氧化碳利用途径,对每种利用途径可能实现的规模和成本进行了评估。这10种利用途径分别为:二氧化碳衍生化工产品、二氧化碳衍生燃料、微藻燃料及其他微藻产品、混凝土建筑材料、二氧化碳驱采油(CO_2-EOR)、生物质能(BECCS)、岩石风化、林业技术(包括造林、再造林和森林经营)、土壤固碳、生物炭。这10种利用途径研究相对成熟并且具有规模化部署潜力。其中,有些方式是新兴的,如二氧化碳衍生燃料;有些方式运用已久,如二氧化碳驱采油(CO_2-EOR)及造林。

根据利用特征可将上述10种路径分为"循环型""封闭型""开放型"三大类(见表1)。"循环型"路径能够减少碳排放但并不能清除大气中的二氧化碳。例如,二氧化碳衍生燃料和化工产品等利用方式,捕获了工业生产过程中的二氧化碳,并且衍生产品替代了化石燃料使用。"封闭型"路径能够接近永久地储存二氧化碳,如通过驱油技术或生物质能方式储存于岩石圈,通过增强陆地风化储存于深海,以及以矿物碳的形式储存于人工和自然环境中。"开放型"路径具有强大的去除潜力,但通常是将碳储存于"有漏洞的"自然系统中(如生物质和土壤),存在大规模回流到大气层的风险。

表1　　　　　　　　　　10种二氧化碳的利用与去除途径对比

途径	碳去除与捕获	产品	储存介质(时间)	释放的可能性(高/低)	储存过程中利用或释放所产生的排放
化工产品	将烟气中或其他来源的二氧化碳,经过催化反应,制成化工产品	从二氧化碳衍生出来的平台化学物,如甲醇、尿素和塑料	各类化学物质(数天/数十年)	高	水解作用或分解
二氧化碳燃料	将烟气中或其他来源的二氧化碳,经过催化的氢化反应,转化为燃料	从二氧化碳衍生出来的燃料,如甲醇、甲烷及费托燃料	各种燃料(数周/数月)	高	燃烧

续表

途径	碳去除与捕获	产品	储存介质（时间）	释放的可能性（高/低）	储存过程中利用或释放所产生的排放
微藻类产品	通过微藻生物吸收大气层或其他来源的二氧化碳	生物燃料、生物质或其他生物产品，如水产饲料	各种产品（数周/数月）	高	燃料燃烧或产品消耗
混凝土建筑材料	将烟气或其他来源的二氧化碳经过矿化作用储存于工业废料中，或者二氧化碳固化剂	碳化聚合物或混凝土产品	碳酸盐（数百年）	低	极端酸性条件
二氧化碳驱采油（CO_2-EOR）	将燃料烟气或其他来源的二氧化碳注入油层	石油	地质封存（上千年）	低	不适用
生物质能（BECCS）	植物生物质生长	生物能作物	地质封存（上千年）	低	不适用
岩石风化	通过硅酸岩风化和矿化作用，将大气中的二氧化碳封存于耕地、草地和森林	农作物	水溶碳酸（数百年）	低	极端酸性条件
林业技术	通过造林、再造林或森林可持续经营增加木质生物质	森林、木材产品	森林及木材产品（数十年至上百年）	高	受到干扰、燃烧或分解
土壤固碳	通过各种土地经营管理增加土壤有机碳含量	农作物	土壤有机碳（数年至数十年）	高	受到干扰或分解
生物炭	种植植物生物质，通过热分解和焦化形成炭，并用于土壤	农作物或生物能作物	土壤有机碳（数年至数十年）	高	分解

（三）各种利用途径的碳汇和减排效应

二氧化碳利用是否一定会减少碳排放或者增强碳汇功能，从而因此产生净气候效益，这个问题需要进行审慎分析。首先，必须厘清几个相关的概念——碳捕获与利用（CCU）、大气中的二氧化碳清除（CDR，狭义的碳汇）、碳捕获和储存（CCS，广义的碳汇）。CCU并不完全等同于CDR或者CCS，部分CCU发挥了CDR的功效，部分CCU发挥了CCS的功效。CCS不等同于CDR，两者之间的差异还是要取决于被利用的二氧化碳的具体来源。例如，二氧化碳可能来自燃气发电厂排放的废气，但是也可能直接来自大气。其次，必须从全生命周期的角度来具体分析二氧化碳利用的总体影响。一方面，二氧化碳利用对减缓气候变化的影响会因为空间和时间而变化，另一方面，综合考虑二氧化碳利用过程中产生的各种直接和间接效应，二氧化碳利用不一定会减少碳排放或产生净气候效益。例如，生物质能利用方式引起的土地用途改变可能会导致大气中二氧化碳浓度的提升；一些二氧化碳利用过程中需要消耗非脱碳能源，会导致二氧化碳排放净增长。

若想通过利用二氧化碳产生净气候效益，各类途径的利用规模必须与地球各圈层中二氧化碳的净流量相匹配。前文提及的 10 种途径中，5 种以土地为基础的非传统利用途径能够极大地影响土壤固碳能力。通过植物光合作用封存到土地中的二氧化碳量可达 4400 亿吨[1]，远超出化石燃料和工业向大气排放的二氧化碳量 340 亿吨[2]。但是从生命周期分析结果看，光合作用捕获的碳只有 2% ~ 3% 会存留在土地中（120 亿吨/年），并且只能存留数十年，剩余的则会通过植物和土壤呼吸重新排放。如果土壤固碳每年能够增加 0.4%，将有助于实现净零排放。[3]

另外 5 种传统的工业化利用途径也对二氧化碳循环具有重要影响。二氧化碳的资源化利用能够部分满足生产塑料和其他产品所需的"社会经济碳"。木材、沥青、塑料等各类产品具有广义上的碳汇功能，估计截至 2008 年累积固碳量为 420 亿吨，其中木材产品固碳量为 250 亿吨。[4] 1930 ~ 2013 年社会基础设施中以水泥碳酸盐的形式累计封存的二氧化碳量高达 160 亿吨，当前的固碳能力约为 10 亿吨/年[5][6]。生命周期分析结果表明，一些二氧化碳工业化利用途径的净去除潜力十分有限，净减排潜力则相当可观。例如，每利用 1 吨二氧化碳生产聚碳酸酯多元醇可减少 3 吨二氧化碳排放，但没有去除大气中的二氧化碳[7]；采用二氧化碳驱采石油，如果要实现碳净去除，必须保证所利用的二氧化碳来源是来自大气层，并且注入油井中的碳量应超过开采出来的碳量。

各种利用途径都具有广义上的碳汇功能，但因稳定性不同，封存二氧化碳的时间范围和尺度差异巨大，可以从数天到数千年不等。一般而言，碳汇功能稳定性取决于最终的储存地点。岩石圈，通过地质隔离将碳封存于碱盐含水层或枯竭的油气田，或者通过矿化作用封存于岩石中；生物圈，将碳储存于树木、土壤及人造环境中；水文圈，将碳储存于深海。

---

[1] Edenhofer O, et al. IPCC Climate Change 2014: Mitigation of Climate Change [M]. Cambridge University Press, 2014.

[2] Le Quéré C, Andrew R M, Friedlingstein P, et al. Global carbon budget 2018 [J]. Earth System Science Data, 2018, 10 (4): 2141 – 2194.

[3] Minasny B, et al. Soil carbon 4 per mille [J]. Geoderma, 2017, 292: 59 – 86.

[4] Lauk C, Haberl H, Erb K H, et al. Global socioeconomic carbon stocks in long-lived products 1900—2008 [J]. Environmental Research Letters, 2012, 7: 034023.

[5] Xi F, Davis S J, Ciais P, et al. Substantial global carbon uptake by cement carbonation [J]. Nature Geoscience, 2016, 9: 880 – 883.

[6] Maries A, Tyrer M, Provis J L. Sequestration of CO$_2$ Emissions from Cement Manufacture [R]// Bai Y, et al. 37th Cement and Concrete Science Conference, 2017.

[7] von der Assen N, Bardow A. Life cycle assessment of polyols for polyurethane production using CO$_2$ as feedstock: insights from an industrial case study [J]. Green Chemistry, 2014, 16 (6): 3272 – 3280.

在处理得当的情况下,地质储存比生物圈储存的时间更长。生物圈储存的时间相对较短,且容易受到人为以及野火、害虫和气候变化等自然因素的干扰。从短期来看,利用浓缩的二氧化碳制造产品,能够提升对化石燃料开采和使用等产生的二氧化碳的工业化捕获能力。从长期来看,二氧化碳循环必须闭合才能实现净零排放,将从岩石圈到大气层的碳流动路径转变为从大气层到大气层的循环,即利用的二氧化碳必须来自大气层。

二、二氧化碳利用的潜力规模与经济价值

本文在梳理总结上万份相关研究文献的基础上,针对二氧化碳5种传统利用途径和5种非传统利用途径,采用结构性评估、专家意见调查、相关性调查等不同的方法,分别估算了2050年二氧化碳利用的潜力规模和2015年每种利用途径的成本价[①],具体结果如表2所示。

表2 二氧化碳利用潜力和成本价格估计结果

类别	途径	2050年的去除潜力（百万吨/年）	2050年的利用潜力（百万吨/年）	二氧化碳利用的成本价（2015年美元价/每吨）
常规利用	化工产品	大约10~30	300~600	-80~320
	燃料	0	1000~4200	0~670
	微藻类	0	200~900	230~920
	混凝土建筑材料	100~1400	100~1400	-30~70
	驱采油	100~1800	100~1800	-60~-45
非常规利用	生物能源技术	500~5000	500~5000	60~160
	增强风化	2000~4000	不详	少于200*
	林业技术	500~3600	70~1100	-40~10
	土地管理	2300~5300	900~1900	-90~-20
	生物炭	300~2000	170~1000	-70~-60

注：表中的2015年成本价根据收益、附加产品以及二氧化碳信用或费用进行了调整，带星号的成本价计算没有经过调整。

资料来源：Hepburn C, Adlen E, Beddington J, et al. The technological and economic prospects for CO_2 utilization and removal [J]. Nature, 2019, 575 (7781): 87-97.

（一）传统利用途径潜力、成本价和碳汇效应

如果能够克服当前存在的各种技术、政策及经济因素制约,充分利用化工、燃料、微

---

① 成本价代表了每吨二氧化碳利用达到收支平衡时的成本,可以视作二氧化碳利用的理论保本补贴。成本价若为零,则表示在没有政府定价的情况下（如提供补贴）,该利用途径具有经济可行性。

藻、建筑材料及 CO_2-EOR 等各种传统利用途径，预计到 2050 年，二氧化碳利用的潜力规模可能会达到 5 亿吨以上，每年约有 2 亿 ~ 32 亿吨二氧化碳能够被去除或储存于岩石圈、生物圈，储存时间可长达数百年或更久。

（1）化工产品。目前只有少数利用二氧化碳制取化工产品的技术具有经济可行性和可推广性，如生产尿素、聚碳酸酯多元醇等。预计到 2050 年化工途径利用潜力约为 3 亿 ~ 6 亿吨/年，成本价的四分位差[1]约为每吨二氧化碳 80 ~ 320 美元。其中，尿素是目前利用规模最大的产品类型，每年约利用 1.4 亿吨二氧化碳生产出 2 亿吨尿素。[2] 由于尿素生产极耗能源，作为化肥使用后的几天内，碳将重新释放到大气中。并且，氮基肥料会产生一氧化二氮，它对全球变暖的影响力大约是二氧化碳的 300 倍[3]，因此，增加尿素生产可能会对气候产生消极影响。塑料聚合物是化工利用途径的另一重要产品类型，利用潜力约为 0.1 亿 ~ 0.5 亿吨/年。目前市场上约 60% 的塑料运用于包装之外的领域，如建筑用耐久材料、日用商品、电子产品以及车辆等，碳封存可长达数十年甚至上百年[4]。

（2）二氧化碳燃料。在全球能源"脱碳"进程中，二氧化碳衍生燃料在交通基础设施领域具有较大吸引力。由于碳氢化合物的能量密度比常用电池要高几个数量级，这类燃料可以应用到诸如航空航天等较难脱碳的领域。基于潜在市场的不确定性，二氧化碳燃料利用潜力规模估算约 10 亿 ~ 42 亿吨。二氧化碳燃料由于制作耗能而价格较高，如果可再生能源继续降价，或是政策刺激其他成本降低，合成燃料未来具有广阔的市场前景。但同时，如果二氧化碳燃料的成本无法与氢、氨等替代清洁能源或直接封存二氧化碳相竞争，那么利用潜力将大幅降低。二氧化碳燃料成本价的四分位差是 0 ~ 670 美元/吨，在低成本折扣等有利假设情境中可能会出现负成本价的情况。

（3）微藻类产品。微藻类利用途径对二氧化碳的固定效率可以高达 10%（与之相比，其他生物路径仅约 1% ~ 4%）[5]，并且能够生产生物燃料、高价值碳水化合物和蛋白质、塑料等一系列相关产品，具有复杂多样的产品经济效益。采用该种路径的二氧化碳利用潜力规模，预计到 2050 年可达到 2 亿 ~ 9 亿吨/年，每吨二氧化碳利用成本价的四分位差为 230 ~

---

[1] 本文统计了以往相关研究中该途径的成本价，四分位差是指第一四分位数与第三四分位数之间的差距，其中第一四分位数即 25% 分位数，第三四分位数即 75% 分位数。

[2] Jarvis S M, Samsatli S. Technologies and infrastructures underpinning future CO_2 value chains: a comprehensive review and comparative analysis [J]. Renewable and Sustainable Energy Reviews, 2018, 85 (0): 46 - 68.

[3] Myhre G, et al. Climate change 2013: the physical science basis [M]//Stocker T F, et al. IPCC. Cambridge University Press, 2013: 659 - 740.

[4] Geyer R, Jambeck J R, Law K L. Production, use, and fate of all plastics ever made [J]. Science Advances, 2017, 3: e1700782.

[5] Williams P J B, Laurens L M. Microalgae as biodiesel & biomass feedstocks: review & analysis of the biochemistry, energetics & economics [J]. Energy & Environmental Science, 2010, 3: 55 - 590.

920美元。对于微藻类产品、合成燃料等成本较高的利用途径,可以考虑实行规模化经济。

(4) 混凝土建筑材料。采用混凝土建筑材料去除、利用和储存二氧化碳的潜力可达到每年1亿~14亿吨,并且封存二氧化碳的期限远远超过基础设施本身的使用寿命。每吨二氧化碳利用成本价的四分位差为 -30~70 美元,最高价的估算前提是假定二氧化碳水泥固化剂占据了全部预制混凝土市场和70%的可浇筑水泥市场。由于水泥是由石灰岩煅烧而成,在实际生产过程中也会产生大量的二氧化碳,除非煅烧过程中能够配套相应的碳捕集和封存措施,否则采用该种途径难以从生命周期上减少二氧化碳排放。

(5) 二氧化碳驱采石油(CO_2-EOR)。目前美国约5%的原油产量采用了二氧化碳驱采油技术[1]。如果不考虑资源赋存不均,通常每注入1吨二氧化碳可生产1.1~3.3桶石油。世界上超过90%的油层适用 CO_2-EOR 技术[2],利用潜力估算高达1400亿吨[3],到2050年该途径的利用效率可达到1亿~18亿吨/年。基于美国成熟的商业利用模式,假定油价为100美元/桶,二氧化碳利用的回本价为 -60~ -45 美元/吨[4][5],采用 CO_2-EOR 技术可实现市场盈利。原则上 CO_2-EOR 技术可以实现生命周期内的二氧化碳减排和去除,如果二氧化碳注入量多于石油产品消耗产生的排放量,具体取决于生产运营条件和项目类型。如果能够以二氧化碳封存量最大化而非石油产量最大化为原则来实施 CO_2-EOR,将更好地实现碳汇功能和减排效果。

(二) 非传统利用途径潜力、成本价和碳汇效应

非传统利用途径则主要包括了生物质能、岩石风化、林业技术、土壤固碳和生物炭,碳汇潜力巨大。根据最新估计,造林/再造林途径的潜力为5亿~36亿吨/年,土壤固碳途径潜力为23亿~53亿吨/年,生物炭途径潜力为3亿~20亿吨/年,生物质能途径潜力为5亿~50亿吨/年,岩石风化途径潜力为20亿~40亿吨/年。二氧化碳利用的成本价估值

---

[1] Dai Z, et al. CO_2 Accounting and risk analysis for CO_2 sequestration at enhanced oil recovery sites [J]. Environmental Science & Technology, 2016, 50: 7546-7554.

[2] Godec M L. Global Technology Roadmap for CCS in Industry: sectoral Assessment CO_2 Enhanced Oil Recovery [R]. United Nations Industrial Development Organization, 2011.

[3] Mac Dowell N, Fennell P S, Shah N, et al. The Role of CO_2 capture and utilization in mitigating climate change [J]. Nature Climate Change, 2017, 7: 243-249.

[4] Heidug W, et al. Storing CO_2 Through Enhanced Oil Recovery: Combining EOR with CO_2 Storage (EOR +) for Profit [R]. International Energy Agency, 2015.

[5] Stewart R J, Haszeldine R S. Can producing oil store carbon? greenhouse gas footprint of CO_2 EOR, offshore north sea [J]. Environmental Science & Technology, 2015, 49: 5788-5795.

很低，并且通常是负数。

（1）生物质能（BECCS）。该途径是指通过生物光合作用过程捕获空气中的二氧化碳，生成生物质并用于发电或生产燃料。考虑到在土地利用上与粮食生产存在竞争，可用生物质总量存在很大不确定性，到2050年可用的生物质一次能量当量大致估算为每年100～300艾焦[1]。以往对成本估算的研究通常只考虑了该途径清除二氧化碳的服务功效，忽视了生物质能的收益。本文根据所有适合部署BECCS系统的国家的一揽子批发电价[2]，粗略估算生物质能收益，得出该途径利用二氧化碳的成本价为60～160美元/吨。

（2）岩石风化。与土壤固碳途径有所不同，利用陆地岩石风化则是通过酸碱效应来促进农田作物对土壤养分进行吸收，从而进一步提升农田作物的产量。根据本文对二氧化碳利用的定义，采用该种途径具有与增加净初级生产力有关的利用潜力，但目前尚未实现量化。

（3）林业技术。造林、再造林和森林可持续经营不仅能够清除大气中的二氧化碳，维持碳储量，还能生产木材产品、提供经济价值。到2050年，通过造林、再造林汇集的二氧化碳总含量中，每年约有0.7亿～5亿吨流入工业圆木，成本价为－40至10美元。通过森林可持续经营，每年约有18亿吨二氧化碳流入到木材产品，其中约6亿吨流向建筑行业使用的工业圆木。总体上，每年通过造林、再造林和森林可持续经营流向工业圆木的二氧化碳量最高可达11亿吨。木材产品具有长期储碳的潜力，尤其是应用于建筑领域，保守估计为80～100年，约半数产品在其使用寿命结束后依然能够继续储碳[3]。

（4）土壤固碳和生物炭。这两种途径都是基于土地对二氧化碳进行吸收和利用，能够增加农业产量或封存、清除二氧化碳。到2050年耕地和牧场的土壤固碳潜力约为9亿～19亿吨/年，每吨二氧化碳利用的成本价估计为－90～－20美元，具体取决于土壤有机碳储量增加及其带来的产量增长。根据以往相关文献中的单产增加量估算（0.9%～2%与土壤固碳有关[4][5]，10%与生物炭有关[6]），生物炭技术可利用2亿～10亿吨二氧化碳，成本价为－70～－60美元。对于追求经济回报的经营者以及土地利用管理而言，提高作物产量

---

[1] Slade R, Bauen A, Gross R. Global bioenergy resources [J]. Nature Climate Change, 2014, 4: 99.

[2] Vaughan N E, et al. Evaluating the use of biomass energy with carbon capture and storage in low emission scenarios [J]. Environmental Research Letters, 2018, 13: 044014.

[3] Lippke B, et al. Life cycle impacts of forest management and wood utilization on carbon mitigation: knowns and unknowns [J]. Carbon Manage, 2011, 2: 303-333.

[4] Lal R. Enhancing crop yields in the developing countries through restoration of the soil organic carbon pool in agricultural lands [J]. Land Degradation & Development, 2006, 17: 197-209.

[5] Soussana J F, et al. Matching policy and science: rationale for the '4 per 1000-soils for food security and climate' initiative [J]. Soil & Tillage Research, 2019, 188: 3-15.

[6] Jeffery S, Verheijen F G, Van Der Velde M, et al. A quantitative review of the effects of biochar application to soils on crop productivity using meta-analysis [J]. Agriculture Ecosystems & Environment, 2011, 144: 175-187.

至关重要。例如，如果应用生物炭技术能够将热带生物质产量提升25%，相当于可以减少1.85亿公顷的土地需求，并且到2100年累计可汇集、吸收1800亿吨二氧化碳[①]。

三、二氧化碳规模化利用的障碍与前景分析

（一）二氧化碳规模化利用存在的技术和经济障碍

（1）产品价格和性能。成本价是评估二氧化碳利用经济性的重要表征。二氧化碳利用很大程度上影响了其终端产品的价格和附加值，但相比终端产品的价格差异，产品性能的差异更为关键。例如，目前二氧化碳衍生燃料的产品价格远远超出了普通燃料的市场价格。许多其他利用途径（如涉及建筑材料和塑料产品的途径）具有经济可行性，这是由产品价格和性能特征共同决定的。据专家意见调查，未来二氧化碳利用的成本价存在极大不确定性，工业领域专家大多积极地认为许多利用途径（如水泥固化剂和多元醇）已经实现经济盈利，并且未来成本将继续下降。

（2）能源需求。部分二氧化碳利用途径涉及到化学转化过程，需要投入大量能源，如将二氧化碳从0.04%浓缩到100%[②]。基于生命周期视角，二氧化碳排放量和利用成本主要取决于使用能源的来源。自然光合作用利用太阳能将二氧化碳和水转化成碳水化合物，尽管效率相对低下（全球平均效率大约为0.2%[③]），但成本较低。采用不同制氢技术会产生不同的碳排放效果，"褐氢"由甲烷制成，成本最低但会产生二氧化碳排放；"蓝氢"生产排放的二氧化碳会被捕集并封存；"绿氢"由电解水制成，具有真正的减排潜力。制氢技术的最终选择主要取决于能源成本。

（3）减排战略、市场渗透和技术水平。二氧化碳规模化、低成本利用还面临其他诸多挑战。一是减排战略。由于二氧化碳利用不一定会产生净气候效益，减排战略和政策对其提出了重大挑战。二是市场渗透。由于监管壁垒，混凝土建筑材料利用途径面临的主要挑

---

① Werner C, Schmidt H P, Gerten D, et al. Biogeochemical potential of biomass pyrolysis systems for limiting global Warming to 1.5°C [J]. Environmental Research Letters, 2018.

② Darton R, Yang A. Removing carbon dioxide from the atmosphere-assessing the technologies [J]. Chemical Engineering Transactions, 2018, 69: 91 – 96.

③ Barber J. Photosynthetic energy conversion: natural and artificia [J]. Chemical Society Reviews, 2009, 38: 185 – 196.

战是扩大市场渗透,可能需要花费数十年才能克服。三是技术成熟度。各种利用途径在预期时间内规模化推进的过程中,通常都面临着技术准备水平不足的挑战。

另外,分类型来看,"循环型"利用途径(除了尿素和多元醇生产以外)面临的主要挑战在于成本竞争;"封闭型"利用途径(除 CO_2-EOR 以外)面临的主要障碍在于技术成熟度较低;"开放型"利用途径尽管理论上可盈利、可操作,但是额外的管理成本(如实施、交易、制度和监督等)相对较高。

(二)二氧化碳利用前景和气候效益

尽管二氧化碳利用暂时存在许多技术和经济障碍,但潜力非常可观。尤其是"封闭型"和"开放型"利用途径,潜力多数是经济可行的,并且无须对价格作出重大调整。值得注意的是,各种利用途径的潜力规模不能简单地加和,因为有些潜力是满足同类需求。例如,利用二氧化碳制取燃料,可能会降低石油需求,从而降低 CO_2-EOR 的利用潜力;采用生物质能利用途径,可能会抑制生物炭利用途径的规模化应用。保守估计,如果不考虑各种利用途径的潜力重叠,二氧化碳利用上限可高达 15 亿吨以上,利用成本低于 100 美元/吨。对于关注气候变化的政策制定者来说,这些数据表明理论上可以通过政策设计来激励二氧化碳减排和清除。

二氧化碳利用的气候效益通常取决于利用过程中的碳排放强度。例如,与普通生产模式相比,采用 CO_2-EOR 技术能够减少大气中的二氧化碳,但随着能源脱碳进程不断发展,CO_2-EOR 的气候效益会逐步降低。在完全脱碳前,除非直接从空气中捕集二氧化碳,否则 CO_2-EOR 将导致二氧化碳净排放增加。相反地,在高碳经济环境下,生物质能利用途径的气候效益较低;在脱碳环境下,产业链碳排放接近于零,生物质能产生的气候效益将显著扩大。

本文提到的 10 种二氧化碳利用途径都可作为缓解气候变化的应对举措。以尿素化肥的生产和使用为例,首先应利用可循环的有机肥来降低化肥使用及相关排放;其次,通过提高尿素生产过程中氨的利用效率,以及利用非化石燃料产生的氨来制造尿素,以降低总排放量。通过综合评估发现,与在化工行业中采用碳捕获和利用技术相比,在电动汽车和热泵等领域使用可再生电力,对缓解气候变化更加有效。因此,电力部门应该首先脱碳,将有力带动其他部门脱碳。

四、未来二氧化碳利用的重点和建议

鉴于创新过程的缓慢性和气候问题的紧迫性,未来二氧化碳利用应重点关注当前最不发达但未来最具希望的利用路径。对政策制定者和实施者来说，不应以促进二氧化碳利用为目标，而应追求基于生命周期的二氧化碳减排和清除，激励具有气候效益的利用途径。

（一）传统利用途径的方向和重点

（1）降低二氧化碳捕集成本。成本下降将促进化工、燃料、微藻三类"循环型"途径的减排潜力。新吸附剂可降低从燃料烟气和工业废气中分离二氧化碳的成本，但长期来看，利用清洁能源从空气中直接捕集二氧化碳的成本更低，更有助于推进"循环型"途径的规模化应用。最初从空气中直接捕集二氧化碳的成本约600～1000美元/吨，之后可能逐步降低至200美元/吨。[①]

（2）加快推进技术研发。新材料和催化剂等技术研发能够促进二氧化碳以更低的成本转化为种类繁多的产品。例如，提升水解制氢效率的光/电催化剂，减少二氧化碳排放的光/电催化剂，能够分离混相液体（如甲醇和水）的新型膜材料等。通过优化催化过程，促进二氧化碳减排或降低能源消耗。对各类科技创新应进行严格、现实的技术经济分析，以明确技术创新对降低成本的效用。

（3）部署新型建筑材料。由于当前社会城市化的速度非常快，迫切需要部署新型建筑材料，利用二氧化碳制作混凝土材料来替代高排放的硅酸盐水泥。在建筑材料和其他领域，推进二氧化碳利用必须在清晰的系统边界下开展技术经济分析、生命周期分析和情景模拟分析，核算附加产品值，综合评估背景系统的变化。

（二）非传统利用途径的方向和重点

（1）优化土地多元复合利用。通过实地试验等研究，增进了解不同利用途径对植物产量、水资源、食物和其他资源的影响，了解土壤碳动态、改进表型和基因型植物选择，将有助于优化土地的多元利用。例如，推进农林复合经营、在边缘地带种植景天酸代谢植物、在红树林中种植帕棕榈树等。

（2）开展生物炭技术攻关。目前生物炭技术仍不成熟，存在较大不确定性。通过成本曲线分析发现生物炭利用途径成本很低，如果能够克服技术问题，改善农业产量并保障农民经济收入，生物炭途径具有巨大潜力。

[①] Keith D W, Holmes G, St Angelo D, et al. A process for capturing CO_2 from the atmosphere [J]. Joule, 2018, 2(8): 1573–1594.

(3) 增加植树造林并推广木材在建筑领域中的应用。在土地资源和生物多样性限制允许的情况下，通过造林和再造林扩大工业圆木使用规模，加快新型木质产品（如压制木材和乙酰木）在新兴市场中的应用。木材产品的规格、质量和安全性能正逐步比肩混凝土结构，当前生产规模的扩大反映了强劲增长的市场前景。

（三）开展跨领域合作和努力

学者、政府和企业之间应展开合作，比较不同利用方案的功效，促进10种途径的优势融合，探索和识别其他新途径，加快二氧化碳减排和清除。政策和制度调整将促进二氧化碳利用规模合理扩大，本文建议：首先，对二氧化碳清除和减排实行奖励（或对排放实行惩罚），如定价每吨二氧化碳40～80美元（随时间增长），促进二氧化碳利用提升净气候效益；同时不建议对二氧化碳利用提供直接补贴，研究表明可规模化应用的"封闭型"途径（如生物质能、建筑材料等）对二氧化碳去除补贴非常敏感。其次，标准、授权、采购政策调整和研发支持，将有助于弥合各界对各种利用途径的认识差距。再次，资助和运营具有全球影响力的新型二氧化碳利用产业，这需要政府提供方向指引和产业支持。最后，实行"净零"立法制度，瑞典和英国已制定该制度，新西兰也将该制度提上议程，该制度将明确各类产业必须减少和清除的二氧化碳规模。

美国"30×30"生物多样性保护目标与启示*

马晓妍　范振林　厉　里

生物多样性是指活有机体、活有机体中包含的基因以及它们生存环境的多样性，即物种、基因和生态系统的多样性。因为全球生物物种的逐渐丧失，引发了地球生态系统的结构性失衡、功能性消失等全球性问题，受到了世界各国的广泛关注。在1992年发布的《联合国生物多样性公约》（以下简称《公约》）的倡导下，世界各国都开始制定保护目标和规划，承担相应的国际义务和责任。2020年即将在昆明召开联合国第十五届缔约方会议，而"30×30"①的目标是2020年后框架协议研讨的重要内容，这将对我国"构建新时代生态文明体系"以及推动全球生物多样性保护目标的实现具有重要的现实意义。

一、人类活动与生物多样性保护

生物多样性丧失的本质是一种由于人类活动范围扩大和破坏性加剧导致地球生态系统失调，进而引发生物物种加速消亡的过程。目前，世界上有近20%的脊椎性哺乳动物处于濒临灭绝的状态，平均每周约1~2个物种滑向易危或濒危等级。人类虽然在努力拯救濒危物种，但物种消亡仍呈现加速趋势。据生物学家最新推断，预计到2100年，鸟类和哺乳动物将会灭绝269~350种。目前全球已有1341种鸟类和哺乳动物被列为极度濒危或濒

---

* 本文原载于《自然资源经济参考》2020年第6期。
① 即"到2030年至少要保护地球30%的陆地和海洋"的目标。

临灭绝的状态,其中85%物种的数量正在以不同速度减少,到2100年就极有可能灭绝。2000~2013年,未被人类利用或破坏的原始森林总面积下降了7.2%。自1950年以来,高强度的海洋捕捞不断增加,已经超过海洋自我修复能力30%的红线。虽然近期人类捕捞野生鱼类的行为有所收敛,但是由于人类活动加剧了全球气候变暖,海水平均温度提升了2℃,南北两极的冰川融化致使海平面上升,结果导致人类对全球67%的海洋面积累积影响仍在持续增加。

二、联合国生物多样性保护公约

20世纪末以来,众多国际倡议试图统一行动对生物多样性进行保护,以制止或扭转生物多样性丧失的趋势,其中最重要的文件是全球196个国家共同签署的《联合国生物多样性公约》。1992年至今,《公约》已经举办了14届缔约方大会,旨在通过世界各国合作,加强国际社会保护生物多样性的合作共识。

2010年《公约》缔约方大会(COP10)通过了《2011~2020年生物多样性战略计划》和《爱知生物多样性目标》。其中《爱知生物多样性目标》第11条,"到2020年,通过生物多样性保护建设,实现生态保护区系统公平有效管理和有效链接。该系统至少保护17%的陆地和内陆水域,以及至少10%的沿海海洋区域,尤其包含对生物多样性和生态系统服务意义重大的区域。"但2014年《全球生物多样性展望》(第四版)报告显示,如果按照人类社会现有的经济增长模式发展,将无法保障在承诺的最后期限实现大多数"爱知生物多样性目标",也无法实现生态系统能够满足未来人类需求的世界愿景。目前,只有15%的陆地和7%的海洋受到保护。

为此,《公约》最近公布了2020年后全球生物多样性框架的"零草案"文本提案。该文案提出的目标是,"到2030年至少保护30%的地球陆地和海洋"。预计各国政府将于下一届《公约》缔约大会上通过文案定稿。哥斯达黎加能源和环境部部长罗德里格兹(H. W. Carlos Manuel Rodriguez)指出,对于解决自然环境和气候所面临的危机,这会是非常重要的一年。自然环境和气候恰如一枚硬币的两个方面,我们必须协同所有部门积极并有目的性地处理上述危机。各国政府急需推进突破性行动的实施,并在中国召开的联合国生物多样性公约缔约方大会第十五届会议(COP15)上通过一项关乎自然环境和人类生存的国际协议,要将保护至少30%的地球作为全球目标。同时,还要将陆地和海洋保护纳入联合国气候变化框架公约基于自然环境的气候解决方案的承诺中去。

三、美国生物多样性保护现状与目标[①]

(一) 美国生物多样性损失现状

美国面临着环境保护和气候危机,自然环境急剧恶化,温室气体排放量也未按预测速度下降。科学家们正在记录美国和世界各地范围内的自然区域和野生动物的锐减情况:

(1) 2001~2017年,美国每30秒就有相当于一个足球场大小的自然区域沦陷,每年消失面积超过150万英亩。

(2)《科学》杂志发表的一项调查结果表明,美国和加拿大自1970年以来已经损失了29亿只鸟,总量减少29%。

(3) 美国国家渔猎局调查显示,美国大约有1.2万种亟待保护以避免灭绝的动植物物种,其中大约1/3将在未来几十年内消失。

(4) 美国鱼类和野生动物管理局调查显示,美国的48个州中,所有湿地的面积已经失去了1/2以上。

(5) 美国政府间科学政策平台关于2019年生物多样性和生态系统服务的研究表明:第一,人类活动正在破坏2/3的海洋区域;第二,只有3%的海洋区域保持着原始状态;第三,红树林仅存15%;第四,珊瑚礁仅存50%;第五,按照目前的损失率,到2050年,地球仅有不到10%的土地会免于遭受重大人类影响所带来的冲击。

气候变化也加速了美国自然环境衰退。"第三次国家气候评估"发现气候变迁会引起如下变化:首先,正在降低生态系统提供清洁水源和调节水流的能力;其次,限制自然界缓冲人类社会抵御火灾、风暴和洪水等灾害的能力;最后,对海洋和陆地野生动物产生深远影响,包括改变栖息地,迫使迁徙模式变化,并改变生物事件发生的时间。

美国自然环境面积和野生动植物的减少符合全球规律,但根据政府间科学政策平台关于生物多样性和生态系统服务的研究,由于土地转换、开发、气候变化、入侵物、污染以及其他刺激因素,约有100万种动植物将在未来几十年内面临灭绝的危险;自然环境也和气候一样,正在接近一个临界值,主要表现在自然环境的持续损失和退化方面。第一,使众多生态系统和野生动物物种陷入无法恢复的境地;第二,威胁美国国家安全和经济繁

[①] 基于美国联邦立法信息官方网站,美国参议院116届国会第一次会议(2019年10月22日)内容整理。

荣；第三，自然灾害成本支出增加，如联邦政府在 2018 年就已支出约 910 亿美元。

（二）美国生物多样性保护缘由

在美国，只有大约 15% 的已知物种得到了较为细致的研究，处于被保护状态。美国的大型生态系统类型比其他任何国家都多，其多样化的生态系统容纳了大约 20 万种本地物种，占全球所有物种的 10%。美国物种灭绝的最初原因归结为过度的开发和某些物种（美洲野牛、旅鸽）的彻底灭绝。而随着农业的发展，景观变化也起到了一定的负面作用。

美国现有的陆地、海洋和野生动物保护措施还不足以阻止自然环境的进一步恶化。例如，在美国仅有 12% 的土地受到永久保护，主要位于阿拉斯加和西部地区；只有 26% 的联邦海洋领土受到永久保护，其中绝大多数位于遥远的西太平洋和夏威夷西北部。

从历史维度来看，首先，美国政府一直都注重生态保护和修复的立法工作，其中包括设立保护区网络和相应法律保护条款。当前美国的陆地和海洋自然资源保有量居世界前 5 位。其次，拥有必要的保护经验和传统，有助于后代在保护美国剩余的自然区域方面取得重大进展；联邦政府、私营部门、公民社会、农民、牧场主、渔业社区和运动员有共同保护美国土地和海洋的历史。最后，美国的专属经济区，由海岸线 200 英里以内的水域组成，占地 450 万平方英里，面积比美国大陆还多出 23%；同时提供各种海洋环境和生态系统，包括珊瑚礁、海藻森林、红树林、海草床以及深海珊瑚。保护和恢复自然是应对气候变化最有效和最具成本效益的战略之一；为了应对全球生态系统的恶化，科学家们建议大约 1/2 的地球都应得到保护。

（三）美国"30×30"生物多样性保护目标

美国联邦政府确立"30×30"的决议目标，包括让科学成为保护决策的基础，在美国的陆地和海洋中隔离碳和温室气体，以及解决环境司法问题，旨在保护生物多样性和缓解气候变化的影响。美国政府认为，获得公共土地、自然和健康环境应该是所有人的权利，且对美国整体的健康、福利、身份、文化和经济繁荣都至关重要。

2019 年 10 月联邦政府设立了未来国家目标，预计到 2030 年在美国境内保护至少 30% 的陆地和海洋。第一，需要与当地社区、印第安部落、州政府以及私人土地所有者合作，保护自然环境和资源；第二，提升民众接触大自然的机会，降低各类人群接触大自然的成本；第三，固定美国陆地和海洋中的碳和温室气体排放；第四，激发公众热情，鼓励私人土地所有者自愿养护和维护具有保护价值的地区，以及具有高能力固存碳和温室气体排放的地区；第五，将工作重点放在具有生物和生态意义的大面积景观上，通过保护动植物物种来防止灭绝，稳定和修复生态系统和服务，维持原有生态功能，增加农民、牧场主、渔民和林农的经济效益。

向社区提供健全且实时的科学信息，例如社区周围的土地和水域信息，预测土地和水域在全球变暖的大趋势下的变化趋势，为建立保护政策提供科学支撑。尊重部落主权和自决权，以便美洲印第安人、阿拉斯加原住民和夏威夷原住民能够满足各自在自然、文化和历史资源管理方面的优先事项。保护私有财产权和传统土地用途，处理环境司法，保证公平地将自然环境利益分配给所有人。将大范围灵活持久的解决方案纳入考量，吸纳地方和区域范围目标和战略的设计与实施，提供工具和资源，以确保分段区域得到有效管理，以实现养护价值，固定碳和减少温室气体的排放。

四、对我国生物多样性保护的启示

（一）我国生物多样性丧失的主要原因

目前，我国物种丧失的主要原因是过度开发，这是经济快速发展带来的必然结果。

（1）自然保护区范围不断缩小。例如，新疆卡拉自然保护区的规模在过去10年间已经修改了10次，由于采矿和其他工业活动范围的扩大，保护区面积减少了1/3。随着栖息地的缩小以及建筑和采矿等人类活动的大量干扰，物种的栖息地适宜性降低了45%。

（2）湿地、森林等重要栖息地不断丧失。自20世纪中叶以来，我国大量的滩涂地区已经变成了农田或养鱼场，栖息地的丧失导致了众多鱼类、植物、鸟类和动物的灭绝，以及栖息地环境污染、不明生物物种入侵、传染性疾病的传播。

（3）基础设施项目工程对生态系统的扰动，严重者甚至破坏工程所在地区及周边的生物多样性，导致物种数量下降。因此，针对上述事实我国应当制定生物多样性保护对策。

（二）我国生物多样性保护的对策

1. 制定科学合理的生物多样性保护目标和法律法规

（1）制定科学合理的生物多样性保护目标。当前我国已建立各级各类自然保护地超过1.18万个，保护面积覆盖我国陆域面积的18%、领海的4.6%。《关于建立以国家公园为主体的自然保护地体系的指导意见》提出"到2035年自然保护地规模和管理达到世界先进水平,全面建成中国特色自然保护地体系。自然保护地占陆域国土面积18%以上。"就提出的目标来看,显然与联合国《公约》"零草案"文案中"到2030年至少保护30%的地球陆地和海洋"的目标相去甚远。因此,要参照《公约》以及美国确立的2030年"30×30"的生物多样性保护目标,对我国原有目标进行修正,即在2030年至少保护"≥30%"的自然保护地面积,从而使生物多样性保护工作真正达到世界先进水平。

(2)完善生物多样性保护法律法规。法律保护是生物多样性保护的基础,由于我国各地区生物资源种类差异较大,所以,在对不同地区的特有物种、濒临物种、关键物种等实施保护时,政府应出台不同的政策法规。例如云南省已出台了地区性《生物多样性保护条例》。

2. 加强实施生物多样性保护制度建设

(1)在自然资源"十四五"规划中增列生物多样性保护的理念、原则以及量化指标等内容;将生物多样性保护工作纳入以国家公园为主体的自然保护地管理委托代理试点区改革任务中。

(2)与国土空间规划和用途管制制度相结合,建立国土空间规划保护区体系,尽最大能力保护好生物多样性。

(3)建立生物多样性评价考核制度,与自然资源"两统一"管理工作相结合,建立评价考核指标体系,完善生物多样性保护问责制度和奖惩机制。将土地利用指标纳入生物多样性考核,对于未完成生物多样性保护目标的地区核减新增建设用地指标。

(4)构建生物多样性保护的市场路径。借鉴美国"湿地银行"经验,构建生态用地指标交易和生物多样性信用制度,拓展生物多样性保护的市场路径。

重塑与优化国土空间配置的新思维[*]

强 真

空间规划专家孔茨曼（Kunzmann）教授在参加凯撒斯劳滕工业大学城市规划学术研讨会（冬季学期）（Stadtplanerisches Kolloquium TU Kaiserslautern WS）活动时，从 10 个方面详细阐述了面向未来的国土空间优化配置战略和创新思维，尤其是以城镇群、都市圈的空间发展为重点，立足于实现区域的"以人为本"和绿色发展，将区域和城镇群、都市圈的所有类型国土空间作为一个生命整体，预见性地对各类生态空间、生产空间和生活空间的规模、结构、布局、样式、状态和品质进行联动性重塑，其中不乏可供本轮国土空间规划编制参考和借鉴的优秀思维。本文依据 ISA 意厦知学园区发布的原文，结合我国生态文明建设，围绕《关于建立国土空间规划体系并监督实施的若干意见》要求，根据我国现阶段国土空间保护开发面临的主要矛盾和问题特征，逐条对孔茨曼（Kunzmann）教授的观点进行剖析，逐项提出可供我们实操的对策建议。

一、城镇群、都市圈的新空间组织与优化

（一）孔茨曼（Kunzmann）教授观点

总体上，孔茨曼（Kunzmann）教授认为，城市的未来是城市群，即使城市群中并没有大都市。它们通常是多中心的区域，没有管理的界限，而是由功能的界限构成。这一界限是

---

[*] 本文原载于《自然资源经济参考》2020 年第 7 期。

流动的，常常完全靠城市群的界限来确定。例如德国的城市群。在国际化、数字化与市场优先的今天，也同时存在着再国有化（renationalisierung）与乡土主义（heimatverbundenheit）。

（1）"大都市区域"并不代表大都市，而是具有国际影响意义的城市连绵地带，其结构上涵盖一或多个都市中心，它们通常以60~75公里的半径（有时超过这个范围）辐射其腹地。

（2）大都市区域通常不是由政治层面确定的，也没有确切的行政管理范围，它们整体而言，是由通勤流而决定的。

（3）这些都市区域的外围，人口相对稀少（除了东威斯特法伦城市群 Ostwestfalen），大多以农业和林业功能为主，具有旅游休闲地的意义或作为自然公园。

（二）相关启示

（1）国土空间规划对城镇群、都市圈的空间配置，应将人口流动、物质联系、信息交换、互动发展、交通联网、愿意合作、关系良好的若干城市、县、镇，划定为空间上紧密联系的城镇群、都市圈。

（2）城镇群、都市圈应打破行政区边界，作为一个规划单元统一规划城乡建设用地，避免出现"一人多地"、市与市之间、城乡之间重复配置建设用地问题。

（3）城镇群、都市圈应作为一个规划单元，统一制定居住、医疗、教育、养老等民生服务设施建设标准，杜绝地市歧视，形成内部均质化基础公共服务配套体系和对应的建设用地支撑体系。

（4）城镇群、都市圈应统一构建生态空间网络，既包括自然生态空间，也包括人居生态空间，并且应该尽量保障两种生态空间的联动与统一，不分割、不打破。规划尤其应做好地市行政边界两侧国土空间保护与开发接续，避免出现一线一河之隔下，一侧是农田和生态，另一侧是高楼林立等矛盾问题。

（5）城镇群、都市圈应建立统一的地市县政府绩效考核机制，避免恶性竞争和同质建设带来的建设用地粗放浪费。在城市与城市之间，协同配置产业空间。

二、城镇群、都市圈内应统一规划各类园区

（一）孔茨曼（Kunzmann）教授观点

未来的城市群，将会更像一个连续性拼贴的城市区域，其中每一个都市核心以产

业链的方式决定功能。在这个"群岛"结构中,每一个"小岛"都有独特的活力,由自给型的功能构成,具有区域甚至国际性影响力,并与其他城市群中具有相似性的"岛屿"建立交流性链接,例如,航空城、大学城。有时与城市群内部的链接性反而较为薄弱。

(二) 相关启示

(1) 城镇群、都市圈内各市县,应从产业链协同发展角度,尊重产业上下游和行业互补规律,统一规划各市县工业园区、物流园区用地,形成互补式的行业门类用地配置体系,避免产业低端重复建设、恶性竞争和土地低效利用。

(2) 城镇群、都市圈应统一规划服务型园区。各地市间没必要各自设置空港新城、金融/服务园区、大型批发基地、大学城等大型服务行业园区,应从一体化角度,最大化体现专业园区服务辐射半径,整体谋划,节约土地。

(3) 综合评判以往各市行政规划下各类大型生产、服务园区土地利用状况。按照城镇群、都市圈一体化配置思路,对于的确处于低效利用、空置率较高、经营不利的园区及内部地块,可以考虑"退出还绿",扩大城市生态开敞空间面积,同时选择毗邻园区进行项目集中整合,通过整治提高效率、提高品质。

三、重要城市的建设空间应逐步转向品质化

(一) 孔茨曼 (Kunzmann) 教授观点

如果没有空间的愿景,没有指导意向 (leitbild),没有促进区域创新、可持续发展与社会均衡以及一个共同战略的实施手段,2050 年的城市群,将和今天几无差别。

(二) 相关启示

(1) 国土空间规划应客观分析城镇群、都市圈过去 20 年快速拓展扩张的空间动力本质,剖析城市间过于重复的建设模式和发展路径带来的弊端,以及阻碍品质提升的障

碍点。

（2）未来随着人口城镇化发展进入基本稳定阶段，各级城镇建设用地空间已基本形成稳定形态与规模，以居住空间品质化为导向的生活空间将需要生态高端化，这也是提高城市吸引力和凝聚力的主要卖点。

（3）在交通便捷的时代，中心城区居住用地空间将继续以高密度、紧约型建筑集群而存在，郊区县将通过建设低密度、品质型生态住宅而获得城市中产阶级的青睐。与中心城区同密度、同紧约、同集疏的无差异化居住空间和地产项目将不具竞争力。

四、城镇群、都市圈要致力于形成独具竞争力的实体制造业空间体系（企业化的城镇群）

（一）孔茨曼（Kunzmann）教授观点

（1）城镇群由于具有知名的经济与文化影响力，形成国际化竞争力，并在国际层面上构建网络。这种成功是由大量的区域性小型与中型企业推动的，其共同体衍生成为产业链。

（2）在战略框架联盟中，区域性经济永远和区域内的高校紧密联系。与高校紧密结合的创意中心、转化中心、革新中心、孵化中心，以及创新型就业培养基地，为高校毕业生提供创业机会。

（3）手工业作为重要的本地就业提供者，在城市群中应获得特殊支持。手工业也是地方修复经济的重要基石，对于就业有着重要的作用。

（二）相关启示

（1）城镇群和都市圈中最为本质的发展动力点和财富来源是实体经济中的制造业。拥有一套系统完备、分工清晰、发展有序的制造业生产空间体系是城镇群和都市圈永葆青春的根本。工业生产空间不分大小，只要具备生存竞争力和发展潜力，符合生态环保要求，即可作为区域重要的保护性空间。上海《城市总体规划（2016~2040）》提出的要像保护基本农田一样保护优质制造业空间，为城市永续发展提供基本空间载体。

（2）城镇群和都市圈的工业生产空间布局应与高等学校进行邻近配置，在空间上形成联动机制。过远的空间阻隔，不利于大学学生到实际生产基地进行实践和锻炼，也不利于企业与大学之间形成互动机制，影响产学研一体化发展和科研成果转化为生产力。

（3）应加大对餐饮、健康、文化、休闲等传统手工业生产空间的保护力度，因为这些产业对城市社区人居生活有重要保障作用。同步强化对具有悠久历史传承、独具竞争力的小微型手工业生产空间的保护。充分发挥其服务大众、扩大就业、积累创新力、服务产业体系链接化发展的重要作用，同步促进社会和谐与高效分工协作。

五、日益数字化的城镇群、都市圈需要更多娱乐设施

（一）孔茨曼（Kunzmann）教授观点

由于部分地区每周工作时间被削减至25小时，市民需要获得随时可获得的休闲保障，休闲生活将在智慧城市中扮演重要角色。

（二）相关启示

我国已进入城镇化建设4.0阶段（1.0阶段为中华人民共和国成立后至1978年改革开放前，属于社会主义城镇建设起步时期；2.0阶段为1978年至1992年，属于城镇化建设恢复时期，随着国有土地市场化配置大幕的拉开，城镇化建设进入全新阶段；3.0阶段为1992年后至2017年下半年，属于快速资本投入带动城镇化阶段，城镇建设取得快速拓展，伴随大量流动性资金与大规模土地的投入，城镇化飞速发展；2017年进入4.0阶段，经济发展由高速轨道转入高质量轨道，城镇建设用地空间总体上已经满足需要，资本负债和资产清债压力增大，耕地保护进入最关键时期）。此阶段决定城镇竞争力的因素不仅仅取决于建设用地空间规模和资本收益，基础民生公共服务和良好的生态环境，以及舒适、宜居、适度的居住条件将成为城市发展的第一竞争力，越来越多的城市中产阶级盼望和需要更多的休闲、娱乐、养生和放松空间。以社区为单元的"15分钟服务圈"配套建设，除以往传统的医疗、教育、购物、养老等外，需要补建、配建和完善各种各类娱乐设施，并力争利用存量用地进行建设。

六、个性化、网络化和互补型教育机构将成为城镇群、都市圈发展必要的基础公共服务设施

(一) 孔茨曼 (Kunzmann) 教授观点

(1) 公共与私人的大学与高等教育机构,其教学研究院所、学生宿舍及高校邻近的服务机构,构成了那些生机勃勃的城区中的灯塔。

(2) 为数不少的基础教育学院,将借助分散性地点的网络教学"e校园"形式,实现教育服务。这种模式也结合体育与休闲设施,共同提供了一个具有吸引力的学习区域。

(二) 相关启示

(1) 城镇群、都市圈内越来越多的大学将更加开放,其用地属性由原来的单一高端教育专属、成人培训等,向大众化、普世化教育使用而转变,社会多维度复合型教育功能将变得更为明显。

(2) 综合性大型社区周边大学,除提供高等教育外,其附属的中学、小学和幼儿园将为周边社区提供全年龄段教育服务,减少搬家和换房带来的麻烦。在现代都市生活的压力下,大多数家庭将选择初级至高端教育同地化,教育用地的使用将逐步实现以培养人群全成长阶段为目标的无缝连接配置。

(3) 伴随电子网络教育的普及,以及少子化时代的到来,未来部分不具有较高竞争力的中低端培训学校(院)将面临转型和关闭的挑战,存量教育用地挖潜时代已经来临。

七、城镇群、都市圈需要全新全系统绿色整治

(一) 孔茨曼 (Kunzmann) 教授观点

(1) 近十年间,地热的应用与核反应事故在德国导致了一个生态性的转折点。可持续

发展的城市群，将努力强化区域循环经济，建设相应的绿色设施。

（2）在城市群中，高速公路、国道和地方道路的速度分别限制在120公里/小时、80公里/小时、30公里/小时。物资运送有明确的时间限制。公共汽车交通高效，并对于使用者非常经济。

（3）所有的建设都远离新风廊道。建成区内的公园与绿化设施系统性地互相联系。

（二）相关启示

（1）应对全球气候变化、提高区域生态环境质量，迫切要求城镇群、都市圈建设循环绿色能源设施，逐步改变传统燃煤及化石燃料转化利用等能源利用模式。从超前角度谋划，新循环能源设施项目将从选址、建设、传统能源设施转型改造等方面进行系统、超前规划（与Kunzmann教授的不同观点：地热资源是典型绿色能源，在做好地区地下水可开发利用程度和风险评价基础上，确保用后水源干净回灌，不会造成生态负面影响）。

（2）当前，高速公路与城市快速路、主干道进出口布局不合理，主干道交叉口四侧公交站点布局不合理，共享单车和搭便车集聚点规划不合理等问题凸显。未来城镇群、都市圈的交通体系将更加网络化和多链性，中心城市城区交通解堵和道路设施设计优化将成为修建性详细规划和立体空间综合整治的重要任务。服务大众的便捷、快速公交体系需要补足，中心城区主要道路需要放弃大部分利益，进行私家车通行管制，中心区外围及主要轨道交通转接站需要补建停车场。

（3）城镇群、都市圈需要整体谋划生态空间，未来其生态空间不应该是开发边界内与外互相割裂，而应该是城乡人居生态和绿色自然生态共同营造下的多中心、网络化生态空间。城镇群、都市圈绿色生态空间必须与外围自然生态空间实现连通，解决城区大规模、高密度、高强度开发下"灰色水泥森林"的生态孤岛效应，这样有利于缓解中心城区大气垂直交换带来的污染问题，增加大气水平流动，真正发挥通风廊道的污染物疏散作用。

八、关爱老人、注重环境治理的设施是未来城镇群、都市圈可持续发展的必需

（一）孔茨曼（Kunzmann）教授观点

（1）社群的老化，阿尔兹海默病（老年痴呆）患者增加，对健康生活的认知日益增

强,城市管理需要应对城市群"健康城市"的需求。在所有城市区域建立健康服务站点,与区域性的医院以数字化媒介联系在一起,照顾年老病弱的门诊病人。多代混合房屋将成为优先的建筑形式。

(2)空气质量达标、噪声减少、水体质量保障、垃圾减少,成为空间规划的基本原则。除此之外,靠近住宅的区域,设法保障便利的运动设施。

(3)无论如何,汽车不再是城市群的优先导向,逐步地、逐个区域地改造为一个步行者与自行车为导向的城市群。

(二)相关启示

(1)城镇群、都市圈中的任何城镇,服务于老年化社会的社区服务站是不可或缺的基本民生设施,必须以社区为单元进行补建和配套,存量不动产的共同利用收益分配政策是解决这一问题的重要路径。20世纪80年代开始的独生子女政策,可能带来广泛的城市养老难题,必须通过建立落实政府承诺的公益性设施,帮助"多老多小"家庭解决难题,防止出现老龄化社会下的"黄金"劳动力被迫丧失等问题。

(2)务必适度降低住房成本,逐步引导"多老多小"家庭邻近居住,大规模改造现有社区住房结构、实现多代混合房屋是不现实的。

(3)保障有力的污水处理厂、垃圾循环处理站和运动设施是城镇群、都市圈健康发展的必要"疫苗",国土空间规划体系中的详细规划,应重点针对设施补足问题进行具体落地。可以类比国家重大基础设施工程用地管理,采取单独选址用地政策进行保障。

(4)未来15年的中国城镇群、都市圈,汽车仍是大众生活必需品,一方面,汽车工业是经济发展的有力带动点,另一方面,存量汽车不能限制使用。在经济下行压力较大的背景下,汽车提供便捷服务,汽车制造业也是政府财政的重要来源。详细规划应适应国情,利用存量,谋划各级城镇居住、商服等停车场配置问题。

九、城镇群、都市圈需要高品质农产品供给空间

(一)孔茨曼(Kunzmann)教授观点

(1)全球性的货物流、大企业化的农业产业经济,以及漫长的物流运输链,降低了城

市群人民对于健康的、气候友善的营养供给体系的信任与依赖。由于上述原因，城市群将食品生产供应主要限定为区域内的产品与区域内的循环。通过有意识地资助城市群内的生态农业生产来达到这一目标。农业面积将不再让位于建设，区域性的经济循环得到优化。

（2）新一代农民与市民，承担了这些土地的管理。起初是75%，随后有90%的供应城市群的食品都来自城市群本地区域。

（3）城市群内的小型园地设施被扩大。通过国家层级的咨询与培训，人们可以在那里集中种植蔬菜与水果。

（二）相关启示

（1）大距离运输下的城镇群、都市圈农产品供给模式，依赖于蔬菜、水果等农产品超量使用保鲜剂和防腐剂，危害人民群众健康。城镇群、都市圈高品质生活的根本是食物供给的可靠和安全，所以必须重塑农产品生产空间利用格局。以城镇群、都市圈行政单元为组成，将24小时运输供应圈作为规划单元，系统整合群圈范围内的农用地，建设标准化、产业化、生态化、设施化、安全化和链接化的菜奶肉蛋供应空间体系。

（2）根据城镇群、都市圈自然条件禀赋和农业生产条件特点，立足农产品供给主导方向，创新农用地经营和利用方式，最好采用国有企业牵头经营的方式，将群圈内的农用地进行系统整合，从提高农产品品质出发，规范土地流转使用者准入，逐步建立现代农产品供给基地体系，以企业化经营管理模式，重塑农用地利用和经营路径，农民逐步转换为农业工人。通过统一质量标准、统一生产方式、统一产品监管、统一质量职责、统一考核机制的方式，将米袋子、菜篮子工程落到实处，至2035年明显提升蔬菜肉蛋奶圈群自供给率，明确耕地绿色利用省长、市长负责制。粮食可根据不同城镇群、都市圈土地自然禀赋特征，客观定度自供给规模，由于粮食便于较长时间储存和运输，全国可建立国家级粮食生产供给基地，实施单独的粮食生产农用地利用和监管标准体系，通过纵向与横向兼备的补偿方式，确保粮食质量安全。

（3）城镇群、都市圈内，鼓励采用现代企业化管理模式，建立专供型和社区型"私家农场"，适应城市不同层级农产品需求，形成中高端"点对点"农产品供给基地体系，带动乡村振兴。

《让自然回归生活：2030年欧盟生物多样性战略》的评述与思考*

姚 霖　余振国　杜越天

5月20日，欧盟委员会正式发布《让自然回归生活：2030年欧盟生物多样性战略》（以下简称"2030战略"）。这份禀赋"资源治理理念与生态保护实锤"战略在获得世界广泛关注的同时，也为反思"后2020时代"自然资源治理如何应对"自然危机"提供了参考。

一、"2030战略"的出台背景

自1993年欧盟成为《生物多样性公约》缔约方起，生物多样性保护与修复一直被列为欧盟资源保护与生态治理的重点工作。作为欧盟历经27年生物多样性保护新的行动部署，"2030战略"有着深刻的"自然危机、国际履约和国际战略"背景。

（一）应对自然危机与疫后复苏的举措

"2030战略"认为生物多样性保护修复战略是"后疫情时代"欧盟复苏计划的核心内容。

（1）生物多样性保护具有增效经济的潜力。全球超过一半的GDP依赖于自然及其提供的服务，保护性政策可以带来较高的经济乘数和积极的生态影响，进而保障经济的繁荣、可持续性和韧性。

（2）生物多样性对于维护欧盟地区和全球的粮食安全具有重要意义。全球超过75%

---

* 本文原载于《自然资源经济参考》2020年第12期。感谢欧盟驻华环境和气候变化政策官员王桦的帮助。

的粮食作物依赖于动物授粉，物种丧失将增大粮食安全和营养供应所面临的风险，影响农村生计和农业生产力。

（3）大自然在人类对抗气候变化方面发挥着重要的作用。遵循气候变化与自然资源保护、利用和修复之间的互为影响规律，是基于自然的解决方案，减少原生自然灾害的重要途径。比如，实施保护和恢复湿地、泥炭地和沿海生态系统，以及可持续管理海洋、森林、草地和农业土壤等。

（二）反思《生物多样性公约》的举措

虽然生物多样性的严峻形势从未被忽视，但国际上保护与修复的行动却十分缓慢。自2010年第十次缔约方大会在日本名古屋制定《2011~2020年生物多样性保护战略与行动计划》及《爱知生物多样性保护目标》（以下简称《爱知目标》）至今，相关战略和目标落地的情况却不尽如人意。

（1）《爱知目标》为2010~2020年设定的5个战略目标及相关的20个纲要目标，详细地指导了各国制定和更新生物多样性保护国家战略（提出保护17%的陆地及10%海洋的数量要求），但根据2018年法国可持续发展和国际关系研究所的全球评估报告，《爱知目标》提出的2020年生物多样性保护20个纲要目标，绝大多数到2020年底都难以实现。

（2）《爱知目标》过多追求对目标本身的设计和谈判，但在如何内化为各国战略和行动方面还不足。国际社会和国家主体应该如何从政治动员到政策制定，从执行机制到资源动员，从有效评估到激励机制等来匹配目标，均缺乏系统设计和约束力。

（3）缺乏民众、当地社区和民间组织的参与，较多的工作还停留在政府和社会精英层面上，难以落地生根。

欧盟已准备好展示其扭转生物多样性丧失局面的雄心，以身作则，以行动引领世界，并参与筹备昆明第十五次缔约方大会，参与制定下一个10年全球生物多样性保护目标的行动方案，以扭转《爱知目标》目前面临的不利局势。

（三）欧盟生物多样性保护和修复政策的延续

自1993年成为《生物多样性公约》缔约方时起，欧盟一直将生物多样性保护政策作为资源治理的优先领域，并在近30年间建立了一个坚实的立法框架来保护和恢复其自然资本。

从政策历程来看（见图1），欧盟自1998年就开始着手制定生物多样性保护和修复战略，但没有达到预期。2001年，欧盟又提出到2010年实现阻止生物多样性流失的目标，

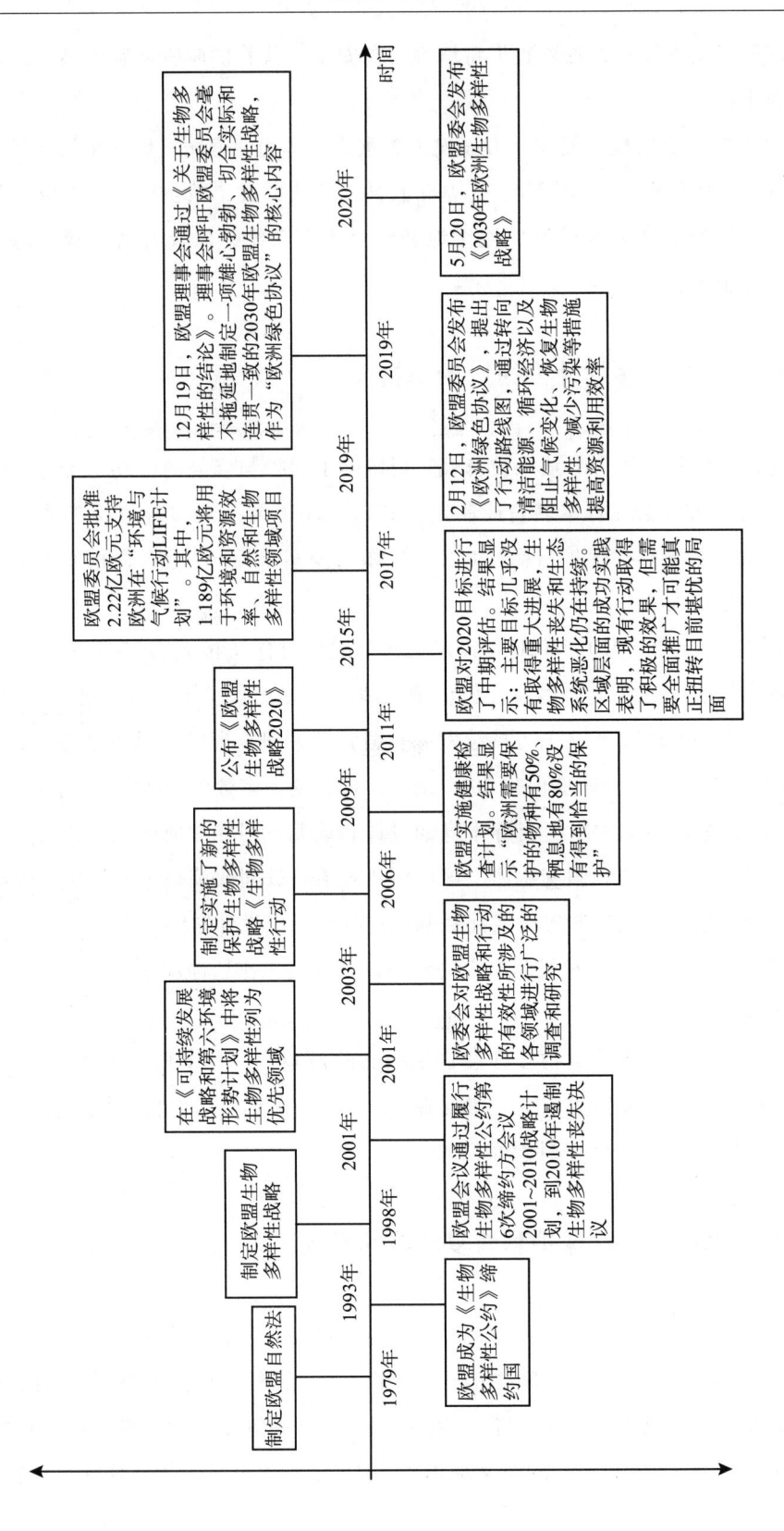

图1 欧盟生物多样性的政策历程

之后于 2006 年制定实施了《生物多样性行动计划》。2011 年，为回应 2010 年生物多样性公约第十次缔约方会议和 2009 年欧盟实施健康检查评估结果，欧盟环境委员会发布了《2020 年欧盟生物多样性战略》。之后，欧盟相继实施了生态保护网计划和生物多样性行动计划。为增强执行力，欧洲议会在 2020 年初通过了"关于《生物多样性公约》第十五次缔约方大会（COP15）（2020 年在中国昆明召开）的临时决议"，呼吁欧盟委员会尽快制定 2030 年欧盟生物多样性战略，以遏制生物多样性丧失，推动恢复生态系统，并为制定 2020 年后全球生物多样性框架提供指导。

二、"2030 战略"的主要内容

"2030 战略"由四部分内容构成。第一章介绍了战略背景，第二章明确了行动计划，第三章提出了治理框架，第四章坚定了欧盟对 2020 年后生物多样性框架的战略信心。

（一）空间保护：建立跨欧洲自然保护网络

（1）在目标设定方面，欧盟在反思"保护自然、恢复栖息地和物种的法律框架、战略和行动计划的政策效应不利因素"的基础上，提出"陆地至少增加 4%，海洋至少增加 19%"的增量，进而达到"30% 陆地与 30% 海洋保护面积"的总量，见表 1。

（2）在严格保护方面，严格保护区域应覆盖生物多样性价值高和容易受到气候变化影响的区域和国家。改变当前只有 3% 的陆地和 1% 的海洋受到保护的不利状况，到 2030 年实现至少有 1/3 的陆地和海洋成为严格保护区。

（3）在任务分解方面，欧盟委员会将与成员国、欧洲环境署合作，于 2020 年提出生物地理区域、海洋盆地或微观层面进行空间细分的标准体系，欧盟成员国在客观生态标准的基础上明确各自权责。

（4）在生态走廊建设方面，欧盟将支持投资绿色、蓝色基础设施，鼓励成员国开展跨边界合作（包括通过欧洲领土合作），消除遗传与物种迁移的阻隔，进而提升生态系统健康力。

（5）在推进步骤方面，2021 年底前与成员国就相关标准和指导意见达成一致，2023 年底各成员国将在新保护区划定和生态走廊整合上取得重大进展，2024 年对 2030 年目标实施中期诊断性评估。

"2030 战略"的主要承诺，如表 1 所示。

表1　"2030战略"的主要承诺

序号	内容
1	在法律上保护至少30%的欧盟陆地面积和30%的欧盟海洋面积,建设贯通跨欧洲自然网络的生态走廊
2	严格保护至少1/3的保护区,包括所有剩余的原始林和原生林
3	有效管理所有保护区,制定明确的保护目标和措施,并进行监测

(二) 恢复计划:恢复横跨陆地和海洋的生态系统

"2030战略"在明确2030年修复承诺的基础上,从法律设计、农业管理、土地利用、森林数量、海洋生态、淡水资源、外来入侵物种等10个方面进行了布局。具体如表2所示。

表2　欧盟自然恢复计划:到2030年的主要承诺

序号	内容
1	2021年提出具有法律约束力的自然恢复目标,到2030年已退化生态系统等重要地区将得到恢复;生境及物种的保育趋势及状况并无恶化;至少30%达到良好的保护状态或至少显示出积极的趋势
2	逆转传粉者数量的下降趋势
3	降低50%化学杀虫剂的使用量,更危险的杀虫剂的使用量降低50%
4	至少有10%的农业地区具有高度多样性景观特征
5	至少25%的农业用地在有机耕作管理之下,农业生产收入显著增加
6	在充分尊重生态原则的前提下种植30亿棵新树
7	土壤污染场地整治取得重大进展
8	至少2.5万公里自由流动的河流得到恢复
9	受外来入侵物种威胁的红色名录物种数量减少50%
10	化肥使用量至少减少20%,化肥造成的营养损失减少50%

(1) 加强欧盟自然恢复法律框架。针对欧盟法律在"会员国的生物多样性恢复计划、目标、时间表、恢复与可持续利用生态系统的定义或标准、地图绘制、监测部署、评估工作"方面的缺位,欧盟委员会计划在2021年提出一套具有法律约束力的恢复提案。

(2) 可持续开发利用农业耕地资源。为保障农业长期可持续发展,"2030战略"将协同"从农场到餐桌"新战略和新农业政策,共同推进《欧盟授粉媒介倡议》《栖息地指令》等农业生物多样性增殖行动,实现2030年"化学农药总体使用量及其风险减少

50%、高危害农药使用量减少50%、恢复至少10%具备高多样性景观特征的农田面积、25%农业用地采用有机方式耕种"的目标。

（3）让自然回归农业。为扭转土壤数量减少与质量退化的局面，"2030战略"针对引发土壤退化的森林砍伐、过度放牧、建筑封闭等问题，从"污染识别、土壤修复、生态质量评估、恢复目标、土壤质量监测"等管理规范入手，通过"土壤专题战略""欧洲地平线计划"，以及《大气、水和土壤零污染行动计划》《可持续建筑环境战略》等组合拳来保障土壤生态解决方案的顺利实施。

（4）提升森林的数量、质量和韧性。在数量目标上，欧盟委员会将在2021年提出一项《欧盟森林战略》，计划到2030年种植至少30亿棵树。在实施保障上，欧盟以公共林和私有林为保护修复对象，综合利用"欧盟共同农业政策战略计划""团结政策""欧盟LIFE"计划支持造林、再造林和植树。在技术支撑上，欧盟出台生物多样性友好型造林、再造林以及更接近自然的林业操作规范，并建立监测评估森林健康的欧盟森林数据网络平台。

（5）实施能源生产双赢解决方案。在战略目标上，欧盟委员会以《欧洲绿色新政》作为对生物能源监管的要求；在监测工作上，欧盟委员会正在评估欧盟和全球生物质供需状况、气候和生物多样性风险；在实施计划上，欧盟委员会将在2020年发布有关森林生物质用于能源生产的工作成果，并于2021年制定有关森林生物能源可持续性标准指南。同时，酌情审查和修订《可再生能源指令》《碳排放交易体系》《土地利用、土地利用变化及林业条例》的目标水平，并到2030年淘汰高风险生物燃料供应链。

（6）修复海洋生态系统。在空间保护上，欧盟委员会要求各成员国必须在2021年提交一项国家海洋空间计划，通过设立严格保护区等措施恢复海域生态系统、重要鱼类产卵及繁殖区；在海洋资源开发上，欧盟委员会将于2021年前提出一项保护渔业资源和海洋生态的行动计划，完全停止捕捞濒危物种。此外，全面执行《共同渔业政策》《海洋战略框架指令》《鸟类和栖息地指令》，对非法开发利用做到零容忍；在管理方式上，依据保护目标和科学建议制定渔业管理措施，减少人类活动对海洋生态的不利影响。

（7）修复淡水生态系统。在修复方向上，主要是降低和消除洄游性鱼类通行障碍，改善水体和沉积物的流动方式，到2030年恢复至少25000公里的河流。在执行计划上，欧盟委员会将与相关主管当局磋商，在2021年向成员国提供相应技术指导和支持，协助其确定修复场址和调动资金。在组织协调上，依据《水框架指令》的要求，在2027年之前实施生态流量管理，欧盟委员会也将在2023年之前向成员国提供技术支持。

（8）修复城市生态空间。为消解城市人口增长对绿色空间产生的压力，"2030战略"提出健康生态系统、绿色基础设施和基于自然的城市规划方案。在具体行动措施上，欧盟委员会呼吁居民在2万名以上的城市于2021年底前制定城市绿化计划。在行动保障上，欧盟委员会将在2021年基于《欧洲市长盟约》达成《绿色城市协定》，建立起欧盟城市绿化平台，并通过推选"2023年欧洲绿色之都"和"2022年欧洲绿叶奖"作为激励。同时，欧盟委员会也将为成员国及地方和区域主管当局提供技术支持，并协助筹集资金和能力建设。

（9）零污染目标。在行动目标上，欧盟委员会将减少至少50%养分流失，实现氮磷零污染，降低20%化肥使用量。在行动步骤上，将在2022年制定一项综合养分管理行动计划，以减量思维促使成员国实施平衡施肥和可持续营养管理。在行动保障上，将制定一整套渐进式的污染监测指标。此外，针对海洋污染监测问题，《欧盟海洋战略框架指令》正在试图解决海洋垃圾和水下噪声的问题。

（10）解决外来物种入侵。目前，整个欧洲受到威胁的物种有1872种，受到外来入侵物种威胁的物种有354种。欧盟委员会认为，如果不实施有效控制将会使自然和健康带来的风险持续上升，提出必须加强执行《欧盟外来入侵物种条例》和其他相关法规及国际协议，制止外来物种引进和对欧盟环境的侵入，解除50%被威胁红色名录物种的目标。

（三）治理结构：基于提升执行力的变革

1. 建立新的生物多样性治理合作框架

在框架目标上，制定一个有助于明确成员国相关义务和承诺的实施路线图。在监督机制上，建立用于定期实施诊断性评估的监测和审查指标体系。在权责分配上，确保所有相关参与方在履行欧盟生物多样性承诺上共同承担权责。在治理方式上，支持不同层面的行政能力建设、透明度、利益相关方对话和参与度。在治理效力上，欧盟委员会将在2030年评估新治理框架的适用性，并考虑是否需要采用一种具有法律约束力的治理办法。

2. 加强欧盟环境法规的实施

在过去的30年中，欧盟虽然建立了一个坚实的立法框架来保护和恢复其自然资本，但实施行动却非常滞后。为此，全面实施和执行欧盟环境法规是本次战略的核心，因此也应将政治支持、财政及人力资源置于优先考虑事项之中。在实施重点上，着重于完善Natura2000网络、所有管理站点、危机物种和栖息地的保护。在执行监督上，欧盟委员会将与成员国、欧洲环境机构、检查员、审计师、警察、检察官和法官等网络成员展开审查合作。

3. 建立多元路径的治理策略

（1）鼓励企业参与生物多样性保护。为确保将环境和社会利益充分融于企业战略，欧盟委员会将在2021年采用立法提案提出一项有关可持续公司治理的新倡议，要求企业按经济价值链中的比例承担环境义务和尽职调查责任，以确保股东和利益相关者的利益与"2030战略"设定的目标一致。在信息披露上，欧盟委员会已于2020年对《非金融报告指令》下的企业报告义务进行了审查，希望借此提高非金融信息（包括生物多样性等环境方面事项）的披露质量和扩大披露范围。在激励措施上，发起欧洲企业生物多样性运动，鼓励企业采用基于自然的解决方案和消除相关生态保护障碍的措施，从而释放生态效益和创造商业及就业机会。

（2）多指并举保障资源保护和修复的资金需要。在公共资金支持上，根据"投资欧盟"计划，启动一项专门的自然资本和循环经济倡议，在未来10年中通过基于公共/私人混合融资筹集至少100亿欧元。为调动国家和欧盟一级的私人和公共资金，欧盟将把用于气候行动的25%预算中有很大一部分投资于生物多样性和"基于自然的解决方案"。

在吸引社会资金上，引导资金投向绿色复苏及部署基于自然的解决方案从而实现社会化投资，欧盟将计划修订《可持续金融分类方案》。同时，欧盟委员会将在2021年根据《分类法条例》通过一项"对那些保护和恢复生物多样性和生态系统做出重大贡献的经济活动建立一套共同分类"的法案。作为配套政策，欧盟会于2020年完成修订《可持续金融战略》，以确保金融体系能够帮助减轻现有和未来的生物多样性风险。

在培育自然资本市场上，欧盟委员会将进一步促进能反映包括生物多样性丧失的税制和定价，提出必须采用"用户付费"和"污染者付费"的原则来预防和纠正环境恶化。在具体行动中，欧盟委员会期望用额度达到欧盟GDP14%的公共购买力去激励"友好自然型"公司、产品和服务的供给，以促进基于自然的解决方案。

（3）推进自然资源核算工作。为将生物多样性评价信息纳入各级公共和商业决策之中，欧盟委员会计划于2021年开发相关核算方法、准则和标准，对生物多样性的基本特征及其服务、价值和持续利用等方面加以阐述。具体工作包括通过生命周期方法和自然资本核算等方式，对产品和经济组织的环境足迹进行测算。同时，欧盟委员会也将支持发起一项国际自然资本核算倡议。

4. 提高知识、教育和技能

欧盟委员会推动"欧洲新技能议程"和"地平线欧洲"计划，增强劳动者绿色职业素养。在2020年与欧洲环境署合作建立新的"生物多样性知识中心"，并将进一步提高对联合国政府间生物多样性和生态系统服务科学政策平台（IPBES）的支持力度。同时，为帮助将生物多样性和生态系统纳入学校、高等教育和职业培训中去，欧盟委员会也将在2021年提出一项鼓励环境可持续性教育合作的理事会建议。

(四) 全球视域：致力于有雄心的全球生物多样性议程

全球视域是"2030 战略"为确保欧盟保持较高水平的雄心，也是提升欧盟在全球生物多样性保护领导力的战略部署。在全球行动力和承诺水平上，欧盟委员会建议应确保在 2020 年后全球框架中提出"制定中远期目标、行动监测评估、多元治理框架、生物资源可持续开发利用、遵守平等原则"等基本内容；在利用对外行动促进欧盟的雄心实现基础上，主张利用外交、法律框架、多边协议、经济支持、国际贸易、技术援助等方法对欧盟辖区外海域生物多样性实施保护。

三、对自然资源领域实施生物多样性保护的启示

生物多样性保护是自然资源领域落实生态文明建设的重要内容，也是与国土空间治理、自然资源保护、开发利用和修复等自然资源治理具体工作密切关联的一项工作，更是一项涉及生态环境、林草、农业等部门的系统工程。

新一轮机构改革后，生态环境部负责组织协调生物多样性保护工作，国家林业和草原局负责生物多样性保护的相关工作。虽然自然资源部三定职责中没有明确生物多样性保护任务，但从自然资源部"两统一"的工作职责来看，不论是自然资源"调查监测、确权登记、所有者权益、开发利用和考核"的环节，还是国土空间"规划、用途管制和生态修复"的过程，都会影响生物多样性的数量和质量。通读"2030 战略"，其中将生物多样性保护纳入自然资源治理的方法值得我们思索，为此本文立足自然资源部"两统一"工作职责，在比较借鉴"2030 战略"的基础上，提出提升自然资源领域生物多样性保护水平的几点思考。

(一) 自然资源治理现代化不应忽视生物多样性保护工作

从关联逻辑来看，自然资源与生物多样性虽有概念上的侧重偏差，但两者在实体指向上却是"你中有我，我中有你"。自然资源治理与生物多样性保护虽分属部门不同，但在"自然资源资产管理、国土空间规划和生态修复"的各项业务工作上，在地球系统四大圈层"山水林田湖草海"的治理对象上，在"经济学、管理学、地球科学、测绘学、地质学、生态学、植物学、动物学、水文学、海洋等"的学科领域上，两者息息相关。

从自然资源治理现代化来看，党的十九届四中全会通过的《中共中央关于坚持和完善中国特色社会主义制度推进国家治理体系和治理能力现代化若干重大问题的决定》，对推进自然资源治理体系和治理能力现代化提出了新要求。《生态文明体制改革总体方案》颁布以来，党中央、国务院关于自然资源治理现代化体系建设的部署，对治理能力已初步形成了几个核心价值判断，即是不是符合生态文明建设的总体要求，节约优先、保护优先、自然恢复为主的方针是否有效转化，资源、生态环境问题是否得到解决。这就为完善自然资源管理制度和将制度体系转化为治理效能提供了评价依据。围绕这些核心价值不难发现，自然资源治理现代化首要处理的是"人与自然的关系"，即在"尊重自然、顺应自然、保护自然"中获得可持续发展。生物多样性作为"健康自然"的关键指标，保护和恢复生物多样性是阻止"自然丧失"的关键动作，也是自然资源治理现代化的内在要求。

（二）基于自然资源产权制度建设保护生物多样性

在生物多样性保护中，直观利益关系是资源的保护与开发关系，潜在矛盾是生物多样性保护与开发利用主体之间的利益冲突，从产权角度进行制度创新和政策调整，利用经济政策手段将是解决上述问题的有效途径。

针对生物多样性产权客体范围广、区域宽、流动性大、识别难等客观现实，依据《土地管理法》《海洋环境保护法》《野生动物保护法》《野生植物保护条例》《水生动物保护条例》《陆生野生动物保护条例》中对野生动植物、生物、景观资源、保护区和栖息地内自然资源的权属界定，依据《关于统筹推进自然资源资产产权制度改革的指导意见》开展自然资源确权登记工作，明确生物多样性资源及其产品的各种权属关系，划清所有权、使用权、经营权和管理权之间的界限，理顺利益相关者的关系，促进生物多样性保护与可持续利用。此外，加快生物多样性保护空缺区域的自然资源资产确权登记工作，在尊重自然、经济和文化类型差异的基础上，因地制宜地统筹布局各类保护地，丰富自然保护地的保护措施与治理模式，提升自然保护地网络的覆盖率和完整性。

（三）推进自然资源保护与恢复社会化、市场化

从欧盟经验来看，发达国家逐渐形成了相对成熟的市场化保护与恢复制度体系，通过建立不同类型的生态服务市场来提升政策实施效率，以解决公共资源治理问题。

在市场化方式上，有政府购买、私人直接补偿、限额交易、生态产品认证计划等手段。政策工具有环境和气候基金、生态银行、生态效益债券、生态保险、生态信托、资产

证券化等手段。但是欧盟市场化方式主要是基于清晰的自然资源产权、完善的法律法规和成熟的定价机制，并且有发育成熟的市场体系。这就要求我们在选择具体的市场化路径或政策工具时，应着重考虑两个问题：是否有充分的法律制度保障，尤其是自然资源产权制度；是否有成熟、可持续性的交易市场。

为此，借鉴欧盟国家经验，以"谁使用谁付费，谁保护谁受益"为原则，在尊重融资动力机制的差异化基础上，通过搭建自然资本交易市场、明确投融资回报、降低信息成本、辅助引导资金等办法，创新绿色金融、绿色债券、国际绿色债券、生物多样性银行、生态系统服务付费、生物多样性友好型森林碳汇、公益基金等市场化手段，激励国际组织、非政府组织、企业、个人等多主体参与，顺畅自然资源保护与恢复中"生物多样性价值链"，稳步提升社会化、市场化水平。

（四）将生物多样性保护纳入自然资源保护修复工作

以"十四五"规划为契机，建立生物多样性评估指标体系，通过健全完善《国土空间规划编制指南》《国土空间生态保护修复工程实施方案编制规程》《国土空间生态保护修复工程验收规范》《国土空间生态修复术语》《矿山生态修复验收规范》等陆海生态修复标准指南，将生物多样性纳入国土空间规划、国家公园及保护地管理、资源开发准入、生态修复规划、资源资产管理绩效考核等资源治理过程，建立起覆盖"从空间到资源，从资源到生态，从保护到修复"的生物多样性保护体系。

（五）开展自然资本价值量核算工作

价值核算是开展自然资源资产管理工作的基础，也是自然资本付费、交易和抵偿等生物多样性创新融资手段的前提。国际方法学上从《生态系统和生物多样性经济学》（TEEB）、《环境经济核算指南》（SEEA）到《自然资本议定书》的发展已初步解决了生物多样性和自然资本之间的关联性问题，既可支撑监测自然资源保护修复的生物多样性绩效，也可为生物多样性市场提供实施价值识别、资本评估、效益评价的技术和方法。不过，由于价值理论和自然资本市场发育程度等差异，尚需建立一套适用于我国的"自然资源资产系列核算、生态价值核算、生物多样性核算"方法体系和技术标准。

立足资源禀赋　推进绿色发展
——福建南平践行"两山"理论的探索与实践*

调研组**

福建省南平市是习近平生态文明思想的重要孕育地和"两山"理论的重要萌发地。习近平总书记在福建工作期间，曾先后17次深入南平调研，对南平绿色发展作出系列重要指示。[①] 2020年6月5~11日，中国自然资源经济研究院、中国工程院、中国环境科学研究院、国家开发银行和山东大学组成调研组，赴南平开展"生态文明治理现代化"调研，先后到南平武夷山、浦城、光泽、邵武、顺昌、延平、建阳等7个市（区、县），通过座谈、研讨、走访等方式，与市县领导、乡村干部群众、企业代表、专家学者面对面交流，聚焦生态产品价值实现机制的南平特色，深入了解南平践行"两山"理论、推进绿色发展的探索实践。

一、南平绿色发展之路的起因和背景

（一）南平自然资源富集，生态环境优越，被誉为全球同纬度自然生态和生物多样性最好的地区之一

南平地处福建北部、闽江之源，是福建省面积最大的设区市，自古就有"八山一水一

---

* 本文原载于《自然资源经济参考》2020年第13期。
** 调研组成员：中国自然资源经济研究院范振林，中国工程院宝明涛，中国环境科学研究院舒俭民，国家开发银行黄克谦、高有典，山东大学张林波等，南平市委政政室叶智华。
① 赵锦飞，蒋丰蔓. 绿色发展　生态南平绘胜景 [N]. 福建日报，2022-08-23（1）.

分田"之称,下辖两区三市五县,人口 319 万,面积 2.63 万平方公里。南平素有"福建粮仓""南方林海""中国竹乡"之美誉。全市耕地面积为 357.8 万亩、林地面积为 3257.7 万亩,均占福建全省的 1/4;森林覆盖率达 78.85%,森林蓄积量为 1.68 亿立方米,占福建全省的 1/3;毛竹林面积为 624.8 万亩,占全省的 40%、全国的 1/10;茶叶种植面积为 57.2 万亩,占全省的 1/5;水资源丰富,人均拥有水资源达 8900 立方米,是全国人均水平的 3 倍。南平有 13 个国家 4A 级旅游景区、40 个国家 3A 级旅游景区,辖区的武夷山是世界文化与自然双遗产地和首批国家公园体制试点。南平人文底蕴厚重,是闽越文化、朱子文化、武夷茶文化、建盏建本文化的发源地。[①] 南平也是福建革命策源地之一,全市 10 个县(市、区)均为原中央苏区县和革命老区县,被称为"红旗不倒县"。

(二)"绿色南平"时代使命对经济发展提出更高要求,生态文明建设的物质基础和突出短板并存,政策红利与倒逼机制同在

与全国生态资源良好的山区、老区一样,南平虽然自然资源富集、生态本底较好,但比较优势没有得到充分发挥,长期面临着既要保护好"绿水青山"又要转化为"金山银山"的双重挑战和压力。

(1)"两山"转换压力大。南平在"两山"转换实践中遇到自然资源权益定价、评估、交易规则、平台建设等政策壁垒和红线,仍需要从思想、理论、机制、体制和政策等多角度探索推动落地,特别是经济欠发达地区如何构建"两山"建设的内生机理和长效机制,以及"两山"转换成功与否的内在原因、条件、利益连接机制、奖惩机制和风险保障等。

(2)后发展、欠发达问题较突出。自然生态资源优势转化为经济发展优势的路径虽初步形成,但因经济发展水平较低,客观上存在"捧着金饭碗要饭吃"现象,亟待在立足自身比较优势探索创新发展路径上再找差距。南平是福建重要的水源保护区、生态功能区,10 个县(市、区)中有 7 个为限制开发区域,占全省限制开发区域的 1/5。地区产业结构不优,第一产业比重比全省平均水平高 9.5%,而第二产业和第三产业比重又比全省平均水平分别低 4.8%、4.7%。[②] 主要经济指标位次在全省排名逐年后移,从 2010 年开始,南平 GDP、工业产值、财政收入等指标连续多年居全省末位。经济发展滞后也造成南平民生投入不足,教育、医疗、城乡基础设施等民生社会事业短板突出,不能更好满足人民日益增长的美好生活需要。

---

① 南平统计年鉴(2020)[R]. 南平市统计局,2020.
② 2020 年南平市国民经济和社会发展统计公报[R]. 南平市人民政府,2020.

(三)"两山论"成为应对负重前行关键期、矛盾叠加期、政策红利释放期和战略机遇期的重要指引,是南平绿色发展的根本遵循

南平最大的特色是绿色,最具竞争力的优势是生态。早在20年前,习近平总书记就给南平提出了绿色发展的鲜明导向。总书记在南平调研时鲜明指出:"山区开发绝不能以破坏生态平衡为代价来换取一时的繁荣","发展经济绝不能牺牲环境,一定要在保护环境的前提上讲发展","发挥比较优势,走出山区特色的发展路子,把生态优势、资源优势转化为经济优势、产业优势"。历届南平市委、市政府牢记总书记嘱托,立足当地实际,接力探索一条绿色发展新路。目前南平全面对接省委建设"机制活、产业优、百姓富、生态美"新福建战略,围绕践行习近平总书记"两山论",进一步解放思想,确定了"把南平建设成为生态文明的先行区域、绿色产业的新兴基地、幸福宜居的美好家园"的目标定位,大力推进绿色发展创新,积极探索生态产品价值实现机制,努力构建生态保护与经济发展和谐相生的新发展格局。

二、南平绿色发展之路的主要做法

近年来,南平深入贯彻习近平总书记"两山"理论,在打通"绿水青山"转化为"金山银山"路径方面创造性地提出"1173发展体系"。第一个"1"为以生态文明治理现代化为目标;第二个"1"为以绿色发展考核评价体系为抓手;"7"为以现代绿色农业、旅游、健康养生、生物、数字信息、先进制造、文化创意等七大绿色产业为支撑;"3"为以武夷品牌、生态银行和水美经济"三大创新"为动力,着力打造南平绿色产业升级版。

(一)创新"水美经济"建设,着力解决城市建设与水资源产业发展融合难的问题

南平有大小河流700多条,流域面积超过50平方公里的河流就有176条,10个县(市、区)至少都有1条河流穿城而过。[①] 为了护好水生态、做活水文章,南平认真贯彻习近平总书记"治理好水污染、保护好水环境,就需要全面统筹左右岸、上下游、陆上水

[①] 福建南平:巩固生态优势 激活优质水资源价值转化 [EB/OL]. 人民网,http://fj.people.com.cn/n2/2023/1129/c181466-40659043.html,2023-11-29.

上、地表地下、河流海洋、水生态水资源、污染防治与生态保护达到系统治理的最佳效果"①的指示精神，首创"水美城市""水美乡村""水美经济"建设，治水兴水，着力以水补山、以山带水，打造山水相融、城景相依、人水和谐、宜居宜游宜业的美丽南平。

（1）打造"清新水域"。全面落实水污染防治行动计划、"河长制"、小流域综合整治、饮用水水源地环境及农村水环境整治、"无废城市"等重点工作。2018年实施七大类27个水污染防治项目，完成投资18.94亿元；开展畜禽养殖污染集中整治，拆除生猪养殖场11445家，面积734.78万平方米，削减生猪401.77万头；延平区原来20条劣V类河流已完成治理。②

（2）突出规划引领。将水流域治理与资源开发利用、产业发展、城市经营、全域旅游、生态保护、乡村振兴、文化传承等结合起来，推进多规合一、全市"一盘棋"，加强市级统筹、分县实施，整体规划，各县（市、区）把生态和文化元素渗透嵌入，形成"水美、山美、城美"的发展韵味。

（3）强化"水美而富"的项目带动。全市策划形成12个总投资达300.45亿元的水美城市项目，整合捆绑涉水政策配套资金，突出市场化、公司化运作，采用PPP或EPC模式推进。2017年以来累计完成投资133亿元，推动向水美乡村整治、河道疏浚延伸，探索将河道整治修复与河沙集中设权、有序开采有机衔接③。

（4）推动产城相融。创新"商、居、文、游"一体化、全产业链的水岸经济模式，既不断完善城市设施、功能，实现土地生态溢价和增值收益，又打造一批亲水旅游、临水康养、涉水制造、滨水体育等新业态，实现城市"高颜值"与生态产业高附加值的"双提升"。如顺昌县以"水美城市"为载体，带动新城开发，2020年土地出让收入溢价增值19亿元。

（二）创新"生态银行"建设，着力解决自然生态资源转变为资产资本难的问题

"绿水青山"蕴含着宝贵的生态价值，但不会自然转化为"金山银山"，出路关键在人，关键在思路。南平在全国首创"生态银行"模式，借鉴商业银行分散化输入和集中式输出的方式，打造自然资源所有者权益进行资本化运作的运营平台，这是生产力变革呼唤生态资料规模化经营和推进资源资产资本化以回应"资本下乡"的"革命性"尝试。生

---

① 习近平谈治国理政：第三卷［M］. 北京：外文出版社，2020：363.
② 南平市2018年政府工作报告［R］. 南平市人民政府，2018.
③ 2017年南平市国民经济和社会发展统计公报［R］. 南平市人民政府，2018.

态银行运营对象包括森林、土地、水、矿等自然资源、能够开发利用的文物、民居和遗迹等文化资源及非物质文化等,是绿色产业和分散零碎的自然资源资产之间的资源、信息、信用三重中介平台,并通过"四个一"解决"四大难题",搭建资源变资产变资本转化平台,着力推进"生态产业化",打通自然资源变资产资本的"最后一公里",让自然资源资产"活"起来,让"沉睡"的资源走进市场。

一是绘制"一张图",破解资源分散化、难统计问题。结合推进健全国家自然资源资产管理体制改革试点,全面整合自然、林业、水利、农业等部门数据,形成全市国有自然资源"一张图",解决自然资源"九龙治水"、家底不清、权属不明等问题。

二是推动"一流转",破解碎片化资源难聚合的问题。通过收储、整合、租赁、托管、股权合作、特许经营等形式,将相关自然资源经营权流转至"生态银行"运营公司,转换成集中连片优质高效的资源资产包,引入市场化资金和专业运营商,形成规模化、专业化、产业化运营机制。

三是搭建"一平台",破解优质化资产难提升的问题。按照"政府搭台、农户参与、市场运作、企业主体"的模式,搭建"摸底确权、流转储备、整理提升、金融运作、开发运营、资产保护、实施监管"平台,建立资源目录清单和数据库,推动市场化和可持续运营,提升资源利用效率和产业发展水平。

四是建立"一机制",破解社会化资本难引进的问题。构建"专家委员会+自然资源运营公司+项目公司"的运作体系,通过"生态银行"精准定价、衔接市场、对接项目,打通社会资本进出的"净出让"通道。

目前,南平已探索形成顺昌"森林生态银行"、武夷山五夫镇"文化生态银行"、建阳"建盏生态银行"、延平巨口乡"古厝生态银行"、光泽县"山水生态银行"等多种运作模式。

其中,顺昌"森林生态银行"前端采取林权抵押、赎买、合作经营、租赁、托管等5种模式,对零散化、碎片化林业资源进行流转收储,后端主要做好FSC森林可持续认证、花卉苗木繁育、原料基地建设、发展林下经济、森林旅游康养等5种经营业务,实施项目化、集约化经营和开发。2018年通过"森林生态银行"办理林权抵押贷款248笔,贷款总额达2.07亿元。国有林场每亩林地产值增加2000元以上,国家储备林质量精准提升PPP项目,获国开行贷款9.12亿元。[①]

光泽县"山水生态银行",选择山头村开展整村资本化改革试点,在村集体和农民支

---

① 中共中央宣传部. 贯彻落实习近平新时代中国特色社会主义思想在改革发展稳定中攻坚克难案例·生态文明建设[M]. 北京:党建读物出版社,2019.

持以及确权登记基础上，对山、水、林、田和路、坝、沟渠等分散化分布式资源进行收储、整合、优化，通过政府财政以"拨改投"方式，吸引撬动民间资本以股权合作的形式组建绿兴惠民公司，改革股权安排、治理结构、经营模式和收益分配，形成"产业为依托、股份为纽带、市场为导向"的发展态势，实现"资源变资产、资金变股金、农民变股东"的山头三变。2019 年，山头村参与流转农户达 325 户，耕地经营权流转面积达 1700 多亩。农户至少有 3 项收入：每亩耕地 400 元（保底收入）、每亩山林 60 元的流转收入、参股红利分配和用工劳务报酬，共带动农民增收 202 万元，村财政增收 10.8 万元。[①]

（三）创新"选补延强"绿色产业发展建设，着力解决传统产业转型发展难的问题

南平传统产业比重大，长期存在一产高、二产低、三产慢的问题，而且能源资源消耗强度大、污染物排放强度大，环境保护压力大，难以支撑南平可持续发展。习近平总书记在南平调研时指出："不要搞单打一，说搞生态，就不搞产业，产业还是要搞，产业不搞生态也难以为继。"近年来，南平从供给侧结构性改革入手，"加法""减法"一起做。

一是发展七大绿色产业。立足产业基础、资源禀赋、区位特点和生态优势，明晰"选产业、补短板、延链条、强保障"的思路，选准做优与生态资源、人文历史相得益彰的现代绿色农业、旅游、健康养生、生物、数字信息、先进制造、文化创意等七大绿色产业，高标准编制《南平市绿色产业发展行动纲要》《南平市七大绿色产业发展规划》《南平市支持绿色产业发展十条政策》，构建绿色产业发展的"四梁八柱"。

二是导向牵引，率先研制绿色发展考核指标体系。根据"山区设区市不考核 GDP"的要求，出台《南平市绿色发展考核评价体系》，把握聚焦高质量、凸显导向性、突出衔接性和差异化，注重可操作原则，重点围绕绿色经济、绿色效益、绿色创新、绿色生态和绿色生活五大指标进行考核，强调速度与效益、显绩与潜绩、共性与个性、客观与主观四结合，已初步显现导向绿色、导向特色、导向创新和导向提升"四导向"效果。

（四）创新"武夷品牌"建设，着力解决"让好产品卖出好价钱"难的问题

南平认真贯彻习近平总书记"突出打好'大武夷'品牌，带动相关产业发展"的指

---

① 南平山头村探索农村发展的新路径：山头"三变"［EB/OL］. https：//fj. cri. cn/20190520/9a3d69da－7dcf－9823－2c0f－d31293718e9f. html，2019－05－20.

示要求，与中国品牌建设促进会开展战略合作，实施"统一质量标准、统一检验检测、统一宣传推介、统一营销运作"的武夷品牌建设工程，通过培育和建设"武夷山水"这一以农产品为主的区域公共品牌，整合生态农业和生态旅游业，构建了以品牌为核心、融合标准化、平台化以及金融化公共基础设施服务的生态经济体系，延伸产业链、提升价值链，为品牌赋能增值，实现科学绿色发展。

（1）附加融入生态元素，让好山水产出好产品。从质量标准入手，推进生态农产品标准体系全品类覆盖，打造优质农产品种植生产基地，建设高水平产品检验检测中心，构建种植、生产、加工、流通全过程可追溯体系，以武夷标准、武夷质量支撑"武夷山水"绿色招牌。"武夷山水"区域公用品牌被评为2018中国区域农业形象品牌，排第3位，有15个品牌进入2019中国品牌价值评价5亿元榜单。

（2）实现生态溢价，让好产品卖出好价钱。组建专业化运营团队，实行统一规划、统一形象、统一推介，推动市场化运作，以政府背书来提升"武夷山水"品牌的影响力和公信力。首批授权使用"武夷山水"公用商标的33家企业产品销量和价格都有较大提升，生态和经济效益明显提高。例如，浦城"武夷山水"优质稻米售价比一般大米高出150%，建阳桔柚价格比原来提高80%，延平跃农蔬菜价格提高33%。

（3）地理标志认证赋能，让好品牌带活好产业。以极具地方特色的地理标志带动产业转型升级、创新发展，10个县（市、区）基本形成"一县一品"格局，一批特色产品市场占有率明显提升。如圣农肉鸡全国市场占有率由2%上升到10%，稳居全国第一，顺昌海鲜菇占全国市场份额达60%。

（五）创新生态文明制度建设，着力解决长效机制保障难的问题

习近平总书记在全国生态环境保护大会上指出："要用最严格制度最严密法治保护生态环境。"南平坚持制度先行，系统推进生态文明体制改革，以刚性制度管护绿水青山、以法治良序保障生态良好。

（1）建立生态文明建设责任机制。出台生态文明建设目标评价考核办法，建立自然资源资产确权、核算、审计"三本账"。以"确权账本"解决自然资源资产底数不清、权益不落实、所有权人不到位的问题；用"核算账本"推进武夷山生态系统价值核算试点，打造山区核算样本，以价值量化落实保护责任；通过"审计账本"，在全省率先开展乡镇领导干部自然资源资产离任审计试点。国家审计署将南平自然资源资产审计试点列为改革"抓得好，抓得实，抓出成效"的全国典型。

（2）划定生态保护红线。建立最严生态保护标准体系，研究设定生态保护的红线、环

境质量的底线、资源利用的上线。南平划入生态保护红线面积达 7641.98 平方公里，占全市陆域面积 29.05%，其中武夷山市划入生态保护红线面积为 1366.2 平方公里，占陆域面积的 48.7%，为全省最高[①]。建立生态系统保护修复机制，在全省率先开展重点生态区位商品林赎买试点等。

（3）推动生态建设法治化。颁布实施《南平市市容和环境卫生管理办法》《河岸生态地保护办法》《饮用水源保护区管理办法》等地方性法规，通过生态立法强化生态保护刚性约束，为生态文明建设提供法治保障。

（4）创新生态共治巡查。顺昌县探索引导社会力量，开展生态共治巡查监管工作，建立河流、公路、森林、环境、万人保洁等大数据综合巡查监管平台和生态110运行机制。南平整合水利、交通、林业、环保、共建办等五个单位的相关监管职责成立生态巡查管理中心，形成生态共治、部门联治、全民群治的全方位常态化的管护新格局。截至 2019 年，共受理专管员巡查发现问题 8834 件，已完成整改 8399 件，正在处理 108 件，等待处理 327 件，整改完成率 95.1%。

三、南平绿色发展之路的成效

在习近平总书记"两山"理论指引下，南平初步打通了"绿水青山"转化为"金山银山"的通道，经济社会与生态环境保护协同发展的格局基本形成，呈现出自然生态持续反哺经济增长的良好态势，促进了生产、生活、生态的良性互动、高质量发展。

（一）经济社会发展质量明显提升

绿色发展新动能加快形成。七大绿色产业投资完成率为 60.31%，其中规模以上工业企业占比 81.5%，绿色产业对规模工业增长贡献率达 85%，对投资增长贡献率达 125%。三次产业结构从 2015 年的 21.6∶43.2∶35.2 调整为 2018 年的 16.2∶43.3∶40.5，第三产业比重提高了 5.3 个百分点。2017 年以来，全市经济社会发展指标持续向上向好，固定资产投资、财政收入、工业用电量等指标增幅居全省前列，全社会单位 GDP 能耗降幅比全国平均水平高出 1.6 个百分点[②]。

---

① 南平市生态环境局 2018 年度工作总结及 2019 年工作要点［R］. 南平市生态环境局，2019.
② 2017 年南平市国民经济和社会发展情况［R］. 南平市统计局，2018.

（二）生态产品供给能力不断提高

山水林田湖草得到系统治理，生态环境不断改善，生态环境质量持续保持在全国全省前列。全市森林覆盖率提高到78.85%，比全省平均水平高出12.05个百分点；森林蓄积量从1.18亿立方米提升至1.68亿立方米；主要水系Ⅰ~Ⅲ类水质比例达100%，16个集中式生活饮用水水源地水质达标率为100%；空气质量连续五年居福建第一，PM2.5平均浓度21微克每立方米，优于欧盟标准，比全国平均浓度低30%，有5个县（市、区）入选全国"2018百佳深呼吸小城"。

（三）人民群众获得感幸福感持续增强

"绿色发展""水美城市"建设提升生态环境质量，推进城市美化、亮化和农村人居环境整治，加快农村垃圾、污水处理等基础设施建设，打造了一批景观步道、休闲公园和示范乡（村），建成了一批教育、医疗、文化、信息等公共服务设施，基础设施和民生短板加快补齐，优化了人居环境，人民群众生活品质得到提升，获得感、幸福感、安全感不断增强。全市3.8万建档立卡贫困人口全部脱贫，1个省级扶贫开发工作重点县"脱帽"，3个贫困县申请"脱帽"。2019年度全省绩效考评中社会公众对南平治安状况、社会保障等方面满意度较高，污染防治成效居全省第一，重大风险防控指数和民生基础设施建设指数均居全省第三。

（四）绿色发展的示范带动辐射效应逐渐显现

南平绿色发展探索引起社会各界广泛关注，示范带动效应初显。中央广播电视台、新华社、《人民日报》、《光明日报》、《中国改革报》、中国经济体制改革杂志社、新华网、人民网等权威媒体对南平的绿色发展作了深度报道，普遍认为南平的绿色发展创新实践是落后地区将生态优势转变为经济优势的生动实践。自然资源部将南平森林生态银行纳入"生态产品价值实现典型案例（第一批）"中发布推广。生态审计"南平做法"走在全国前列。农业农村部等国家八部委授予南平第一批"国家农业可持续发展试验示范区暨农业绿色发展试点先行区"称号。2018年南平顺利通过全国第二批水生态文明试点城市建设验收。水利部正在以南平为样板，编制《水美城市建设规划导则》和"南平市河道疏浚整治和水美乡村建设项目"，为全国推广制定标准。

四、南平绿色发展之路的主要问题

南平实践尽管在践行"两山"理论方面取得了重要突破和进展,但仍有不少突出矛盾和问题亟待破解。

一是生态环境保护与经济社会发展矛盾仍然突出。实现"绿水青山"转化成经济社会发展的"金山银山"是一个长周期过程,短期内抓发展和抓生态的矛盾依然突出。这方面,南平面临的形势主要表现为转型升级和提质增效任务依然很重、生态环境仍然脆弱、生态文明建设投入不足。如近年来茶业市场持续走俏,一些茶企茶农非法侵占林地、毁林烧山种茶现象仍有发生。

二是市场机制作用发挥仍不充分。南平在探索推进生态产品价值实现上,目前政府主导和推动作用比较突出,企业尤其是民企参与度不够,市场化运作范围和程度不高。南平虽然已初步形成排污权、碳排放权、林业碳汇交易等市场化运作机制,但社会化、市场化大投入持续性机制仍未形成。

三是跨区域生态保护和治理体系尚不健全。生态环境建设是系统性工程,需要协同发力,而受传统行政区划分割限制,地区和部门间沟通协调难度较大。如水口库区涉及南平延平、三明尤溪、宁德古田、福州闽清,要保持断面水质需要协调多县市、多部门统一开展联合整治行动。在流域治理上,上下游跨地区"成本共担、效益共享、合作共治"的流域保护和治理体系不健全,不利于调动上游地区生态保护的积极性。如南平市为了守护好闽江、治理好畜禽养殖污染问题,在地方财政收入不足80亿元的情况下先后投入10亿元开展集中整治,但相应的政策扶持和经济补偿却比较少,2018年重点生态功能区转移支付收入只有4.17亿元,仅占一般公共预算总支出的1.41%。

四是体制机制障碍亟须突破。自然资源、财税、金融、科技政策联动机制不健全,不利于引导激发市场和企业活力。以生态银行为例,在自然资源产权制度、交易制度、开发利用规则和风险规避控制等方面都有待突破,特别是自然资源产权交易市场化机制还不完善,资源及权能定价、评估和风险防控等有待健全。

五、南平绿色发展之路的启示与对策

南平绿色发展创新是在"两山"理论指引下的理念、思路、模式、制度创新,是习近平生态文明思想的生动实践。一是顶层设计、规划引领。南平坚持规划先行，编制绿色发展行动纲要、七大绿色产业发展规划以及三大创新相关规划，做好顶层设计，一张蓝图绘到底，保持战略定力，持续践行绿色发展理念。二是绿色惠民。南平把生态为民、绿色惠民作为出发点和落脚点，污染防治攻坚战、水美城市、生态银行、武夷品牌建设都始终贯穿以人民为中心的发展思想。三是攻坚克难。南平聚焦问题发力，针对水环境治理难、自然资源资产转化难、好产品卖出好价钱难、长效机制建设难等问题，破解生态保护与经济发展统筹协调难题。四是坚持改革创新。南平通过改革创新破除旧的体制机制束缚，激发活力、增强动力，探索新路。五是坚持导向牵引。绿色发展关键在干部队伍，根本在制度导向。南平注重干部考核制度完善、资源责任制建立、地方立法保障等长效体制机制建设，营造了可持续的"政治生态"。

综合分析南平绿色发展探索的成效与问题，对今后更好地践行习近平总书记"两山"理论、走绿色发展之路，建议如下：

（一）夯实生态产品价值实现机制的基础性研究

（1）界定规范生态产品价值实现的相关概念内涵，厘清自然资源、生态产品、生态价值等相互关系和作用机理。

（2）研制自然资源生态价值核算原则、技术框架、指标体系和标准等。

（3）以南平模式为基础，构建基于自然资源领域的生态产品目录和清单，规范定义、分类标准、实现路径、配套措施等政策体系。

（二）搭建自然资源政策运营平台，助推建立生态功能提升机制

（1）综合运用自然资源基础调查、登记确权、评估核算、动态监测、考核评价以及空间用途管制、整治修复等手段，把自然生态环境转化为可消费交换的商品，让价值规律在生态功能提升过程中发挥内生驱动作用。

（2）根据国土空间分区和布局，探索在生态产业用地、权益交易、产权流转等方面给予支持。

（3）研制自然资源资产管理助推生态功能提升的标准和指南，使之可复制、可推广。

（三）建立市场导向的绿色金融体系，打通价值实现最后通道

（1）深入挖掘南平生态产品价值实现机制的绿色金融模式潜力，总结形成模式化创新

成果。

(2) 立足自然资源禀赋和生态条件,以绿色产业链设计为重点、以"绿色大数据"为优势,探索绿色金融系统政策,改革创新绿色大数据与金融"双驱动"发展体系。

(3) 差异化定位和新结构升级。创新绿色金融有关政策,设立绿色发展基金等金融产品,引导国内外银行、券商资管机构、民间资本等加大投资力度,吸引私募股权基金、风投、创投、天使基金、种子基金等投资机构入驻,加快绿色要素交易平台、绿色标准评级和担保体系建设。

(四) 建立健全跨区域生态补偿机制

(1) 结合福建国家生态文明试验区和闽东北协同发展区建设,健全跨区域污染防治协调机制,编制闽江跨区域的生态治理和保护规划,谋划实施全流域生态修复重大项目,明晰不同区域政府间生态共建的权责利,形成上下游、左右岸共治水污染、改善水生态的长效机制。

(2) 加大跨区域生态补偿机制建设,选择闽江流域作为国家生态补偿试点,按照"谁受益谁补偿"的原则,探索建立可量化可计算的流域生态补偿办法和生态价值核算标准。

(五) 推进以市场化为导向的体制机制改革试点

(1) 选择南平作为全国生态产品价值实现机制试验区,赋予先行先试政策。

(2) 支持南平结合"生态银行"建设,以自然资源产权和权能交易等作为突破方向,鼓励按照混合所有制等形式提升市场化运作水平。

(3) 鼓励建立生态资源、生态产品市场化交易机制,可参照城乡建设用地"增减挂钩"制度,探索建立区域间反映市场供求和资源稀缺程度、体现生态价值和代际补偿的资源有偿制度。

生态系统服务价值核算现状与改进方向[*]

课题组[**]

"生态系统服务"是 20 世纪生态经济学界提出的一个最重要概念,其内涵的发展和演变是经济发展理论和实践的极大革新。目前生态系统服务还被排除在经济政策和决策的制定之外,一些重要的生态系统服务尚未包含在传统的经济模型中,无法体现山水林田湖草湿地等自然资源和生态环境的贡献和基础性、持续性支撑作用,如何利用经济及金融工具将生态服务价值显性化,将对经济发展和自然资源决策产生重大影响,也关乎生态产品价值实现政策的落实、落地。

一、起源与发展

经济学家和生态学家认识到自然为人类提供了广泛但未被重视的服务,于是提出了"生态系统服务"的概念,引发各界长期关注(见表 1)。1970 年,紧急环境问题研究(study of critical environmental problems,SCEP)在《人类对全球环境的影响》(*Man's Impact on the Global Environment*)报告中,首次使用了"服务"(services)一词,列出了自然生态系统对人类的环境服务功能,包括害虫控制、昆虫传粉、渔业、土壤形成、水土保持、气候调节、洪水控制、物质循环与大气组成等。众多学者对生态系统服务的相关概

---

[*] 本文原载于《自然资源经济参考》2020 年第 14 期。
[**] 课题组成员:中国自然资源经济研究院范振林、马晓妍、厉里、张萌,中国科学院地理科学与资源研究所谢高地,生态环境部环境规划院马国霞,北京师范大学刘耕源,中国环境科学研究院杜乐山。

念、内涵进行丰富与演绎。例如，1997 年科斯腾扎（Costanza）等发表在《自然》（*Nature*）上的论文和戴利（Daily）等《自然的服务：社会对自然生态系统的依赖》（*Nature's Service：Societal Dependence on Natural Ecosystem*）等成果极大推动生态系统服务及价值核算研究。以 2001 年启动的"千年生态系统评估计划"（millennium ecosystem assessment，MA）为标志，生态系统服务与决策和管理结合逐渐成为国际生态学研究的热点。随后综合环境与经济核算试验性生态系统账户（SEEA-EEA）、生态系统与生物多样性经济学（TEEB）研究、生物多样性和生态系统服务政府间科学–政策（IPBSE）平台等深入推动了各国政府尝试将生态系统服务价值纳入国民经济核算体系。

表 1　　　　　　　　　　　　生态系统服务重要事件时间

年份	标志性成果	文献
1959	首次采用旅行费用法计算户外娱乐的价值	Clawson（1959）
1962	《寂静的春天》一书呼吁人类保护环境	Carson（1962）
1963	采用意愿调查法对娱乐休闲行业做了经济评估	Davis（1963）
1964	就个人消费问题采用选择价值法进行研究	Weisbrod（1964）
1966	研究户外休闲政策及娱乐资源和经济因素的关系	Clawso 和 Knetsch（1966）
1967	基于能值分析法探讨了世界粮食生产问题	Odum（1967）
1967	对美国相关资源存在价值进行研究	Krutilla（1967）
1970	《人类活动对全球环境的影响》（*Man's Impact on the Global Environment*），首次使用服务（services）一词，列举了生态系统对人类环境服务	美国环境保护局（EPA，1970）
1971	研究了生态系统环境、能量和社会的关系及自然生态系统不同模式下的能流及其传递效率	Odum（1971）
1971	研究了熵定律及其经济过程关系	Georgescu-Roegen（1971）
1972	采用"增长极限"模型分析资源供应承载力	Meadows 等（1972）
1974	运用类似选择价值法分析环境保护的花费	Arrow 和 Fisher（1974）
1975	探讨了能值分析及其经济价值计算过程	Georgescu-Roegen（1975）
1977	运用"稳态经济学"分析了服务效率的最大化	Daly（1977）
1977	提出"自然的服务"（nature's services）概念	Westman（1977）
1980	能值分析法评估系统输入和输出的经济价值	Costanza（1980）
1981	提出生态系统服务功能一词	Ehrlich 和 Ehrlich（1981）
1987	评估了湿地生态系统服务的经济价值	Farber 和 Costanza（1987）
1989	运用条件价值法评估社会公共物品的价值	Mitchel 和 Clawson（1989）
1992	利用利益转移法分析了非市场类商品的价值问题	Brookshire 和 Neill（1992）

续表

年份	标志性成果	文献
1993	美国国家海洋和大气管理局条件价值评估小组报告	Arrow 等（1993）
1997	出版自然服务一书，提出生态系统服务功能概念	Daily（1997）
1997	评估全球生态系统服务功能价值	Costanza 等（1997）
1998	生态经济学（Ecological Economics）杂志以论坛或专题形式汇集了生态系统服务功能研究综述	Hannon（1998）
2001	基于 Costanza 方法，利用当量因子法核算青藏高原资产	谢高地（2003）
2002	对生态系统服务进行分类，分为四大类23项	de Groot（2002）
2005	采用四分法对全球生态系统服务功能进行综合评估	MA（2005）
2004	美国生态学会在"21世纪美国生态学会行动计划"中指出，生态系统服务科学是地球生态学研究需要解决的首要问题	Palmer 等（2004）
2006	英国生态学会提出了100个与政策制定有关的生态学问题，其中生态系统服务被认为是首要问题	Sutherland 等（2006）
2006	美国斯坦福大学等启动自然资本项目，开发 InVEST 软件	美国斯坦福大学等（2006）
2007	联合国环境规划署（UNEP）提出生态系统服务价值评估示范及政策应用综合方法体系	UNEP TEEB
2008	《生态系统服务功能价值评估的理论、方法与应用》	李文华（2008）
2008	《森林生态系统服务功能评估规范》（LY/T 1721—2008）	国家林业局（2008）
2011	英国国家生态系统评估，解决了评估中十大科学问题	UK NEA（2011）
2011	《海洋生态资本评估技术导则》（GB/T 28058—2011）	国家海洋局（2011）
2012	《荒漠生态系统服务评估规范》（LY/T 2006—2012）	国家林业局（2012）
2013	提出生态系统生产总值 GEP 的概念	欧阳志云等（2013）
2015	《实验生态系统核算》（SEEA-EEA）正式发布	联合国（2014）
2016	《自然资源（森林）资产评价技术规范》（LY/T 2735—2016）	国家林业局（2016）
2017	《湿地生态系统服务评估规范》（LY/T 2899—2017）、《戈壁生态系统服务评估规范》（LY/T 2792—2017）、《岩溶石漠生态系统服务评估规范》（LY/T 2902—2017）	国家林业局（2017）
2020	《森林生态系统服务功能评估规范》（GB/T 38582—2020）	国家林业和草原局（2020）

我国高度重视生态系统服务价值研究，并取得了重要进展。理论上，我国学者阐明了生态系统服务的理论基础，揭示了生态系统服务的形成机理，建立了价值评价原则、方法和指标体系，制定了森林、荒漠、海洋等评估规范或技术导则。实践中，目前全国超过100个地区开展了关于自然资源资产、生态系统生产总值、生态系统服务价值等核算工

作。中国首倡生态产品概念、内涵和核算,政策文件中生态系统服务逐渐由"生态产品"代替,由最初国土空间优化的一个要素逐步演变过渡为生态文明的核心理论基石,体现我国生态文明建设理念的重大变革,也为"两山论"提供了实践抓手。

二、定义与分类

(一) 生态系统服务定义

生态系统服务(ecosystem services)含义丰富,不同学者对其定义不同,且还在不断发展和完善中(见表2)。具有影响力的包括:戴利(Daily,1999)提出生态系统服务是自然生态系统及其物种所提供的能够满足和维持人类生活需要的条件和过程。科斯腾扎(Costanza)等指出,生态系统服务是人类直接或间接从生态系统服务功能中获取的惠益,并将生态系统服务分为17个类型。德格鲁特(de Groot)把生态系统功能、产品和服务看作是一个整体,认为生态系统功能是生态系统为人类直接或间接提供服务的能力,其内涵基本与科斯腾扎(Costanza)的观点保持一致。联合国千年生态系统评估(MA)项目中生态系统服务的概念基本采用了科斯腾扎(Costanza)的观点,认为生态系统服务是人类从自然系统获取的收益,并在补充和归纳科斯腾扎(Costanza)的17种服务分类的基础上,将生态系统服务分为供给、调节、文化和支持四大类。目前MA关于生态系统服务的概念外延得到了国内外学者的广泛认可。

表2　　　　　　　　　　　不同学者对生态系统服务的定义

研究者	年份	定义
de Groot	1992	自然过程及其组成部分提供产品和服务从而满足人类直接或间接需求的能力
Daily	1997	生态系统服务通过自然生态系统和构成系统物种的过程和条件,供养和满足人类生活需求
Costanza	1997	生态系统服务是人类总体直接或间接地从生态系统功能中获得利益
欧阳志云	1999	生态系统服务功能不仅为人类提供了食品、医药及其他生产生活原料,还创造与维持了地球生态支持系统,形成了人类生存所必需的环境条件
谢高地	2003	生态系统服务是指通过生态系统的结构、过程和功能直接或间接得到的生命支持产品和服务,自然资产含有多种与其生态服务功能相应的价值
Boyd	2007	生态系统可利用的各部分(主动或被动)产生人类的福利

续表

研究者	年份	定义
Fisher	2009	大自然给家庭、社区和经济带来的利益
Burkhard	2012	生态系统结构和功能的贡献与其他对人类福利相结合的投入
CILES	2012	生态系统对人类福祉的贡献，来源于生物和非生物部分的相互作用
欧阳志云	2013	提出生态系统生产总值的概念（GEP），即生态系统为人类提供的产品与服务价值的总和

（二）生态系统服务分类

由于生态系统过程的动态性、复杂性及生态系统服务所固有的特点，无法制定统一的分类方法，需要建立基于不同的目标构建差异化的生态系统服务分类体系。其中比较有代表性的包括科斯腾扎（Costanza）、戴利（Daily）、千年生态系统评估（MA）和德格鲁特（de Groot）的研究成果（见表3）。

表3　　　　　　　　　　国内外生态系统服务分类比较

研究者	年份	分类数	分类具体内容
Costanza	1997	17类	气候调节、气体调节、扰动调节、水调节、废物处理、水供给、食物生产、原材料、基因资源、侵蚀控制和沉积物保持、土壤形成、养分循环、传粉、生物控制、避难所、休闲、文化
Daily	1997	17类	气体调节、气候调节、干扰调节、水文调节、水量、侵蚀控制、土壤形成、营养循环、废物处理、花粉传递、生物控制、生境、食物、原材料、基因资源、娱乐、文化等
欧阳志云	1999	8类	调节气候、土壤的生态系统服务、生物多样性产生和维持、有机质生产与生态系统产品、授粉、降低自然灾害、净化环境、控制生物物种平衡
de Groot	2002	四大类23项	供给服务、调节服务、支持服务和文化与美学服务
MA	2005	四大类	调节服务、供给服务、支持服务、文化服务
谢高地	2006	9类	调节大气、调节气候、维护生物多样性、水源涵养、土壤保持、处理废弃物、生产食品、生产原料、娱乐消遣和文化
Wallace	2007	四大类	足够资源、保护功能、良好的化学和物理环境、社会文化
Boyd 和 Banzhaf	2007	六大类	维持收获量、维持美感度、维持景观、维持废物处理、维持饮用水、维持娱乐
TEEB	2010	四大类22项	供给服务、调节服务、文化服务、栖息地服务

续表

研究者	年份	分类数	分类具体内容
Burkhand	2012	四大类29项	生态完整性，调节生态系统服务，提供生态系统服务，文化生态系统服务
欧阳志云	2013	三大类17项	提出GEP的概念，将生态系统服务分为生态系统产品、生态调节服务和生态文化服务三大类
傅伯杰等	2017	三大类18项	供给服务、调节服务、文化服务

科斯腾扎（Costanza）为了估算全球16个生物区系的经济价值，从生态系统功能的角度将全球生态系统服务分成17类，包括气候调节、气体调节、扰动调节、水调节、废物处理、水供给、食物生产、原材料、基因资源、侵蚀控制和沉积物保持、土壤形成、养分循环、传粉、生物控制、避难所、休闲、文化，这一分类体系为后续生态系统服务分类奠定了坚实的基础。1997年，戴利（Daily）发表了《关于评价生态系统服务及其权衡效应的概念框架》，并在两年后对其进行了修订。在文章中戴利（Daily）将生态系统服务分为产品生产、再生产过程、稳定性维持过程、生态实现功能及多样性保护功能五大类。

联合国MA项目基于科斯腾扎（Costanza）的定义，提出了更加简明的并在各国研究中被广泛使用的生态系统服务分类体系。千年生态系统评估（MA）将生态系统服务分为供给服务、调节服务、文化服务及支持服务。但是千年生态系统评估（MA）分类体系作为一个启发式的分类体系，其主要目的是让更多人理解生态系统服务及其提供的效益，适用于大众理解和教育目的。

德格鲁特（de Groot）等将生态系统服务分为供给服务、调节服务、支持服务、文化与美学服务四大类。该分类与千年生态系统评估（MA）分类体系的主要区别是将支持服务限制在提供栖息地与基因库保护，而生物多样性不再作为独立的服务，因此有利于将生态系统服务和价值的概念整合到景观尺度的规划和管理。生物多样性与生态系统经济学（TEEB）对国际已有的分类体系进行综合与分析，将生态系统服务分为供给服务、调节服务、栖息地服务和文化服务四大类。生态系统作为自然资本的价值与生态系统服务作为资本收益的价值不同。作为自然资本的生态系统，具有一切资本特征：有产权、有资本量、有交易、有市场价值以及比较成熟的评估方法。作为收益的生态系统服务，是特定时间段生态系统为人类带来的服务和产品等福利，但目前大部分服务还不具有市场，不能进行交易，没有得到认可。

我国对生态系统服务的研究起步较晚，其中以欧阳志云、谢高地的研究最为突出，他们基于科斯腾扎（Costanza）（17类）的分类体系并结合我国生态系统服务研究的实际情况，分别对我国生态系统服务作出分类。其中，欧阳志云将生态系统服务分为8类，谢高地将生态系统服务分为 9 类。

三、评估框架与方法

生态系统服务价值评估是对生态系统服务和自然资本用经济法则所做的货币化估算，不同尺度的研究具有差异化的生态系统服务评估方法，但核心理论是生态经济学原理和市场价值论。研究初期侧重社会环境变化对生态系统服务的影响及其相关性分析，之后引入遥感等空间信息数据以及空间化方法对多种生态系统服务开展评估，逐步形成不同生态系统类型、不同生态系统服务功能全生命周期的"评估-定价-交易"三位一体的梯度延伸动态价值评估方法。

目前国内外生态系统服务价值评估包括两大部分，实物量评估和价值量评估（见图1）。

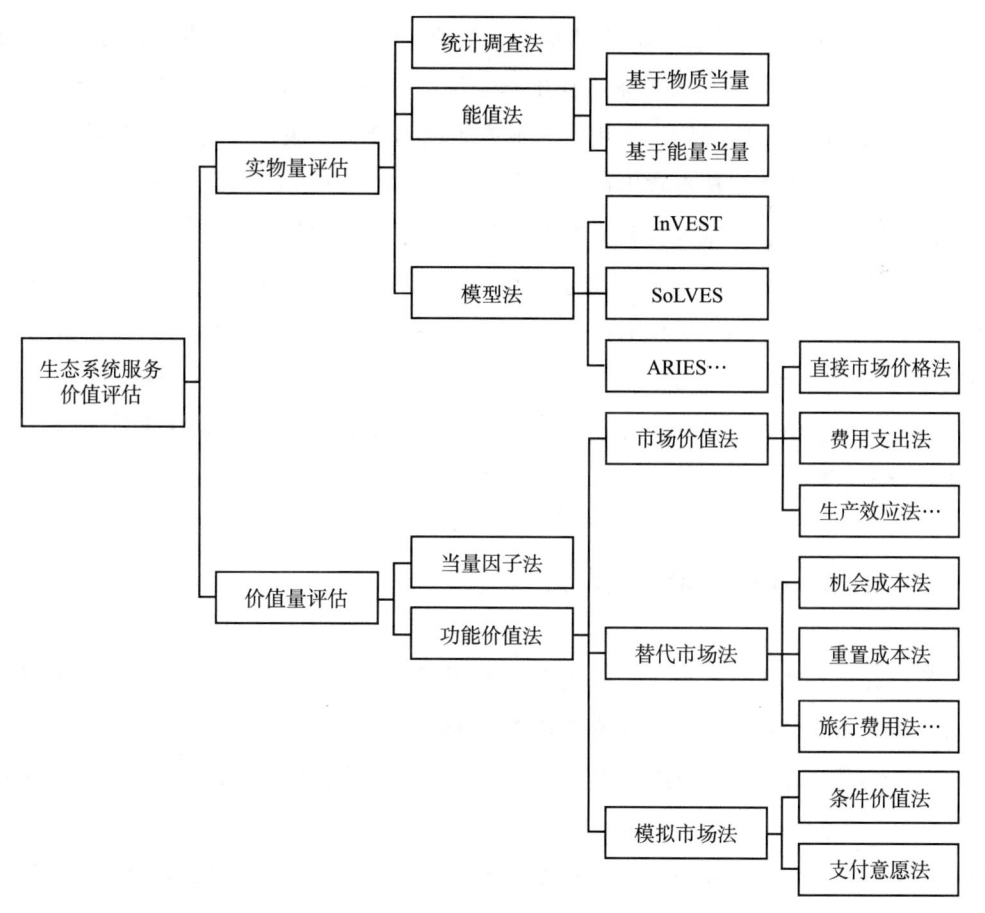

图 1 生态系统服务价值评估框架

生态系统服务价值评估
- 实物量评估
  - 统计调查法
  - 能值法
    - 基于物质当量
    - 基于能量当量
  - 模型法
    - InVEST
    - SoLVES
    - ARIES…
- 价值量评估
  - 当量因子法
  - 功能价值法
    - 市场价值法
      - 直接市场价格法
      - 费用支出法
      - 生产效应法…
    - 替代市场法
      - 机会成本法
      - 重置成本法
      - 旅行费用法…
    - 模拟市场法
      - 条件价值法
      - 支付意愿法

（一）生态系统服务实物量评估

实物量评估方法大致分为统计调查法、生态元法（基于能值法）和模型法三大类。

（1）统计调查法，是通过统计或者调查数据即可获得的生态系统服务实物量，主要应用于供给服务和文化服务的核算过程中，如农林牧副渔等产量、休闲旅游人数、草地产量、环境最大年可容纳游客数量、林木产品产量等。该方法操作简单，数据相对容易获取，但对生态系统调节服务的大部分指标无法进行有效核算。

（2）生态元法，主要从地球生物圈能量流动角度出发，以太阳能值来表达某种生态产品与服务在形成或生产过程中所消耗的能量成本，并建立一般系统的可持续性能值核算指标体系。生态元法的关键是生态服务存量的准确性和能值转换率（UEV）的可靠性，其以能量作为共同的评价标准，将直接或间接投入生态系统中的有效能总量与能量转换率相乘，计算出生态系统最终总值，从而评价生态系统服务实物量。该方法从输入生态系统的各种能量出发，定量分析生态系统与人类社会价值之间的相关关系，能较好地阐述生态系统服务功能的能量流动及利用效率，在生态系统经济价值、生态系统结构功能及相互作用、可持续发展政策制定等均有应用，但不能体现部分调节服务以及全部文化服务价值，同时能值计算过程中数据获得常用投入货币量乘以当地的能值货币比，而不是真正从能量成本角度进行计算，且能量定价转化为货币定价缺乏统一标准。

（3）模型法，是基于生态系统服务的形成机理，通过综合模型计算生态系统真正产生的物质量。目前，InVEST、SoLVES、ARIES、MIMES等生态学评估模型应用较多。其中，InVEST内涵评估模块较多，发展最为完善；SoLVES、ARIES、MIMES等模型针对特定的区域有较好的评估结果，虽还未发展完善，但应用前景较好；而MIMES模型购买费用昂贵，使用效率不高。

（二）生态系统服务价值量评估

价值量评估方法大致分两类：一类是当量因子法，基于单位面积价值当量因子评估法。另一类是功能价值法，基于单位服务功能量价格评估法。

（1）当量因子法，是根据样本进行功能分析，利用数理统计抽取不同种类自然资源的相同特征，以不同因子系数换算成统一标准的"当量"和应用。该方法所需数据较少、操作简单，可以快速加总与比较不同的服务，且非专业人员和公众也能直观地理解其评估价值。该方法核心在于确定各种生态系统服务的单位面积价值，但生态系统服务的时空异质性决定了特定的生态系统服务价值指标体系不能用于衡量每个地区生态系统服务的实际价值，核算结果可能存在较大差异。

（2）功能价值法，是先具体分析不同生态系统服务的实际功用，再定价加总，通常运用直接市场价值法、替代市场法和模拟市场法进行评估（见表4）。

表4　　　　　　　　　主要生态系统服务价值评估方法及优缺点比较

评估方法		优点	缺点
直接市场价值法	市场价值法	评价较为客观，可以反映人民的支付意愿。多用于评估产品价值（如农林牧副渔产品），价格数据相对容易获得	市场缺陷或政策失灵可能会扭曲市场价格，不能整体反映商品或服务的经济价值。需数据全面、受市场波动影响，在衡量非物质性资产时争议较大
	费用支出法	可较好地量化生态环境价值	不能全面、真实反映生态系统价值
替代市场法	旅行费用法	可核算生态系统休憩的使用价值，可评价无市场价格的生态环境价值	对数据量要求较大；对消费者行为限制假设（多功能旅途）；对用于确定需求关系的统计方法高度敏感
	替代成本法	适用于评估间接使用价值，以及无法使用市场价值法评估损坏功能、生态数据不好获得的情况	很难保证代替的净收益不会超过它原本功能下的收益；只要表面获得收益，就有可能夸大支付意愿
	享乐价格法	评价生态商品或服务的隐形效用，根据隐形效用对资产价值的影响来评估确定环境功能价值	主观性强，受市场扭曲、决策、收入、环境条件信息稀缺等影响较大。数据匮乏、可信度低于直接市场法
	机会成本法	运用其他利用方案中的最大利益作为该选择的机会成本，客观全面，可信度较高	无法衡量资源稀缺价值
	影子工程法	可将难以直接估价的生态价值用替代工程表示，可以反映生态系统服务的实际经济价值或者机会成本	替代工程非唯一性，替代工程时间、空间差异较大，且影子价格确定很复杂并需要大量数据
	恢复和防护费用法	可通过生态恢复费用或防护费用来量化生态环境价值	难以还原恢复或修复之前的生态系统状态，且评估价值偏低、环境生态服务价值无法衡量
假想市场法	条件价值法/支付意愿法	适应于缺乏实际市场和替代市场的商品价值评估，是衡量选择和存在价值的唯一方法，为总经济价值的测量提供了正确方向	实际评价结果常出现较大偏差，调查结果的准确性依赖于调查方案的设计和被调查对象等诸多因素，可信度低于市场法

直接市场价值法一般包括市场价值法和费用支出法，该法需要足够的数量、成本及市场交易数据，但生态系统服务缺乏市场交易数据，限制了在多种生态系统服务价值评估上

的应用，如涵养水源、水土保持等。

替代市场法包括机会成本法、重置成本法、替代成本法、享乐价格法（HPM）、旅行费用法（TCM）、环境损益法等。其优点是没有实际市场也能评估，对评估指标的核算具有普适性，但估算价格存在偏差，可信度较低。

模拟市场法主要包括条件价值评估法（CVM），即通过支付意愿调查获得生态系统服务价值。该方法能够评估上述两种方法所不能评估的生态系统服务，但受样本量、被调查者知识水平、专家专业水平等因素的影响较大，主观性较强。

四、现有研究存在的主要问题

（一）生态系统服务价值核算共识度偏低

生态系统服务价值的核算方法虽然比较多，但是主观色彩均较明显，迄今没有哪种方法能够综合反映自然资源资产和生态系统的开放性外延、区域性差异、复杂性的空间分布和替代转化的生态阈值等特点，以及完整、动态、差异化地反映生态系统价值的存量和增量变化，使得核算结果往往难以被广泛认同和接受。

（二）核算过程不可控

（1）核算主体产权界定难。生态系统服务具备公共产品属性，不同地区生态系统会进行物质、能量和信息的相互交流。局部生态系统服务会随着空气、水的流动和物品的运移而产生功能转移。如某区域服务功能得到显著改善，其受益群体不局限于本地，甚至受益者主要在下游、下风地区。生态系统服务的"正外部性"易造成"公地悲剧"。因此，确权显得至关重要，但服务的流动性造成生态服务供给者和受益者身份难以确定，影响了相关方的权益保障。

（2）核算过程可能出现重叠。由于生态系统本身的复杂性，各项服务之间界限不明且存在着相互依赖的关系，导致生态系统服务的分类缺乏严格的标准。同时由于生态系统服务本身在时间和空间上的尺度转换问题较为复杂，因此在生态系统服务价值核算过程中容易出现重复计算。

（3）核算结果缺乏可比性。由于经济学方法本身存在着一定的局限性，对于不同的评估对象和评估目标往往需要选取不同的评估方法，每一种生态系统服务通常可以有几种不同的评估方法，评估结果在很大的程度上取决于不同方法的选择，导致不同结果之间往往缺乏可比性。

（4）动态核算面临较大困难。生态系统与经济系统大不相同，用经济学方法评估生态系统具有局限性，在一定程度上难以反映出自然系统的价值，特别是当人类对生态系统服务的偏好随着时间和新信息的出现而发生变化时，核算过程和结果均可能出现更大的差异。

（三）核算方法和指标的选择缺乏统一标准

生态系统服务价值核算的具体指标中，无论是实物量还是价值量，根据核算区域特征、数据可得性、参数本地化、技术支撑能力等差异性，很多指标都会有多种核算方法，同一核算方法也可以选择不同的指标，导致实践中核算方法和指标的标准化体系缺失。如水源涵养指标，实物量核算有水量平衡法、水量供给法、机理模型法；气候调节，实物量核算有蒸散法、太阳能量法；固碳释氧，实物量核算有NPP法、NEP法、固碳速率法、样方检测法等方法；空气和水污染净化功能则有排放量法和环境容量法等。不同指标价值量有直接市场法、间接市场法、模拟市场法等2~3种核算方法。

（四）核算结果的应用受到限制

将生态系统服务价值转换为经济价值加以衡量时，由于其方法多样性导致难以得到公认的结果。生态服务不是普通商品，没有标准定价方式和直接稳固的交易市场。现有测算方法使得生态服务价值数额远高于人类经济活动产生的价值，无法直接应用于管理和政策制定。

五、改进与应用

从实践情况来看，直接评估生态系统服务价值存在核算指标难统一、核算方法不确定、核算结果不可比等问题。因此可采用基于标准样地的生态价值评估方法，先开展实物量核算与质量等级指数评价，这两个结果是准确反映具有区域横向及地区纵向可比的生态系统服务价值基础，同时围绕生态服务功能质量评价体系进行年度监测、生态产品应用设计（产权、指标等）。具体思路：

（一）建立不同生态服务功能的质量评价体系

基于实物量核算的成果，建立不同类型生态服务功能质量评价体系，得到不同生态服务功能的生态价值指数，进而实现不同地区之间生态服务功能可比，为实现生态产品流通提供相互认可的基础，并通过规范的评价流程、方法、指标，减少不同地区在生态服务价值评价时进行过多的自主裁量，避免生态服务价值差异过大。

（二）核算不同生态服务功能之间的转换系数

为使指数具备区域间等级可比性，需要研究设定不同生态服务功能之间的换算系数。如设定调节水量功能生态价值指数与固土保肥功能生态价值指数、释氧固碳功能生态价值指数之间的转换系数，解决不同地区之间的生态价值指数计算问题，转换系数设置精度可粗可细，关键在于能实现地区之间生态服务功能价值考核指标的统一性。

（三）利用生态等级测算生态服务价值的标准当量

为实现生态服务价值的流通，需要构建标准化的生态服务价值当量。通过标准化的生态服务价值当量，建立生态价值指数与生态服务价值的对应关系，为不同地区之间计算具有可比性的生态服务价值提供方法参考。标准当量价值是指地区不同生态服务功能的平均价值。其测算方式是，选择不同评价单元，测算不同生态服务价值，通过设定评价单元中不同生态服务功能生态价值指数，建立生态价值指数与生态服务价值模型，再根据模型推导得到生态服务功能平均价值—标准当量价值。

标准化的生态服务价值当量与年度更新的生态价值指数、实物量年度变化情况可共同构成地区生态价值核算规则制度，核算结果可为地区自然资源资产负债表提供年度上报数据。同时可在生态服务价值流通过程中，为生态产品指标交易提供基准起始价格参考，作为市场化要素配置的基础。

（四）建立基于生态系统服务价值的考核制度

通过不同功能生态价值指数或者不同功能生态价值指数换算后的生态价值总指数，建立人类与生态价值指数需求的关系,设置人均生态责任指数作为考核指标。通过人均生态责任指数与地区人口数,建立不同地区需要承担的生态服务价值责任。当地区生态服务价值不达标时,必须通过自我改善或者跨区域调节进行平衡,从而创设生态服务价值需求市场。

(五) 搭建生态产品价值交易平台

搭建生态产品价值交易平台,为生态产品提供方和需求方提供交易路径,构建生态产品价值交易认可机制。其中,指标交易形成的价格应由自由市场的供需关系决定,此生态交易指标基础起始价格可以生态服务价值的标准当量作为参考,并考虑不同地区的差异化发展阶段,制定政策性调整系数进行宏观调控。

六、对策建议

(一) 构建"产权"约束下的生态系统服务价值核算体系

(1) 明晰权属。明确生态系统各项功能的占有、使用、收益、处置等产权权能,为不同地区、不同生态系统核算对比提供标尺。

(2) 分区分类。根据我国基本国情和生态现状,可考虑以东中西部或生态脆弱区或国家重点生态功能区等作为划分依据,确定生态系统价值核心指标和参数,规范实物量和价值量核算方法,从自然资源资产管理角度建立生态价值核算体系,编制《中国生态系统价值核算指南》。

(3) 确定单位产值。制定基于单位面积生态系统功能强度的核算方法和基于单位面积生态系统服务价格的核算方法,提升可比性和可推广性。

(二) 将生态系统服务核算纳入自然资源资产管理政策之中

(1) 推进自然资源资产负债表编制工作。理清各类生态系统的所有权、使用权和监督权能,为自然资源资产负债表的生态价值核算提供依据,并将自然资源资产管理成效纳入领导干部离任审计内容。

（2）健全生态补偿机制。探究不同区域生态功能因素和保护修复成本差异，为国家重点生态功能区的转移支付提供依据，完善各类功能区域的生态保护补偿政策，校核退耕退牧还林还草等生态补偿标准。

（3）完善制度保障。推动建立以生态系统服务为主体的生态产品有偿使用制度和损害赔偿制度，促进生态系统服务的交易和流通。

（4）推动自然资源"两统一"下的生态产品价值实现机制落地。摸清自然资源资产家底，打通"自然资源－资产－资本有机转化"通道，将自然资源资产与生态系统价值纳入国民经济核算体系。

自然资本核算的中国路径[*]

范振林　张俊杰　王翻羽　刘冬惠

2020 年是"两山理论"提出 15 周年,"两山理论"要求提高自然资源要素配置效率,这是全面建成小康社会、实现生态文明治理现代化的本质要求。"绿水青山"等自然资本是创造人造资本和人力资本的基础,保障社会经济稳步发展的前提。合理配置自然资源,不断创新自然资源资产价值实现方式,既是推进要素市场化配置改革的重要内容,也是新形势下打赢三大攻坚战,推进高质量发展的重要手段。

因此,亟须探索自然资本核算的中国路径,深化践行"两山理论",树立自然资源环境有限、有价、有偿使用的理念,构建生态文明建设和绿色发展的利益导向机制以及经济社会可持续发展的评价体系和约束机制,强化对自然资本再投资,以恢复、维系和扩大地球生态系统,确保提供更充裕的物质资源和更多的生态服务。

一、自然资本核算的内容与方法

(一)对象识别

自然资本核算的对象包括自然资本及其提供的自然投入。自然资本是所有土地、矿产、森林、草原、湿地、水、海洋等资源的总和。自然资本通过为社会经济提供自然投入

---

[*] 本文原载于《自然资源经济参考》2020 年第 17 期。

来支撑国民经济生产以及其他活动,见图1。这些自然投入包括可再生的和不可再生的物质流以及服务流(如气候调节、水源涵养、自然景观等)。自然资本提供自然投入的能力会受到自然过程(如地貌、水文、生态等)和社会经济活动的影响,其持续支持社会经济发展的潜能也会随之改变。因此,通过核算自然资本物理存量和价值,可以掌握社会经济对自然资本使用状况和可持续性;通过核算自然投入物理流量与投入回报,了解社会经济对自然资本的依赖程度。两者相互关联,各有所用。

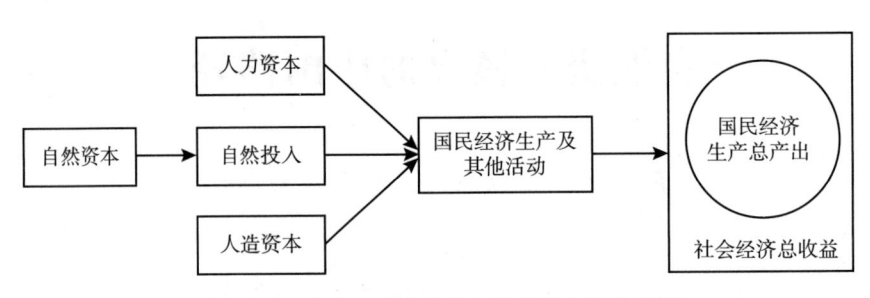

图1 自然资本通过自然投入支撑社会经济发展

(二) 边界确定

自然资本核算的边界可以按照是否符合现有的标准国民经济核算边界来区分。只有产权主体明确的产出才能被显性地纳入国民经济核算中,这些产出要么作为最终产品成为国民经济生产总值的一部分,要么作为原料或者中间产品进入国民经济生产的投入产出表。

一些自然投入(主要是物质资源,如木材)具有明确的产权主体,已经纳入现有国民经济核算中;而另一些自然投入(主要是生态系统的调节服务和文化服务,如森林提供的涵养水源和自然景观的服务)没有明确的产权主体,进入国民经济生产的过程不涉及交易,因此它们的价值隐含在其所支持的最终产品的价值中,从而被隐含在国民经济核算之中。除此之外,还有一些未进入市场的自然投入(如村民直接取用作为家用燃料的森林木材),它们的使用过程和价值完全在国民经济核算的边界之外。

如果在自然资本核算中选取与国民经济核算相同的边界,虽然核算结果不能完整体现自然资本与社会经济的关系,但是可以利用常规经济统计的记录,以较低的成本掌握自然资本与国民经济生产之间的关系,为现阶段的自然资源配置提供指导。

如果在自然资本核算中突破国民经济核算边界,纳入常规经济统计范围之外的活动(例如,直接取用河道水作为家庭用水、直接取用森林木材作为家用燃料),则可以全面地了解自然资本对于社会经济发展的作用。采用扩展后的边界对于核算的数据收集和能力建设提出了更高的要求，但这对提高我国自然资本的管理水平，保障自然资源配置的效率和公平具有重要的意义。自然资本往往是低收入群体生活、生产资料的直接来源，而他们使用自然资本的活动常常由于不涉及市场交易而并未体现在现有国民经济核算中，只有扩展核算的边界才能了解低收入群体生活、生产与自然资本的关系，在实现自然资本可持续利用的同时，巩固我国的脱贫攻坚成果。

（三）核算内容

目前，世界各国普遍采用国内生产总值（GDP）作为衡量宏观经济的重要指标。GDP是对一国或地区总体社会经济运行表现做出的概括性衡量，仅能涵盖一个经济体新创造的人造资本，而忽略了自然资本、人力和社会资本的动态变化，没有反映经济增长的资源环境代价、全部社会成本和经济增长的效率、效益、质量，也未能完全反映自然生态系统对经济增长的贡献度、福祉和社会财富的总积累以及社会福利的变化水平。因此，经济核算体系应当纳入自然资本提供的生态系统服务价值，而自然资本消耗和生态环境破坏的成本也应当从经济增长的绩效指标中扣减。自然资本核算具体包括五项内容：第一，清查自然资源与生态环境的存量，包括自然资本要素的数量、质量、时空分布以及权属信息；第二，统计核算自然资本存量所创造的物质流和服务流，包括供给、支持、调节和文化等四类产出流量；第三，实物量定价，将自然资本的效益从实物量转为价值量，便于在同一维度上比较权衡自然资本和人造、人力资本；第四，评估调查维护修复自然资本服务的全成本；第五，预测评价自然资本未来的收益和成本，编制自然资本资产负债表。

（四）账户建立

基于不同的核算对象和边界，我国可以建立自然资本生产账户、自然资本收益账户、自然资本资产负债表等三种不同的自然资本核算账户，作为逐步完善自然资本核算体系的实现路径。

1. 账户一：自然资本生产账户

自然资本生产账户的核算对象是进入国民经济生产的自然投入，其边界与国民经济核算的边界一致。因此，这一账户核算的是一段时间内自然资本的投入对国民经济生产的贡献。建立自然资本生产账户的初级阶段的目标是核算进入国民经济生产的物质类自然投入。这类自然投入主要包括矿产、水以及天然或人工培育的动植物。它们进入国民经济生产的过程往往经过了市场化的交易，因此其价值有现实的交易价格作为参考。

随着工作的深入，自然资本生产账户的次级阶段要全面汇总国民经济生产中的各类自然投入，因此不仅要关注物质类自然投入，还要纳入那些自然资本（尤其是生态系统）服务类的投入。这类自然投入常常没有被现有国民经济核算显性体现，但是它们的价值暗含在国民生产总值中。例如，上游森林在为下游农田提供水源涵养服务时并没有涉及市场行为，但是水源涵养服务的价值蕴含在下游农业产值中。再如，森林的自然景观服务提供给景区时也没有经过交易，但是自然景观服务的价值蕴含在旅游业产值中。

国民经济生产产出价值并不能直接用来衡量其所利用的自然投入价值。这是因为国民经济生产除了利用自然资本投入外，还需要人力资本和人造资本投入。因此，自然资本生产账户的初级阶段所能参考的交易价格会包含属于人力资本和人造资本的投入回报。例如，金属矿石的价格中包含着属于采矿的设备与劳动的回报，农田中农作物的价格里包含着对农业生产的其他投入（例如种子、肥料、劳动）的补偿，即使是天然生长的水产品，其价格中也包括了捕捞过程的设备和人力投入的回报。而在次级阶段纳入核算的服务类自然投入的价值更是隐含在国民生产产出的价值中而没有被单独地体现。

如果只是将自然资本开发利用产业的产值进行汇总分析，而不把专属于自然资本的投入回报识别出来，就会高估自然投入的价值，将难以真正了解国民经济生产对自然资本的依赖程度和自然资本的使用效率。因此，这里提出的自然资本生产账户要求识别出国民生产总值中自然投入所产生的价值，将其与来自人力资本、人造资本投入的价值剥离开来。

单独识别自然投入的价值有两种方法。第一种方法是结合经济统计数据与生态物理数据对生产中的各类投入（包括自然投入）和产出进行大量的实证研究，获得自然资本投入回报的一系列参数，将这些参数用于计算自然投入的价值。第二种方法是收集经济生产中人力资本报酬、人造资本投入回报以及相关的税收与补贴等转移支付数据，将这些从产值中扣除后剩余的部分即是自然资本的投入回报。但第二种方法难以将不同自然投入的回报区分开来，因此不适用于经济生产需要投入多种自然资本的情况。

2. 账户二：自然资本收益账户

自然资本收益账户的核算对象是所有进入社会经济活动的自然投入，核算边界扩展为现有国民经济核算之内与之外的所有社会经济活动。因此，该账户核算的是一段时间内自然投入为社会经济创造的所有收益。例如，不仅包括渔民通过出售水产品所获取的收入，还包括渔民家庭直接食用自己所养殖或捕获的水产品所产生的收益。再如，不仅包括经过开发的自然名胜地的旅游业所创造的收入，而且包括民众在未经旅游开发自然环境中享受休闲娱乐的收益。

自然资本收益账户在自然资本生产账户的基础上扩展了核算内容，更利于优化自然资本管理。但建立自然资本收益账户需要掌握广泛的经济活动和其他活动数据，如对培育（采集、捕获）的农林牧渔产品的直接家庭消费，居民在自然环境中非商业化的休闲娱乐活动。

建立该账户需要以货币量的形式衡量自然投入所创造的社会经济收益。首先需要估算出社会经济享有的相关产品的货币价值。对于农林牧渔产品中进入市场交易的部分，可以全部按照市场交易价格估算；而对于休闲、景观这样缺乏市场定价的产品，则需要专门的非市场价值评估方法来估算（例如，旅行成本法、条件价值评估法）。在此基础上，还需要将所享有产品的货币价值中属于自然投入回报的部分筛选出来，进而准确、全面地识别出自然资本提供的投入对社会经济的贡献和惠益。

3. 账户三：自然资本资产负债表

自然资本资产负债表的核算对象是自然资本的物理存量和价值，它的核算边界可以根据实际操作的可行性进行调整，以保证在进行物理存量核算时包含所有对社会经济活动有所贡献的自然资本。其调整的原因是特定自然资本提供的自然投入往往一部分进入国民经济生产，而另一部分参与了国民经济生产之外的活动，常常难以判定自然资本在现有国民经济核算边界的内外。另外，对自然资本的物理存量进行全面的核算相对来说难度不高。但价值核算时，可以先采取与国民经济核算一致的边界，即只考虑自然资本提供参与国民经济生产的自然投入的能力，待数据和核算能力要求满足后再进一步扩展边界，对自然资本支撑所有社会经济活动的能力进行核算。

自然资本资产负债表记录的是自然资本在特定时间点的存量和价值水平，以及一定时间段内自然资本的存量和价值的变化。这一变化与自然资本收益账户相结合即可得到一定时间内社会经济从自然资本中获得的净收益。例如，如果在一定时间内，自然资本因社会经济利用或者自然灾害（如森林火灾）而经历损失，那么该时间段内的自然资本净收益就会低于自然资本总收益，原因是自然资本提供自然投入、创造收益的能力下降。因此，自然资本收益账户与自然资本资产负债表的结合可以为社会经济可持续发展提供更为直观的评价指标。

由于市场难以直接反映多数自然资本的价值，建立账户需要获取自然资本的物理存量、自然投入的物理流量，以及与之相关的社会经济活动数据，并通过建立生态学和经济学模型来推算自然资本价值。

以森林为例。图2和图3简化地展示了自然投入与各类自然资本核算账户的关系。森林作为重要的自然资本，提供了物质类投入、木材以及服务类投入（涵养水源和自然景观等）。以上的自然投入各有一部分进入了国民经济生产活动，另一部分进入了其他社会经济活动。在自然资本核算过程中，前者进入自然资本生产账户，后者则被纳入自然资本收益账户中。此外，在自然资本生产账户中，初级阶段只核算木材等物质类投入的价值，而次级阶段纳入了涵养水源和提供自然景观等服务类投入的价值。最终，森林本身的存量和价值以及变化由自然资本资产负债表来记录。

图 2 自然资本和益处类型

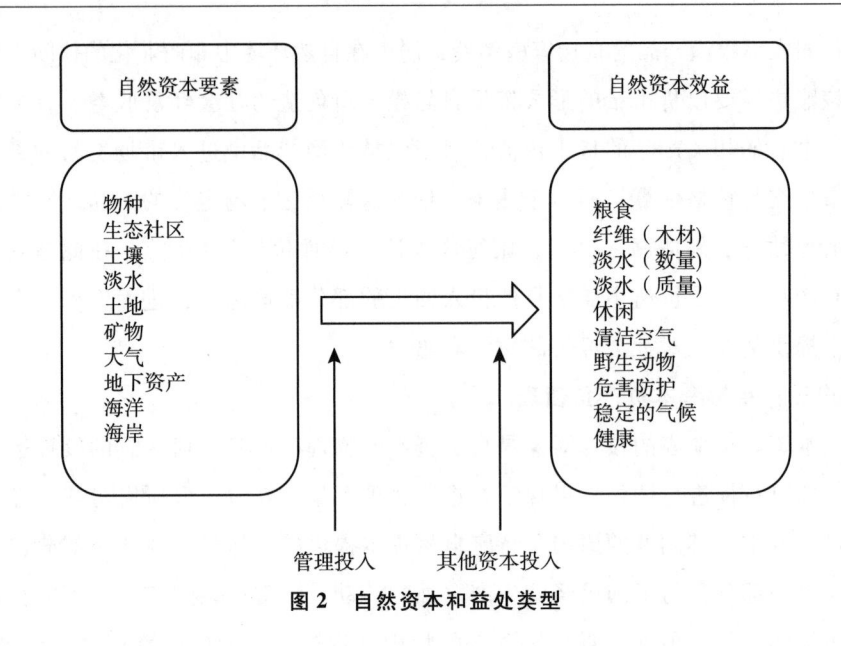

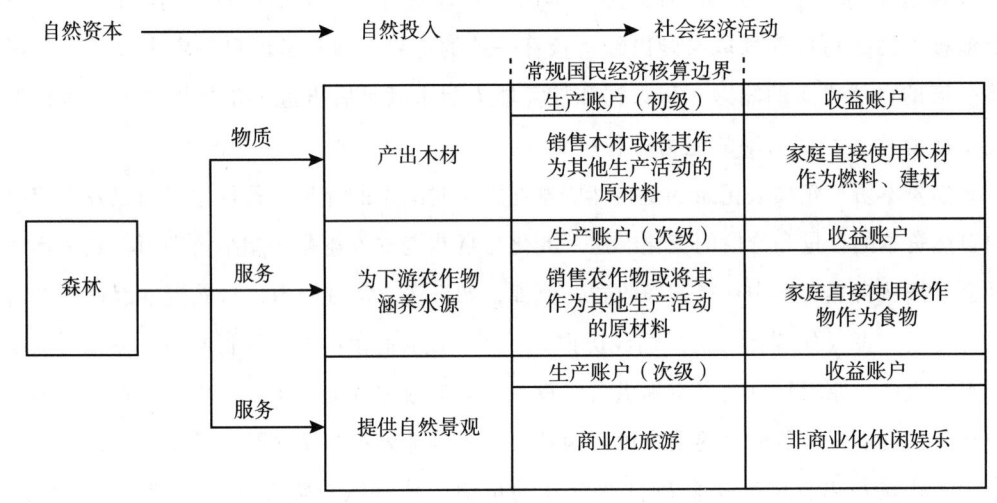

图 3 森林与各类自然资本核算账户的关系

二、自然资本核算存在的误区

(一) 核算重心与国民经济核算不衔接

自然资本核算常见的误区之一是将核算的重心完全放在现有国民经济核算的边界之外。原因是研究者认为许多重要自然投入（尤其是生态系统的调节服务）的贡献在国民经济核算之外，而像矿产、土地、木材等作为生产要素进入国民经济核算的自然投入仅为少数。但事实上，生态系统调节服务所发挥的作用已隐含在国民经济生产的产出价值之中。如果忽视这部分隐含的价值，会低估自然投入对国民经济生产的贡献。自然资本核算的重点之一就是识别自然资本的投入与回报，将其纳入到自然资本生产账户。这样才能全面地认识国民经济生产对自然资本的依赖，从而更高效、可持续地利用自然资本创造更多产出。

（二）核算过于理论化

第二个误区是将社会经济实际利用的自然投入等同于自然资本理论上有能力产生的自然投入。原因在于无法识别自然资本对社会经济的实际贡献。因此只能假设社会经济恰好使用了自然资本所能提供的所有自然投入。例如，在计算森林本身的存量价值或其提供的投入的价值时，用基于生态学模型模拟出的木材可持续产出数量来代替其实际为社会经济提供的木材数量，这样做会导致核算的结果无法体现社会经济对自然资本的实际依赖，也无法用来评估目前的利用模式是否可持续。走出这一误区要求自然资本核算应以社会经济对自然资本的使用为依据，而不是以自然资本本身的自然过程为准。这也是三种自然资本核算账户都需要详细的社会经济活动数据（无论是纳入国民经济核算的经济活动，还是其边界之外的活动）的原因。

三、推进自然资本核算的中国路径

（一）循序渐进建立自然资本核算体系

自然资本核算体系庞杂，要确保核算结果有效服务于我国的自然资本管理，需要建立可行的统计规范与工作方法，确定自然资本核算内容、核算边界、数据收集方法、参数设定、自然资本及其投入回报的价值估计方式等方法学，并且确保在操作中规范得到遵循、方法得到正确的使用。这需要提升相关从业人员在自然资本管理和经济统计两方面的知识储备和能力。因此推进自然资本核算工作，需要循序渐进，由易到难逐项开展。

国际上，自然资本核算的理论与实践始于20世纪70年代，已逐步形成较为完整的体系。联合国统计署于1989年、1993年、2003年和2013年先后发布并修订了《综合环境与经济核算体系（SEEA）》。SEEA核心框架的核算边界与现有国民经济核算相一致，而实验性生态系统核算（EEA）的边界则包括了其他利用自然投入的社会经济活动。遵循SEEA规范有利于我国自然资本核算工作的顺利推进。一方面，联合国统计署作为《国民核算体系（SNA）》的制定机构，其制定的SEEA规范在最大程度上与标准的国民经济统计规范一致，使SEEA核算结果与国民经济核算结果具有可比性。另一方面，SEEA规范也是国际组织以及其他国家进行自然资本核算的基准，我国在其基础上开展自然资本核算，可以充分利用已有的国际经验，降低起步难度，并保障核算结果可与他国横向比较。但由于缺乏适合国情和管理实际的自然资本核算方法与标准，共识度较低，相关研究和实践仍存在较大争议。核算对象与边界设定、主要指标体系确定、方法与参数选取以及生态系统服务的非市场定价方式均未形成统一标准，也影响自然资本核算结果的及时性、准确性和可比性。目前我国尚未全面系统掌握自然资本的底数信息，生态服务流量等数据的可得性较差，能够公开使用查询的数据比较有限，部分数据的收集和发布形式不够规范，缺少权威性的数据公布和储存平台，制约了自然资本核算的基础研究与管理实践，也降低了核算结果的可信度。自然资本货币化度量方法不一致，目前在自然资本的货币化核算中，市场价格难以直接衡量自然资本的价值变化，尤其是大多数生态系统服务不能通过市场定价，也无法完全体现经济、社会、生态的可持续性。忽视自然资本真正价值，在决策中造成的后果就是过度消费、生态系统服务退化、增大非线性变化风险、加剧贫困和对自然资本投资不足。

在遵循国际规范和借鉴国际经验的基础之上，我国在推行自然资本核算时可以积极引领新的理论和实践。自然资本核算有非常大的探索空间，国际规范尚未完全成熟，有许多问题有待回答。例如，关于自然投入的类别划分事实上并无定论；对于如何汇总市场价格和基于非市场价值评估方法得到的估价也存在争议。正因这些问题的存在，目前SEEA-EEA的实验性生态系统核算规则还处于修订之中。

自然资本各账户核算的技术实现要求有差异（见表1）。从自然资本生产账户的初级阶段到自然资本资产负债表，核算需要的知识、能力、数据收集范围不断扩展。因此，我国可以从自然资本生产账户初级阶段开始，通过知识能力建设、系统性数据收集机制以及配套制度建设，逐步建成完善的自然资本核算体系。

表1　实现自然资本核算各账户的技术要求

	类别	内容	知识	能力	数据要求
自然资本生产账户	初级阶段	进入国民经济生产的物质类自然投入	物质类自然投入参与国民经济生产的过程	识别物质类自然投入的回报	经济统计数据
	次级阶段	进入国民经济生产的各类自然投入	各类自然投入参与国民经济生产的过程	识别各类自然投入的回报	自然投入的生态物理数据；经济统计数据

续表

类别	内容	知识	能力	数据要求
自然资本收益账户	进入各类社会经济活动的各类自然投入	各类自然投入参与各类社会经济活动的过程	估算非市场产品的价值;识别各类自然投入的回报	自然投入的生态物理数据;各类社会经济活动的数据
自然资本资产负债表	自然资本本身的状态和变化	自然资本状态对自然投入的影响;社会经济活动对自然资本状态的响应	估算自然资本的价值	自然资本和自然投入的生态物理数据;各类社会经济活动数据

(二) 系统收集自然资本核算所需数据信息

当前,我国自然资本相关的生态物理数据和社会经济活动部分数据的收集和使用形式不够规范,缺少权威性的数据公布和储存平台。开展自然资本核算,亟待建立系统的自然资本基础信息收集规范,在时间和空间上满足自然资本核算对数据内容、精度和广度的要求。

在数据内容上,首先要最大程度地利用已有的自然资源统计和经济统计数据平台,通过改变数据的汇总结构,将两类数据对接起来,使其符合自然资本核算的需求。其次,要加强对陆地和海洋自然资本的基础调查、变更调查和动态监测,系统性收集生态物理底数信息,而且要确保这些数据可与社会经济活动数据相对接。此外,要根据核算边界适当地扩展社会经济活动数据收集边界。在构建自然资本收益账户或者以扩展的边界构建自然资本资产负债表时,要获取所有受自然资本支持的社会经济活动信息,因此需要注重对现有国民经济核算边界之外活动的调研。

在数据来源和收集方法上要积极创新。首先,要充分利用航空航天遥感等在自然资本管理和经济统计工作中已日渐成熟的工具。例如,渔业船只的卫星定位数据可以用于确定采捕活动的范围、成本和收益。其次,发挥个人数字足迹等非正式数据来源的补充作用。例如,可以通过个人在社交媒体发布的内容、电子平台记录的个人活动轨迹来提取其在自然环境中休闲娱乐的活动信息。使用新兴数据来源和收集方法时,一方面,要确保数据使用符合法律法规要求和道德规范(如隐私保护),另一方面,要确保具备存储和处理大批量、高密度、复杂结构信息数据的能力。如果难以在短期内广泛收集精确的生态物理和社会经济数据,可以选取具有代表性的区域进行详尽的研究和核算,通过科学的转换方式将其结果应用于其他区域。

(三) 加强体制机制建设保障自然资本核算的顺利实施

建立常态化机制保障自然资本核算的连续实施。一方面，由于自然资本核算是一项新的工作，只有在连续的实践过程中才能形成成熟的规范。另一方面，自然资本核算的结果只有形成较长的时间序列才能为研究人员和政策制定者提供足够的信息。序列长、频度高的自然资本核算结果可以详尽地揭示社会经济与自然资本的关系，为科学决策提供依据。

建立自然资源管理部门与经济统计部门间的协作机制。由于自然资本核算体现的是自然资本与社会经济的相互影响，所需数据既有自然资本的生态物理数据又有社会经济的生产、消费以及其他活动的数据，核算既要符合生态物理学的规律、规则，又要遵循经济统计的规范。因此，自然资本核算的顺利开展需要在自然资源管理部门与经济统计部门间建立顺畅的协作机制，共享数据资源与技术能力。

建立自然资本核算的区域协作机制。一方面，一个区域的自然资本会受到其他区域的自然资本的变化以及社会经济活动的影响，自然资本的管理也常常需要跨区域合作来实现。另一方面，一个区域的民众所享有的收益可能来自其他区域自然资本的投入。因此，自然资本核算的开展应尽量以自然区域而非行政区域为单位。在同一自然区域内同时开展自然资本核算并建立横向协作机制可以带来三方面益处：第一，有利于核算过程中的数据共享；第二，可以完整呈现核算结果背后的机理；第三，通过揭示各地自然资本和社会经济活动的交互影响，有利于掌握自然资本利用过程中收益和成本在各地之间的分配，从而制定出更公平的政策。

推进自然资产确权与产权市场的建立。自然资本核算中最大的困难，即非市场自然资本和非市场自然投入的价值评估，而推进自然资产确权并建立产权市场可以在一定程度上让自然资本及其自然投入的价值显性化。这两个制度本身也有利于自然资本管理的法制化建设，并修复自然资本领域中的市场失灵，进而可以促进自然资本的高效利用。

完善企业会计中的自然资本核算。例如，在企业财务报表中设置单独的自然资产账户，一方面为政府主导的自然资本核算提供便利的数据来源，另一方面有利于市场主体将自然资本的成本和收益纳入决策考量，从根源上缓解自然资本领域的市场失灵。

四、自然资本核算的成果应用

自然资本核算是利用"两山理论"指导我国经济社会可持续发展的重要技术、信息和数据基础。"两山理论"是强、弱两种可持续发展理论的有机结合。"强可持续性理论"认为自然资本产出的物质和服务不可替代，因此必须维持并改良现有的自然资本存量；而"弱可持续性理论"认为不同资本的投入可以相互替代，只要人造资本、人力资本、自然资本三者的总存量不变或有所增长，社会经济便可实现可持续发展。强、弱两种可持续发展理论在我国的自然资源管理政策中均有体现，且强可持续性理论的应用在近年来越发普遍。例如，我国正在落实的湿地保护面积总量控制就是基于这一理论开展的。无论决策原则基于何种理论，对自然资本的事实性核算都是制定各类自然资源管理政策的基础。

（一）应用方式

自然资本核算的结果主要有两种应用。第一种是用于评估某一时间某一地区利用自然资本的水平和可持续发展的水平，例如将自然资本资产负债表作为领导干部自然资源资产离任审计的依据之一。第二种应用是根据自然资本核算汇集的信息来制定政策，从而更为有效、公平、可持续地利用自然资本。例如，自然资本生产账户和收益账户汇总了自然投入对社会经济活动的贡献，核算结果可用来指导生态补偿工作中范围、对象的识别和金额的确定。

（二）注意事项

在两种应用中都应避免过度关注核算总值。首先，自然资本核算的结果同时受人为干预和自然过程两方面因素的影响，核算总值反映的不全是自然资本管理者所影响、控制的结果，因此需要通过查看账户中的分项来了解具体情况，从而得出更为客观、准确的评估结论。其次，自然资本核算各账户提供的分项信息才能为政策制定提供依据。例如，详细查看自然资本收益账户中自然投入所产生的各类收益，可以帮助政策制定者识别哪些行业或民众最依赖自然投入；而详细查看自然资本资产负债表中引起自然资本变化的各种原因，又可以帮助政策制定者了解哪些行业和民众在影响自然资本的存量或价值，以此在自然资本管理中采取有针对性的对策。

综上所述，自然资本核算的目标不在于算出自然资本或自然投入的总和，而在于利用核算框架汇总各类自然资本的存量、流量与价值信息，并根据实际应用需求进行有选择地提取与加工。因此，应尽量以互动性较强的方式呈现自然资本核算结果，方便政策制定者从分门别类的数据中了解现实情况、评估利弊得失，从而最大程度地发挥自然资本核算的作用。

耕地生态保护与补偿调研报告[*]

联合调研组[**]

2020年10月21日至28日，由中国自然资源经济研究院、中国农业大学、南京农业大学等单位组成的联合调研组，先后赴江苏省苏州市及昆山市、北京市海淀区、吉林省梨树县等地调研耕地生态保护与补偿工作。调研组通过座谈交流、实地考察、农户访谈等形式，了解各地耕地"三位一体"保护以及耕地生态保护补偿的基本情况，形成了本调研报告。

一、基 本 做 法

（一）耕地生态保护

随着生态文明建设不断深入，各地对耕地生态保护工作越来越重视，先后采取了一系列措施保护耕地生态功能，在提高耕地粮食产出的同时提升耕地生态效益。

1. 开展生态型土地综合整治

将常规的土地整理项目升级为"山水林田湖草"的综合整治，将生态因素纳入整治规划，更多地体现生态效应。昆山市在江苏"万顷良田"整治行动中，将"花桥万顷良田"打造成了集生产、生态、城乡建设为一体的综合典范。"花桥万顷良田"项目在规划中充

---

[*] 本文原载于《自然资源经济参考》2020年第22期。
[**] 联合调研组成员：经济研究院石吉金、周伟、厉里，中国农业大学孔祥斌、党昱譞、王轩，南京农业大学刘向南。

分考虑自身的生态本底，除为了解决破碎化问题而不得不采取的必要整治工作以外，尽量减少人为扰动，较好地保留了原有自然生态系统肌理。水稻田、交错密布的沟渠、河流、林地等构建成优质的农耕湿地生态保育区。政府将土地流转至专业合作社进行耕种，采用病虫害生物防治、测土配方施肥等科学手段，尽可能减少耕作活动对生态系统的负面效应，打造了国内第一个以水稻田为核心的国家湿地公园。"花桥万顷良田"生产的稻米以绿色有机为特色，提高了农业产值，同时通过农耕湿地生态保育区建设，改善了周边生态环境，为候鸟迁徙提供休息和补给，吸引了大量水禽，成为生物多样性的热点区域。

2. 开展生态型高标准农田建设

将高标准农田建设升级为生态型高标准农田建设。苏州市农业农村局和财政局组织开展生态型高标准农田建设项目试点，常熟市作为试点地区之一取得了明显成效。其主要做法：一是将高标准农田建设规划与农村发展规划相融合，补齐农田基础设施，推进农田道路与村庄道路相衔接，建设生态沟渠管网并与村庄水系相连通，将农田生态防护林、水土保持林等建设与村庄绿化有机统一。二是完善项目规划布局、优化工程设计、美化工程外观形象，探索通过改进农田基础设施设计，提升农田和农村整体形象。三是呈现农田多样功能。支持地方以农田建设为载体，拓展农业功能、传承农耕文化，发展休闲体验农业，建设美丽田园，提高农业综合效益，为一二三产业融合打造良好平台。

3. 开展保护性耕作

以保护性耕作模式替代传统耕作模式，保持和增强耕地生态功能。吉林省梨树县作为黑土地保护的典型区域，探索形成"梨树模式"。其主要手段是秸秆还田免耕技术，通过机械化作业的免耕技术和秸秆还田手段，保护好黑土地。中国科学院沈阳应用生态研究所的研究表明，梨树县的保护性耕作产生了较好生态效益。一是秸秆覆盖免耕保持了土壤孔隙度，土壤保持较高的入渗能力和保水能力，覆盖地表的秸秆还可以减少蒸发，其保水能力约等于每年增加40~50毫米降水。二是培肥土壤，秸秆还田增加土壤有机质，秸秆覆盖免耕五年，土壤有机质增加20%左右。三是减少侵蚀，秸秆覆盖可以减少风蚀和水蚀，平均可减少径流60%，减少土壤流失80%左右。四是改善土壤生物多样性和生物性状，秸秆还田免耕有效减少耕作过程对土壤生物群落的扰动，蚯蚓数量明显增多，土壤微生物更加丰富。五是减少耕作碳排放，减少成本，秸秆还田免耕技术一次作业完成多道工序，耕作成本每亩减少1000~1400元，减少了碳排放总量。

4. 打造生态景观农田

将城市景观建设与耕地保护相结合，体现耕地的生态价值。北京市海淀区作为首都的中心城区之一，将耕地保护与城市景观建设有机结合在一起。通过海淀区土地综合整治工程打造北坞公园，将北坞村整体搬迁，将宅基地复垦为耕地，结合城市公园建设，将耕地保护与园林绿化、稻田景观与公园景观、农耕文化与农事教育相结合,由专业队伍进行维护管理,将有700余年历史的京西稻种植与三山五园的山水林田湖融为一体,为北坞村民留下了"望得见山、看得见水、记得住乡愁"的景观。北坞公园中的耕地保护一方面保护了耕地的生产能力,另一方面体现了耕地的生态功能效益,同时对农耕文化的传承也起到一定的积极作用。

5. 加强耕地土壤污染防治

苏州市吴中区金庭镇建设水稻病虫绿色防控示范区,根据病虫害发生规律做好预测工作,结合水肥管理,采用灭虫灯、无纺布等物理防控与短稳杆菌、金龟子绿僵菌等生物防控措施和高效低毒低残留的农药进行综合防治,使农业生产中化学农药使用量减少20%,农产品残留检验合格率达到100%。[①] 昆山市花桥镇绿色优质农产品基地、锦溪镇长云村等也采取了类似的综合防控技术,减少农药污染。同时苏州市还鼓励使用有机肥和测土配方施肥,减少了化肥的面源污染。北京市在建设用地占用中严格执行耕作层剥离制度,通过土壤质量调查和评估,合格土壤用作耕地复垦及园林景观建设,合理有效利用优质土壤,提升了复垦耕地的质量及其生态功能,避免了复垦土地的土壤污染。

(二)耕地生态保护补偿

随着国家对耕地生态的重视,多个地区制定了耕地生态保护补偿相关政策,但各个地区政策细节和具体操作存在很大差异,可以总结为四种模式,如表1所示。

表1　　　　　　　　　　耕地生态保护补偿模式汇总表

模式	探索地区	补偿目的	主体	客体	标准	资金来源	资金分配及用途
纳入生态保护补偿	苏州市及昆山市	发展权、保护激励	地方政府	村集体经济组织	水稻田700元/亩,永久基本农田100元/亩(可叠加)	资金主要来源于各级财政	集体经济组织,用于村公共建设和发展
构建农田生态保护补偿机制	北京市海淀区	加大耕地保护和财政资金转移支付力度,缩小土地利用收益差别	区政府	村集体经济组织	耕地生态保护补偿1500元/亩,永久基本农田1000元/亩(可叠加)	区财政预算和市级资金统筹安排	集体经济组织,落实农业发展规划、农田保护、发展壮大经济组织、村级公共事业及困难户救助等

---

① 全国农业技术推广服务中心. 病虫害绿色防控技术规程(NY/T 3275 - 2019)[S]. 北京:中国农业出版社,2019.

续表

模式	探索地区	补偿目的	主体	客体	标准	资金来源	资金分配及用途
对耕作模式进行补贴	吉林省梨树县	激励保护性耕作模式	省和县两级政府	农户（承包权人）	省级资金40元/亩，县财政配套资金10元/亩	省级财政和县级财政	补贴到承包权人，资金使用不受限制
通过指标交易进行补偿	苏州市	激励土地复垦和保护，兼顾发展权	节余指标使用政府	指标节余政府	农用地转用指标50万元/亩，土地规划空间指标50万元/亩，占补平衡指标20万元/亩（指导价）	指标使用方政府财政	地方政府按规定使用，如苏州市吴中区指标收益60%由镇级政府用于基本农田保护和民生建设，40%以镇政府为投资主体开展投资

1. 模式一：纳入生态保护补偿

将水稻田、基本农田等特定耕地纳入统一的生态补偿机制中。江苏省苏州市出台《生态保护补偿条例》，苏州市及下属县市根据该条例分别制定生态补偿实施方案。其中，都将实施水稻田生态保护补偿作为重要内容之一。方案规定，由农业部门进行认定种植水稻的水田即可视作生态用地享受补贴。昆山市除了对水稻田进行生态补偿之外，还增加了对永久基本农田保护的补偿。

补偿目的：发展权补偿和保护激励两方面。在补偿发展权方面，一是对耕地保护的补偿，对耕地用途管制不能开展建设进行经济补偿；二是苏州地区水产养殖等产业发达，养殖螃蟹产值可能是种植水稻的10～20倍，对水稻田进行补偿是引导农户种植粮食的重要手段，是对产业选择的补偿。在保护激励方面，主要是激励农户种植水稻，抑制耕地非粮化现象。此外，苏州市农业部门对于生态友好型的耕作方式也有补贴，如测土配方施肥的补贴、生物病虫害防治的补贴等，激励农产品的绿色防控体系建设。

补偿的主客体：苏州市耕地生态补偿主体是苏州市政府和下属县级政府，其中苏州市区范围补偿主体是苏州市政府和区政府，其他县市补偿主体是县级政府。补偿至拥有耕地所有权的村集体。

补偿标准及依据：苏州市耕地生态补偿标准是根据财政预算资金总额、生态补偿的不同类别和生态保护区域面积综合确定。苏州市级层面水稻田的补偿标准为420元/亩，县级政府可适当增加。昆山市在实施中将标准提升到700元/亩，并对基本农田补贴为100元/亩（水稻田可叠加），本年度资金由上年度农业部门水稻田认定结果确定，资金标准每三年调整一次，具体补偿标准如表2所示。

表2　　昆山市历年耕地生态补偿标准情况

序号	项目名称	2011年9月	2013年12月	2016年1月	2016年12月	2020年6月
1	永久基本农田	100元/亩	100元/亩	100元/亩	100元/亩	100元/亩
2	种植水稻	200元/亩	700元/亩	700元/亩	700元/亩	700元/亩
3	重要湿地	100元/亩	150元/亩	150元/亩	根据岸线长度、土地面积和人口，每村70万~110万元	根据岸线长度、土地面积和人口，每村70万~110万元
4	生态公益林	100元/亩	150元/亩	150元/亩	200元/亩	250元/亩
5	拆除养殖围网	50元/亩	50元/亩	50元/亩	50元/亩	100元/亩
6	饮用水源地	50元/亩	一级保护村每村100万元，二级保护村每村60万元	一级保护村每村100万元，二级保护村每村60万元	根据岸线长度、土地面积和人口，每村120万~160万元	根据岸线长度、土地面积和人口，每村120万~160万元
7	风景名胜区	未定	未定	未定	未定	未定
8	高标准池塘、设施蔬菜和果品苗木基地	无	无	无	无	300元/亩
9	国家生态红线、省级生态管控区	无	无	无	无	分级定额补偿
10	有机或绿色认证农产品	无	无	无	无	100元/亩

资料来源：昆山市耕地保护补贴及生态补偿办法（2011—2016）[Z].昆山：昆山市财政局，2011-2016。

资金来源：补偿资金主要来源于各级财政。水稻田生态保护补偿的补偿位置在市区的，由苏州市和区级政府按50%比例分担；水稻田生态保护补偿位置位于县级市的，由县级政府财政负担，并且县级政府可根据财政资金状况适当调整和增加。截至2019年底，苏州市投入生态补偿资金共计93亿元，其中耕地生态补偿资金约为10亿元（每年约1亿元，根据认定面积不同浮动）。[①]

资金分配和用途：耕地生态保护补偿的资金由村集体自主使用，但实行"地有镇管，集中记账"制度，村集体资金使用需要镇政府财务记账和审批。在以前的资金使用中，政府根据耕地生态保护补偿的属性严格限制了资金的用途，规定资金仅可用于生态环境整治和耕地保护。这导致资金因使用条件限制产生过量冗余，资金使用效率低下。第四轮政策充分考虑到"生态保护补偿是对发展权损失的补偿"理念，逐渐放宽资金使用限制，规定

---

① 苏州市生态补偿资金管理暂行办法[Z].苏州市财政局，苏州市农业农村局，2020.

资金的使用范围除了生态建设之外还可用于村集体的发展，更好地体现了对耕地发展权补偿的属性，资金使用效率得到明显提高。

2. 模式二：建立农田生态保护补偿机制

按照北京市生态保护补偿相关要求，海淀区制定了《关于建立海淀区农田生态补偿机制的意见》，对符合条件的农田进行耕地生态保护补偿。

补偿目的：加大耕地保护和财政资金转移支付力度，缩小土地利用收益差别和政策标准差别，切实保护农民利益等。

补偿主客体：耕地生态补偿的主体为区政府，补偿至拥有耕地所有权的村集体经济组织。

补偿标准及依据：参考北京市海淀区生态林补贴标准，农田生态补贴标准为1500元/亩，永久基本农田还享受1000元/亩耕地保护补贴。补偿标准每三年调整一次，现执行2018年调整后标准。此外耕地还享受农业部门的地力补贴、蔬菜补贴等，这些农业补贴可与农田生态保护补偿、永久基本农田补偿叠加。

资金来源：补偿资金由区财政预算和市级资金统筹安排。2018年以前，海淀区每年投入约为6000万~7000万元；2018年之后，每年投入增加至8500万元左右。

资金分配和用途：农田生态补偿资金补贴至集体经济组织，资金在镇政府监督指导下使用，主要用于落实农业发展规划、农田保护、发展壮大集体经济组织、村级公共事业及困难户救助等，严禁用于公务用车、村干部薪酬、公务接待、捐助、购买股票等行为。同时政府对违法建设、撂荒、生态环境破坏、违规过量使用化肥农药等行为进行资金核减。

3. 模式三：对耕作模式进行补贴（梨树模式）

对有益于生态保护的耕作模式进行补贴。吉林省制定了耕地保护奖励机制，出台《关于健全生态保护补偿机制的实施意见》和《关于建立健全耕地保护奖励补偿机制的意见》等文件，但由于资金问题难以落实。梨树模式补贴的本质是对生态友好型耕作模式进行补偿。

补偿目的：梨树模式补贴的主要目的是提高保护性耕作模式的认可度和积极性，更好地推广保护性耕作。实际上采用梨树模式会降低总耕作成本，在秸秆还田免耕播种过程中，只是增加一定工序，但是总体上减少了整个耕种的作业工作量。然而，多数农户不能统筹考虑，关注重点只在增加的秸秆还田工序上。因此，政府通过补偿让更多的百姓接受增加的工序，提高耕作模式认可度和积极性。

补偿主客体：补偿主体为省和县两级政府。补贴至土地的承包权人，即农户。

补偿标准及依据：梨树模式补贴标准主要考虑财政能力和对模式的激励作用，目前为50元/亩，其中省级资金40元/亩，县财政配套资金10元/亩。

资金来源：资金来源为省级财政和县级财政。其中省级财政资金主要是转移支付专项资金,县级资金来源于县财政。梨树县推广梨树模式200万亩,每亩按50元计算,补贴资金每年为1亿元左右,其中省级专项资金8000万元左右,县财政2000万元左右。

资金分配和用途:吉林省梨树县补贴直接到承包权人,其资格条件必须经过认定,确实采用梨树模式的农户可以享受补贴,不限制资金使用方式。

4. 模式四:通过指标交易进行补偿

通过指标交易对耕地复垦和保护进行补偿。苏州市通过涉土指标(用地指标、占补平衡指标、国土规划空间指标)交易、支付指标流转费对土地复垦和保护主体进行补偿,增加了耕地面积和生态功能。全市鼓励各项指标在县域内调剂使用,形成土地资源和资金要素双向流动机制,促进资源高效利用。

补偿目的:指标流转交易可看作对耕地复垦和保护的补偿,为了激励土地复垦和保护,对耕地复垦、整理等保护成本以及丧失的发展权进行补偿。

补偿主客体:耕地生态补偿的主体是政府,具体为使用建设用地指标的地方政府;部分大型基础设施建设项目,企业也成为补偿主体。补贴到指标节余往外流转的地方政府,区县内部指标流转补贴到镇政府。

补偿标准及依据:苏州市出台指标调剂办法和占补平衡办法等相关政策文件,引导耕地复垦和指标交易。全市构建了台账形式的指标交易平台,并参照江苏省耕地指标交易价格确定了指标指导价,其中农用地转用指标为50万元/亩,土地规划空间指标为50万元/亩,占补平衡指标为20万元/亩。

资金来源:资金来源是指标使用方政府财政,可从土地指标有偿使用费、土地出让金等资金中列支。

资金分配和用途:资金一般由开展土地复垦和保护产生节余指标的地方政府按规定使用。如苏州市吴中区规定,节余指标得到的收益60%由镇级政府用于耕地质量提升、基本农田保护和民生建设,40%以镇政府为投资主体,委托区属投资公司进行投资,并保证收益率不低于8%,不足部分由土地使用有偿使用费补足,特殊事项可申请一次性使用资金。

二、主 要 成 效

(一)耕地"三位一体"保护意识逐渐增强

部分地区尤其是经济较为发达地区,积极推动耕地数量、质量保护逐步转向数量、质量和生态"三位一体"保护,强化耕地生态保护意识,初步形成土地整治工程生态化、耕作方式生态化、耕种技术生态化等多种生态保护模式,积累了实践经验。例如,北京市海淀区在中央耕地"三位一体"保护要求提出后,出台实施了农田生态补偿机制的相关文件,创造性地将耕地保护与城市景观建设结合起来,传承农耕文化,体现耕地生态系统文化服务功能。昆山市将水稻田和永久基本农田纳入生态保护补偿范围,并基于生态本底开展生态型土地综合整治,维护和增强了原有自然生态系统的稳定性。吉林省梨树县"梨树模式"考量了水土保持、土壤侵蚀、土壤生物多样性等众多生态要素,以耕作模式创新推动耕地生态保护和生产能力提升。

(二)耕地生态保护积极性有所提高

一方面,对耕地生态保护进行补偿,增加了保护主体收入,提高了耕地生态保护积极性。集体经济组织通过获得耕地生态保护补偿,增加村级建设和产业发展资金,缩小了因保护耕地导致的区域发展差距。2017~2019年,苏州市支出的生态补偿资金中,用于耕地生态建设和保护的资金为11.197亿元,占比达48%;用于村级建设和经济发展的资金为6.1872亿元,占比达26%;用于补贴农户的资金占比为6.1872亿元,占比达26%。[①]

另一方面,对耕地生态保护进行补偿,有助于提高耕种积极性,减小耕地非农化和非粮化。北京市海淀区通过农田生态补偿引导居民积极耕种,减少了抛荒和非农化。《苏州市生态补偿条例》出台以后,不仅扭转了水稻播种面积快速下滑的趋势,水稻播种面积还略有增加。

(三)耕地生态系统功能持续改善

实践表明,通过开展耕地生态保护,能有效改善生态环境,优化生境,提高生物多样性,维护和增强耕地生态系统以及耕地所处的自然生态系统稳定性和各种服务功能。昆山花桥万顷良田工程,为候鸟迁徙提供了宝贵的落脚点和觅食地,生物多样性保护效果明显。据调查,万顷良田发现了苍鹰、普通鵟、红隼等国家二级保护动物。2016年发现了苏州市鸟类新纪录——赤颈鸫,迁徙季节还能发现非常珍稀的国家二级保护动物——蓑羽鹤、灰脸鵟鹰和雀鹰等。2017年观测到的鸟类种类比本地历史记录多了41种,增幅达51.3%,创造了新的观测记录。[②] 梨树县保护性耕作模式不仅有效改良土壤,保护蚯蚓、

---

① 苏州市财政局,苏州市农业农村局.苏州市生态补偿资金管理办法[Z].苏州:苏州市财政局,2020.
② 昆山天福国家湿地公园管理处.天福国家湿地公园生态监测报告(2016-2017年)[R].昆山:昆山天福国家湿地公园,2017.

土壤微生物等的生存环境，增加了土壤生物多样性，秸秆覆盖还起到了良好的防风固沙的作用，遏制因风沙造成的地表黑土地流失状况，也减轻了风沙对周边的负面影响。

（四）耕地和土壤质量不断改善

通过耕地生态保护和补偿，在保护耕地生态环境的同时也提高了耕地的质量和耕地产能，更好地保障粮食安全。苏州市通过耕地生态保护和补偿，使耕地质量等级不断提高。2018年苏州耕地平均等级为5.68等，2019年提高到5.64等。北京市2015年耕地平均等级为4.58等，到2019年提高了0.27达到4.31。[①] 此外，还明显减少了违法建设、耕地上大规模堆土、倾倒垃圾等行为。吉林梨树模式改良了土壤，提高土壤蓄水保墒能力和有机质含量，改善耕地地力，有效地保护了黑土地。

三、初步认识

（一）耕地生态保护是一项系统工程，应纳入社会经济系统和自然生态系统中进行整体保护

耕地具有生产、生态和社会保障等多种功能属性，各种功能间相互依存、紧密联系。应坚持系统性原则，将耕地生态保护置于社会经济系统和自然生态系统中进行统筹考虑。作为粮食生产和农业发展的根基，耕地应首先立足于维护我国粮食安全的基本功能，在确保数量不减少、质量有提升的基础上，通过增强耕地生态系统服务功能，促进粮食生产能力提高，维系社会经济稳定。

同时，作为自然生态系统的重要组成部分，耕地与其他自然要素组成有机整体，其生态保护应放在所处的自然生态系统中进行综合考虑，既要考虑与其他自然要素保护和合理利用的协调，又要考虑与整个自然生态系统的建设及功能目标的衔接，以增强保护的系统性和协调性，不断提高耕地生态功能，维护自然生态系统稳定性，助力国家生态安全建设。

---

① 全国耕地质量等级情况公报 [Z]. 中华人民共和国农业农村部.

(二) 当前耕地生态保护补偿主要是对发展权的补偿，尚未探索建立基于生态价值的补偿机制

目前，各地方开展耕地生态保护补偿的目的，主要为了补偿发展权利损失，减小耕地耕种收益差异，提高集体组织和农户耕地保护积极性，还未探索建立体现耕地生态系统服务价值的补偿机制。

以苏州市耕地生态补偿为例，当初对耕地进行生态补偿主要考虑两个方面因素：一是耕地保护丧失转变为更好收益地类的权利，应对损失的发展权进行补偿，体现机会成本；二是当地集体经济组织缺少建设资金，基层人大代表以议案形式建议对耕地进行生态补偿，增加集体经济组织收入。北京市海淀区同样出于财政转移支付、均衡产业发展等目的，缺少真正意义的耕地生态价值补偿。理论上，耕地生态保护补偿应包括保护成本、机会成本和生态价值等，未来应积极探索耕地生态服务价值补偿的方式，明确补偿主体和对象，体现耕地的生态价值。

(三) 耕地生态保护补偿标准多基于财力和面积确定，鲜有考虑耕地生态系统服务功能

目前，地方确定耕地生态保护补偿标准的方法主要有两种：第一种是通过财政能力、耕地数量等因素确定，如昆山市水稻田补偿标准为每年700元/亩等；第二种是参照其他类型生态系统进行补偿，如北京市海淀区在考虑财政总量的基础上参照生态林生态补偿额度确定农田生态补偿标准为每年1500元/亩。

总体上，耕地生态保护补偿标准缺少判定依据，更没有构建相对科学合理的、反映生态价值的耕地生态保护标准体系。此外，各地财力状况和耕地保有量状况不同，制定的补偿标准和对财政压力差距巨大。对比苏州市和梨树县，同样每年补偿耕地保护1亿元资金，前者补偿标准达每年420元/亩，而后者只有每年50元/亩。今后，应积极探索将耕地生态因素纳入补偿标准研制过程中，构建耕地生态价值核算技术体系，合理评估耕地产生的生态价值，为确定耕地生态保护补偿标准提供参考依据。

(四) 耕地生态保护补偿主要依靠财政，缺少市场化多元化的补偿方式

从各地实践看，耕地生态保护补偿资金来源主要依靠政府财政，缺少市场化多元化的

补偿方式，横向耕地生态补偿探索不够，耕地保有量的异地代保、异地占补平衡和国家统筹耕地任务等工作中，主要通过市场指标交易或者国家统筹进行指标定价，没有将耕地生态系统服务的保护等要素纳入其中。

应进一步探索耕地多元化补偿，一是可探索完善建设项目跨区补充耕地补偿机制，探索将生态效益纳入补偿影响要素，对耕地保护中的生态效益进行横向补偿。二是探索加大财政转移支付力度，对耕地保护工作突出地区进行奖励和激励性补偿。三是探索耕地生态产品价值实现机制，将耕地生态产品价值市场化，通过市场化资金对耕地生态价值和耕地生态保护进行补偿。

（五）应按自然地理条件和社会经济发展水平，分区分类开展耕地生态保护和补偿

我国耕地分布广泛，各地自然地理条件不同，类型上既有水田也有旱地，分布上既有山地丘陵也有平原，气候条件、水资源状况差异较大，导致耕地本身提供的生态系统服务类型和功能量不同，耕地生态保护措施和投入应分类分区。此外，我国地区间社会经济发展水平和财力差异较大，各地对生态保护补偿资金的承压能力各不相同，一般发达地区（如苏州、北京海淀等）耕地保有数量偏少，财力相对较强，对耕地保护补偿的力度较大。而吉林省梨树县等经济欠发达地区往往承担了更大的耕地保护任务，部分地区更是农产品主产区，耕地补偿力度和财力承受能力相对较弱。应综合各地经济发展水平和财力情况制定耕地生态保护补偿政策制度，并探索发达地区向粮食主产区横向购买耕地生态系统服务功能的可行路径和操作方式，激发耕地保护积极性，确保全国耕地数量不减少、耕地质量有提高、生态功能不下降。

关于生态产品价值实现机制有关情况的研究报告[*]

课题研究小组[**]

优质生态产品是人民对美好生活的向往，也是最普惠的民生福祉。探索建立生态产品价值实现机制，将生态产品所蕴含的内在价值转化为经济价值，是贯彻落实习近平生态文明思想、践行"两山"理念的必然要求，也是坚持生态优先、推进绿色发展的重要举措。

一、对生态产品价值实现的基本认识

（一）生态产品的内涵界定与分类

目前，国内外对生态产品内涵的理解有狭义和广义之分。狭义上的生态产品是指维系生态安全、保障生态调节功能、提供良好人居环境的自然要素，包括清新的空气、清洁的水源和宜人的气候等，与生态学领域常用的"生态系统服务"含义相近，是具有非排他性、非竞争性特征的纯公共产品，难以通过市场交易实现经济价值。广义上的生态产品还包括人类在绿色发展理念指导下，采用产业生态化方式生产的生态农产品、生态工业品和生态旅游服务等经营性生态产品。

---

[*] 本文原载于《自然资源经济参考》2020年第3期。
[**] 课题研究小组成员：自然资源部自然资源所有者权益司廖永林、李劲松、李兆宜，中国自然资源经济研究院张新安、刘伯恩、吕宾、贾文龙、范振林、岳永兵、刘向敏、厉里、宋猛、聂宾汗、马晓妍、强海洋、姚霖、张所续、沈悦，国家海洋信息中心郑艳、王涛。

自 2010 年国家层面首次提出"生态产品"概念以来，随着生态文明建设的深入推进，生态产品的内涵不断拓展，由最初作为国土空间优化的一种主体功能，转变为满足人民日益增长的优美生态环境需要的必需品，见表 1。从现有研究和实践案例看，广义的生态产品概念已经在理论和实践层面基本得到认可，生态产品价值实现机制已经成为践行"两山"理念的实践载体和重要抓手。

表 1　　　　　　　　　　　　生态产品概念的发展历程

序号	文件	内容
1	国务院关于印发全国主体功能区规划的通知	生态产品是指维系生态安全、保障生态调节功能、提供良好人居环境的自然要素，包括清新的空气、清洁的水源和宜人的气候等
2	党的十八大报告	实施重大生态修复工程，增强生态产品生产能力
3	中共中央　国务院关于完善主体功能区战略和制度的若干意见	建立健全生态产品价值实现机制，挖掘生态产品市场价值
4	党的十九大报告	要提供更多优质生态产品以满足人民日益增长的优美生态环境需要
5	习近平总书记在深入推动长江经济带发展座谈会上的讲话	探索政府主导、企业和社会各界参与、市场化运作、可持续的生态产品价值实现路径
6	中央财经委员会第五次会议	在长江流域开展生态产品价值实现试点
7	习近平总书记在黄河流域生态保护和高质量发展座谈会上的讲话	三江源、祁连山等生态功能重要的地区，就不宜发展产业经济，主要是保护生态，涵养水源，创造更多生态产品

根据生态产品的经济特征和供给消费方式，生态产品可以分为四种类型：私人物品型（生态农产品等）、俱乐部产品型（国家公园等）、公共资源型（公共林地、水域等）、纯公共产品型（清新空气、宜人气候等）。

（二）价值来源及表现形式

（1）价值来源。一是稀缺，这是生态产品具有价值并形成市场价格的根本条件。二是效用，随着人民对优美生态环境的需要日益增长，生态产品在人民生活福祉中的贡献度也不断提高。三是劳动，生态产品的价值也包含在人类对自然资源物质形态的改变中，包括人类劳动参与生态修复等。四是规制，包括实施国土空间规划、用途管制、生态补偿等，以实现自然资源的整体保护，为人类提供更多的生态产品。

（2）价值表现形式。包括价（生态产品价格）、税（国家税收）、费（资源补偿费）、金（政府主导或市场化的绿色发展基金）、款（生态补偿款）、利（经营利润）、财（财政转移支付）、债（绿色债券）8种价值形式。

（3）与自然资源的关系。自然资源是生态产品的生产载体，生态产品是自然资源的结晶产物，自然资源的产权决定了生态产品的产权归属。如果将自然资源比作"银行本金"，生态产品则是其所产生的利息。

（三）价值实现的基本路径

主要有三种路径：一是市场路径，主要表现为依靠市场配置可直接交易的生态产品；二是政府路径，依靠财政转移支付等实现生态产品价值；三是政府与市场混合型路径。从现有实践看，价值实现主要依靠后两种路径，难点和重点是公共性生态产品价值的多元化、市场化实现路径。

二、国内外关于生态产品价值实现机制的实践探索

（一）生态产品价值实现模式的分类

比较有代表性的是国务院发展研究中心（谷树忠等，2019）[①]和山东大学（张林波等，2019）[②]的分类方式，详见表2。

表2　　　　　　　　　　生态产品价值实现模式分类表

研究者	具体分类
谷树忠等（2019）	1. 生态补偿模式（地区横向） 2. 财政转移支付（纵向） 3. 有机绿色生态农业模式 4. 生态旅游模式 5. 碳汇交易模式 6. 绿色基金债券模式 7. 生态康养产业模式 8. 国家公园模式（自然保护地模式）

---

① 谷树忠. 关于自然资源资产产权制度建设的思考[J]. 中国土地，2019（6）：4-7.
② 张林波，虞慧怡，李岱青，等. 生态产品内涵与其价值实现途径[J]. 农业机械学报，2019，50（6）：173-183.

续表

研究者	具体分类
张林波等（2019）	1. 生态保护补偿（财政补贴补助） 2. 产品交易（东阳－义乌水库水资源使用权转让） 3. 指标配额（"林票"交易） 4. 产权交易（碳排放权交易） 5. 经营开发（物质原料利用） 6. 载体溢价（采煤塌陷地生态再造） 7. 资本收益（"福林贷"模式） 8. 协同开发（异地开发产业园）
本研究报告	1. 生态补偿类（流域上下游生态补偿、重点生态功能区转移支付、资源要素类生态补偿） 2. 生态资源指标及产权交易（中国耕地占补平衡指标交易、美国湿地缓解银行模式、"地票"交易、"林票"交易、碳汇交易、排污权交易、林权交易、水权交易） 3. 生态修复及价值提升（矿山、海岸带等生态修复及价值提升、全域土地综合整治、土地综合开发） 4. 生态产业化经营（特许经营、生态农业、生态旅游、生态品牌认证） 5. 绿色金融及相关税费（生态银行、绿色基金、碳税、环境保护税、资源有偿使用费）

在学习现有研究成果和实践案例的基础上，本文以价值实现的三种基本路径（市场、政府、政府与市场混合型路径）作为分类依据，结合自然资源部的职能职责，将生态产品价值实现模式具体分为五种：生态补偿、生态资源指标及产权交易、生态修复及价值提升、生态产业化经营、绿色金融及相关税费。

上述分类中，生态补偿模式是以政府为主导的价值实现路径；生态资源指标及产权交易模式是以产权交易和政府管控下的指标限额交易为核心的"政府＋市场"路径；生态修复及价值提升模式是对土地、矿山、海岸带等自然生态系统开展生态修复和综合开发，进而实现生态产品的供给增加和价值提升；生态产业化经营模式是对可以进行直接市场交易的生态产品和服务，以可持续的方式进行经营开发和市场交易，是以市场为主导的价值实现路径；绿色金融及相关税费模式是对前四类生态产品价值实现模式的金融支持、税费激励（约束），从而促进生态产品的价值实现。

（二）各类生态产品价值实现模式的具体做法

1. 生态补偿

主要做法是国家或生态受益地区以资金补偿、产业扶持、共建园区等方式向生态保护地区购买生态产品。具体包括：

（1）流域上下游横向生态补偿模式。在我国，该模式下的生态产品是达到一定水质和水量标准的水资源，价值实现途径是由受益者（下游）给予生态产品供给者（上游）一定补偿，目标是提高流域内优质水资源生态产品的供给，并调整上下游之间的利益关系。如新安江流域按照"中央引导、两省协商、水质考核"的方式，由中央财政给予引导性资金，安徽、浙江两省各自配套补偿资金，并以两省交界的断面水质作为补偿资金的拨付标准。水质达标，安徽省（上游）得到补偿资金，反之则补偿给浙江省（下游）。

（2）重点生态功能区生态补偿模式。重点生态功能区关乎全国或较大区域内的生态安全，提供了水源涵养、水土保持、防风固沙和生物多样性等重要生态产品。其价值实现途径主要是政府给予财政转移支付，以保障其基本公共服务能力。例如，2008~2019年，中央财政累计安排重点生态功能区转移支付资金5242亿元，重点补助范围达到819个县域，年度金额从61亿元增加到2019年的811亿元。

（3）自然资源要素生态补偿模式。对保护森林、草原、湿地、耕地等资源要素的主体提供补偿，以增加生态产品的供给，主要包括森林、草原、湿地等生态效益补偿资金。例如，2004年中央财政正式建立了森林生态效益补偿制度，目前补偿标准已提高到16元/亩，2016~2019年中央财政共安排补偿资金697.1亿元。

2. 生态资源指标及产权交易

（1）耕地、湿地占补平衡指标交易模式。该模式下的生态产品是能够提供一定生态系统服务的耕地、湿地生态系统。在占用耕地或湿地必须进行补充的管控措施下，由受益者（指标购买方）通过市场交易指标的方式，给予生态产品供给者（指标供给方）一定的经济补偿，以实现区域内重要自然生态系统的动态平衡。如美国的湿地缓解银行，就是按照湿地"零净损失"的原则，规定所有占用湿地的开发者都必须购买湿地指标，以"抵消"占用湿地所带来的生态环境损失，由此出现了第三方投资修复与补充湿地，再向开发者出售"湿地信用"（实质为湿地交易指标）的湿地缓解银行。我国的耕地占补指标交易模式与之类似。

（2）地票交易模式。将农村建设用地复垦后形成的耕地、林地、草地等自然生态系统作为"地票"，通过公开市场交易等方式实现其经济价值，其实质是土地、林地等资源用途的空间转化。重庆地票是该模式的典型代表，2018年重庆市印发了《关于拓展地票生态功能促进生态修复的意见》，对生态保护红线区、25度以上坡地等不宜复垦为耕地的，主要复垦为具有生态功能的林草地，并仍按现行地票交易挂牌价格进行交易，拓展了地票的生态功能。

（3）林票交易模式。该模式的生态产品是森林生态系统及其提供的产品和服务，通过将森林覆盖率作为政府考核的约束性指标，由森林覆盖率低且无法自行完成国土绿化任务的地区，向森林覆盖率高的地区购买森林覆盖率指标，促进了生态产品的价值转化。如重庆市将2022年全市森林覆盖率达到55%作为每个区县的统一考核目标，各区县之间可以按照不低于1000元/亩的价格和不低于1500元/亩/年的管护费用（管护期15年）交易森林覆盖率指标。

（4）碳汇交易模式。碳汇交易是基于管理机构对各碳排放源（地区或企业）分配碳排放指标的规定，设计出的一种市场交易方式。价值实现途径是碳排放源采用购买碳汇项目的方法，抵消其碳排放量以达到规定的碳排放配额要求，进而实现森林等碳汇载体的生态价值，同时减少碳排放。

（5）碳排放权、排污权等配额交易模式。政府根据区域内的生态环境容量明确碳排放、污染物排放总量，再以配额指标的方式分配到各排放主体，并允许各排放源之间通过市场方式开展配额交易，实现减少排放、保护生态的目标。

（6）林权、水权等产权交易模式。林权交易是林木（地）所有者或使用者通过流转、租赁等方式，实现森林资源的经济和生态价值。水权交易是在政府合理界定和分配水资源使用权的基础上，通过市场机制来实现水资源使用权在地区、流域、用户之间的流转，进而实现水资源生态产品的价值。

3. 生态修复及价值提升

该模式是在历史遗留矿山等生态功能缺失区域，通过生态修复、系统治理和国土空间规划优化调整等措施，实现自然生态系统的功能恢复、生态产品供给增加和价值提升。

（1）矿山生态修复及价值提升模式。对历史遗留矿山和废弃矿区等采取土地复垦、植被修复等措施，恢复其生态系统服务功能和生态产品供给能力，并通过产权激励、产业扶持、盘活存量建设用地等方式，引导社会资金开展生态修复和发展产业，实现生态产品价值并创造经济收益。如浙江省遂昌金矿通过实施生态修复工程，矿区绿化率达到90%以上，连续七年出现对生长环境要求极高的"水中大熊猫"桃花水母；通过建设国家矿山公园、发展文化旅游产业，2017～2019年累计接待游客228.76万人次，实现旅游综合收入1.8亿元，带动周边形成了黄金谷漂流等10余个景区，解决了附近乡村600多人就业，带动农民增收致富。①

（2）海岸带生态修复及价值提升。通过海岸整治修复、滨海湿地恢复、生态廊道建设等措施，恢复受损的海岸带生态环境，增强其生态产品供给、生物多样性保护、海洋灾害抵御等能力，再通过海岸带空间布局优化和综合开发利用，吸引社会投资，带动生态旅游

---

① 新华网刊文点赞：丽水探索"两难"破解之道，蹚出"两山"转化高质量绿色发展新路［EB/OL］. https：//www.thepaper.cn/newsDetail_forward_8708634.

等产业发展。如浙江省洞头区通过蓝色海湾生态修复项目，近岸海域一类和二类水质面积增加了27.3%，打造了79.7公顷的生态湿地和15.5公里的生态海堤，打通了鱼虾洄游通道，增加了海洋生物多样性。2018年洞头荣获中国"最美休闲度假胜地"称号，仅2019年国庆期间就接待游客47.57万人次，旅游收入2.14亿元。[①]

（3）全域土地综合整治模式。通过全域规划、整体设计和综合整治，盘活农村存量建设用地，优化调整林地、水域等生态用地布局，提升了生态产品供给能力，为脱贫攻坚、乡村振兴等提供了生态产品价值实现途径。浙江省建德市葛塘村通过全域土地综合整治，建成了山清水秀的美丽乡村，新增耕地61.8亩，增加村集体收益725万元。[②]

（4）土地综合开发模式。对生态环境破坏严重、土地利用效率低、土地资源配置不合理的低效空间（如旧厂房、城中村等）进行生态改造和综合开发，提高水源涵养、空气净化、生物多样性保护等生态产品的供给效率和质量，辐射带动周边经济社会发展，实现生态价值、经济价值和社会价值的共同提升。如厦门市五缘湾土地综合开发项目，通过片区土地收储开发与生态修复保护相结合，构建了以242公顷水域和89公顷湿地公园为核心的生态系统，增加了500万立方米纳潮量，吸引了90多种野生鸟类觅食栖息；依托高质量的生态产品供给，片区形成了总部经济、高端商务、旅游度假等主导产业，带动区域资源升值溢价。截至2019年底，片区土地出让价款216.99亿元，总收益达100.7亿元。[③]

4. 生态产业化经营

（1）特许经营模式。该模式是将国家公园等自然保护地中可以开展生态旅游、文化体验等活动的经营性项目，转让给特定主体运营，通过收取转让收益的方式实现生态产品的价值，以更好地平衡经济发展和生态保护的关系。如美国黄石国家公园2018年特许经营收入2100万美元，占总收入的31.5%；我国云南普达措国家公园通过开发生态旅游等特许经营项目，带动当地居民家庭年纯收入达到10余万元。

（2）生态农业、生态旅游和生态品牌认证。依托优良的生态环境，通过环境友好型方式发展生态农业、生态旅游业，部分产品通过生态品牌认证方式获得溢价。例如，浙江丽水市通过打造"丽水山耕"品牌，提升农产品品质、提高线上营销力度，农产品销售平均溢价33%。

---

① 青山欢乐岛、大瞿养生岛……洞头规划"一岛一主题"海岛旅游［EB/OL］. https：//wl. wenzhou. gov. cn/art/2019/12/17/art_1642047_41072377. html.
② 开展全域土地综合整治 助推乡村振兴战略实施［EB/OL］. https：//zjnews. zjol. com. cn/zjnews/zjxw/201807/t20180716_7786094. shtml.
③ 五缘湾片区开发模式成为全国样板［EB/OL］. https：//zygh. xm. gov. cn/dtxx/fjdt/202005/t20200509_2445810. htm.

5. 绿色金融及相关税费

通过绿色金融及相关税费，将绿水青山的隐性收益和污染的隐性成本显性化，重构资源价格的形成机制，促进生态产品的价值实现。

（1）生态银行模式。通过租赁、托管、股权合作等方式，将分散的自然资源经营权流转至生态银行、转换成可交易的自然资源"资产包"，再通过现代农业、生态旅游等产业和市场化运行，实现生态产品的价值。典型的如福建南平市的生态银行模式。

（2）绿色基金、绿色贷款模式。绿色基金主要以财政资金、企业资金和社会筹集资金为资金来源，设立基金运营机构并具体投向生态补偿、植树造林、生态修复等"绿色"项目，以实现生态产品的供给增加和价值提升，如哥斯达黎加的国家森林基金。绿色信贷是通过抵押贷款等方式，使生态资源的所有者获得一定融资，用以支持经营性生态产品的开发经营，如福建三明市的"福林贷"。

（3）与资源开发利用和生态环境保护相关的税费。通过对开发利用自然资源或使用生态环境容量收取税费，在筹集生态环境保护资金的同时，部分实现了资源和生态环境的价值，如碳税、水资源费、生态环境税等。

（三）生态产品价值实现面临的问题和困难

目前，部分地区对生态产品价值实现工作进行了试点探索，实践中也形成了一些成效初显的模式。但总体来看，对这项工作的理论研究和实践探索都处于起步阶段，还存在不少需要解决的问题，主要表现为：

（1）基础薄弱。与生态产品相关的理论研究、产权界定和价值核算等基础薄弱，对生态产品的定义分类、实现路径等认识不统一；对生态产品价值核算的标准共识度低，尚未形成统一的核算标准；生态产品的市场交易体系和交易平台不健全，多元化、市场化实现机制有待建立。

（2）政策缺失。生态产品价值实现的顶层设计缺失，各部门之间的统筹协调不够，难以形成合力。支持生态产品价值实现的产权制度、科技创新、财税金融、产业发展、人才支撑等政策体系亟待建立。

（3）实现方式单一。财政转移支付仍是生态产品价值实现的主要途径，资金来源和价值实现方式比较单一，生态资源指标和产权交易、生态产业化经营等方式运用不足，"造血式"的生态产品价值实现体系还需完善。

（4）过度市场化与过度生态化并存。有些地区在生态产品价值实现过程中存在过度市场化倾向，为了经济利益忽略生态效益；也有部分地区过分强调生态保护而忽视经济社会发展等问题，没有统筹协调好生态环境保护与生态产品价值实现之间的关系。

三、建立自然资源领域生态产品价值实现机制的初步思路

（一）找准工作定位

生态产品价值实现是一项理论性强、政策性强、操作性强的系统工程，涉及面广、范围大、难度高，必须以习近平生态文明思想为引领，认真践行"两山"理念，按照习近平总书记提出的"政府主导、企业和社会各界参与、市场化运作、可持续的生态产品价值实现路径"要求，推动理论研究、试点实践、顶层设计和政策制定。

作为生态产品的生产载体，自然资源为生态产品供给和价值实现提供了最基本的物质基础和空间保障，自然资源部门应当成为生态产品价值实现的制度供给者、积极参与者和重要管理者。建议我部立足"两统一"核心职责，从产权管理和资源管理切入，发挥产权管理、国土空间规划、用途管制、有偿使用等政策优势，做好调查监测、确权登记、评估核算等基础工作，同步开展相关理论问题研究，进行科学、简明、可操作的制度设计并推动落地。

（二）明确重点领域

考虑到生态产品价值实现工作的复杂性和处于初始阶段等因素，近期应围绕自然资源部职能，聚焦已经有实践做法和一定成效、自然资源政策能够覆盖的领域，作为工作重点和主攻方向。经认真梳理和研究，本文初步筛选了以下六个方向。

（1）耕地占补平衡指标交易。深入总结现有耕地占补平衡中有效增加生态产品、提高生态系统质量的典型做法，适时推广；借鉴美国湿地缓解银行模式，探索耕地占补平衡指标由第三方建设、运营和后期管护，再通过省内、跨省市场化交易方式实现其价值。研究开展永久基本农田保护面积、海岸带自然岸线保有率等指标交易的可行性。

（2）重庆地票、林票交易。推广重庆"地票"拓展为"生态票"和开展森林覆盖率指标交易的做法，重点探索以市场化方式实现森林生态系统的价值并产生一定的生态溢价。

（3）矿山、海岸带生态修复及价值提升。自然资源部出台《关于探索利用市场化方

式推进矿山生态修复的意见》为契机,选择部分历史遗留矿山、在采矿山的废弃矿区开展生态修复,再通过叠加一定的自然资源政策发展产业,实现生态产品价值。涉及的政策措施包括:在国土空间规划中优化各类空间用地的规模、结构和布局,据实核定矿区耕地、永久基本农田等现状地类,实施差别化的土地政策,矿山存量建设用地再利用,用地指标保障等。海岸带生态修复与之类似。

(4)全域土地综合整治、土地综合开发。探索将以往注重增加耕地数量的单一目标,拓展为恢复生态系统受损功能、提升项目区生态保障能力、提供更多优质生态产品、提高资源利用效率等多重目标。同时通过土地溢价、指标交易等方式实现其价值,促进区域生态文明建设和绿色可持续发展。

(5)生态银行模式。探索推广福建南平市生态银行模式,在增加生态产品和保护生态环境的基础上,通过搭建"生态银行"等生态资源运营平台,将分散的自然资源使用权和经营权集中流转并进行专业化运营,创新多元化、市场化的生态产品价值实现机制。涉及的政策措施包括:国土空间规划中的分区管控、土地计划指标、增减挂钩指标交易、确权登记及资产价值评估等。

(6)国家公园等自然保护地特许经营。作为推动国家公园等特殊生态空间内生态产品价值实现的重要途径,建议总结国内三江源、普达措国家公园特许经营的做法,借鉴国外成熟经验,选择国家公园或自然保护地开展经营性项目特许经营试点。涉及的政策措施包括:自然资源资产使用权配置、有偿使用政策、特许经营权评估与收益收取、国土空间规划、项目用地指标及审批等。

此外,碳汇交易也是自然资源领域生态产品价值实现的重要途径。但由于国家发展改革委已于2017年暂停受理所有中国核证自愿减排量项目(CCER项目)的备案,在未恢复受理之前,林业碳汇的交易受到了限制。建议自然资源部积极参与全国碳排放权交易市场建设,支持将林业碳汇等具有明显生态保护效益的温室气体自愿减排项目,优先纳入全国碳排放权交易市场。同时,积极探索推进二氧化碳地质储存、海洋碳汇等研究和示范项目建设。

"基于自然的气候变化解决方案"的前沿进展与政策建议[*]

张小全 谢茜 曾楠 靳彤 姚霖[**]

近年来,"基于自然的解决方案"(nature-based solution,NbS)作为一种新理念在国际社会呼声日渐高涨,这种方法颠覆了以往片面依赖技术手段实施资源与生态治理的认知,提倡依靠自然的力量应对自然风险,为协同推进经济发展和生态保护、促进人与自然和谐共生提供了新思路。

一、引　言

2008年,世界银行发布报告《生物多样性、气候变化和适应性:来自世界银行投资的NbS》,首次在官方文件中提出"基于自然的解决方案"这一概念,要求人们更为系统地理解人与自然的关系。世界银行对其在1988~2008年批准和实施的598个与生物多样性保护直接相关的项目(总投入60余亿美元)进行了评估,以案例的形式,阐述了气候变化对生物多样性的影响,生物多样性保护对减缓气候变化以及人类生计和生物多样性适应气候变化的重要性。这些项目涉及自然生态系统保护和恢复、造林再造林(生物多样性廊道或连通性修复)、湿地保护和恢复、珊瑚礁保护和恢复、草地保护、可持续森林管理、替代能源等。评估结果表明:基于自然的方式在增强生物多样性保护的同时,能通过减少

---

[*] 本文原载于《自然资源经济参考》2020年特6期。
[**] 大自然保护协会(TNC)北京代表处张小全、谢茜、曾楠、靳彤,中国自然资源经济研究院姚霖。

陆地排放，增强陆地碳汇，对减缓气候变化作出重要贡献，同时增强生态系统的气候韧性，帮助在农业、林业、牧业、渔业、水资源、城市、健康、海岸带等社会经济领域提高适应气候变化的能力。

2009年，世界自然保护联盟在提交给《联合国气候变化框架公约》（UNFCCC）第15届缔约方大会的建议报告中明确提出，积极推动将基于自然的解决方案作为更广泛的减缓和适应气候变化整体计划和策略的重要组成部分。

2010年，世界自然保护联盟、世界银行和世界自然基金会等机构联合发布了《自然方案报告：保护区促进应对气候变化》，将"基于自然的解决方案"正式应用于生物多样性保护。

欧盟敏锐地嗅到这一理念在改善人与自然关系、塑造可持续竞争力中巨大的潜力。2014年欧盟启动了基于自然的解决方案的"地平线2020研究和创新议程"，并通过"生物多样性和生态系统服务欧洲研究领域计划"召开了NbS专题研讨会，将"基于自然的解决方案"纳入"地平线2020"（Horizon 2020）科研计划，开展了更大规模的试点。并在2015年发布了《基于自然的解决方案和自然化城市》报告，识别出了4个NbS可以实现的目标：

（1）通过NbS增强可持续城市化，能刺激经济增长，改善环境，使城市更具吸引力，并增强人类福祉。

（2）应用NbS恢复退化的生态系统，能增强生态系统韧性，提供更好的生态服务，并应对其他社会挑战。

（3）基于NbS的气候变化适应和减缓，能提供更具韧性的气候变化响应机制，并增强碳储存。

（4）应用NbS进行风险管理，相对传统的方法，能产生更大的、降低多重风险的协同效益。

欧盟对于基于自然的解决方案从更广阔的视角阐述了其内涵，即一种受到自然启发、支撑并利用自然的解决方案，以有效和适应性手段应对社会挑战，提高社会的韧性，带来经济、社会和环境效益。这些方案将通过资源高效利用、因地制宜和系统性干预手段，使自然特征和自然过程融入城市、陆地和海洋景观。自此，"基于自然的解决方案"由最初应用于生物多样性保护、减缓和适应气候变化，逐步扩展到与可持续发展相关的多重领域。

2016年，世界自然保护联盟发布《基于自然的解决方案应对全球挑战》，系统阐述了NbS的概念和内涵，NbS在应对水安全、粮食安全、人类健康、自然风险和气候变化中的作用，以及与生态系统有关的NbS方法，并提供了10个相关的NbS案例研究以及案例经验分享等。生态系统有关的NbS方法包括生态恢复，生态工程，森林景观恢复，基于生态系统的减缓、适应和风险应对，绿色基础设施和自然基础设施，以及基于生态系统的管理等。

2017年，大自然保护协会联合15家研究机构，从全球层面识别出"基于自然的气候解决方案"最重要的20条路径，定量评估了这些路径在实现《巴黎协定》达成的2℃升温目标中减排的潜力和贡献，并对不同路径在空气、水、土壤和生物多样性方面的协同效益进行了评估。

2019年8月，联合国政府间气候变化专门委员会发布《气候变化与土地特别报告》指出，亟待在全球范围内彻底改变我们目前的土地利用方式。通过可持续的土地利用，例如改善农田和草地管理，实施可持续森林经营，提高土地生产力，增加土壤含碳量，以及保护和恢复诸如泥炭地、森林和海岸带等自然生态系统以及生物多样性保护，不仅是减缓和适应气候变化的一个重要途径，而且有助于防治荒漠化和土地退化，增强粮食安全。

2019年，NbS被联合国秘书长列入应对气候变化的九大项优先行动之一，并于9月的气候峰会开展了专题讨论。在中国和新西兰的牵头下，各国提出了150多项倡议和大量的良好做法。

二、"基于自然的解决方案"（NbS）的内涵

自国际社会应对气候变化伊始，基于自然的方式尽管未作为完整概念和行动提出来，但它在应对气候变化中的成效已被认可。

比如，《联合国气候变化框架公约》第4条第1款要求"促进可持续土地管理，维护和加强所有温室气体的吸收汇和储存库，包括生物质、森林和海洋以及其他陆地、海洋和沿海生态系统"。《京都议定书》第2.1（a）（ii）（iii）款规定"实施并详细阐明其保护和增强温室气体吸收汇和储存库，促进可持续森林管理、造林和再造林的政策和措施，促进气候变化下的可持续农业……"；第3.3款允许1990年以来的造林、再造林和毁林活动；第3.4款允许1990年以来森林管理、农田管理、草地管理等附加人为活动引起的温室气体源排放和汇清除的净变化，用于抵消附件I缔约方[①]承诺的温室气体减限排指标；第6.1款的排放贸易包括了造林、再造林、减少毁林、森林管理等林业活动；第12条清洁发展机制也包括造林、再造林项目活动。

2007年《联合国气候变化框架公约》第13次缔约方大会开始就减少发展中国家毁林和森林退化所致排放（REDD+）问题展开了多年谈判，开发了一系列方法指导和金融机

---

① 附件I缔约方指《联合国气候公约》附件I所列缔约国，即根据公约要求率先采取减限排的工业化国家。

制。土地利用、土地利用变化和林业议题也一直是缔约方大会谈判的重要内容之一，并体现在相关决议中。近年来多家国际组织发起了蓝碳计划，希望使用海岸带生态系统（红树林、盐沼和海草床等）减缓和适应气候变化。

适应气候变化一直被认为是与减缓同等重要和紧迫的问题。相关机构十多年前就开始讨论并提出了基于生态系统的适应方案（EBA）。2009年《联合国生物多样性公约》明确提出了基于生态系统的气候适应框架，旨在通过生物多样性保护和生态系统服务，帮助人们适应气候变化。

虽然上述进程、活动和措施都属于NbS的范畴，但直到近几年NbS作为一个整体概念才得以提出。

欧盟认为NbS是受自然启发、由自然支持或仿效自然的行动。其目的是帮助社会可持续地应对面临的一系列环境、社会和经济挑战。世界自然保护联盟（IUCN）将NbS定义为"通过保护、可持续管理和修复自然或改良的生态系统，从而有效和适应性地应对社会挑战，并为人类福祉和生物多样性带来益处的行动"。两种定义大同小异，都强调应用生态系统及其服务功能应对人类面临的一系列广泛的挑战，气候变化是挑战之一。

我们认为，针对气候变化及其应对，NbS指通过对生态系统的保护、恢复和可持续管理减缓气候变化，同时利用生态系统及其服务功能帮助人类和野生生物适应气候变化带来的影响和挑战（基于自然的适应或基于生态系统的适应）。具体来说有四个方面的理论边界：

一是在相关概念界定上。这里的生态系统包括广泛的基于土地的农田、森林、草地、湿地、荒漠、海洋生态系统，自然的或人工的。减缓气候变化包括减少或避免二氧化碳、甲烷、氮氧化物等温室气体排放。例如，减少或避免毁林可减少碳排放、平衡施肥（精准施肥）可减少农田直接和间接氮氧化物排放、泥炭地保护可避免泥炭地碳排放等。

二是在解决方案的原理上。基于自然的气候适应是利用生态系统及其服务功能增强气候韧性，降低对气候变化影响的脆弱性。自然不仅是气候变化的受害者，还是地球、人类和生态系统适应气候变化最有效的方式。例如，针对气候变化下越来越严重的城市内涝问题，通过增加城市透水地面等海绵化改造措施，可增强城市抗击极端降水的能力，并净化水质，补充地下水资源。

根据IPCC《全球升温1.5℃特别报告》的结论，干旱地区是受气候变化风险最大的区域之一。在干旱半干旱地区，水资源短缺，农业灌溉用水需求大。采用节水灌溉或旱作农业，可缓解气候变化下日益增加的水资源短缺问题，稳定社区生计。在海岸带，通过保护和恢复红树林生态系统，可减缓海岸带风暴潮的危害；通过珊瑚礁恢复和保护，可降低海浪危害。红树林和珊瑚礁生态系统还是大量野生生物栖息地，因此这些生态系统的保护和恢复还具有重要的生物多样性价值，能增强生物多样性的气候适应性。

三是在路径和措施上。针对气候变化的 NbS 路径或措施很多。如表 1 所示，IPCC《气候变化与土地特别报告》列出的农业、林业和其他土地利用（AFOLU）路径与 TNC 全球 NbS 评估的路径对比。比如：基于生态系统的适应可保护和增强碳储存，同时促进自然保护，改善社区生计，降低贫困。植树造林不但能增加植被和土壤碳，还能通过增强生态系统的服务功能，如保持水土、涵养水源、净化空气、调节小气候、丰富生物多样性等，增加当地社区和生态系统的气候韧性和气候适应能力；同理，红树林恢复不但增强海岸带适应能力，还能增加碳汇。

不同路径产生效益的时间尺度不同。一些路径可以达到立竿见影的效果，如对泥炭地、湿地、森林、红树林等碳密度高的生态系统的保护。而另一些措施，可提供多种生态功能和服务，但需要较长的时间，如造林、再造林、湿地和泥炭地等碳密度高的生态系统的恢复、混农（牧）林系统、退化土壤的修复等。

一些基于土地的 NbS 路径，如造林、再造林、混农（牧）林系统、矿质土壤碳管理等，其通过植被和土壤吸收和储存碳的功能并不是无限的，随着植被的生长和成熟或植被和土壤碳库的饱和，净碳吸收逐渐降低趋于零。积累的碳也面临因干旱、火灾、病虫害或不可持续的管理而发生逆转的风险。而另一些 NbS 路径，如湿地包括泥炭地的保护和恢复，则不存在碳饱和的现象，其碳汇功能是长久的。

四是在负面效应上。NbS 也会带来潜在的负面影响，如果大规模实施，可能对土地、能源、水或营养产生显著影响。例如，造林和生物质能会与其他土地利用产生竞争关系，从而可能对农业、粮食系统、生物多样性以及其他生态功能和服务产生显著影响。因此，需要进行统筹的土地规划，充分考虑这些潜在损益并确保吸收的碳的持久性。特别是大规模土地恢复和管理活动在保护和储存碳的同时，确保其他生态系统功能和服务。大部分基于土地管理的 NbS 路径（见表 1），如农田管理、放牧管理、森林管理、土壤碳管理等，不涉及土地利用方式的改变，即不会产生与其他土地利用方式的竞争。而提高农田和草地生产力等路径还可通过减少对土地需求，为其他路径释放出更多土地。

表 1   NbS 主要路径

生态系统	路径	IPCC《气候变化与土地特别报告》	TNC 全球 NbS 评估	说明
森林	造林	√	√	包括再造林
	避免毁林和森林退化	√	√	森林保护
	天然林管理	√	√	低强度用材林管理

续表

生态系统	路径	IPCC《气候变化与土地特别报告》	TNC全球NbS评估	说明
森林	人工林管理	√	√	人工同龄用材林轮伐期从经济成熟延长为技术成熟
	避免薪材使用		√	减少取暖和生活用材
	林火管理	√	√	森林防火、有效控制火烧
农田	生物炭		√	用作物秸秆生产生物炭并施于土壤中
	增加粮食生产力	√		
	混农（牧）林系统	√		包括农田（牧场）内及其周边的防护林带
	农田养分管理	农田管理	√	平衡施肥，减少肥料超量施用并改进施肥方式（肥料种类、施用时间、位置），增加农家肥比例
	保护性耕作	农田管理	√	作物间歇期种植覆盖作物
	稻田管理	农田管理	√	水管理和秸秆管理
	综合水管理	√		
草地	避免草地转化	√	√	草地保护，减少草地（包括稀树草原和灌木地）转化为农田
	最适放牧强度	√	√	草畜平衡，避免超载，低载放牧
	种植豆科牧草		√	
	改进饲料		√	高能量和高营养饲料，提高肉类营养质量，从而减少畜牧数量
	牲畜管理		√	通过牲畜育种提高牲畜繁殖率和生长量
海岸带和湿地	避免海岸带湿地转化和退化	√	√	保护海岸带红树林、盐沼和海草床生态系统
	海岸带湿地恢复	√	√	排干湿地还湿，红树林、盐沼和海草床的恢复
	避免泥炭地转化和退化	√	√	淡水泥炭湿地的保护
	泥炭地恢复	√	√	通过还湿恢复淡水泥炭湿地
其他	增加土壤有机碳含量	√		
	减少水土流失和盐碱化	√		
	减少粮食损失和浪费	√		
	改进膳食	√		

三、基于自然的解决方案（NbS）的减排潜力

通过科技创新，提高能效、能源消费结构转型、增加清洁能源、电动汽车等，是气候变化减缓的最重要途径。但研究表明，按各缔约方首次提交的"国家自主贡献"数据，要实现《巴黎协定》达成的将全球升温幅度稳定在2℃以内的目标还有很大的差距，更不奢望控制在1.5℃。

根据185个国家最新提交的国家温室气体排放清单数据，作为涉及NbS主要路径的农业以及土地利用部门，分别为61.3亿吨二氧化碳当量的净排放和14.9吨二氧化碳当量的净吸收，分别占总排放量（不含土地利用，下同）的14.6%和3.6%。其中12个缔约方未报告土地利用变更和森林情况；121个缔约方土地利用变更和森林为71.3亿吨的净吸收，是这些缔约方总排放量的20.3%；52个缔约方土地利用为56.4亿吨的净排放，几乎等于这些缔约方58.0亿吨的总排放量，其中17个缔约方土地利用变更和森林净排放量（48.8亿吨）大于其总排放量（17.1亿吨），前者是后者的2.85倍，9个缔约方来自非洲，5个缔约方来自中南美洲，2个缔约方来自东南亚。毁林导致的森林转化是土地利用变更和森林的主要排放源。可见，农业和土地利用变更和森林部门的NbS路径具有巨大的减排潜力。

《气候变化与土地特别报告》估计，2007~2016年与NbS有关的"农林和其他土地利用"活动排放温室气体120亿吨/天，占全球温室气体排放的23%。其中，二氧化碳排放占全球的13%，甲烷排放占44%，一氧化二氮排放占82%。土地利用引起的二氧化碳排放为52亿吨二氧化碳当量；而人为活动引起的气候变化、二氧化碳浓度升高和氮沉降等土地自然响应吸收112亿吨二氧化碳当量，占全球二氧化碳排放的29%，即陆地年净二氧化碳吸收60亿吨二氧化碳。农业甲烷排放40亿吨二氧化碳当量，农业一氧化二氮排放22亿吨二氧化碳当量，合计62亿吨二氧化碳当量。如果将生产活动上下游的排放（粮食生产中的能源、工业和运输过程中的温室气体排放）计算在内，"农业、林业和其他土地利用活动"的年排放量占全球温室气体排放的21%~37%。

为实现《巴黎协定》目标，在通过技术创新应对气候变化的同时，还应最大限度地利用基于自然的方式。正如《全球升温1.5℃特别报告》指出，将全球升温限制在1.5℃要求在能源、土地利用、城市和基础设施，以及工业体系实现迅速而广泛的转型。减限排路径分析表明，"农业、林业和其他土地利用"措施在2030年、2050年和2100年可分别吸收0~50亿吨、10亿~110亿吨和10亿~50亿吨二氧化碳当量/天，取决于成熟期、吸收

能力、成本、风险、协同效益和损益。其中造林碳汇潜力可达36亿吨二氧化碳当量/天。

据联合国政府间气候变化专门委员会估计，减少毁林和森林退化的技术潜力可达4亿~58亿吨二氧化碳当量/天。到2050年，全球通过改进粮食生产（增加土壤有机质、减少土壤侵蚀、改进肥料管理、改善水稻等作物管理、抗逆性遗传改良等）、养殖业（改进放牧管理、粪便管理、提高饲料质量、遗传改良等）和混农（牧）林系统的技术潜力可达23亿~96亿吨二氧化碳当量/天。膳食结构改变，以植物性食物为主的平衡饮食（如粗粮、豆类、水果、蔬菜、坚果和种子），以及可持续的低排放源动物食品，到2050年其技术减排潜力达7亿~80亿吨二氧化碳当量/天，同时释放数百万平方公里的土地，并产生健康方面的协同效益。如果在全球1/4的农田实施作物覆盖措施，潜在碳汇量可达4.4亿吨二氧化碳当量/天。

TNC等机构对全球NbS潜力的分析表明，在考虑粮食和纤维安全以及生物多样性保护约束条件下，到2030年，全球NbS的最大潜力达238亿吨二氧化碳当量/天，其中约1/2（113亿吨二氧化碳当量/天）是成本有效的（成本≤100美元/吨）；2016~2030年，NbS可为实现《巴黎协定》制定的2℃目标贡献37%的成本有效的减排量，其中1/3的潜力（41亿吨二氧化碳当量/天）属低成本（10美元/吨以下）。这些成本有效的或低成本的减排潜力主要来源于发展中国家。在2030年、2050年和2100年，NbS的贡献率分别为29%、20%和9%。同时，这些NbS路径还具有保持水土、涵养水源、改善土壤健康、增强生物多样性和气候韧性等协同效益。

在20个路径中，造林再造林潜力最大，其次为避免毁林和森林退化、天然林管理、泥炭地恢复、避免泥炭地转化和退化，这5个路径的最大潜力占全部20个路径最大潜力的近69.3%，其成本有效潜力和低成本潜力分别占全部20个路径相应潜力的67.8%和88.8%。低成本下避免毁林和森林退化的潜力最大，占总成本总潜力的1/2，而造林再造林成本较高，低成本的潜力为零（见表2）。

表2　　　　　　　　　潜力最大的10个NbS路径潜力　　　　单位：亿吨二氧化碳当量/天

路径	潜力		
	最大	成本有效	低成本
造林再造林	101.37	30.41	0.00
避免毁林和森林退化	33.41	26.72	21.05
天然林管理	14.62	8.77	7.31
泥炭地恢复	8.11	3.89	3.08

续表

路径	潜力		
	最大	成本有效	低成本
避免泥炭地转化和退化	7.52	6.77	4.96
稻田管理	2.65	1.59	1.33
种植豆科牧草	1.46	1.32	0.98
最适放牧强度	1.47	0.88	0.73
避免红树林被破坏	1.30	1.17	0.87
避免薪材采伐	3.52	1.06	0.00
10个路径合计	175.42	82.58	40.31
20个路径合计	223.00	112.00	41.00

初步分析表明，中国减缓潜力最大的10个NbS路径为造林再造林、农田养分管理、混农（牧）林、避免薪材采伐、改进稻田管理、避免泥炭地转化、泥炭地恢复、天然林管理、最适放牧强度、种植豆科牧草，到2030年其最大和成本有效的减排潜力。

四、国家自主贡献（INDC）中的NbS现状

根据各缔约方提交的国家自主贡献（INDC），要实现《巴黎协定》达成的2℃升温目标，尚有很大的差距。对154个主要缔约方提交的INDC的分析表明，116个缔约方提到了与NbS有关的政策、措施或项目，占75.3%。未提及的缔约方主要为附件I缔约方，只有7个非附件I缔约方未提及。欧盟及其28个成员国几乎没有提及与NbS有关的减缓和适应政策、措施和项目。

在描述NbS相关的缔约方中，只有55个缔约方明确了与NbS有关的定量目标，占缔约方数量的35.7%，并以林业领域为主，而且主要是非附件I的缔约方。99个缔约方定性地描述了与NbS有关的减缓政策、措施或项目，占缔约方数量的64.3%；90个缔约方描述了与NbS有关的适应政策、措施或项目，占缔约方数量的58.4%。绝大部分均为非附件I发展中国家缔约方。

在涉及的NbS路径中以林业最多，多达108个缔约方，其次是农业84个缔约方，海岸带27个缔约方，泥炭地保护3个缔约方。林业领域，以综合性路径（往往是造林再造林、避免毁林、森林管理等2个或多个路径结合，定量目标一般为增加或保持森林面积或

森林覆盖率）最多。在农业领域，也是综合性路径为主，即保护性耕作、养分管理、放牧管理、混农（牧）林系统等2个或多个路径的结合。与林业领域不同的是，农业领域承诺定量目标的缔约方很少，大多是减限排政策、措施或行动的描述，农业领域的适应更受各缔约方重视（见表3）。由此可见，NbS在INDC中还未引起足够的重视。

表3　各缔约方提交的INDC中的NbS路径　　单位：个

生态系统	路径	缔约方数量			
		合计	定量目标	减缓措施	适应措施
森林	综合	65	25	56	31
	避免毁林和森林退化	34	11	32	14
	造林再造林	33	33	22	13
	森林经营	21	5	20	4
	小计	108	49	96	55
农田和草地	综合	72	3	31	55
	保护性耕作	9	3	9	8
	农田养分管理	2	2	0	1
	最适放牧强度	2	0	1	2
	混农（牧）林系统	1	1	1	1
	小计	84	9	40	65
海岸带	综合	12	2	5	10
	海岸带恢复	9	2	7	4
	避免海岸带被破坏和退化	6	1	5	5
	小计	27	5	17	19
泥炭地	避免泥炭地破坏和退化	3	1	2	1

五、结论与建议

通过对生态系统的保护、恢复和可持续管理来减缓气候变化，同时利用生态系统及其服务功能帮助人类和野生生物适应气候变化带来的影响和挑战，这一基于自然的解决方案是应对气候变化最为经济有效的方式之一。NbS可为实现《巴黎协定》的目标贡献约30%的减排量，同时产生生态和社会经济的协同效益。为充分发挥NbS在应对气候变化中的作用并付诸行动，提出如下建议。

（1）目前各缔约方提交的国家自主贡献（INDC）中对 NbS 的重视程度不够，特别是附件 I 缔约方。中国作为 NbS 的牵头国，需大力推进各缔约方在新一轮 INDC 更新中，加强 NbS 有关的自主定量承诺。同时制定如何将 NbS 路径纳入现有的 INDC 框架指南。

（2）比较借鉴国际成功 NbS 案例，为中国提供经验；同时，通过"一带一路"倡议、"南南合作"等国际合作平台，输出中国 NbS 的成功智慧，引领国际 NbS 进程。

（3）梳理中国 NbS 路径，开展 NbS 路径的潜力及相关社会经济分析，识别 NbS 优先路径，为在中国推动 NbS 提供技术支撑。这些潜在的优先路径包括但不限于植树造林、森林经营、湿地（包括海岸带生态系统）保护和恢复、泥炭地保护和恢复、减少毁林、保护性耕作、农田养分管理、可持续放牧和草地管理、稻田水管理、混农（牧）林系统、荒漠化防治等。

（4）基于 NbS 在气候变化、生物多样性保护以及其他生态社会经济方面的多重效益，评估气候变化下 NbS 优先路径对生物多样性、减灾防灾、扶贫减困的协同效应，以及生物多样性保护、NbS 减灾防灾措施、生态文明建设、生态扶贫等措施和行动的气候贡献、气候减排和适应的协同效应，推动多领域 NbS 协同治理。推动《联合国气候变化框架公约》《生物多样性公约》《荒漠化防治公约》等联合国环境公约的协同履约，制定和实施协同履约的具体措施和行动计划。

（5）开展 NbS 主流化的相关激励政策和机制研究，包括但不限于将 NbS 纳入中国下一阶段国家自主贡献的方式和目标设定，碳市场中 NbS 活动的激励机制和政策（如生态产品价值实现制度）与 NbS 的整合等，制定多目标多领域 NbS 协同治理的政策、措施和行动。

（6）基于自然的解决方案远不限于气候变化，在自然资源的保护、开发利用和生态修复领域都有广阔的应用空间。当前，亟待借鉴国内外典型 NbS 在自然资源治理领域的成功经验，深刻认识自然资源治理与生态系统平衡的机理，深入研究资源保护、开发利用及修复管理实务中的经济关系，"基于自然的逻辑"有序提出自然资源治理与生态保护的"解决方案"。

自然资源管理促进"碳中和"的思考[*]

高 兵 邓 锋 范振林 强海洋

  全球气候变暖带来极端天气和生态平衡的不可逆破坏，造成自然灾害频发，必须得到全人类重视。2020年9月以来，习近平总书记先后在联合国大会、气候雄心峰会等国际会议上，作出"中国将提高国家自主贡献力度，采取更加有力的政策和措施，二氧化碳排放力争于2030年前达到峰值，努力争取2060年前实现碳中和"的重大宣示。这是统筹国内经济社会发展与全球应对气候变化协同共赢的重大战略，需要经济、社会、资源、生态和应对气候变化协同治理，需要基于自然的解决方案，是"十四五"乃至更长时期自然资源管理考虑的重点方向，也是能源资源利用结构调整、国土空间规划与用途管制、生态保护修复及自然资源综合治理需要关注的重要方面。

一、"自然"是碳排放引起气候变化的"受害者"，也是"碳中和"应对气候变化的"阵地"，"碳中和"需要基于自然的解决方案

  "碳中和"的基本逻辑是通过碳减排和碳清除与捕获（CCS等）达到二氧化碳排放量等于消除量的数量平衡，使过去、现在、未来从地圈提取出的二氧化碳重返地圈的物质平

---

[*] 本文原载于《自然资源经济参考》2021年第1期。本文为中国自然资源经济研究院"碳中和"问题专题研究小组研究成果之一。本项研究在张新安研究员的悉心指导下进行。

衡。所谓碳减排，就是通过提高自然资源利用效率、利用新能源新材料矿产、完善能源资源配置和治理结构等减少二氧化碳的排放量。碳去除与捕获实质是从大气中汇集、吸收、清除、固定并利用二氧化碳的运行过程，使二氧化碳重返生物圈、岩石圈、水文圈和土壤圈。从减少二氧化碳排放，到二氧化碳汇集、吸收，再到清除、固定并利用二氧化碳的整个运行过程，都离不开自然资源管理和国土空间治理。

自然资源领域是应对气候变化的"重要阵地"，碳减排、碳捕获和储存，以及气候变化带来自然灾害防治及国土空间结构、能源结构和资源结构优化调整与"碳中和"全过程息息相关，其参与深度和广度决定了"碳中和"目标的实现进程。

首先，碳减排是实现"碳中和"的重要前提，核心是减少对化石能源的高度依赖。我国一次能源消费目前仍以煤炭为主，其二氧化碳排放系数最大，导致我国碳排放总量高居全球首位。要达到"碳中和"目标，必须改善能源消费结构，推进煤炭等能源资源绿色开发，提高利用效率，进而实现清洁低碳高效利用。

其次，碳捕获和储存是实现"碳中和"目标的关键路径和可行方式，离不开地质多样性和生物多样性，有赖于发挥地球关键带的过程、作用和功能，有赖于发挥地圈的核心承载作用，有赖于不同地质单元、不同生态系统的固碳作用和固碳速率。

再次，我国力争于2030年前二氧化碳排放达到峰值，意味着未来十年我国碳排放量仍将持续增长，必然会影响气候变化，进而带来的对自然扰动不可避免。碳排放增长所诱发的自然灾害问题对自然生态系统和自然资源本身产生重大影响，并给自然资源管理带来挑战。

最后，"碳中和"目标实现依赖于能源结构、资源结构、国土空间结构的优化。通过优化能源资源结构和转变利用方式，提高自然资源利用效率，减少二氧化碳的排放量。通过优化国土空间布局发挥其在"碳中和"中的载体作用，提高资源配置效率，挖掘二氧化碳地质储存潜力，增强自然生态固碳功能，拓展"碳中和"空间。

总而言之，"碳中和"离不开地球构成、演变和进化以及人地耦合驱动机制，突破点就是把地球系统科学引入"碳中和"，构建以土壤圈为关键中和载体的"土-水""土-气""土-生""土-岩"等界面过程和反馈机制，并发挥人与地耦合系统的内在驱动力作用。应当立足区域人类活动与资源环境耦合系统（人与地耦合系统），在大气圈、生物圈、土壤圈、水文圈、岩石圈这个多圈层、复杂的巨系统中理解认知"碳中和"过程和运转机制，不断促进人与自然、人与碳排放、自然与"碳中和"联动，探索将"碳中和"融入"气候系统—地表系统—地球深部系统"的循环之中。

二、以化石能源为主的能源资源消费总量仍不断攀升，消费结构不合理，碳年排放量位居世界第一，"碳中和"目标实现压力巨大

（一）能源资源消费总量的不断提升导致碳排放总量持续增长

作为世界工厂，在经济高速发展、产业链日趋完善、加工制造能力不断提高的同时，我国对能源资源的消耗不断增长、碳排放量不断攀升，虽然近年来碳排放增速放缓，但总量仍居世界首位。利用发电煤耗计算法，2018年我国能源消费总量达464000万吨标准煤，是2000年消费总量的3.16倍。从碳排放情况看，2000年以来，我国碳排放总量呈持续增长趋势，2018年排放总量达264815万吨，是2000年排放总量的2.84倍。

（二）碳排放受能源消费结构制约且短期内难以改变

设计"碳中和"策略，首先需分析二氧化碳排放的来源（见图1）。

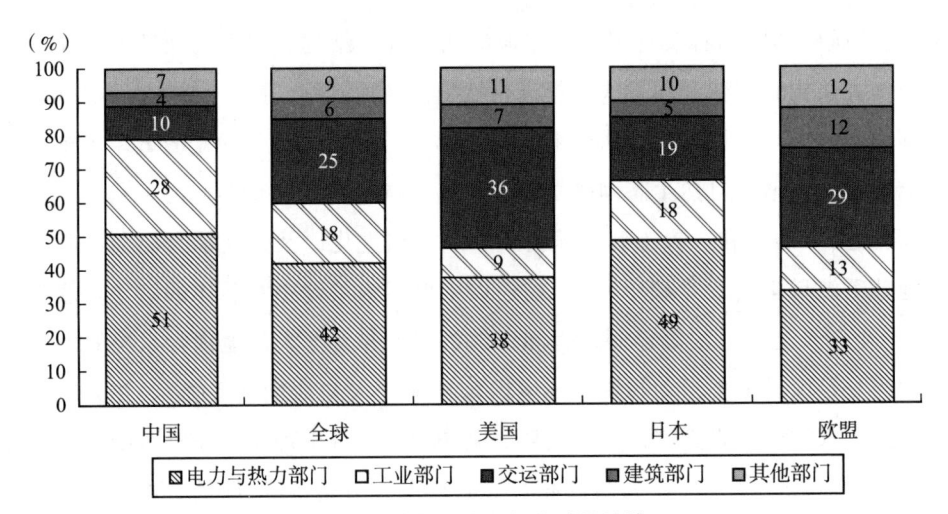

部门	中国	全球	美国	日本	欧盟
电力与热力部门	51	42	38	49	33
工业部门	28	18	9	18	13
交运部门	10	25	36	19	29
建筑部门	4	6	7	5	12
其他部门	7	9	11	10	12

图1　各经济部门能源相关碳排放情况

资料来源：IEA。

（1）从三次产业来看，2000年以来，我国第一产业能源消费下降较为明显，所占比重从2000年的不足3%开始连续多年下降；第二产业能源消费始终占据主导地位，所占比重年均在65%以上；第三产业能源消费比重从2000年的不足15%连续多年稳步上涨。工业是我国能源消费的主体，工业能源利用效率对能源消费强度影响最为直观。

（2）从经济部门来看，可将碳排放来源分为电力与热力部门、工业部门、交通部门、建筑部门四大类。2018年，我国二氧化碳排放主要源自电力/热力生产业、工业和交通运输业，三者合计占比近90%（见图1）。电力仍以燃煤为主（2019年二氧化碳排放占比65%）；交通运输业则主要依靠汽油/柴油燃烧动力，新能源车渗透率不足5%；而工业高能耗产品的制造中，煤、原油、天然气仍是主要动力来源。与美欧日等发达经济体相同，电热与热力部门均为碳排放主力，差异点在于我国工业部门碳排放占比更高。

（三）"一煤独大"的一次能源消费减排空间巨大

目前我国的能源结构中，碳排放的主要来源化石能源（煤、石油、天然气）仍占较高比重。截至2020年底，我国电力结构中"一煤独大"的现状仍然极为突出，装机容量和发电量都占据极大比重。国际能源署（IEA）数据显示，2018年我国能源供应结构中，原煤占比超过六成，原油占比两成，天然气占比不到一成，而可实现碳零排放的清洁能源，如水能、核能、太阳能、风能等，占比仅为一成多。而美欧日等经济体，发电以次优能源为主力（美国与日本气电占比最高，欧洲核电占比最高）。

三、未来十年碳排放总量仍将持续增长，自然扰动不可避免，诱发的各类自然灾害与自然资源治理息息相关

我国力争于2030年前二氧化碳排放达到峰值，意味着未来十年我国碳排放仍将保持增长。碳排放诱发的一系列生态环境问题，有些已达到维持平衡的临界点[①]。这些问题不可避免地对自然生态系统和自然资源自身产生影响，并给自然资源管理带来挑战。

---

① 全球已识别的9个气候变化临界点：A——亚马逊热带雨林经常性干旱；B——北极海冰面积减少；C——大西洋环流自1950年以来放缓；D——北美的北方森林火灾和虫害；E——全球珊瑚礁大规模死亡；F——格陵兰冰盖加速消融、失冰；G——永久冻土层解冻；H——南极洲东部加速消融。

(一) 加速地质灾害形成和孕育,易造成重大生命财产损失

气候变化常常作为外力因子加速地质灾害发育过程。地质灾害原本具有自身规律,但极端气候往往诱发新的地质灾害。例如,2010年发生于甘肃舟曲的泥石流灾害,在多年平均年降水量不足200毫米的干旱地区,40分钟内降水量达97毫米,直接诱发了特大泥石流灾害。地质灾害相较气候变化具有滞后性,不会立即在地质体上反映出来,需用长远眼光预测发展趋势,这给地质灾害防治研究提供了空间。

(二) 极端气候条件造成土地退化,对国家粮食安全产生威胁

降水强度变化、气温变化、海平面变化等都可能改变耕地质量、加剧土地退化。联合国政府间气候变化专门委员会指出,"气候变化已经在影响粮食安全,并且未来的影响将越来越大"。而采伐森林、围湖造田、建设用地扩张等土地利用变化是仅次于化石燃料的碳排放来源。世界资源组织发布的数据显示,人类活动碳排放总量的1/3为土地利用碳排放。推进国土低碳利用,控制开发强度,不仅有助于实现主体功能区战略,也有助于降低碳排放产生的不利影响。

(三) 全球变暖使林草生长规律打破,动物栖息环境变化

由于全球变暖,植物生长周期变化,进而影响动物的食物链和迁徙规律,并可能导致某些物种灭绝。从19世纪初开始,因栖息地环境的改变,花栗鼠、老鼠等动物逐步向高处迁徙;而极地地区因栖息地冰层融化,严重威胁着北极熊等极地动物。此外,由于森林地带变得更干燥,世界各地的森林大火出现的频次更高、影响的区域也更广。气候变化给林草资源管理和野生动植物保护带来新的视角,需要用更广尺度、更长周期、更系统的观念来考虑自然生态问题。

(四) 碳排放导致海洋酸化加剧,海洋生物资源生存条件恶化

联合国政府间气候变化专门委员会评估报告显示,海洋吸收了1/4的人造二氧化碳和90%以上的温室气体热量。与此同时,二氧化碳也导致海洋酸化加剧,海洋生物的种属、生命周期发生相应的演变;也会加速海洋生物钙化,导致海螺、珊瑚等面临被海水溶解的

风险。海洋生物的生存环境变得越来越严峻，要积极探寻海洋资源利用、海洋生态保护和"碳中和"目标间的平衡路径。

（五）引起河流径流量、降水量变化，影响水资源供需和水质

气候变化带来全球范围内的冰川退缩，影响径流和下游的水资源量和水质，全世界200条大河中近1/3的河流径流量减少。我国青藏高原冰川退缩加剧了江河源区径流量变化的不稳定性。20世纪中叶以来，我国东部主要河流径流量不同程度减少，海河和黄河径流量减幅尤其明显。必须从长周期考虑中国的水资源问题，做好水资源调查评价与监测，科学合理地取水、用水，维护国家水资源安全。

四、碳减排是实现"碳中和"的重要前提，减少碳排放总量必须从源头上优化能源资源利用结构，提升能源资源利用效率

2060"碳中和"承诺下的中国减排路径斜率明显高于欧盟、美国、日本等国家或经济体。以碳排放高点作为低碳转型起点，欧盟、美国、日本分别于1979年、2007年和2008年实现碳达峰，并计划2050年实现"碳中和"，分别有71年、43年和42年转型时间。相较而言，我国"碳中和"目标隐含的过渡时长仅为30年，应对压力更大、任务更重。

（一）电力部门脱碳是实现"碳中和"的第一顺位要务

用清洁燃料代替化石燃料发电是"碳中和"重中之重。综合清洁程度、开发性能、安全性能，发电能源可大致分为三类：煤炭（清洁程度最低，不可再生）、次优能源（原油、天然气、水电、核电；原油/天然气清洁度高于煤炭，但不可再生，核电可再生但有安全性隐忧，水电可再生但有开发上限）、优质能源（除水核电外的可再生能源，主要为风、光、生物质，可再生且安全性、开发性等均较优）。

未来电力脱碳的整体趋势可概括为，煤炭发电持续削减、风光发电持续扩张、次优能源稳定支持、生物质作为补充力量（见图2）。从欧美日电力部门转型看，均沿着"燃煤时代—油气时代—'风光'时代"的路径逐步实施电力脱碳，过渡能源——天然气的发电份额在低碳转型过程中均经历一段时间的较强增长。中国自2005年后，煤炭发电占比开始下降，风光与天然气发电占比开始提升，反映中国直接从燃煤时代向"风光"时代演

进，风、光发电逐步从补充能源地位上升为主力能源地位①。但风、光发电广泛替代火电的瓶颈体现为：风、光发电的间歇性/随机性，火、水、核电仍需要承担较重的调峰任务，深度取代火电，实现电力脱碳，需要其出力保持相对稳定。这一瓶颈的突破则依赖储能，而储能的核心是锂电池。风、光资源与负荷地理分布错配，陆地风、光资源聚集在西北地区，而电力负荷集中在东部沿海，需要在国土空间利用上统筹布局。相比陆上风电，海上风能资源丰富、风速高、出力波动小、用海成本低，且开发空间广阔，因此需强化海上风电规划、开发和建设。应坚持集约节约的原则，提高海域资源利用效率。

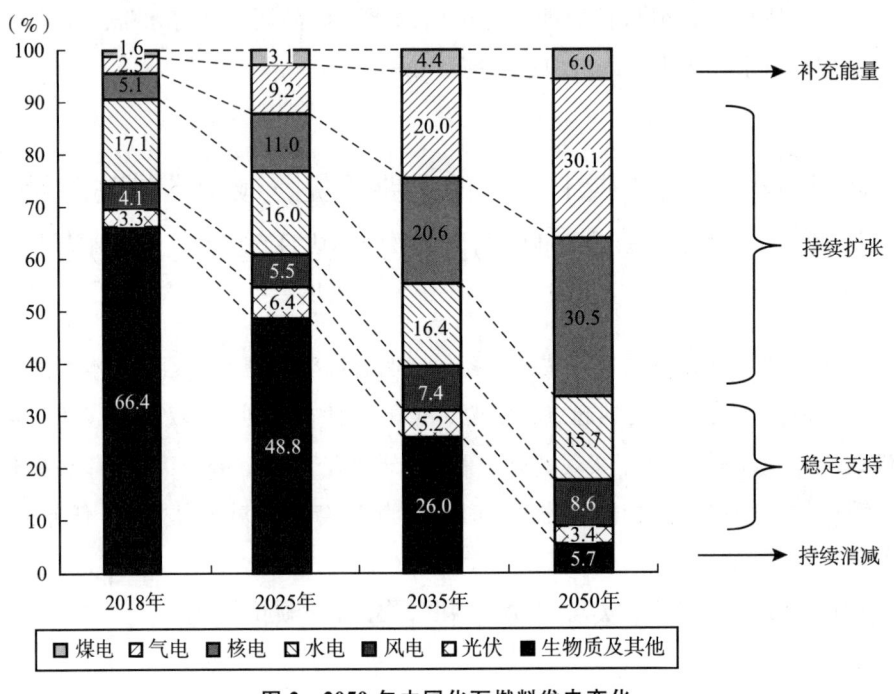

图 2 2050 年中国化石燃料发电变化

（二）提升能源资源利用效率是实现碳减排的主要抓手

强化技术创新理念，加强全过程节能管理。积极发挥能源科技的功能，加强风能、潮汐能、太阳能等可再生能源技术创新，大力开拓可再生能源市场，促进清洁能源的产业化发展；提高可再生能源的综合发展效益，优化能源生产和能源消费组合，为能源、经济与

---

① 据全球能源互联网合作组织测算，到 2025 年，中国发电结构中煤炭占比将从 67% 降至 49%，风、光发电占比从 8% 升至 20%，气电、水电、核电等次优能源从 25% 微升至 28%；到 2050 年，煤炭发电占比大幅降至 6%，风光发电成为主力，合计占比 66%，气电、水电、核电等次优能源占比 28% 左右，生物质发电占比约 6%。

环境协调发展创造活力。关注尚未形成完整产业链条的新能源技术，并及时地将其科研成果进行市场转化。

调整和优化产业结构，提高能源资源利用效率，促进低能耗产业发展。加大低碳能源产业投资，注重煤层气、页岩气开发利用，积极发展高新技术产业、能源效率高的产业，大力发展非常规油气，减少煤炭和石油的使用，实现落后产能稳步退出能源市场；同时有效监管高新技术、低耗能企业，在监督中促进能源产业的健康发展。

坚持节约优先，加强重点用能单位在用地用矿用海等方面的强度监管，严格执行能耗地耗限额标准，树立领跑者标杆，推进企业效能的对标达标。建立企业能源资源使用管理体系，利用信息化、数字化和智能化技术加强能源资源耗用的控制和监管。在砂石、水泥、平板玻璃、陶瓷等行业，开展节能诊断，加强定额计量，挖掘节能降碳空间，进一步提高能效水平。

加快发展服务业和战略性新兴产业，促进新兴科技与新兴产业深度融合，改善经济增长的质量和效率。优化能源、经济、环境系统，重点突破能源高效和分级梯级利用及其安全处置、资源回收和循环利用、智能电网等关键技术和装备，实施节能减排重点工程，推行第三方污染治理等市场化新机制，将节能环保产业培育成朝阳产业。

（三）加强新能源的资源保障是实现碳减排的重要发力点

加强锂、钴、镍、铜、铂和稀土等关键矿物的资源安全保障。国际能源署表示，随着世界走向清洁能源的未来，电池和生产氢气的电解槽将是最重要的两项技术，预计未来对关键矿物的需求会激增。氢被誉为未来世界能源架构的核心、最洁净的燃料。通过风电、光伏等可再生能源制氢，不仅能够实现"零碳排放"，获得真正洁净的"绿氢"，还能够将间歇、不稳定的可再生能源转化储存为化学能，促进新能源电力的转化，由此带来的生态环境效益和经济效益是难以估量的。锂的最主要需求来源于电池行业，尤其是新能源汽车行业。2020年，新能源汽车全年产销表现超预期，在汽车市场整体萎缩的情况下，我国新能源汽车全年产销量均创下历史新高。在装机量方面，2020年我国动力电池装车量累计63.6吉瓦时，同比增长2.3%。受益于欧洲电动车市场放量，2020年全球动力电池装车量累计137吉瓦时，同比增长17%[1]。综合来看，随着电动汽车革命的到来，未来锂的大量需求或将成为不可阻挡的大趋势。

---

[1] 中国电力企业联合会.2020年全国电力工业统计快报［R］.北京：中国电力企业联合会.

五、碳去除与捕获是实现"碳中和"的重要路径，地质多样性和生物多样性是其重要基础

碳去除与捕获是实现"碳中和"目标的关键技术和可行方式。根据利用路径和方式的不同，大致分为碳捕获与利用（CCU）、大气中的二氧化碳清除（CDR）和碳捕获与储存（CCS）三种。预计到2050年碳去除与捕获可贡献11亿~27亿吨二氧化碳，而据美国国家科学院估算，2018年碳预算所需约75%的二氧化碳清除需要采用该技术。

（一）地质多样性是碳捕获与储存的关键

碳捕获与储存（CCS）技术发挥着减少排放和实现碳清除的双重功能，安全可靠。地质多样性是CCS的关键，地质勘探（地质构造、物理结构、储存潜力、技术选择等）、地质储存信息支撑和风险责任工作发挥着至关重要作用。根据碳储存位置的不同，碳储存方式也呈现多元化和多功能性，主要包括地质储存、碳酸盐岩矿风化碳汇、生物圈和水文圈等储存。碳储存位置决定了储碳稳定性能，如地质储碳，是将二氧化碳捕集、运输并注入至地下地质结构或通过矿化作用封存于岩石之中，使排出的碳重回地圈储存；碳酸盐岩风化碳汇（岩溶作用）是一种将碳酸盐岩风化吸收的大气二氧化碳以HCO_3^-形式连续地经由河流从大陆输送到海洋的碳循环过程；生物圈储碳是将碳储存于林木、土壤等生态环境中；水文圈储碳是将碳储存于深海。

地质储存较其他方式稳定性更强且储存时间较长。国外地质调查机构研究发现，碳捕获与储存（CCS）全球储存能力超过5万亿吨，是地表自然生态系统储碳能力的数百倍。目前，全球CCS设施捕获和永久储存二氧化碳量超过3330万吨/年[①]。目前我国二氧化碳地质储存已突破钻探、灌注、采样和监测等技术难题，形成一整套国际领先、相对成熟的工程技术。此外，地质储存促进二氧化碳驱采油技术研究尚处起步阶段，二氧化碳强化天然气、页岩气、卤水开采等技术也处于基础研究阶段。虽然碳捕获与储存技术相对成熟，但一直面临高成本、高能耗的挑战，法律法规、产业部署和标准体系尚待制定完善。

---

① 据不完全统计，全球共有43个大型CCS设施，其中18个在运营，主要分布在中国、英国、韩国、美国、澳大利亚、挪威、荷兰、新西兰等8个国家。预计到2040年全球将需要至少2000多个大型CCS设施。

（二）生物多样性是二氧化碳清除的基础

大气中的二氧化碳清除（CDR）技术是实现"碳中和"的主要保障。生物多样性是CDR的核心，自然生态数量、质量、结构和分布的调查核算评价和监测预警工作有广阔空间。其中人工方式主要是碳捕获与储存（CCS）、生物质能（BECCS）、碳矿化（CMin）三种，兼具碳捕获与利用（CCU）和碳捕获与储存（CCS）部分功能。自然方式主要是碳汇，可分为陆地生态系统碳汇和海洋生态系统碳汇。陆地生态系统碳汇可细分为耕地碳汇、森林碳汇（绿碳）、草地碳汇和湿地碳汇，海洋生态系统碳汇包括海洋碳汇（蓝碳）和海洋生物碳汇。碳汇作为一种自然生态系统，与碳源是两个相对的概念，体现为一种汇集、吸收和固定二氧化碳的能力、活动和"双赢"机制。

自然界中的土地（壤）[①]、海洋、森林、草原、生物体、岩石（硅酸盐矿物）等都可作为碳汇实体，均具备一定的碳汇功能和储存能力，是应对"碳中和"最经济的途径，但也存在大规模回流到大气圈的风险。但由于海洋碳汇缺乏国内外公认的、可计量的碳汇规范，还无法有效实施规模化、可持续的碳汇交易和碳补偿。

（三）碳捕获与利用是二氧化碳清除的重要补充

碳捕获与利用（CCU）是自然资源系统治理的必然趋势。自然资源系统观和国土空间整体观是碳捕获与利用的前提，系统和源头治理及综合利用是碳捕获与利用的本质要求。CCU可减少碳排放并捕集发电和工业化石燃料产生的90%的二氧化碳，又能通过二氧化碳利用产出具有经济价值的产品。捕集途径强调系统治理，包括化石能源产生的废气、工业过程和以土地为主的生物利用以及结合碳储存的直接空气捕集（DACCS）等。利用方式突出节约集约与综合利用，包括二氧化碳衍生化工产品、二氧化碳衍生燃料、生物质能[②]、岩石风化、林业技术、土壤固碳和生物炭等十余种。这些捕集利用方式仍需发挥自然资源管理"两统一"职责优势，抢占碳领域科技高地，逐步夯实我国在碳科技领域理论基础和技术储备，并重点探索新能源、储能、氢能、碳捕获与利用封存等零碳技术的商业化应用和市场化运营方式，为支撑保障"碳中和"落实落地提供"自然资源+"方案。

---

① 地表土壤圈已成为碳的重要储库。全球土壤中碳的总量约为1200~2500千兆克，约是大气碳库的2倍。
② 生物质能（BECCS）是将碳捕获与储存（CCS）与生物能源相结合，生物质系统从空气和海洋中收集二氧化碳，通过转换获取能量，可使碳永久返回到地圈。

六、自然资源治理是"碳中和"的重要组成部分，其参与方式和程度会影响"碳中和"的实现路径与效能

以国土空间为载体，将"碳中和"引入自然资源管理之中。将"碳中和"总体思路融入生态文明建设中，统筹考虑地质多样性、生物多样性、生态多样性、气候多样性。将"碳中和"实现路径放在国土空间规划中，统筹考虑优化煤炭产能规模、生产布局和绿色开发，解决海陆风光资源与电力负荷错配等问题。发挥自然资源对于减碳和碳清除的核心载体功能，更加注重空间结构的综合治理、系统治理、源头治理，有效发挥自然资源管理措施的系统性整体性协同性。

（一）推进能源资源利用结构的转型升级

提升能源矿产资源保障程度，促进能源体系清洁低碳发展，提升铀、锂、钴等能源资源保障程度，促进核电、光伏、风电等新能源产业发展。推进工业和能源领域提高能效、降低能耗，降低单位 GDP 能源消耗量，减少二氧化碳排放。优化能源结构，加强清洁能源发展，大力发展氢能、核能、生物质能等清洁能源，提高光伏、风力、水力发电量，充分利用波浪能、潮汐能，降低传统化石能源在能源结构中的比例，研发清洁煤炭技术，减少二氧化碳排放和提高资源利用效率。

（二）充分利用地质多样性和多功能性

充分利用碳捕集的多功能性和地圈存储的无上限性，加强直接接触空气捕获、二氧化碳矿化和配备碳捕获与封存的生物质能等基础方法推广应用。加强深部特殊地下空间的合理开发利用与保护，重视地质学、水文地质学、储层地质学等学科的综合运用，科学评价深部咸水层、油田、气田和煤层等地质储存介质的潜力。创新二氧化碳地质储存技术方法，扩大二氧化碳地质储存选址实践，积极开展典型地区二氧化碳地质储存示范工程。支持我国利用碳储技术应对气候变化，充分发挥地质工作在应对"碳中和"任务方面的支撑作用。

（三）发挥国土空间载体功能促进"碳中和"

发挥国土空间的载体作用，以优化空间布局和国土综合治理促进碳增汇和碳减排。加

强土地利用碳排放过程关键点的政策干预,引导低碳产业合理布局,推进土地利用在数量结构和空间布局两方面低碳优化。处理好资源开发与生态环境保护之间的关系,降低矿产资源开发利用的外部性影响,促进矿业绿色发展。充分发挥林草资源生态固碳的能力,统筹考虑生态安全与粮食安全两方面问题,提高森林植被和土壤碳储量。不断优化火、水、风、光、核电国土空间布局,促进一次能源资源利用结构重心逐渐向"风光"等清洁能源转移。

(四)提升自然生态系统的固碳能力

加强生态保护修复和国土绿化,培育森林草原资源,增强草原、绿地、湖泊、湿地等自然生态系统固碳能力。继续大规模开展国土绿化行动,全面保护天然林,努力提升森林蓄积量,使森林更好地发挥保护生物多样性、涵养水源、防风固沙等生态功效。通过山水林田湖草综合修复治理,扩大国土植被覆盖面积,增加森林碳储量,防止多余的碳向大气排放。适度退耕还林、退耕还草,加强森林经营和森林抚育,发展固碳林,充分发挥森林碳汇在应对气候变化中的作用。

(五)发挥海洋重要"碳汇"聚集地功能

利用海洋的固碳作用,发展海洋低碳技术,大力发展海洋物理固碳、深海封储固碳、海洋生物固碳、海滨湿地固碳,提升海洋的碳汇能力。从自然资源治理的角度看,应高度重视海岸生态系统捕获和储存大量碳的作用,加强滨海湿地修复工作。加强红树林保护,提高红树林覆盖面积,提升红树林的碳固持能力。推进针对海草床的保护修复工程,增加海草床面积、海草覆盖度,恢复物种多样性。开展滨海盐沼的生态保护修复,恢复盐沼生态系统原有结构和功能。

(六)积极应对地质灾害等气候异常诱发的自然灾害

加强对自然灾害发展趋势的研究判断,尤其是加强因气候变化导致的降水异常或可能诱发的滑坡、崩塌和泥石流等地质灾害研判。从生态系统的整体性和流域性出发,追根溯源、系统防治,研究解决地质灾害防治工作中的重大问题。高度重视地灾隐患排查基础工作,提升地质灾害预测预报水平,做好高精度地灾隐患排查和危险性评估。加强地质灾害易发区、地质灾害风险防范区和重大工程地质灾害防治区管理,提高重点部位设防标准。推动地质灾害防治科技创新与技术突破,利用新技术新方法新手段迭代创新地质灾害防治体系。

系统观视角下的碳中和问题研究[*]

编写组[**]

我国实现"碳中和"的难度远高于发达国家，必须考虑到紧迫性（30达峰、60中和的减排任务，减排斜率较欧美国家更为陡峭，艰巨程度史无前例）、现实性（对化石能源特别是煤炭资源依赖程度高，高碳模式是中国能源结构的重要特征）、有序性（从"达峰"再到"中和"是循序渐进的，经历增长、达峰、下降、平稳的过程）、平衡性（温室气体排放既是自然生态问题，也是发展权问题，减排速度应当与经济社会发展阶段、技术成熟程度相契合）、多元性（减排与增汇共同发力，形成立体式零碳体系）。资源开发利用与生态环境保护的全流程涉及资源、能源、空间及其所决定的产业结构和经济结构，最终决定了碳排放的速度与总量。根据相关预测，在实现"碳中和"目标过程中，通过能源效率提升与产业结构调整可减排40%的二氧化碳，剩余的60%通过陆域生态系统碳汇、海洋生态系统碳汇以及CCS等解决（比例大致为30%、20%和10%）。因此，要系统算好"大账"，做好"加减法"，处理好碳源与碳汇、总量与结构、空间与布局，摆布好减碳与储碳、提效与增汇、适用与应对、自然增汇与工程增汇的逻辑关系，使碳源和碳汇能够在动态中平衡。总之，中国有雄心与决心实现"30·60"碳目标，其目标路径也是科学的、可行的。

---

[*] 本文原载于《自然资源经济参考》2021年第8期。
[**] 编写组成员：高兵、邓锋、宋猛、强海洋、范振林、刘伯恩、姚霖、苏子龙、张惠、王心一。

一、"碳中和"必须立足我国经济社会发展实际，合理确定减排与增汇的贡献比例，实现碳源（碳排放）和碳汇（碳吸收）平衡抵消

碳源与碳汇是全球碳循环研究的核心问题之一，两者始终处于动态变化过程中，反映了自然和人类的干扰活动对碳平衡的影响，同时与可持续发展目标、土地退化和水平衡也有密切联系。

（一）"碳中和"是关于碳源与碳汇之间的数量关系问题，需要算好"排放"与"吸收"的大账

"碳中和"意味着全球"净"温室气体排放需要大致下降到零，即在进入大气的温室气体排放和吸收之间达到平衡。我国实现"碳中和"的可能路径是从降低排放到负排放，即二氧化碳"净"排放总量在某个时点达到最大值，然后逐步回落，达到零排放后实现"碳中和"，碳排放量维持在一个能够完全被吸收的水平。

"碳中和"路径意味着几个等式：

$$能源消费量 = 单位生产总值能耗 \times GDP \tag{1}$$

$$化石能源消费量 = 能源消费量 \times 化石能源占比 \tag{2}$$

$$碳源 = 化石能源 \times 单位化石能源碳排放量 \tag{3}$$

$$碳源（排放量）= 碳汇（吸收量） \tag{4}$$

$$碳汇（吸收量）= 陆地 + 海洋 + CCS 等碳汇量（NET 负排放） \tag{5}$$

公式（1）表示，首先必须测算 2030 年和 2060 年前后的能源消费总量，以及化石能源的占比，进而可以根据公式（3）和公式（4）推导出碳源的概数。

公式（2）表示碳排放总量主要受化石能源影响。在能源需求总量一定的情况下，化石能源占比越高，碳排放量越大。

公式（4）表示要实现碳中和，则碳排放量约等于碳汇量，两者的绝对值数受经济、技术、社会等因素影响，在一定区间范围内波动。

公式（5）表示碳汇量主要来自自然与人工。目前来看，陆域是碳汇主体，但增量有限；海洋碳汇潜力巨大，但需要加强相关方法学研究；CCS 等产业发展缓慢，成本是关键因素。

综上所述，分析"碳中和"目标实现路径首先要预测 2060 年前后的能源消费总量，在此基础上降低化石能源消费占比和单位化石能源碳排放量，同时利用负碳技术，增加生

态和人工碳汇，最终实现碳排放量和碳吸收量平衡。

（二）必须做好"碳中和"的加减法，在排放与吸收之间找好平衡点，合理确定"碳源""碳汇"的贡献比例

（1）我国能源消费总量仍将不断攀升。我国是全球最大的能源生产国、消费国，目前仍处于工业化和城镇化发展的"双中期"，尽管能源弹性系数不断下降，但随着经济总量攀升，能源需求总量仍将持续增长。"碳中和"必须走"减排"与"增汇"相结合道路，在化石能源消费、碳排放强度上做减法，在增加碳汇、负排放方面做加法。

（2）"减排"是实现"碳中和"的前提条件。受可再生能源潜力上限及其对自然生态的影响，能源结构调整要分阶段推进，否则可能导致国土空间由"烟囱密布"转为"风电、光伏密布"。能源结构调整必须综合考虑成本效益、社会效益和自然生态效益。既有技术条件下，不可能完全摆脱对化石能源的依赖。在能源需求持续增长情况下，减排对能源安全、粮食安全、国土空间布局甚至民生就业造成一定程度的冲击，过度减排不符合当前我国经济社会发展实际。

（3）"增汇"是实现"碳中和"的必要条件。碳汇端的关键是成本的降低与政策的组合配套。目前CCS、土壤碳汇等成本不断降低，具备大规模推进的技术和经济可行性，但还有一些技术如矿物碳化、海洋铁施肥等需加强研究。从我国生态碳汇现状看，海岸带、湿地、生态修复、森林质量提升等碳汇潜力较大。从理论上来看，矿物碳汇、CCS等负碳技术完全吸收排放到大气中的二氧化碳不存在问题。

（4）"减碳"与"增汇"在不同阶段的比例与贡献不同。"碳中和"目标实现过程可分为三个阶段，即尽早达峰（2021~2030年）、快速减碳（2030~2045年）、深度脱碳（2045~2060年）。不同阶段减碳与增汇的比例与贡献不同。在碳达峰阶段，产业升级和节能减排等源头减量占主导地位。随着脱碳程度加深，源头减量和结构优化的边际效用在递减；在快速减碳阶段，碳吸收作用逐步显现，贡献率不断提升；在深度脱碳阶段，碳减排的空间逐步压缩，碳吸收的空间越来越大。

二、我国是全球最大的碳排放国家，化石能源是主要碳源，能源结构优化调整极为迫切

必须坚持多能"互补"而非"替代"，"脱碳"不是彻底"脱煤"，走多元化、低碳

化、清洁化的能源结构道路。"脱碳"的核心是"优化能源结构",成本下降促进能源结构转型并推动"碳中和"加速。

(一) 化石能源仍保持一定比重,"稳油、减煤、增气"是大方向

(1) 煤炭是实现碳减排的首要领域。资源禀赋决定了煤炭在我国能源构成中的主体地位。我国煤炭消耗主要集中在火电,2020年底,全口径煤电装机容量为10.8亿千瓦,占总装机容量的49.1%,其中一半为2010年后新增装机量。2020年我国火电装机量为5777万千瓦,占当年新增装机量的30.3%。从短期看,火电上网电价依然可控制在0.25~0.45元/度,仅次于大型水电。同时煤电主要能耗指标持续下降,2019年全国供电标准煤耗为307克/千瓦时,比2009年下降了33克/千瓦时。[①] 同时,我国百万千瓦机组煤耗最低纪录再次刷新,达253克/千瓦时。许多煤电机组装机不久,按照全球煤电机组平均服务年限50年计算,仍处高效运行阶段,过快取消会形成大量沉没成本,经济损失过大。未来可考虑通过加装CCS延续使用,降低"碳中和"经济成本。从中期看,"风光"等可再生能源具有波动性、间接性特点,仍需调用煤电保障供应,火电由基核电源加速向调峰电源转变。长期看,未来煤电将逐步被清洁能源电力替代,CCS等脱碳、去碳技术是提高煤炭循环利用水平、促进煤炭绿色发展的关键。

(2) 天然气将是"碳达峰"后唯一正增长的化石能源。天然气是"可靠的""可承受的"和"可持续的"能源,单位热值碳排放仅相当于煤炭的一半。早在"八五"计划时期,我国就提出了"油气并举"战略,但天然气在我国能源结构中的比例一直处于低位。2019年,全球天然气已探明储量为198.76万亿立方米,我国天然气、页岩气和煤层气剩余探明技术可采储量分别为5.97万亿立方米、0.384万亿立方米和0.304万亿立方米。国际上已实现碳达峰的国家天然气使用比例都比较高。2019年世界天然气消费在一次能源消费中占比24.2%,而我国仅8.1%。美国自从用天然气发电逐渐取代燃煤发电后,碳排放占比呈下降趋势,其天然气发电已经超过燃煤发电。随着北美页岩气产量剧增,中东、中亚天然气产量增长,天然气有望进入长期供应宽松状态。如果将天然气比例提升到石油水平(19%左右),按照我国年消耗50亿吨标准煤计算,1吨标准煤排放2.7吨二氧化碳,可减排7.6亿吨二氧化碳。[②]

(3) 石油消费"中稳长削"。受交通和化工需求增长拉动,石油在全球一次能源结构

---

① 2020年全国电力工业统计快报 [R]. 北京:中国电力企业联合会.
② 《BP世界能源统计年鉴》(2020年)。

中的地位在短期内很难被撼动。虽然未来石油消费仍可能存在一定增长空间，但电动汽车发展以及燃料乙醇、煤制油等替代能源的发展，将在一定程度上抑制石油需求的增长。2020年，原油在一次能源消费中的比重为18.9%，连续4年维持稳定，大致已在峰值状态。中期看，原油消费量将稳定在7亿吨左右，2030年前后开始削减石油消费量，预计2035年石油需求量为6.3亿吨左右，在一次能源中占比下降到16%左右。到2050年下降到5.5亿吨左右，占比下降到14%左右，达到与天然气相当的占比水平。[①]

（二）以"风光水核热储"为主的清洁能源逐步占据主导地位，与化石能源"相互补充"而非"完全替代"

发达国家能源转型历经"燃煤时代""油气时代""风光时代"，我国直接从"燃煤时代"跨向"风光时代"，其背后原因是我国油气资源相对匮乏，同时技术突破使得风光成本明显下降。

成本下降促进清洁能源快速发展，经济社会效益明显。经济性是能源替代的主要驱动力。近年来清洁能源成本逐年降低、竞争力逐渐上升，必将从"补充能源"发展为"主流能源"。据统计，各种发电类型全球平均成本价格已越过成本达峰年，其中光伏发电价格降幅最大，为-87%。2019年，天然气发电、陆上风电、水电、太阳能光伏和地热发电价格已低于火电（见表1）。煤电+CCS的价格不到煤电的2倍，未来随着成本下降，CCS将变得经济可行。光伏风电等产业的制造业属性使其就业吸纳能力较传统煤电强约1.5~3倍，尤其考虑我国风电、光伏产业布局完善，可将大量就业机会留在国内。据统计，我国每投资100万美元于光伏、风电行业，将产生87个直接岗位和99个间接岗位。国家能源署估计，2025~2030年《巴黎协定》目标或将促使我国投资1500亿美元于可再生能源领域，由此或将产生1300万~1500万个就业岗位。

表1　　　　　　　　　　全球各类发电成本情况及预测

发电类型	成本达峰时间	达峰成本（美分/千瓦时）	2019年成本（美分/千瓦时）	相比达峰年下降率（%）	2050年成本（美分/千瓦时）
煤电	2008年	9.1	8.0	-13	11.0
煤电+碳捕捉	2018年	15.7	15.4	-2	13.1
天然气	2005年	10.5	4.2	-60	6.5

---

① 国家统计局. 中国统计年鉴（2020）[M]. 北京：中国统计出版社，2020.

续表

发电类型	成本达峰时间	达峰成本（美分/千瓦时）	2019年成本（美分/千瓦时）	相比达峰年下降率（%）	2050年成本（美分/千瓦时）
陆上风电	2010年	11.6	5.8	-50	3.7
海上风电	2010年	20.7	11.1	-46	5.3
水电	2010年	6.7	6.0	-11	5.9
太阳能光伏	2000年	49.8	6.4	-87	2.5
太阳能光热	2012年	23.8	14.1	-41	9.2
地热	2013年	8.4	7.0	-16	6.1
生物质	2010年	15.6	9.5	-39	8.7
核电	2019年	11.0	11.0	0	10.0
波浪/潮汐	2017年	30.9	28.1	-9	14.2

"风光"将成为能源结构的主体。未来"风光储电力"将是替代"煤油气发电"的核心。从全国发电量占比来看，太阳能从2010年的零起步到2019年的3%，风电从2010年的1.1%上升到2019年的4%。随着技术创新和产业链成熟，风光能源未来前景较好。根据部分机构预测，到2035年我国光伏装机容量将达到12亿千瓦，风电装机容量达到8.6亿千瓦；到2050年光伏发电和风电装机容量分别达到20亿千瓦和13.7亿千瓦，占一次能源的比重分别达到19%和17%左右。[①]

其他清洁能源将成为必要补充。在风能和太阳能使用规模扩大之前，核能成为一种更精简、更灵活的能源，但核能大规模发展仍受众多因素制约，如在经济上没有成本优势，在核电安全、技术路线及铀矿储量等方面仍存在诸多问题。生物质能虽然比较灵活，可就近收集加工利用，但主要用于资源丰富区居民取暖，地热能受制于地质条件和技术条件，发展较慢，两者在未来能源总体消费格局中预计占比不会超过2%。水能起到重要作用，但可开发资源潜力有限，全国可开发容量不足7亿千瓦时，同时考虑到生态流量下泄、重要水生生物溯源回流等因素，未来提升的空间受到限制（见表2）。

表2　　　　　　　　　　　主要发电类型的优劣势比较

能源类型	太阳能发电	风力发电	生物质能发电	水力发电	核电	火电
发电种类	太阳能光伏发电，太阳能光热发电	水平轴、垂直轴风力发电机	直接燃烧发电，垃圾发电等	将水能转换为电能的过程	热中子堆，快中子堆	燃煤机组，将煤炭热能转化为电力

---

① 2020年全国电力工业统计快报[R]. 中国电力企业联合会，2020.

续表

能源类型	太阳能发电	风力发电	生物质能发电	水力发电	核电	火电
优势	发电过程简单，不消耗燃料、无污染	清洁、环境效益好、装机规模灵活	受自然条件限制小，可靠性高、燃料来源广泛	发电成本低、发电效率高，调控能力较强	燃料体积小，方便运输，发电成本稳定、资源消耗低	不受天气影响，技术成熟、储量大，成本低
劣势	占地面积大能量密度与转换效率较低	成本高，占地面积大、噪声大	建设和运营成本较高技术开发力薄弱、产业体系薄弱	生态破坏、移民安置难度大，受水量影响	产生高低阶放射性废料，能源转换率低，选址要求高	不可再生，高碳排放，需脱硫处理
平均度电碳排放（克/千瓦时）	8.5~34	7~17	4~1730	17~22	9~70	997

注：平均度电碳排放是按各类发电技术本身所产生的碳排放量进行测算。

充分考虑各类清洁能源发展的制约因素。风能、太阳能、水能等可再生能源产业布局，既要考虑国土空间，还要考虑局地小气候。水电近年来装机增速显著放缓，我国水力资源开发程度达56%，已属于较高水平，新开发水电面临居民安置、生态保护、建设成本等问题。核安全性问题使多国限速核电发展，福岛核电站事故后，各国核能发展政策更加谨慎。生物质储存的能量比目前世界能源消费总量大2倍，但属于低品位能源，开发技术尚未成熟，目前绝对量仍较小。

三、陆地生态系统固碳能力巨大，海洋碳汇从理念到行动还面临不少挑战，地下空间碳汇的高成本制约商业化推广

在全球循环过程中，碳汇是在人工干预下通过陆地、海洋、地下从大气吸收/存储二氧化碳的过程。随着碳源减量的边际效用不断递减，倒逼负碳技术的创新与推广。

（一）陆地生态系统具有强大固碳功能，扮演着重要碳汇角色

陆地生态系统分为林地、草地、湿地、耕地、人工表面及其他6类（IPCC碳计量指南），包括地上生物、凋落物、0~1米地下生物和土壤。2001~2010年，中国陆地生态系统年均碳汇量为7.3亿吨二氧化碳，其中森林生态系统贡献了80%，农田和灌丛分别贡献了12%和8%，草地碳收支基本平衡。人类有效干预能提高生态系统碳汇能力，如我国实施的重大生态修复工程和秸秆还田措施，分别贡献了陆地生态系统碳汇的36.8%和9.9%。[1] 影

---

[1] 《美国科学院院报》2018年第16期。

响陆地碳汇形成的机制可分成两类：一是影响光合、呼吸、生长以及分解速率的生理代谢机制，通常受人类活动间接影响；二是干扰和恢复机制，包括自然干扰、土地利用变化和管理的直接影响。

（二）海洋是地球上最大的活跃碳库，但实践层面还面临挑战

海洋碳库是陆地碳库的20倍、大气碳库的50倍，储碳周期可达数千年，占地表面积71%的海洋将负责吸收未来20%以上的温室气体。中国领海面积约300万平方千米，纵跨多个气候带。其中，南海毗邻"全球气候引擎"西太平洋暖池，东海跨陆架物质运输显著，黄海是冷暖流交汇区域，渤海则是受人类活动高度影响的内湾浅海。海域内有长江、黄河、珠江等大河输入，外邻黑潮，赋予了中国海域巨大碳汇潜力，也提供了实施多种负排放的空间。但和陆地碳汇相比，对海洋碳汇的储量、速率、过程机制和功能尚缺乏足够了解，还未建立专门的观测评估体系，难以做到"可衡量、可报告、可核查"。

（三）地下空间碳汇仍处在发展初期，高成本影响商业化推广

地下空间碳汇是化石能源零排放利用的重要技术选择，是碳中和目标下保持能源系统灵活性的主要技术手段，是钢铁水泥等难减排行业深度脱碳的可行方案，与新能源耦合的负排放技术是实现碳中和目标的托底技术保障。CCS技术可以使煤电项目、生物能、垃圾发电以及高能高热工业项目变为可行。自1972年美国第一个大型CCS项目运行以来，全球CCS发展速度较为缓慢，核心原因在于成本昂贵。近年来，我国在CCS多个技术环节均取得显著进展，但商业化仍面临高成本、高能耗的挑战，相关激励政策及管理体系有待完善。

四、坚持减碳和除碳并重、提效与增汇并重、适应与应对并重、自然与工程并重，推动实现"碳中和"目标

（一）坚持减碳和除碳并重，通过优化能源结构减排40%，剩余60%需要碳汇来吸收储存[①]

"碳中和"是关于碳源与碳汇之间的数量关系问题，其中碳源是以能源结构为主的系

---

① 根据《中华人民共和国国民经济和社会发展公报》、生态环境部《中国生态环境状况公报》、国家发展改革委《"十四五"可再生能源发展规划》等估算。

统性问题，关系到经济与产业结构调整，核心是降低二氧化碳排放强度与总量；碳汇是实现"碳中和"不可或缺的重要环节，负碳技术创新将发挥核心支撑作用。我国人均国内生产总值刚突破1万美元，未来一段时期能源消费总量仍将不断增加，预计在2030~2040年碳达峰时不超过60亿吨标准煤，到2050年预计维持55亿~60亿吨标准煤。"碳中和"意味着在"碳达峰"后续30年中，逐步将100亿吨二氧化碳净排放量消化为零。

（1）通过优化能源结构减排40%（40亿吨），仍有60亿吨二氧化碳排放量。综合主流机构预测判断如下：第一，煤炭。预计2035年需求量约20亿吨标准煤，2050年逐步降至约10亿吨标准煤，但未来最终取决于煤炭自身能否实现原位清洁利用、零碳排放以及CCS应用推广。第二，天然气。在中国能源消费总量达峰时，天然气消费量达6000亿~6500亿立方米，之后继续增长但增速放缓。麦肯锡《全球能源视角2019》预测，2050年我国天然气消费量预计超过7000亿立方米。第三，石油。2030年前后开始削减石油消费量，预计2035年需求量为6.3亿吨左右，2050年降到5.5亿吨。按照1吨标准煤排放3吨二氧化碳、1立方米天然气排放2.17千克二氧化碳、1吨原油排放3.02吨二氧化碳计，2050年我国仍会排放约60亿吨二氧化碳。

（2）通过碳汇吸收60%的二氧化碳（60亿吨），陆地生态系统、海洋生态系统和CCS分别为30%、20%和10%。综合相关研究判断如下：第一，陆地生态系统。碳汇当量约22.74亿~26.39亿吨，约占碳达峰峰值的20.86%~24.21%。但随着我国人工造林、天然林保护、退耕还林还草力度的加大，固碳潜力有望提高至30亿吨，接近"碳达峰"峰值的30%。第二，海洋生态系统。碳汇当量约4.06亿吨，约占碳达峰峰值的3.72%。随着我国海岸带修复推进（如当前红树林面积约为历史最高2500平方千米的1/10），大型海藻养殖的发展（大型海藻养殖具有较大的碳汇潜力，但目前养殖面积仅为海域面积的0.3%），通过海陆统筹治理推进生物泵和海洋微生物泵总量最大化，未来碳汇量有望提升至约20亿吨，达到碳达峰峰值的近20%。第三，碳捕获与储存。国际能源署预计，随着能效技术的"天花板效应"和替代能源开发难度增加，CCS的减排贡献将在2030年达到总减排量的10%，2050年达到19%。2030年CCS的全球减排潜力在每年1.4~4Gt；IEA预计在2050年CCS减排潜力约每年100亿吨，中印将共同承担总份额的26%，即我国占到超过10亿吨二氧化碳/年，占碳达峰峰值约10%。

（二）坚持提效与增汇并重，提升资源利用效率和自然生态系统功能，实现资源利用"四倍速"

（1）通过优化资源结构和转变利用方式，实现自然资源利用效率倍增。优化能源资源结构，大力发展清洁能源，提高光伏、风力发电量，降低传统化石能源比例。提高资源利用效率，转变开发利用和管理方式，促进经济发展、资源增效、生态保护相融合。实行资源总量管理和全面节约制度，实施能源、水资源、建设用地等总量和强度双控行动，推进工业和能源领域提能降耗。严控新增建设用地，推动城镇低效用地再开发，探索设置碳门槛来限制高碳土地利用类型供应。

（2）发挥国土空间载体作用，优化生产、生活、生态空间促进"碳中和"。发挥国土空间规划统筹管控作用，科学布局生态、城镇、农业、海洋等空间。优化生活空间结构，推动城镇精明增长，倡导"分布式集中"城镇空间布局模式，减少城镇内部交通碳排放。优化生产空间结构，加强土地利用碳排放关键点政策干预，科学规划产业结构、规模和布局。优化生态空间结构，统筹考虑林地、草地、湿地、水域等所有生态系统要素类型，提升生态系统碳汇功能。

（3）加强自然资源保护与修复，提升自然生态系统碳汇潜力。统筹山水林田湖草一体化保护修复，加强对重要自然资源生态系统保护和永续利用。严控自然生态空间转为建设用地或不利于生态功能的用途，确保自然生态空间数量不减少、生态功能不降低。坚持山水林田湖草系统治理，加强重要生态系统修复提升，提高林、草、湿、海等生态系统总量与质量。改变农田耕作方式，推广保护性耕作措施，增加农田土壤碳贮存。统筹海域海岛保护利用空间布局，加强海岸带综合保护与利用，提升海洋碳汇潜力。

（4）统筹利用好陆海碳汇综合潜力，增强自然生态固碳能力。加强天然森林植被保护，推进国土绿化行动，提升土地植被覆盖度。做好重要林区管护，保障林区植物、动物、土壤微生物与大气圈的正常碳循环。维护好陆地水域生态系统，结合淡水养殖丰富生态系统，提升陆地水域碳汇能力。加强滨海湿地的关键修复技术研发，发挥海岸生态系统碳捕获和储存作用。推动红树林、海草床、滨海盐沼保护修复，提高覆盖面积。加强碳地质储存技术方法创新，扩大试点示范和储存量级，降低储存成本。

（三）坚持适应与应对并重，在实践路径层面减轻气候变化带来的不利影响，在国际规则层面加快提升话语权

（1）从气候变化角度看，不断降低气候变化对自然生态和经济社会的不利影响。"适应"和"应对"是人类应对气候变化的两大对策，适应是通过调整自然和人类系统以应对实际发生或预估的气候变化或影响；应对是通过改变人类行为进而预防或减少气候变化造成的损失，两者相辅相成。当前应统筹国内发展目标与全球减排需求，将适应气候变化与保障粮食安全、消除贫困与可持续发展结合起来。一方面通过生态文明建设，促进绿

色、低碳、气候适应性和可持续发展，如建设自然保护区、提高能源效率等。另一方面，持续加强生态脆弱区治理，建设三北防护林等生态工程，将生态治理与生态产品价值实现有机结合起来等。同时，在极端天气气候事件导致的洪涝、干旱、热浪以及危及人民生命安全的滑坡、泥石流等地质灾害应对和风险减轻方面，加强科学研究，提高监测范围、精度和时空分辨率，提高极端天气灾害的防治水平（见表3）。

表3 中国关键领域与重点区域气候变化影响及应对方向

关键领域	利弊影响 有利	利弊影响 不利	重点区域
农业	热量资源增加、种植制度调整	耕地质量下降、用水供需矛盾、病虫害加重	东北地区（+）、华北地区（+）、华东地区（-）、华中地区（+）、西北地区（+）
水资源	冰川融水径流增加	径流量总体下降、旱涝灾害加重	华北地区（-）、华中地区（-）、西南地区（-）、西北地区（+）
森林与其他自然生态系统	森林总体碳汇、温带草原增加、高山牧场草原界线上移	北方落叶林减少、西部荒漠化、生产力下降、东部湿地萎缩、局部物种消失	东北地区（-）、西南地区（+/-）、西北地区（-）
海岸带和近海环境		海洋酸化、赤潮风暴潮加重、海岸侵蚀加大、红树林和珊瑚礁退化	华东地区、华南地区
冰冻圈环境	冰川融水增加、冰封期缩短、凌期趋缓、冰情总体缓解	冰川萎缩、减薄、冰湖溃决风险加大、冻土面积萎缩、雪灾频次总体增加、海冰冰情年际变化大	东北地区（-）、西南地区（-）、西北地区（+/-）
人体健康与环境质量		自然灾害致病或死亡、传染病和疫源性疾病及流行区域增加、水体富营养、水质及大气污染加剧	华东地区、华中地区
重大工程		南水北调中线可调水量减少、三峡洪涝和青藏铁路路基变形风险加大、三北防护林成活率和生产力降低、电网受损风险加大	

注：+、-分别代表气候变化影响的利和弊。

（2）从国际规则角度看，从适应规则逐步走向参与规则制定。国际气候变化规则的核心是经济利益的分配与成本的分担。气候变化规则不仅将重塑全球产业结构的形态和布局，而且将为清洁能源和低碳经济发展创造制度环境。这将在一定程度上决定各国在未来国际分工中的地位。就当前规则来说，发达国家将成为全球气候变化规则的净受益者和

"裁判员"。联合国政府间气候变化委员会（IPCC）评估标准由于多次出现评估内容不实、论据不牢等问题，应对气候变化正从科学议题向价值观演变。鉴于形势变化，中国应形成关于应对气候变化认识的统一理念，积极打造中国特色气候应对框架。即在2030年之前，遵循国际规则制定应对气候变化的行动计划；2030年之后，基于科学认知加深，弥补当前IPCC评估标准问题和错误，实现从适应规则逐步向参与规则制定的转身。

（四）坚持自然与工程并重，通过自然恢复和人工修复，实现自然资源及其生态系统固碳的解决方案

（1）基于自然恢复力临界点评价，合理选取自然生态修复方案。对已遭受破坏的生态系统，科学评价并合理选择生态修复目标和方法。在生态恢复力临界点以内，以自然修复为主，人工修复为辅。生态破坏超越自然恢复力临界点的，结合原生态系统动植物种群结构特点，合理选择生态修复或重建方法，加大人工修复干预力度。在修复过程中，掌握生态修复实施效果并反馈存在问题，及时调整修复方法；生态修复完成后，在合理时间段内持续监测和评价生态系统的恢复状况，提升生态系统的固碳能力。

（2）从生态空间尺度开展守护保育，维护自然生态系统健康稳定。从空间保护着手，守护自然生态，保育自然资源。保护生物多样性与地质地貌景观多样性，维护自然生态系统健康稳定。积极探索掌握各空间地理下的生态系统恢复力"临界点"及其分布规律，强化生态保护红线、国土生态空间划定及其用途管制的科技支撑，严格保护自然生态空间的数量和质量，避免生态系统质量下降到不可逆状态。

"基于自然的解决方案"的学理逻辑、技术路径与执行挑战[*]

姚 霖 李 楠 吕 宾 吴 琼 张 萌[**]

"基于自然的解决方案"（nature-based solution，NbS）作为生态文明领域热词，不仅是家喻户晓的生态文明"符号"，也是自然资源领域实施生态保护修复的重要理念。当前，对 NbS 的研究多集中于译介讨论，及探讨它作为新兴术语的重要性与创新性。相比理论层面的探讨，如何将 NbS 落地更具意义。本文从 NbS 的"技术路径、社区支持、执行挑战"的角度，结合国内外典型案例，解剖、总结和反思 NbS 的落地要素，以期增益国土空间生态保护与修复决策。

一、概念特征：历史脉络与内涵反思

（一）形成历程

20 世纪 70~90 年代，NbS 作为应对资源、环境和生态问题的创新性思路，倡议主动承担保护、恢复自然资源及其生态系统的可持续发展行动理念而得到广泛认同。2008 年，世界银行首次提出"基于生物多样性与气候变化之间的自然逻辑"理念之后，NbS 的内涵

---

[*] 本文原载于《自然资源经济参考》2021 年第 12 期。
[**] 中国自然资源经济研究院姚霖、吕宾、张萌，世界自然基金会（WWF）北京代表处李楠、吴琼。

在世界自然基金会、国际自然保护联盟、联合国教科文组织、联合国政府间气候变化专门委员会等机构的探索下，发展界定为"以找到一种与生态系统相适宜而不是仅靠传统工程干预措施的举措来适用或者缓解气候变化的影响，并提高可持续性、保护自然生态系统和生物多样性"。欧盟于2015年发布《基于自然的解决方案和自然化城市》报告，识别出NbS支撑增强城市可持续、生态系统恢复、提升碳汇、自然风险管理等目标情景之后，NbS在政策层面突破了最初应用于生物多样性保护、减缓和适应气候变化，扩展到了与可持续发展相关的多个领域（见图1）。

20世纪70年代开始	生态系统服务的概念逐渐受到学界关注
20世纪90年代	学界普遍意识到需要一个系统的方法来揭示人与自然的关系
	为期四年的千年生态系统评估项目成果发布，引领了以生态系统服务思考人与自然的关系
2008年	世界银行的报告提出NbS，并指出其在保护生物多样性、应对气候变化中可以发挥重要作用
	IUCN提交COP15的意见报告中建议将NbS纳入减缓和适应气候变化整体计划和策略
2010年	IUCN、TNC、UNDP等多机构联合发布报告《自然的解决方案》
	欧盟明确2020地平线研究与创新项目将重点投资NbS
2016年	IUCN发布报告《基于自然的解决方案应对全球挑战》
	UN气候行动峰会中国和新西兰共同牵头NbS
2017年	TNC提出NbS减缓气候变化的贡献可以高达37%
	NbS写入《山水林田湖草生态修复工程指南》
2020年	IUCN发布NbS全球标准

图 1　NbS 的政策历程

随着国际机构的不断探索，NbS概念也不再"单纯"。近年来也出现了一些"基于自然的气候变化解决方案、绿色基础设施、基于生态系统的适应、基于生态系统的灾害风险减缓"等多种形式的NbS表达方式（见表1）。

表1　　　　　　　　　　　　　　　　NbS 的概念历程

年份	机构	主要观点
2008	世界银行	发布《生物多样性、气候变化和适应：世界银行投资中基于自然的解决方案》，提出NbS是基于生物多样性与气候变化的自然逻辑，实施促进生物多样性保护和可持续发展的创新方案
2009	世界自然保护联盟	在向UNFCCC第15届缔约方大会的建议报告中提出，要通过保护自然、可持续管理和修复生态系统，进而有效应对社会经济发展需要，为人类福祉和生物多样性带来益处的行动
2010	世界自然保护联盟 世界银行 世界自然基金会	发布《自然方案报告：保护区促进应对气候变化》，将"基于自然的解决方案"正式应用于生物多样性保护

续表

年份	机构	主要观点
2014	欧盟	将"基于自然的解决方案"纳入"地平线2020"科研计划,启动了基于自然的解决方案的"地平线2020研究和创新议程"
2015	欧盟	发布《基于自然的解决方案和自然化城市》,识别出增强可持续城市化、恢复退化的生态系统、气候变化适应和减缓(提升碳汇)、自然风险管理等4个NbS支撑决策情景
2016	世界自然保护联盟	发布《基于自然的解决方案应对全球调整》,认为NbS通过保护、可持续利用、管理和修复自然或改善生态系统,可有效和适应性应对社会挑战,并为人类福祉和生物多样性带来益处
2018	联合国政府间气候变化专门委员会	发布《全球升温1.5℃特别报告》,指出基于生态系统的适应、生态系统修复、避免毁林和土地退化、生物多样性保护、可持续农渔业、节水灌溉、绿色基础设施等是气候适应的重要措施
2018	联合国教科文组织	发布《世界水资源发展报告》,指出NbS为解决现代人类与自然环境问题提供了一种新思路,使我们能够超越常规,在应对世界众多水资源环境问题挑战的同时,实现可持续发展
2019	联合国气候行动峰会	确定"基于自然的解决方案"为全球9项重要行动之一。中国和新西兰作为牵头国发布的NbS气候宣言指出,NbS是全球实现《巴黎协定》气候变化目标的重要部分
2020	大自然保护协会	NbS是积极利用自然和人工生态系统服务来实现可持续发展目标的伞形结构

(二)概念反思

不同学科领域的研究者都试图从NbS中寻找可持续发展智慧,但由于利益群体的立场限制,很少有学者就不同群体间有望达成共识的部分作进一步明晰,导致了NbS核心内涵模糊。由于不同群体缺乏对概念的统一共识,导致不同群体在合作过程中,对NbS的理解存在分歧,从而使得概念在推行的过程中受到阻碍。综合各方学术观点,当前存在的问题主要有:

(1)NbS更多地被政策制定者用于政策语言中,直到近年才开始被科学界关注和研究。

(2)学界对该术语的研究主要停留在理论层面,对于指导基于自然的解决方案的实践,以及相关的检测和评估方法的研究较少。

(3)NbS被认为是一个涵盖各种不同方法的综合概念,而这些方法出现在各个领域,导致了其核心内涵模糊。

(4) 正因为 NbS 是一个伞形概念以及其"应对社会挑战"的特征，社会科学领域和各利益相关方对 NbS 的概念更容易接受，而自然科学领域的学者（特别是专注于物种和栖息地保护的专家）对于这样一种综合性的、宏观的、包含"利用自然"概念的定义存在质疑。

(5) 因多种 NbS 定义的实际区别是有争议的且缺乏精确性，确定 NbS 相关风险的标准在概念上则显得操作性不强。

（三）主要特征

各方概念虽在学科差异、运用场景上各有侧重，却一致性地明确了 NbS 是保护、可持续管理和恢复自然或改良生态系统的行动，从而有效和适应性地应对社会环境挑战，同时有益于人类福祉和生物多样性效益的解决方案。具体来说，NbS 内涵主要有以下几个要素：

(1) 行动对象主要包含自然资源（耕地、矿藏、林木、草原、湿地、海洋等）、地质环境及其生成的特定生态系统。通过人工干预，改变保护、开发和修复策略，增强生态系统恢复力，达到"人类可持续利用实物原材料、生态系统调节服务和文化景观服务"的目的，实现资源供给价值、生态系统服务价值与文化景观价值的综合效益（见图2）。比如，长江禁渔、矿山环境修复、矿山公园建设、耕地生物多样性保护、精准施肥、泥炭地保护等。

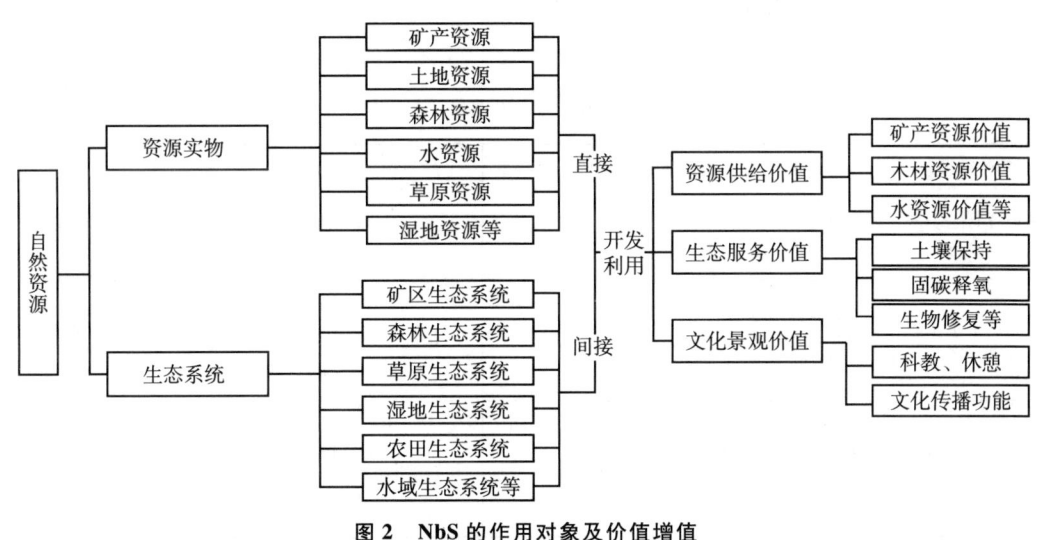

图 2　NbS 的作用对象及价值增值

(2) NbS 是从"自然资源及其生态系统内在的天然规律、人与自然和谐相处的社会联系"出发，为自然固本培元，进而支撑可持续发展的人为干预方案。干预具体表现为：

第一，保护培育、自然恢复和工程修复等国土空间保护修复举措。第二，实施以空间规划、用途管制为内容的约束性制度，以及采用生态保护补偿、生态产品价值实现、市场化社会化参与等激励性制度。

（3）NbS 具有气候减缓和适应气候变化、可持续发展的协同效益。行动措施包括但不限于可持续粮食生产、可持续森林管理、土壤有机碳管理、生态系统保护、造林、土地恢复、减少毁林和森林退化等。比如，通过开展植树造林、改良树种、技术更新、提升蓄积量等增量提质举措，按人工林平均每公顷固碳 33.3 吨测算，近期可大幅增加碳汇潜力。如新增森林面积使森林覆盖率在 2030 年达到 26%，森林生态系统碳汇量预计在 2030 年与 2060 年分别达到 8.55 亿吨二氧化碳/年和 8.55 亿吨二氧化碳/年。此外，泥炭地、湿地、森林、海岸带保护，以及病虫害、土壤、风险等管理措施不但可保护碳储存，还可为社会经济的可持续发展作出贡献。基于生态系统的适应可保护和增强碳储存，同时促进自然保护，改善社区生计，降低贫困。

二、技术路径：三种 NbS 技术方案

NbS 保护修复技术方案可以划分为保护现有生态系统的解决方案、创造新生态系统的解决方案与调整现有生态系统的解决方案等三种类型（见表 2）。

表 2 NbS 的技术路径

NbS 类型	目标生态系统特征	对生态系统的干预程度	干预目标	举措
保护现有生态系统的解决方案	完整性和健康程度较高	低	保护	森林保护（避免毁林）；湿地保护；珊瑚礁保护
创造新生态系统的解决方案	完整性低或不能发挥目标功能的生态系统	高	修复	造林；人工湿地、河岸缓冲带修复；草地修复；城市绿地、花园；海洋贝类礁体修复
调整现有生态系统的解决方案	人工与自然复合生态系统	中	可持续管理	可持续森林经营、草地可持续放牧；可持续农田管理措施（覆盖作物、农林复合、减免耕作、养分管理）等；可持续渔业管理

在修复操作层面，涵盖识别问题、选择行动策略、设计实施流程、实施解决方案、利益相关者沟通、转换调整方案、监测评估等 7 个阶段。通过识别空气和环境质量、新经济

和绿色就业机会、城市更新、社会公正和凝聚力、公众参与管理、沿海地区恢复能力、绿地管理、减缓气候变化、水安全管理、公共卫生等10种类型，在"尊重自然规律，增强生态恢复力"理念下，综合考虑措施选取、评估方法、效果评估、限制因素等参考指标的情形下，指导NbS修复实践，形成"因地制宜、因时制宜、因人制宜"的最优策略（见图3）。

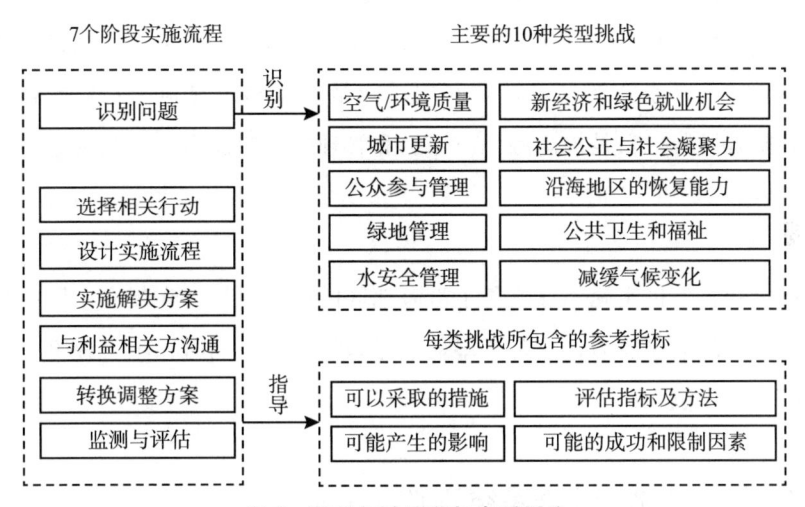

图3 NbS行动流程与类型划分

（一）类型1：保护现有生态系统的解决方案

以希腊阿提卡地区为例。

1. 问题识别

阿提卡是希腊拥有丰富湿地资源的地区，对当地的生态系统和人类福祉保障有着重要的作用。根据气候预测，到2100年，该地区将持续且频繁地发生干旱。由于该湿地的水源大多来自雨水，在气候条件变化和人为干预的协同作用下，阿提卡湿地将面临消失的风险。为保护阿提卡的湿地，阿提卡环境管理局与希腊生物群落湿地中心联合实施了"阿提卡湿地保护计划"，以减少人为干预和气候变化对湿地的影响，并提升湿地应对气候变化的能力。

2. 与利益相关者沟通

阿提卡作为希腊第一个开展气候变化适应战略的地区，"阿提卡湿地保护计划"采用了参与式方式来提出生态系统管理方法。由阿提卡地区环境理事会制订适应性保护计划，鼓励社会团体、环境组织和研究机构通过访谈与研讨会、培训研讨会等途径参与湿地保护。

项目启动时，阿提卡地区就通过媒体、研讨会开展了培训会和访谈，整个湿地适应战略的制定都以公众参与的方式进行。实施修复期间，主办方举办了"湿地脆弱指数评估"培训研讨会和宣传活动。研讨会期间，约 30 名参与者学习了评估方法，在一定程度上推广了湿地适应性保护计划。

3. 实施方案

"阿提卡湿地保护计划"建立在 7 个子项目上，并确定了每个子项目的优先措施：一是改善阿提卡湿地植被和气候变化的影响；二是保护和恢复阿提卡湿地生态系统及其服务以适应气候变化；三是水资源的可持续利用；四是土地利用规划；五是提高公民环境意识，促进生态旅游发展；六是提高湿地对保护和管理的适应能力；七是促进企业在湿地保护上的力量整合。

4. 成效评估

从效益评价看，项目实施不仅改善了沿海地区的湿地保护，还提高了阿提卡湿地对人为干预和气候变化的应对能力，改善了湿地生态系统功能。同时，项目提高了公民的环境意识与湿地的经济价值。

（二）类型 2：创造新生态系统的解决方案

以荷兰瓦尔河"还河流以空间计划"为例。

1. 问题识别

荷兰瓦尔河是欧洲河莱茵河第一大分支，河流上游平坦宽阔，流至奈梅亨市河道弯曲，洪泛平原变窄，根据预测的气候变化，河流流量逐年增加，位于河流狭窄处的奈梅亨市面临着洪水威胁。为保护居民免受洪水影响，通过河流扩容来提高城市的防洪能力，2007 年荷兰政府提出"还河流以空间计划"。

2. 与利益相关者沟通

荷兰政府通过新闻通信、信息会议和互动研讨会，让利益相关者参与其中。在互动研讨会上，主持者提出规划，参与者提供他们的意见，规划随着研讨会的结果进行调整。在项目实施过程中，组织者还通过模型等系列可视化措施让利益相关者了解方案的实施效果。在充分采纳利益相关方意见的基础上，瓦尔河项目方案做了两个方面调整：一是通过社区会议，为满足居民需求，在计划外新设 3 座桥梁；二是瓦尔河作为"还河流以空间计划"的一个试点，其成功实施已使得该策略向城市规模拓展，为解决河流洪涝问题提供经验。

3. 实施方案

在瓦尔河项目中，设计并非简单地扩展河道以增加河流容量。一方面，它根据河流的运动力学，模拟河流流向、水位等各方面因素，挖掘次级河道，并植入了一个防洪和分流的"河中洲岛"。在水位达到高峰时期，两条河流连同岛屿一起，联合排洪露出水面的河心岛屿，这样为奈梅亨市中心创造一个集娱乐与自然为一体的绿地空间。另一方面，瓦尔河项目还将原有堤坝向内陆移动，以扩大洪泛区，为河流创造了更多的流域面积，从而降低了河水水位。

4. 成效评估

从效益评价来看，经过"还河流以空间"的实施，瓦尔河的水位下降了，将满足奈梅亨市150年一遇的防洪需求。同时，新增的三座桥梁与岛屿成为连接南北岸居民的媒介，促进了区域间的交往。此外，新的滨水公园吸引了大量游客，也为当地创造了新经济增长点。

（三）类型3：调整现有生态系统的解决方案

以美国新泽西开普梅社区"韧性海岸"项目为例。

1. 问题识别

美国新泽西州开普梅社区作为美国新泽西州的一个沿海社区，多年来因受到风暴潮的影响而造成巨额的经济损失。美国陆军工程兵团及政府在内的各个利益相关方致力于制订基于自然的解决方案构筑开普梅社区的韧性海岸。

2. 与利益相关者沟通

方案实施过程中几乎没有收到反对声音。由美国陆军工程兵团、新泽西州环境保护部、大自然保护协会和地方政府在内的利益相关者开会讨论可开展的综合生态恢复项目，协同恢复海滩生态系统。从第一阶段到第二阶段，随着风暴减缓，方案将重点从建立沙丘以应对风暴潮转向恢复沿海淡水生态系统。

3. 实施方案

为建立韧性海岸，一方面致力于解决洪涝灾害的问题，另一方面恢复沿海生态系统。具体措施涉及：补充被侵蚀的海滩、建立沙丘、恢复淡水流经湿地、控制侵入性芦苇、在湿地内创造水鸟觅食和休息区域、安装水控制结构。整个项目被划分为两个主要阶段，分别应对风暴潮及生态修复的两个目标，并于2011年、2013年、2017年完成三期后续的沙丘补给工作。

方案在该项目的第一阶段，用将近140万磅的沙子扩建1英里（1英里=1.6千米）

长,18 英尺高的沙丘,扩大了 2 英里的海滩。在第二阶段,方案侧重恢复沿海淡水湿地,增加排水涵洞,改善水质和排水情况。移除限制候鸟飞入的芦苇,在湿地内为鸟类创建栖息地。

4. 成效评估

未来 50 年的开普梅社区洪水损失将减少 960 万美元。此外,鸟类已涌向恢复后的栖息地,吸引了大批观鸟者。大自然保护协会 2014 年做的分析预测,生态旅游将每年为该社区增加收入 3.1 亿美元。

三、社区关系:多元并举激励社区参与

立足于"一方水土"生态性格的 NbS,不仅关注提升生态恢复力,更关注"一方水土养育下的社区"。获得良好社区支持是 NbS 开展的必要条件,尊重当地社区传承的"人与自然的相处智慧",需在兼顾社区居民获得生态受益同时,用好"文化"和"经济"的激励工具。

(一)尊重富有解释力的地方性知识

在尊重地方性知识的基础上,用地方性知识去解决地方生态问题,是 NbS 所提倡的基本原则。以"土地、人口、信仰"为基本学理要素的社区是社会学的重要概念,在社区物质文化、精神文化与制度文化中,蕴含了社区人与自然和谐共生的智慧,解释了人自我、人与人之间、人与大自然之间的相处之道。而传承于乡规民约等富有解释力的地方性知识,正是特定社区内代代相传的生态智慧。例如,广西壮族的侗款中对上游与下游保护河道水源清洁、不屠杀野生动物幼崽、不吃鱼籽等做法就有明确的规定。因此,尊重地方性知识,不仅是在短时间内实现理解特定区域内"人文生态和自然生态"规律的必要途径,也是生态保护修复能够获得社区支持的前提条件。

坦桑尼亚西北部的希尼安加位于维多利亚湖以南,其人口超过 225 万人,面积仅有 50000 平方公里。过高的人口密度加剧了土地修整及退化问题。在 1985 年启动了国家恢复计划,包括种植外来树种。来自集中式苗圃的超过 100 万棵树被分发到大约 700 个村庄中。然而成效并不显著。通过适应性管理,采取了一种参与性更强的方法,这成为项目能取得长期成功的关键所在。当地村民并不想要"HASHI 树",而是想要他们自己的树(大多数是当地品种)。自上而下的方法失败了,因为此项目没有让当地民众和机

构参与。

建设村民的自治能力，重新设计恢复工作已成为优先选项。通过尊重当地机构（正式或非正式），将成功恢复森林的要素整合在一起。截至2004年，已恢复了超过30万公顷土地，每人每月收入达14美元。几乎每一个家庭都有恢复区。向没有土地的人群和女户主家庭分配了土地，团体和村庄则拥有更大的恢复区。"HASHI计划"采用了开创性的参与方式，取代了自上而下的过程。从1986年一个中央管理的政府苗圃以及坦桑尼亚一个被称为"沙漠"的地区，到2004年已建立起1000多个小型社区和个体苗圃，并恢复了30万公顷的林地。"HASHI计划"是通过适应性管理响应保持其相关性的过程，从1986年以来，最初是一个项目，后来成了一个计划。

（二）用好生态保护补偿制度工具

社区成员是生态恢复的直接相关者，调动社区居民参与积极性，以及激励生态保护修复意愿是NbS方案能否获得成功的关键。做好恢复和修复工作，需关注怎样激励社区居民"自觉与非自觉"动机下产生保护生态的自主行动。相比单一行政手段，用经济手段去激励培育社区居民的保护意识与保护行为，则有先天制度优势。

在孟加拉国，有11%的人口以渔业为生。鲥鱼是该国主食之一，2016年为全国GDP贡献了1%。在20世纪90年代鲥鱼数量急剧减少，威胁到300万渔民生计，主要原因是过度捕捞和栖息地退化。为应对粮食安全和社会经济发展挑战，孟加拉国在2003年实施了"鲥渔业管理行动计划"，包括建立幼鱼和产卵保护区，实施临时的年度捕鱼禁令以恢复种群数量，并执行《鱼类保护和养护法》。与此同时，在评估权衡取舍问题和解决与禁令有关的成本问题后，建立了生态补偿方案，为受影响的渔民社区提供大米，作为受影响地区不能捕鱼的回报。随时间推移，鱼类数量逐渐恢复，这既增加了粮食供应和捕捞收入，也提供了其他收益，并增强了抵御气候变化的能力。

然而，还存在意料之外的负面后果及知识空白。渔业并未如之前预期的那样迅速恢复，受影响最严重的人们饮食中缺乏蛋白质的摄取，渔民被迫在禁渔期寻求贷款。权衡取舍问题在受影响的利益相关方之间差异很大，其主要原因是收益和成本的问题：第一，在渔业供应链中的位置、渔民是否在密集捕鱼区的上游还是下游、与保护区的距离。第二，人们认为短期成本（如鱼种大量涌入市场时造成价格下跌）超过了长期收益。为此，项目组在对上述权衡取舍问题做了重新评估，充分考虑了相关需求信息，调整了补偿金额及小额贷款支持力度。最终，渔民受到鼓励，达成自愿合作保护鲥鱼渔业。

（三）积极释放经济效益

通过 NbS 实现外在干预修复，促成与生态系统有内在关联的社区居民获得"生态效益与经济效益"双丰收，以此激励居民完成从"自然修复"向"修复人与自然"模式的转变，最终促成"和合自然"。

湖北省陆城廖家湖湿地位于宜都市城东，行政范围涉及 6 个村（社区），总面积 9.51 平方千米。片区紧邻长江，地势低洼，曾作为长江的行滞洪区，三峡大坝修建后退出行洪功能。村民为增加收入，修筑围埝，"变洼为塘"进行水产养殖。因过度养殖、水体分割、生活污水排放和倾倒过剩农产品，阻断了天然水体的自然交换，水体富营养化和污染日益严重。加上周边村民大多进城务工，农田大量闲置，荒草丛生，土地收益不高。同时，由于过去工程建设思路局限，已实施的农田水利建设项目，多采取浆砌石、混凝土等硬质材料对边坡进行衬砌，隔绝了水体与周边环境的自然交互性，亲水性较差。

通过廖家湖湿地的生态修复，湿地水环境质量由劣 V 类升至 III 类，恢复湿地面积 47 公顷，生态服务功能基本恢复。随着配套设施落地，片区逐步建成以湿地为核心，兼顾稻田风光、艺术体验、柑橘采摘、特色美食等于一体的生态旅游示范区，加上后期湿地科普馆、鸟语林等建设及休闲农业产业导入，进一步吸引青少年开展研学、农耕体验等。通过实施以政府主导，村民、社会主体参与的土地综合整治，形成 1000 亩高品质柑橘、500 亩稻虾种养、500 亩有机蔬菜、500 亩花卉产业的"351"农业产业布局，建设成集生产、观光、体验于一体的生态农业示范区，促进土地流转，推动生态产品市场化交易，吸引市场主体进行农业产业投资。群众既可将承包地作价入股，又可作为劳动力转移至农业企业就业，还可加入合作社、家庭农场等进行自主经营。同时，生态旅游业的发展，带动周边群众发展农家乐、农产品加工、手工艺品和乡土文化休闲旅游产业，群众得到了实实在在的实惠，激发了群众参与生态保护修复的动力。

四、执行挑战：从生产效益到市场化资金投入

由于 NbS 作用对象是生态系统结构及其服务功能，而生态系统又有复杂性、动态性、独立性的特征。因此，在人类外在干预的过程中，生态系统可能会对 NbS 干预措施作出积极响应，也可能会使干预措施产生迟缓的、不可预见的不利影响。

（一）并非都能"立竿见影"

因 NbS 作用于生态系统的自身机理差异，会导致效益释放的时间尺度有先后之别。其中，一些措施可以达到立竿见影的效果，如对泥炭地、湿地、草地、红树林等碳密度高的生态系统进行保护修复。而另一些措施，如造林、再造林、湿地和泥炭地等碳密度低的生态系统的恢复，以及混农（牧）林系统、退化土壤的修复等，虽然可提供多种生态功能和服务，但需较长的生长周期。

（二）并非都是"一劳永逸"

一些基于土地的 NbS 路径，如造林、再造林、混农（牧）林系统、矿质土壤碳管理等，其通过植被和土壤吸收和储存碳的功能并不是无限的，随着植被的生长和成熟或植被和土壤碳库的饱和，净碳吸收逐渐降低趋于零。所积累的碳也会面临因干旱、火灾、病虫害或不可持续管理而产生逆转的风险。

（三）并非都可"开花结果"

NbS 也会带来潜在负面影响。如大规模实施，可能对土地、能源、水流产生负面影响。如造林和生物质能会与其他土地利用产生竞争关系，可能对农业、粮食系统、生物多样性以及其他生态功能和服务产生显著影响。所以，需要进行统筹土地规划，充分考虑这些潜在损益并确保吸收碳的持久性。特别是大规模土地恢复和管理活动在保护和储存碳的同时，需确保其他生态系统功能和服务不减少。

（四）并非都有"市场化条件"

在政府提供的资金相对有限的情况下，撬动市场化鼓励社会资本参与非常重要，社会资本投入又会受制于诸多条件。如图 4 所示，在资本市场进驻 NbS 过程中，多元投资者将资本投入投资结构（如信托基金、环境债券或股票），投资于修复产生的现金流机制，从而对目标生态系统产生保护修复影响，并为投资者提供财务回报。其中，机制顺畅运行的条件是要有"明确收益信息、效益可计量、市场发育程度、良好的制度配套"等基本条件，一旦出现"信息不对称"，就会出现社会投资撤出的问题。

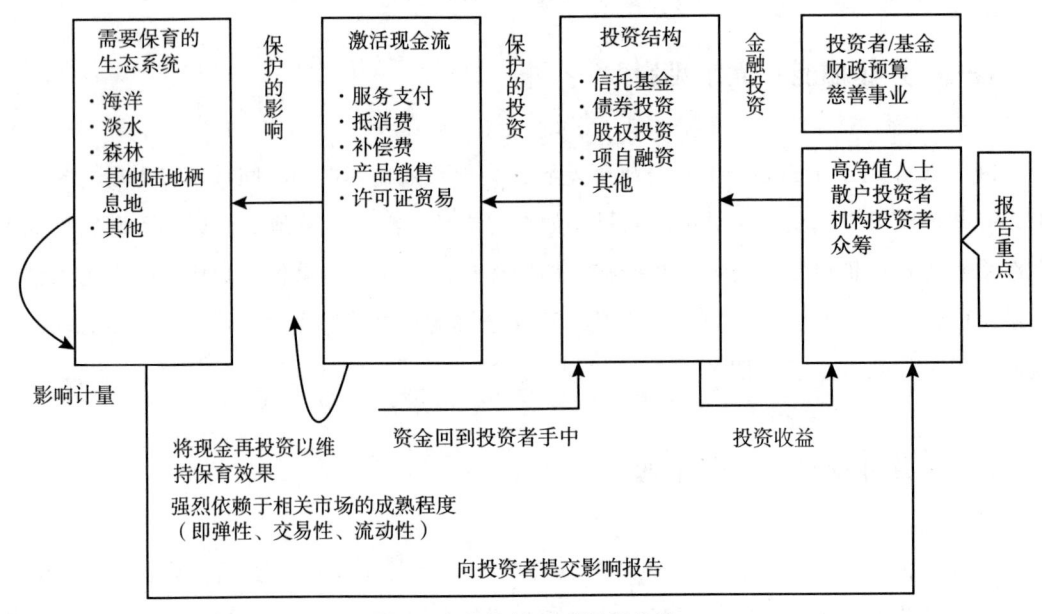

图 4　金融投入 NbS 运行机理

基于义务保有量的耕地保护补偿研究[*]

周 伟

中国实施严格的耕地保护制度。中央根据我国的耕地资源禀赋和粮食安全需求确定了全国 18.65 亿亩的耕地保有量任务，层层下达各级行政单元。当前耕地保有量指标区域分配主要考虑自然资源本底状况，耕地资源本底较好的地区承担了较多的耕地保护任务，土地的发展权受限，在一定程度上影响其经济发展。经济发达地区承担的耕地保有任务较少，土地发展权受限较少，更多的土地用作产业发展。耕地保护和经济发展显现出一定的矛盾，协调两者之间的关系，需要探索耕地保护补偿机制。

一、耕地保护补偿的必要性：耕地保护补偿既是中央的明确要求，也是耕地保护新形势下紧迫的政策需求

中央多次明确提出建立和完善耕地保护补偿机制的要求。2016 年，《中共中央 国务院关于落实发展新理念加快农业现代化实现全面小康目标的若干意见》提出"完善耕地保护补偿机制"。2017 年，中共中央、国务院印发《关于加强耕地保护和改进占补平衡的意见》，要求"加强对耕地保护责任主体的补偿激励"，"按照谁保护、谁受益的原则，加大耕地补偿力度"。2021 年 9 月正式实施的新《中华人民共和国土地管理法实施条例》明确规定：国家建立耕地保护补偿制度。耕地保护补偿制度具体办法和实施步骤由国务院自然资源主管部门会同有关部门规定。

---

[*] 本文原载于《自然资源经济参考》2021 年第 15 期。

耕地保护补偿是当前管理工作的迫切需求。第三次全国国土调查已基本完成，由于调查标准、调查方法不同，第三次全国国土调查与第二次全国土地调查的数据可能会产生差异。根据所见即所得原则可能出现两种差异情形，一种是三调数据耕地数量增多的情况。北方粮食主产区等优质耕地保有地区由于耕地质量较好以及其他产业发展相对落后，农民仍然以粮食种植为主要谋生手段，将房前屋后等适宜种植的土地都开发为耕地，可能导致调查中数据耕地数量增加。另一种是三调耕地数量减少的情况。南方发达地区由于产业发展比较优势，农民耕种粮食的意愿不强烈，耕地种植苗木、花圃、果树等经济作物的现象普遍，耕地转用情况较多，可能导致调查结果中耕地数量减少。耕地保护既要根据耕地本底状况将优质耕地切实的保护起来，又要保证政策的连续性。需要协调各省（区、市）市耕地保有量任务与三调耕地数量之间存在的差异和冲突。基于耕地保有量较多地区发展权受限和经济发达地区耕地保有量较少之间的矛盾，为了切实保护优质耕地，保持耕地保有量，同时体现公平正义，必须建立协调两者关系的耕地保护补偿机制。

二、耕地保护补偿制度建立的理论基础：耕地保护补偿以耕地保护责任义务和粮食安全为基本出发点，体现公平正义和发展权

（一）耕地保护责任

我国18亿亩耕地保护目标是具有法律约束的指标，是一道不可逾越的红线。耕地保护红线指标被分解下达至各个省级行政单元，《省级政府耕地保护责任目标考核办法》明确以省（区、市）为单位进行耕地保护责任目标考核，每个省（区、市）都要严格落实耕地保护的责任和义务。《中华人民共和国土地管理法实施条例》（2021年修订）明确耕地保护的责任主体是省级人民政府。

（二）粮食安全与义务保有量

我国耕地保护的主要目的是保障粮食安全，国家为全国的粮食安全负责，每个省级行

政单元应该为本单元内的粮食安全负责。人力资源是发展的根本，一个地区的常住人口为地区的发展和税收作出了贡献，地区就应该保障他们的日常生活需求。以此为基础，一个省级行政单元本年度最基础的耕地保有量应该满足本地区常住人口的粮食基本需求，这是地区政府的责任和义务，这一保有量本文称之为"义务保有量"。概念上讲，义务保有量是对粮食产能的要求量，是包含耕地数量和质量的综合要求。

（三）公平正义理论

在资源分配方面，美国政治哲学家罗尔斯认为，由于自然禀赋差异和社会因素影响而形成的不平等，个体不应该承担责任。德沃金提出了"资源平等"的正义观，提出"平等的权利"，强调个人应该享受平等的待遇以及被平等地对待，提出了资源平等的分配观念，以此理论为基础可以得出两个基本论点：一方面每个人都应该拥有同等的获取食物保障的权利。另一方面土地使用者应具有同等的使用土地获益的权利，如果这些权利不能达到平等，就需要采用补偿机制减少这种不平等的影响。

（四）土地发展权

土地发展权产生于国家管制权对土地开发利用的限制。耕地保护的目的固然是为了国家粮食安全，但不可否认该举措牺牲了耕地所有者的土地发展权，尤其是将耕地转用于更高产值利用类型的权利。若将省级行政单元看作一个个体，每个省（区、市）的土地应该享有同样的土地发展权。尤其是在本省（区、市）多于义务保有量的土地，应该享有同样的土地发展权。

（五）标准耕地

标准地的概念最初来源于调查观测中的标准样地，后常用于附带规划要求和"标准"出让的土地。本文所指的标准耕地是将耕地产能统一量纲的一种方式，是指具有标准产能的一个单位的土地。为了便于操作，本文用全国耕地平均亩产作为一个标准亩的量纲，即一亩标准耕地是指本年度生产全国耕地平均亩产所对应的粮食数量所需要的本地区土地数量。将不同地区耕地折算成标准亩，可以从质量、数量等多方面将全国耕地产能进行对比。

三、完善耕地保护补偿机制的基本框架：耕地保护补偿机制的完善思路应该在中央统一管理和调控下，拓展横向财政转移支付

当前对耕地保护补偿的纵向资金主要有农田建设补助资金、耕地地力补贴等。一些地方探索了区域内的耕地保护补偿或耕地生态保护补偿。横向的资金主要有异地占补平衡过程中跨省补充耕地资金等。当前的各类补助和补贴资金有效地提高了耕地保护的效率和积极性，但进一步完善的空间仍然很大。一方面，各类补贴多是对农田建设和生产的补贴，没有很好地体现土地的发展权。另一方面，占补平衡解决了增量耕地发展权的转移问题，但不能解决存量的耕地保有量的发展权补偿问题。因而需要完善耕地保护补偿制度，探索对耕地保有量存量的发展权丧失进行补偿，落实耕地保护责任。

完善耕地保护补偿制度的基本思路是拓展体现发展权的横向转移支付制度，耕地保有量未达到义务保有量的地区需要对耕地保有量超额完成的地区进行补偿（见图1），具体可通过国家建设耕地保护基金或者专项账户进行运作。

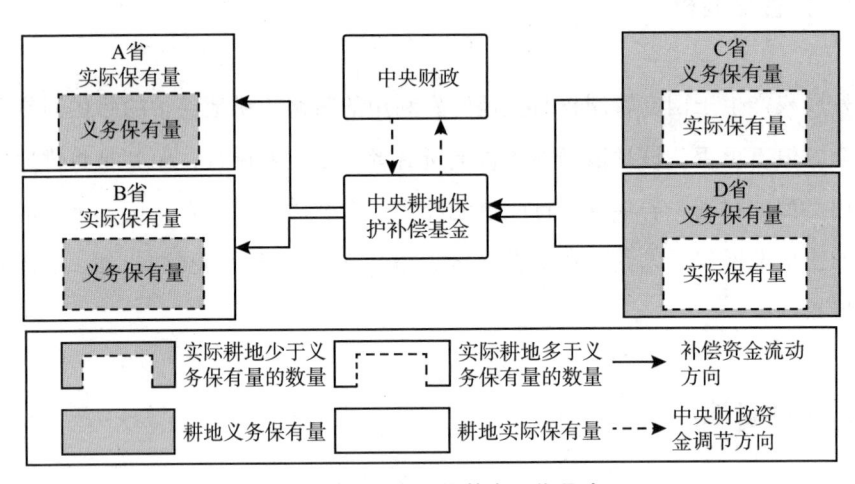

图 1　耕地生态补偿基本运作思路

（1）补偿内容。省级行政单元因保护除耕地义务保有量以外的耕地而丧失的土地发展权。

（2）补偿主体。补偿主体是耕地保有量未达到义务保有量的省级行政单元。受偿主体是耕地保有量超过义务保有量的省级行政单元。

（3）补偿方式。耕地保护补偿核心内涵为耕地保护的横向补偿。中央政府通过耕地保护补偿基金进行统筹管理。补偿省份缴纳补偿金，中央耕地保护基金统筹经费拨付给受偿省份。

（4）补偿额度。通过对耕地发展权的计算动态更新补偿额度。耕地实际保有量低于义务保有量地区根据少保护耕地所对应的发展权价值缴纳补偿费，对耕地保有量超过义务保有量地区损失的发展权价值进行补偿。由于土地仅为发展要素的一种，因而发展权损失不能全部归因于土地，需要利用调节系数调整发展权损失中土地作用权重。

（5）资金来源。已经建设的土地和耕地理论上应具有相同发展权，耕地发展权受限应该得到补偿，补偿资金应该来源于因土地用途管制而导致的建设用地的增值部分，即来源于已经建设开发利用的土地，因而资金在理论上可以来源于土地有偿使用费和从建设用地上获取的增值税、房产税等。

（6）补偿周期。以一年为周期开展年度的耕地保护补偿。其中耕地粮食单产、耕地实际保有量、耕地发展权计算相关税收数据皆以上年度实际发生为准，即以上年度实际耕地保护情况为准发放本年度耕地保护补偿资金。相关参数由自然资源主管部门根据经济发展、政策需求等因素进行年度动态调整。

（7）行政管理。耕地保护补偿由中央政府统一管理，具体由国务院自然资源管理部门代为管理和实施。主要负责标准制定、参数选取、年度补偿额度动态更新、补偿经费管理、监督检查等工作。

四、耕地保护补偿额度的测算：耕地保护补偿依据是实际保有量与义务保有量之差，通过土地发展权计算获得

（一）耕地义务保有量测算

1. 测算方法

耕地义务保有量的测算方法主要有三种，分别是自上而下的基于全国现状保有量的分解、基于18.65亿亩耕地保有量任务的分解和自下而上的基于耕地承载力的耕地总量计算。试算主要基于全国现状耕地保有量的分解，根据粮食安全和义务保有量的要求，以为本地发展作出贡献的常住人口数为依据，分摊各省（区、市）义务保有量。即本地区承担所有常住人口的耕地保护任务。为了保证数量和质量的可比性，采用标准耕地进行计算。基本公式如下：

$$Lc_n = Lu \times \frac{P_n}{P} \tag{1}$$

$$Lu = \sum_{1}^{31} Lu_n \tag{2}$$

$$Lu_n = L_n \times \frac{y_n}{y} \tag{3}$$

式中：Lc_n 为 n 省耕地义务保有量，P 为全国总人口，P_n 为 n 省常住人口数，Lu 为全国标准耕地总数，Lu_n 为 n 省标准耕地总数。L_n 为耕地实际保有量，y_n 为 n 省耕地年度粮食平均单产，y 为全国耕地年度粮食平均单产。

2. 初步试算

初步试算仅验证方法可行性，数据利用第二次全国土地调查数据，公开数据年份为 2016 年，因而义务保有量试算过程中各省（区、市）粮食单产、常住人口数取值统一为国家统计局 2016 年年度统计数据。为了避免统计数据和土地利用数据的差异导致的地方求和与全国统计数据的差异。全国耕地平均粮食单产和标准耕地数量通过各省市计算结果汇总得出。

计算得出，2016 年我国 31 个省（区、市）①耕地保有量总量约为 20.38 亿亩，超过中央要求的耕地保有量 18.65 亿亩，按实际耕地保有量 20.83 亿亩分解到各个省（区、市）。有 22 个省（区、市）耕地保有量低于义务保有量，属于补偿方。9 个省（区、市）耕地保有量高于义务保有量，属于被补偿方。其中广东省耕地保有量缺口最大，约为 13379.52 万亩标准耕地。黑龙江省耕地保有量盈余最大，约为 17677.71 万亩标准耕地。具体对比如图 2 所示。

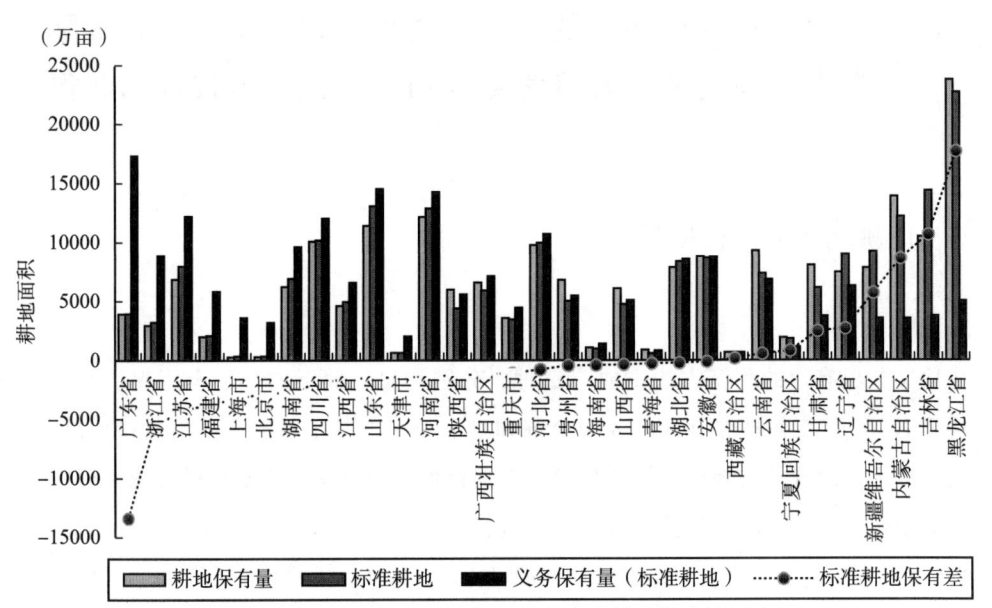

图 2 2016 年各省（区、市）耕地理论耕地保有量对比

资料来源：根据第二次全国土地调查数据整理。

---

① 研究不包含我国港澳台地区。

（二）耕地保护补偿额度测算

1. 测算方法

耕地发展权价值计算通常计算耕地的潜在价值，即利用建设用地的价值减去农业开发的价值和生态价值。一方面，本文耕地保护补偿属于地方政府间补偿，补偿对象资金来源直接与地方财政收入相关。另一方面，被补偿对象为政府，可以理解为耕地发展权丧失对政府财政收入影响的补偿。因而从地方发展权视角出发，政府间补偿主要考虑土地带来的财政收入的差别，考虑到地方实际获得和支配，采用一般性公共预算收入作为标准。每个地区单位建设用地一般性公共预算收入差距较大，考虑到被补偿区域多数属于经济欠发达地区，配合乡村振兴战略，采用全国平均单位建设用地一般性公共预算收入对乡村振兴相对有利。补偿额度计算公式如下：

$$C_n = (Lu_n - Lc_n) \times \alpha \times (Rc - Ra) \tag{4}$$

式中：C_n 为保护补偿基本额度，Lu_n 为 n 省标准耕地总数，Lc_n 为 n 省标准耕地义务保有量，α 为权重系数，表征土地要素对税收的贡献率等影响因素。Rc 为全国平均单位建设用地一般性公共预算收入，Ra 为全国耕地一般性公共预算收入，取值为 0。

2. 初步试算

当前计算不确定因素为 α，即土地对经济发展（税收）的贡献率。目前研究中多采用 3.5%~30%，本文分别取值 1%、3%、5%、10% 进行了试算（见表1）。表1中正值为补偿金额，负值为被补偿金额。其中 1% 贡献率情况下，转移支付的补偿总额为 720.78 亿元，补偿金额缴纳最多的是广东省，约为 195.31 亿元，受补偿金额最多的是黑龙江省，约为 258.06 亿元。在 3% 贡献率情况下，转移支付的补偿总额为 2162.35 亿元，广东省补偿额为 585.93 亿元，黑龙江省被补偿为 774.17 亿元。在 5% 贡献率情况下，转移支付的补偿总额为 3603.91 亿元，广东省补偿额为 976.56 亿元，黑龙江省被补偿额为 1290.28 亿元。在 10% 贡献率情况下，转移支付的补偿总额为 7207.82 亿元，广东省补偿额为 1953.11 亿元，黑龙江省被补偿额为 2580.55 亿元。

表1　　2016年不同权重系数下的耕地保护补偿金额对比　　单位：亿元

省份	1%贡献率	3%贡献率	5%贡献率	10%贡献率	一般性公共预算收入
广东省	195.31	585.93	976.56	1953.11	10390.35
浙江省	82.07	246.22	410.37	820.73	5301.98

续表

省份	1%贡献率	3%贡献率	5%贡献率	10%贡献率	一般性公共预算收入
江苏省	61.91	185.74	309.56	619.12	8121.23
福建省	54.67	164.00	273.34	546.68	2654.83
上海市	47.04	141.13	235.21	470.42	6406.13
北京市	41.31	123.92	206.53	413.05	5081.26
湖南省	39.54	118.61	197.69	395.37	2697.88
四川省	26.56	79.69	132.81	265.62	3388.85
江西省	23.07	69.22	115.37	230.73	2151.47
山东省	21.13	63.40	105.67	211.34	5860.18
天津市	20.98	62.93	104.88	209.77	2723.50
河南省	19.58	58.75	97.91	195.82	3153.47
陕西省	18.07	54.21	90.34	180.68	1833.99
广西壮族自治区	16.97	50.90	84.84	169.67	1556.27
重庆市	15.62	46.86	78.10	156.19	2227.91
河北省	11.21	33.62	56.03	112.07	2849.87
贵州省	6.37	19.10	31.83	63.66	1561.34
海南省	5.85	17.55	29.26	58.51	637.51
山西省	5.16	15.48	25.79	51.59	1557.00
青海省	3.68	11.03	18.39	36.78	238.51
湖北省	3.04	9.13	15.21	30.43	3102.06
安徽省	1.65	4.94	8.24	16.48	2672.79
西藏自治区	-2.59	-7.78	-12.97	-25.93	155.99
云南省	-8.06	-24.19	-40.31	-80.62	1812.29
宁夏回族自治区	-11.89	-35.67	-59.46	-118.91	387.66
甘肃省	-36.06	-108.19	-180.31	-360.62	786.97
辽宁省	-39.35	-118.06	-196.76	-393.52	2200.49
新疆维吾尔自治区	-83.30	-249.90	-416.49	-832.98	1298.95
内蒙古自治区	-126.16	-378.49	-630.82	-1261.63	2016.43
吉林省	-155.31	-465.92	-776.53	-1553.05	1263.78
黑龙江省	-258.06	-774.17	-1290.28	-2580.55	1148.41
被补偿总金额	-720.78	-2162.35	-3603.91	-7207.82	

3. 可行性分析

（1）补偿总额度可行性。将耕地保护补偿金额与2021年生态转移支付金额对比（见

图3），验证耕地保护补偿在总补偿额度上的可行性。土地对经济发展的贡献率定为1%情况下耕地保护补偿额度约为720.78亿元，而根据财政部网站公布的数据①，2021年重点生态功能区转移支付总额度约为870.65亿元，总量与重点生态功能区转移支付总额相对接近，说明耕地保护补偿在总额度上没有产生与财政能力在数量级上的偏离，具有一定的可执行性。在土地对经济发展的贡献率为3%、5%和10%的情况下，耕地保护补偿额度呈比例上升，会在一定程度上高于生态转移支付的额度。考虑到耕地生态补偿比重点生态功能区覆盖面和实物量都更广泛，总额度具有在一定量级下有所提高的合理性。

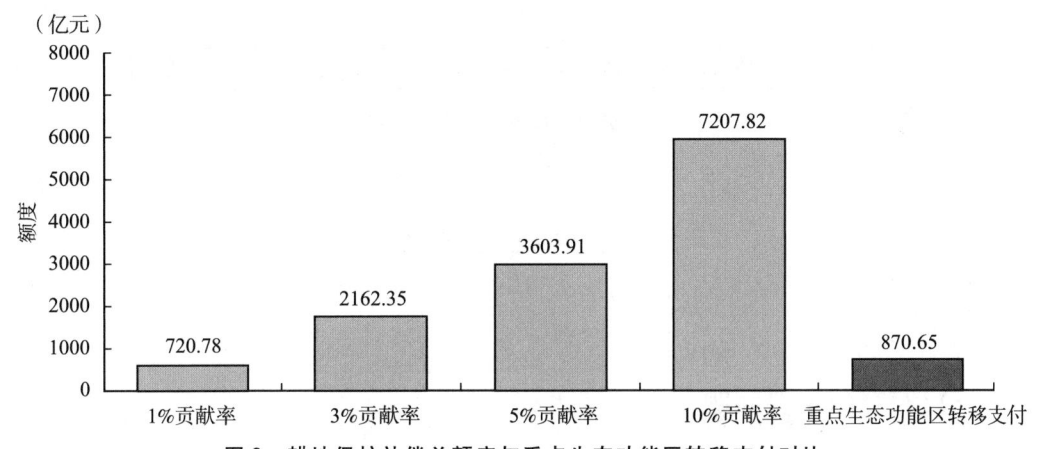

图3 耕地保护补偿总额度与重点生态功能区转移支付对比

（2）地方财政可行性。将耕地保护补偿金额与地方一般性公共预算收入进行对比，验证耕地生态补偿金额在地方财政方面的可行性。耕地保护补偿额度与国家统计局公布的2016年地方一般预算收入对比可知（见图4），土地对经济发展的贡献率为1%情况下，大部分省市补偿额度占一般预算收入的0.3%~2%。土地对经济发展的贡献率为3%情况下，大部分省市补偿额度占一般预算收入的0.9%~9%。土地对经济发展的贡献率为5%情况下，大部分省（区、市）补偿额度占一般预算收入的1.5%~10%。土地对经济发展的贡献率为10%情况下，大部分省（区、市）补偿额度占一般预算收入的3%~20%。1%贡献率情况下耕地保护补偿对地方财政压力影响不大，10%贡献率情况下耕地保护补偿对地方财政则会给地方财政带来明显压力。在补偿初期，采用相对较小的贡献率参数，可行性较好。

---

① 财政部公布的生态功能区专项转移支付下达数［EB/OL］. http：//www.mof.gov.cn/zhuantihuigu/cczqzyzfglbf/ybxzyzf_7774/zdstgnqzyzf_7776/.

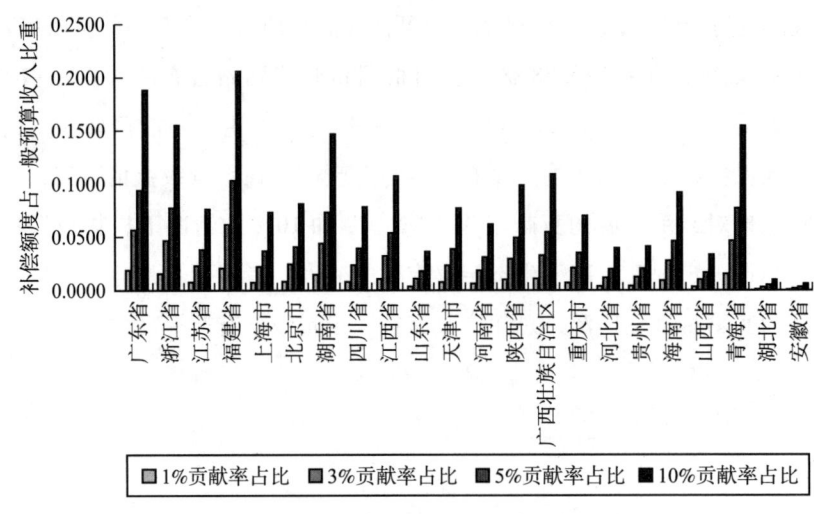

图 4 耕地保护补偿额度与地方财政收入对比

五、问题与建议

（一）存在的主要问题

1. 耕地义务保有量的计算尚需推敲和细化

耕地义务保有量的计算理论方法有三种。第一种是试算中采用的根据标准耕地保有总量由上往下分解的方法，实质是将耕地现状保有量保护责任分摊到个人，由人口常住省份承担。第二种是根据中央下达的耕地保有量任务由上往下分解，实质是中央要求的耕地保有量保护责任分摊到个人，由人口常住省份承担。第三种是根据粮食需求和耕地产能推算个人耕地实际需求量，计算各省份的常住人口所需的耕地总量，由下往上推算耕地义务保有量。第一种方法考虑了现在所有的耕地保有总量，能在省级达到补偿和被补偿金额的平衡。第二种方法符合政策管理需要，耕地保有总量按照18.65亿亩进行分解。第三种根据粮食需求由下往上测算符合理论定义，结果约为18亿亩。后两种方法算出的耕地义务保有量总量少于实际耕地保有量，有一部分实际保有的耕地不在义务保有量体系中，补偿和被补偿就无法达到平衡（见图5）。因而本文采用第一种方法进行了试算，所有耕地都在义务保有量体系中，补偿和被补偿可以达到省际平衡。

第一种可以使补偿和被补偿在省际达到平衡，其实质是将所有现有的耕地保有量分摊到个人，造成耕地义务保有量结果偏大，每个省份都多承担了一定的耕地保有任务。

第二种或第三种方法在省级不能达到补偿和被补偿的平衡，超出义务保有量的土地没有得到补偿（图5中未补偿土地），需要国家出资承担多保护部分的耕地保护补偿。例如，实际耕地20亿亩，耕地义务保有量总量采用18.65亿亩，那么需要国家按照1.35亿亩耕地保护数量提供保护补偿，剩余18.65亿亩可以在省际达到平衡。

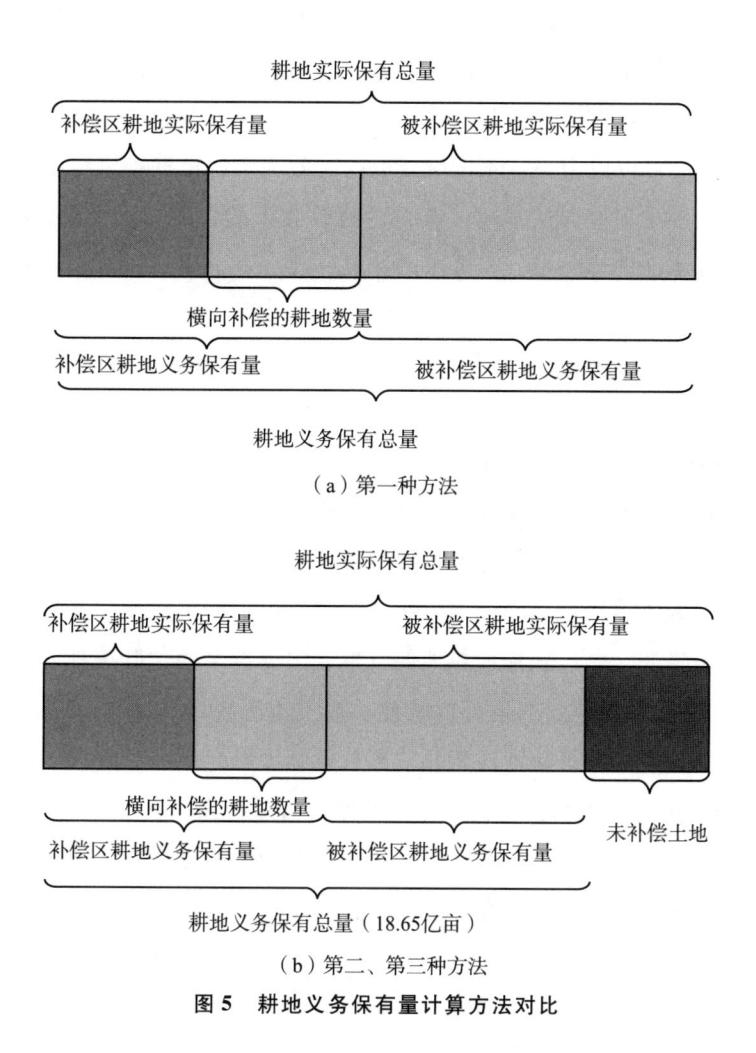

(a) 第一种方法

(b) 第二、第三种方法

图5 耕地义务保有量计算方法对比

2. 耕地保护补偿额度计算参数存在不确定性

权重系数 α 对补偿的结果影响重大，现阶段尚不能确定。权重系数 α 不确定为耕地保护补偿带来一定负面影响，但同时也可以作为政府在推进耕地保护补偿过程中的灵活参数，起到一定积极作用。权重系数 α 一方面用以表征土地对经济的贡献率，体现土地对经济发展的基础作用。另一方面也可以作为方便管理的调整系数，即可以依据耕地保护补偿的推进情况以及政府财政状况对整个耕地生态补偿工作进行调整。为了保证政策延续性，参数设置初期宜小不宜大。

3. 耕地保护补偿增加补偿区域财政压力，政策实施有阻力

耕地保护补偿制度目前在一些区域内部进行了尝试和探索，全国范围内的保护补偿机制尚待完善，增加的耕地保护补偿资金会给补偿区带来一定财政压力，会对政策执行带来一定阻力。理论上讲，耕地保护补偿可以来源于土地有偿使用费、从建设用地上获取的增值税、房产税等。在政策执行初期，可以采取横向和纵向相结合的方式，即补偿金额从中央在补偿区域获得的税收划拨一部分，从地方土地有偿使用费和一般性公共预算中划拨一部分。前期补偿资金可以以中央从本区域获取的税收为主，根据推进情况不断增加地方出资比例，最终按照中央和地方从本地区获得的财政收入的比例分配所要缴纳的补偿资金。同时，在房产税改革推进过程中，妥善考虑提取一部分资金用于补偿耕地发展权。

（二）主要应用与建议

1. 耕地保护补偿可以作为制止耕地"非粮化"的抓手

一是耕地保护补偿本身就有遏制耕地"非粮化"的作用。耕地保护补偿额度计算过程中，需要将所有耕地进行标准化，标准耕地的转换参数主要是本地粮食平均单产。粮食单产的计算可以根据本年度粮食总产量除以耕地保有总量。如果耕地"非粮化"严重，那么平均粮食单产就会降低，要达到标准耕地保有量就需要更多的实际土地，导致补偿金额的增加或者被补偿金额的减少。二是可以构建"非粮化"惩处机制，对于耕地"非粮化"严重地区进行处罚，增加补偿额度或者扣减被补偿额度。

2. 耕地保护补偿可以作为异地占补平衡政策的有效补充

当前的异地占比平衡政策中，占用耕地区一次性缴纳指标费用，中央统筹给补充耕地地区。在这个过程中补充耕地地区存在普遍的担心，一次性的经费买断了相应耕地的永久发展权，相应耕地在后续发展过程中就丧失了一定的增值收益和发展权，尤其是丧失了可持续性，断掉了后代收益的权利。耕地保护补偿可以成为解决这个问题的有效手段，增加补充耕地地区耕地发展权收益的可持续性。耕地保护补偿对于多出义务保有量的耕地能进行年度补偿，保证多承担的耕地保护任务有持续性的补偿收入，有效地完善耕地异地占补平衡政策。

3. 耕地保护补偿可以在区域内逐级实施

全国实施省级层面的横向耕地保护补偿制度，省域内部可以实施省域内部的横向耕地保护补偿制度，各级补偿额度可以有效对接和落实。具体实施过程中，将本省的义务保有量根据常住人口分解到各个地级市，各个地级市根据义务保有量和实际保有量的差值计算补偿金额在省内开展横向补偿，补偿金额在省域内的节余或者空缺与全国的耕地横向耕地保护补偿形成衔接，有效地将国家的补偿额度分摊到各个地级市。政策可以层层推进到基层，有助于补偿资金的落实和被补偿资金的合理分配。

4. 被补偿区应合理利用补偿资金

资金的利用要根据资金的来源和性质确定。耕地保护补偿资金的来源是对耕地的保护工作，因而其补偿对象应该是对耕地保护作出贡献的基层政府和农户，省级政府应严格确定补偿对象，按比例分配给基层政府和农户。耕地保护补偿资金是对因为耕地保护丧失的发展权的补偿。因而补偿给农户的部分不做用途限制，补偿给基层政府的资金则重点向乡村振兴和耕地保护倾斜。

耕地生态产品价值实现机制研究[*]

专题研究小组[**]

耕地作为我国重要战略资源，是保障国家粮食安全和农业经济可持续发展的根基，也是一种重要人工生态系统，除了为人类提供粮食、蔬菜等农产品外，还提供养分调节、水调节、固碳和生物多样性维护等诸多生态系统服务。但现行经济发展过程和行政管理实践中，主要关注耕地的农产品生产功能，忽视其生态产品生产功能，更缺乏生态产品价值实现路径和措施，对保护耕地生态功能的激励不够，容易造成耕地生态系统退化和生态服务功能减弱，进而影响耕地的粮食生产能力和综合效益。为此，亟须通过建立健全路径模式和管理机制，加快推进耕地生态产品价值实现，激发对耕地生态保护的积极性，提升耕地生态系统的质量和稳定性，有效维护国家粮食安全和生态安全。

一、耕地生态产品价值实现的必要性

耕地生态系统能提供物质供给、调节服务和文化服务等多种生态产品和服务功能，具有显著的经济效益、社会效益和生态效益。通过优化路径和措施推动耕地生态产品价值实现，能够激发耕地保护的内在动力，提高耕地粮食生产能力，有利于维持和增强耕地生态系统服务功能，对维护国家粮食安全、满足人民日益增长的美好生活需要、建立生态产品

---

[*] 本文原载于《自然资源经济参考》2021 年特 2 期。
[**] 专题研究小组成员：中国自然资源经济研究院石吉金、苏子龙、马朋林、周伟、周海文，自然资源部权益司李兆宜、姚秋昇、吴晓柠。中国自然资源经济研究院张新安研究员对本文给予了指导。

价值实现机制等具有重要意义。

(一) 是维护国家粮食安全的客观需要

2021年7月,联合国粮农组织、世界粮食计划署、世界卫生组织等机构联合发布了《世界粮食安全和营养状况》报告,提出气候变化、冲突和经济衰退正在加剧粮食不安全状况,如果按照目前的形势发展下去,到2030年,全球将有6.6亿人无法实现"消除饥饿"的可持续发展目标。粮食安全是国运民生的压舱石,耕地是粮食生产的根基。2020年,国务院办公厅印发《关于防止耕地"非粮化"稳定粮食生产的意见》指出,坚持把确保国家粮食安全作为"三农"工作的首要任务。随着我国人口增长、消费结构不断升级和资源环境承载能力趋紧,粮食产需仍将维持紧平衡态势。新冠疫情全球大流行,国际农产品市场供给不确定性增加,必须以稳定国内粮食生产来应对国际形势变化带来的不确定性,保护好耕地对14亿中国人吃饱吃好至关重要。当前,我国耕地保护任务依然艰巨,"非农化""非粮化"等现象时有发生,重要原因在于粮食种植的比较效益低,耕地保护主体经济利益驱动不足。通过优化政府路径、市场路径、政府与市场相结合路径,推进耕地生态产品价值实现,体现"保护者受益、使用者付费、破坏者赔偿"的要求,显化蕴藏在耕地中的生态产品价值,增加粮食种植收益,将有助于提高农民耕地保护的积极性,提升耕地地力和农产品质量,对确保国家粮食安全、促进经济发展、维持社会稳定起到重要推动作用。

(二) 是满足人民日益增长的美好生活需要的现实需求

党的十九大报告明确指出,"中国特色社会主义进入新时代,我国社会主要矛盾已经转化为人民日益增长的美好生活需要和不平衡不充分的发展之间的矛盾"。粮食生产也要契合人民需要,国家粮食和物资储备局有关研究提出,人对粮食的基本需求由低到高可分为三个层次:第一层次是满足生存需要的数量需求,第二层次是满足健康需要的质量需求,第三层次是满足享受需要的口感和花色品种需求,可简单概括为从"吃得饱"向"吃得好"升级。目前我国粮食消费总体上迈过了第一层次,正从第二层次向第三层次迈进,粮食供求的主要矛盾从数量不足向结构性矛盾转变。通过推进耕地生态产品价值实现,促进多样化、特色鲜明的生态农产品开发以及优质生态农产品品牌培育,增加多元化、个性化、定制化农产品供给,不断满足人民群众对食品品质和安全的消费新要求;同时,推动具有民族特色、地方特色、传统特色的耕地资源进行旅游服务产品开发,充分挖掘粮食生产的内在生态文化价值，在满足游客体验同时，也保护、利用和传承了我国农耕文化。

（三）是我国建立生态产品价值实现机制的必然要求

建立健全生态产品价值实现机制，是贯彻落实习近平生态文明思想的重要举措，是践行绿水青山就是金山银山理念的关键路径，党中央、国务院对此高度重视。2018 年，习近平总书记在深入推动长江经济带发展座谈会上明确要求："探索政府主导、企业和社会各界参与、市场化运作、可持续的生态产品价值实现路径。"① 2020 年，习近平总书记在全面推动长江经济带发展座谈会上提出："要加快建立生态产品价值实现机制，让保护修复生态环境获得合理回报，让破坏生态环境付出相应代价。"② 2021 年，中办、国办印发《关于建立健全生态产品价值实现机制的意见》，明确了"1+6"机制，包括总体要求和生态产品调查监测、价值评价、经营开发、保护补偿、价值实现保障、价值实现推进等6 项机制，对加快推动生态产品价值实现作出了总体安排。耕地作为一类重要的生态系统，其生态价值实现是建立生态产品价值实现机制的重要组成部分，是实现耕地保护与经济发展良性循环的关键所在，也是坚持生态优先、推动绿色发展、建设生态文明的迫切需要。

二、耕地生态产品价值实现的基本问题

当前，学术界对耕地生态产品价值实现机制的研究主要集中在路径探索和实践总结上，尚未研究界定耕地生态产品内涵、产品特征、分类等基本问题。本研究结合生态产品已有相关成果，尝试对耕地生态产品价值实现的几个基本问题进行界定和研究。

（一）内涵

对于耕地生态产品内涵，可参考生态产品相关内容。国内外对生态产品内涵的理解有狭义和广义之分。狭义的生态产品指维系生态安全、保障生态调节功能、提供良好人居环境的自然要素，包括清新的空气、清洁的水源和宜人的气候等，难以通过市场交易实现经

---

① 习近平. 在深入推动长江经济带发展座谈会上的讲话 [M]. 北京：人民出版社，2018：12.
② 习近平. 论根据新发展阶段、贯彻新发展理念、构建新发展格局 [M]. 北京：中央文献出版社，2021：441.

济价值。广义的生态产品还包括人类在绿色发展理念指导下，采用生态产业化和产业生态化方式生产的生态农产品、生态工业品和生态旅游服务等生态产品。从现有研究和实践案例看，广义的生态产品概念已经在理论和实践层面基本得到认可。

农田（耕地）生态系统是全球最重要的生态系统之一，一般被定义为：依靠土地、光、温、水分等自然要素以及人为投入，如种子、化肥、农药、灌溉、机械等，利用生物与非生物环境之间以及生物种群之间的关系来进行食物、纤维和其他农产品生产的半自然生态系统。[1] 同时，农田（耕地）生态系统还为人类提供了生物多样性、养分调节、气候变化缓解等调节服务，以及美学景观、观光休闲等文化服务。因此，本研究报告将耕地生态产品的内涵界定为：耕地生态系统与人类生产共同作用，所产生的能够增进人类福祉的产品和服务，包括物质供给产品（如粮食作物等）、调节服务产品（如固碳释氧、水调节等）和文化服务产品（如农田提供的休闲游憩服务等）。

（二）特征

耕地生态产品具有外部性、稀缺性、不平衡性、半人工性等特征，充分认识和分析耕地生态产品的特征，是耕地生态产品价值实现机制设计和制度安排的前提。

一是外部性。耕地能够提供气候和水调节、固碳释氧等生态产品，但是由于这类产品的公共性，其受益者不需要对此进行付费，保护者或生产者没有从中获益甚至无法弥补生产或保护的成本，容易产生外部不经济。同时，我国一些省份承担了大部分耕地保护任务，牺牲了一定的发展权，相当于替全体人民提供"粮食安全"这种公共产品。

二是稀缺性。主要表现在人们对自身无限、多样需求与优质耕地生态产品的有限供给之间的矛盾。一方面，据第三次全国国土调查，我国耕地面积为19.18亿亩，比二调减少1.13亿亩，保护耕地的任务依然艰巨；另一方面，受耕地土壤污染、耕种方式粗放等影响，部分耕地生态系统遭受破坏，导致可以产生优质生态产品的耕地资源更为稀缺。

三是不平衡性。根据第三次全国国土调查，我国64%的耕地分布在秦岭—淮河以北，其中黑龙江、内蒙古、河南、吉林、新疆等5个省份耕地面积占全国耕地的40%，耕地生态产品的生产能力、服务范围和价值实现程度呈现出差异性和不均衡性。

四是半人工性。耕地生态产品的生产、消费、交换和价值实现，都需要与经济社会发展相结合。通过人类的持续投入，耕地生态产品的供给范围和供给能力得到了拓宽和提升；经营管理等人力资本的投入，也使得耕地生态产品价值得到了提高。

---

[1] 谢高地，肖玉. 农田生态系统服务及其价值的研究进展 [J]. 中国生态农业学报，2013，21（6）：645-651.

（三）分类

从现有研究看，专家学者对生态产品进行了不同角度的分类探讨。根据经济特征，生态产品可以分为私人物品型（生态农产品等）、俱乐部产品型（国家公园等）、公共资源型（公共林地、水域等）、纯公共产品型（清新空气、宜人气候等）四种类型[1]；基于服务功能，分为生态物质产品、生态文化服务以及生态调节服务三种类型[2]；按照供给视角，分为自然要素、自然属性、生态衍生和生态标识四种类型[3]；依据消费属性，分为生态公共产品、生态私人产品和生态准公共产品三种类型[4]。

结合耕地生态产品特征，根据经济特征和供给消费方式，耕地生态产品可以分为三种类型（见表1）。一是公共性耕地生态产品，主要指产权难以明晰，生产、消费和受益关系难以明确的公共产品，如气候调节、生物多样性保护等；二是经营性耕地生态产品，主要指产权明确，能够直接进行市场交易的耕地产品，如耕地生态系统所生产的农产品、生态旅游服务产品等；三是准公共性耕地生态产品，主要指需要通过法律约束或政府规制的管控，创造交易需求、开展市场交易的指标化产品，如耕地占补平衡指标、耕地碳汇交易指标等。

表1　耕地生态产品分类

内容	生态产品类别	性质分类	生态产品
耕地生态产品	调节服务产品	公共性生态产品	养分调节、水调节、生物多样性等
		准公共性生态产品	碳汇指标等
	物质供给产品	经营性生态产品	生态农产品
	文化服务产品		农田观光旅游

（四）价值实现路径

国内外学者对耕地生态产品价值实现的研究成果集中在路径模式总结方面。国外耕地

---

[1] 马建堂，王安顺，张军扩，等．生态产品价值实现路径、机制与模式［M］．北京：中国发展出版社，2019．
[2] 廖茂林，潘家华，孙博文．生态产品的内涵辨析及价值实现路径［J］．经济体制改革，2021（1）：12-18．
[3] 潘家华．生态产品的属性及其价值溯源［J］．环境与可持续发展，2020，45（6）：72-74．
[4] 曾贤刚，虞慧怡，谢芳．生态产品的概念、分类及其市场化供给机制［J］．中国人口·资源与环境，2014，24（7）：12-17．

生态价值实现的方式以生态补偿（含休耕补贴、生态补贴等）为主，并与发展权交易、经营开发利用、绿色金融支持等方式从不同方面互为补充，共同构成生态产品价值实现体系[①]。我国在耕地生态产品价值实现方面主要有生态补偿、金融及税收支持、发展权益保障、生态产业转型等方式[②]。其中，休耕保护补贴和耕地生态保护补偿等方面研究成果较多，在休耕保护补贴方面，学者分析总结了美国、日本、欧盟等国家地区休耕实践经验[③][④]，开展了休耕补偿模式[⑤]、补偿标准[⑥]、农户意愿[⑦]、满意度[⑧]、收入影响[⑨]等实证研究，普遍认为休耕是促进耕地保护的有效措施，但实施休耕应将保障粮食安全和稳定农民收入作为基本前提条件[⑩]。在耕地生态保护补偿方面，耕地生态保护补偿的依据主要包括耕地资源利用的生态效益、环境成本的外部性价值[⑪]和耕地生态系统服务价值[⑫]等，通过补偿主体多元化、补偿资金来源的多样化和补偿方式多元化等措施有助于耕地生态补偿制度高效落实[⑬]。

结合现有研究成果和国内外实践，本文认为耕地生态产品的价值实现路径主要有三类：政府路径、市场路径、政府与市场相结合路径。其中，政府路径主要表现为依靠财政转移支付等"购买"公共性耕地生态产品并实现其价值，以促进耕地生态系统结构保护，保障生态产品的可持续产出，如耕地生态保护补偿；市场路径主要表现为依靠市场配置可直接交易的耕地生态产品，如耕地产出的生态农产品交易、生态产业化等；政府与市场相

[①] 祝培甜，陈需弦，郭瑞雪，等. 国外耕地生态产品价值的实现路径及对我国的启示［J］. 国土资源情报，2020（3）：41-45，10.

[②] 郭瑞雪，李树枝，张丽君. 略谈耕地生态产品价值的实现方式［J］. 中国土地，2020（11）：42-44.

[③] 饶静. 发达国家"耕地休养"综述及对中国的启示［J］. 农业技术经济，2016（9）：118-128.

[④] 杨庆媛，信桂新，江娟丽，等. 欧美及东亚地区耕地轮作休耕制度实践：对比与启示［J］. 中国土地科学，2017，31（4）：71-79.

[⑤] 张晶渝，杨庆媛. 不同生计资产配置的休耕农户福利变化研究——云南省休耕试点区实证［J］. 中国土地科学，2019，33（2）：25-32.

[⑥] 柳荻，胡振通，靳乐山. 基于农户受偿意愿的地下水超采区休耕补偿标准研究［J］. 中国人口·资源与环境，2019，29（8）：130-139.

[⑦] 龙玉琴，王成，邓春，等. 地下水漏斗区不同类型农户耕地休耕意愿及其影响因素——基于邢台市598户农户调查［J］. 资源科学，2017，39（10）：1834-1843.

[⑧] 刘卫柏，杨胜苏，李中，等. 重金属污染治理试点地区农户对耕地休耕政策的满意度及其影响因素［J］. 经济地理，2021，41（1）：158-164.

[⑨] 谢先雄，赵敏娟，蔡瑜，等. 农地休耕如何影响农户收入？——基于西北休耕试点区1240个农户面板数据的实证［J］. 中国农村经济，2020（11）：62-78.

[⑩] 柳荻，胡振通. 地下水超采区休耕生态补偿的农户意愿研究——基于河北省的动态调查［J］. 干旱区资源与环境，2021，35（10）：98-104.

[⑪] 魏宁宁，李丽，高连辉. 耕地资源利用的生态外部性价值核算及其补偿研究［J］. 科技导报，2018，36（2）：61-66.

[⑫] 刘利花，杨彬如. 中国省域耕地生态补偿研究［J］. 中国人口·资源与环境，2019，29（2）：52-62.

[⑬] 吴宇哲，钱恬楠，郭珍. 休养生息制度背景下耕地保护生态补偿机制研究［J］. 郑州大学学报（哲学社会科学版），2020，53（3）：27-31，127.

结合路径主要表现为政府通过法律或行政管控等方式推进耕地保护，产生了耕地占补平衡指标、耕地碳汇指标等生态产品的交易需求，通过市场自由交易实现该类生态产品价值。

三、耕地生态产品价值实现的国内外实践

国内外耕地生态产品价值实现实践的主要做法可归纳为耕地保护补偿、生态产业化经营、指标交易、耕地碳汇交易和耕地资源损害赔偿等五种路径，为深入推进耕地生态产品价值实现提供经验参考。

（一）耕地保护补偿

1. 江苏省苏州模式

2014年，苏州市出台《生态补偿条例》，明确了"生态补偿是通过财政转移支付方式，对因承担生态环境保护责任使经济发展受到一定限制的区域内的有关组织和个人给予补偿的活动"，并将水稻田等纳入补偿范围，昆山市还在条例规定之外增加了对永久基本农田的生态保护补偿。

苏州市政府和下属县级政府根据农业部门认定的水田面积，按照420元/亩的标准，对耕地所有权人（村集体等）进行补偿。县级政府可以根据自身财力对补偿标准进行适当提高，如昆山市将水田的补偿标准提高到700元/亩，并对基本农田按100元/亩额外补贴。补偿资金由村集体自主使用，实行"地有镇管，集中记账"制度，资金的使用范围除了生态建设之外还可用于村集体的发展等，更好地体现了对耕地发展权补偿的属性。

耕地生态保护补偿制度的建立和实施，增强了各方的耕地"三位一体"保护意识，提高了耕地生态保护积极性，缩小了因保护耕地导致的区域发展差距。2017~2019年，苏州市支出的耕地生态补偿资金中，用于耕地生态建设和保护、村级建设和经济发展、补贴农户分别占比48%、26%和26%，提高了农民的耕种积极性，缓解了耕地非农化和非粮化。

2. 吉林省"梨树模式"

吉林省梨树县从2007年起，探索黑土地保护性利用新方式，形成耕地保护和农业开发相结合的"梨树模式"，其核心在于实施保护性耕作技术，将秸秆直接覆盖还田，通过免耕少耕、不整地、不灭茬、不打垄等耕作方式减少农机作业次数，同时把作物残茬留在土壤表面让其自然分解，既能减少土壤侵蚀、提升土壤保水贮水能力、提高土壤有机质，

又能改善土壤结构和通气性、有益于土壤微生物和动物活动,是对传统耕作方式的重大变革。

推广"梨树模式"需要改变农民传统耕作方式和工序,为让更多百姓接受新模式,解决家庭经营面积过小无法推进机械化等问题。吉林省和梨树县两级政府对按"梨树模式"进行生态友好型耕作的土地承包权人,给予每年每亩 50 元补助(省级资金 40 元,县级资金 10 元),以提高保护性耕作的认可度和积极性,补助资金不限使用方向。据《吉林日报》报道,到 2020 年,吉林省共有 1852 万亩耕地实施保护性耕作技术,已推广至榆树、公主岭等 8 个县市,每个县市实施规模达到适宜面积的 50% 以上。

"梨树模式"产生了较显著的生态经济效益,不仅有效保持和提升耕地质量,提高了粮食产量,也保护了蚯蚓、土壤微生物等生存环境,增加了土壤生物多样性、蓄水保墒能力和有机质含量,防止因风沙造成的地表黑土地流失和对周边的负面环境影响,保护了黑土地。根据中国科学院研究成果,通过保护性耕作,土壤保水能力明显提升,相当于每年增加约 40~50 毫米降水,秸秆覆盖免耕 5 年可使土壤有机质增加 20% 左右,可平均减少径流和土壤流失 60% 和 80% 左右,耕作成本每亩减少 1000~1400 元,并减少了碳排放总量。[①]

3. 美国土地休耕保护计划

为了提升水质、保护野生动物栖息地和提高土壤生产力,改良耕地生态系统,美国于 1985 年开始实施"土地休耕保护计划"(CRP)。具体做法如下:

(1) 明确相关政府部门职责分工。CRP 以政府主导、市场化运作、合同制管理模式运行,包括申请—筛选—补偿步骤。美国农业部农场管理局(FSA)负责项目具体实施,农业部自然资源保护局(NRC)提供申请审核、休耕进程和休耕计划等方面的技术支持,农业部商品信贷公司(CCC)提供资金支持,各司其职。此外,各州林业机构、地方水土保持机构等也为 CRP 提供技术支持。

(2) 实行项目申请注册制。依据耕地所在区域是否为重点生态环境保护区[②],CRP 分为"一般注册"和"连续注册"两类,合同期均为 10~15 年,且土地所有者可以在合同最后一年选择是否重新执行下个合同。其中,"一般注册"CRP 在每年特定时间段开放,在农户自愿申请的基础上,FSA 依据环境效益指数(environment benefits index,EBI)对所有申请进行评价排名,筛选确定申请者资格,确保参加项目的耕地能够有效发挥生态修复和保护功能(见表 2)。"连续注册"CRP 在重点生态环境保护区开展,无特定注册期,

---

① 何宇鹏."梨树模式"的实践意义与创新价值 [N]. 吉林日报, 2021-04-24 (1).
② 包括河岸缓冲区、野生动物栖息地缓冲区、湿地缓冲区、过滤带、湿地恢复、草地水道、防护林带、防风林、活雪围栏等高草带、耐盐植被和野生动物的浅水区。

只要申请注册的土地符合资格标准,则土地自动登记,且不需要依据 EBI 进行评价和筛选。

表 2　　　　　　　　　　　　EBI 评价指标体系

EBI 因素	定义	子项及其分值赋值	分值计算方式及范围	分值范围（分）
野生动物（N1）	评估有利于野生动物生存的生态效益	N1a 野生物栖息地覆盖率（0～50 分） N1b 增加野生动物栖息地（0 分、5 分、20 分） N1c 野生动物优先保护区域（0 分、30 分）	N1 = N1a + N1b + N1c	0～100
水质（N2）	评估通过减少侵蚀、径流、淋溶等对地表水和地下水的潜在影响	N2a 区位（0 分、30 分） N2b 地下水水质（0～25 分） N2c 地表水水质（0～45 分）	N2 = N2a + N2b + N2c	0～100
侵蚀（N3）	使用可蚀性指数（EI）进行测量土壤侵蚀度	当 EI<4 时,为 0 分, 当 EI≥21 时,为 100 分	依据风或水 EI 较高值的加权平均值打分	0～100
长期效益（N4）	评估 CRP 合同到期之后植被覆盖持续的可能性	对不同植被覆盖实践活动分别赋予 50 分、40 分、30 分、25 分、20 分、0 分不同分值	所有实践加权平均值确定分数	0～50
空气质量（N5）	评估减少耕地风蚀对空气质量改善以及提供碳汇的价值	N5a 遭遇风蚀的可能性（0～25 分） N5b 是否为易风蚀土壤类型（0 分、5 分） N5c 是否位于易风蚀且空气质量未达标区（0 分、5 分） N5d 碳汇（3～10 分）	N5 = N5a + N5b + N5c + N5d	3～45
成本（N6）	评价整体实施成本,优化补偿金的环境效益	N6a 成本报价（申请报价越低分值越高） N6b 申请租金与最高租金比率（0～25 分）	N6 = N6a + N6b	0～150

注：EBI 评价指标随时间动态调整,当前指标由 2018 年《农业法案》制定。
资料来源：56th General Enrollment Period Environmental Benefits Index（EBI）,美国农业部农业服务局（FSA）。

（3）确定项目补偿内容和标准。FSA 对参与 CRP 的耕地补贴支付模式具体如表 3 所示。主要包括以下两部分：一是土地租金补贴。FSA 根据注册土地所在县域土地相对生产率和旱地租金价格进行加权计算,确定年度土地租金补贴价格,并限制最高补贴租金,目的是降低对土地交易市场的不利冲击。其中,"一般注册"CRP 为县平均租金的 85%,"连续注册"CRP 为县平均租金的 90%。二是成本分摊支付。补贴依据是农民实施种草、植树等植被保护措施的成本,但不得超过实际或平均成本的 50%。此外,FSA 会对实施改善野生动物栖息地、促进森林管理等高保护价值措施的"连续注册"CRP 土地进行奖励付款。

表 3　　　　　　　　　　　　CRP 补贴标准模式

支付类型	内容	限度	注册类型
租金支付	每年支付给参与者款项，基于每个县的土壤生产率和旱地平均租金计算	5 万美元/年（个人或法人实体）	一般及连续注册
成本分摊支付	为促进建立或建设一个合格地区的措施实施，提供一定比例的成本支付	不超过实施行动实际或平均成本的 50%	一般及连续注册
维持激励性报酬	补偿参与者实施某项保护活动的平均年度费用	5 美元（英亩/年）	某些连续注册
一次性注册奖金（SIP）	支付给参与者参加某些实践的一次性奖励金	10 美元（英亩/年）（不超过 10 年）	某些连续注册
一次性实践奖金（PIP）	为某些实践活动支付一次性奖励金	实际建设成本的 40%	某些连续注册
其他财务激励	防风林、草地水道、滤带和河岸缓冲区额外奖励	最高达年度租金的 20%	某些连续注册

（4）实施效果。作为美国影响最大、持续时间最长的耕地休养政策，CRP 为休耕实施地区带来了显著的生态环境效益和经济社会效益，土壤流失量减少，氮、磷年径流失量减少，温室气体排放量下降，湿地面积扩大，野生动物数量增加。研究表明，仅在 2000 年，CRP 带来的直接经济效益估值约为 12.5 亿美元，若考虑长期效益和间接效益，将大于年均 14 亿美元的补贴投入，被誉为美国历史上最成功的环境保护项目。

（二）生态产业化经营

1. 宁夏贺兰县稻渔空间建设

宁夏广银米业有限公司在贺兰县建设稻渔空间项目，充分利用稻田生态特征，开展耕地生态产业化经营。具体做法包括：一是在严格保护耕地的前提下，引进优质水稻，实现良种覆盖率达到 100%，示范推广工厂化育秧等水稻种植新技术，提高水稻品质和粮食产品安全。二是创新稻鱼（蟹、鸭）立体种养模式，通过循环种养、以渔治碱等新技术，重塑了耕地生态系统，提升了水稻等农产品产量和品质。三是围绕稻田种植，将优质水稻生产、稻米精深加工、休闲观光旅游等一二三产业进行融合，推动全产业链发展。四是实行"公司+合作社+基地+农户+服务"的经营模式，与农户构建利益联结机制，促进了村集体和农户持续增收。

2020年，依托绿色生态观光和有机产品的销售，园区稻鱼综合种养亩均净收益达到了3000元，接待游客20万人次，观光园日收入上万元。同时，带动了园区土地入股农户户均增收近1万元，务工年均收入达到28000元/人。① 2020年6月，习近平总书记实地考察了该项目，并对稻鱼种养业融合发展的创新做法给予充分肯定。

2. 云南阿者科"生态村落旅游"发展

云南省元阳县阿者科村位于哈尼梯田世界文化景观核心区内，保留有悠久的哈尼族传统文化和完整的森林、梯田、村寨、水系生态系统。近年来，阿者科村坚持生态优先、绿色发展，有效保护了自然生态系统，推动传统农业产业转型升级为绿色发展的生态产业。

一是加大自然生态系统和传统文化保护力度。坚持耕作为主，守住梯田红线，对梯田种粮户发放67元/亩的耕地保护补贴，鼓励村民种植水田，促进哈尼梯田生态景观延续和哈尼族活态文化良性发展。二是发展生态和文化旅游。在保证村落原真性的前提下，以梯田、传统民居、森林、水系等为载体，开发了梯田捉鱼、活态文化、民族祭祀、红米酒品尝等旅游产品，实现传统村寨观光和文化体验活动有机结合。三是创新利益分配机制。当地政府联合阿者科村集体成立了旅游发展公司，村民以梯田、传统民居等入股公司。乡村旅游发展所得收入的30%归旅游公司，用于日常运营和后续开发建设；70%归村民分配。在村民分配过程中，按照传统民居保护分红40%、梯田保护分红30%、居住分红20%、户籍分红10%，鼓励居民继续耕种水田，保护梯田。

阿者科村的实践，将生态产品所蕴含的内在价值逐步转化为经济效益，带动了村集体经济发展和村民增收致富，自然生态优势逐渐转化为高质量发展优势。2020年，全村贫困人口全部脱贫，人均可支配收入达7120元，同比增长31.6%；截至2021年3月，全村户均分红1万余元；实施"稻鱼鸭"综合生态种养项目，亩产均值达到了8095元，农村集体经济发展的内生动力明显增强。②

3. 江西于都县富硒区域公共品牌建设

于都县富硒土壤面积达546.42平方千米，潜在富硒土壤面积478.27平方千米，合计占全县总面积的35%。2019年，习近平总书记视察于都时嘱托"一定要把富硒这个品牌打好"。为贯彻落实习近平总书记的重要指示精神，于都县立足耕地资源富硒优势，推进富硒产业发展，创建于都富硒农产品区域公用品牌，推动耕地生态产品增值溢价。

一是统筹产业布局，制定了《关于加快推进富硒农业高质量发展实施方案》《加快"于都富硒大米"产业发展的实施方案》等文件，有序推进富硒大米、富硒脐橙、富硒茶叶、富硒畜禽加工制品等产业发展。二是打造富硒好品牌，政府先后在广州、深圳等城市

---

①② 《自然资源部办公厅关于印发〈生态产品价值实现典型案例〉（第三批）的通知》。

举办富硒农产品推介会,打造设计"于都富硒蔬菜"产品质量管控、包装和运输模式,彰显富硒农产品品牌效应。2017年,于都县获评"中国好粮油"行动计划示范县,于都富硒脐橙获得"中国富硒好果"称号。三是推进产业发展,深入推广"公司+基地+农户(贫困户)"的模式,稳定农民增收预期;建设万亩连片富硒绿色蔬菜产业园,划定10万亩标准化富硒水稻种植核心区,示范带动全县规模种植30万亩。四是推广富硒农产品种植,建立国家粮食产业(功能稻米)技术创新中心于都分中心,引进中化现代农业有限公司,大力推广富硒农产品种植技术,让富硒品牌成为餐桌上的营养餐、舌尖上的好味道。

目前,于都县建成万亩富硒蔬菜产业园1个、千亩富硒蔬菜基地4个,累计建成设施蔬菜面积达3.51万亩,共带动了110多家农业合作社、基本菜农经营主体2000个发展富硒蔬菜产业。仅发展富硒蔬菜产业一项,全县带动了8000余位贫困人口人均增收约1.7万元/年。[①]

(三)指标交易

1. 耕地占补平衡指标交易

我国耕地占补平衡指标交易主要包括省内交易和跨省交易两种。其中,省域内指标交易一般通过省级统筹或调剂的方式开展;跨省耕地占补平衡指标交易由国家统筹,国家对交易条件进行严格限定:耕地后备资源严重匮乏的直辖市,由于城市发展和基础设施建设等占用耕地、新开垦耕地不足以补充所占耕地的,可申请国家统筹补充;资源环境条件严重约束、补充耕地能力严重不足的省,由于实施重大建设项目造成补充耕地缺口的,可申请国家统筹补充。在资金收取标准上,跨省域补充耕地价格以基准价和产能价之和乘以省份调节系数确定,由指标购买省份向中央财政缴纳。

2. 美国湿地银行

美国湿地银行是指一块或数块已经恢复、新建、增强功能或受到保护的湿地。美国《清洁水法》规定,除非获得许可,否则任何主体都不得向美国境内水体倾倒或排放污染物,以严格保护湿地、水体和物种栖息地。在严格保护的同时,美国建立了补偿性缓解机制,即政府允许开发者新建、修复或保护一定数量的湿地,去补偿另一块受开发活动影响或被占用的湿地,从而产生了大量的湿地补偿需求。

美国湿地银行由陆军工程兵团、环境保护署等部门组成的"跨部门审核小组"进行审

---

① 于都县"三点发力"助推富硒产业发展再提速[EB/OL]. https://www.yudu.gov.cn/yudu/c114716/202301/4188b484eaab48cbbb0230939bef7046.shtml.

批，购买方主要是从事开发活动、对湿地造成损害的开发者，销售方一般是湿地银行的建设者。湿地银行的正式协议是实施湿地银行的关键，相当于一份完整而详细的"合同"，通常包含修复与保护目标、选址标准和拟定的服务范围、拟修复地块的生态基线信息、信用额度的确定方法、生态绩效衡量标准、长期管理规划等。

湿地信用是交易的标准单位，代表的是恢复受损湿地、新建湿地、强化现有湿地后，增加的湿地面积和生态功能。其数量的确定一般有两类方法：一类是面积比率法，如美国华盛顿州规定，重建1亩湿地可获得0.5~1个湿地信用（转化率为1:1~2:1），增强1亩湿地的生态功能可获得0.2~0.3个湿地信用。另一类是基于湿地生态功能的半定量评估方法。美国南卡罗来纳州分别基于表4和表5计算受损湿地、拟购湿地的湿地信用，前者主要通过受损类型、持续时间、受损程度等因素来确定受损的湿地信用，后者主要通过几项核心指标来衡量新建湿地的生态价值，进而以"湿地信用"的方式进行交易，表4和表5中所有因素的打分加总后与湿地面积相乘，即得出所对应的湿地信用。湿地信用的价格一般由买卖双方通过公开交易确定，一般都会考虑湿地银行的建设成本、预期利润和当前市场情况等因素。

表4 被占用湿地的信用评价

参数	选项	湿地信用（个）	参数	选项	湿地信用（个）
损失类型	C类	0.2	持续时间	5~10年	1.5
	B类	2.0		10年以上	2.0
	A类	3.0	主要影响	遮蔽	0.2
优先类别	三级优先	0.5		清空	1.0
	次级优先	1.5		排水	2.0
	首要优先	2.0		疏浚	2.5
现有条件	功能严重受损	0.1		蓄水/洪水	2.5
	功能受损	1.0		填土	3.0
	功能部分受损	2.0	累积影响	<0.25英亩	0.1
	达到完全功能	2.5		0.25~0.99英亩	0.2
持续时间	0~1年	0.2		1.0~2.99英亩	0.5
	1~3年	0.5		3.0~9.99英亩	1.0
	3~5年	1.0		>10.0英亩	2.0

注："损失类型"代表湿地的细分类型，例如，类型A包括潮汐植被系统、河岸地带、潮间带，类型B包括洼地、沼泽地和海湾，类型C包括人工湖和池塘。"优先类别"是根据水生资源重要性、生态价值、稀缺程度来划分等级，例如，首要优先区域包括国家河口保护区、溯河产卵鱼类水域、稀有水生系统或顶级群落等。

表5　　　　　　　　　　　湿地银行的信用评价

因素		湿地银行信用（个）
净改善		0.0~3.0
高地缓冲区		0.0~1.0
信用进度表	不适用	0.0**
	之后	0.1
	同时	0.3
	之前	0.5
时间损失	不适用	0.0**
	0~5年	-0.1
	5~10年	-0.2
	10~20年	-0.3
	20年以上	-0.4
种类	不同类型	0.0
	同类型	0.4
位置	个别案例	0.0
	相同流域	0.1
	相邻8位HUC	0.2
	8位HUC	0.4

注："净改善"因素是对新建湿地的生态价值，通过几个因素进行评价，例如，湿地物种栖息地、支持食物链、本底物种支撑、维持生物多样性等功能。

湿地银行是一种有效的市场化补偿机制，其核心是通过"政府管控+市场配置"的方式，促进湿地生态产品的价值实现。政府负责制定规则、监督管理，管住"头尾"，其余全部由市场配置。目前，这一机制已经扩展到溪流修复和雨洪管理等领域。2010年以来，美国的湿地银行业务每年以18%的速度增长，每年吸引30亿~40亿美元的社会资本投入基金和企业中开展业务，并为投资者提供10%~20%的年度收益[①]，成为美国政府最推崇的补偿性缓解方式。

（四）耕地碳汇交易

耕地生态系统主要通过农作物光合作用和土壤呼吸从大气中吸收和固定碳。美国、

---

① 《自然资源部办公厅关于印发〈生态产品价值实现典型案例〉（第一批）的通知》（2020年）。

澳大利亚等国较早开展了耕地碳汇交易，通过保护性耕种或农场管理措施产生碳信用，并通过碳抵消机制参与碳市场交易。耕地碳汇的潜力巨大，但由于土壤固碳的可逆性（改变耕作方式将导致碳重新被释放）、监测成本较高等原因，目前其交易总量仍然较小。

1. "澳大利亚气候解决方案基金"土壤碳项目

澳大利亚土壤碳项目主要是通过合格的土地管理活动来提高耕地、牧场等土壤的固碳水平，并将获得的碳信用参与碳市场交易。其中，对于耕地固碳的土地管理活动主要包括改进施肥、收获后留茬等保护性耕种。

土壤碳项目具体包括项目规划、项目注册、项目执行、报告与碳信用获取等四部分。

一是项目规划，项目申请者制定全新的土地管理计划，通过政府审查批准并获得利益相关者同意后，确定项目持续期（25年或100年），评估项目成本（包括运行、取样、报告、审计等）与回报。

二是项目注册，向气候解决方案基金提供土地管理策略说明、项目位置地图、预估减排量（碳信用额）。

三是项目执行，首先开展基线取样，即在项目区内圈定碳估算区域，聘用土壤专家随机取样后测定土壤碳基线。在此基础上，运行土地管理策略，气候解决方案基金规定了推荐的土地管理活动（如施肥、作物留茬等）及限制和禁止的活动（如干扰土壤深度超过基线取样深度等）。

四是报告及碳信用获取，项目在运行若干年后，按照基线取样的方法再次对土壤碳进行抽样测量，并向气候解决方案基金作出抵消报告。报告应包含按照土壤碳变化量减去项目排放量增量所获得的土壤碳净增量，在聘请注册审计员对报告进行评估后可获得碳信用额。

在获取土壤碳信用额后，项目申请者可以直接参与碳市场（或二级市场）交易，将碳信用出售给政府、企业或其他碳抵消需求者。2019年，澳大利亚政府为每个土壤碳信用额度提供了10美元担保（相当于碳信用额度的最低保护价）。

2. 美国Indigo Carbon碳汇项目

目前，美国耕地土壤碳交易以场外交易（自愿碳交易，非合规市场交易）为主，相关项目如Indigo Carbon、TruCarbon计划等。其主要模式是：第三方企业与农民合作实施耕地固碳活动，提供碳信用测量和核验，并将这些碳信用出售给对抵消碳排放感兴趣的买家。Indigo Carbon项目由美国Indigo AG公司（农业大数据提供商）负责，2021年开始在阿肯色州、科罗拉多州等22个州执行。该项目要求农民划定参与计划的耕地范围，提交田间管理记录，并引入经认可的验证机构对基线土壤碳量进行核验。计划执行后，农民需要按照规定的四种土地管理方式（种植覆盖作物、靶向施氮、减少耕作、作物轮作）进行耕种并进行记录。每年收获后，通过独立的非营利性标准制定机构验证并向农民发放碳信用，再由 Indigo Carbon 负责出售给有碳抵消需求的买家。

在碳信用收益方面，该项目承诺为农民提供底价保障，2021 年注册该计划的农民所收获的碳信用额度，其保底价格为 10 美元，若买家的需求上涨，价格将会提高。

（五）耕地资源损害赔偿

《中华人民共和国土地管理法》（2019 年修正）第七十五条明确规定："占用耕地建窑、建坟或者擅自在耕地上建房、挖砂、采石、采矿、取土等，破坏种植条件的，或者因开发土地造成土地荒漠化、盐渍化的，由县级以上人民政府自然资源主管部门、农业农村主管部门等按照职责责令限期改正或者治理，可以并处罚款；构成犯罪的，依法追究刑事责任。"耕地作为重要的自然资源和生态系统，一旦遭受损害或破坏，耕地权利人有权请求修复或赔偿，以弥补损失、恢复原有的生态功能。

以河北省某市一家敬老院有限公司非法侵占和损害耕地案为例，该公司在超过批准数量的耕地上建房，非法占用和破坏了 42.5685 亩的耕地种植条件。为尽快恢复原有耕地功能，河北省自然资源厅组织当地镇政府对受损耕地进行了复垦，并经农业农村、水利、生态环境等行业专家进行了验收。同时，在邯郸市自然资源和规划局积极协调下，当地镇政府和该公司签署了《生态环境损害赔偿协议》，由该公司赔偿非法建筑拆除、垃圾清运和土地平整等复垦费用。

（六）启示借鉴

从国内外耕地生态产品价值实现的实践看，可以根据耕地生态产品的特点和性质，将其价值实现路径归纳为政府路径、市场路径、政府+市场路径等三种主要模式。

1. 公共性耕地生态产品价值主要通过政府路径实现

公共性生态产品由于具有非排他性、非竞争性的特征，受益主体众多且难以准确界定，因此其价值一般通过政府路径得以实现，即以政府财政资金购买公共性生态产品，对因保护耕地生态系统而产生的成本，或者对公共性生态产品没有显化的价值进行补偿，对保护耕地生态系统行为进行激励或奖励，以提升公共性耕地生态产品的供给。

具体方式主要包括耕地生态保护补偿和耕作模式奖励。例如，江苏省苏州市实施水稻田生态保护补偿，政府将补偿资金发放给村集体自主使用，确保耕地用于种植水稻田，保障耕地生态系统功能，实现耕地的生态价值；吉林省梨树县政府财政出资，对生态保护性的耕作模式进行补贴，将资金补贴到土地的承包权人，提高了保护性模式的认可度和积极性，更好地推广保护性耕作，促进了耕地生态产品价值实现。

2. 经营性耕地生态产品价值主要通过市场途径实现

市场途径是政府根据本地耕地资源禀赋特点和生态环境条件，综合运用产业用地等政策支撑工具，通过环境友好型方式实施生态产业化发展，带动耕地生态产品市场交易，推进耕地生态产业化和产业生态化，促进耕地生态产品价值实现。具体实现方式主要包括发展生态农业、生态旅游、打造区域公共品牌等。例如，宁夏贺兰县稻渔空间项目将自然生态和农业、渔业、休闲旅游结合，打造集休闲、科普、体验、创意为一体的休闲农业，实现三产融合和产业提质。云南省元阳县阿者科村利用哈尼梯田丰富的自然资源和独特的民族文化，打造生态旅游产业，实现了耕地生态产品的综合效益。

3. 准公共性耕地生态产品价值主要通过政府与市场相结合的路径实现

政府通过行政管控、用途管制、设定限额等措施，可以在一定范围内将公共性生态产品转化为可交易的商品，进而建立生态产品消费者向生产者购买的市场交易机制，实现市场化运作、可持续的生态产品价值实现机制。这是"政府引导"与"市场配置"双向发力的价值实现方式，政府负责规制管控和市场监督，其余都交由市场进行配置。

耕地生态产品价值实现的政府+市场路径，主要包括耕地占补平衡指标交易和耕地碳汇交易。其中，耕地占补平衡指标交易主要是通过政府建立耕地占补平衡管控机制，耕地生态产品的开发者（指标购买方）通过市场交易指标的方式，给予生态产品供给者（指标供给方）一定的经济补偿，以实现区域内重要自然生态系统的动态平衡。

耕地碳汇交易主要是基于管理机构对各碳排放源（地区或企业）分配碳排放指标的规定，设计出的一种市场交易方式，碳排放源通过购买耕地碳汇以抵消其碳排放量，从而达到规定的碳排放配额要求，实现耕地碳汇功能的经济价值。

四、耕地生态产品价值实现中面临的问题和困难

虽然各地在耕地保护和耕地生态产品价值实现方面进行了诸多探索，也取得了一些成绩，但是在耕地生态保护意识、公共性产品价值实现、市场化交易、法律法规体系建设等方面还存在问题和困难，制约了耕地生态产品价值实现向纵深推进。

（一）耕地具有重要的生态价值，但实践中推进"三位一体"保护的意识还不够强

国内外研究普遍认为，耕地生态系统具有净化空气、保持土壤、保护生物多样性等多重生态服务功能，在维系生态系统稳定性、维护生态安全中发挥了重要作用。1997年，欧盟在卢森堡会议上提出："农业除了具有粮食生产功能外，还具有维护、管理和改善农村景观，保护环境（包括抵抗灾害），维持农村地区稳定等功能"。2003年，联合国粮农组织（FAO）指出，全球农业土壤固碳潜力约为每年大气中二氧化碳新增排放量的1/4~1/3。国内研究也表明，耕地具有较强的生态功能，中国有近25%的保护物种和20%的濒危物种使用农田生境；我国耕地生态价值为2.34万亿元，占全国生态价值总量的6.14%，与湿地生态价值总量相当[①]；耕地的国家生态安全纯收益为52.9元/亩。[②]

目前，虽然国家层面高度重视耕地保护，并要求坚持耕地数量、质量、生态"三位一体"保护，但受认知程度不高、激励机制不足、管理手段缺乏、技术方法不成熟等影响，实践中人们往往从耕地数量平衡或保障粮食安全等单一目标出发，更为关注耕地的数量和质量，没有对耕地生态系统具有的独特的、不可替代的生态功能给予足够重视，实践中落实耕地数量、质量、生态"三位一体"保护要求还不够到位。

（二）公共性生态产品的价值实现路径不畅，"谁保护，谁受益"的利益导向机制尚未建立

与种植经济作物、开发建设等用途相比，将耕地用于粮食种植所产生的比较收益较低。以江苏省苏州市为例，当地耕地用于种植水稻的亩均净收益约800元，加上各种补贴后不超过1400元，而用于螃蟹养殖所带来的亩均收益是其10倍以上。从"经济人理性"的角度出发，耕地权利人更倾向于耕地的"非粮化"开发甚至是"不保护"。要破解这一问题，除了运用行政手段，对耕地保护这一"国之大者"建立起必要的用途管制措施外，还需要通过经济手段对保护者进行适当补偿，以弥补其损失或丧失的机会成本，从而建立有效的激励机制和正确的利益导向。

当前，我国已实施的耕地保护经济激励措施主要有两类：一类侧重于对耕地生产能力

---

① 谢高地，张彩霞，张昌顺，等. 中国生态系统服务的价值 [J]. 资源科学，2015, 37 (9)：1740-1746.
② 周建春. 耕地估价理论与方法研究 [D]. 南京：南京农业大学，2005.

的补偿,如基本农田建设补贴、耕地地力补贴等,重点是提高耕地质量。另一类是实施耕地保护补偿,对耕地权利人因耕地保护而产生的成本或者所放弃的发展权进行补贴,如江苏省苏州市的耕地生态补偿等。但是这两类措施的覆盖范围比较有限、补偿标准普遍偏低,对于粮食主产区、耕地保有量任务较重地区的补偿不够,也都没有对耕地生态系统产生的调节服务等正外部性产品给予补偿,导致现有补偿措施的正向激励作用有限,难以有效调动耕地保护者的积极性,"谁保护、谁受益"的利益导向机制尚未建立。

(三) 经营性产品的产业化、市场化程度偏低,生态产业化发展不平衡

耕地生态系统所产生的经营性产品主要包括农产品、自然景观及旅游服务等产品,这也是耕地生态系统与"经济-社会系统"联系最为紧密的一类产品。由于它们生产、消费关系明确,通常可以通过市场途径自发配置和价值实现,但目前大部分基于优质耕地和优良耕种方式生产的绿色农产品,仍然面临生态溢价不够、产业化市场化程度偏低等问题。一方面,是由于部分地方的品牌意识不强,尚未建成具有当地特色的区域公共品牌,附着于农产品的优质生态产品价值难以显化;另一方面,品牌建设重开发、轻保护,对农产品的后续监管不严,没有建立从资源端到消费端的产品检测和溯源体系等,降低了一些农产品区域公用品牌的公信力。

同时,实践中还有发展不足和过度开发并存的问题。部分地区为了片面追求经济效益,过度开发甚至导致耕地"非粮化""非农化",突破国家耕地保护红线,危及国家粮食安全。一些地区没有充分利用自身的资源禀赋、区位特点、消费市场等比较优势,没有因地制宜发展生态旅游、生态农业等产业,导致"好产品卖不起好价钱、好耕地形不成好产业",没有实现耕地生态产品的增值溢价。

(四) 基于政府管控的多元化价值实现途径还不丰富,政府引导作用发挥不够

由于生态产品的公共品特征,通过政府行政管控、设定指标限额与市场配置"双向发力",是促进其价值实现的重要途径之一。但我国目前基于政府管控的耕地生态产品价值实现路径主要是耕地占补平衡指标交易,并且以省内交易、政府交易为主,社会主体参与较少,市场化程度偏低,对耕地指标的价值显化不充分。同时,政府引导作用发挥不够,耕地碳汇等生态产品价值尚未充分实现。有研究表明,耕作的农田占世界陆地生态系统碳储量的20%~22%,美国、澳大利亚等国家已经建立了农田(耕地)碳汇计量方法和交易制度。而我国耕地碳汇研究基础薄弱,理论和技术方法不完善,仅在2016年由国家发

展改革委备案了《保护性耕作减排增汇项目方法学》[国家温室气体自愿减排方法（第八批）]，至今未形成耕地碳汇交易案例，更没有建立相关制度，制约了耕地碳汇产品的开发、交易和生态产品价值实现。

此外，我国每年有大量耕地被破坏，但由于自然资源损害赔偿机制还不健全，对大多数破坏耕地资源行为未能及时追责和索赔，没有全面落实损害者赔偿的要求。

（五）耕地生态产品价值实现法律法规不健全，法治建设有待加快推进

2021年4月，中共中央办公厅、国务院办公厅印发了《关于建立健全生态产品价值实现机制的意见》，将"绿水青山就是金山银山"理念落实到制度安排和实践操作层面，为推进生态产品价值实现提供了政策框架。但由于生态产品价值实现机制建设仍处于理论研究和实践探索中，尚缺乏专门的法律法规。

从耕地生态产品价值实现来看，相关规定散见于土地法律法规中，针对性不强、系统性不够，导致实践中难以界定其具体范围和边界。此外，耕地生态产品价值实现是一项系统工程，涉及点多、面广，但现行法律法规只是对其中内容作了"点"上规定，不足以涵盖耕地生态产品生产、消费、交易等关键环节和领域，系统性、全面性不够，法律保障程度不高，导致地方在促进耕地生态产品价值实现中缺少上位法支撑，在一定程度上制约了工作的推进。

五、耕地生态产品价值实现的路径设计

结合目前存在的现实问题，需要尽快明确耕地生态产品价值实现的总体思路，并按公共性、准公共性和经营性等不同生态产品，分别设计有针对性的价值实现路径和保障措施，加快实现各类耕地生态产品价值。

（一）总体思路

耕地生态产品价值实现的总体思路是，在保障粮食生产能力不降低、耕地数量不减少、耕地质量不下降、生态功能不减退的前提下，按照生态优先、绿色发展，政府主导、多方参与，因地制宜、有序推进的原则，从政府、市场、政府与市场相结合三条路径入手，选择耕地保护补偿、相关指标交易、产业化经营等开展具体设计，明确各类价值实现

路径的参与主体及具体模式,建立"保护者受益、使用者付费、破坏者赔偿"价值实现机制。

(二) 路径设计

1. 耕地生态产品价值实现政府路径

(1) 耕地保护补偿。

①有关要求。近年来,党中央、国务院对耕地保护补偿提出了系列要求。2016年,国务院办公厅印发《关于健全生态保护补偿机制的意见》,明确了"完善耕地保护补偿制度"的重点任务,并提出"到2020年,实现森林、草原、湿地、荒漠、海洋、水流、耕地等重点领域和禁止开发区域、重点生态功能区等重要区域生态保护补偿全覆盖"的目标。2017年,中共中央、国务院印发《关于加强耕地保护和改进占补平衡的意见》,要求"加强对耕地保护责任主体的补偿激励……按照谁保护、谁受益的原则,加大耕地保护补偿力度""规范补充耕地指标调剂管理,完善价格形成机制,综合考虑补充耕地成本、资源保护补偿和管护费用等因素,制定调剂指导价格"。2018年,国务院办公厅印发《跨省域补充耕地国家统筹管理办法》,耕地占补平衡指标实现有条件跨省调剂。2020年,中共中央、国务院印发《关于抓好"三农"领域重点工作确保如期实现全面小康的意见》,明确提出"支持产粮大县开展高标准农田建设新增耕地指标跨省域调剂使用,调剂收益按规定用于建设高标准农田"。2021年,中共中央办公厅、国务院办公厅印发《关于深化生态保护补偿制度改革的意见》提出"完善耕地保护补偿机制,因地制宜推广保护性耕作,健全耕地轮作休耕制度"。

此外,我国法律法规也作出了相关规定。2019年,新修订的《中华人民共和国土地管理法》规定"国家实行占用耕地补偿制度"。2021年,《中华人民共和国土地管理法实施条例》第十二条明确提出"国家建立耕地保护补偿制度,具体办法和耕地保护补偿实施步骤由国务院自然资源主管部门会同有关部门规定。"2021年,司法部公布的《生态补偿条例(立法审查修改稿)》明确提出"国家实施耕地生态保护补偿",提出对承担轮作休耕任务或核心水源地内需要退耕的耕地权利人,给予适当补助。

②具体路径。依据中央要求和现行法律法规规定,加快建立健全自上而下的"纵向"耕地保护补偿,以及基于各省之间不同的耕地保护责任而开展的"横向"耕地保护补偿。

纵向上,可以探索由中央和省级人民政府通过财政转移支付等方式,对种粮大县、粮食主产区等给予一定补偿;鼓励各级政府对耕地权利人因耕种活动造成的发展权损失、开展保护性耕种和防止"非粮化"等活动进行补偿。补偿标准可在综合考虑财政能力、补偿类别、保护成本等因素基础上确定。

横向上，探索将人口数量、耕地保有量等因素纳入耕地保护补偿，按照人口粮食需求设置省级行政单元义务保有量，耕地保有量未达到义务保有量的省级行政单元向耕地保有量超过义务保有量的省级行政单元支付补偿金，以体现对受偿区土地发展权损失的补偿。中央政府通过耕地保护补偿基金对补偿金进行统筹管理，补偿省份缴纳补偿金，并由中央耕地保护基金统筹经费拨付给受偿省份。补偿标准在综合考虑土地对经济发展影响等因素的基础上确定。具体运作思路如图1所示。

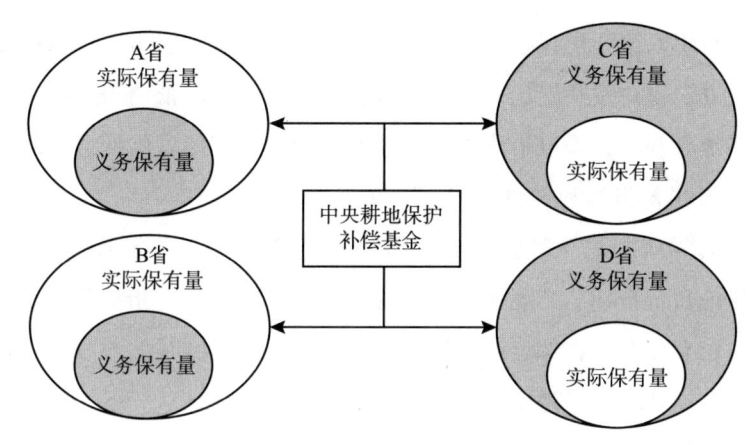

图1　耕地保护补偿基本运作思路

同时，可以探索建立跨省域耕地保护责任代保补偿机制，耕地保护任务输出省应向输入省按年进行补偿，标准由双方商定，但不得低于被保护耕地的生态产品价值。

（2）耕地轮作休耕补偿。

探索由中央财政对耕地权利人（如农户、种植大户、家庭农场、农民专业合作社等）因承担轮作休耕任务而造成的收益损失予以补助。其中，轮作补助标准可以根据轮作休耕区域原有种植收益、土地管护投入等确定，保证耕地权利人收益不降低。

（3）生态功能重要区域内的耕地保护补偿。

对位于核心水源地等生态功能重要区域内的耕地，因保护和提升生态功能而采取变更耕种制度、限定耕种方式和耕种作物、影响耕种面积等造成的收益损失，由省级人民政府或承担生态功能重要区域保护责任的地方政府，对耕地权利人予以补助。其中，限制耕作方式的补助标准，与原有的种植方式收益相当，限制耕作面积的补助标准，可参考同地区耕地流转价格，不影响原权利人收入。

2. 耕地生态产品价值实现"政府+市场"路径

耕地生态产品价值实现"政府+市场"路径，主要包括耕地碳汇、耕地占补平衡指标交易、耕地质量提升溢价等。

（1）耕地碳汇交易。

研究建立耕地碳汇调查监测评价和计量核算体系，探索开发耕地碳汇产品，并逐步将耕地碳汇项目产生的国家核证自愿减排量纳入全国碳市场交易。

在操作层面，按照耕地碳汇供给方和需求方的参与形式，耕地碳汇交易具体可分为以下几种模式：一是农户通过调整耕作制度（主要为免耕法）、改善施肥方式、作物残留物返还（主要为秸秆还田）等耕地管理方式，提升耕地土壤固碳能力，获取碳信用，通过场内或场外交易的形式直接出售给控排企业以获取收益；二是由第三方通过采取补贴、协助和指导等方式，组织农户开展保护性耕作，提升耕地土壤固碳能力，获取碳信用并交易获益，收益由第三方和农户按一定比例进行分成；三是由具有碳抵消需求的公司通过补贴等方式直接组织耕地权利人，采取措施提升耕地固碳能力以获取可供抵消的碳信用。

（2）耕地占补平衡指标和"耕地银行"交易。

探索将"生态零净损失"理念融入占用耕地补偿制度，对于省域内耕地占补平衡指标交易，在原有耕地数量指标、产能指标交易的基础上，新增生态指标作为交易条件。对于跨省指标交易的资金测算，在综合考虑原有耕地类型、耕地数量、耕地产能的基础上，探索增加生态因素，以体现对耕地生态价值的补偿。

在占用耕地补偿制度框架下，逐步探索由第三方建设"耕地银行"，负责耕地开垦并承担维护管理责任，以获取综合数量、质量、生态等因素的耕地占补平衡指标，经依法批准占用耕地的单位通过向耕地银行建设方购买补充耕地指标，履行耕地占补平衡义务。

（3）耕地质量提升和增值溢价。

吸引社会资本参与退化耕地综合治理、污染耕地修复、土壤肥力提升以及高标准农田建设等工程，提升耕地质量。对集中连片开展耕地质量提升，达到一定规模和预期目标的经营主体，可优先通过流转方式获取工程实施范围内耕地承包经营权，并且允许其在不占用基本农田、符合法律法规和国土空间规划、坚持节约集约用地的前提下，在实施区域内利用一定比例面积作为新增建设用地，依法办理农用地转用审批手续，用于发展生态旅游及农产品初加工和储存。

（4）耕地资源损害赔偿。

按照"谁损害、谁修复、谁赔偿"的原则，探索建立耕地资源损害赔偿机制，将其纳入现行的生态环境损害赔偿体系，进一步完善耕地资源损害民事救济体系，明确耕地资源损害侵权责任，完善耕地资源破坏的民事诉讼方式，并尝试引入惩罚性赔偿。同时，探索引入耕地资源强制责任保险，以加强预防性保护。

3. 耕地生态产品价值实现市场路径

耕地生态产品价值实现的市场路径主要包括生态产业化开发、农业品牌培育与认证等。

（1）生态农产品开发。可重点结合气候、水、土壤等优势特征，开发特色耕地生态农产品，提升产品生态附加值，近期可以重点培育富硒农产品产业。

（2）农业旅游。充分利用耕地生态系统形成的自然景观，结合当地的历史文化底蕴、小气候优势等，发展旅游服务。

（3）开展农业品牌培育与认证。鼓励政府和耕地经营者开展品牌农产品的生产、认证和销售等，培育优质生态农产品品牌。积极开展地理标志、绿色食品、有机农产品等品牌认证，提升耕地生态农产品价值。

（三）保障措施

1. 开展耕地生态补偿标准测算

结合我国耕地生态保护现状及影响因素、不同地区财政支持情况等，探索开展耕地生态补偿标准测算，为耕地生态保护补偿提供技术支持。

2. 建立耕地碳汇调查监测与计量核算体系

探索建立耕地碳汇调查监测评价和计量核算体系，定期开展耕地碳储量本底与更新调查，建立耕地碳汇监测网络，科学评估耕地碳储量变化、固碳速率、增汇潜力。衔接国际温室气体清单编制技术，加快建立符合国情的耕地碳汇计量方法体系，研究建立耕地碳汇计量指标、方法、参数和模型，实现耕地碳汇可测量、可报告、可核查。

3. 建立健全配套政策法规

发挥国土空间规划的引领作用，建立国土空间规划和耕地生态产品价值实现统筹协调、高效联动的运行机制。积极推进生态友好型全域土地综合整治，促进耕地生态产品供给能力提升。鼓励社会资本参与耕地生态保护修复，并利用自然资源、财税、金融等政策支持其发展相关产业。建立耕地生态产品价值实现激励约束机制，作为财政转移支付、耕地保护责任目标考核等方面的重要参考。将耕地生态产品价值实现相关内容纳入耕地保护相关立法，并建立健全配套制度规范，确保有关工作有法可依。

以基于自然的解决方案推动我国向自然受益型经济转型

高 兵 邓 锋 程 萍 白斯如 王心一

在应对气候变化、生物多样性降低和污染危机的关键历史时期,为避免今后十年甚至更长时间气候变化失控和生态崩溃,近两年联合国环境署、世界经济论坛等国际组织牵头,先后发布了《自然融资状况——到2030年将基于自然的解决方案融资增加两倍》《中国迈向自然受益型经济的机遇》等报告。报告提出,人类活动引起的"自然损失"成为全球经济的系统风险,基于自然的解决方案可恢复丧失的自然空间。报告强调,加快社会经济系统向自然受益型经济转型是实现"人与自然和谐共处"的关键。要重新认识自然的价值,加大基于"自然"的投资,打造自然受益型经济,推动实现生态的良好治理、经济的健康发展和社会的长期稳定。

一、"自然损失"已成全球经济系统性风险,对我国影响巨大

人类社会的高速发展,对自然的改造力度和影响程度越来越大,随之而来的是人与自然的矛盾不断激化、人与自然的关系严重失衡,"自然损失"已成为全球和区域经济可持续发展的瓶颈。

---

* 本文原载于《自然资源经济参考》2022年第9期。

（一）"自然损失"是全球面临诸多挑战的核心

自人类文明开始以来，由于打破了地球生态系统原有的循环和平衡，世界已经失去了50%的森林、50%的珊瑚礁、70%的湿地，20亿公顷土地已经退化，每年还有1200万公顷的土地由于不当使用而逐步丧失功能，人与自然关系也日趋紧张。根据生物多样性和生态系统服务政府间小组的最新调查结果，自1970年以来，野生动植物种群数量平均下降了60%，人类行为有可能造成100万个物种的损失。过去十年间，7种农产品（牛、油棕、大豆、可可、橡胶、咖啡和木纤维）的生产活动导致全球森林覆盖率减少了26%。全球3/4的陆地生态环境和2/3的海洋生态环境已经因人类活动而发生了重大变化，人们亟须为改善生物多样性和自然栖息地投资。

持续的自然损失已经成为全球经济的系统性风险。世界经济论坛《新自然经济报告》发现，全球超过50%的GDP依赖于自然。同时，投资于自然创造了10万亿美元商业价值，提供了3.95亿个就业岗位的机会。荷兰中央银行最近发布的《自然负债》，量化了金融体系对自然的依赖。该报告指出，在所分析的14000亿欧元投资中，有5100亿欧元投资于高度依赖自然生态系统的部门，占荷兰金融机构总资产的36%。该报告认为，金融机构在为对生物多样性有重大负面影响的公司提供融资时面临声誉和转型风险。

自然损失是当代许多社会挑战的核心，而基于自然的解决方案有潜力解决相互关联的危机：物种灭绝的加剧、全球变暖带来的影响、日益增多的极端天气事件和传染病大流行（如新冠疫情）等。

上述危机进一步证明了加强投资可持续行动的必要性，以增强生态系统复原力，应对社会挑战，如粮食安全、气候变化、水安全、人类健康和增强对灾害风险的复原力。恢复因人类发展而丧失的自然空间，需要全球的共同努力。2021年6月，联合国环境规划署启动"联合国生态系统恢复十年"行动计划，以应对生物多样性丧失、气候破坏和污染加剧的三重环境威胁。该倡议全球使命是恢复数十亿公顷的生态系统，从森林到农田，从高山到深海。生态系统修复意味着预防、制止并逆转对生态系统的破坏——从"开发自然"到"治愈自然"。

（二）我国经济社会受"自然损失"的影响巨大

我国是世界上生物多样性最丰富的国家之一，拥有丰富而独特的生态系统、物种和遗传多样性，其中已知植物物种占全球10%，动物物种占14%。随着经济快速增长，我国的自然生态系统面临严峻考验。我国红树林面积与 20 世纪 50 年代相比减少了 40%，草原生态系统中度和重度退化面积占草原总面积的 1/3 以上，受威胁脊椎动物物种约占全部物种的 21.4%。

伴随着中产阶级壮大、消费结构转变和城市化推进，过去的经济发展模式严重影响和威胁着我国的自然生态系统。要实现可持续发展和美丽中国愿景，仅降低碳排放和解决气候变化是不够的。应对其他驱动因素，如土地用途变化和污染，也同样重要和紧迫。如果按照传统"三高一低"（即"高投入、高消费、高污染和低效益"）的不可持续模式发展，自然生态系统将面临巨大的压力，自然损失和气候变化将迎来不可逆转的拐点。

自然生态系统及其服务对我国的经济增长、商业繁荣和社会发展至关重要。当前我国自然生态正面临相关的风险，据估计，我国 GDP 总量的 65% 及国民经济分类体系下 2/3 的行业因"自然损失"而面临风险。"自然损失"对企业运营和供应链产生了直接影响。自然生态系统崩溃还会带来与公共卫生、移民、贸易关系、物资供应安全等社会问题相关的风险。若不尽快采取有效应对策略、加快转型速度，我国约 2/3 的 GDP 可能面临"自然损失"带来的威胁。

二、基于自然的解决方案有潜力解决相互关联的危机，并能够推动实现向自然受益型经济的范式转型

面对气候变化和自然危机，人类社会亟待开辟一条尊重自然、与自然共同繁荣的经济发展道路。而基于自然的解决方案是在可持续经济发展中实现自然价值最大化的重要途径，也是确保实现向自然受益型经济的范式转型的核心。

（一）基于自然的解决方案是经济转型变革的关键组成部分

基于自然的解决方案依靠自然来应对社会挑战，从而支持经济转型发展。基于自然的解决方案以国际自然保护联盟（IUCN）制定的全球标准，被定义为"保护、可持续管理、恢复自然或改良生态系统的行动，以应对社会挑战，提供人类福祉和生物多样性利益"。这些社会挑战包括灾害风险、气候变化和生物多样性丧失、粮食和水安全，以及人类健康。从长远来看，基于自然的解决方案可能是比标准（非天然）解决方案成本更低。

对基于自然的解决方案投资是经济转型变革的关键组成部分，通过创造就业机会、保护自然、加速脱碳和提高气候适应能力，为人类社会可持续发展提供基础支撑。世界上

50%以上国家的GDP适度或高度依赖自然,农业、食品饮料和建筑业是依赖自然的最大行业,这些行业创造了8万亿美元的总增加值。为了确保人类不会突破行星边界的安全界限,我们需要从根本上转变观念,改变我们与自然的关系。在阻碍这种转变的结构性障碍和系统性僵化中,金融是根本性的。基于自然的解决方案可提供具有高达37%的全球成本效益的解决方案,以减小32吉吨的排放差距,实现《巴黎气候协定》目标。对自然的投资还有助于实现《生物多样性公约》(CBD)和《联合国防治荒漠化公约》(UNCCD)土地退化零增长目标,以及波恩公约的2020年后生物多样性框架中的未来目标:到2020年恢复1.5亿公顷退化和毁林景观,到2030年恢复3.5亿公顷。

(二)通过基于自然的解决方案将自然价值融入经济体系之中

基于自然的解决方案可以看作是一种资产类别,企业、政府和公民可以投资于这种资产,以与自然合作,而不是将自然视为经济发展和进步的障碍。基于自然的解决方案通过改善农田和泥炭地来增加碳汇、恢复红树林种群来抵御洪水、保护森林和其他土地进而提升全球生物多样性等,不断促进经济社会的可持续发展。

尽管大自然支撑着我们当前和未来的繁荣,但大自然的大部分利益都没有被赋予金融市场价值。从与采购、税收、贸易和监管有关的政府政策,到企业和金融机构在投资、风险披露等方面的决策方式,我们必须以深刻的方式将自然的价值融入经济体系之中。在正确和全面地认识自然价值的基础上,一方面要有效地规避不良经济体系给自然带来的额外伤害,另一方面要促进自然受益型产业的发展和绿色金融等多元化资金模式的运用。基于自然的解决方案投资面临许多问题,例如,现有的投资评估工具并不适于基于自然的解决方案投资,因此政府部门、项目开发者、社会投资者很难对基于自然的解决方案项目和其他项目进行比较。私营部门面临障碍更多,例如,现有的基于自然的解决方案项目缺乏稳定的、可预期的收益,公共部门支持的环境不友好项目造成基于自然的解决方案投资被挤出市场等。

(三)未来三十年全球基于自然的解决方案的投资缺口巨大

2020年,全球在基于自然的解决方案上的投资大约为1330亿美元,其中公共部门占86%,约为1150亿美元;私营部门占14%,约为180亿美元。其中,美国和中国在公共部门支出中占主导地位,其次是日本、德国和澳大利亚。从全球来看,公共部门投资集中于生物多样性与自然景观保护,生物圈保护、森林景观、栖息地和绿色廊道恢复等领域,投资总额约为530亿美元；约230亿美元用于农业、林业和渔业；约170亿美元用于水资源保护、土地管理、控制污染和自然资源预算中的其他活动；约110亿美元用于减少污染、废水管理以及执法行动；总的来看，流入保护大自然的资金总量，远远小于气候变化投资。

为有效应对气候变化、生物多样性降低和土地退化这三大相互关联的自然生态危机，全球需要加大对"自然"的投资。未来三十年，全球对自然界的投资总额需达到8.1万亿美元，按目前水平，将有4.1万亿美元的缺口。据测算，到2030年，全球对基于自然的解决方案的投资将增加2倍；到2050年，基于自然的解决方案每年需要超过5360亿美元的投资，即在目前的基础上增加3倍，而目前相关投资额仅为1330亿美元（以2018年为基准年）。这就意味着，到2050年，20国集团基于自然的解决方案年度投资需要至少增加140%，即每年需额外增加1650亿美元。非G20国家要增加2350亿美元才能满足《里约热内卢》公约的目标，占到全球新增基于自然的解决方案投资的58%，而这些国家的GDP仅占全球总量的20%。

三、我国生态文明建设取得历史性成就，为向自然受益型经济转型奠定坚实基础

我国在自然资源及其生态环境治理的理论范式、技术方法、实践探索方面已取得了显著进步，相关政策和举措也取得了积极成效，为向自然受益型经济转型打下坚实基础。

（一）具有发展自然受益型经济的理论基础和现实基础

从"利用自然、征服自然、改造自然"，到"人与自然是生命共同体，人类必须敬畏自然、尊重自然、顺应自然、保护自然"，习近平生态文明思想作为马克思主义中国化的最新理论成果，将我们对人与自然关系的认识提升到新的高度。在习近平生态文明思想指导下，自然资源及其生态环境治理的理论范式、研究方法已取得了显著进步，提升了对资源系统、生态系统和经济社会系统之间联系的认识，运用技术逻辑、行政逻辑和法理逻辑，从自然科学和社会科学不同视角，提出了众多富有见解的理论、方法、模型。

生态文明建设和绿色发展已经成为我国的社会共识。以"双碳"目标的确立为标志，我国正在积极应对气候变化，推进减碳。而气候变化与生物多样性丧失、粮食安全等问题有着千丝万缕的联系。协同推进这些问题的解决很可能更节省成本、更高效。协同推进这

些目标既是我国面临的独特的机遇,也是从未遇到过的挑战。与此同时,我国陆地生态系统(森林、灌丛、草地和农地)的碳存储量潜力达到800亿吨,约等于我国2019年二氧化碳排放量的8倍,而其中83%的潜力都来自土壤碳库,拥有发展自然受益型经济的现实基础。

(二) 具有发展自然受益型经济的顶层设计与政策支撑

习近平生态文明思想为我国协同推进碳中和及自然受益型经济提供了顶层指导框架。《生态文明体制改革总体方案》确立基本制度框架,推动自然资源资产产权制度、主体功能区制度、空间规划体系、资源总量管理和全面节约制度、资源有偿使用和生态补偿制度、环境治理体系、生态环境损害赔偿、国家生态文明试验区、国家公园等制度改革落实。回应了生态文明建设对相关制度的要求,基本解决了较先进的生态文明建设活动与较落后的生态文明建设制度的矛盾,为生态文明体制改革作出了顶层设计、提供了基本遵循。

我国的生态文明建设、"双碳"战略及生物多样性保护有完整的政策体系,每一个行动导向背后都蕴含着系统的政策支撑,已经出台和实施了许多恢复和保护自然的重要政策,生态环境保护制度、资源高效利用制度、生态保护和修复制度、生态环境保护责任制度、自然保护地制度、生态文明制度相继建立和不断完善。政策内容方面,从单一的生态保护政策发展到自然资源、自然生态、自然容量保护方面的政策并重。政策方法方面,从关注具体点源保护发展,到关注区域保护、系统保护和全过程保护;政策手段方面,从严格追责、严格执法等治标措施发展到治标和治本并重,促进长效机制的建设。

(三) 具有发展自然受益型经济的实践探索与积极成效

在实践探索中秉承系统观念,把习近平生态文明思想贯穿到自然资源与生态保护的方方面面:强化土地、矿产、海洋等资源节约集约利用,促进发展方式绿色转型;以国土空间用途管制为核心推进空间治理,不断优化国土空间开发格局;推动构建以国家公园为主体的自然保护地体系,建立自然生态系统保护的新体制新机制新模式;构建生态保护修复新格局,实施全国重要生态系统保护和修复重大工程总体规划;推进建立生态产品价值实现机制,开展生态综合补偿试点等。全面发挥了自然资源与生态治理在生态文明建设中的基础性作用。

上述重要政策和举措已经取得了积极成效。全国生态空间管控越发严格,生态保护红线划定工作已基本完成，覆盖了全国生物多样性分布的关键区域；设立了三江源、大熊猫、东北虎豹等第一批国家公园，以国家公园为主体的自然保护地体系正在加快形成；全国生态恶化趋势已基本得到遏制，自然生态系统总体稳定向好，青藏高原、长江流域、黄河流域等重点生态区的生态系统质量得到了整体提升；全国森林面积和森林蓄积量连续30年保持双增长，2000~2017年全球新增的绿化面积中，25%来自中国，居世界首位。

（四）具有发展自然受益型经济的战略雄心与合作精神

面对全球生物多样性丧失和气候变化相互交织的危机，我国提出了"生态文明"理念，将生物多样性保护上升为国家战略，率先在国际上提出划定和严守生态保护红线，同时制定了雄心勃勃的气候目标：在2030年前实现碳达峰，2060年前实现碳中和。然而，过去的十年中，气候变化这一议题得到了全球的广泛关注，但生物多样性丧失问题却尚未得到全球应有的重视。我国率先打破两者间的壁垒，加强"双碳"目标与生物多样性目标之间的协同，引领经济创新型发展。

国际舞台上，我国广泛参与了与生物多样性和气候变化相关的国际交流与合作。作为联合国《生物多样性公约》缔约方大会第十五次会议的东道国，我国在2021年10月成功举办了生物多样性大会（第一阶段），通过了《昆明宣言》。此外，2019年，我国启动了"一带一路"国际绿色发展联盟（BRIGC）。2021年11月，我国与全球其他140个国家在格拉斯哥联合国气候变化大会（COP26）联合声明，共同承诺在2030年终止并扭转全球毁林与土地退化进程，以保护和恢复地球上的森林。

四、围绕与自然生态息息相关的三大社会经济系统，以基于自然的解决方案推动我国实现自然受益型经济转型

土地（食物）和海洋利用系统、基础设施和建成生态环境系统、能源资源开采系统是当前我国与自然息息相关的三大社会经济系统，对我国经济社会发展和商业繁荣至关重要。推进三大系统共计15项优先转型项对于实现自然受益型经济转型至关重要。

（一）推进土地（食物）和海洋利用系统受益型经济转型

在我国的97个国民经济行业大类中，20个行业属于食物、土地和海洋利用系统。这

些行业或是直接从土地、森林或海洋中获取资源，或是依赖于健康的土壤、作物授粉、淡水供应、气候调节及营养物质循环等生态系统服务功能。2001~2018年，全球农产品消费增长的22%来自我国。

这一个系统要求稳固人与自然共生基础，推进土地和海洋利用系统自然受益型发展。包括六大转型措施：一是生态系统恢复并避免陆地和海洋资源的过度开发。要推出激励措施，反映出破坏生态系统的真实代价，推动生物多样性经济学与生态系统核算主流化，建立自然资源资产和生态系统服务核算体系。二是发展稳产高产的生态农业。要落实最严格的耕地保护制度，加强耕地质量建设和退化耕地治理，加强农业资源保护利用、农业生态保护修复，打造绿色低碳农业产业链。三是管护健康高产的海洋。要对已存在或潜在的海洋环境污染和生态破坏进行治理和恢复，限制海洋资源的不合理利用，发展科学管控的海洋牧场、深远海绿色养殖等可持续生态渔业。四是加强森林可持续经营。要保护具有高保护价值的森林，推广以可持续的方式建设生产性森林，多元化利用森林资源（非木质林产品），推动与国际接轨的标准化的森林可持续经营。五是践行人与自然和谐共生的消费方式。要向可持续的消费方式转型，发展如绿色食品、有机农产品、地理标志认证农产品，推广替代性蛋白质和植物基食品，使用碳足迹标签、水足迹标签、可持续性认证等产品标签，减少对天然纤维和生物资源的过度消费。六是建立透明、可持续的供应链。推广新品种、新技术、新装备，减少粮食在全链条过程中的浪费；发展农产品直接供应模式并建立农产品透明溯源系统；推动我国的棕榈油、大豆等大宗商品的可持续供应链认证，以减少供应链上下游可能引发毁林的风险。

上述六大转型将助力中国土地（食物）和海洋利用系统的自然受益型发展，借助技术创新和投资推动，到2030年该系统有望创造约5650亿美元的商业价值、新增约3400万个就业岗位。

（二）推进基础设施和建成环境系统受益型经济转型

在我国的97个国民经济行业大类中，有20个行业属于基础设施和建成环境系统，依赖自然提供的水、空气、土地、建筑原材料、生态空间等资源来维持，同时，该系统产生的固体废弃物、废水、废气极易对自然生态产生负面影响。

这一系统要求协调城市与自然关系，促进基础设施和建成环境系统自然受益型发展。包括五大转型措施：一是创建紧凑型建成环境。通过科学的国土空间规划实现更小空间容纳更多人口和基础设施的生态形态，按照"集约适度、绿色发展"要求划定城镇开发边界，明确开发利用时序，支持保护和节约、集约利用土地。二是实施自然受益型建成环境规划设计。通过自然影响力分析选择最佳建设区位，综合考虑并尽量消除建筑各部分及其生命周期的自然影响，在设计中融入自然、人居双重理念，推广智能计量为自然受益型规划设计提供数据基础和技术保障。三是发展自然受益型市政公用设施。要加强城市地下综合管廊建设，推动海绵城市建设，持续推进垃圾源头减量和资源化利用。四是将自然作为基础设施。要做好自然生态基础设施的保护与恢复，建设蓝绿灰结合的城市基础设施。五是发展自然受益型交通基础设施。要推动形成与生态保护红线和自然保护地相协调、与资源环境承载力相适应的交通网络，研究"无害化"穿（跨）越生态敏感区技术和标准，使用环保耐久节能型材料以降低全生命周期资源能源消耗，加快推广应用新能源和清洁能源使用。

上述五大转型将助力环境和建成系统自然受益型发展，涌现的新商机有望创造5900亿美元的商业价值，新增3000万个就业机会。

（三）推进能源和开采系统受益型经济转型

在我国的97个国民经济行业大类中，与能源和开采系统密切相关的行业有20个。中国的能源消费增长占世界增长量的3/4，单位GDP能耗是世界平均水平的1.5倍。高强度开采也加剧了空气污染、气候变化、生物多样性锐减等生态问题，还带来了进一步导致自然资源枯竭的风险。在努力减少碳排放发展新能源的过程中，新型能源发电设备的部署可能会使动物栖息地被侵占、分割、污染或干扰，这一点在能源转型的过程中也需要纳入考虑。同时，生产风能、光伏等新能源发电配套的储电设施可能导致某些金属的需求量显著增加。

这一系统要求拓宽新兴技术开发格局，促进能源资源开采系统自然受益型发展。包括四大转型措施：一是发展节约和循环型生产模式。通过发展循环经济提高资源利用效率，推动废旧物资再利用和再循环。二是开展自然受益型矿产资源开采。要加快升级现存矿产开采技术，重视矿山升级改造和源头管控，落实对破坏性开采模式和污染性原料的监管，禁止使用可能严重破坏生态环境的化学品。三是打造可持续的材料供应链。要通过采用新型数字技术提高物料流的透明度，从制度入手制定可追溯性标准，用系统化方法追踪产业链上游活动。四是推进自然受益型能源转型。充分考虑清洁能源项目对生态环境的影响，提高能源转型所需要特种材料和稀土材料的回收利用比例。

上述四大转型将支持我国的能源和开采系统向自然受益型发展。该系统有望到2030年创造超过7400亿美元的商业价值，新增2300万个就业岗位。

上述三个系统15个转型方向涉及自然资源和国土空间的方方面面。包括耕地保护、海洋资源利用、森林保护恢复、城市土地利用、矿产资源开采、国土空间规划等等。通过自然资源的科学治理和国土空间优化布局，以"自然"途径，促进人与自然和谐共生。

五、重新全面认识自然的价值，推动我国向自然受益型经济转变

自然资源相关工作与基于自然的解决方案高度一致。如以国土空间用途管制和生态保护修复应对新时代一系列经济社会和生态环境的挑战，以实现自然资源资产的可持续利用与管理，增强人类福祉等。通过自然资源治理的改革创新，提升自然的多重协同价值，提高基于"自然"的解决方案融资水平，推动向自然受益型经济转变，为有效履行自然资源管理职能与职责、推进我国引领基于自然的解决方案的全球行动作出重要贡献。

（一）将自然价值融入资源治理与气候变化应对之中

将"自然"价值融入国土空间规划、山水林田湖草系统治理、全域土地综合整治和耕地保护等不同领域，不断丰富基于自然的解决方案在我国的生动实践。将提升自然价值、应对气候变化与保护生物多样性纳入经济和社会发展全局，以协同治理为目标制定国家战略和行动指南，推动形成高效统筹、上下结合、分类施策、成本有效、公正转型、共同参与的自然资源保护与可持续利用、应对气候变化和保护生物多样性协同治理体系。坚持系统观念，充分认识自然生态系统和社会经济系统的韧性、恢复力、调节能力和正负反馈机制，构建保护自然、应对气候变化与保护生物多样性协调互动的治理体系。

（二）建立完善自然生态资产的制度体系

在基于自然的解决方案全球标准框架下，制定和完善适合我国的自然资源管理、生态保护修复等有关的标准体系。建立健全"自然"价值相关标准体系，参考国际权威标准与行动指南，因地制宜地构建"自然"价值的评价标准和技术规范。完善"自然"投资相关的估值和核算方法，制定可行的投资"自然"项目评估准则和方法，允许考虑到效益的多重性和收益的长期性及其特殊性，如不应该像传统资产投资那样进行折旧。加强自然与生态系统权利体系化研究，推动形成完整的使用权、收益权、处置权等权利体系。

(三) 重视基于自然的解决方案的核心作用

基于自然的解决方案的理念和经验，充分考虑山水林田湖草沙一体保护修复的尺度和等级。借鉴基于自然的解决方案的标准和内涵，重视国土空间规划相关过程的协同与权衡。把握基于自然的解决方案的重点问题，注意全域土地综合整治过程中保护生态环境和生物多样性。推动基于自然的解决方案、基于自然的恢复主流化，发展"自然受益"型经济，提高资源利用效率，保护生态系统的完整性。通过对保护生物多样性的研究，寻找提高自然生态系统质量和稳定性、增加碳汇能力的有效方法。推动将"基于自然的解决方案"纳入国家战略、融入各行业各部门，创新社会融资方式、扩宽绿色融资渠道、拓展自然融资规模，推动社会经济向自然受益型转变。

(四) 使创新手段保护自然成为经济转型的核心

提升基于自然的解决方案相关工作的科学性，通过创新使自然资源治理适应精准管理和生态保护修复的要求。利用科技推动自然受益型经济发展，例如，通过遥感卫星及大数据分析、机器学习、云计算和可视化等新兴技术加强对大尺度自然与生态的监测和管理。重视全球和区域地球系统模式的研发和应用，预测评估不同情境下的土地利用/覆盖变化、生态系统及其功能变化，尽可能降低基于自然的解决方案实施的不确定性，提升自然资源管理等工作的科学性。通过在区块链上注册生物和仿生知识产权资产记录与自然资产相关的起源、权利和义务，进而追踪和保障自然与生态系统产品和服务价值。

(五) 加强市场培育与监管服务

将基于自然价值涉及的自然资源资产产权及其权能纳入登记体系，作为投资"自然"相关项目产权交易流转的基础。充分发挥自然资源管理的专业化优势，出台相关政策，培育第三方机构，提供自然生态多重价值核算、损害认定等方面的中介服务。以自然资源调查监测信息化平台为基础，建立与"披露气候相关风险框架"类似的"自然"投资信息披露框架，降低市场交易成本。构建和集成综合的监控系统，对生态和社会过程进行动态监测，评估和核实各种收益或损失，将生态系统的状况与预期目标进行对比，并对基于自然的解决方案实践进行反馈和调整优化，实现适应性监控管理。

（六）建立经济激励机制和政策监管机制

利用税收减免、金融风险分担工具、贸易制度等激励工具吸引社会投资"自然";提高投资"自然"的收益,促进投资"自然"项目的资源整合,扩大投资规模,提高可行性并降低融资成本;加大对可持续行为补贴,提升区域气候调节和生态修复等自然服务效益;从森林碳汇等生态系统中创造稳定、可预测的收入,吸引社会投资;提高可持续农业、林业等"自然"资本的流动性,同时积极利用碳排放权、碳汇交易市场和其他生态系统新兴市场。

基于自然的解决方案的全球规范及以人为本的特征,与习近平生态文明思想和自然资源治理目标高度契合。我国作为联合国基于自然的解决方案全球行动的牵头国家之一,应努力提升基于自然的解决方案在相关领域的显示度,将习近平生态文明思想和习近平关于中国资源治理的理论与基于自然的解决方案有机结合。通过加大自然融资力度,促进自然受益型经济转型,以示范树立"自然"实践的样板,将中国理论实践与基于自然的解决方案结合的成果推向世界。

基于所有者职责履行的全民所有自然资源资产损害赔偿机制研究[*]

李兆宜　石吉金

近期，中共中央办公厅、国务院办公厅印发了《全民所有自然资源资产所有权委托代理机制试点方案》（以下简称委托代理试点方案），对全民所有自然资源资产损害赔偿工作提出了具体要求。作为所有者的一项基本职责，当全民所有自然资源资产受到侵害时，所有权行使主体应当依法请求赔偿或提起诉讼以消除不利影响。因此，在统一行使全民所有自然资源资产所有者职责的大背景下，有必要研究清楚全民所有自然资源资产损害赔偿"是什么、为何要做、做什么、怎么做"，以更好地维护国家所有者权益。本文拟围绕上述四个方面进行初步研究。

一、内涵界定和概念辨析

（一）界定核心概念

1. 自然资源资产

为便于明确责任和推进工作，根据自然资源部职能职责和委托代理试点方案，本文将自然资源资产的范围限定在土地、矿产、海洋、森林、草原、湿地、水等7类；对于野生

---

[*] 本文原载于《自然资源经济参考》2022年第10期。

动植物、无线电频谱,以及一些学者认为属于自然资源的大气、气候等[①],暂不纳入研究范围。

2. 全民所有自然资源资产损害

对于"全民所有自然资源资产损害"而言,"全民所有"一词在于限定权利主体和工作范围。"损害"是民法特别是侵权责任法研究中的基础概念,国内外法学界比较一致的观点是:损害是对合法权益的不利益影响。我国民法研究者认为"民事主体的任何合法权益遭受的不利益均应谓之损害"[②];美国法学家认为"损害(injury,damage)是对法律保护的利益的侵害";在关于《德国民法典》的学术著作中,损害被定义为"受法律保护的权益遭受到的任何损失"[③]。

由此可见,损害是相对于合法权益而言的一个概念。既然有权益,则必然有权利,无权利则无损害,对损害的认定及损害赔偿等救济途径的研究和选择,都应该以"存在完整清晰的权利"为基本前提。自然资源资产相关权利作为一类具有明确物权属性的权利束,相对于"生态环境"等概念而言,具有确定的权利属性、清晰的权利形态和权利边界,将之作为起点并构建"权利—损害—赔偿"的理论体系和工作链条,显然更符合法理和逻辑。

基于上述分析,全民所有自然资源资产损害可以定义为:全民所有自然资源资产相关权利及其形成的合法利益所遭受的不利影响。依据损害结果的表现形式,自然资源资产损害可以分为两类:一类是对资产实物形态的非法破坏及其引起的不利改变,如非法砍伐森林、非法采矿、破坏耕地等对自然资源资产的破坏,这是目前最为普遍的损害类型,应作为当前工作的重点;另一类是指非实物形态的破坏但引起了合法权益的受损,如低价出让国有土地使用权、矿业权,虽然没有损害土地、矿产资源本身,但导致了国有资产流失和权益受损。

需要特别说明的是,本文主要分析全民所有自然资源资产所有权人和所有者职责履行主体、代理履行主体(后两个简称"为所有者职责行使主体")开展损害赔偿的情形,暂不涉及所有者让渡部分权利后(如出让国有建设用地使用权)发生损害并由使用权人请求赔偿的情形。此外,由合法的自然资源开发利用行为或自然灾害导致的自然资源资产变化或损失,不纳入自然资源资产损害赔偿的范畴。

---

① 施志源. 论气候资源之法律属性与权利归属 [J]. 福建师范大学学报(哲学社会科学版),2014(4):27 – 35,75.
② 宁金成,田土城. 民法上之损害研究 [J]. 中国法学,2002(2):104 – 112.
③ 张璐. 自然资源损害救济机制类型化研究 [M]. 北京:法律出版社,2015:5.

3. 全民所有自然资源资产损害赔偿

对"损害赔偿"的界定，可以分为两个维度：一是从法律上界定，损害赔偿是采取各种措施以消除或矫正资产损害不利影响的过程。《中华人民共和国民法典》明确规定，权利主体可以通过请求赔偿损失、恢复原状等多种方式进行权利救济。二是从管理上界定，损害赔偿不是一个简单的"索赔"动作，而是一套完整的工作机制，主要包括全民所有自然资源资产损害的发现、核实、索赔、报告四个环节，以及与之配套的理论研究体系、技术支撑体系、政策和法律保障体系等。

(二) 明确基本内涵

1. 全民所有自然资源资产损害赔偿的权利人是所有权人和所有者职责行使主体，可作为民事主体向侵权人请求损害赔偿

在我国，国家既是全民所有自然资源资产的所有者，又是自然资源的管理者。但在实践中，国家作为所有者的身份往往被行政主体的身份所替代，出现了大量的以行政处罚代替民事赔偿的情形。这种对自然资源资产所有者民事权利的忽视，不仅异化了损害赔偿关系的基本逻辑，还导致国家大量国有自然资源资产合法权益的落空。

事实上，在国家治理的其他领域，国家也往往扮演着"双重身份"的角色，但并不都会产生如此严重的混淆。比如，交警驾驶着正在执勤的警车，被超速行驶的货车撞坏，一方面，交警作为维护交通秩序的行政管理者，会对其罚款和扣分，涉及行政处罚、行政监管权；另一方面，由于损坏警车，货车司机还要承担相应的赔偿责任。在这种情境下，交警作为警车这一国有资产的所有权行使主体，显然是民事主体，涉及的是遭受侵害的民事权利、民事赔偿。

因此，解决矛盾的关键是消除认识误区，明晰概念。在资产损害赔偿的语境下，所有者是民事主体，所有权是民事财产权利，处理对象是"自然资源资产损害"行为；监管者是行政主体，监管权是行政权力，处理对象是"自然资源行政管理妨害"行为，"两者""两权""两害"在性质、内容、形式上不同，既不能相互替代，也不可偏废。

2. 全民所有自然资源资产损害的对象是资产权益

损害语境指向的全民所有自然资源资产权益是指与资产相关的民事权利及行使权利所形成的合法利益。考虑到全民所有自然资源资产的外部性特征，其利益性质是公益与私益交织并存，在损害赔偿的具体研究和实践中，应优先主张所有者行使主体的"自身利益"（如受损的实物资产），在此基础上再兼顾公益（如生态环境）。

3. 全民所有自然资源资产损害的后果是形成不利影响，目前应以造成资产实物形态的非法破坏为工作重点

自然资源资产损害的结果是对合法权益的不利影响，主要有两类（见图1）：一是对资产实物形态的非法破坏，包括自然资源资产实物本身的破坏性改变和所引起的功能性损害（如影响粮食生产、水源涵养等功能）；二是未破坏资产实物但引起了合法权益的受损。

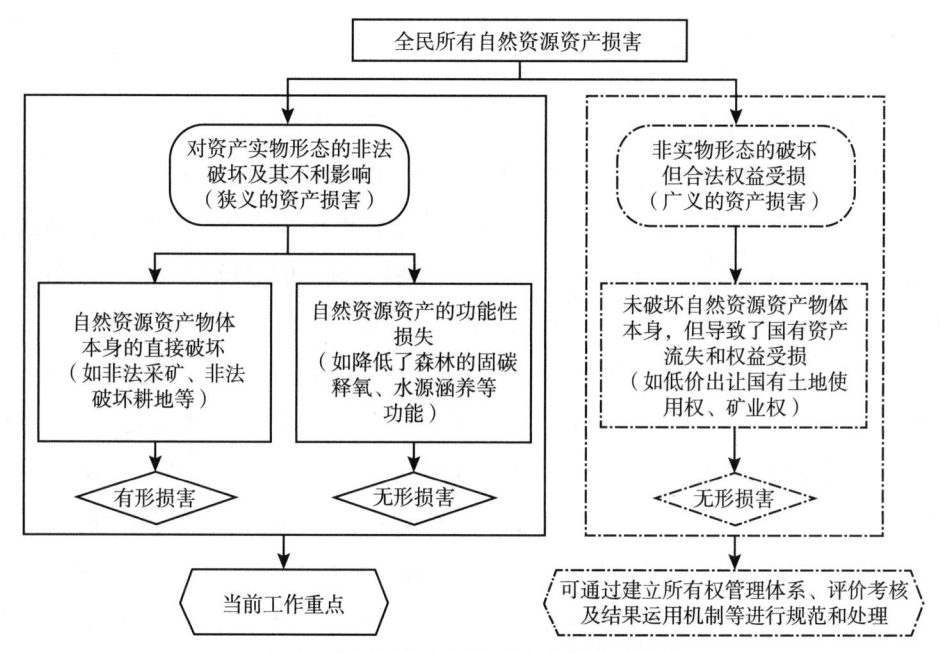

```
                    全民所有自然资源资产损害
                              │
            ┌─────────────────┴─────────────────┐
            ▼                                   ▼
    对资产实物形态的非法                    非实物形态的破坏
    破坏及其不利影响                        但合法权益受损
    （狭义的资产损害）                      （广义的资产损害）
            │                                   │
    ┌───────┴───────┐                           ▼
    ▼               ▼                   未破坏自然资源资产物体
自然资源资产物体   自然资源资产的功能性      本身，但导致了国有资产
本身的直接破坏    损失（如降低了森林的固碳   流失和权益受损
（如非法采矿、    释氧、水源涵养等            （如低价出让国有土地使
非法破坏耕地等）  功能）                     用权、矿业权）
    │               │                           │
    ▼               ▼                           ▼
 有形损害        无形损害                    无形损害
    │                                           │
    ▼                                           ▼
 当前工作重点                          可通过建立所有权管理体系、评价考核
                                      及结果运用机制等进行规范和处理
```

图1　全民所有自然资源资产损害的类型

按照突出重点、先易后难的原则，现阶段可以聚焦"对自然资源资产实物形态的非法破坏"这一类不利影响，暂不包括低价出让国有土地使用权等权益受损类型。主要基于以下原因考虑：一是现有的行政管理、刑事处罚措施对权益受损类型已有明确规范，例如，《中华人民共和国刑法》对"非法低价出让国有土地使用权罪"的处罚，救济渠道比较充分。二是权益受损类型通常发生于资产配置、处置环节并由所有者职责行使主体实施，通过建立评价考核及结果运用（如调整委托事项）等内部管理机制进行规范和处理，可能比直接索赔或提起诉讼更为适宜。

（三）辨析相关概念

目前与自然资源资产损害赔偿相关的概念有三个：生态环境损害赔偿、资源环境领域民事公益诉讼、资源环境领域行政执法。充分辨析其异同和相互关系是开展制度设计、推动工作的重要基础。

1. 与生态环境损害赔偿的区别

一是权利主体和索赔性质。两类损害赔偿的权利主体，都包括了省级、地市级人民政府及其指定的部门或机构，但两者在内涵和索赔性质上是不同的。生态环境损害赔偿涉及社会公共事务管理者和公共利益代表（监管者），索赔性质是运用公权力对公共利益遭受的损失进行救济，偏向行政权力范畴；全民所有自然资源资产损害赔偿涉及资产所有权人及行使主体，索赔性质是对受损的财产权利进行救济，与民法中"侵权责任"的法理逻辑十分契合，更偏向民事权利范畴。

二是权利客体。生态系统服务或环境功能往往难以与"实物"相连接，无论是实体还是权利内涵都具有高度的不确定性，难以作为一个明确的权利客体，这也是生态环境损害概念中对"权利"避而不谈的重要原因之一。自然资源资产的内涵和外延比较明确，更适合作为权利客体，进而构建"权利—损害—赔偿"的法律逻辑。

三是涵盖范围。按照《生态损害赔偿改革方案》中的定义，生态环境损害是指"因污染环境、破坏生态造成大气、地表水、地下水、土壤、森林等环境要素和植物、动物、微生物等生物要素的不利改变，以及上述要素构成的生态系统功能退化"。从定义看，任何导致自然资源资产实物形态的破坏，必然导致"环境要素和生物要素的不利改变，以及上述要素构成的生态系统功能退化"，即自然资源资产实物形态的破坏必然导致生态环境损害，但反之则不一定成立。① 例如，大气污染属于生态环境损害的范畴，如果其不导致自然资源资产实物本身的损害或不利影响，就不在自然资源资产损害的索赔范围内。

此外，生态环境损害不区分全民所有、集体所有等权属特征，而全民所有自然资源资产损害显然只涵盖"全民所有"的资源资产。

需要指出的是，虽然可以对两种损害进行一定的区分，但实际工作中很难完全切割，特别是对于具有显著生态效益的自然资源，往往表现为两种损害"你中有我、我中有你、互为因果"的状态。从职责履行角度看，所有者职责行使主体应当分清主次和先后，首先关注全民所有自然资源资产及权益的损失，并将其作为工作的优先选项。

2. 与资源环境领域民事公益诉讼的区别

一是诉讼目的。根据《中华人民共和国民事诉讼法》第五十五条、《中华人民共和国行政诉讼法》第二十五条等法律条款，公益诉讼是"为公益目的"而提起的诉讼。自然

---

① 这里将自然资源资产损害的范围限定于"对资产实物形态的非法破坏"这一种情形。

资源资产损害赔偿目的更多地指向恢复或救济受到侵害的民事财产权利,即以"私益"为优先目标,同时也包含了"公益"的元素。

二是起诉主体资格。从民法和侵权责任的角度看,自然资源资产损害赔偿的起诉主体是资产权利人。对于资源环境民事公益诉讼,《中华人民共和国民事诉讼法》第五十八条规定,民事公益诉讼的起诉主体包括"法律规定的机关和有关组织"以及人民检察院。其中,《中华人民共和国环境保护法》第五十八条等明确了"法律规定的有关组织"。对于"法律规定的机关",目前只有《中华人民共和国海洋环境保护法》和《中华人民共和国森林法》有明确规定。因此,在各类单行法没有明确规定之前,通过民事公益诉讼途径对自然资源资产损害进行救济,可能会面临缺乏诉讼主体资格等问题。

3. 与资源环境领域行政执法的区别及联系

自然资源资产损害赔偿与资源环境领域行政执法主要是民事行为与行政行为、行使财产权利与动用行政权力、救济自身权益损害与消除行政管理妨害之间的区别。对于自然资源资产损害行为,可以同时实施损害赔偿和行政执法,但必须区分清楚两者的性质和目的。

仍以超速行驶的货车撞坏其他汽车为例,很难出现"罚款、扣分、判刑后就不需要赔偿其他汽车损失"的情形。但在自然资源资产损害赔偿实践中,民事赔偿却经常被行政处罚代替,除了行政权力的强势和惯性之外,根本原因在于所有者权利的缺位、损害赔偿工作机制的缺失、具体索赔实践的空白。欲使各类关系区分清晰、各司其职和互相配合,首先要从自然资源资产的民事权利入手,解决好"缺位""缺失""空白"的问题。

此外,两者间也存在联系。损害赔偿应当主动与行政执法工作进行衔接,建立高效的沟通合作机制。对于行政执法已经介入的损害案件,以执法部门工作为主,权益部门重点关注"行政执法措施是否全部弥补了所有者的损失",如果未全部弥补,再在行政执法基础上开展索赔工作。对于行政执法没有介入的损害案件,权益部门可以牵头开展损害赔偿工作,必要时可以请求执法部门的协助等。

二、必要性和重大意义

建立全民所有自然资源资产损害赔偿机制,归根结底是为了履行好所有者职责、维护好所有者权益,确保全民所有自然资源资产这一重要的国有资产能够"全民所有、全民共享"。其重大意义体现为:

（一）推进生态文明建设的基础工作

自然资源是提供生态系统服务的主体，损害自然资源这一本底，生态环境的质量也会下降。因此，对自然资源资产损害的赔偿，应当作为资源、生态、环境领域损害赔偿或公益诉讼的优先选项和底线任务。只有确保自然资源资产实物本身的损害得到了弥补和修复，才能将自然生态系统"只能变好、不能变坏"的要求落到实处，这也是推进生态文明建设的基础性工作和底线性任务。

（二）落实产权制度改革的重要内容

中共中央办公厅、国务院办公厅印发的《关于统筹推进自然资源资产产权制度改革的指导意见》提出，要"积极预防、及时制止破坏自然资源资产行为，强化自然资源资产损害赔偿责任""构建自然资源资产产权民事、行政、刑事案件协同审判机制"。建立全民所有自然资源资产损害赔偿机制正是落实"构建自然资源资产产权民事审判机制"的基本要素，关键在于从民事权利出发，构建自然资源资产损害救济渠道；同时这也是实现"积极预防、及时制止破坏自然资源资产行为"目标的重要途径，关键在于建立发现、核实、索赔、报告等一整套工作机制。

（三）统一行使所有者职责的关键举措

首先，建立损害赔偿机制是所有者承担责任的应有之义。权利与义务、责任是相伴而行的，所有者职责的履职主体在行使资产配置处置、收益管理等权利的同时，也要相应地承担损害索赔等责任。

其次，建立损害赔偿机制是所有者维护权益的有力武器。所有者权益的维护主要体现在正反两个方面：在正常情形下，要通过高效配置、处置自然资源资产，使资产收益最大化；在资产权益遭受侵害时，通过损害赔偿机制，发现和核实损害，防止损害扩大，进而通过磋商和诉讼等方式，将受损资产恢复原状或最大化地维护所有者权益。

最后，损害赔偿机制是所有权管理体系的重要组成部分。至少涉及有效管护和考核监督两个环节：当资产发生损害时，某一层级的所有者职责行使主体要追究破坏者的责任并提起索赔，这属于"有效管护"。如果所有者职责未履行到位，委托人可以督促所有者职责行使主体正确履职，甚至可以直接提起索赔，同时将行使主体开展损害赔偿工作情况作为评价考核的内容之一,这属于"考核监督"。因此,在分级代理的所有权委托代理机制之下,有必要分级建立资产损害赔偿机制,并作为所有权管理体系的重要内容。

三、工作现状和突出问题

近年来,各级自然资源管理部门按照职能职责探索和推动自然资源资产损害赔偿工作,重庆市组织开展了全民所有自然资源资产损害赔偿机制研究,山东省、广西壮族自治区、贵州省等地出台了生态环境损害赔偿工作相关政策文件,浙江省出台了《浙江省耕地破坏鉴定办法(试行)》,福建省编制了损害鉴定评估通用规范和土壤、森林等5项鉴定评估地方标准,各地工作取得了积极成效。但总体上看,在思想认识、理论研究、法律规定、工作机制、技术支撑等方面,仍然存在一些突出问题。

(一)认识层面

各地在损害赔偿实践中,尚未树立全民所有自然资源资产的"权利主体意识"和"所有者权益意识"。一方面,习惯于以行政管理者身份对损害者进行行政处罚,并代替了相应的民事赔偿。另一方面,各地区都建立了生态环境损害赔偿工作机制,自然资源部门按照职责参与,但关注点大多在"生态环境功能"的损失及其索赔,对哪些全民所有自然资源资产权益受到了侵害、资产实物本身受到了何种损害、民事权利如何救济等问题反而较少关注。例如,江苏省某地发生非法采矿案件,损害者三年内非法盗采矿石为16.75万吨,价值达445万元,受到刑事处罚,同时因非法采矿破坏了森林资源等,最终承担了生态环境损害赔偿189万元,包括森林资源经济损失86万元、森林涵养水源等生态系统功能损失90万元、修复期间生物多样性损失13万元,却唯独没有对矿产资源本身的损害赔偿。长此以往,只能是"种了别家的地,荒了自家的田",所有者权益仍然无法有效维护。

(二)理论层面

一是理论研究方面,从民事权利、物权属性、侵权责任等角度,系统分析自然资源资产损害赔偿的研究较少,无法构建相应的理论体系并指导具体实践。二是法理逻辑方面,缺少对全民所有自然资源资产损害赔偿的正当性、必要性和可行性的研究,特别是基于所有者职责和委托代理机制,从《中华人民共和国民法典》"侵权责任"等角度,分析自然资源资产损害赔偿的法理逻辑、适用法律和路径选择,研究仍显不足。

(三) 法律层面

当前,法律层面基本属于"空白"状态:一是缺乏与全民所有自然资源资产损害赔偿直接相关的法律依据。《中华人民共和国民法典》规定了侵害民事权益的基本原则,并单列一章对"环境污染和生态破坏责任"进行了规定,但这些能否适用于自然资源资产损害赔偿,需要实践检验。我国现行的资源单行法中,除《中华人民共和国森林法》《中华人民共和国湿地保护法》外,很少有法律条文可以为资产损害赔偿的磋商或诉讼提供直接法律依据。二是各级法院缺乏审理全民所有自然资源资产损害赔偿案件的相关判例,司法实践较少。三是对于自然资源资产损害赔偿与生态环境损害赔偿、资源环境民事公益诉讼之间的协同与衔接,缺乏有效的司法指导。

(四) 工作层面

一是尚未建立完整的工作机制和流程。从自然资源资产损害发生到处理完毕,至少包括发现、核实、索赔、报告四个重要环节,每个环节又包含若干具体的工作事项,但目前尚未建立相应的工作机制和工作流程;对于自然资源资产损害赔偿的启动条件等(达到何种程度才需要启动索赔),目前暂无明确的标准;对于线索梳理、巡查监测、调查核实、鉴定评估、民事磋商、索赔诉讼、修复验收、定期报告等具体工作,也缺乏相应的工作指引或指南。

二是缺乏高效的沟通协调机制。在全民所有自然资源资产损害的发现、核实、索赔环节,涉及权益、执法、修复等多部门,例如,资产损害的发现和线索梳理,目前主要依靠执法部门的日常执法、专项行动等,各部门之间面临如何有效沟通、共享信息和成果等问题。

三是缺乏清晰的内部分工。一方面,全民所有自然资源资产所有权行使主体负责"全民所有"部分的自然资源资产损害赔偿;对于集体所有自然资源资产损害案件,应该由集体所有权人开展索赔等工作,但自然资源部门是否需要确定一个内设机构来牵头负责,仍有待研究。另一方面,全民所有自然资源资产的类型较多,即使损害赔偿工作全部由所有权行使主体牵头,也面临与专业司局(处)分工协作的问题。

（五）技术层面

一是缺乏专业人才，包括资源环境相关法律人才，以及土地、矿产、森林、海洋等领域专业鉴定评估人员和有资质的鉴定评估机构。

二是缺少相关标准，在自然资源资产损害范围和程度的鉴定、损害评估、生态修复效果评估及验收等方面，缺少统一的标准和规范。

三是技术创新和应用不够，例如，对全民所有自然资源资产数量、质量、生态状况及其变化情况开展连续监测，以及损害赔偿的线索梳理、快速调查等方面，支撑技术和创新应用还处于起步阶段。

四、机制建设的具体路径

建立全民所有自然资源资产损害赔偿机制，总的原则可以概括为：在尊重现实的基础上，从理论和实践两条路径切入，先易后难地推进工作。具体路径方面，需要关注以下四个方面。

（一）建立工作机制

一是发现机制。主要包括定期梳理线索、及时制止损害两个方面。可以采用两种方式：一种是"拿来主义"，通过各类督察、执法部门已经查处、正在办理的案件等，定期筛查其中涉及全民所有自然资源资产损害的案件线索。另一种是"主动监测"，依托卫星遥感等手段，对自然资源清单内具有重要保护价值的区域（如各类自然保护地）或重点类型（如红树林）进行定期监测，通过长时序的监测和对比分析获得线索信息；同时主动跟进并采取有效手段，防止损害扩大。

二是调查机制。主要包括调查核实、鉴定评估两个方面。对已发生损害区域的调查取证和核实工作，可以借助现场调查、卫星遥感、无人机等手段锁定损害证据，也可以借助执法部门已经形成的调查报告、鉴定评估报告等。调查核实主要围绕损害是否存在、受损范围及程度、是否有明确的损害行为人、损害行为与受损结果是否存在因果关系等方面开展。鉴定评估方面，目前仍然是损害赔偿工作中的"短板"，需要从鉴定机构及队伍建设、鉴定标准制定等方面逐步完善。

三是索赔机制。主要包括民事磋商、司法诉讼、修复验收三个方面。可以由所有者职责行使主体及其指定的部门或机构，与损害行为人进行磋商；经磋商达成一致意见的，可以与损害行为人签订损害赔偿协议，并向有管辖权的法院申请司法确认；磋商不成的，由所有者职责行使主体或其指定的部门、机构作为原告提起诉讼。对于修复验收，所有权人可以委托鉴定评估机构，依据赔偿协议或法院判决书，综合考虑资产受损前的基线值等因素，开展评估验收。特别需要注意的是，索赔阶段应当坚持"修复优先"的理念和"谁损害、谁修复、谁赔偿"的原则，对于可以修复的损害情形，应当由损害者自行或委托第三方开展修复，避免损害者简单地"赔钱了事""一赔了之"。

四是报告机制。由所有者职责代理履行主体向上一级的所有者职责行使主体或自然资源部、同级人大履行报告责任，包括全民所有自然资源资产损害案件数量、所造成的资产损失、损害赔偿工作开展及处理结果、受损资产修复情况等。对于特别重大或社会关注度高的损害案件，可以探索"一事一报"。对于一般的损害案件，可以探索定期报告或在年度国有自然资源资产报告中一并报告。

（二）加强分工合作

一是做好部门之间的分工合作。首先，处理好与生态环境部门及生态环境损害赔偿之间的关系。所有者职责行使主体及其指定的部门或机构，应该基于自然资源资产民事权利，优先做好全民所有自然资源资产损害赔偿各项工作；对于具有较强生态服务功能的自然资源资产，如森林、湿地等，可以探索开展自然资源资产损害赔偿附带生态环境损害赔偿，在确保受损的资产权益得到有效救济的前提下，再提请因自然资源资产损害引起的生态服务功能损失赔偿。其次，对于已经被提起民事公益诉讼的全民所有自然资源资产损害，所有者职责行使主体应做好配合，确保受损的资产得到有效修复或赔偿。最后，对于国有土地土壤被污染，按照《中华人民共和国土壤污染防治法》等规定的职责分工，由生态环境部门牵头办理，所有者职责行使主体做好配合。法律法规或政策文件已有明确分工规定的情形，比照上述原则办理。

二是推动部门内部合理分工。在自然资源部门内部，由行使所有者职责的司局（处室、科室）总牵头，负责统筹协调、建立机制、制定规则、定期报告等；对于具体的损害赔偿案件，根据各地实际情况，因地制宜做好分工，可以由负责所有者职责的单位牵头，也可以按照资源门类，由耕保、矿管、海洋等专业部门牵头；对于修复后的评估验收，以及由所有者承担的修复任务（如损害人缴纳赔偿金的情形），可以由承担生态修复职责的部门牵头。

三是加强部门内部沟通协作。探索建立与执法部门的沟通协作和信息共享机制，执法部门定期向权益部门通报涉及全民所有自然资源资产的案件线索或信息，并根据案件办理情况提供可以作为证据材料的调查报告、鉴定评估报告等；对于执法部门正在办理的全民所有自然资源资产损害案件，权益部门做好配合和跟踪；如果所有者受损权益在结案后仍未得到全部救济的，权益部门再根据损害情形开展后续索赔工作。做好与耕地、矿产、林草、海洋等专业部门的沟通，在标准制定、案件会商、专家库建立、鉴定评估等方面开展合作。

（三）做好支撑保障

一是理论研究。从委托－代理机制和维护所有者权益的角度，研究全民所有自然资源资产损害赔偿的法理逻辑（正当性）、适用法律和途径选择（可行性）等，探索构建支撑损害赔偿工作的理论体系。

二是技术支持。做好卫星遥感监测结果与自然资源管理数据的比对，对合法合规的自然资源开发利用行为，不纳入损害赔偿范围。探索建立资产损害数据库，对于重大损害情形，由损害发生地的所有者职责行使主体上传基本信息（如坐标点、损害类型及面积等），以及损害发生前后、修复前后的图片信息，运用卫星遥感等进行比对核实，实现对重大损害赔偿案件及修复效果的跟踪监测和完整记录。

三是标准制定。加强各门类自然资源资产损害的鉴定评估、修复效果评估及验收等标准制定，为开展具体实践工作提供支撑。

四是人才队伍和机构建设。以自然资源系统已有的鉴定评估机构和人才队伍为核心，比如发挥青岛海洋地质研究所成立的山东海洋资源环境司法鉴定中心等作用，逐步拓展自然资源资产损害鉴定评估业务。同时，以其他符合条件的资源环境损害司法鉴定机构、生态环境和林草等部门推荐的机构为补充，逐步建立鉴定评估服务网络。

（四）推动具体实践

一是编写典型案例。梳理总结各地开展损害赔偿的具体实践、典型经验和创新做法，编写损害赔偿典型案例，供各地学习借鉴。

二是推动和指导地方实践。选择部分典型案件、单个资源门类或重要区域开展重点突破，比如在国有农用地比较集中的国有垦区，探索制定损害调查、鉴定评估等标准，积累经验并逐步推广。对于社会影响巨大、损害程度严重的案件，探索由上一级所有者职责行使主体作为原告，开展"提级"损害赔偿，发挥典型案例的示范指导作用。

三是制定具体工作指南。总结各地行之有效的实践做法，以"完整、清晰、可操作"为原则，制定一套操作性强的工作指南，规范线索筛查、定期巡查、案件启动、调查取证、鉴定评估、磋商诉讼、修复验收、案件结案、定期报告等具体工作，指导和推动基层实践。

澳大利亚和欧盟土壤战略比较与借鉴[*]

周 璞 毛馨卉 侯华丽 张 惠

土壤为人类生活提供了最基本的生产和生态系统服务，事关人类健康及经济、环境与社会福祉。澳大利亚和欧盟于 2021 年 5 月和 11 月先后发布了《国家土壤战略》（2021～2041 年）和《欧盟土壤 2030 年战略》，分别提出了关于土壤健康的愿景、目标和行动方案。上述两大战略旨在以土壤健康促进粮食、经济、环境、生态等多目标协同提升，制订了增加知识、研发技术、优化管理、加强监测等行动计划，并呼吁多方利益相关者协作实现共同目标。

我国是传统农业大国，幅员辽阔，土壤类型复杂多样，借鉴澳大利亚和欧盟的先行经验，优化确定土壤管理战略方向和重点，对于维护国家粮食安全、促进农业农村发展、提升生态系统质量和实现"双碳"战略目标等具有重要作用。

一、澳大利亚国家土壤战略主要内容

（一）战略出台背景

澳大利亚是世界农业大国，人均耕地面积 18.8 亩[①]，畜牧、旱作、自然保护及有管理

---

[*] 本文原载于《自然资源经济参考》2022 年第 13 期。
[①] 联合国粮农组织 2018 年数据。

的资源保护是土地利用的主要类型。一方面，由于气候干旱、地质稳定，土壤养分比较缺乏，健康的土壤对于应对气候变化与自然灾害、粮食和水安全、生物多样性、保障人类健康和经济增长至关重要（见表1），尤其是要实现农业部门提出的2030年前全国农业产值达到1000亿澳元/年的战略目标。另一方面，气候变化、人类活动长期以来引发和加剧了土壤退化。以往澳大利亚也开展了不同层级的土壤管理实践，例如，维多利亚州酸性硫酸盐土壤管理改革、昆士兰州伯德金河流域沟壑修复等，但仍不足以大范围改善土壤质量和功能。为发挥国家层面的引导和协调作用，澳大利亚于2021年5月发布了《国家土壤战略》（2021~2041年），以保护土壤这一关键自然资产并强化国家经济。

表1　　　　　　　　　　　　土壤生态系统和生产服务

服务对象	服务功能或影响路径
空气质量	影响灰尘和挥发物
生物多样性	微生物、植物和动物等生物多样性
气候影响	碳通量和碳储存量，温室气体排放
经济价值	农业生产力，碳信用，通过管理有机废弃物发展循环经济，旅游
环境健康	土壤微生物、动物和植物健康，水路健康，受威胁物种的管理
人类健康	营养和粮食安全、污染、药物以及心理、呼吸道以及免疫健康
原住民的土地和水管理以及文化活动	支持原住民地区的受威胁物种和水域管理、森林火灾减缓和管理、农业、考古、艺术、人类健康、传统仪式及与国家的联系
基础设施	为基础设施提供物理支撑，减缓山体滑坡、盐碱化、酸化以及沙尘暴造成的损失
矿产和能源资源	矿产和能源资源的形成、开采和矿区生态修复
营养、粮食和纤维安全	与农业生产力、食物的营养成分相关联
国家公园	公园健康，旅游
城市居住环境及福祉	影响雨水径流，城市食物、花园、休闲设施及居民福祉
水质量	影响水中的养分、沉积物和污染物，水过滤，地下水储存和流动

（二）战略目标、任务和主要行动

《国家土壤战略》（2021~2041年）阐述了澳大利亚未来如何评价、管理和改善其土壤，旨在通过合作进行且协调一致的实地行动、研究、检测及管理，恢复及保护全国范围内的土壤。该战略由联邦与州及领地政府、国家土壤倡导者，以及土壤科学和土地管理领域的其他利益相关方共同协作完成,将确保土壤健康在政府决策过程中获得优先考量。战略愿景为"澳大利亚所有利益相关方都将土壤视为国家重要资产。无论现在还是将来,都应更好地认识土壤,并以可持续的方式管理土壤,以促进和保障环境、经济、粮食、基础设施、卫生、生物多样性和社区建设"。

《国家土壤战略》(2021~2041年)提出了3个关键目标和12项具体任务。第一项目标为优先考虑土壤健康,相应提出了认识土壤的价值,提高领导力并加强合作关系以赋予土壤优先权,倡导土壤的重要性,以及提高澳大利亚在土壤知识与管理方面的国际领先地位共四项任务。第二项目标为强化土壤创新与管理,提出了改进土壤管理,优化土壤生产力、可持续性与复原力,促进保护和改善环境,以及增加和维持土壤有机碳共四项任务。第三项目标为增强与土壤相关的知识与能力,落实该目标的四项任务是增加土壤知识以便更好决策,衡量土壤管理改善所产生的效益,提高土壤信息和数据的可获取性,以及建立和保留多样化的土壤专业知识。各项任务的主要推进措施如表2所示。

表2 澳大利亚《国家土壤战略》的目标、任务和措施

3项目标	12项任务	主要推进措施
优先考虑土壤健康	认识土壤的价值	在环境、社会文化与经济核算框架内,认识测量、绘制和评估土壤的服务价值等
	提高领导力并加强合作关系以赋予土壤优先权	加强私营和公共部门之间跨越区域、行业和学科的合作等
	倡导土壤的重要性	促进各方进一步了解和认识土壤对澳大利亚环境、社会文化与经济福祉的重要性
	提高澳大利亚在土壤方面的国际领先地位	为重要国际论坛作出有效贡献;与其他国家分享土壤政策、研究、标准与其他相关信息、技术及能力,公开提供国家土壤数据与信息等
强化土壤创新与管理	改进土壤管理	提供各种机制推广土壤和景观管理最佳实践;提供土壤信息与工具;保障原住民参与等
	优化土壤生产力、可持续性与复原力	有效推广和知识管理工具与服务,支持土地管理者更好决策;明确改变土壤管理的重点地区;支持创新型土壤管理、科学和技术等
	促进保护和改善环境	准确评估土壤退化的环境影响;在土地使用规划框架与政策中确定战略性土壤资产的基准线
强化土壤创新与管理	增加和维持土壤有机碳	增加对土壤碳的了解;开发出有效统一的方法,推广最佳管理实践;研发具有成本效益的测量、估算和模拟等技术

续表

3 项目标	12 项任务	主要推进措施
增强土壤相关的知识与能力	增加土壤知识以便更好决策	建立"国家土壤监测计划";制定土壤数据和信息生成、管理和交换的国家标准;为国家、区域与地方各级跨部门决策提供信息;开展土壤研究
	衡量土壤管理改善所产生的效益	采用全国统一的绩效指标与方法来衡量和报告;更好认识不同景观下土壤状况及趋势与土地管理措施等之间的关系
	提高土壤信息和数据的可获取性	通过全国统一的方法获取、存储、管理和公开土壤数据与信息;建立并维护协调统一的国家土壤信息框架
	建立和保留多样化的土壤专业知识	引导土壤专业人员更多、更长久地从事与土壤相关的职业;大学等设置专门的资格考试;审查中小学的土壤科学教学;支持职业教育与培训等

为落实目标任务,澳大利亚政府出台了《联邦临时行动计划》,近些年主要资助土壤监测与激励试点计划、"土壤科学挑战"资助计划、加强土壤教育及专业知识、采用餐厨垃圾提升土壤健康、土壤碳、创新与实地活动及"清理南极洲的快车道"项目等七项行动。2022 年澳大利亚政府将推出《国家土壤战略行动计划》取代临时计划,详细说明《国家土壤战略》(2021~2041 年)如何在各州及领地政府实施,内容侧重以具体项目和方案来推动措施落实,每 5 年接受一次审查,不断调整或增加新的土壤相关优先事项。所有项目和活动将遵循 SMART 准则,即明确性、可衡量性、可实现性、相关性和时限性。

(三)土壤碳相关行动计划

澳大利亚推行农业减排和农田土壤固碳的时间较早,将土壤碳认定为政府 5 项优先低排放技术之一(其余 4 项技术分别是清洁水电、能量储存、绿色钢材和铝材、碳捕获和储存)。清洁能源监管机构采取多项措施,支持在减排基金框架下开展土壤碳项目,例如,通过碳减排合约获得预付款、简化项目注册和报告程序等。目前已经有 130 多个土壤碳注册项目,涉及资金 790 万澳元。

《国家土壤战略》(2021~2041 年)中增加和维持土壤有机碳作为土壤创新管理的重要内容,促进农业研究和创新投资,提高农业生产力和竞争力。其任务主要包括三个方面:一是增加对土壤碳储量和碳循环的了解,认识土壤在碳循环中的重要作用,在基础科学和应用科学方面更深入地了解不同的管理做法如何影响不同土壤类型、生产系统、土地用途、景观和气候下的土壤有机碳水平,以便更好地支持个人及国家层面的决策。二是购买碳信用单位，通过全世界最大的政府主导的碳补偿计划，来鼓励有助于增加土壤碳的土地管理措施。三是开发更多具有经济效益的方式来测量、估算和模拟土壤有机碳含量，更加可靠地验证可持续土地管理实践、土壤有机碳储存和通量，以及经济和环境可持续性之间的联系，为落实财政激励措施、改善土地估价、降低相关投资借贷风险等提供科学基础。

近期的行动计划中设置了"土壤碳"专项行动，政府承诺投资3670万澳元用于一项竞争性创新挑战，即每年每公顷以少于3澳元的价格完成土壤碳测量[①]，新型土壤碳测量技术将有助于减少项目成本、促进推广。澳大利亚工业、科学、能源与资源部将为开发具体提案和技术解决方案的农场实地示范提供资金支持。此外，"土壤监测与激励试点计划"专项行动还将为碳排放交易提供土壤碳监测技术、标准，帮助农民确定在哪些领域改进耕作方式和应用新技术可以显著提高产量和增加土壤碳储存。

二、欧盟土壤 2030 战略主要内容

（一）战略出台背景

土壤功能的重要性和土壤退化的严峻性也是欧盟制定《2030年土壤战略》的出发点。一方面，健康的土壤是欧盟气候、生物多样性和长期经济目标的重要基础，欧盟农田和草地每年提供价值约760亿欧元的生态系统服务。另一方面，欧盟范围内约60%~70%的土壤处于不健康状态，侵蚀、有机质减少、污染、生物多样性丧失、盐渍化和占用硬化等问题频发，每年约有10亿吨土壤因侵蚀而流失。遏制和扭转当前的土壤退化趋势，每年可带来约1.2万亿欧元的经济效益；相比之下，对土壤退化不作为产生的损失预计将是采取措施耗费成本的6倍。基于此，为避免土壤持续退化对经济和人类福祉的风险和影响，2021年11月，欧盟委员会发布《2030年土壤战略》，呼吁各界高度关注土壤健康并付诸行动。

（二）战略愿景、目标和主要行动

欧盟《2030年土壤战略》旨在为土壤保护、恢（修）复和可持续利用提供总体框架、

---

① 减排基金提供的两种测量土壤碳的方法：第一种是测量农业系统中的土壤碳封存，即通过直接土壤取样来测量新增加的土壤碳；第二种则是基于模型，使用默认值估算土壤中的碳封存。

发展目标和具体措施,调动财政资源、促进知识交流并推广可持续方法的应用和监测,通过自愿性和法律强制性措施相结合,来实现土壤健康共同目标。该战略是在现有国家土壤政策的基础上制定的,与《欧洲绿色协议》等其他欧盟倡议、政策密切关联。战略愿景是"到 2050 年,欧盟所有土壤生态系统都将处于健康状态,并更具有弹性"。在《欧洲绿色协议》前期目标的基础上,欧盟分两个阶段提出了战略目标(见表3),2030 年中期目标包括荒漠化防治、土壤固碳、水资源保护、减少营养物质损耗、土壤污染防治与修复等领域的具体目标和量化指标,2050 年长期目标主要是关于净零土地占用、控制土壤污染、气候中和等长远战略目标。

表 3　　　　　　　　　　欧盟《2030 年土壤战略》中长期目标对照

项目	具体内容
2030 年中期目标	·防治荒漠化,恢(修)复受损的土地和土壤,包括受荒漠化、干旱和洪水影响的地区,并致力于实现"土地退化零增长" ·恢(修)复已受损的、富含碳的生态系统的重点区域,包括土壤 ·在欧盟"土地利用、土地利用变更和林业"(LULUCF)领域,实现每年温室气体净减少 3.1 亿吨二氧化碳当量 ·到 2027 年实现地表水生态和化学状况良好,地下水化学和水量状况良好 ·到 2030 年,至少减少 50% 的营养物质损失,减少 50% 的化学农药使用总量及由此产生的风险,减少 50% 的危险农药的使用 ·受有害物质污染地块的修复工作取得重大进展
2050 年长期目标	·实现净零土地占用(消耗) ·将土壤污染减少到不再被认为对人类健康和自然生态系统有害的水平,并在地球可接受范围内,从而创造一个无污染环境 ·实现欧洲气候中和,并首先在 2035 年实现欧盟土壤的气候中和 ·到 2050 年,创建一个具有气候适应能力和完全适应气候变化影响的社会

该战略制定了 4 个方面共 13 项任务,并针对每项任务制定了涉及欧盟委员会、成员国的具体行动措施(见表4)。首先,是应对重大挑战,包括促进气候保护和应对气候变化、土壤和土地循环利用、保护土壤生物多样性、保护水资源健康 4 项任务。其次,是避免土壤退化和恢(修)复土壤,包括制定可持续土地管理新规范、防治荒漠化、防治土壤污染、恢(修)复退化土壤和修复受污染场地 4 项任务。再次,是更加了解土壤,包括土壤和数字议程、土壤数据和监测、土壤研究与创新 3 项任务。最后,是实现向健康土壤的转变,包括强化私人融资和欧盟资金支持、普及土壤知识和推动社会参与 2 项任务。

表 4　欧盟《2030年土壤战略》的主要任务

四大方面	任务	关键要点
应对重大挑战	促进气候保护和适应气候变化	降低有机土壤的人为碳排放和增加矿质土壤的碳吸收
	土壤和土地循环利用	安全、可持续和循环利用剥离的土壤
		通过循环利用限制土地消耗和土壤硬化（密封）
		闭合养分循环和碳循环（堆肥等）
	保护土壤生物多样性	更好地认识、监测和研究土壤生物，协同实施欧盟生物多样性战略和"从农场到餐桌"战略等
	保护水资源健康	将土壤和土地利用管理纳入流域管理和洪水风险管理
避免土壤退化和恢（修）复土壤	制定可持续土地管理新规范	定义具体完整、可执行的、统一的可持续土地管理规范，发起"免费测试土壤"倡议，鼓励食品供应参与者自愿承诺等
	荒漠化防治	制订干旱管理计划并使用特定指标监测干旱事件及其严重程度
	防止土壤污染	优先避免源头污染，辅之更低量的排放、更安全的化学品制造和使用
	恢（修）复退化土壤和修复受污染场地	确定并登记污染区域，评估风险并采取适当的措施来限制或控制风险，修复治理污染地块
更加了解土壤	土壤和数字议程	使用传感器系统以及现场测量系统等数字技术，监测土壤和地表污染状况
	土壤数据和监测	成立欧盟土壤监测中心（EUSO），在土地利用/覆盖面积框架调查（LUCAS）的基础上，整合协调各国土壤检测系统和数据
	土壤研究与创新	建立研究和创新综合框架，统一欧盟土壤监测和报告框架，测试、展示和实施土壤健康解决方案
实现向健康土壤的转变	私人融资和欧盟资金	低利率银行贷款，二氧化碳支付计划，欧盟引导资金支持的技术指南
	土壤知识和社会参与	通过交流和教育广泛提高公众意识，加强相关人员的学科专业知识培训，共享最佳实践和知识

（三）土壤碳相关任务

2013~2018年，欧盟"土地利用、土地利用变化和林业"领域二氧化碳净去除量年均减少了20%。为实现2050年温室气体净零排放目标，需要通过恢（修）复和更好地管理土壤来减少二氧化碳排放，包括降低有机土壤的人为排放和增加矿质土壤碳吸收两个方面。

（1）降低有机土壤的人为排放。目前有机土壤共覆盖了欧盟领土面积的8%（包括泥炭沼泽），耕作方式不当导致有机土壤的排放量仍未显著减少，泥炭沼泽脱水固化产生的排放量占欧盟温室气体排放总量的5%左右。主要行动措施：提出具有法律约束力的相关目标，限制湿地和有机土壤的排水，恢（修）复开发和排水后的泥炭沼泽；在符合《共同农业政策战略规划》规定下，致力于保护湿地和泥炭沼泽；在《全球泥炭地倡议》框架内开展泥炭沼泽状况评估。

（2）增加矿质土壤的碳吸收。由于不可持续的农业实践等，每年欧盟可耕地的矿质土壤释放约2700万吨二氧化碳当量。同时，许多减排方法（如碳农场等）具有成本效益，可促使欧洲每年吸收1100万~3800万吨二氧化碳当量，这使得金融等部门逐步有意建立基于市场的二氧化碳封存激励措施。主要行动措施：采取措施改善农业用地的生物多样性，以维持和增加土壤有机碳含量；参与国际"千分之四"倡议，以增加农业用地土壤中的碳含量。

为促进实现气候中和长期愿景，欧盟拟在本年度提交欧盟气候高效农业倡议和除（减）碳认证立法提案，以促进新的绿色商业模式，对农林等土地经营者采取气候友好型做法进行补偿。

三、澳大利亚与欧盟土壤战略比较

（一）共同行动

无论是欧盟还是澳大利亚，都强调将健康土壤视为宝贵的自然资源资产，从战略制定实施的逻辑起点、主要内容和组织机制来看，都是基于土壤的经济、环境和社会福祉等多重功能和效益，以及土壤持续退化带来的风险，聚焦提升农业生产力、改善生态环境和应对气候变化等重点领域，通过实施可持续的土壤管理实践改善土壤质量和功能，注重土壤专业知识和监测体系等基础能力建设，呼吁社会各界提高认识、共同行动来实现战略目标。

（1）目标任务聚焦提升农业生产力、改善生态环境、应对气候变化等领域。提升农业生产力是战略任务中的优先事项，澳大利亚要通过改善土壤管理促进农业产值增加到每年1000亿澳元以上，欧盟至少需要恢（修）复10%的农业用地。强调土壤管理与水污染、水灾害、干旱灾害、荒漠化防治的相互关联，将土壤视为景观管理中联动变化的组成部分，提出了相应的生态保护与修复目标和行动措施。从测量等技术研发、土壤管理实践、财政激励措施和市场商业模式等方面，探索增加土壤碳含量的行动措施，充分发挥土壤碳在适应和应对气候变化中的关键作用。

（2）应用可持续土壤管理实践进行土壤分类保护与修复。采取可持续的土壤管理措施比起在土壤退化后修复土壤成本更低，同时，由于土壤类型十分丰富，需要针对不同地区和不同利用方式采取不同的可持续土壤管理措施。澳大利亚和欧盟都提出加强对可持续土壤管理的理解、研发和推广，如保持地表覆盖、恢复和重新种植原生植被、最大限度地减少土体扰动和改善土壤酸化等。重点针对农业和林业生产，制定一系列可持续土壤管理做法的规范，以及确定不可持续的土地管理做法，供土地使用者灵活、有针对性地借鉴与应用。

（3）夯实土壤科学技术和监测体系等基础能力建设。尽管澳大利亚、欧盟在土壤研究方面处于世界领先水平，但在特定农业和环境问题的应用研究方面，以及针对土壤特性和功能的监测和建模等方面仍存在短板。为此，欧盟提出在"欧洲地平线研究"特别是"欧洲土地交易"任务背景下实施土壤科学和技术研究与创新，澳大利亚也倡导多方协作开展土壤知识管理工具研发和推广。另外，面对各地区或成员国之间分散、不协调的土壤监测系统，澳大利亚和欧盟都提出要建立协调统一的土壤监测系统，统一监测评估的标准和方法，提高土壤数据和信息的可获取性和时间连续性，以更好地了解各地土壤状况和变化趋势，为土壤保护和恢复相关投资和行动提供基础信息。

（4）强调对相关国内政策、国际承诺的统筹与延续。在土壤战略制定发布前，澳大利亚、欧盟出台的相关政策、倡议等就涉及土壤可持续管理的内容。例如：澳大利亚国家土地养护计划、农业管理一揽子计划、减排基金、未来干旱基金和大堡礁2050计划都涉及土壤管理；《欧洲绿色协议》下的其他战略行动，生物多样性2030战略、循环经济行动计划、适应气候转变战略、"从农庄到餐桌"战略、共同农业政策等与土壤管理密切关联。澳大利亚和欧盟都强调与现有政策的联动和延续，并且，两大战略在目标、任务制定上也与《联合国气候变化框架公约》《联合国生物多样性公约》《联合国防治荒漠化公约》等国际公约进行了衔接，强调对国际责任和承诺的履行。

（5）呼吁各类利益相关者广泛参与、共同协作。土壤功能的多元化决定了其涉及的利益相关者十分广泛，两大战略都呼吁各级政府和土壤管理机构、农林业以及食品等相关行业、公共和私营性质的研究机构或研发人员、土地使用者以及当地社区和公民等，在实地行动、研究、教育、监测以及管理等链条上协同合作，保护及恢复土壤健康。此外，协作需要落实到不同空间尺度，欧盟强调实施《欧盟土壤2030战略》需要国家、欧洲和全球层面的包容性，提出组建土壤健康联盟；澳大利亚也强调要提升国家、区域与地方在土壤活动上的协调水平。

(二) 特色行动

1. 澳大利亚国家土壤战略

澳大利亚国家土壤战略中比较有特色的行动：一是强调土壤的特殊文化价值和原住民的共同行动，赭石中来源于土壤的天然色素和矿物质，可用于人体和岩石绘画、工艺品、传统仪式和交流，一直是原住民文化和遗产管理及节日庆典的重要工具，土壤战略中的各项行动注重解决土著居民经济劣势问题，并确保关键的环境和文化资产得到保护。二是注重土壤科学的发展传承和专业队伍的培养，致力推动澳大利亚进入土壤科学家的时代，通过从中小学的课程设置到高等教育和研究的支持、提供更多的职业机会和行业技能资质认证等，支持土壤科学的发展和专业人员的连续培养，支撑土地管理者更好地管理土壤。三是采用短期行动计划落实长远发展战略，通过制订国家行动计划，清单式地列明各种项目和活动，详细指导国家土壤战略如何在各州及领地政府实施，每5年进行动态调整，使得为期20年的国家土壤战略能够被各类利益相关者所理解并有效落实。

2. 欧盟土壤2030战略

欧盟土壤2030战略中比较有特色的行动：一是基于长远视角夯实法规治理，在欧盟层面拟出台《土壤健康法》，通过建立法律框架来统一各个国家的行动策略，确保公平的竞争条件，以及对土壤提供与水、空气、海洋环境相同水平的保护。二是提出以土壤保护为导向的土地利用规划管理优先次序（层级），规划土地利用活动时必须遵守以下优先序：最优原则是避免额外的土地占用和土壤硬化，其次是对已用土地或硬化土壤进行再利用（盘活存量土地），再次是使土地占用和土壤硬化的影响最小化（如使用不健康的或肥力不足的农地），最后才是采取平衡补偿措施以降低生态系统服务功能损失。三是强调土壤及其营养物质的循环利用，健康、肥沃的土壤被占用时应被剥离在本地或异地再利用，因污染等原因无法利用时应按照废物等级进行回收或以其他方式再利用；实施营养物质管理行动计划，通过利用土壤中的生物废物制作有机肥料等，使土壤中的养分和碳得以闭合循环。

四、对我国自然资源管理的启示

目前我国与土壤相关的调查、监测、规划、利用和管理等各项工作零散分布于自然资源、农业农村、生态环境、科技和产业等多个部门，面向粮食安全、生态安全、适应和应对气候变化等多目标需求，从国家层面研制统一的战略行动方案十分必要。从自然资源管理领域出发，重点应关注以下方面工作。

（一）加强耕地质量保护以稳定粮食生产力

在国际形势严峻复杂的背景下，确保粮食和重要农产品安全意义重大，耕地土壤质量和功能提升是夯实粮食稳产保供的重要基础。对比"二调"与"三调"数据，全国耕地在十年间减少了1.13亿亩，耕地重心进一步向水土条件较差的北方地区转移。当前，我国耕地质量面临的最大威胁仍然是建设占用、补充耕地质量不到位以及耕地污染问题等。耕地土壤作为我国土壤健康保护最核心的部分：首先，要坚持以水土平衡为导向，强化规划红线对耕地质量保护的引导作用。其次，要严格土地用途管制，加强存量建设用地盘活以减少新增建设占用，防止耕地"非农化"和"非粮化"改变用途造成耕作层破坏，规范占补平衡、进出平衡执行过程中的质量平衡问题，进一步完善耕地质量评价体系并强化耕地质量监管。同时，构建耕地质量保护的激励机制，推进耕地污染治理和修复，合理安排轮作休耕，实现藏粮于地。

（二）在生态保护与修复中提升土壤质量和功能

我国生态环境本底脆弱、历史欠账多，水利部数据显示，2020年我国水土流失面积大约有269.27万平方公里。全国第五次荒漠化和沙化土地监测显示，我国荒漠化土地总面积为261.16万平方公里，沙化土地总面积为172.12万平方公里。土壤健康与水土流失、荒漠化和沙化等土地退化问题息息相关。建议将土壤健康保护和修复作为国土空间生态修复中的优先事项协同推进，将土壤保护和修复全面贯穿国土生态状况调查监测、生态修复规划、生态修复补偿和市场化机制设计、生态修复工程实施等全流程管理中。既要通过科学划定"三线"并严格管控，加强对森林、农田、草原、湿地等重要生态系统的保护，减少生态空间占用带来的土壤层破坏；又要对土壤退化地区探索一体化修复治理措施，改良土壤性质、增加有机质含量、降低污染物浓度和可迁移性等，恢复并提升土壤质量和功能。

（三）加强土壤碳汇技术攻关和配套制度建设

尽管近年来土壤因固碳潜力巨大而获得了许多国际组织和发达国家的重视，但是与林业碳汇等固碳技术相比,在方法学、市场交易等方面仍不够成熟,我国对土壤碳的关注和研究与澳大利亚、欧盟相比起步较晚、经验并不丰富。《中共中央、国务院关于完整准确全面贯彻新发展理念做好碳达峰碳中和工作的意见》明确将土壤碳汇独立纳入生态系统碳汇体系,下一步不仅需要推进土壤碳汇基础研究和技术攻关,开展不同生态类型、不同土地利用方式下土壤碳排放和碳汇机理研究,优化土壤碳通量监测技术和固碳潜力测算方法;还需要健全制度体系和配套政策,如建立土壤碳汇补偿标准、碳汇交易产品认证制度等,来推动发掘土壤碳库巨大的减排增汇效益。

(四) 全面推进土壤监测体系和监测能力建设

我国已有的与土壤相关的监测系统分散在多个部门,例如,自然资源部的国土调查、农用地质量分等调查和区域地球化学调查,农业农村部土壤普查和耕地地力等级调查,五部门联合开展的全国土壤污染状况详查等,整体上与澳大利亚、欧盟的情况类似,存在着体系分散、不完整和国家层面不协调等问题。此外,由于监测技术还不成熟,目前各部门未能建立起有效的土壤碳汇监测网络和相应的监测管理系统。目前我国已经完成第三次全国国土调查,正在推进第三次全国土壤普查工作,建议国家层面基于这两次重要的全国性基础性调查,依托国土空间基础信息平台,整合各部门已有土壤监测系统,第一步实现信息数据互通共享,下一步研究构建统一的国家土壤监测标准和方法,优化土壤质量和环境监测网络,完善地力监测、污染监测、碳通量监测等功能,逐步建立起协调统一的国家土壤监测网络和管理系统。

地下空间开发利用过程中的自然资源资产产权体系探究

——以盐穴地下空间为例*

张　惠　侯华丽

盐穴地下空间是水溶采盐后在地下盐层中形成的空间构造，具有较大的体积和良好的密封效果。在推进实现能源保供、碳达峰碳中和等战略目标的背景下，利用盐穴地下空间实施盐穴储气、储油、封存二氧化碳的需求越来越大。根据中国工程院钱七虎院士测算，我国盐穴地下空间累计约1.3亿立方米。然而，由于盐穴平均埋深约1000米，属于超深层的地下空间，实践当中立法与政策相对滞后，在开发利用过程中面临着权属、权能、权益等一系列亟待解决的问题。

本文系统总结了当前地下空间产权权利束的理论争议与国内外立法情况，在此基础上，分析我国盐穴地下空间开发利用现状及形势挑战，并以已实施的盐穴地下空间储气项目为例，围绕盐穴利用过程中涉及的政府、矿业权人、储气企业等多方权益，梳理分析地下空间权与其他权利的关系，以期为合理、有效推动盐穴等地下空间开发工作提供决策参考和支持。

---

*　本文原载于《自然资源经济参考》2022年第16期。

一、地下空间产权权利束与立法情况

(一) 地下空间产权权利束的理论争议

地下空间特别是浅层地下空间是否可以从土地中分离出来成为独立的权利客体,在学术界一直存在争议。

否定地下空间所有权独立性的学者认为,土地上下的空间是土地的必要组成部分,土地所有权的行权范围"上穷天空,下尽地心",即地下空间所有权已经被土地所有权吸收,而所谓的地下空间权实质是一种空间利用权或用益物权,土地所有权人可以将其地下空间让渡给他人使用,且地下空间使用权独立于建设用地使用权、地役权等其他权利。在这一理论下,地下空间产权被纳入土地产权权利束当中,作为土地所有权派生出的一种用益物权而得到设立,见图1。

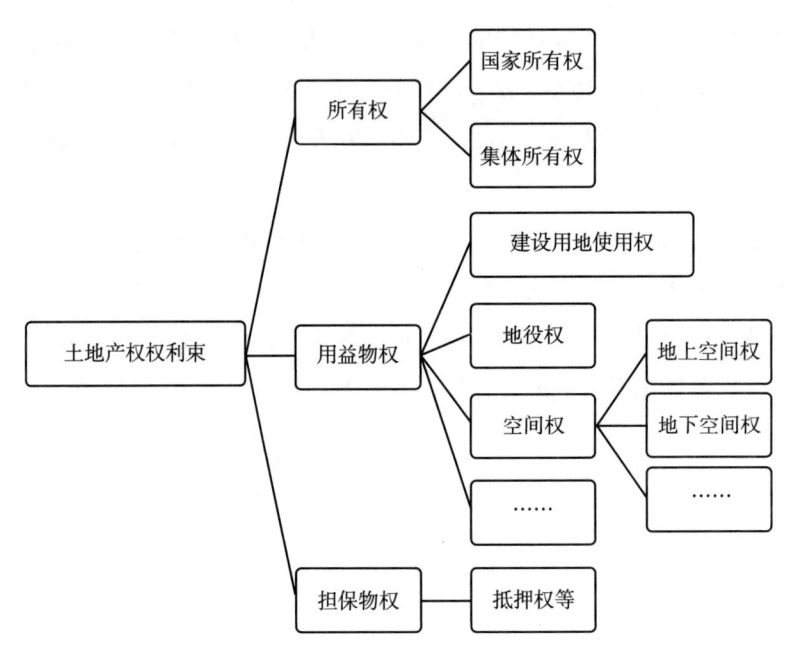

图1 空间所有权否定理论下的地下空间权

肯定地下空间所有权独立性的学者认为,现代社会中地下空间已不断脱离土地表面而单独存在，地下空间不再是土地的必要组分，空间所有权独立，进而派生出以不同范围的地下空间为权利客体的空间利用权或用益物权。此时，地下空间产权体系和土地产权体系并行，有所关联但彼此独立，见图2。

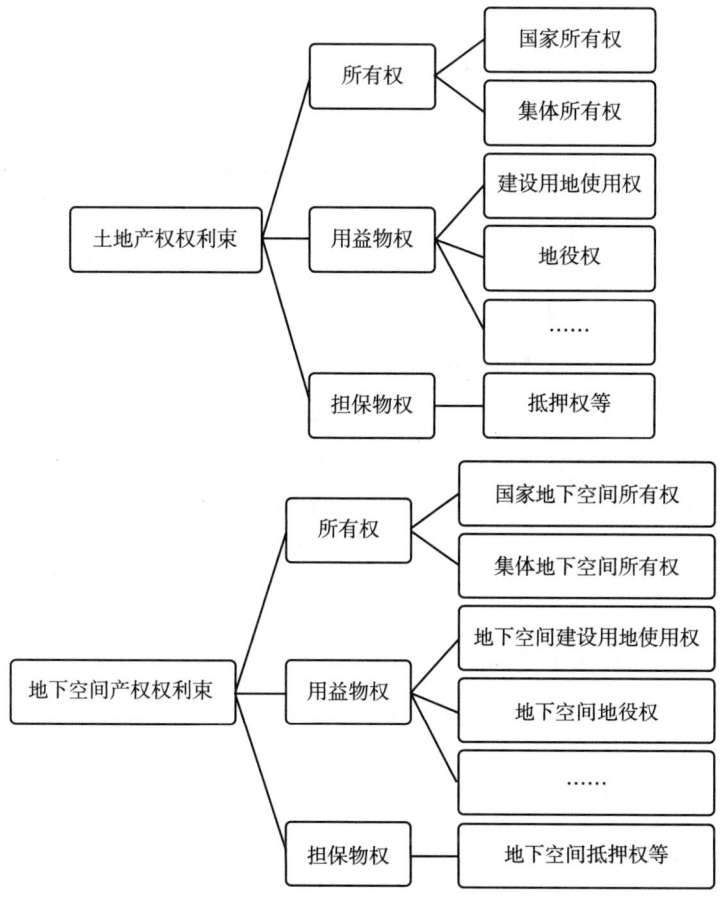

图2 空间所有权肯定理论下的地下空间权

盐穴等深层乃至超深层地下空间，属于脱离于土地表面而形成的独立空间，不依附于土地，学术界就其权利客体独立性、所有权独立性、对国家安全和公共利益的重要性等内容争议较小。因此，持相似观点的学者们普遍认为，基于国家安全和公共利益的考量，地表以下一定范围之外的地下空间应当界定为属于国家专有，即便集体所有土地下与地表相连接的一定范围内的地下空间可以属于集体所有权人享有，但超出范围之外的仍应当专属于国家。

（二）国外地下空间立法典型经验

关于地下空间所有权独立性方面，以美国为代表的英美法系立法确认了独立的空间所有权。例如，美国在20世纪以前便有相关判例承认空间权可以与地表分离，成为独立的权利。1973年，俄克拉荷马州率先制定《俄克拉荷马州空间法》，将空间界定为不动产，能够成为所有、转让、设定担保、继承和课税的标的。但是，以德国为代表的大陆法系没有在立法中确认空间所有权，只是规定了空间利用权，即在他人土地上下的一定空间范围内，空间利用权人享有以保有建筑物或其他工作物为目的而使用其空间的权利，属于用益物权。

另外，众多国家和地区均规定，土地权利人只能享有其地下一定深度的空间权利，规定深度之外的地下空间属国家所有。例如，日本《地下深层空间使用法》明确了深层地下空间的标准，土地所有者只能利用经调查确定的深层地下空间以上的部分，地下40米以下深层空间即属于国家所有，政府可在不征得土地所有人同意的情况下进行深层地下空间公共建设活动。新加坡《国有土地法案的修正案》规定高程基准面30米以下优先公共使用，保障地下基础设施的统筹布局与建设。芬兰、丹麦、挪威等国还规定，私人土地在6米以下即为公有。

因此，即便是在没有立法明确地下空间所有权的大陆法系国家，根据"国家保留深度"制度，也在深层地下空间上形成了相对独立的地下空间所有权，且受土地所有权的影响较小甚至没有。

（三）我国地下空间立法及其问题

目前，我国地下空间立法工作在地方政府先行先试、积极探索之下不断推进。根据《中华人民共和国民法典》，作为用益物权的建设用地使用权，可通过招标、拍卖、协议、出让等方式在地下设立，这为地下空间建设用地使用权的确立提供了正式法律依据。地方政府有关地下空间开发利用的实践探索，也为地下空间的规划管理、用地管理、建设管理、使用管理、产权登记等工作提供了诸多具有可操作性的立法参考。

但是，国家和地方层面均尚未有效解决地下空间产权的基本问题。首先，地下空间是否为独立的物权客体仍存在争议，这影响到我国地下空间立法是采取空间所有权肯定理论还是空间所有权否定理论。目前，《中华人民共和国民法典》并未明确规定地下空间所有权，对地下空间建设用地使用权的规定也较为抽象和概括，难以满足实际工作需要。例如，政府在收取地表建设用地使用权出让金后能否再次收取其地下空间建设用地使用权出让金。其次，地下空间所有权权利体系不完整。现行法律法规仅规定了国有土地的地下空间开发利用，未明确在集体所有土地上如何设立地下空间建设用地使用权，没有建立起完整的地下空间权属、权能、权益制度；同时，地下空间设权的深度界限不明确，只有个别地方对地下空间进行了浅层、次浅层、次深层、深层区分，但仍不够明确、具体，对于盐穴之类超深层的地下空间则基本没有规定。

二、我国盐穴地下空间开发利用现状与形势挑战

（一）盐穴地下空间基本情况

1. 盐穴形成于盐矿开采过程，已具有一定的存量和增量规模

盐穴是盐矿开采后留下的矿洞。根据采矿实践，在盐矿开采过程中，通过钻井向地下一定深度盐层中注水，利用水循环的方法将盐层溶解形成卤水抽出，最终形成的体积较大的空间构造即为盐穴。我国是世界上采盐历史最悠久的国家，在接近两千年的采盐史中，形成了大量地下盐穴。中国工程院钱七虎院士的测算结果显示，全国盐穴地下空间累计约1.3亿立方米。根据重庆大学资源与安全学院陈结教授团队相关研究成果，仅以当前产量计算的每年新增盐穴地下空间已达到2000万立方米。江苏金坛中盐公司的测算结果显示，中盐金坛每年新增盐穴地下空间约220万立方米。

2. 盐穴开发利用方式较为广泛，利用盐穴建设储气库的优势明显

由于盐岩是一种特殊的地质材料，结构致密、孔隙度低、渗透性低，具有良好的流变性质及独特的损伤自愈合特征。因此，盐层中经采盐而形成的盐穴也被国内外学者公认为是实施地下油气储备、压气蓄能、有害废弃物地质处置及二氧化碳地质封存等最合适的地质载体之一，应用较为广泛。中国工程院杨春和也提出"盐穴多能并储"的理念，推进打造我国盐穴储能的新格局。

盐穴储气库作为盐穴利用的重要方向，具有注采气量大、注采转换灵活、气质好、地面工艺流程简单、库容利用率高等优势。同时，1000万立方米的地下盐穴储气库相当于100个10万立方米的标准储罐，相应库容的地面储罐占地面积3300亩左右，而盐穴储气库占地仅400亩左右，井场占地不到100亩，可节省大量土地资源。此外，建造地下盐穴储气库的单位投资约为350元/立方米，仅为建造相同容积地面储罐投资的30%左右，

地下盐穴储气库运行过程中的维护成本也比地面储气罐低很多。

（二）盐穴地下空间开发利用面临的形势挑战

盐穴地下空间作为一种特殊的深地空间资源，市场利用前景广阔，资源利用潜力巨大，具有占地少、节省资金、相对安全等优势。在盐穴地下空间开发利用方面，美国和欧洲国家开展的工作较早，目前已在石油天然气储备、压气蓄能电站建设、废弃物处置、氢气储存等方面进行了成功的应用。在我国，盐穴储油尚未实施，储氢、储氦也尚未形成工业化，盐穴地下空间利用主要实现于储存天然气和压气蓄能发电领域，整体处于黄金发展期和重要发展机遇期，未来十年将是我国储气库建设的高峰期。

从挑战看，盐穴地下空间储能、储碳等开发利用活动尚处于起步探索阶段，在深层地下空间开发利用整体发展格局方面仍然缺少国家战略层面的顶层设计，在法理、技术、管理逻辑方面均需要进行深入研究和清晰厘定，以加强对土地、矿产、地下空间等多种资源的协同利用示范，为探索地上地下空间资源综合开发利用和矿地融合发展新模式提供支撑。

三、盐穴地下空间使用权与相关权利的关系辨析

（一）不同权利类型及其权能权益

盐穴地下空间储气库建设运营的过程中，通过利用盐矿场的地表钻井，实现注采气的目的。因此，在产权类型方面主要涉及盐穴地下空间使用权（地下空间建设用地使用权）、盐矿矿业权及地表建设用地使用权等权利类型，同时，由于盐穴属于独立的超深层地下空间，各权利类型之间也相互独立。

1. 盐穴地下空间使用权

（1）概念方面，当前仅有个别地区规定了盐穴地下空间使用权。本质上看，盐穴的建造利用依附于地下盐层中的特定空间范围而存在，实为地下空间建设用地使用权的范畴。由于地下空间使用权的立法尚不明晰，若将地下空间使用权类比于建设用地使用权，从权利主体看，盐穴地下空间建设用地使用权的权利主体是取得地下空间使用权的权利人。从权利客体看，权利人使用的是在权利起止点范围内的地下空间，同时符合建设管理要求。从权利期限看，盐穴类深层地下空间归国家所有，以划拨方式取得地下空间使用权的权利

人,可以无期限使用地下空间,其他配置方式下的权利人使用地下空间具有一定的年限要求,使用年限届满后,权利人或申请地下空间使用权续期,或注销地下空间使用权,其建设的建筑物、构筑物及其附属设施可被收回。

(2) 权能与权益方面,取得地下空间使用权的权利人享有地下空间的占有、使用、收益和有限制的处分权利,主要是按照特定的用途使用地下空间建设建筑物、构筑物及其附属设施,以满足自身需要,相关行政主管部门在规划管理、建设审批与审查监督等方面明确有关要求。同时,地下空间使用权的权利人在符合规定的情况下,有权将全部或部分地下空间使用权实施转让等活动,重新配置地下空间使用的权利义务关系。

2. 矿业权

(1) 概念方面,矿业权的本质是矿产资源所有权派生出来的使用权,根据《中华人民共和国矿产资源法实施细则》有关规定,探矿权是指在依法取得的勘查许可证规定的范围内,勘查矿产资源的权利;采矿权是指在依法取得的采矿许可证规定的范围内,开采矿产资源和获得所开采的矿产品的权利。从权利主体看,矿业权的权利主体是符合资质的矿业权人。从权利客体看,探矿权人使用的是具有找矿潜力的空间,采矿权人使用的是埋藏于地下的矿产资源。从权利期限看,矿业权人的勘查、开采活动必须满足许可证有效期限的要求,在许可证废止后矿业权灭失,勘查、开采活动不再具有相关效力。

(2) 权能与权益方面,《矿业权出让转让管理暂行规定》(2000年) 首次明确"探矿权、采矿权为财产权",适用于不动产法律法规的调整原则,"矿业权人依法对其矿业权享有占有、使用、收益和处分权"。需要注意的是,采矿权相关权能与权益均围绕矿产资源设置,体现为对矿产资源的占有、使用、收益和有限制的处分,采矿权的转让也是以矿产资源优化配置为目的、通过市场化方式将矿业权全部或部分权利交由他人行使的资源配置制度。此外,矿业权的取得和转移必须履行严格的法律、行政程序,遵循以登记为要件的不动产变动原则,见表1。

表1 盐穴地下空间使用权与采矿权的独立关系

权利类型	权利主体	权利客体	权利期限	权能范围
采矿权	采矿权人	矿产资源	采矿许可证有效期限	对矿产资源的占有、使用、收益和有限制的处分权利,可以转让全部或部分权利
盐穴地下空间使用权	取得地下空间使用权的权利人	权利起止点范围内的地下空间	划拨取得,无限期;其他方式取得,具有使用年限	对地下空间的占有、使用、收益和有限制的处分权利,可以转让全部或部分权利

3. 地表建设用地使用权

（1）概念方面，地表建设用地使用权的本质是土地所有权派生出来的使用权。从权利主体看，地表建设用地使用权的权利主体是以划拨、出让、出租、作价出资（入股）等方式取得土地使用权的权利人。从权利客体看，地表建设用地使用权人使用的是土地表面。从权利期限看，以划拨方式取得国有建设用地使用权的权利人或者是集体所有土地上公益性质的建设用地使用权是无期限的，而其他配置方式下的权利人使用土地则具有一定的年限要求。

（2）权能与权益方面，根据建设用地使用权取得方式的不同，权利人占用、使用、收益、处分等相关权能有所差异，如划拨取得的国有建设用地使用权在处分时会受到限制。但总体而言，建设用地使用权人均可以按照特定的用途使用土地建设建筑物、构筑物及其附属设施。

（二）不同权利类型之间相互独立、不可替代

1. 盐矿采矿权的取得并未当然取得矿区地表建设用地使用权

矿业权审批与矿业用地使用权审批工作相互独立，矿业权人仍需要单独办理用地审批手续。《国土空间调查、规划、用途管制用地用海分类指南（试行）》规定，采矿用地和盐田同属于一级工矿用地中的二级用地类型，其中，采矿用地指采矿、采石、采砂（沙）场，砖瓦窑等地面生产用地及排土（石）、尾矿堆放用地；盐田是指用于盐业生产的用地，包括晒盐场所、盐池及附属设施用地。可见，采矿用地和盐田一般均为地面生产和附属设施用地，允许矿业权人在矿区一定的地面范围内进行生产建设和附属设施建设，且不包括与地下空间相关的工程设施建设。

2. 盐矿采矿权与盐穴地下空间使用权之间相互独立

采矿权、地下空间使用权是分别以矿产资源和地下空间为权利客体的差异化产权类型。尽管采矿权与采矿用地使用权之间存在一定联系，即矿产资源开采活动的开展以取得了相应的采矿用地使用权作为保障，但采矿用地使用权仅表现为地面的生产用地和附属设施用地，与地下空间之间无必然联系，因此，采矿权人不必然取得矿区的地下空间使用权。由于盐穴建造利用属于地下空间建设用地使用权的范畴，因而与盐矿的采矿权之间存在着本质差异，在权利期限方面也存在不一致的情况。因此，在利用盐穴进行储气库建造之前，仍需在采矿权之外单独取得地下空间建设用地使用权。

3. 盐穴地下空间使用权与地表建设用地使用权之间不冲突

由于盐穴地下空间的独立性，盐穴地下空间使用权与地表建设用地使用权的权源分别

是国有地下空间所有权和土地所有权,两者之间相互独立、并无冲突,可以在地表和地下同时设立,在地表设立建设用地使用权后再设立地下空间建设用地使用权的,无须建设用地使用权人同意。同时,考虑到盐穴地下空间的开发利用过程是对盐矿采矿权人采矿作业后所形成的空间构造的再利用,两者之间可能存在一定的役权关系,当盐穴储气库建设运营主体不是盐矿采矿权人时,需要双方就权利义务关系协商一致。

四、当前盐穴储气库建设的时序类型、主要模式及问题分析

(一) 时序类型

实践中,由于盐矿开采和盐穴形成具有同步性,通过建造储气库的形式进行盐穴地下空间开发利用时,既可以边采盐边建库,也可以采盐完成后再建库,因而产生"采盐建库一体化""先采盐、后建库"两种储气库建设的时序类型。

(1) 采盐建库一体化。即盐穴形成与盐穴建造同时进行,基本步骤是在盐矿水溶开采的过程中,使用特殊的盐穴建造工艺,在地下盐层中建造出一定体积和形状的盐穴腔体,经稳定性评价、密封性试压后进行储气。在该时序类型下,盐矿开采、盐穴形成、盐穴利用三种自然资源开发利用状态同时存在,盐穴利用过程与盐矿矿业权存续期间重合。

(2) 先采盐、后建库。盐穴完全形成之后再进行盐穴建造,基本步骤是对已形成的盐穴进行勘测,筛选出符合储气条件的再实施盐穴改造用于储气,一般适用于正在开采盐矿已成形的盐穴或者历史遗留废弃盐穴的改造项目。在"先采盐、后建库"盐穴综合利用时序类型下,矿业权具有灭失或存续两种情形:当矿业权灭失时,盐穴处于历史遗留废弃状态,盐穴利用与矿业权的存续期间完全分离;当矿业权存续时,用于建造储气库的盐穴可能是正在开采盐矿的已成形盐穴,则盐穴利用与矿业权的存续期间相重合。

总之,对正在开采的盐矿,无论采用"采盐建库一体化"还是"先采盐、后建库"方式利用盐穴,利用过程均与矿业权存续期间重合;而对历史遗留废弃盐矿的盐穴,一般仅能采用"先采盐、后建库"的盐穴利用时序,盐穴利用过程也与矿业权存续期间相分离。目前我国主要按"采盐建库一体化"时序对正在开采的盐矿进行储气库建造,但历史遗留废弃的盐穴也是我国宝贵的地下空间资源,基于我国存在着大量废旧盐穴的国情,需要进一步挖掘其储气储能等功能。

(二) 主要模式及问题评析

鉴于我国已建成投产的盐穴储气库集中位于江苏省常州市金坛区。因此，本文以金坛为例梳理盐穴储气库的建设运营模式。中盐公司从1988年开始对金坛区盐矿进行开发，采矿许可证经多次续期一直处于有效期限内。因而，有储气需求的"气企"在金坛盐矿开展的盐穴地下空间开发利用活动均与采矿权人——中盐公司有着密切的联系，且所利用的或是盐企已成型的盐穴，或是正在开采的盐穴。从金坛盐矿已建成投产的盐穴储气库运营情况看，可细分为"气企参与盐企采矿"模式、"盐企建设－气企租赁"模式和"盐企移交气企建设"模式三种模式。

1. "气企参与盐企采矿"模式

"气企参与盐企采矿"模式，主要用于盐矿中正在开采盐穴的开发利用，由储气企业直接参与到盐企采盐活动中，构成采盐活动的实质主体。目前，中石油、中石化两家企业均在不同程度上以这一模式与中盐公司合作，根据合作协议，由储气企业按照建设储气库的要求设计盐矿开采方案，并负责盐矿建设和储气库建设，盐企对卤水进行消化平衡、制盐销售。

"气企参与盐企采矿"模式可能会产生盐矿采矿权管理秩序的混乱，名义上是由符合资质要求的盐企竞得采矿权，但实际上储气企业已取代盐企负责盐矿的具体开采工作，而盐企只是在工艺末端对接收的卤水进行制盐销售。此外，这一盐企和气企的合作模式也难以理解为采矿权的转让行为，如前所述，采矿权全部或部分权利的转让仍需以矿产资源为核心，不能产生出储气企业用以建设储气库的地下空间使用权，因此，不符合矿业权转让的制度逻辑。

2. "盐企建设－气企租赁"模式

"盐企建设－气企租赁"模式，主要用于已成形盐穴的开发利用，由中盐公司对采盐所形成的盐穴先行建设储气库，建成后由储气企业以租赁的方式使用储气库，并向中盐公司交付租金，单个井口的年租金约为300万~500万元。目前，中石化和港华两家气企的部分储气库通过这一模式取得，储气企业主要负责天然气的采入和供应。

在"盐企建设－气企租赁"模式中，最为突出的问题在于盐企的储气库建设已超出了采矿权权能范围。当前我国采矿权管理的核心目的在于依法依规开采矿产资源，无论从审批管理程序、还是从具体权利实体来看，采矿权管理均不具备盐穴地下空间开发利用管理的内容，因此，即便盐企取得了盐穴开发利用的相应资质，但是仅依据采矿权自行利用盐穴建设储气库的做法仍缺乏一定的权源基础，后续出租储气库收取租金的方式也不具备相关权能。

3. "盐企移交气企建设"模式

"盐企移交气企建设"模式，主要用于盐矿已成形盐穴的开发利用，中盐公司仅实施采盐活动，采盐后形成的盐穴移交给储气企业，进行储气库的投资建设、经营管理。目前，中石油、中石化、港华三家企业的部分储气库已由这一模式建成投产，气企作为储气库的投资建设、经营管理主体，负责整个项目的前期、建设、运行和经营。

"盐企移交气企建设"模式中，盐企和储气企业在利用盐穴建造储气库方面存在一定的行为分离，盐企只负责依据采矿权开展开采活动形成盐穴，基本已经行使采矿权的相应权能；储气企业负责后续利用盐穴建设运营储气库的工作，相对独立于盐矿开采的行为。因此，两类主体在权利行使上重合度较低，易于划分各主体的行权范围，进而便于独立地实施采矿权和地下空间使用权管理。需要注意的是，该模式下自盐穴形成之后，盐企对盐穴地下空间的使用已经灭失，不再作为地下空间使用权主体，此时，储气企业需要单独向地下空间所有者申请盐穴地下空间使用权。

五、协调矿业权与地下空间使用权的相关对策建议

（一）明确盐穴地下空间建设用地使用权独立于采矿权

开展盐穴地下空间开发利用需以独立于采矿权的地下空间建设用地使用权为前提，考虑盐穴地下空间处于超深层地质构造的实际，建议明确盐穴地下空间归国家所有，与采矿权主体无必然关联，同时中央政府可委托地方政府代理履行所有者职责。对于国家重点扶持的储气库项目，可以划拨方式配置盐穴地下空间；对以营利为目的的，应以有偿方式提供盐穴地下空间建设用地使用权。

（二）厘清采矿权人行使地下空间使用权的条件

当盐穴地下空间建设用地使用权独立于采矿权后，盐企和气企均可公平竞争盐穴地下空间建设用地使用权，在同等条件下可赋予盐企一定的优先权。此时，在"盐企建设－气企租赁"模式下，盐企需要同时取得采矿权、地表建设用地使用权及盐穴地下空间建设用地使用权，才能既实施采盐活动、又建设盐穴储气库，并且只有通过出让等有偿使用方式取得使用权并建成储气库的，才可依据盐穴地下空间建设用地使用权的相关权能进行转

让、租赁等行为并取得相应的收益。

（三）畅通采矿权转让、租赁、废弃核销等机制

鼓励储气企业等其他非矿权主体参与建设盐穴储气库有两种模式：在"气企参与盐企采矿"模式下，要求建立健全盐企向储气企业转让、租赁采矿权的矿业权转让制度及其监管制度，保障储气企业依法取得采矿权以实施采盐活动。在"盐企移交气企建设"模式下，一般盐企移交的是已成形的盐穴，但盐企采矿权可能仍处有效期限内，因此，需配套采矿权的分期或分区废弃核销机制，在采矿权废弃核销范围内，由储气企业在取得盐穴地下空间建设用地使用权后进行储气库建设活动，并与盐企就地表土地利用相关权利义务达成协议。

（四）探索盐穴地下空间开发利用改革试点

选择一定数量的已建成盐穴地下空间和在建盐穴地下空间开展改革试点，并探索盐矿采矿权管理制度创新。其中，已建成盐穴地下空间主要探索采矿权和盐穴地下空间建设用地使用权的分立模式、已有采矿权新设盐穴地下空间建设用地使用权的补充机制等内容；在建盐穴地下空间主要探索采矿权转让、租赁、废弃核销机制，采矿权与盐穴地下空间建设用地使用权之间相邻关系的管理规定等内容。正在开采盐矿的盐穴地下空间开发利用模式梳理与改进建议，如表2所示。

表2　　　　　　正在开采盐矿的盐穴地下空间开发利用模式梳理与改进建议

时序类型	建设模式	时序特征	适用对象	行权期间的关系	模式评析	改进建议
"采盐建库一体化"	"气企参与盐企采矿"模式	盐穴形成与盐穴建造同时进行	适用于盐矿正在开采的盐穴	盐穴地下空间使用权与采矿权重合	盐企采矿权的不当转让可能导致采矿权管理秩序的混乱	建立健全盐企向储气企业转让、租赁采矿权的机制
"先采盐、后建库"	"盐企移交气企建设"模式	盐穴完全形成后进行盐穴建造	适用于盐矿已成形的盐穴	盐穴地下空间使用权与采矿权重合	盐企采矿权与储气企业盐穴地下空间使用权相对独立	要求储气企业取得盐穴地下空间建设用地使用权，并配套采矿权的分期或分区废弃核销机制
	"盐企建设－气企租赁"模式				盐企的储气库建设、运营活动已超出采矿权权能范围	要求采矿权人需要同时取得采矿权、地面生产用地使用权及盐穴地下空间建设用地使用权

让自然估值更好地支撑可持续发展决策
——《自然多样性价值和估值的评估报告》评述[*]

姚 霖　申文金　邓 锋　王飞宇

2022年7月11日，生物多样性和生态系统服务政府间科学政策平台（IPBES）在日内瓦发布了由47个国家82位国际知名专家历时4年编制完成的《关于自然多样化价值和估值的评估报告》（以下简称《报告》）。这份具有广泛国际影响的报告，以可持续开发利用自然资源为初衷，围绕"人与自然的关系""开发与保护的关系"决策背后的价值选择，紧扣"自然有何价值？怎样衡量自然价值并使之可见？如何将自然价值观融入可持续发展决策？"线索，反思了偏重短期经济价值的自然资源决策观，回答了"基于成本-收益"决策中"成本、收益"应当如何估值的问题，为"是保护？还是开发？"提供了一套自然估值方案。

一、IPBES与自然估值评估

IPBES是由139个成员国政府于2012年成立的独立政府间机构，致力于夯实基础知识，依靠科学更好地制定政策，保护和可持续利用生物多样性，确保长期人类福祉和可持续发展。具体工作是通过客观科学评估地球生物多样性、生态系统及其益处，以及保护和可持续使用自然资源的工具和方法等，为决策者提供评估报告。在某种程度上，IPBES为生物多样性保护所做的努力，与政府间气候变化专门委员会（IPCC）为应对气候变化所

---

[*] 本文原载于《自然资源经济参考》2022年第17期。

做的工作相似。同时，IPBES 还具体支撑《生物多样性公约》《湿地公约》《保护野生动物和迁徙物种公约》《联合国防治荒漠化公约》《濒危野生动植物物种国际贸易公约》等 7 项生物多样性相关的国际条约或协定。IPBES 自成立以来，针对自然价值评估主要开展了以下工作：

2013 年，在土耳其安塔利亚举行第二届会议，批准启动对生物多样性价值和自然惠益进行评估，界定了方法学中的评估范围，制定了初步指南，供 IPBES 第三届会议全体审议。

2015 年，在德国波恩举行第三届会议，决定为评估和制定指南设立专家组，邀请多学科专家小组提名一批专家，以确保与多学科专家小组合作，将价值和估值适当地纳入政府间科学政策平台的所有可交付成果。此外，根据各国政府和利益相关方公开审查后收到的意见，修订评估方法的范围界定报告，供 IPBES 第四届全体会议审议。

2016 年，在马来西亚吉隆坡举行第四届会议，通过《关于授粉者、授粉和粮食生产的专题评估》《生物多样性和生态系统服务情景和模型的方法学评估》两份评估报告，提出了生物多样性价值概念化和自然对人类惠益的初步指南，批准了关于自然价值及其惠益（包括生物多样性和生态系统服务）评估方法的范围界定报告。

2018 年，在哥伦比亚麦德林举办第六届会议，通过《非洲、亚太、美洲、中欧和亚洲的生物多样性和生态系统服务区域评估》《土地退化和恢复评估》两份报告。

2019 年，在法国巴黎举办第七届会议，通过了继 2005 年联合国启动千年生态系统评估以来首份评估生物多样性和生态系统服务的《生物多样性和生态系统服务全球评估》，阐述了全球生物多样性和生态系统服务的现状、趋势及贡献的福祉，明确了直接和间接影响因素，运用情景和模型手段预测不同政策情景下实现可持续发展的方法和途径，为政策制定和目标实现提供依据。评估结果也为 2020 年后全球生物多样性框架的制定提供重要科学依据，2021 年在昆明召开的《生物多样性公约》第 15 次缔约方大会（COP15）审议通过了该框架。

二、可持续发展决策不应忽视自然价值及其自然价值观的多样性

（一）"与自然共存、生活在自然中、作为自然而生活"及其自然价值观

"与自然共存、生活在自然中、作为自然而生活"的三种方式，相应衍生了人类多元

的"世界观、知识体系、价值观"。

（1）依赖自然的模式。人类在狩猎渔牧耕种中会重视自然为维持生计和需求提供的资源保障能力。因此，人类会关注北辰星斗的位移变化，会重视节气的规律性更变，会因获取物质能量而关注山川、河流、森林、动植物。在此过程中，人们也可能认为自己与自然共处，而重视与"非人类"物种提供的能量支持过程。在这种情况下，河流中的鱼被视为有权独立于人们的需求而自然生长。

（2）在自然中的模式。地质、经济、文化单元被人类视为生活、经济生产和文化传承的环境条件，河流等景观被视为有助于增强人们的地方感和认同感的领地。

（3）与自然相伴并作为自然一员的模式。人类将全人类或个体视为自然的一部分，将自然视为身体、心理和信仰的一部分。在这种情况下，一条河流会因支持血缘与邻里关系而被置于神圣地位。

上述对自然价值的理解，并不互相排斥，且无优劣。相反，它们可以在不同时空背景下重新组合。

（二）美丽生活愿景下的自然价值观与可持续性发展方向一致

对自然如何促进良好生活质量的理解，人们会因世界观和知识体系而异。例如，一些土著和当地社区认为良好的生活质量与自然和谐相处有因果联系。价值观随着世界观、信仰、精神和文化实践以及社会经济条件的变化而变动，并已嵌入至一个社会的习惯法和正式法律中。这些无处不在的约束与禁忌会影响个人与集体行为，而这些行为则会塑造、加强和影响特定的自然价值观。我们会看到，对自然的经济价值、生态价值和社会价值判断，反映了人类对自然在实现美好生活中所起作用的不同理解。

"与可持续发展相一致的价值观"取决于价值观"是否、如何"表述人与自然的特定关系。例如，自然价值观可以通过承认和促进人类与自然建立正确关系的观点，或能够支持人类开展环境教育去传播人类应承担与自然和谐共生责任的内容。同样，人类也可以借助自然价值观去制定支持或符合人类福利的生物多样性规则，或通过倡导表达对自然的关怀，又或通过公开决策、公平配置、制定法律去强化正义自然价值观。

（三）政治、经济和社会文化决策可增进理解自然价值

正义性、公共性和可持续性相互影响。可持续发展的13个目标明确要求均等机会和减少不平等，其中包括性别平等、消除贫困、原住民参与。严格的保护区政策会与公共性

出现矛盾冲突，如果保护区政策限制当地社区居民接触自然并破坏了当地传统生计方式，往往会导致冲突并加剧先前存在的不平等。相反，决策如缺乏可持续性关怀也必会破坏正义。例如，生物多样性丧失减少了维持后代良好生活质量的选择，进而会损害代际公平。

（四）应考虑不同自然价值的可比较、可兼容

虽然可用生物特征、货币和社会文化指标来衡量自然的不同价值，但结合这些指标却有一定挑战。

（1）在不同指标衡量上。对于市场和非市场的经济价值，都可使用货币指标去衡量。例如，对道路、矿山或水坝等建设的成本效益分析可以使用货币指标来比较。同样，生物量衡量指标可用于反映因开发项目而丧失的栖息地公顷数与生态修复公顷数。

（2）在指标兼容上。例如，用生物量、货币和社会文化指标衡量不同的自然贡献，可以在空间上叠加差异化指标，综合呈现自然价值。

（3）在价值指标不可比较、也不兼容的情况下。例如，虽然可以根据经济价值去评估某个资源开发项目，但它也可能导致社会价值、生态价值的丧失。尽管有些价值可能无法直接比较，也无法兼容，但决策者仍可以通过与利益相关方商议去兼顾。

（五）决策者应了解价值观成因及变化缘由

形成于童年期、成年期的价值观往往相对稳定，但它们可能会受到诸如教育等政策干预或家庭影响。在时间维度上，价值观往往由于重大转变（人口变化、环境运动）和社会生态干扰（流行病、自然灾害）会发生快速变化；在决策维度上，可以通过修改确定其优先级，让一些特定价值观具有延展性。例如，可以通过修改新的监管程序，在环境管理中优先考虑将生物多样性作为自然资产（工具价值）。同样地，也可以考虑一些特定价值，比如与自然的有意义的关系（关系价值）或物种自身的价值（内在价值）。

（六）价值观是制度的基础，制度是价值观的传达路径

社会习俗规范了举止言行，法律通过主流价值合法化促成和限制了"人与人"及"人与自然"的关系。社会习俗约定了在某些条件下人们应该做什么，法律为主流价值观提供了法律依据。

尽管一些民间规范和法律强调了诸如自然责任等价值观，但也对自然产生了负面影响

(如控制碳排放的法规薄弱)。来自民间社会的压力可能有能力改变政策的优先事项(如养老基金的投资决定和食品的采购决定)。

制度变革将自然价值纳入不同类型的政治、经济和社会文化决策之中。例如,实施更严格的环境法干预企业和消费者在市场交易中的决策,进而对经济取向的价值观产生积极影响。同时,社会价值观变化也会反过来引发制度变革。例如,公众对塑料污染意识的提高激活了公民的可持续发展价值观,进而迫使政府禁止使用一次性塑料用品。

(七) 决策通常会优先考虑自然的经济贡献

在全球范围内,经济决策通常优先考虑一套狭窄的工具价值,特别是那些在市场上交易的自然所贡献的物质价值(如食物、纤维、能源)。这些决定往往忽略了自然资源开发利用对生物多样性和生态系统造成的负外部性。政策制定者可能会考虑多样自然价值之间的平衡,但做得还不够。

(八) 决策会影响不同社会群体表达价值观

基于社会价值观的决策,会衡量个人和整体的生活质量变化,会考虑自然对幸福生活造成的正负影响,会兼顾大自然在不同地理尺度释放的福利。

将社会价值理解为汇总个人收益价值是成本效益分析的常用方法,但却存在忽视少数群体独享价值的风险。我们常常见到这样的现象,基于集体价值观的决策是让人们都可以表达价值理解,这样可以在复杂、高度不确定和有争议的情况下,提高决策的合理性和可操作性,但集体价值观并无法通过加总个体价值诉求而得到。我们也注意到,从个体价值观综合而来的社会价值观,往往比共享价值观更常用于政府决策。

三、自然估值不应忽视自然价值及其知识支撑体系的多样性

(一) 超过 50 种自然估值方法已得到广泛应用

从区域来看,多数自然估值研究是在美洲、亚洲、太平洋地区、欧洲和中亚进行的,在非洲开展的评价相对较少。从国别来看,在生物多样性和环境条件受到严重威胁的国

家，以及有人力和财力保障的国家，相对较多地开展了自然估值工作。

40年来，所进行的自然估值研究数量平均每年增加10%以上。2010~2020年，估值研究突出重点是自然的重要性（在审查的1163项估值研究中占65%），对工具性价值讨论较为激烈（74%）。在估值尺度上，大多数报告的估值都是在国家以下范围内开展的（72%），很少有研究涉及跨区域或跨国家的保护区，或明确提及原住民和当地社区的领土。关于生态环境，重点是自然界对森林（25%）、耕地和内陆水体的贡献价值。

（二）"基于自然的""基于行为的""基于声明的"和"综合"四个估值方法

根据有关自然价值的"信息来源"，从自然估值研究文献中提炼出四个主要方法组。

（1）基于自然的估值收集、测量或分析有关自然属性及其对人的贡献的信息，并可用于评估生态完整性以及识别和量化自然对人的贡献。

（2）基于声明的估值使用人们对其与自然关系的表述来推断自然对人们的重要性及他们的偏好，它有助于理解人们在支持其生活质量方面对自然进行估值的不同世界观和动机。

（3）基于行为的估值依赖于观察人们的行为和他们的选择，基于行为的方法相较于估值专家的潜在偏见则相对更加稳健。

（4）综合估值结合了关于自然价值的不同信息来源。例如，综合建模可以帮助汇集关于自然的生物物理影响（基于自然的方法）和社会经济影响（基于行为或声明的方法）的信息，以估计影响自然的项目或政策的成本和效益。同样地，多标准分析可以汇集有关替代政策选项对利益相关者自然价值的影响信息。最后，未来情景规划可以确定所期望的未来状态中包含的关于"人与人"和"人与自然"关系的广泛价值。

上述估值方法都是基于不同的假设，这些假设涉及"价值特点、价值如何表达及谁来参与评估"。

（三）只有1%的估值做到了让利益相关者全程参与

利益相关者参与估值有助于收集信息、建立信任和实现程序公正。44%的自然估值研究报告了部分利益相关者参与，2%的估值研究会就研究结果咨询利益相关者，1%的估值研究让利益相关者参与到评估过程的每个环节。在与利益相关者接触的研究中，约有50%的估值研究报告了利益相关者的多样性与代表性。随着时间推移，尽管自然估值变得更加具有参与性，但仍限于提供相关数据和信息。

有几种策略可以提高利益相关者的参与度。包括使用参与者的当地语言进行交流（6%），借助不同媒介（如口头和书面形式）进行交流（3%），以及组成管理小组（1%）。当代表性不足得到充分解决时，参与方法通常会增强利益相关者对评估过程合法性的看法。

（四）一个关键挑战是识别与解决公平正义

自然估值大多是为了获知除个人和团体价值以外的更高社会尺度的价值。汇总过程中的一个关键挑战是如何公正分配自然对人类贡献的问题。汇总可以通过使用收入公平加权来解决这个问题（对那些有能力的人的价值适用较高的加权）。应对这一问题的方法是，使用收入公平加权（对低收入群体的价值适用较高的权重），以及调整时间折现（使用较低的折现率，对政策对后代的影响给予相对较高的权重）。这些收入权重和时间折现率可运用于基于成本效益的决策分析。

多数自然估值研究的重点是生活在今天的人，而不考虑代际公平。虽然估值指南可以考虑公平，并在汇总对具有不同社会经济条件的个人和社会群体的影响时，也有一些指南会考虑到公平性，但这些指南在评估中很少被使用（占审查研究的5%）。在更高的社会尺度上，也可以用协商方式形成共同的价值观。协商方法可以帮助承认不同的价值观、身份和知识，助力将不同的声音纳入决策过程。良好协商虽可以解决政策制定中利益相关者之间的价值冲突，但允许哪些人或哪个团体参与其中，仍难以把握。

（五）标准化程序有助于生态系统核算在国家政策中的应用

国家生态系统核算的目标是在国家层面评估生态系统服务，并将相关数据组织到一个商定的统计框架中。这就需要采用标准化方法，以便在不同国家、不同部门和不同时间进行比较。环境经济核算体系——生态系统核算方法（SEEA-EA）使用生物物理和货币指标（交换价值，即相当于在市场上交换的商品和服务的价值）来捕捉自然关键的工具价值。SEEA-EA提供了一个国际统计标准，以指导将生态系统的范围、状况和物理生态系统服务账户纳入国民经济账户（SNA）。该标准化的估值程序有助于国家生态系统核算发展，并利于将其纳入国家政策之中。

在推进标准化方面存在以下持续挑战：首先，需要超越账户的汇编，在应用和决策过程中使用核算数据。其次，需要与不同价值观点进行沟通并建立联系。最后，需要深入研究不同价值的测量和估值，特别是生态系统服务的市场价值。

(六)估值可遵循五个步骤

明确估值目的和范围有助于确定相关的自然价值,并可以确保估值与决策的相关性。由于估值方法的选择会影响结果,因此需要确保不同的价值都能得到考虑。当前,估值往往只能得出那些易于用现有方法显示的价值。为给决策提供有用的信息,估值还必须稳健。稳健主要指在透明且合法的价值观下,有可靠的、理论一致的证据。由于估值需要资源保障(如时间、财政、技术和人力资源),它们的充沛与否决定了应用任何特定评估方法的可行性。

解决相关性、稳健性和资源之间的权衡问题,可以通过以下五个有序步骤展开:第一,投资于合法程序;第二,确定评估结果的目的和预期用途;第三,确立评估范围;第四,根据前述步骤选择并应用估值方法;第五,对估值结果、有效性、限制性和风险进行讨论。

(七)选择估值方法要知晓方法的优劣势、相关性、稳健性和资源要求

1. 在优劣势方面

一些估值方法侧重于提供高度具体的估值产出(如生物多样性绘图),而其他方法则侧重于整合不同类型的价值信息(如基于多标准决策的方法)。其中,单一的高度专业化方法不能显示各类价值,但对于将足够详细的关键价值信息纳入决策过程来说则是必不可少。例如,在经济方法中,显性偏好方法提供了可靠的价值信息,但往往只从特定的利益相关者群体中获得这些信息,而忽略了其他类型的价值。相反,陈述偏好方法通常不太可靠,资源密集度也较低,但对广泛的利益相关者、价值类型和决策背景的适应性明显较强。

2. 在相关性、稳健性和资源要求方面

(1)相关性包括方法要呈现自然价值多样性的能力,包括具体的和广泛的价值,以及它们在适应不同社会生态环境方面的多功能性。

(2)健全性强调对自然价值进行可靠和公平的表述。

(3)资源要求指估值初始能力建设(包括技术和数据来源)需要一定的人力、时间和财务成本。

(4)估值方法的相关性、稳健性和资源特点的综合分析,可以依据不同经济估值方法之间的互补性,将自然价值嵌入决策之中。此类估值方法包括生态系统和生物多样性经济

学、环境经济核算体系——生态系统核算（SEEA-EA）等方法。

（八）自然估值方法的优劣互补

1. 将自然估值融入决策仍在发展过程中

（1）生态系统和生物多样性经济学（TEEB）主要在地方层面提供指导和实例，以说明生物多样性的市场和非市场工具价值（例如，作为经济资产、生态系统服务或效益流）的经济估值如何支持各部门（农业、林业、渔业）的环境政策。

（2）环境经济核算体系——生态系统核算（SEEA-EA）提供了国际公认的统计标准和原则，将生态系统的物理范围和状况、生态系统服务及其价值纳入国家核算体系。

（3）最近的《达斯古普塔评论》强调的"包容性/全面财富"建议，超越了标准宏观经济指标，提供了可持续经济发展的综合指标。

2. 估值方法可以优劣互补

（1）关于相关性。TEEB主要依赖于自然的工具性价值。SEEA-EA为特定时空的生态系统核算提供了指导，认为生态系统服务和生态资产的价值仅限于交换价值，以使其与国民账户兼容。包容性/综合财富方法侧重于将自然作为一种资产进行估值，并与其他资产（如人类健康、技术和基础设施）一同来提供福利指标，考虑其总的长期变化。TEEB和SEEA-EA都可以服务支撑环境退化影响最严重地区确定政策干预的优先次序。

（2）关于稳健性。SEEA-EA采用了联合国的统计标准和国际公认的货币账户计量原则。然而，它在许多国家还没有得到实施。"包容性/全面财富"方法虽有很强的理论基础，但在实践中却存在数据获取问题。

（3）关于资源要求方面。SEEA-EA和"包容性/全面财富"方法的资源条件设置相对较高。然而，一旦能力和基础设施得到保障，它们的资源需求就会显著减少，使其能够持续开展。

（九）只有不到5%的估值报告被决策采纳

30年来，尽管系列估值方法和手段已有突破，但大多国家的进展速度不足以在2020年之前实现"爱知目标2（生物多样性价值综合）"——将生物多样性价值纳入战略、规划过程和核算中。其主要障碍仍待克服：第一，研究的可靠性有限。第二，技术能力和体制障碍削弱了监测和评估自然社会、经济和环境效益的能力。第三，决策者对多样自然价值的忽视。

四、自然估值可为实现可持续发展转型变革作出贡献

(一)将价值观纳入塑造"和合自然"政策

政治、经济决策对自然价值的狭隘认识是全球生物多样性危机的根源。将更广泛的价值观纳入政策设计和实施之中,可以减缓人们行为对自然的负面影响。然而,要扭转人类对生物多样性的不利影响,还需系统性变革。这种变革可以通过创造条件,去培养与可持续性相一致的价值观,并通过调节那些支撑生物多样性损失和生态系统退化的价值观来获取支持。这就需要对那些短期经济利润和政治利益相关的工具性价值观进行调整。

(二)估值可以支持政策周期不同阶段的决策

估值可以支持不同阶段的决策,特别是它考虑到不同的知识体系。第一,帮助设定议程并支持对商定目标的承诺。第二,为政策的制定和设计提供技术援助。例如,就替代方案、经济激励措施提供价值账本。第三,协助政策落地,并就实施手段达成协议。例如,评估不同政策行动方案的成本与效益。第四,过程监测。为实施提供过程诊断建议。第五,为执行过程调整或继续预算拨款提供依据。第六,事后评估。估值的六个步骤可以具体应用于政策的每个阶段,以提升政策效力。

(三)知识与业务的差距限制了决策对多样自然价值的采纳

自然估值的具体知识限制了促进变革性决策所需证据的数量和质量。第一,原住民和当地社区使用的估值方法。第二,社会人口群体(不同性别群体和世代)之间的不平等如何影响价值在决策中的表达。第三,如何及何种形式估值能够为人类和自然带来更好结果。第四,嵌入稳健的估值并将其纳入政策。值得注意的是,业务差距是在决策中嵌入自然价值以支持转型变革的重要障碍。

知识和业务的滞后,从根本上说是由于参与决策者缺乏特定背景知识(如缺乏权衡评估价值的局限性)、资源(如缺乏估值的财务和技术)或能力(如缺乏实施特定背景下的评估能力)。

知识和业务方面的差距普遍存在，尤其是发展中国家更为严重。对估值要求（能力、数据、资源、技术）的全面掌握，及其相关要求在不同决策情景下的差异较少。为克服这些差距，政策制定者应充分重视现有知识和业务差距，支持关键利益相关者具体能力的提升，充分利用现有特定背景下的专业知识（例如，了解当地利益相关者的不同价值观）。

（四）承认与平衡自然价值的利益代表者

权力不对称经常出现在那些支持和反对大型发展和基础设施项目的工具性价值观之间。在1163项估值研究中有43%关注到权力关系，并能够描述与不同生命框架相关的价值，有0.6%的估值研究考虑了权力不对称措施。例如，建设大坝的提议往往是为了城市消费者提供电力、为农业提供灌溉用水和就业，而那些直接受项目影响的社会关系和工具性价值往往因权力不对称而被排除在外，原住民也失去了传统耕种、渔业生计和生活方式。为解决这些权力不对称问题，通过参与式估值承认价值的多样性，可以使项目成本和收益的分配更加公平。

谁的价值被纳入保护决策是一个关键的考虑因素。在生物多样性保护中，应当允许社区成员优先考虑当地的自然价值，倾听并回应原住民和当地社区的诉求，否则既会影响项目进度，又会激化社会矛盾，更会违背政策初衷。

（五）承认并尊重地方知识及其相关价值观的多样性

人们越来越认识到需要在知识体系之间架起桥梁，以支持与社会发展、生物多样性保护、可持续利用和气候变化减缓等有关的政策。这就必须超越主流认识论和世界观，承认地方性知识在决策实施中的重要性。例如，在农业生态系统中，承认并信任包括妇女在内的小农户的知识和价值，在保障粮食安全及农业社区可持续利用、保护农业生物多样性举措的左右。相反，忽视、排斥或边缘化地方价值往往会引发冲突。

（六）原住民和当地社区的价值观可增益环境治理

原住民和当地社区所持有和表达的与可持续性相一致的价值观，已经启发了很多国家将其纳入法律和法规。例如，南美安第斯社区的"美好生活"理念价值历来都是属地管理计划的一部分，这些价值观已经在厄瓜多尔和玻利维亚的法律中得到了制度化。

通过与经济、社会和政治行为者建立联盟，可以帮助原住民解决语言、知识和价值观丧失的问题，并减少因生物和文化多样性丧失而导致的脆弱性。例如，通过民间社会组织、原住民和地方社区网络之间的联盟，可以促进政府机构认可与采纳当地食物系统、农业生物多样性相关的价值，服务解决粮食安全问题。然而，将价值观嵌入政策制定中也会带来挑战。例如，这些价值观和原则可能只是被用作宣传，而没有实质性地促进决策转变。

（七）跨区域尺度的价值权衡可以通过行政机构协作来解决

环境治理的一个关键挑战是，不同利益相关者在不同的空间、时间和组织尺度上根据不同的价值行事。例如，政府可能会在地方层面促进与地方身份相关的关系价值，在区域层面通过建立自然保护区促进与生物多样性保护相关的内在价值，以及通过国际协议促进与气候变化缓解相关的非市场价值。

国外自然资源综合规划概览及借鉴[*]

刘天科 沈 悦 时 晨

自然资源综合规划是促进人与自然和谐共生、实现自然资源"善治"的重要举措。《世界自然保护大纲》《世界自然宪章》《21世纪议程》等都对自然资源综合规划提出了相关要求。世界上很多国家都编制了相关规划，我国首次编制的《"十四五"自然资源保护和利用规划》作为国家级重点专项规划也于2021年底由国务院印发实施。本文对国外自然资源综合规划进行综述，以期为我国构建和完善自然资源综合规划技术和实施体系提供借鉴。

一、编制概况

（一）编制背景

1980年，《世界自然保护大纲》提出"维护基本生态过程和生命支持系统需要合理规划和分配用途"。1982年，《世界自然宪章》提出"在规划和进行社会经济发展活动时，应适当考虑到养护自然是这些活动的组成部分。所有规划工作都应拟订养护大自然的战略、建立生态系统的清单、评估拟议政策和活动对大自然的影响"。1992年，《21世纪议程》"统筹规划和管理陆地资源的方法"专章中明确提出"如果今后要不断满足人类需

---

[*] 本文原载于《自然资源经济参考》2022年第19期。

要，现在就有必要解决这些（指人与自然）冲突，并逐步提高土地及其自然资源的使用效率和效益。统筹规划和管理自然环境和土地使用是实现这个目标的切实可行的方法。……对涉及土地使用和陆地资源各方面的部门规划和管理活动的协调体现了这种统筹方法的实质。……采取有利于将空气、水、土地和其他自然资源等因素结合起来的规划和管理制度，制定一个关于土地使用和自然环境规划的总体框架，以发展专门而更详细的部门计划"。

（二）国际编制情况

通过对各国政府官方网站和自然资源管理部门官方网站公布的自然资源综合规划进行收集，最终筛选出具有代表性且全文可得的41个规划进行深入研究。在41个规划中，18个欧洲国家以促进绿色发展的战略规划为主，9个北美洲国家以部门规划为主，9个亚洲国家规划编制差异较大，非洲、南美洲和大洋洲规划合计仅5个。具体编制情况如表1所示。

表1　　　　　　　　　各国自然资源综合规划编制情况

区域	国家	规划名称	规划类别
欧洲	英国	绿色未来：未来25年环境规划	战略规划
	荷兰	自然的未来之路：治理愿景	战略规划
	克罗地亚	克罗地亚可持续发展战略	战略规划
	白俄罗斯	白俄罗斯共和国国家可持续社会经济发展战略	战略规划
	立陶宛	立陶宛国家环境保护战略2030	战略规划
	瑞士	瑞士可持续发展战略2030	战略规划
	塞尔维亚	塞尔维亚可持续发展战略	战略规划
	斯洛文尼亚	2020~2030年国家环境保护计划	战略规划
	法国	法国复兴：生态转型	战略规划
	斯洛伐克	更绿色的斯洛伐克：直到2030年的环境政策战略	政策框架
	乌克兰	乌克兰到2030年期间国家生态政策的基本原则	政策框架
	波兰	国家生态政策2030	政策框架
	爱尔兰	通信、气候行动和环境部2021~2023年战略	部门规划
	俄罗斯	俄罗斯联邦自然资源和生态部2019~2024年行动计划	部门规划
	爱沙尼亚	爱沙尼亚2018~2021环境部规划	部门规划

续表

区域	国家	规划名称	规划类别
欧洲	卢森堡	国家可持续发展计划—准备和维护未来	近期规划
	瑞典	瑞典可持续发展议程行动计划（2018～2020）	近期规划
	德国	德国资源效率规划Ⅱ：可持续利用和养护自然资源方案	近期规划
北美洲	古巴	国家环境战略	战略规划
	多米尼克	国家韧性战略 2030	战略规划
	格林纳达	国家可持续发展规划（2020～2035）	战略规划
	危地马拉	养护、保护和改善环境和资源的政策框架	部门规划
	美国	美国内政部 2018～2022 财年战略计划	部门规划
	加拿大	自然资源部 2020～2023 可持续发展战略	部门规划
	墨西哥	墨西哥环境和自然资源部门计划（2020～2024）	部门规划
	多米尼加	环境和自然资源部门规划（2021～2024）	部门规划
	牙买加	国家环境和规划局战略业务计划（2019～2023）	部门规划
亚洲	日本	第五次环境基本计划	战略规划
	亚美尼亚	环境保护和自然资源利用管理战略	战略规划
	新加坡	绿色计划 2030	战略规划
	阿联酋	国家总体环境政策	政策框架
	中国	"十四五"自然资源保护和利用规划	近期规划
	卡塔尔	第二个国家发展战略（2018～2022）	近期规划
	越南	自然资源和环境部门 2021～2025 年五年计划	部门规划
	文莱	初级产品和旅游部规划（2020～2022）	部门规划
	泰国	泰国自然资源与环境战略规划	部门规划
非洲	卢旺达	绿色增长和气候适应力：国家气候变化和低碳战略	战略规划
	莫桑比克	政府五年计划	近期规划
南美洲	秘鲁	国家环境政策 2030	政策框架
	乌拉圭	国家可持续发展环境计划	近期规划
大洋洲	瓦努阿图	瓦努阿图 2030	战略规划

注：①各国对自然资源、环境、生态概念各有差异，因此，案例选取结合题目与实际内容判断是否为自然资源综合规划。②规划分为战略规划、政策框架、近期规划、部门规划。其中，战略规划周期通常更长远，是具有较强自然资源利用变革导向的国家对国际的承诺、对地方和公众的呼吁；政策框架是基于自然资源目标的政策综合顶层设计，包括具有激励或约束导向的政策工具集合，以使政策更透明、协调性更高；近期规划是各公共管理部门的共同行动纲领，着重提升管理效能，涉及自然资源管理相关领域的政策、举措和工程等，规划周期一般为 3～5 年；部门规划以自然资源综合主管部门为编制主体，以服务自然资源治理能力提升为目的，内容限定在部门职责范围之内。

二、规划范式

（一）逻辑起点——人与自然和谐共生

人与自然和谐共生的需求是自然资源综合规划的根本出发点，可分为"维系自然"和"实现社会公平与人权"两种价值导向。

1. "维系自然"导向

强调对自然生态系统更强有力的保护，一方面，指以环境精神为指导，实现自然保护和资源利用效率提升；另一方面，指提高自然资源治理适应性，以增强环境和社会恢复力的方式应对不确定性和不断变化的条件。斯洛伐克、乌克兰等为"维系自然导向"的代表，斯洛伐克提出"实现更好环境质量和经济可持续循环的基础是严格保护自然区域和尽可能少地使用不可再生的自然资源和有害物质"；乌克兰规划的宗旨是"确保乌克兰每个公民享有清洁和安全环境的宪法权利，促进可持续发展自然生态系统的利用、保护和恢复"。

2. "实现社会公平和人权"导向

强调服务人的需求，一方面，强调自然资源治理应公平并产生公平的社会成果；另一方面，强调保护政策和实践在所有情况下都应尊重人的权利，并尽可能地支持实现这些权利。美国、加拿大、波兰、俄罗斯、危地马拉等是"实现社会公平和人权导向"的代表，美国的规划宗旨是基于人民的利益和快乐，保护和管理国家的自然资源和文化遗产。加拿大提出"我们需要自然资源推动可持续增长，创造良好的就业机会，确保一个繁荣的未来"。波兰明确"人是最重要的，规划关注人的生活质量、健康和福祉，同时确保环境、生物多样性和其他有生命和无生命物质的保护"；危地马拉提出"确保和实现享有健康和生态平衡环境的人权"。

3. 上述两种价值导向的权衡

更多国家的规划编制价值导向在两者之间权衡。其中，一种权衡方式是基于疫情、气候变化等形势，通过绿色转型实现生态与经济效益的转化，如法国提出"加速经济和生产结构的生态转型"。爱尔兰明确规划目标是"支持经济复苏、创造就业机会和2050年实现碳中性所需要的根本性转变"。立陶宛提出"实现健康、清洁和安全的环境，以可持续的方式满足社会和经济的需要"。德国、瑞典、英国、日本等也是这类典型的国家。而另一种权衡方式则是基于良好的自然保护基础，设置更高的"人与自然连接"目标，从而实现人与自然的双向促进。荷兰提出"自然和经济相互促进——在一个充满活力的社会中,让大自然以一种强大的形式蓬勃发展",爱沙尼亚也属这类。

(二)综合维度——目标、要素、环节"三维综合"

1. 目标综合方面

百年未有之大变局下,各国围绕后疫情时期的经济恢复、应对气候变化、生物多样性保护、经济绿色转型等需求,将经济、社会、生态效益融合"内化"为本国自然资源战略目标。白俄罗斯提出以生态兼容形式的社会进化科学范式为基础,确保"人-环境-经济"三位一体的关系协调一致,以实现国家社会导向、经济高效和环境保护的平衡发展。瑞士提出,透明地处理相互冲突的目标非常重要,这包括解决资源消耗和生产、生态和社会要求与企业回旋余地、各项社会消费、环境污染与经济增长、自然资源的保护和养护之间的关系等。找到保护和发展的平衡点是目标综合的关键。

2. 要素综合方面

各国均结合自身自然资源形势,对各类资源要素的有效保护和合理利用进行统筹部署。但各国对具体的自然要素认识有所不同,德国规划将自然资源定义为自然界的所有组成部分,包括生物和非生物资源、物理空间(如土地)、环境介质(水、土壤和空气)、流动资源(如地热、风、潮汐和太阳能),以及所有生物的多样性;除了常规的水、矿产、森林等资源,爱尔兰将波谱资源也列入了规划范围。找到各类资源要素的平衡点是要素综合的关键。

3. 环节综合方面

环节综合方面,主要包括对自然资源开发、利用、保护、回收等多个环节进行统筹谋划。例如,德国采取开发利用回收全链条规划模式,新加坡、日本规划以利用和回收环节为主,俄罗斯集中谋划开发环节。找到各环节的堵点是环节综合的关键。

(三)规划内容——效率、承载、价值、治理"四管齐下"

基于"人"与"自然"不同价值导向,各国的规划内容可总结为"自然资源效率提升""自然资源承载力可控""自然资源价值实现""自然资源治理能力现代化"四个领域(见图1)。"自然资源效率提升"指为实现自然资源可持续供给和生态环境保护,实现各自然资源要素在生产、消费和再利用等各个环节利用效率的最大化。"自然资源承载力可控"指为保障健康人居生存环境,实现应对气候变化、自然灾害风险可控,以及生态系统质量和稳定性提升。"自然资源价值实现"指,为推进环境与经济、社会相融合,促进经济绿色发展和自然资本变现,从而实现自然价值与经济价值双向转化。"自然资源治理能力现代化"指提高自然资源管理服务能力,提升自然资源认知能力,升级自然资源管理科技手段,从而实现自然资源善治。

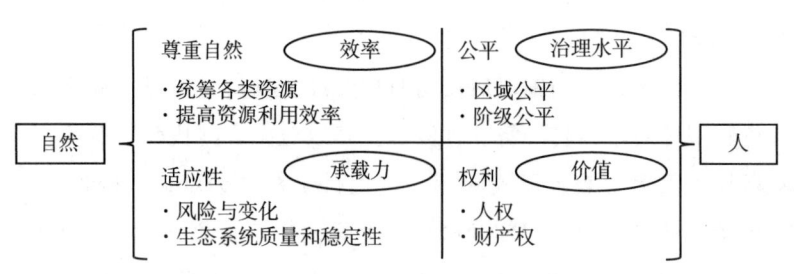

图1 差异化价值导向下的规划内容

目标指标和优先举措具体如表2所示。

表2 自然资源综合规划主要目标指标及优先举措

领域	子领域	主要指标	优先举措
自然资源效率提升	综合效率提升	国内生产总值的能源强度、国内生产总值资源消耗、资源生产率、初级原材料使用量、人均国内物质消费等	提高生产和消费的资源利用效率;发展资源节约型循环经济
	单要素效率提升	人均耕地总面积、林业资源的使用强度、私人森林更新在再生砍伐量中所占的份额、国内生产总值水资源消费量、有效利用氮量、鱼类资源可持续性指数、各类项目等各类能源节省量、各类废物回收率、回收率占直接材料投入百分比、有机废物收集数量、从废水/污泥中回收磷的速率等	可持续建设和可持续城市发展;保护土地资源;可持续水资源管理;促进多功能和可持续的森林管理;矿产资源管理;废弃物管理与再利用
自然资源承载能力可控	自然灾害防控能力提升	自然灾害评估完成百分比、滑坡灾害目标研究完成率、海岸和海洋灾害及下沉研究完成百分比、自然灾害态势感知最佳监测能力进展百分比、自然灾害损失比例、食品自给率等	灾害监测、预防和响应;现代化和弹性基础设施;减少自然灾害造成的伤害风险
	气候变化应对能力提升	可再生能源份额、(人均)温室气体排放总量、温室气体排放总量占GDP的比例、从固定源排放到大气中的污染物、意识到气候变化风险的人口比例、气候适应力指数等	减少温室气体排放;实现清洁增长;减缓和适应气候变化造成的影响;管理气候相关风险和融资
	生态环境质量和稳定性提升	森林覆盖率、平均毁林率、管理计划下天然林面积变化百分比、生态系统扩展百分比、自然保护区面积、有效保护的保护区比例、保护区不兼容用途的百分比、保护区内人类住区数量的百分比变化、社区参与管理的保护区比例、生态足迹指数、需恢复土地面积、受威胁或濒危物种五年内被移除的百分比、受威胁和濒临灭绝的物种的百分比、保护特定物种的特定森林等	防治荒漠化;扭转土地退化;维持各类生态系统稳定;管理自然和文化遗产资源;促进和恢复生物多样性;自然保护地管理

续表

领域	子领域	主要指标	优先举措
自然资源价值实现	自然资本变现	自然资本总量、地下水储备区域个数、深层地下水源经济特区数量、具有重要经济意义鱼类中状况良好鱼类种群所占份额、自然资源部门工作岗位与总就业岗位的比率、自然资源管理开发的创新采矿技术中接近商业化使用的百分比、通过保护区相关可持续生产收入等	维持可持续经济发展的资源保障;充分利用自然资源创收和保障就业;维护国家资源权益;缓解贫困;促进区域均衡发展;自然资源资产核算
	人与自然重新连接	狩猎资源数量指数、参加特别活动的户外康乐活动人数、纳入自然旅游的保护区百分比等	与自然环境的互动;自然(环境)教育;自然结合区域的发展;建立开放的知识网络;扩大户外娱乐和准入
	经济绿色发展	绿色基础设施建设示范项目数量、电动交通工具占新购车辆总数的百分比、有机农业占比、单位GDP废物产生量、人均每天垃圾填埋量、绿色环保建筑面积占比等	绿色基础设施;绿色科技;绿色企业、政府、贸易;自然包容农业;绿色解决方案市场;绿色融资体系
自然资源治理能力现代化	自然资源管理服务能力提升	处理的煤炭租赁申请百分比、在法定时限内完成矿产资源勘探和开发计划审查的百分比、破坏自然资源健康的违规案件的百分比、拥有执法人员配备计划的执法机构的百分比、完成钻探许可证申请的平均时间、完成放牧许可的平均时间、环境冲突减少百分比、合规土地使用(环境等)许可证发证百分比、沿海地区共享管理综合机制范围等	实现组织现代化;完善执法督查等监管体系;提升政策协同作用;支持地方和区域资源效率提升政策;提升行政许可效率;构建公众参与机制;自然资源法规制定;加强国际合作
	自然资源认知能力提升	自然资源调查覆盖率、国家水资源普查基线百分比、目标物种管理研究行动的完成百分比、自然资源出版物数量等	国家观测网络建设;自然资源标准和规范制定;自然资源领域科技创新
	自然资源管理信息化	自然资源管理网络信息化程度、实施自然资源信息系统百分比、使用自然资源管理科技产品的次数、联邦部门从地球观测数据管理系统下载的图像数量、公众可通过国家地质测绘数据库获得数据的陆地面积的百分比等	地理空间平台建设和共享;管理制度流程和系统检测评估信息化

(四) 分析决策工具——"理性""博弈"综合决策

要对自然资源进行识别、权衡和评估,实现最优解的理性分析工具和达成共识的博弈分析工具都很重要。

1. 理性分析工具

应用较多的理性分析工具包括物质流、自然资本、战略环境评估等。德国利用物质流分析,对自然资源全生命周期进行管理,将能源效率和自然资源效率结合考虑,开展虚拟资源平衡，制定沿整个价值链提高资源效率的具体举措。英国将自然资本方法作为核心的决策支撑工具，由自然资本委员会通过核算自然资本的收益产出，以及这些资本向经济和其他人类活动服务的流动来评估环境，从而将自然资源保护真正融入社会经济发展决策中。加拿大运用战略环境评估，分析该方案对环境、相关目标和指标的影响，审查政策、计划或方案的职能，以确保新举措与目标和指标的一致性。

2. 博弈分析工具

在问题界定阶段，克罗地亚对人口增长、资源环境现状、可持续生产和消费、社会正义和领土凝聚、国土连接、能源独立、公共卫生、保护海洋资源等八个关键挑战进行了系统详尽的分析。塞尔维亚等国家运用SWOT分析了自然资源面临的战略形势。在问题建模阶段，爱沙尼亚根据社会价值（尊重物质价值或自然价值）和技术发展（实施新技术的能力和意愿）两种驱动力的结合情况，构建"信仰技术、崇尚物质价值，欣赏自然、相信科技，惧怕技术、欣赏自然，技术引进能力低、物质价值观和个人主义占主导地位"四种驱动力模式。在问题解决阶段，斯洛伐克设置了部际评论程序（inter-ministerial comment procedure，ICP），围绕444份部际意见中的344份实质性意见，针对生物多样性、森林和土壤方面，与农业农村部及其下属单位、非国有林地所有者以及狩猎和林业商会，共同完善了矛盾解决机制和规划实施合作机制。德国、墨西哥在全过程构建了完备的涉及部委、地方和公众的多元参与机制，并在规划附件中公开讨论结果及相关链接。多米尼加在《国家发展战略法》的框架下，应用公共价值链方法，引进参与式规划技术，对相关规划内容进行优先序排列。

在方法理论研究方面，较有代表性的研究是哈拉尔德·瓦奇科（Harald Vacik）等对43种自然资源规划协同方法进行梳理，其中：在问题界定阶段，Planning for Real，World Café，Nominal Group Techniques，SWOT，Open Space和Design Charettes效果较好；在创造性问题建模阶段，Planning for Real，Action Learning，Open Space，CATWOE，A'WOT和World Café效果较好；在问题解决阶段，Open Space，Planning for Real，Action Learning，Visioning and Pathways，AHP和ANP效果较好。具体如表3所示。

表3　　　　　　　　　　　　　　部分博弈分析工具

方法名称	具体内容	出处
Planning for Real	利用工坊形式处理规划区域的模型或地图上的问题	Kingston 等 (2000)
World Café	小组互动的方法旨在找到有想象力的方式推进	Brown (2001)
Nominal Group Techniques	小组成员产生问题的解决方案并对其进行排序	Delbecq 和 VandeVen (1971)

续表

方法名称	具体内容	出处
SWOT	识别外部和内部操作环境因素的工具	Kotler（1988）
Open Space	不限人数的参与者围绕中心主题进行讨论的框架	Lightfoot 等（2003）
Design Charettes	将质疑和重新设计的方法分组	Lindsay 等（2009）
CATWOE	在软系统方法论中定义有目的的行动模型的框架	Checkland（2000）
A'WOT	利用多准则法修正 SWOT 分析法，确定 SWOT 因素的优先级	Kurttila 等（2000）
Action Learning	通过结构化知识学习和提出有见解问题的小组学习过程	Revans（1980）
Visioning and Pathways	旨在制定一个长期的团队愿景和实现这一愿景的策略	Holman 和 Devane（1999）
AHP 和 ANP	多准则方法为决策要素和备选方案定义优先级	Saaty（1977，2001）

（五）实施机制——体系、评估、制度"三重保障"

1. 协调的规划体系

（1）纵向规划体系。一是规划本身具有很高定位。例如，波兰规划以共和国公报形式印发，总理签批。二是置于国家大的发展规划体系（或类似的体系）当中的规划，统筹实施的有效性相对较高。例如，俄罗斯、爱沙尼亚、爱尔兰、立陶宛等。三是基于事权，虽然大多数国家无明确的规划编制体系，但都注重中央对地方的引导关系。例如：美国提出"规划编制展示如何整合和调整各种不同及地理分散的项目工程……以政府为基础与部落政府打交道，尊重彼此的职权和管辖权"；澳大利亚分为22个自然资源管理规划单元；新西兰等虽然在国家层面未编制自然资源综合规划，但在国家层面进行自然资源立法，要求地方层面编制规划；英国14个地区制定与国家规划相一致的自然资本计划，利用自然资源资本引入地方协调合作，设置环境交付机构，探索设置自然资本基金。

（2）横向规划体系。俄罗斯明确自然资源综合规划对生态、林业、自然资源再生和利用、矿产资源规划等子规划的统领作用，并明晰子规划分别由不同部门负责编制，需要修订的子规划会在规划中提出。爱沙尼亚对相关规划边界进行了清晰界定，并明确涉及子规划范畴参照子规划执行。爱尔兰、立陶宛等国家也在规划中对子规划进行了部署。

（3）规划年度计划。加拿大在联邦层面编制《联邦2019~2022年可持续发展战略》，自然资源部编制《自然资源部2020~2023可持续发展战略》，并在此基础上编制《自然资源部年度规划》，如部门可持续发展战略内容与联邦可持续发展战略内容相同时，直接明确按联邦规划执行。瑞士将行动计划作为仍存在差距或需要跨部门深入合作措施的补充，只包含尚未列入其他战略和文书的措施。俄罗斯按照渐进类和项目类任务制定各举措的年度计划表。亚美尼亚列明包含内容、目标、责任单位、执行周期、财务保障等详细内容的任务台账。

2. 规划的动态更新

（1）规划实施评估体系。立陶宛实施年度、中期和终期规划监测评估。爱沙尼亚每年对实现发展计划中的目标风险进行定义和评估，并与政府当局合作商定风险缓解措施。瑞典成立了环境目标委员会，在国际化背景下开展环境目标系统调查。白俄罗斯、格林纳达等建立了可持续发展指标检测系统，以监测规划实施情况，指标体系包括反映社会、经济和环境领域可持续发展模式和过程的指标。牙买加采取平衡记分卡对规划绩效完成情况进行评估。

（2）动态更新机制。美国提出每一轮规划都是修正而非推倒重来。加拿大提出规划年度更新，以反映优先次序的变化。英国建议至少每五年更新一次计划，并进行进度审查，同时在五年期间，为适应"脱欧"，不排除更频繁地更新计划的可能性。

3. 多元政策制度保障

瑞士将可持续发展纳入所有政策领域，呼吁联邦机构在职责范围内可持续发展战略中规定的原则和目标，并将其纳入常规规划、预算和政策指导流程，在各级政府中、在政策领域之间、在国内和外交政策目标之间，以及在跨界影响中，提高可持续发展的政策一致性。秘鲁通过设置国家环境管理体系，确保国家环境政策与国家环境行动计划的协调。爱沙尼亚将规划中的举措与国家预算战略联系起来，规划落实国家预算战略中的目标指标，相关举措支持政府行动纲领的目标。

三、规划编制行为影响因素

（一）自然资源禀赋

（1）资源自给程度相对较低的国家通常会编制全生命周期或侧重利用和回收环节的规划，如德国、新加坡和日本。

（2）自然资源自给程度相对较高的国家通常集中谋划开发环节，如俄罗斯。

（3）单门类自然资源禀赋极突出的国家通常会单独设定部门、制定规划，且统筹意愿较小，如挪威编制了渔业规划，而未编制综合规划。

(二)自然资源综合管理

综合管理是综合规划的前提,只有综合管理的机构或机制,才有综合规划的动机和基础条件。如美国、俄罗斯设置了自然资源综合管理部门,加拿大成立了加拿大自然资源委员会,在部门层面编制综合规划;若未设置综合管理机构则会在国家层面构建自然资源协调管理机制,如英国。在亚洲,东南亚国家多设置了自然资源和环境综合管理部门,其自然资源综合规划尚处于起步阶段;中亚、西亚以能源管理部门为主,突出单种资源管理的科学化和专业化,少有自然资源综合管理部门,更少有自然资源综合规划;东亚国家经济发展程度高、但自然资源自给程度不高,自然资源综合管理需求不足;南亚编制分要素规划,例如印度设置新能源和可再生能源部、煤炭和矿产部、石油天然气部、钢铁部、环境和森林部、水资源部,分别编制分部门规划。若既无综合管理部门、也无协调管理机构或机制,该国通常应有强大社会动员机制,否则规划无法实现真正综合;即使规划能够编制,实施也将面临很大难题。

(三)全球外部环境

(1)规划编制行为受国家经济形势影响,新冠疫情的影响导致众多国家经济发展迟缓、就业率低下,需通过规划充分发挥自然资源保障作用,以提振民心,如法国。

(2)气候变化等形势使各国都需通过规划凝聚共识,如德国、瑞士、瑞典等国家。

(3)全球多极政治格局重塑,自然资源供应链面临着重构,各国基于国家资源权益需重新部署自然资源供给,如俄罗斯、美国都对保障自然资源国家利益作了具体部署。

(四)经济发展阶段

未进入工业化发展阶段的国家、进入工业化发展阶段国家、工业化后期国家的资源利用效率大有不同,对资源的需求各不相同,其规划编制行为也会不同。

(1)对于部分处于后工业化时代的发达国家,其资源消费下降,且开发可再生资源获得的利益已开始低于其用于生态补偿的成本,国内更加注重生态保护。

(2)发展中国家一方面需要用资源保障本国经济的高速发展,另一方面需要用资源出口限制政策制衡其他国家的发展。

(3)不发达国家仍以初级资源出口作为主要经济来源,其自然资源管理水平通常不高,没有规划支撑,部分有规划支撑的都与其殖民地时代的宗主国规划或国际援助相关。

同一国家在不同发展阶段其自然资源利用水平不同,发展战略也会有所差异。如德国分步实施的《资源效率行动》分为部分要素、封闭系统的资源节约指标核算和全链条、开放系统的指标核算两个阶段。

(五)地区互动影响

(1)地理的相邻对规划互动具有很大的影响。宏观上看,欧洲的规划主要是以战略规划为主,北美洲主要以部门规划为主,辅之以行动(财政)计划。

(2)发达国家之间的良性竞争。例如,英国、德国等国家在提高资源利用效率方面争相出台相关规划及策略,以在国际资源转型带来的新兴市场中取得优势。

(3)联盟顶层框架对内部结构的影响。例如,《2030年可持续发展议程》《生物多样性公约》《联合国气候变化框架公约》《世界环境公约》等顶层框架和"Natura 2000"自然保护区网络等区域框架,都对相应国家的规划编制具有重要影响。

四、借 鉴

(一)分阶段实现自然资源统筹

德国的单要素封闭系统和多要素全链条开放系统两阶段资源效率提升目标模式值得我国借鉴。我国可分阶段实现多元目标、多元要素和多环节的综合。由于"十四五"时期我国对自然资源的需求仍处高位,自然资源对社会经济发展保障仍处于重要地位,可先实现多元目标和多元要素的综合;"十五五"时期升级为覆盖开发、利用、保护、回收等全生命周期的山水林田湖草系统保护治理;"十六五"时期逐步实现各类资源与能源的系统节约集约,以期为2035年"美丽中国"目标实现奠定基础。

(二)逐步创新物质流、自然资源资产、承载力"三位一体"自然资源决策体系

(1)自然资源资产、承载力评价"合力"有待进一步发挥。自然资源资产核算、资

源环境承载力评价分别是我国"两统一"职责履行的决策基础,但现阶段两者仍处于并联实施阶段,暂未形成决策支撑合力。

(2) 物质流在规划中的应用有待进一步挖掘。虽然《"十四五"循环经济发展规划》中明确"到 2025 年,主要资源产出率比 2020 年提高约 20%",但其主要是指资源利用环节的产出率。受限于测算能力,现行规划体系里相对缺少全链条的资源消耗/产出率指标测算,使得"节约集约利用资源"缺少统筹考虑的决策基础。

(3) 促进规划编制"工具箱"的系统融合。分阶段对人与自然关系的不同场景运用物质流、自然资源资产、承载力"三位一体"理性分析工具对备选目标与举措进行筛选,并在问题界定、建模、解决等各个阶段采取适宜的博弈分析工具,实现理性分析工具和博弈分析工具的融合,从而实现重大目标与重要举措的有效衔接。

(三) 明确自然资源规划体系

(1) 构建纵向规划体系。根据国际经验,纵向规划体系的设置与国家行政管理体系密切相关,我国应充分发挥行政管理纵向传导优势,与国家统一规划体系对应,在国家、省、市县级编制三级传导的自然资源综合规划,使自然资源统筹布局更好融入"五位一体"总体布局的同时,更好地落地实施。

(2) 完善横向规划体系。应明确"统"与"分"的关系,综合规划或实施机制中统筹部署规划期内编制和修订相关领域子规划的安排,明确子规划的规划边界、战略方向、子规划部署涉及领域具体举措。

(3) 加强自然资源年度计划与规划的衔接。自然资源有关年度计划应贯彻自然资源综合规划提出的目标和重点任务,科学设置年度重点目标指标并做好年际平衡。

(4) 完善多元化保障机制。加强财政预算与规划的衔接,建立项目储备、投资计划、项目安排与规划实施的衔接协调机制,分阶段、分步骤实施规划确定的重大项目。加强政策统筹,提高自然资源政策体系内部、自然资源政策与其他政策之间的兼容性。

保障粮食安全，促进人与自然和谐共生的现代化建设
——基于粮食安全和生态安全双重目标的耕地生态保护研究[*]

周 伟 石吉金 范振林

党的二十大报告中指出，"全方位夯实粮食安全根基"，"牢牢守住 18 亿亩耕地红线"。由此反映出耕地是粮食生产的命根子，是保障粮食安全的根基；同时耕地又是人类高度参与的半人工生态系统，构建良好的人地关系是对建设人与自然和谐共生的现代化要求的贯彻落实。做好耕地生态保护，要构建高产、稳产、可持续的耕作系统，保证粮食可持续产出能力；要提升耕地生态系统服务供给能力，减少耕地的生态负面影响；要统筹山水林田湖草沙一体化保护，发挥综合生态效应。本文梳理了耕地生态保护的概念、目标、问题和困难等，提出耕地生态保护的具体举措和对策建议，以期推进相关工作。

一、要厘清耕地生态保护的基本概念

随着生态文明制度体系更加健全完善，耕地生态保护的内涵也不断延伸和拓展。狭义上的耕地生态保护多聚焦于耕地生态系统本身的保护，如王万茂等认为，"耕地生态保护指对耕地生态系统结构和功能的保护"，核心是耕地生产经营的可持续性。随着山水林田湖草生命共同体理念的提出，耕地生态保护的内涵不断拓展，不再是完全的"就耕地论耕地"，耕地的生态效益逐渐凸显，并拓展至耕地对所在生态系统景观层面和区域层面的影响。如张凤荣认为，耕地生态保护不仅包括保护耕地产能及生态系统服务产出能力、减少

---

[*] 本文原载于《自然资源经济参考》2023 年第 3 期。

耕地负面效应，还包括在新垦耕地时减少生态扰动和生态脆弱区的生态退耕等。

党的二十大报告在"推动绿色发展，促进人与自然和谐共生"部分明确要求"提升生态系统多样性、稳定性、持续性"。结合耕地的特殊性，本文认为耕地生态保护是对耕地所在生态系统的结构进行保护，并对生态过程进行调控，从而保障耕地及其所在生态系统的稳定性、可持续性，并发挥生态效益的过程。

以此概念出发，耕地生态保护的落地举措主要有两种方式：一是对耕地所在生态系统结构进行保护；二是对生态过程进行调控，即调控人类耕种过程。耕地生态保护最终要达到两个目的：一是耕地所在生态系统稳定、可持续地开展作物生产，保障国家粮食安全；二是保障生态效益，即发挥耕地生态功能和减少耕地生态负面影响，统筹发挥山水林田湖草沙整体生态效益，保障国家生态安全（见图1）。

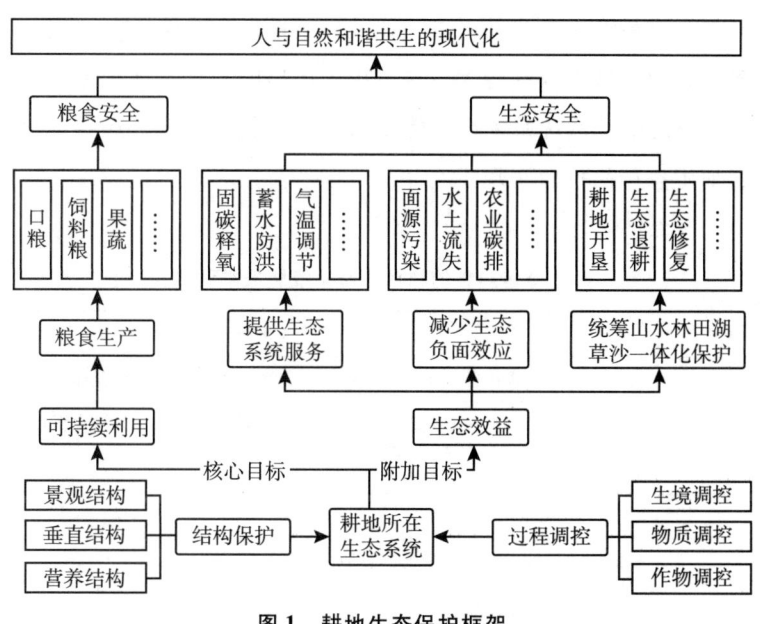

图1 耕地生态保护框架

二、要明确耕地生态保护的多重目标

耕地生态保护的总体目标是在人与自然和谐共生的前提下，保障国家粮食安全和生态安全。基于粮食安全和生态安全，耕地生态保护包括构建高产稳产的可持续性耕作系统、保护生态系统服务产出能力、减少生态负面效应和统筹发挥山水林田湖草沙生态综合效应四项具体目标。

1. 目标一：保护耕地生态状况，构建高产稳产的可持续性耕作系统

保持耕地良好的生态状况，构建高产稳产的可持续性耕作系统是耕地生态保护最重要、最核心的目标，本质是对耕地可持续产能的保护。联合国《2030年可持续发展议程》第二项目标"零饥饿"（zero hunger）提出：到2030年，确保建立可持续的粮食生产系统，实施有抵御灾害能力的农业实践，以提高生产力和产量，帮助维护生态系统，加强适应气候变化、极端天气、干旱、洪水和其他灾害的能力，并逐步改善土地和土壤质量。耕地生态保护的核心目标也与此相契合。

2. 目标二：保护生态系统服务产出能力，促进生态产品价值实现

耕地可以为人类提供生态系统服务。生态系统服务的分类方式有很多，一般可分为生产服务、调节服务、文化服务和支持服务，以耕地为基础的粮食生产服务是构建高产稳产的可持续性耕作系统的核心，文化服务主要依靠市场和文旅产业发展，支持服务是过程量，一般不为人类提供最终生态产品，本文谈及的耕地生态系统服务产出能力专指耕地生态系统调节服务。耕地区域差异性较大，调节服务产出因为自然区域差异也有较大的差异（见表1）。因而，耕地生态系统服务产出能力的保护要因地制宜，还要充分利用优势生态系统服务推进耕地生态产品价值实现。

表1　　　　　　　　　区域差异性的耕地生态系统服务举例

耕地生态系统服务	区域
固碳释氧	所有区域，但耕作方式不同引起碳排放会减少净固碳量，甚至净固碳量为负数
水源涵养	多数地区，但水资源匮乏地区，耕地耕种消耗农业用水，耕地水源涵养作用不明显
蓄水防洪	南方水田地区
气温调节	城市周边耕地
生物多样性保护	多数地区，生态廊道和生物栖息地周边功能较高
空气净化	城市、道路周边地区

3. 目标三：耕地利用生态化，减少耕地负面生态效应

耕地是人类活动高度参与的半人工生态系统，耕作过程中难免会对生态系统造成扰动，产生负面效应。一是高强度耕作活动导致耕地耕作层破坏、土壤板结、次生盐渍化、土地沙化等；二是生态脆弱区域的耕作活动容易产生生态负面影响，如水土流失；三是耕作过程中投入的化肥、农药、农膜等会造成环境污染，增加碳排放。这些负面效应既包括对耕地所在生态系统的破坏，也包括外溢的生态负面效应。因此，在耕地利用过程中要重视生态影响，尽可能减少负面效应。

4. 目标四：统筹山水林田湖草沙一体化保护，发挥综合生态效应

党的二十大报告提出："坚持山水林田湖草沙一体化保护和系统治理"。耕地是区域生态系统的重要组成部分，要以系统观念统筹考虑耕地生态保护，处理好耕地与区域生态保护的关系。耕地开发和利用要尽量减少对耕地生态系统的破坏，新开垦耕地优先利用生态功能较低的耕地；生态重要区、敏感区和脆弱区的耕地，符合条件的要有序进行生态退耕，要根据用途管制要求和生态保护需求，带位置下达生态退耕任务。

三、要通过耕地生态保护中的相关关系来理解耕地生态保护重要性

（一）耕地利用与保护的关系

统筹协调耕地利用与保护，促进人与自然和谐共生。耕地为人类提供赖以生存的物质产品，农耕文明的诞生也是以耕地为主要载体，耕地利用是人类生存的基础。但人类为了满足自身需求，显著地改变了耕地所在自然生态系统的物质、能量、信息的输入输出和流通转换；人类选择代替了自然选择，耕地生物多样性结构单一，自然灾害抵御能力低，如果不顾资源环境承载力底线，耗竭式地开发利用耕地，耕地的可持续产出能力就会遭受破坏。人类作为耕地的经营者，必须精心经营耕地，才能持续性地获得耕地的物质回馈。总之，在人与自然和谐共生的关系中，耕地为人类提供粮食等必需的物质产品，人类开发利用必须遵循资源环境承载力的约束，积极采取必要的保护措施促进耕地的可持续利用。

（二）粮食安全和生态安全之间的协同与权衡关系

耕地生态保护事关粮食安全和生态安全，但粮食安全和生态安全的关系并不是一成不变的，应对不同情况加以区别。在采取有效措施做好生态保护的情况下，耕地生态状况越好，耕地产能可持续性越高，产生的生态系统服务质量更高，对外界生态扰动越少，这体现出粮食安全和生态安全的协同关系。但一些情况下耕地在粮食安全和生态安全间存在权衡关系，例如，耕地占补平衡过程中补充耕地后备资源可能会造成生态功能的损失，对生态安全造成负面影响。而在生态重要区域和生态脆弱区域开展耕作活动会影响生态安全，需要实施生态退耕，但这会给粮食安全带来一定压力。耕地的核心功能是粮食生产，在利

用过程中要尽量减少负面生态效应,生态保护也应该尽量减少对优质耕地的占用。

(三) 耕地生态保护与生物多样性保护的关系

党的二十大报告提出"实施生物多样性保护重大工程"。耕地生态保护与生物多样性保护工作息息相关,但耕地保护中的生物多样性跟传统意义上的生物多样性有较大差别。耕地所在生态系统中,人工选择代替了自然选择,物种选择和保护都是以为人类提供有用农产品为目标,既不能用传统生物多样性的思维去考虑耕地生物多样性问题,也不能用传统生物多样性的评价方法评价耕地生物多样性。耕地生态保护与生物多样性主要从以下三个方面产生相互影响。

(1) 耕地生态保护能够提升耕地所在生态系统的生物多样性。农田是大量物种的栖息地和觅食地,相关研究[①]发现中国有近25%的保护物种和20%的濒危物种使用农田生境。如江苏省昆山市花桥万顷良田工程,通过开展耕地生态保护,有效改善了生态环境,优化了空间布局,提高了生物多样性。据调查,花桥万顷良田生态保护以后,较历史调查数据增加了41种鸟类新记录,增幅达51.3%。

(2) 耕地生态保护能够提升土壤微生物多样性,从而有助于耕地可持续利用。如黑土地采取保护性耕作,不仅能有效减少水土流失,还能显著改良土壤,保护蚯蚓、土壤微生物的生存环境,增加土壤微生物多样性。

(3) 推行作物多样性,可以提高耕地粮食产量,提高抗风险能力。轮作制度能够有效提高作物多样性,均衡利用土壤养分,提高作物产量,改善土壤理化性质,调节土壤肥力,还能有效地防治病、虫、草害。

(四) 耕地生态保护与碳中和的关系

耕地生态保护能够有效促进"积极稳妥推进碳达峰碳中和"。耕地既可以是碳源,又可以是碳汇,通过耕地生态保护能够减少碳排放,增加碳汇,从而产生净碳汇,助力实现碳中和。

耕地能将碳元素固定于土壤、作物等载体上,降低空气中的碳浓度。一方面,增加土壤碳库的碳存量,减少大气中的碳;另一方面,植物光合作用等吸收空气中的二氧化碳,

---

① Li L, Hu R C, Huang J K, et al. A Farmland Biodiversity Strategy is Needed for China [J]. Nature Ecology & Evolution, 2020, 4: 772–774.

储存在作物中，然后以转移利用或者还田的方式储存在土壤中。农业活动会产生一定碳排放，主要包含两个方面：一是农业机械化、农膜、化肥、农药等使用造成的碳排放；二是土壤呼吸作用及有机质氧化、分解产生的碳排放，如水田的甲烷排放。在耕地上可以从增加碳汇和减少碳排放两个角度助力碳中和，如采取保护性耕作提高土壤碳汇，落实化肥减量增效行动减少碳排放等。

四、要明晰耕地生态保护当前存在的问题和困难

（一）耕地生态保护意识与具体落实未统一

党中央、国务院在多个重要文件中都提到了耕地生态保护的理念，开展耕地保护的研究学者也积极倡导耕地生态保护，在意识形态方面，耕地生态保护得到了中央和学界的普遍认同。但是地方政府对耕地生态保护的认识还存在不足，耕地生态保护口号化现象严重，缺乏耕地生态保护的动力。对于民众利用耕地的行为，只能加以宣传引导，缺少具体的抓手。对于农户而言，耕地生态保护有可能额外增加投入并降低收益，导致农户自主自发开展耕地生态保护动力不足。耕地生态保护虽然在一定程度上被重视，但要真正具体落实还需要付出更多的努力。

（二）耕地生态保护理论技术体系不完善

首先，耕地生态保护的基础理论尚不完善，耕地生态保护的基本内涵尚未完全形成定论，生态保护技术体系尚未建立。其次，耕地生态功能的理论和认识存在较大的差异，价值评估技术体系也不完善，生态价值难以衡量。再次，耕地生态保护的内容不明确，多为零散的案例，缺少完善的生态保护理论体系和内容体系。最后，耕地生态保护技术不成熟，一些耕地生态保护经验做法仅适用于特定地区，如黑土地的保护性耕作等。由于耕地存在区域差异性，构建适用于不同情形的技术体系难度较大。

（三）耕地生态价值难以实现，耕地生态保护缺少必要抓手

当前耕地生态保护缺少必要的激励机制。耕地主要收入源自农产品的生产，农户是理

性经济人,以获取更大的经济收益为目标,片面追求高产量,容易忽视耕地的质量和生态效益。一方面,耕地生态保护是一个长期的过程,短时间内较难见效,耕地的生态价值难以转化为经济价值,对耕地的生态保护行为和活动无法得到短期可见的价值回馈。对农户而言,保护耕地生态缺少激励和引导机制,导致耕地生态保护意愿低。另一方面,政府对耕地生态方面管控不足,当前耕地用途管制体系的核心是耕地"非农化"和"非粮化"的管控,核心在于耕地面积和种粮面积,对于耕地的利用强度和生态保护管控缺少有力的抓手。

五、要落实耕地生态保护的具体举措

尊重自然、顺应自然、保护自然,是全面建设社会主义现代化国家的内在要求。提升生态系统多样性、稳定性、持续性是生态系统保护的根本要求。保护好生态系统结构是根本,但由于人类是耕地所在生态系统的主导者,对人类参与的生态过程进行调控也显得尤为重要。

(一) 耕地所在生态系统的结构保护

土地生态系统结构可以从水平结构、垂直结构和营养结构三个方面进行保护。

1. 水平结构方面要保护耕地所在的景观结构——尊重自然

重视对耕地所在的生态景观结构的保护,发挥综合生态效应。一方面,优化耕地总体布局,在生态重要区域和生态敏感区域要有计划、有节奏地实施生态退耕,以保障生态系统的稳定性和景观生态单元的完整性;占补平衡等需要新增耕地的,尽量减少占用生态重要区域和生态敏感区域,优先选用对生态系统扰动程度低,占用后生态系统功能下降少的耕地后备资源。另一方面,耕地的生态修复治理及高标准农田建设过程中,要充分尊重耕地景观生态单元原有结构的完整性,尽可能保留原有的河道、有生态价值的田坎、防护林等景观要素,保护原有的景观生态结构,减少生态功能流失,提高生态系统的稳定性。

2. 垂直结构方面要保护好土壤结构——保护自然

保护好土壤结构是耕地垂直结构保护的基础。垂直结构保护包括对地上层、地表层和地下层三个层面的保护。其中地表层土壤、径流、浅层地下水是垂直结构保护的重点,对耕地土壤结构的保护是核心。健康的土壤结构不仅能够提高耕地产能,有效提高耕地可持续性,还能在一定程度上增加碳储量,提高土壤碳汇。一是要采取土壤结构改良措施,如秸秆覆盖、施用有机肥等，改良现有耕地的土壤结构。二是严格建设占用耕地耕作层土壤剥离再利用，切实将剥离的耕作层土壤用到新增的耕地中去，改良新增耕地土壤结构，缩短熟化周期。三是要恢复退化土壤、治理污染土壤，开展土壤生态保护与修复，确保土壤良好的生态状况。

3. 保护耕地营养结构，维持生产者的可持续生产能力——顺应自然

生物组分与环境组分，以及生物组分之间以食物关系为纽带构成营养结构，合理的营养结构是物质循环和能量流动的基础。耕地是开放的生态系统，耕地生产的物质产品流向人类经济社会系统。要维持耕地生态系统稳定，保持物质循环流动，必须保护耕地的营养结构，维持生产过程的可持续性。一方面，顺应物质循环的一般规律，充分利用秸秆还田等方式维持应有的物质循环过程，通过施用有机肥等补充耕地的物质流出；另一方面，顺应自然生态过程，注重土壤动物和微生物的生物多样性保护，保护好耕地土壤中的分解者。

（二）耕地所在生态系统的过程调控

人类调控是耕地所在的农业生态系统达到非平衡稳态的必要条件。耕地理想的非平衡稳态是建立在人类大量的物质能量输入和综合调控的基础上。区别于以自然调控为主的自然生态系统，以耕地为载体的生态过程需要自然调控和人工调控共同作用完成。自然调控包括在个体、种群、群落、系统等不同层面上的调控，包括作物对光热产生的反馈调控、作物密度对作物个体产量的调控、作物病虫害反馈调控、生态位分化对系统稳定性的调控等。自然调控是人工调控的基础，人工调控是通过人类活动影响自然调控过程，从而对生态系统进行调控，包括生境调控、物质调控、作物调控等。

1. 生境调控——改善作物的生态环境

生境调控就是利用农业技术措施改善农业生物的生态环境（林文雄等，2015）。耕地的生境调控包括土壤环境调控、气候环境调控、水分调控等。土壤环境调控是在耕作过程中改善耕作层基本理化状态，协调生态系统的过程，如传统耕、耙、起畦，梯田建造、使用改良剂、繁殖蚯蚓、施用有机肥等都属于土壤环境调控。气候环境调控包括区域环境改善和耕地局部气候条件的调节，如农田林网可以改变区域气候，建设大棚、地膜覆盖等可以调整地块的种植条件。水分调控包括水库建设、机井建设、田间灌排措施等，可以有效改善水分供应状况。

2. 物质调控——调控耕地物质输入和输出

人类主导的物质的大量输入和输出是耕地作为人工生态系统的突出体现，物质输入和输出影响耕地所在生态系统物质循环的稳定性。耕地物质输入包括肥料、种子、农药、燃料、电力等生产资料。要科学调控物质输入的数量和结构，如测土配方施肥、化肥农药减量增效，尽量减少物质输入的冗余，强化农业清洁生产技术和农业污染防治技术的研发和转化，减少物质过量输入可能带来的面源污染、水体富营养化等负面生态效应。要科学调控物质输入的过程，如科学合理地施用化肥和农药，提高输入物质的利用率和生产过程的生态效率。耕地物质输出主要包括农产品和副产品，农产品输出是耕地利用的核心目标，副产品的输出则需要一定的权衡。副产品输出不仅会影响耕地物质循环过程，还可能产生负面生态效益。如农作物秸秆既可以还田参与物质循环，又可以资源化利用，处理不当还会带来环境负面影响，因而要科学处置和合理利用秸秆等农业副产品。

3. 作物调控——调控种植结构和效率

通过作物种类、种植结构、种植方式、种植时间的调节对耕地农作物生产过程进行调控。在个体层面，农作物种植要选育良种，在生长期要采取疏花疏果、激素调节等方式调控生长过程。在种群层面，要合理控制作物种植密度，优化种植结构，建立合理群体结构，协调作物之间的关系。在群落层面，科学安排耕地种植时空，合理确定作物复种方式，保持耕地作物种植的多样性和复杂性。此外还要科学安排耕地轮作休耕，避免相应病虫害，合理利用土壤养分，恢复耕地地力。

六、要优化相关制度和机制建设

（一）耕地生态产品价值实现是耕地生态保护的原生动力

1. 耕地生态补偿是政府激励耕地生态保护的重要手段

耕地生态保护原生动力不足主要是因为保护行为难以获取相应的收益，而且耕地生态系统服务多为公共产品，不能以商品的形式获取价值，政府应该采取耕地生态补偿的形式激励耕地生态保护。一方面，要对耕地生态保护行为进行补偿，包括完善以绿色生态为导向的农业生态治理补贴，如黑土地保护性耕作的补贴等。另一方面，要对因进行耕地生态保护而产生的损失进行补偿，包括轮作休耕补偿、重点生态功能区耕作方式受限的补偿、候鸟觅食对农田造成损失的补偿等。例如，江西省有关部门以每亩700元的价格对鄱阳湖沿湖农田开展协议价购买，将农田转变为候鸟食堂，为候鸟保留食物。

2. 多元化、市场化的生态产品价值实现提高耕地生态保护意识

构建和完善多元化、市场化的耕地生态产品价值实现机制，通过市场获取收益，激励耕地生态保护。一是探索和完善生态指标交易制度，通过用途管制等措施，将耕地生态功能纳入市场交易，如重庆市拓展"地票"生态功能。二是积极推进耕地产业生态化，通过生态农业经营，提高农产品的生态附加值，完善生态农产品认证机制，推进生态农产品市场建设。三是建立健全生态修复制度，推进土地生态修复和耕地复垦。按照谁修复、谁受益的原则，以使用权或者指标的方式激励耕地生态修复。四是推进土壤碳汇价值实现，积极推进碳汇市场发展，探索耕地碳汇项目认定，完善土壤碳汇方法学，实现耕地碳汇价值。

（二）耕地所在生态系统的结构保护是生态保护的基础

1. 高标准农田的建设要注重生态化

党的二十大报告提出，要"逐步把永久基本农田全部建成高标准农田"。党和国家高度重视高标准农田建设，但当前高标准农田建设仅注重产能建设，对生态要素考虑不足，尽管一些地区开始探索生态型高标准农田建设，但一些"生态措施"是否真的生态还存在一定争议。开展生态型高标准农田建设，需要生态学理论和技术支撑，因地制宜做好基础设计。一方面，道路水渠等农业设施的建设要注重生态化，尽量尊重原始格局，减少生态损害，还要充分考虑原生态生物栖息地及生态廊道；另一方面，要注重土壤耕作层的生态保护，充分考虑生态因素，保护好蚯蚓等土壤动物和微生物，提高土壤的可持续利用能力。

2. 采取保护性耕作和轮作休耕保护耕作层

耕地生态过程调控的核心是耕作方式，采取保护性耕作是耕地生态化调控的有效手段。当前国家实施黑土地保护工程，因地制宜推广保护性耕作，但黑土地之外的土地保护性耕作相关技术不够成熟，尚未形成有效的、可推广的保护性耕作模式。一方面，要推广黑土地的保护性耕作模式，保护好耕地中的大熊猫；另一方面，要加强南方酸化土地和北方盐碱地改良，深入研究不同区域适宜的保护性耕作方式与模式，构建全覆盖的保护性耕作体系。党的二十大报告要求"健全耕地休耕轮作制度"。通过休耕轮作能够有效恢复地力，均衡耕地养分利用，能够更好地改善耕地基础地力，促进耕地的可持续利用。

（三）坚持山水林田湖草沙一体化保护和系统治理是方向

1. 强化国土空间规划引领

充分发挥国土空间规划的引领作用，优化农业生产布局，统筹划定并落实"三条红

线"，严格永久基本农田划定，统筹考虑耕地保护与生态保护。首先，要以系统观念做好山水林田湖草沙一体化保护规划，统筹协调各地类之间的关系，以综合效应最大化为导向，宜耕则耕、宜林则林、宜草则草，优化山水林田湖草沙保护格局；其次，要严格保护耕地，科学权衡耕地保护和生态保护，对于生态脆弱区和敏感区的耕地，经过科学论证后，在规划中明确生态退耕等工作的空间与时序。

2. 山水林田湖草一体化整治与生态修复

耕地复垦与生态修复工作要有山水林田湖草一体化的系统观念，不能单纯以增加耕地指标为唯一导向，忽略耕地利用的可持续性，破坏原始生态格局，要坚持系统观念谋全局，尊重原始生态格局，开展系统治理，构建稳定、可持续的区域景观格局。首先，要科学制订规划和计划，根据空间适宜性将耕地作为区域景观格局的一个组成部分进行系统性谋划；其次，要做好后期的管护工作，提高修复耕地的可持续利用能力，尽快形成区域稳定性较高的景观格局。

（四）耕地占补平衡中的生态平衡是抓手

耕地生态占补平衡是耕地生态保护的政策抓手。我国的耕地占补平衡制度在平衡耕地保护和土地利用中发挥了巨大作用，但耕地占补平衡中缺少对耕地生态功能的考量，占用耕地和开垦耕地造成的生态系统功能损失没有得到很好的恢复。条件允许时，在占补平衡中应充分考虑耕地的生态功能损失，尤其是土壤耕作层和微生物多样性的损失。理想状态是占补平衡过程中实现生态功能的平衡，但是实现难度较大，可以以资金的形式对耕地占补平衡中损失的生态价值进行一次性补偿，用于后期长周期的生态治理与修复。

（五）耕地生态损害赔偿是基本要求

对耕地生态损害进行赔偿是耕地生态保护的基本要求。当前耕地损害赔偿制度的执行多以耕地复垦成本为依据，成本核算主要考虑恢复到相应的物理状态，并未考虑耕地生态功能损失，赔偿额度偏低。在未来条件成熟的情况下，耕地损害赔偿应该在恢复基本物理状态的基础上，增加考虑生态功能，对耕作层结构、土壤动物和微生物的损失进行合理评估，纳入损害赔偿，赔偿资金用于耕地生态保护与修复。

基于"两统一"职责的全民所有自然资源资产考核评价基础要点研究[*]

马朋林　郝欣欣　周伟　范振林

习近平总书记指出，健全国家自然资源资产管理体制是健全自然资源资产产权制度的一项重大改革，也是建立系统完备的生态文明制度体系的内在要求。全民所有自然资源资产考核评价，是指在全民所有自然资源资产委托代理机制等自然资源资产管理工作的基础上，全民所有自然资源资产所有人围绕资产保值增值、资产保护和合理利用等工作建立实施机制和指标体系，合理评定受托人代理履行所有者职责、受托自然资源资产变动等情况，客观判定考核结果并建立奖惩机制，以加强对代理人的监督管理，维护国家所有者权益，切实推动"两统一"职责落地。

一、全民所有自然资源资产考核评价的内涵

（一）中央要求

全民所有自然资源资产考核评价工作是党中央提出的命题作文。2019年4月以来，中共中央办公厅、国务院办公厅相继印发《关于统筹推进自然资源资产产权制度改革的指导意见》和《全民所有自然资源资产所有权委托代理机制试点方案》，先后提出要建立科学

---

[*] 本文原载于《自然资源经济参考》2023年第9期。

合理的自然资源资产管理考核评价体系，研究考核内容，构建指标体系、标准和工作流程，适时开展考核评价工作。

建立全民所有自然资源资产管理考核评价体系旨在督促代理人更好地履行全民所有自然资源资产所有者职责，实现自然资源资产的合理配置与高效利用，推动解决自然资源与生态环境领域的突出问题，切实提高自然资源资产管理的有效性，实现自然资源高质量发展。

（二）工作定位

（1）国家治理体系和治理能力现代化的重要保障。自然资源资产管理制度是推进国家治理体系和治理能力现代化的重要环节，考核评价是推动自然资源管理制度体系有效运转的重要监督手段和组成内容，有助于提升自然资源治理能力、加强治理体系建设，进而实现国家治理体系和治理能力现代化水平的提升。

（2）生态文明建设目标考核的重要组成部分。考核评价是自然资源资产所有者监管体系的重要组成部分。开展考核评价不仅能够促进全民所有自然资源资产保值增值，还能够提升自然资源资产开发利用效率，维护自然资源资产质量和生态效益，推动自然资源领域生态产品价值实现，有助于完善社会经济发展评价体系，助推绿色发展和生态文明建设。

（3）实施产权制度改革，统一行使所有者职责的关键抓手。建立考核评价制度是自然资源资产产权制度改革的重要内容，是履行"两统一"职责的重要监督手段和组成部分。根据自然资源部"三定"方案："自然资源部统一行使全民所有自然资源资产所有者职责""开展自然资源利用评价考核"。自然资源所有者权益司职责包括拟订相关考核标准，探索建立考核评价工作体系。

（4）开展委托代理机制试点工作的重要内容。《全民所有自然资源资产所有权委托代理机制试点方案》要求，探索开展全民所有自然资源资产考核评价研究。目前，委托代理机制试点中急需解决的问题之一是所有者考核监督机制不健全。建立健全全民所有自然资源资产管理体系，亟须通过考核评价机制，对代理履行所有者职责的工作成效开展评价、考核、监督，避免发生代理人越位或者缺位等情况。

（三）主要特点

（1）工作内容侧重资产属性。自然资源与自然资源资产既有区别也有联系，自然资源资产源于自然资源，自然资源的功能属性是自然资源资产功能属性的基础。自然资源考核评价与自然资源资产考核评价存在一定的区别，前者主要关注的是基于"监管者权力"的管理行为和资源变动情况，偏重行政监管，范围多为行政辖区全域；后者主要关注的是基于"所有者权利"的履职行为和资产变动情况，更聚焦于所有权行使，范围界定为全民所有部分。全民所有自然资源资产考核评价以衡量代理人履行所有者职责、全民所有自然资源资产管理情况为目标，通过对既定目标完成情况的核查，客观评价自然资源资产合理利用水平和效率，确保资产的保值增值和高效配置。

（2）工作目标突出综合价值评判。企业和行政事业性国有资产考核主要关注考核对象在规定时期内产生的经济效益和社会效益。相比之下，自然资源资产是兼具经济、社会和生态三重属性的复合型资产。确保自然资源资产的保值增值，不仅需要在资产经济价值方面完成保值增值目标，也需要在资产社会效益和生态效益方面实现保值增值。自然资源资产考核评价更全面地关注自然资源资产的总量和质量、资产的经济价值和收益分配、对国民经济和社会发展的保障支撑作用、对生态环境质量的改善，以及自然资源资产保护与利用等内容，是一套涵盖领域广、关注范围大的综合性考核评价体系。

（3）工作任务基于资产管理全链条。现行的考核评价机制大多以结果为导向，通过建立可量化的结果指标体系，定量反映工作成效，完成对考核评价对象的优劣评定。目前，全民所有自然资源资产管理工作处于建章立制阶段。为推进资产管理工作发展和更好地代理履行所有者职责，既有实现资产保值增值方面的考量，也有建立成熟稳定管理制度的预期。考核评价的预期目标，以及自然资源资产管理工作过程的复杂性和成效的相对滞后性，决定了考核评价既要关注资产管理工作的结果，也要及时跟踪资产管理的过程；既要聚焦资产管理链条重要节点的量化结果，也要关注资产管理全链条制度的搭建、衔接和执行，还要跟踪一般环节上的运行成效，实现资产管理点、线、面，过程与结果的全覆盖。

（四）逻辑关系

全民所有自然资源资产保值增值和高效利用，不仅需要建立在自然资源资产本底条件的基础上，也需要强化自然资源资产管理链条上诸如资产调查监测、确权登记、清查统计、核算、资产规划、储备管理、处置配置、收益管理等制度的执行力。资产的量化结果在一定程度上也是资产管理工作的反映，考核评价通过建立指标体系，综合评定资产数量、质量、价值量变动和履职制度执行情况，兼顾数量和过程，综合反映所有者职责履行情况。通过对管理过程的评定，促进管理过程完善，既发挥事后弥补的功能，又实现提前纠偏的预警，最终实现资产保值增值和高效利用的目的，见图1。

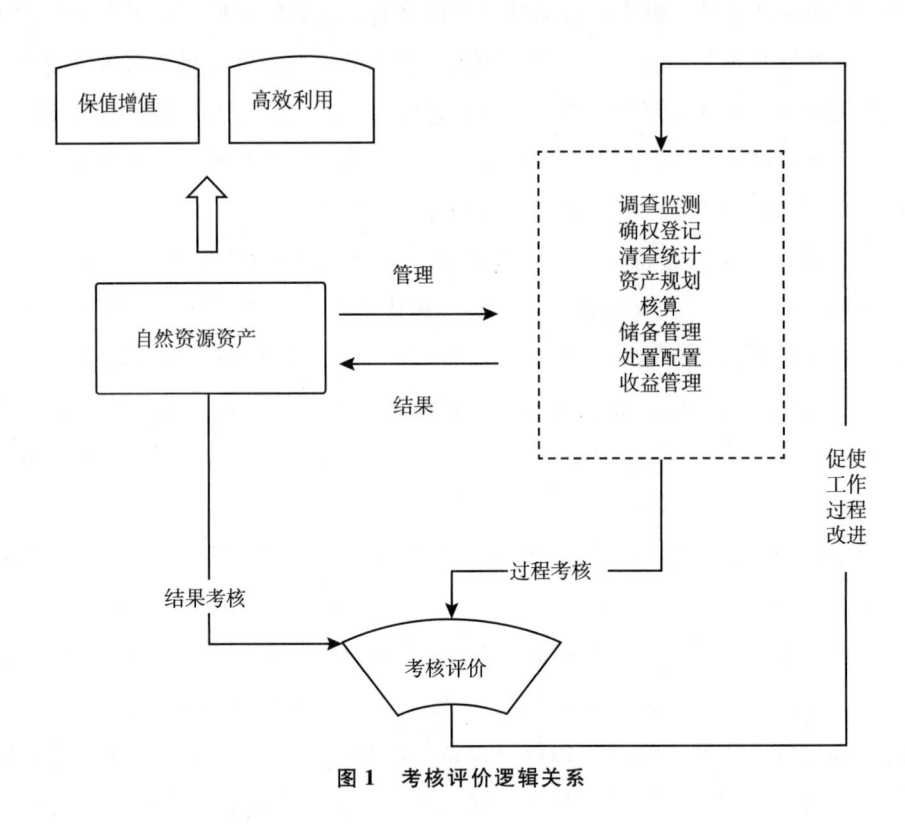

图 1　考核评价逻辑关系

二、国外相关考核评价对比分析

由于自然资源管理体制机制等原因，国外关于自然资源资产管理考核评价制度和实践操作并不多，美国内政部对自然资源管理绩效考核具有一定借鉴意义。

美国内政部设有规划与绩效管理办公室（以下简称"办公室"），对整个部门的方案执行情况进行全面评估，并就如何提高方案执行率和效率向各局和办事处提供咨询意见。此外，办公室还提供支持，帮助确定用于收集证据、评估风险和评估计划效率、有效性和绩效的适当方法。2018～2022年美国内政部年度绩效计划共包含21个目标、33个策略、168个具体指标。根据2021财年报告，美国内政部2022年度绩效指标完成率为67%，本文节选了10个指标，具体如表1所示。

表1 2021财年内政部完成《美国战略计划绩效指标表（2018~2022年）》情况（节选）

序号	任务	目标	战略	关键绩效指标	2021年目标	2021年实际	负责部门
1	保护我们的土地和水	科学管理土地、水和物种以适应环境变化	科学管理土地、水和物种	美国地质调查局土地和水管理研究行动目标完成率（%）	100	100	美国地质调查局
2	保护我们的土地和水	科学管理土地、水和物种以适应环境变化	科学管理土地、水和物种	美国地质勘探局国家水普查基线的完成率（%）	90	90	美国地质调查局
3	保护我们的土地和水	科学管理土地、水和物种以适应环境变化	管理土地、地表水、溪流和海岸线	已达到内政部预期条件的河岸（溪流/海岸线）英里数的百分比（%）	93.5	93.5	美国内政部
4	保护我们的土地和水	确保公共用途和获取纳入土地利用规划程序	通过测绘和土地成像为土地利用规划提供信息	通过国家地质图数据库向公众提供的土地面积覆盖率（%）	54.92	54.83	美国地质调查局
5	利用我们的自然资源创收	确保美国的能源和经济安全	促进石油、天然气、煤炭和可再生能源的开发	煤炭租赁申请处理率（%）	16	61.5	美国土地管理局
6	利用我们的自然资源创收	确保美国的能源和经济安全	促进石油、天然气、煤炭和可再生能源的开发	可供石油和天然气租赁的公共土地面积（万英亩）	2650	2524	美国土地管理局
7	利用我们的自然资源创收	确保美国的能源和经济安全	促进石油、天然气、煤炭和可再生能源的开发	在法定时限内完成勘探开发计划审评比例（%）	100	91	美国海洋能源管理局
8	利用我们的自然资源创收	确保美国的能源和经济安全	促进石油、天然气、煤炭和可再生能源的开发	每百万桶生产的海上石油泄漏量（桶）	2.9	0.11	美国安全和环境执法局
9	利用我们的自然资源创收	重点关注健康森林生命周期木材项目	管理木材和森林产品资源的销售	根据适用的资源管理计划（仅限于俄勒冈州和加利福尼亚州），允许销售的木材数量百分比（%）	100	98	美国土地管理局
10	保护我们的民众和边境	确保内政部执法解决公共安全风险	确保土地公共安全	具有执法人员配备计划的执法机构比例（%）	83	83	美国内政部执法与安全办公室

资料来源：《美国内政部2021财年年度绩效报告》（U.S. Department of the Interior FY 2021 Annual Performance Report），报告共包含绩效指标168项，本表为节选。

（1）考核主体和对象。内政部的绩效考核主体是内政部，评估对象包括内政部自身及其下属机构。依照《政府绩效与结果法案》（GPRA），评估报告接受总统预算和管理办公室审查，考核结果向总统、国会和公众报告。绩效考核结果除用于支持国会决策、提高政府公信力、改进自身管理、向公众公开外，还用于预算资源的分配。

（2）考核指标。指标既有数量指标也有相对指标。数量指标主要分为两类：一类用于表示规模和时间，如生活在符合要求流域范围内的人数、主要通行权申请签发的平均时间；另一类用于表示变化量，如通过自然资源获得娱乐教育人数的增加值。相对指标主要包括三类：一是表示进度，如项目的完成率；二是表示某种情况的占比；三是表示变化率。美国内政部绩效评估以美国内政部战略规划为基础，因此指标体系也会随着战略规划的调整而不断调整。在同一战略规划期，年度绩效评估指标也会根据情况进行调整。

三、国内考核评价对比分析

（一）相关领域考核评价体系概况

当前，在生态文明、自然资源和国有资产领域，我国已基本构建了多层级、多门类的考核评价体系，但未建立完整的全民所有自然资源资产考核评价制度。生态文明领域涉及的考核评价主要包括生态文明建设目标评价考核、污染防治攻坚战成效考核等；自然资源领域相关专项考核评价包括耕地占补平衡、耕地保护目标责任考核等；企业国有资产领域考核评价包括中央企业负责人经营业绩考核等。

此外，有些地区先行探索，建立了本地区自然资源资产考核评价制度，但深入分析发现，考核评价制度的实质仍为自然资源管理考核评价，对所有权行使和资产管理聚焦不够，见表2。例如，浙江省湖州市开展自然资源资产保护与利用绩效考核评价，主要以自然资源资产负债表为基础，通过评价指数的形式，反映自然资源保护、开发利用和生态环境改善的绩效及变化。

表2　　　　　　自然资源和国有资产领域考核评价体系对比（部分）

类别	制度	实施主体	对象	客体	方式
生态文明类	美丽中国建设评估指标体系	第三方机构（中国科学院）	全国31个省、自治区、直辖市	资源、能源利用、环境质量等领域	以5年为周期开展2次评估
	生态文明建设目标评价考核办法[①]	党中央、国务院考核，中共中央、国务院组成部门实施	省级党委和政府	资源、能源、环境等领域	年度评价+期末考核（五年）
	绿色发展指标体系	国家统计局、国家发展改革委、生态环境部会同有关部门	省级党委和政府	资源、环境、生态、绿色生活、公众满意程度	年度评价

续表

类别	制度	实施主体	对象	客体	方式
自然资源类	国家公园评价考核规范	国家公园管理局	国家公园	国家公园管理、建设、保护、自然禀赋、生态资产	年度考核+阶段评价（五年）
	耕地占补平衡考核办法②	自然资源部	依法批准占用耕地的非农业建设用地补充耕地方案	耕地占补平衡工作	年度考核
	湖州市自然资源资产保护与利用绩效评价考核	湖州市	市管辖县（区）	自然资源资产保护与利用	年度考核
	地方党政主要领导干部自然资源资产离任审计评价	审计署	地方党政主要领导	任期内考核	任期结束
	省级政府耕地保护责任目标考核办法	国务院考核，自然资源部会同有关部门实施	省级政府	耕地保护工作	年度自查+期中检查+期末考核（五年）
企业国有资产类	中央企业负责人经营业绩考核办法	国资委考核分配工作领导小组	中央企业负责人	央企经营数据、社会责任履行情况	年度考核+任期经营业绩考核（三年）

注：①2020年11月中共中央组织部印发的《关于改进推动高质量发展的政绩考核的通知》，建立了高质量发展政绩考核体系，纳入了《生态文明建设目标评价考核办法》内容。②自2019年7月24日起，《耕地占补平衡考核办法》废止。

（二）相关领域考核评价内容分析

1. 美丽中国建设评估指标体系

（1）评估对象。全国及31个省、自治区、直辖市。

（2）评估主体。第三方机构（中国科学院）。

（3）评估方式。由第三方机构（中国科学院）确定美丽中国建设评估指标体系各指标的权重系数，制定美丽中国建设进程评估技术方法，对照阶段性目标值，计算美丽中国建设综合指数。以2020年为基年，每5年为周期开展2次评估。其中，结合国民经济和社会发展五年规划中期评估开展1次，五年规划实施完成后开展1次。

（4）评估内容。美丽中国建设评估指标体系包括空气清新、水体洁净、土壤安全、生态良好、人居整洁5类指标，分类细化指标22项。其中，评估目标由自然资源部、生态环境部、水利部、农业农村部、国家林业和草原局等根据工作职责，综合考虑我国发展阶段、资源环境现状，对标先进国家水平，分阶段提出 2025 年、2030 年、2035 年美丽中国建设预期目标。

2. 生态文明建设目标评价考核

（1）考核对象。各省、自治区、直辖市党委和政府。

（2）考核方式。根据考核办法，按照"年度评价＋目标考核"的方式开展。实行生态文明建设年度评价（以下简称年度评价）和生态文明建设目标考核（以下简称"目标考核"），每年开展一次年度评价（8月底前），每个五年规划期结束后开展一次目标考核（9月底前）。北京市在年度评价和目标考核的基础上增加中期评估。

（3）考核主体。由中共中央办公厅、国务院办公厅组织，具体工作由国家发展改革委、生态环境部、中央组织部会同国家统计局等部门通过建立生态文明建设目标评价考核部际协作机制予以实施。

年度评价由国家统计局、国家发展改革委、生态环境部会同有关部门实施；目标考核工作由国家发展改革委、生态环境部、中央组织部牵头，会同财政部、自然资源部、水利部、农业农村部、国家统计局、国家林业和草原局等部门实施。

（4）考核内容与指标体系。年度评价按照《绿色发展指标体系》实施，主要评估各地区资源利用、环境治理、环境质量、生态保护、增长质量、绿色生活、公众满意程度等7个方面（一级指标）的变化趋势和动态进展，涵盖56个二级指标，生成省级绿色发展指数。

根据《生态文明建设考核目标体系》，目标考核主要包括国民经济和社会发展规划纲要中确定的资源环境约束性指标，以及党中央、国务院部署的生态文明建设重大目标任务完成情况，突出公众的获得感。由资源利用、生态环境保护、年度评价结果、公众满意程度、生态环境事件五大目标类别的23个子目标组成。

3. 中央企业负责人经营业绩考核

（1）考核对象。中央企业负责人，经国务院授权由国务院国有资产监督管理委员会履行出资人职责的企业（以下简称"企业"）中由中央或者国资委管理的人员。

（2）考核主体。国务院国有资产监督管理委员会。

（3）考核方式。根据国有资本的战略定位和发展目标，结合企业实际，对不同功能和类别的企业，突出不同考核重点，合理设置经营业绩考核指标及权重，确定差异化考核标准，实施分类考核。年度经营业绩考核以公历年为考核期，任期经营业绩考核以3年为考核期。

（4）考核内容。对主业处于充分竞争行业和领域的商业类企业，重点考核企业经济效益、资本回报水平和市场竞争能力。

对主业处于关系国家安全、国民经济命脉的重要行业和关键领域、承担重大专项任务的商业类企业，对服务国家战略、保障国家安全和国民经济运行、发展前瞻性战略性产业情况进行考核，保证合理回报和国有资本保值增值。

对公益类企业，支持企业更好地保障民生、服务社会、提供公共产品和服务，考核产品服务质量、成本控制、营运效率和保障能力。

（三）相关领域考核评价体系特点

（1）侧重行政考核，以各级党委或政府为主。梳理上述考核评价工作可以发现，绝大多数属于行政类考核评价，关注的工作内容多为行政管理职责执行情况。因此，这类考核评价的实施主体多为各级党委或政府。细分来看，中央层面的考核评价根据实施主体分为两类：第一类是由党中央、国务院组织，具体由党中央、国务院组成部门实施；第二类是由中央或者国务院组成部门单独实施或牵头实施。省、市级考核评价根据实施主体的不同可以参照国家级考核进行分类。

（2）考核评价对象多以政府为主。考核评价对象大部分是面向省、市、县各级党委、政府，仅有部分考核评价制度例外，例如，《耕地占补平衡考核办法》对依法批准占用耕地的非农业建设用地补充耕地方案的落实情况进行考核评价，《中央企业负责人经营业绩考核办法》的考核对象为中央企业负责人。一般的考核评价只针对确定的某一类考核对象，没有将多种考核对象统一纳入同种考核评价制度，但《深圳市生态文明建设考核制度（试行）》同时考核区级政府、市直部门及重点企业，实现了考核评价对象的多元化。

（3）考核评价方式多样，没有统一定式。梳理分析中央和地方已开展的考核评价工作领域、目标设计和具体实施方式，发现没有统一的定式，大致可细分为三类：第一类是年度考核评价模式，即每年上半年开展一次针对上一年度的考核评价；第二类是年度评价与期末考核相结合的模式，这类考核评价以五年规划为周期实施，主要是国家层面开展的考核评价工作；第三类是年度评价、期中评估、期末考核模式，这类考核评价设计的目的是及时掌握考核评价期内相关工作任务的阶段性进展情况，研判后续发展形势，及时调整任务目标，如省级政府耕地保护责任目标考核等。

（4）指标目标值设置分"自下而上"和"自上而下"两类。目前，考核评价的指标目标值设置方式主要分为两类：第一类是由考核对象在考核初期提出考核指标目标值建议，考核部门审核后与其签订责任书，依据责任书完成情况确定考核结果，如中央企业负责人经营业绩考核。第二类是在考核期初，由考核部门提前制定并下发考核方案或考核控制目标；在考核期末，考核对象按照考核方案或考核目标开展自查，考核部门结合自查报告、重点抽查、现场检查等情况综合确定考核结果,如生态文明建设目标考核评价等。

（5）指标以定量为主,结果与干部任免和绩效考核等挂钩。目前考核评价工作大都采用百分制评分法,依据指标权重采用指标赋分的方式,综合确定考核评价得分,并按照四级（优秀、良好、合格、不合格）、三级（优秀、合格、不合格）等划分法确定。大部分考核评价设置约束性指标或条件,根据约束性指标完成情况进行扣分或降档处理。超过一半的考核评价将结果作为领导干部综合考核评价、干部奖惩任免的重要依据,并按照考核评价等级进行通报表扬、通报批评、约谈、限期整改、责任追究等。也有部分考核评价提出更加具体的奖惩措施,例如,在相关专项资金上予以倾斜,在相关项目安排上优先予以考虑,扣减专项资金、整改期间暂停相关审批等。

四、建立考核评价机制的基础问题

（一）考核评价机制的设计机理

（1）从自然资源资产所有者角度界定考核内容为全民所有。立足全民所有和自然资源资产两个要素,站在所有权和所有者维度,界定考核评价内容。区分行政管辖角度,只关注自然资源资产中全民所有部分,切分集体所有、个人所有。从所有者视角设置指标,重点关注全民所有自然资源资产实物量和价值量变动,以及所有者职责代理履职成效等方面。

（2）从资产委托角度设置实施主体为委托人。依据《中华人民共和国民法典》《中华人民共和国物权法》等相关法律法规,参考《省级政府耕地保护责任目标考核办法》《实行最严格水资源管理制度考核办法》等制度的技术逻辑,根据"谁委托、谁考核"的原则,由委托人组织考核评价事宜。在实施过程中,具体工作可由委托人实施或授权相关机构实施,组织实施者按照要求向委托人报告结果。

（3）从资产代理人角度搭建工作结构为分层实施。在全民所有自然资源资产管理架构中,履职机构多为省、市级人民政府。虽然省、市级人民政府代理内容为履行民事的所有者权利而非行政监管权力,但是实际操作运行中仍具有行政层次性。在结构方面,考核评价采用分层实施、分级授权的方式,对不同层级代理履行所有者职责的主体进行评定,兼顾效率和成效。

（4）从资产属性角度设定指标为统一标准、区域调节。由于自然资源禀赋的空间差异性，导致自然资源资产的经济、社会、生态功能和管理工作重心具有区域差异。为了使不同地区的结果具有可比性，考核评价的指标体系和工作标准应在全国范围内统一。同时为兼顾地区差异，确保结果的合理性和可信度，在同一指标体系下，在条件完备、时机成熟时，探索按照区域化差异分别设置不同地区指标预期值和约束值，有区别地统一考核。

（5）从考核目的角度将结果应用到自然资源资产管理工作。考核评价工作的目的在于激励、引导和改进管理，而非简单的惩罚警示。在考核评价结果应用方面，既要对结果优秀的地区进行奖励，也要对发现问题的地区进行相应的处罚。以结果为导向，通过发现问题和改进工作中的不足，以及奖励优秀推广经验，全面完成考核评价的主责使命，促进实现全民所有自然资源资产保值增值、合理配置和高效利用的目标。

（6）从管理发展角度设计工作步骤为多阶段。建立全民所有自然资源资产考核评价体系是一项系统性和长期性工作。完备的考核评价体系需要建立在成熟的自然资源资产规划、资产统计、价值核算和损害赔偿等工作的基础上。基于自然资源资产管理工作现状及当前工作规划，分阶段、有重点地推进考核评价体系的构建。根据自然资源资产管理工作发展规划和各阶段工作重点，科学设置近期、中期、远期等三个阶段的工作目标。在前期，探索试点，先行积累经验；到中期，搭建体系，全国验证完善；至后期，成熟运行，全面维护权益。

（二）考核评价指标的构建原则

（1）坚持定量与定性相结合。考核评价既关注过程，又聚焦结果。对制度建设、制度执行、工作落实等履职工作进展情况以定性衡量为主。对资产变动、资源效率等内容以定量评价为主。

（2）坚持共性与特性相结合。考核评价应反映所有者职责履行和资产管理过程中的共性问题，也应根据不同资源资产属性，体现分门类资源资产的特性和地区、空间差异性问题。

（3）坚持正向与负向相结合。考核评价应聚焦所有者职责履行和资产管理工作中出现的问题和不足，也要关注考核对象创造和探索形成的优秀成果。通过正负两类指标，对形成的正面成效加分、负面结果扣分，全面评定工作成效。

（4）坚持客观性。考核评价以客观性评价为主，真实反映资产管理中的关联与因果，合理区分自然与人为因素、正常与异常因素，全面、科学、准确、权威、有层次地展现资产管理水平。

（5）坚持可操作性。考核评价中应直接使用各级自然资源资产管理工作中产生和涉的数据，确定全民所有范围，确保数据准确、权威，减少二次计算带来的不确定性，保障数据有渠道、方法有共识、过程可校核、结果可验证、操作好上手。

（6）坚持可比性。考核评价应充分考虑自然资源资产的空间差异性和地区发展水平，保持指标体系相对稳定、全面系统，计算结果直观清晰。保证在横向上不同对象之间、在纵向上同一对象不同时期的结果能够进行比较和判定。

（三）考核评价指标的远期构建思路

依据上文所述的"六项逻辑"和"六项原则"，在远期自然资源资产管理制度、数据管理和信息化平台建设运行成熟的基础上，按照统一框架、围绕重点、体现不同类型自然资源资产管理特点的理念，探索从两种思路构建全口径和全覆盖的指标体系。

第一种思路，是聚焦所有者职责内涵，从"主张所有、行使权利、履行义务、承担责任、落实权益"角度设置指标。

第二种思路，是聚焦所有权法律内涵，从"占有、使用、收益、处分"角度设置指标。

继而聚焦重大决策部署，体现区域差异，兼顾激励约束机制，按照两种思路，分别采取"综合＋单门类"的方式进一步细化指标。

（四）考核评价中需要关注的问题

（1）考核评价与其他资产管理工作的关系。国有自然资源资产管理情况的专项报告、自然资源督察、生态环境保护督察等是自然资源领域已开展多年且较为成熟的工作。全民所有自然资源资产考核评价与上述工作具有密切的关联。考核评价工作的组织实施、数据获取、结果应用等与上述工作既有时间上的链接，也存在部分重叠。要在设计考核评价机制时保证工作的衔接性，充分利用已有工作的成果，避免同一主体重复工作，减轻地方政府工作负担，提高工作效率。

（2）考核评价与自然资源领域其他考核的关系。全民所有自然资源资产考核评价与领导干部自然资源资产离任审计、国有自然资源资产管理人大监督评价、耕地保护目标责任考核等自然资源领域的考核工作在考核客体、组织结构、关注内容等方面具有相似性。此外，为不断增强督查检查考核工作的科学性、针对性、实效性，切实减轻基层负担，近年来党中央、国务院发文，要求同类考核事项可进行合并以降低重复考核。在此背景下，要突出考核评价工作的定位、特点和不可或缺性，保证考核评价工作可落地、可实施。

生态产品价值实现经济关系及运行规律[*]

范振林　郭　妍　厉　里　马朋林

习近平总书记高度重视生态产品价值实现机制建设。党的二十大报告中提出"建立生态产品价值实现机制"。"生态产品"作为我国生态文明建设的产物，在"绿水青山"与"金山银山"之间搭建起桥梁，能够实现经济、社会和生态价值增值，达到要素供给与生态环境保护协同推进。自然资源部作为生态产品的供给主体，既是制度供给者和资产管理者，更是探索生态产品价值实现路径，赋能生产、增值和价值实现的主力军，在生态文明建设中具有源头和核心支撑作用。

国土空间规划、生态保护修复、确权登记、自然资源资产核算、损害赔偿等自然资源管理工作，都与生态产品的生产、分配、交换（交易）和价值实现等环节密切相关，这为生态产品的生产和价值实现及增值提供最基本的物质条件和空间保障。

一、生态产品投入产出及其价值实现

（一）生态产品概念及分类

随着对人与自然关系认知的进一步深化，"生态产品"的概念在我国应运而生。国外没有生态产品这一概念，与之相似的是学术领域的生态系统服务（ecosystem services）。

---

[*] 本文原载于《自然资源经济参考》2023年第11期。

"生态产品"正式被官方文件提出，始于 2010 年的《全国主体功能区规划》。该规划将重点生态功能区提供的水源涵养、固碳释氧、气候调节、水质净化、保持水土等调节服务定义为"生态产品"，与农产品、工业品有所区别。此后，"生态产品"相继出现在党的十八大报告、十九大报告、二十大报告中，习近平总书记更是在多次会议及调研过程中发表讲话，要求积极探索推广绿水青山转化为金山银山的路径。2017 年印发的《关于完善主体功能区战略和制度的若干意见》首次提出了"生态产品价值实现"的概念和具体要求，浙江省丽水市、江西省抚州市先后成为国家生态产品价值实现机制试点地区。自然资源部也相继开展了山东等六省（市）十个地区自然资源领域生态产品价值实现试点工作。

经过多年理论研究与实践探索，生态产品的概念深入人心，但关于概念的界定仍各有侧重。综合现有研究成果，为更好理解生态产品的形成过程及机理，提出生态产品是生态系统结构和功能连同其他投入对人类福祉的贡献。在联合国千年生态系统评估及后续研究的基础上，生态产品重点研究最终生态产品，而不再包括授粉、土壤形成等中间产品。根据生态产品的典型特征可以明确其与自然资源资产的区别与联系，自然资源资产与生态产品都具有稀缺性、有用性，但产权明晰方面有明显差别：自然资源资产产权明确，而部分生态产品产权界定不清。此外，自然资源资产侧重生态系统存量，而生态产品是生态系统供给的服务，属于流量概念。

在管理语境下，生态产品是标准化的生态系统服务，通过标准化、定量化、商品化，生态系统及其他投入所供给的生态产品的价值更为容易实现（见图 1）。

目前，国内相关标准及指南大多将生态产品分为三类：第一，物质产品，如食物、中草药、原材料、淡水、纤维等；第二，改善生存与生活环境的调节服务产品，如水源涵养、固碳释氧、土壤保持、水质净化、洪水调蓄、病虫害防治、气候调节等；第三，提升生活质量的文化服务产品，如休闲娱乐、知识获取和自然美学体验等文化服务。

（二）生态产品典型特征

生态产品具有如下特征：一是来源多样，生态产品来自生态系统，包括森林、草地、湖泊、河流、海洋等自然生态系统，以及农田、园地、城市绿地等人工或半人工生态系统；二是能支撑或改善人们生产生活的环境条件，能够增进人类福祉，提升人们的生活质量，如为人们提供食物、氧气、水资源、调节气候、调蓄洪水，以及精神健康、自然教育、生态旅游等生态产品；三是能支撑经济社会高质量发展，为工农业生产提供原材料，或保障生产活动的正常开展，如水资源、水电、木材、基因资源等生态产品；四是生态产

图 1 生态产品概念模型

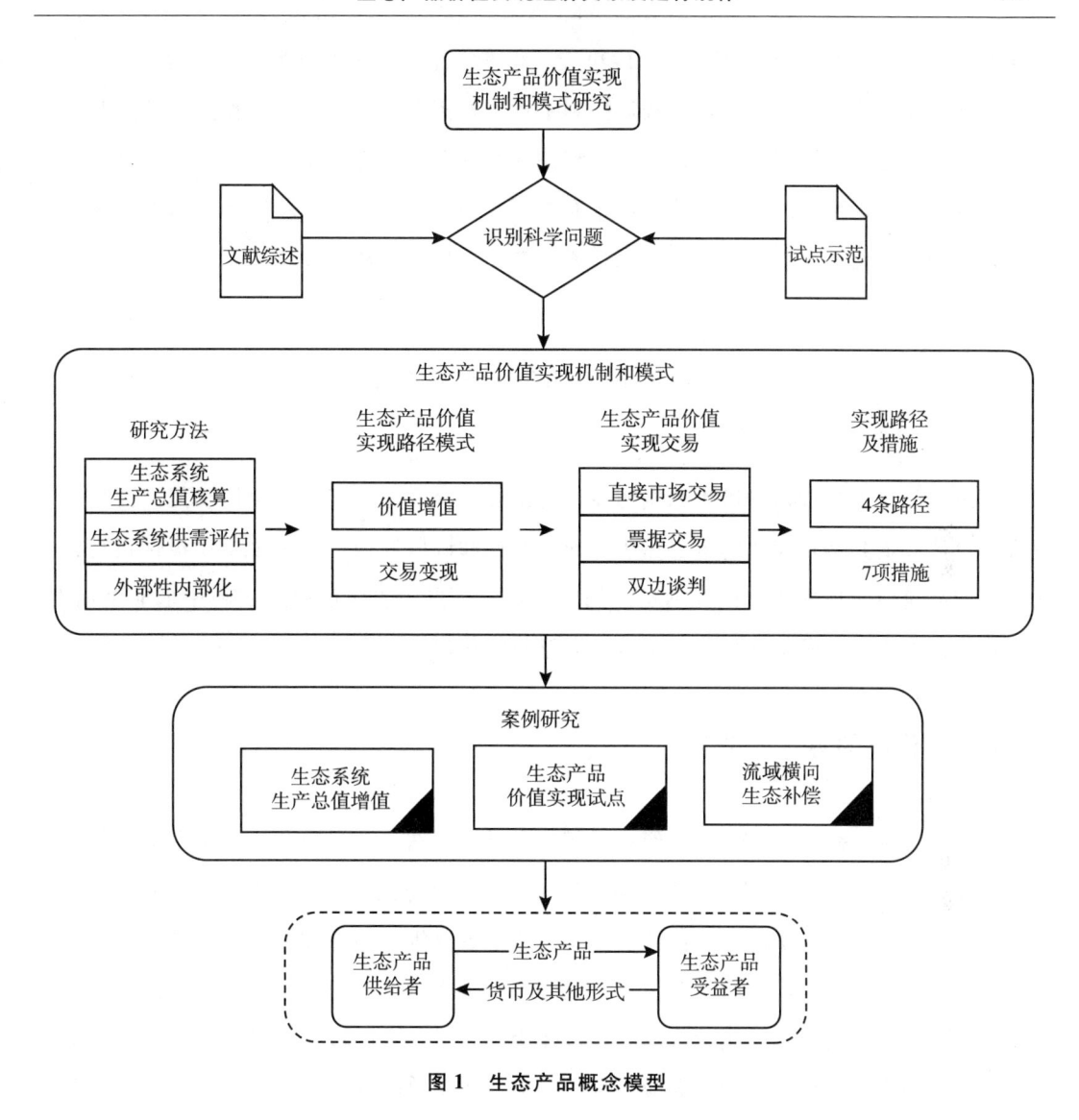

品具有消费的非排他性、非竞争性，如空气净化、洪水调蓄等；五是大多数生态产品的功能量可以量化核算，如生态系统提供的水资源量、保持土壤的量，并可以进一步借助经济学和统计学方法用货币值表达生态产品的价值量；六是时空差异性明显，不同生态系统、不同时间段、不同区域的生态产品在数量、质量等方面存在明显差异。

（三）生态产品价值实现

当前，我国产品高价、资源低价、生态无价的不合理价格体系依然存在，为反映生态产品的"真实"价值，制定更加科学的决策，生态产品价值实现成为理论与实践的研究重点。生态产品价值实现，是要通过政策机制干预，发挥产权和要素保障作用，调整利益相关方利益分配方式，以保障生态系统的完整性和原真性。生态产品价值实现主要是发挥市场配置资源的决定性作用和更好地发挥政府主导作用，侧重降低或减少导致市场失灵的影响因素，例如，外部性、公共物品、交易成本高、信息不对称等。

二、生态产品形成中的经济关系和价值规律

生态产品价值实现是推进生态文明建设的重要内容，是落实国家主体功能区规划、建设人与自然和谐共生现代化的重要抓手。通过案例和调研发现，各级政府积极性很高，但对生态产品价值实现的整体把握不足，仍然以点状试点为主，没有在实践中形成全面性、常态化的工作方案，亟待在理论与实践层面进行深化研究。

（一）价值的界定与分类

生态系统生产总值（GEP）已经有了相对科学的评估方法及规范，但金融机构等市场主体对显化"价值"的认可度不高，亟待明确整体与个体的区别与联系。生态系统生产总值与单一生态产品价值实现在价值评价体系、实现方式等方面存在明显差异。基于功能价格法、当量因子法、生产函数法等方法的传统生态系统生产总值核算属于使用价值范畴，用于评价生态系统对人类效用的多少，可以作为是否对特定区域生态系统进行开发的决策依据，是目前生态系统评价的主要应用场景；而要实现单一生态产品或服务在利益相关方之间的交易，需要基于方法学实现生态产品的产品化，并建立以交换价值为基础的交易机制，比如用水权、碳排放权、雨水信用等。单一产品化的生态产品价格可以借鉴我国自然资源资产核算工作常采用的市场法、收益法或成本法。

生态系统生产总值以福利经济学为理论基础，适用于生态效益评价；而交换价值适用于生态产品价值的外部性内部化。以空气净化功能为例，特定区域可以选择采用污染物排放量或空气净化能力作为实物量，运用替代成本法核算生态系统对二氧化硫、氮氧化物、烟粉尘等污染物的净化价值，但价值转化存在障碍。要实现空气净化的价值，可以结合目标总量法、容量总量法确定允许排污总量，完成初始分配后允许利益相关方在二级市场交易排污配额。参与主体可以权衡减排成本与配额价格作出交易决策。

（二）生态产品价值实现路径

将生态产品价值融入多元主体的决策，在经济社会生产、生活中予以体现，促进人与自然和谐共生，需要机制创新加以引导，更需要将生态产品作为要素参与分配与再分配，这对于重点生态功能区等欠发达地区实现绿色崛起尤为重要。但政府转移支付、生态保护补偿、权属交易、生态环境损害赔偿等都是利益的再分配，地方政府仅以"输血"方式维持生态改善、经济社会发展、民生福祉提升属于"靠天吃饭"，会陷入人口外流和经济衰退的恶性循环。所以生态产品价值实现在强调政策创新的同时，更要推进产权运用和要素产业化进程，增强发展内生动力，突出"政策+产业"全链条式的生态产品价值实现路径。

1. 生态产品价值实现政策工具

政策工具是扭转市场失灵、发挥有为政府和有效市场作用的关键。政府与市场发挥各自在政策制定、配置中的作用，确立新的分配、再分配利益方式。

（1）政府规制。规制是世界上大多数国家限制规模的主要政策工具。规制的应用领域可分为生态空间占用、资源利用、环境容量利用。以生态空间占用为例，生态空间占用主要通过划定生态保护红线、设立各类自然保护地等保护生态系统的完整性、原真性。重点生态功能区、禁止开发区域的划定是典型的政策应用。

（2）税费征收。在理想情况下，价格机制作用下的社会生产可以达到均衡状态，但市场并不能很好调节具有负外部性的生态产品的供给，需要征收税费刺激供给方或需求方对生产、需求作出调整。如庇古税是负外部性内部化的典型工具，要求征收税额等于边际外部成本的税。除了缴纳环境保护税，企业还要承担减排成本，要对污染造成的生态环境损害进行赔偿。自然资源领域通过征收耕地占用税、城镇土地使用税、耕地开垦费、森林植被恢复费等实现负外部性内部化。

（3）补贴。补贴是对供给具有正外部性生态产品成本或收益的支付，关键是要建立起供给方与受益方之间的时空关联。对于影响范围界定清晰、利益相关方明确、直接受益方诉求明确的情况，可以通过协商谈判等推进土地流转、生态修复、共建产业园等直接受益人支持的生态保护补偿项目；而对于影响范围大、利益相关者众多的情况，需要政府代表土地所有者进行转移支付或者同级政府间协商解决，比如退耕还林、流域横向生态保护补偿等。

（4）许可证交易。许可证交易是对可以分配的生态空间占用资源及环境容量总量的配置，适用于取水权、碳排放权、排污权等交易。规模总量限定后，许可证或配额可以拍卖或免费发放。供分配的配额具有产权意义，配额的所有者拥有了生态系统污染物净化能力限额或资源使用权。

（5）生态认证及供应链管理。在生态系统服务付费中，生态产品的供给者通常比受益者更了解供给成本、所用技术等信息，从而获得信息租金。而生态有机产品、生态旅游除了提供物质产品和第三方服务，还提供调节服务，这同单一的生态系统服务付费不同，需要向消费者传递这一信息，以促进优质生态产品的供给。例如雨林联盟认证咖啡、森林认证、中国农产品"三品一标"等。

政策工具的设置是为解决特定的资源环境问题，但现实情况远比理论更为复杂。所以在不同尺度、领域的实践中需要具体问题具体分析，采用复合型政策以提供系统解决方案。

2. "政策+产业"传导机制

民生改善、生态向好既需要政策引导，更需要多元主体积极参与、统筹推进。这是基于财富是劳动、资本、生态产品等要素在社会再生产过程中实现价值增值，从而带动自然的再生产过程。但各地政策落实不到位，土地承包经营权、碳汇、排污权等交易量维持低位，尚需要地方城市投资公司等主体在资产打包、招商引资等方面助力，方能进一步活跃市场，增加市场参与方收益。为建立"政策+产业"传导机制，需要推进两方面工作：

（1）培育产权市场参与主体。开展生态修复、生态农业、生态旅游的企业也是现代化经济体系的重要组成部分，尤其是小农户和农村经济合作社等群体。通过投资补助、贴息贷款等优惠政策，依托专业大户、家庭农场、合作社等新兴经营主体发展林下种养、特色产业、旅游休闲，把物质产品、文化服务等产品"捆绑"经营，获得合理收益。

（2）加强特色多元化价值导向。加强顶层设计，理顺市场主体相关权利与义务。在不影响生态系统完整性的前提下，按照社会化和市场化理念，进行全产业链条多元化综合式设计，推动生态要素向生产要素、生态价值向经济价值转化，促进生态保护与经济社会发展良性循环。建立生态产品产业项目库，加强同科研院所、金融机构的对接，在技术研发、金融政策、数据平台等方面同步推进，强调区域协作，避免同质化、低效竞争，为提升区域竞争力、增进民生福祉贡献力量。

3. 生态产品价值实现路径及业态分类

综上所述，按照"政策+产业"全过程的生态产品价值实现路径理论，本文总结了生态产品价值实现路径及业态分布，基本覆盖了所有的生态产品及其价值实现形式（见表1）。

表 1　　生态产品价值实现具体路径及模式

生态产品类型	生态产品表现形态	经济价值实现路径	生态产业开发模式
物质产品	农产品	直接市场交易	销售优质种植产品，如粮食、蔬菜、水果等
			打造特色农产品，如黄山毛峰、平谷大桃、吐鲁番葡萄等
			开发休闲农业，如采摘园经营、农耕乐园体验、小菜园认养等
		精深加工	对果蔬、粮食等食品就地进行加工酿造，促进产业增值，如酱菜、豆腐、果蔬汁、酿酒、果蔬粉、脱水蔬菜、果蔬脆片等
	牧产品	直接市场交易	销售优质鲜活畜禽产品，如走地鸡、柴鸡蛋等
		精深加工	畜禽产品生制或熟制精深加工生产等
	渔产品	直接市场交易	销售优质鲜活水产品，如密云水库鱼、千岛湖大鱼头等
			开发"渔旅"项目，如养鱼体验、垂钓娱乐等
		精深加工	通过生制或熟制方式进行水产品精深加工生产等
	林产品	直接市场产品交易	销售苗木
			采集销售森林食品，如林下菌类、林下药材等
			开发林木花卉观赏项目
			开发木本粮油种植产品，如板栗、核桃等
		精深加工	林副产品精深加工等
调节服务	固碳	碳汇市场交易	以碳汇产品为代表的权益类产品交易；适度发展对所在区域水质、土壤、空气、气候等地域资源及自然生态环境有着天然依赖性和严格要求的加工业；引入环境敏感型制造业
			发展康养旅游业等
		依托产业载体间接实现	
		生态补偿	
	水源涵养	水权交易	
		依托产业载体间接实现	大都不具备有形的物化形态，具有明显的产权依附、产品依附和价值依附特征
		生态补偿	
	水体净化	水权交易	
		依托产业载体间接实现	
		生态补偿	
	土壤保持	依托产业载体间接实现	
		生态补偿	大都不具备有形的物化形态，具有明显的产权依附、产品依附和价值依附特征，生产消费要依附第一、第二、第三产业
	气候调节	依托产业载体间接实现	
		生态补偿	

续表

生态产品类型	生态产品表现形态	经济价值实现路径	生态产业开发模式
调节服务	洪水调蓄	依托产业载体间接实现	大都不具备有形的物化形态，具有明显的产权依附、产品依附和价值依附特征，生产消费要依附第一、第二、第三产业
		生态补偿	
	释氧（负氧离子）	依托产业载体间接实现	
		生态补偿	
	空气净化	依托产业载体间接实现	
		生态补偿	
	交通噪声削减	依托产业载体间接实现	
		生态补偿	
	防风固沙	依托产业载体间接实现	
		生态补偿	
文化服务	景观增值	商品房租、售交易溢价	依托优美自然环境开发商业房地产项目的出租、销售等
		酒店客房景观溢价	进行酒店、民宿等项目的经营开发等
	旅游康养	通过项目建设和开发等方式对自然风光、民俗文化资源挖掘打造，获取市场交易收益（如门票、交通、餐饮、住宿等）	依托优美自然风光、古村落文化等适度开发旅游景点项目，塑造品牌建设引流，打造多业态产业链等
			借助自然环境优势，搭建娱乐设施、打造主题乐园、开发生态研学项目等
			打造康养项目等
	休闲游憩	直接依托自然风光、田园文化、历史建筑等资源优势产生市场收益	以看山、看水等为主的观光活动等
			登山徒步、体育赛事举办等
			户外亲子体育拓展等

（三）生态产品价值实现的经济关系

生态产品是人类从生态系统获得的惠益，与人类安全、基本物质需求、健康良好的社会关系、社会主要矛盾和各利益主体生产活动等息息相关，但在决策功能上存在差异（见表2）。

表2　　　　　　　　　　利益相关方决策与功能

利益相关方	角色与定位	功能
政府	主导	政策制定、规划、监管、财政转移支付
企业	参与	从事生态产品生产、分配、交换、消费，包括生态修复、生态种养、生态文旅等

续表

利益相关方	角色与定位	功能
非政府组织	参与	引入新模式、新经验
集体和土地承包权人	参与	生态种养、生态文旅
个人	参与	绿色生产生活

1. 经济主体

生态产品的投入产出涉及的经济主体包括政府、企业、个人等。由于生态产品具有公共性或准公共性特征，政府应当承担起生态产品供给的责任。但政府并非生态产品的生产者，而是作为资源所有者或供给者之一，附加公共管理者职责，可制定政策文件规范生态产品供给市场并进行监管，利用生态补偿机制等鼓励生态产品产出，进行基础性环境修复投入等。企业的营利性质使其更加注重产品投入与产出的比例，供给生态产品方面具有政府不可比拟的高效性。企业作为投资者，可通过生态产品实现经济效益目标，并由排污费等间接反映环境价值，将生态产品的非使用价值以价格形式固定，促使企业为增收选择更为清洁安全的节能减排方式。

个人可作为部分生态产品的供应者与消费者。通过政府的税收优惠或补贴政策引导，个人会更倾向于产出或消费生态产品。

2. 投入产出

由于自然环境价值的特殊性，很难将其看作单独的经济单位，环境往往被认为是被动的经济投入者。生态产品将环境的被动投入转化为主动投入，通过产品认证（如生态原产地保护产品认证）、排放权和用能权交易、市场交易、产业化经营等方式产出，获得相应收益。在禁止开发活动的条件下，通过转移支付、政府购买等生态补偿形式间接实现生态产品价值。因此，在实践中将生态环境作为某一经济类型的促进者或者价值增加者，更易于对投入产出关系进行评估与概算。当生态产品获得的收益受益人为某一经济部门时，其投入可直接算作部门收益，以收益为基准进行分配，否则就将视为社会福利（通常发生在受益人是个体家庭时）。

（四）价值规律

由于自然资源物质类产品和生态文化服务产品更容易具备商品化条件，因此，其价值实现路径以市场化路径为主。从本质上看，通过市场机制实现生态产品的价值，就是将自然资源创出的产品实现买与卖的过程，实际上就是使得自然资源经过购买、生产和销售阶段实现价值创造和增值的过程。

首先要解决哪些自然资源能够进入价值增值过程，也就是自然资源的商品化问题。按照生态环境要素的属性，生态产品包括自然属性和生产属性两类。自然属性更突出存在价值，而生产属性更突出经济价值。此外，以自然属性为主的生态产品多具有公共产品属性，比如清洁的空气、宜人的气候，具有很强的外部性，也很难进行明确的产权界定。其稀缺性也更多地表现为局部稀缺或相对稀缺，难以商品化，更多地体现为一种存在价值。

针对可商品化的生态产品，其价值实现表现为"自然资源—自然资源资产—生态产品—价值实现"的过程。因为自然资源并非天然的商品，所以生态产品价值转化先要选择哪类资源或者促使哪些资源转化为商品，而商品只有通过交换才能转换为价值，所以要经过市场流通实现商品价值的货币化。在这个过程中自然资源经历了"存在价值—使用价值—要素价值—交换价值—货币价值"的变换，并实现价值增值。当产权明晰的自然资源能够给投资者带来收益时，自然资源也就成为自然资源资产，而自然资源资产及其产权进入市场就体现出资本增值属性，并以生产要素价值的形式进入生产环节，转换为生态产品，经过市场交易便转化为货币收益。

（五）赤水河流域生态补偿案例

1. 研究区域：赤水河流域

赤水河是长江上游一级支流，发源于云南省昭通市镇雄县，流经云贵川三省四市16个县（市、区），至四川省泸州市合江县流入长江。赤水河流域具有丰富的自然资源和人文资源，生物多样性丰富、自然人文景观多样、驰名酒厂林立、红色文化积淀深厚。

2. 生态产品价值实现实践

（1）规划管控，控制规模可持续。赤水河流域保护深入践行"绿水青山就是金山银山"的理念，探索推动了生态红线划定、自然资源登记确权、生态补偿、环境污染第三方治理、河长制考核等八项改革工作；严格执行了取水许可管理制度，按照审批权限对河道内取用水户核发取水许可证851个；编制印发了赤水河流域重点生态功能区产业准入负面清单，严格产业准入制度。

（2）创新交易网络，降低成本费用。贵州省整合现有交易场所设立生态产品交易中心，打造全域协同、全流程覆盖的生态产品市场交易服务体系。通过政府管控或设定限额等方式，探索开展森林、碳汇等生态资源权益指标交易和生态产品资产证券化交易，推动有交易需求的地区开展水权交易试点。鼓励具备条件的地区借鉴国有土地使用权出让管理做法，探索生态产品经营开发区域使用权出让管理机制。定期举办生态产品推介博览会，开展生态产品线上交易云招商，推动生态产品供需精准对接。

（3）健全完善生态保护补偿机制，推进可持续发展。推动省级财政参照生态系统生产总值（GEP）核算结果，完善重点生态功能区转移支付资金分配机制。系统总结赤水河流域横向生态补偿经验，完善补偿参考标准和因素，健全补偿分配机制，持续完善云贵川赤水河流域横向生态保护补偿机制。参考国控断面水质评价考核结果，健全财政转移支付资金分配机制。鼓励地方政府在依法依规的前提下，统筹生态领域转移支付资金，通过设立市场化发展基金等方式，支持基于生态环境系统性保护修复的生态产品价值实现工程建设。

（4）加快单要素向综合要素发展。贵州段赤水河流域覆盖旅游资源共8000余处，开发了红色文化游、酱香白酒工业游、赏花观林游、生态康养游、特色村寨游等旅游产品，涌现了遵义烤烟等品牌。云南段赤水河流域围绕"一县一业"加大农业种植养殖业结构调整力度，推进特色产业向现代农业产业园等平台和基地集中，打造若干"一村一品"示范村产业强镇，形成若干微型经济圈和特色优势农业产业集群，探索构建特色产业带，促进集聚集约发展。

（5）呈现生态美、自然资源兴势头。赤水河流域市场化生态补偿机制的建立，具有开拓意义。经过5年的努力，赤水河9个水质自动监测站的24项水质指标达标率达到100%，出境断面水质稳定维持在Ⅱ类。茅台、赤水2个水文站控制断面生态流量保障程度达到100%。2022年，赤水河荣获全国"最美家乡河"称号。生态环境质量持续得到改善，群众幸福感和获得感不断提升。

三、对 策 建 议

生态产品价值实现试点范围仍然较小、较为分散，资源领域相对同质化，尤其是基础性保障制度等尚不完备，导致创新实践只适合部分区域、领域，亟待推进体制机制创新。

（一）加快构建权属清晰、权责明确的产权体系

重视森林、灌丛、草地、湿地等自然资源资产的确权登记，规范集体资产所有权、承包权、经营权。推进用水权、排污权、碳排放权等确权登记，建立并完善交易机制，健全生态产品商品化、市场化机制。

（二）重点推进生态产品价值评价信息化建设

重视生态产品价值评价工作，认识生态产品总值整体与局部的关系，推进生态产品价值评价平台建设和标准化工作，建设分级分类生态产品交易机制，建立平台与生态产品调查监测间的接口，加强与金融机构、社会资本合作，为政策制定、产品设计等提供工具服务。

（三）加强产学研用融合，推进协同创新

推进产学研用深度融合，立足地方自然资源禀赋及保护与发展需要，提供系统性解决方案，加强政策协同、产业协同、部门协同、人员协同，助推重点生态功能区等欠发达地区绿色振兴。

生态产品开发适宜性评价框架初探*

苏子龙　石吉金　范振林

生态产品是维系人类生存发展、满足人民日益增长的优美生态环境需要的必需品。长期以来，部分生态产品的价值因未能得到充分的认识或足够的关注，导致未能得到有效开发。随着生态产品价值实现机制建设的深入，人们对生态产品的认识不断深化，生态产品价值实现路径也在不断多样化。为了能够更合理地选择路径以促进生态产品价值显化，需要决策者较为清晰地了解哪些生态产品能够通过开发来显化价值，以及已开发生态产品的开发程度等问题，以准确部署相关产业。因此，本文借鉴适宜性概念开展生态产品开发适宜性评价研究，以推进生态产品价值实现机制建设。

一、适宜性评价研究进展

适宜性概念最早用于土地评价，1969年，麦克哈格首次提出土地适宜性概念，认为土地的自然属性决定某项土地用途的适宜程度，强调土地开发利用要遵循生态过程。早期的适宜性概念被用于农用地评价中，例如，1976年联合国粮食及农业组织（FAO）发布的《土地评价纲要》，从提高粮食产量和粮食生产水平出发，提出了农用地适宜性评价方法。农用地适宜性评价通过综合鉴定土地的自然、社会属性，阐明土地属性的生产潜力，以及它对农、林、牧、渔的适宜性、限制性及程度差异。早期的农用地适宜性评价被用于开展综合评价，为土地规划提供依据，随着农业经济的发展，农用地适宜性评价开始向具体的

---

* 本文原载于《自然资源经济参考》2023年第14期。

作物种养适宜性发展，如火龙果、茶叶种植等，重点从土壤性质、气候条件等方面设置指标进行农用地适宜性评价，以确定适宜种植的产地。随着城镇化的加快，土地开发适宜性评价范围向建设用地、未利用地拓展，如对建设用地开发进行生态适宜性评价，以最大限度减少开发活动对生态环境的影响。进入21世纪后，随着人们对空间概念的认知深化，土地开发适宜性评价逐渐转向国土空间开发适宜性评价，特别是党的十八大报告提出将"优化国土空间开发格局"作为生态文明建设的主要任务之后，国土空间开发适宜性评价的相关研究进一步加快。2020年初，自然资源部印发《资源环境承载能力和国土空间开发适宜性评价指南（试行）》（2020年），在考虑资源环境等要素的前提下，对特定国土空间用途的适宜程度进行评价。

与此同时，开发适宜性评价也被广泛应用于产业开发中，如旅游产业开发、地热产业开发等。这些类型的开发适宜性评价过程与土地适宜性评价类似，但对应的主体资源由土地资源转换为旅游资源（旅游吸引物）、地热资源等产业发展的主要生产资料，在评价体系构建中也围绕主体资源和产业发展需求设置相应指标，如围绕旅游资源设置空气质量、水质等生态环境指标，以及交通可达性、消费能力等社会经济指标。评价结果被广泛用于旅游等相关规划的功能分区、旅游项目选址等方面。

综上所述，无论是土地适宜性评价、国土空间适宜性评价，还是延伸的产业适宜性评价，均以某一土地功能、国土空间功能、产业建设方向为导向，在该功能或方向下评判开发适宜性，支撑土地、国土空间功能分区和布局优化，或支持产业合理布局。因此，生态产品开发适宜性评价，应以生态产品价值实现为导向，结合生态产品供给条件，在价值实现路径下评判开发适宜性，支撑生态产品相关产业的布局优化。

二、生态产品开发内涵与形式

（一）生态产品内涵界定与分类

生态产品有狭义和广义之分。狭义的生态产品指维系生态安全、保障生态调节功能、提供良好人居环境的自然要素，包括清新的空气、清洁的水源和宜人的气候等，与生态学领域常用的"生态系统服务"中的"调节服务"含义相近，难以通过市场交易实现经济价值。广义的生态产品还包括人类在绿色发展理念指导下，采用产业生态化方式生产的生态农产品、生态工业品和生态旅游服务等经营性生态产品。由于狭义生态产品的公共产品属性，通过开发实现其经济价值具有较大难度，同时，广义的生态产品概念已经在理论和实践层面基本得到认可，因此开发适宜性评价对应的是广义上的生态产品。

对生态产品进行分类是研究生态产品价值实现路径的前提，也是确定生态产品开发范围的基础。根据目前较为常见的分类方法，本文按照生态产品形态将生态产品划分为生态物质产品、调节服务产品和文化服务产品。该分类方法既可以清晰界定生态产品的具体内容，又可以与生态产品调查、生态产品价值核算中的生态产品分类方式相对应。其中，生态物质产品包括生态农产品、生态林产品等，调节服务产品包括洪水调蓄、土壤保持、碳固定等，文化服务产品包括休闲旅游、景观等。从经济属性角度看，生态物质产品和文化服务产品属于经营性生态产品，调节服务产品主要为公共性生态产品，部分调节服务产品可在管控下转变为准公共性生态产品。

（二）生态产品开发内涵与行为界定

在《辞海》中，"开发"是指"用垦殖、开采等方法充分利用荒地或自然资源"；"产品开发"是指"从社会和技术发展的需要出发，以基础研究和应用研究成果为基础，研制新产品、新系统、新工程的创造性活动"。从上述定义可知，开发行为重在对现有资源的改造利用，使其具有人类所需要的使用价值。对于生态产品，其开发过程就是按照人类需求增加具有使用价值的生态产品供给，虽然市场需求等社会经济因素是开发行为的重要影响因素，但开发行为本身并不涉及产品的交易环节，仅为生态产品入市交易创造条件。同时，生态产品价值实现的本质是将生态产品的使用价值转变为交换价值，该过程涉及政府、市场、社会等多个利益主体，属于生态产品开发行为的下游过程。因此，生态产品价值实现过程包含"供给—开发—交易（交换）"三个环节，而开发适宜性评价重点关注的是生态产品的开发过程。

（三）生态产品开发形式

生态产品开发形式包括直接开发和参与开发两种形式，不同类型生态产品的开发形式存在一定差异。根据生态产品分类，生态物质产品、文化服务产品可作为开发对象纳入直接开发范围。但对于调节服务产品，因其自身的公共产品属性，只有在一定的限制条件下，才能成为直接开发对象或是以辅助因素参与开发，两者的区别在于调节服务产品能否在管控条件下作为独立产品直接进入市场显化价值，即准公共性生态产品可以作为直接开发对象，而公共性生态产品需要以辅助因素参与开发。如在碳排放管控的条件下，碳固定服务产品可以直接开发为生态系统碳汇产品，参与购买者的碳抵消；而氧气提供、气候调节服务产品尚未有直接对应的管控措施,不能形成独立产品,只能作为某些生态物质产品、文化服务产品或部分其他非生态产品的辅助因素参与开发。

三、生态产品开发方向与过程

生态产品开发是生态产品价值实现的上游过程,生态产品开发方向应与生态产品价值实现路径保持一致。根据自然资源领域生态产品价值实现机制试点实践,生态产品价值实现路径可分为生态资源指标及产权交易、生态修复及增值溢价、生态产业化经营、生态补偿等主要形式。其中:生态资源指标及产权交易是以自然资源产权交易和政府管控下的指标限额交易为核心,如林权交易、碳汇交易等;生态修复及增值溢价是通过生态修复、系统治理和综合开发等方式,恢复或利用自然生态系统的功能并发展适宜的生态产业,如进行矿坑修复并依照地势建立矿坑酒店等;生态产业化经营是以可持续的方式开发和交易具有经营属性的生态产品,如生态旅游等;生态补偿是政府通过转移支付购买具有公共属性的生态产品,如针对重点生态功能区的补偿、流域上下游横向生态补偿等。

根据生态产品开发内涵及生态产品属性特征,本研究认为生态补偿路径针对的是具有公共属性的生态产品,其补偿过程不涉及生态产品开发。因此,生态产品重点开发方向为生态资源指标及产权交易、生态修复及增值溢价、生态产业化经营等(见图1)。

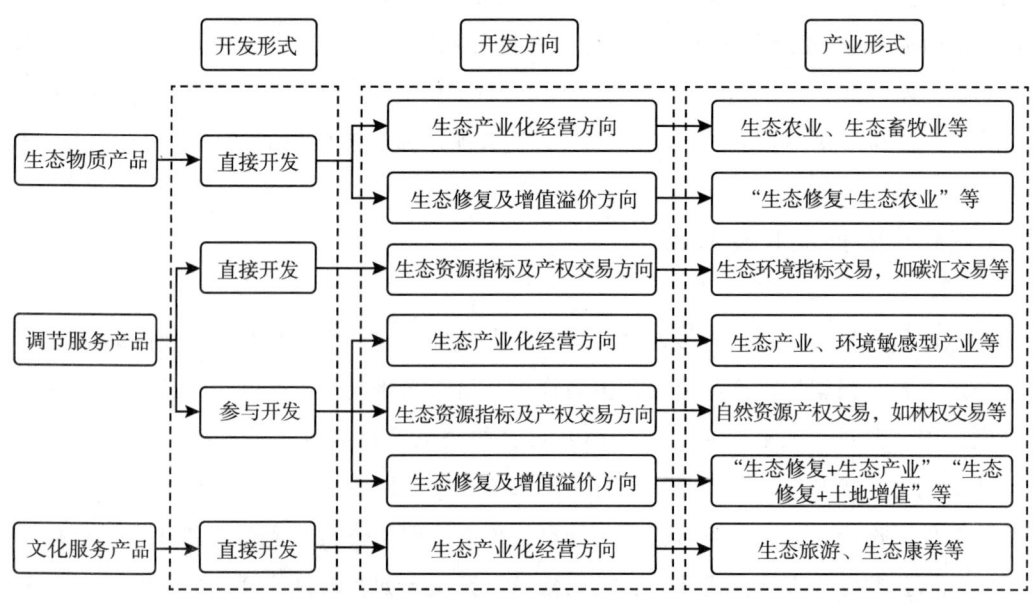

图1 生态产品开发形式与开发方向

（一）生态资源指标及产权交易方向

生态资源指标及产权交易方向，针对的主要是包含生态产品的自然资源产权（如林权、水权等）和表征生态产品的各类生态环境指标（如生态券、森林覆盖率指标等）。对于生态资源权益交易，该过程虽然能够在一定程度上实现生态产品价值，但其本质仍以产权交易为主，生态产品仅作为交易物的附带部分（如福建省南平市森林生态银行中对应的森林资源资产所包含的各类生态产品），故不涉及生态产品开发。

表征生态产品的各类生态环境指标主要是指政府为开展某类管控而创设的能够定量表征生态产品的指标，具体包括表征单一调节服务产品的生态指标和表征多类生态产品的综合生态指标。前者主要是在管控下将相关产品转化为准公共性生态产品进行开发，在实践中，碳排放管控下形成的生态系统碳汇等可直接转化为准公共性生态产品，但涉及水质净化功能产品的水质交易，由于尚未在我国成熟开展且生态系统的空气净化功能产品不参与排污权交易，故与其他调节服务产品类似，暂不具备转化为准公共性生态产品的条件。综合生态指标如生态券等，主要定量表征一定区域或某个类型生态系统内生态产品的实物量或价值量，其交易基础仍是对该区域或该类型生态系统内生态产品的综合开发，其生态产品类型以具备公共属性的调节服务产品为主。

（二）生态产业化经营方向

生态产业化经营方向主要对应的是生态物质产品和文化服务产品，其开发过程与普通产品开发基本一致，所对应的产业主要为生态农业、生态旅游等生态产业。特别需要指出的是，部分调节服务产品能够为数字经济、洁净医药、电子元器件等环境敏感型产业提供必要的外部生产条件，如清新空气可以为洁净医药提供生产环境，降低空气净化成本，该类调节服务产品以单一或综合的形式作为辅助角色参与产品开发。

（三）生态修复及增值溢价方向

生态修复及增值溢价方向，主要针对的是待修复的"生态洼地"地区，通过生态保护修复措施恢复其生态系统，并根据地形地貌、生态环境等特色或优势，添加适宜生态产业，或通过生态环境的提升，引起周边土地增值。对于该方向，生态保护修复措施提升了生态产品的供给能力，为生态产品的产业开发提供了基础，而生态产品开发又为最终的生态产品价值实现提供了前置条件。然而，与生态指标交易、生态产业化经营等其他方向不同的是作为开发对象的生态产品并不确定，存在两种情况：一是开发区域存在某类供给能力较弱的生态产品，通过生态修复提升了其供给能力，使该产品能够进入开发过程；二是开发区域通过生态修复产生新的生态产品（潜在生态产品），并且该产品供给能力能够使其进入开发过程。另外，在此过程中，生态产品开发往往对应的是多种生态产品的综合开发，其中的调节服务产品大多为参与角色，不作为直接开发对象。

四、生态产品开发适宜性评价逻辑

生态产品开发适宜性评价是借鉴适宜性理念，通过分析生态产品属性决定其开发方向及有效的价值实现路径，其实质是基于一定准则对生态产品开发方向进行划分，属于地理学中典型的"演绎"分类研究，生态产品开发适宜性评价在评价对象、评价内容等方面都具有特殊性。

首先，评价对象多样化。国土空间（土地）开发适宜性评价研究中，评价对象是某一国土空间（或某一片土地）、某类产业资源（如地热资源、古村落等），较为单一。而生态产品开发适宜性评价，由于评价区域内生态产品类别多样，会产生多个不同类型的评价子对象，如不同子类的生态物质产品、文化服务产品和调节服务产品，又因产品属性不同，开发影响因素也会存在差异，不能使用同一套指标体系评价其开发适宜程度。对于单一类型生态产品评价指标体系，可以借鉴产业开发适宜性评价指标体系构建模式，特别是其中对成本效益、政策环境等社会经济因素的考量。

其次，生态产品供给情况复杂。对于单一地区，生态产品包含多种类型，不同类型的生态产品供给能力和供给质量也存在较大差异，同类型生态产品在空间上可能出现多种分布形式。因此，相较于评价对象供给信息更为明确的开发适宜性评价，生态产品开发适宜性评价需要首先确定哪些类型的生态产品具有一定的供给规模和适宜的供给质量，即确定相对优质的生态产品，这类生态产品具备较高的开发潜力，讨论其开发适宜程度也更具有现实意义。

最后，生态产品开发方向多样。生态产品开发适宜性评价的结果需要为生态产品价值实现路径的设计及产业发展服务，如上文所述，与生态产品价值实现路径相对应，生态产品有生态指标交易、生态修复及增值溢价、生态产业化经营等开发方向，但各开发方向所对应的开发过程具有较大差异，如生态产业开发方向和生态指标交易方向等。需要注意的是，开发方向评价内容与产业开发适宜性评价内容类似。而相同开发方向所涉及的生态产品类型并不单一,如生态旅游方向除了涉及作为旅游吸引物的生态人文景观,还包括氧气提供、气候调节等调节服务产品。同时,为更精准地指导生态产品价值实现路径设计,生态产品开发适宜性评价在原有总开发方向的基础上还应考虑更多子方向。

综上所述,可在充分借鉴开发适宜性评价前期研究的基础上,综合考虑生态产品开发的特殊性,构建"生态产品供给—具有开发价值的生态产品—生态产品开发方向"链式关系,在此基础上确定各环节影响因素,进而建立生态产品开发适宜性评价框架。

五、生态产品开发适宜性评价框架构建

(一)生态产品开发适宜性评价总体思路

根据生态产品内涵、开发过程、开发适宜性评价概念,可以确定生态产品开发适宜性评价的总体思路:将生态产品分为已得到一定程度开发且具有一定开发价值的优质生态产品和未得到开发的潜在生态产品,结合区域自然本底条件及生态系统状况分析生态产品供给情况和生态产品质量,确定优质生态产品和潜在生态产品范围,即生态产品的筛选过程,再根据生态产品类型确定主要的开发形式,建立优质生态产品、潜在生态产品与生态产业、环境敏感型产业联系,确定具体开发方向,引入开发过程因素,建立相应评价指标,设置适宜的测度方法和评判规则,获取生态产品开发适宜程度,为评价区域合理设计实施生态产品价值实现路径、开展相关产业布局提供基础依据。具体思路如图2所示。

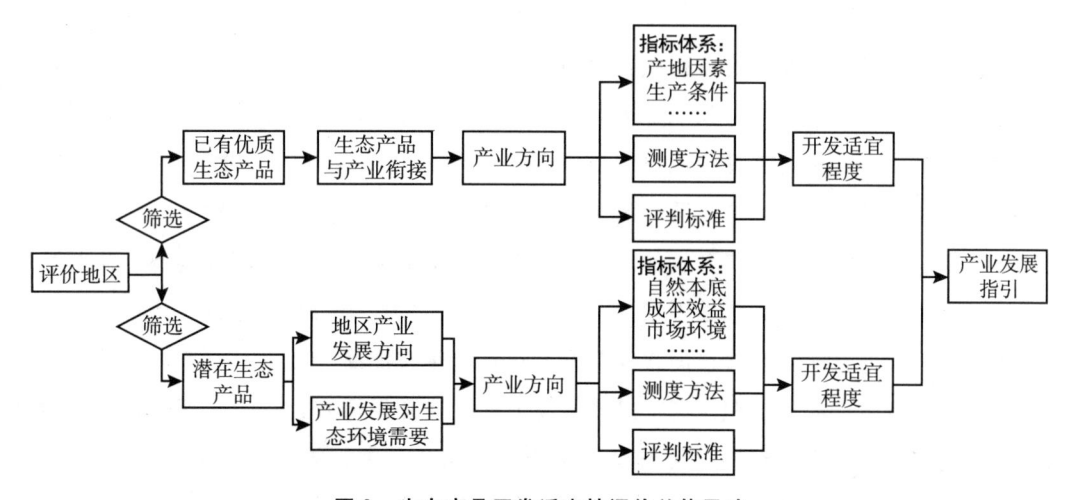

图2 生态产品开发适宜性评价总体思路

(二) 优质生态产品和潜在生态产品筛选

待开发的生态产品可以被分为优质生态产品和潜在生态产品两种类型。其中，优质生态产品是供给量较大且质量较好的生态产品，具有较高的开发价值，如某一土壤富硒区域产出的富硒农产品；潜在生态产品是通过生态修复改善"生态洼地"生态系统状况，进而使原来供给能力较差的，甚至不能供给的生态产品的供给能力和质量得到提升，如废弃矿坑作为"生态洼地"基本不具备生态产品供给能力，但根据其地形地势进行改造，并经过生态修复形成鱼塘，使其具备生态物质产品和部分调节服务产品供给能力。

某一区域待开发优质生态产品的筛选主要考虑产地自然本底条件和生态系统状况等对优质生态产品供给产生直接影响的因素，如生态农产品生产对土壤环境、灌溉用水、养殖用水的需求，是否存在重金属污染或是否包含对人类有益的微量元素（如硒、锗）等；碳固定等调节服务产品供给对森林生态系统状况的要求。因此，优质生态产品的筛选可根据产地自然本底或生态系统状况设置指标，以"木桶原理"等作为评价方法，进而确定优质生态产品范围。

潜在生态产品筛选与优质生态产品不同，主要考虑"生态洼地"自身特点和修复方向。如针对农田土壤的生态修复能够减轻土壤污染、改良土壤性状，使相关农产品成为潜在生态产品；开展矿山植被复绿等生态修复工作，可以增加空气净化、碳固定等调节服务产品供给，部分还可以作为生态景观用于开发休闲旅游。

(三) 生态产品开发适宜性评价流程

生态产品开发适宜性评价流程主要是构建生态产品开发适宜性评价指标体系、确定测度方法和适宜程度评判方法。其中，生态产品开发适宜性评价指标体系是生态产品开发适宜性评价的基础，其构建首先应明确生态产品开发形式和开发方向。对于生态物质产品、文化服务产品及具备准公共产品属性的调节服务产品，可作为直接开发对象，在这种开发方式中，生态产品既可以是待开发的原材料，也可以是最终的产品。部分具备公共产品属性的调节服务产品可以作为辅助因素参与开发活动，即生态产品开发适宜性评价的对象是具有明确开发方向且能够直接或间接参与开发过程的生态产品。

对于优质生态产品，按照生态产品的开发方向构建开发适宜性评价指标体系。一般来说，优质生态产品开发适宜性评价需要考虑关系生态产品供给的产地因素、生产条件等，如生态农业方向需要的土壤条件等，以使其具备开发价值。同时，优质生态产品所对应的开发方向也需要一定的外部条件来促使开发活动能够开展,如生态产业开发活动所需的成本效益、社会经济等条件。

对于潜在生态产品,需要明确其对应的"生态洼地"范围和生态保护修复方向,并按照生态修复及增值溢价的生态产品价值实现路径确定可能的产业开发方向,进而结合产业所需的自然本底条件、成本效益、市场环境等因素构建开发适宜性评价指标体系。

在完成生态产品开发适宜性评价指标体系构建后,选择合适的测度方法,如层次分析法、熵权法等确定指标权重,加权求和或应用"木桶原理"获得最终的适宜性指数,再利用中值法等方法确定评判规则,完成适宜性评价流程。

六、生态产品开发适宜性评价结果应用

生态产品开发适宜性评价基于生态系统要素状况,以生态产业和环境敏感型产业开发为方向,明确了生态产品的开发规模和适宜空间。生态产品开发适宜性评价结果主要应用于以下几方面:

(1)为生态产业和环境敏感型产业开发提供支持。生态产品开发适宜性评价建立了生态产品供给与生态产业、环境敏感型产业开发之间的联系,明确了哪些生态产业和环境敏感型产业可以开发,以及生态产业和环境敏感型产业的空间布局,为地区推进生态产业化和产业生态化发展提供路径选择、产业指引等方面支撑,助力生态产品供给者获得合理利润回报,进而实现生态产业扩大再生产,促进生态修复与自然资源的良好管护。

(2)为生态保护修复规划与实施提供支持。生态产品的充足供给是生态产品开发的先决条件,而生态保护修复是提升生态产品的关键手段。生态产品开发适宜性评价对于优质生态产品,可以通过生态产品开发方向来反推生态产品供给空间范围及相关需求,进而获取相应的生态保护修复范围和方向;对于潜在生态产品,已确认为"生态洼地"的,可根据生态产品的开发方向,明确生态修复的方式方法,例如采取EOD模式,通过生态环境治理实现生态产品价值保值增值,并以生态农业、文旅康养等关联产业为开发方向实施生态产品开发,将生态产品价值转化为经济效益。

(3)为开展生态产品规划、完善生态产品价值实现机制提供支持。为充分发挥国土空间规划的引领作用、加强国土空间规划与生态产品价值实现工作间的关联性,可在国土空间规划确定生态产品所在功能分区的基础上,探索开展生态产品价值实现专项规划,明确生态产品类型和机制实现方式,实现生态产品的空间统筹配置。生态产品开发适宜性评价通过对各类关系生态产品供给的空间要素进行客观评价,引导生态产品进行空间分区。因此，可以将生态产品开发适宜性评价结果作为开展生态产品价值实现专项规划的重要依据，在明确生态产品供给、相关生态产业、环境敏感型产业等的空间布局的基础上，确定各功能分区中生态产品价值实现主要路径，在"适宜性评价—专项规划"体系中形成生态产品的"供给—开发—交易（价值实现）"完整链条。

七、生态产品开发适宜性评价实证

以江苏省江阴市为例，该市现有的优质生态物质产品包括大米（如华西大米等）、水果（如璜土葡萄、顾山水蜜桃等）、水产（如河豚等）；优质调节服务产品包括碳固定、氧气提供、空气净化、水质净化、气候调节等；优质文化服务产品包括自然景观和人文景观。开发方向包括优质生态物质产品对应的谷物种植和水果种植方向、水产养殖方向、生态制造业方向（农副、食品、饮料）；优质调节服务产品对应的医药制造业、专用设备制造业、电子和电工机械专用设备制造、计算机、通信和其他电子设备制造业、仪器仪表制造业方向；优质调节服务和文化服务产品对应的生态康养、生态旅游方向。潜在生态产品主要包括通过生态保护修复获得的生态系统碳汇、特色农产品、生态景观或人文景观等。潜在生态产品对应的开发方向包括生态系统碳汇、特色种养、生态旅游等。

通过对优质生态产品和潜在生态产品进行开发适宜性评价及空间叠加分析，集成以空间为载体的生态产品开发成果，编制生态产品综合开发地图。在此基础上，编制生态产业开发指引，明确各类型生态产业或环境敏感型产业适宜开发位置，并从政策保障、金融支持等方面提出相应的对策建议。

探索"1+N"模式破解耕地种粮、增产、增收难题[*]

贾文龙　周　伟　乌佳美　范振林

经过艰苦卓绝的努力，我们牢牢守住了18亿亩耕地保护红线。但耕地数量保护仅是基础，用好耕地才是保障粮食安全的关键。"谁来种粮""如何增产增收"成为当前粮食安全面临的重要挑战。为落实习近平总书记指示，破解"谁来种粮"难题，提高种粮积极性和粮食产量，课题组通过对河北、黑龙江、广西、宁夏、海南、山东等地多种形式调研，梳理经验，分析问题，提出了"1+N"种粮模式框架。

"1+N"模式中，"1"指农垦企业、集体经济组织等具有综合统筹能力的运营主体，"N"指合作社、农户等分散的种植主体或承包经营权人。经营主体扛起粮食安全责任，主导耕地种粮，通过集约化、现代化经营，发挥管理和技术优势，提高耕地产能，降低成本，提升收益；种植主体或承包经营权人提供土地或劳动，获取相应合法收益，有效促进耕地种粮、单产提高和农民增收。

一、关　键　问　题

（一）耕地种粮需要宏观调控，更需要市场引导

（1）政府层面要强化宏观调控。粮食安全是"国之大者"，各级党委和政府必须扛起粮

---

[*] 本文原载于《自然资源经济参考》2024年第5期。

食安全责任,不能只算"经济账",不算"政治账"。要通过"长牙齿"的硬措施保护好耕地,通过签订目标责任书,党政同责,严格考核来强化行政管理,严守耕地保护红线。

(2)种粮主体则更需要市场引导。种粮农民收益低是影响耕地种粮积极性的主要因素,进而导致耕地"非粮化"问题凸显。要确保粮食安全,需要保证耕地种粮。但是,《中华人民共和国农村土地承包法》明确了承包权人有权自主组织生产经营和处置产品,限制性条款仅要求维持土地的农业用途,未经依法批准不得用于非农建设。种植经济作物并没有违反法律规定,因而农户可以依法只算"经济账"。因此,不宜采用行政手段强制农民耕地种粮,必须通过支持农业生产、切实提高种粮收益等手段引导耕地种粮。此外,既能承担国家粮食安全责任又能主导和引领农户开展粮食生产的新型经营主体也尤为重要。

(二)大面积提高单产是粮食安全和农民增收工作的重点

耕地不仅要保护好,更应该利用好,如何用好严格守护的18亿亩耕地是当前粮食安全面临的重要难题。习近平总书记在进一步推动长江经济带高质量发展座谈会上对用好耕地提出了明确要求:"把粮食增产的重心放到大面积提高单产上,加强良田良种、良机良法的集成推广,发展多种形式适度规模经营和社会化服务。"粮食增产的重心在大面积提高单产上,需要良田良种良机良法的集成推广,需要社会化服务体系的提升及各种形式的适度规模经营。2024年中央一号文件落实习近平总书记相关指示精神,再次要求把粮食增产的重心放到大面积提高单产上,实施粮食单产提升工程,集成推广良田良种良机良法。同时提出构建现代农业经营体系,聚焦解决"谁来种地"问题,以小农户为基础、以新型农业经营主体为重点、以社会化服务为支撑,加快打造适应现代农业发展的高素质生产经营队伍。提升家庭农场和农民合作社生产经营水平,增强服务带动小农户能力。加强农业社会化服务平台和标准体系建设,聚焦农业生产关键薄弱环节和小农户,拓展服务领域和模式。支持农村集体经济组织提供生产、劳务等居间服务。

二、典型实践

(一)"农垦+N"模式

农垦企业是保障粮食安全的国家队,为保障粮食安全作出了突出贡献。2023年6月,农业农村部办公厅关于印发《"农垦社会化服务+地方"行动方案》的通知，对农垦开展社会化服务做出了安排。方案虽然没有对耕地种粮作出明确规定，但也为农垦企业承担粮食种植责任，服务地方粮食生产提供了思路。课题组通过调研、走访、座谈等方式，对农垦企业引导种粮方面的实践进行了分析。"农垦+"模式通过联盟小农户、农民合作社、家庭农场等经营主体，以分工协作为前提，以适度规模经营为依托，以利益联结为纽带，打造全产业链联合体。全国多个地方的农垦企业开展了不同程度的探索与实践，按照参与程度可以分为土地流转、全流程托管、单环节托管等多种形式。

1. 土地流转模式

按照依法、自愿、有偿原则，通过承租、股份合作等方式，将土地流转给农垦企业统一经营，农户通过租金、分红、务工等方式获取收益。例如，安徽农垦集团与安徽省长丰县大路村签订协议，大路村把4000亩土地流转给农垦农产品公司，农垦公司付给村民每亩400元的租金，解决村民保底收入问题。农业生产骨干还可以作为职业农民开展农业生产。农垦公司、村集体合作社、生产骨干三方同经营、同参与、同负责，收益按照"523分红"，即农垦、村集体、农民分别按照利润的50%、20%、30%实行利润分成，壮大了集体经济组织，农民获得"租金+工资+利润分红"三方面收入。

2. 全程托管模式

合作社、农户将经营的土地全程托管给农垦企业，农垦企业利用自身信息化、机械化、智能化、标准化技术等方面的优势，开展集约化经营。通过统一采购、统一耕种、统一管理、统一收获、统一销售，降低了生产成本，提升了粮食收益。全程托管过程中，合作社和农户仍然是农业种植主体，农垦企业提供全流程技术支撑与服务。例如，黑龙江北大荒农垦集团把先进科技体系和管理模式复制到农村，构建了"北大荒集团+区域农服中心+农户"的服务模式，以农业社会化服务为切入口，通过集中统一采购生产资料，对农业投入品进行"统供"，提供质优价廉的农业投入品；对农产品采用"订单+保险+期货"和"企业贸易"的方式进行"统营"，增加收入。目前北大荒农服集团已在黑龙江、安徽、新疆、四川、河南等地成立农服中心20多家，将先进经验推向全国。

3. 单环节托管模式

农垦企业对单个生产环节进行技术服务。聚焦农业生产关键领域、薄弱环节，依据各地农业劳动力状况、农户的生产需求，承接农户干不了、干不好、干了不划算的生产环节，为有意愿种地的农户提供"菜单式"服务，带动农户实现良田、良种、良法、良机、良制相配套。单环节托管与全流程托管方式相近，但仅针对关键环节，是当前社会化服务的主要形式，农垦、其他国企、社会资本都有较好的实践探索。

（二）"集体经济组织+N"模式

1. 宁夏固原"联产单干"模式

"联产单干"模式最初由宁夏回族自治区固原市西吉县将台堡镇火集村提出并实施。集体经济组织将耕地整合成集中连片的大田，统一进行种植规划、农资采购、机械作业和上市销售等，而日常的田间管理工作则由村民自行完成，收益依然归村民所有。村民不愿种的土地，则流转给村集体统一经营。农户享受"联产"的规模效益，土地生产成本降低，农业生产总体收益提升。

2. 山东潍坊"大田托管"模式

按照"党支部+合作社+农户"的模式实现村社共建，在不改变土地承包权和经营权、不打破原有农户土地界限、土地收成归农户所有的前提下，由各村党支部牵头成立合作社，集中全村土地，推行成方连片规模化作业和农资直供的半托管服务模式，或者"保底+分红"的全托管模式。以合作社为主体，根据农作物种植和管理的自然规律进行"大田托管"，按季节和作物推出了春季管理、夏收夏种、秋季管理、秋收秋种四个"服务包"，提供从粮种、耕地、旋地、起垄、播种、喷除草剂、撒播化肥到机械收获"一条龙"作业服务，农民可在线自主选择服务项目，实现了"合作社给农民打工"。

三、实践分析

（一）成效分析

1. 降本增效，提升收益

"农垦+"和"联产单干"等模式的主要运行方式是集约化、产业化经营，通过集约化降低农资成本，机械化耕种降低耕作成本，科技化种植提高产能，产业化经营提高收益，达到提质降本增效，切实提高农户或合作社种粮收益。2023年，北大荒农垦合作共建地块分别以每吨低于市场价100~200元、5000元的价格直供化肥、农药，经过科学种植实现玉米平均单产1520斤，大豆平均单产355.9斤，分别较2022年增加309斤和49.4斤。曙光农场通过统一采购、统一耕种、统一管理、统一收获、统一销售，每亩土地生产成本可降低55.7元，亩产最高可达1920斤，预计每亩带动地方农民年增收近500元。此外,除了土地资产性收益,农户还可以作为产业工人获取劳动报酬。

2. 资源互补,充分发挥农垦企业的技术和产业优势

农户或合作社提供耕地,农垦企业依托先进的管理模式、经营理念、种植标准、机械装备和科研技术实施经营或为农户经营提供支撑,实现资源互补。例如,北大荒和依安县签订了8.1万亩有机转换耕地托管协议,派出7名技术人员进行指导、装备改造及田间标准化管理,北大荒北安区域农服中心为地方村屯提供包括秸秆还田免耕、卫星导航播种等30余项技术,带着标准化样板"做给农民看、带着农民干"。同时农垦企业更好地回归主业,承担了更多的社会责任。

3. 促进耕地保护与农田建设

统一管理更加便于耕地保护和农田建设。联产单干模式和农垦模式的重要特点是土地集中经营管理。土地集中经营管理方便进行统一规划,能够统筹高标准农田建设资金,高效开展农田建设,完善农田基础设施,提升耕地质量,通过小田并大田,减少耕地田坎,增加了耕地可耕作面积。例如,联产单干模式中,火集村将土地集中后,开展基础设施建设,有效提高了耕地产能,还打通了地界连片种地。潍坊"大田托管"模式有效整合了地边地沿、沟沟坎坎等,每百亩土地提升3%的种植空间。

(二) 经验总结

1. 提高粮食产能/产量是核心

无论是基于粮食安全还是提高农民收入,其核心是提高粮食产能和产量。当前,耕地面积保护工作取得了一定成效,如何用好花大力气保护的耕地成为保障粮食安全的重要内容。习近平总书记多次讲话中都强调要把粮食增产的重心放到大面积提高单产上。要学习贯彻习近平总书记重要讲话精神,通过集约化、产业化生产管理和科技创新等,提升单位面积耕地的粮食产能和产量,保障粮食安全和农民增收。

2. 提升农业生产产值是根本

提升收益的根本在于创造更多增值,收益分配机制的优化必须建立在总体产值提升的基础之上,如果不能从源头上提升产值,参与者越多,则农户收益越少,因而任何生产模式的成功都必须建立在产值增加的基础之上。各类模式在提高粮食产能和产量的基础上,通过规模化经营,在生产投入环节节省生产资料,通过统一采购降低生产资料成本;通过统一耕种和机械化代替人力劳动,节约人力成本;通过统一销售和品牌化管理,减少市场流通环节的损失,提升农产品溢价,提高粮食产业链的净产值和综合收益。

3. 集约化、产业化运营组织是关键

"1+N"模式的核心是有一个具备统筹管理运营能力的组织,既能主动承担粮食安全责任,又能发动和吸引农户参加经营,完成统一采购、统一耕种、统一管理、统一收获、统一销售等各个环节。更具优势的运营组织还应具备一定的技术优势和经验积累、先进的农业生产机械、完善的社会化服务能力、品牌打造和提升能力等,是产业运营的主体。落实到具体地块,农户是种植主体,运营组织为农户经营提供支持和服务,农户提供耕地资源或者人力资源,获取相应收益。

4. 种粮农民收益提升是重点

农业生产必须围绕种粮这一主题,以粮食安全战略为指引,在种粮或保证一季种粮的基础上提高总体收益。要提高农民种粮积极性,种粮耕地综合收益理论上应不低于种植区域内适宜的经济作物种植收益,或者外出务工产业工人的平均收益。

(三)问题分析

1. "种粮收益低于种花种果"是客观现象,农业种植不宜完全由市场主导

由于粮食国际贸易和国内利益协调机制不完善,加上民生保障需要,粮食价格不宜也难以大幅度提高,农民种植粮食收益普遍低于种植花卉、果树等经济作物。因而如果不通过特色打造、品牌管理及综合经营,农户种粮收益提升的空间非常有限。在"种粮收益低于种花种果"的客观条件下,种粮提升收益的难度相对较大。即使在相同经营模式下,由于比较收益的影响,经营主体客观上也更倾向于种植经济作物,农业生产不宜完全由市场主导。

2. 农业生产参与主体越多,越可能与民争利,产业主导机构不宜完全是社会资本

在农业生产产值确定的情况下,农业生产参与者分配的利益都是基于生产过程中创造的产值,因而参与者越多,可能越是与民争利,反而不利于农民增收。种粮集约化、产业化运营主体除了具备运营管理能力之外,还应代表广大农民利益,基本出发点是基于粮食安全战略或者农民增收,不能是纯营利性的社会资本,以免产生有悖于粮食安全战略或者侵害人民利益的情形发生。即使集体经济组织或者农垦企业参与部分利益分配,也应该至少在保证农户原有基本收益的前提下,对增值部分进行再分配。

3. 不同运营主体都拥有一定的优势和劣势,在实际操作中要根据情况探索结合

运营主体作为"1+N"模式的运营核心,起到至关重要的作用,但当前不同模式中不同运营主体的优劣势都比较明显。

以农垦企业为核心的"农垦+N"模式中,农垦企业具有相对完备的运营体系,在先

进农业技术、农机社会化服务、农业品牌打造与管理、市场销售等方面都具有相对成熟的经验。农垦企业作为国有企业虽然理论上应该承担一定的社会责任，但是在实际运营过程中，仍然要面对各类经营考核，对粮食生产和农民增收方面的引导和驱动力不足，因而可能部分地区开展运营的积极性不够，尤其是在经营指标考核的情况下，农垦企业会选择性地运营优质耕地，可能存在仅经营优质耕地，忽视劣质耕地的情况发生，不利于耕地种粮的总体统筹协调。

以集体经济组织为核心的"联产单干"模式中，集体经济组织能够统筹优质耕地和劣质耕地进行统一运营，对集体所有土地也有较高的运营意愿，一般情况下也不会与民争利，即使存在利益分配也是集体受益，最终还是用之于民。但是集体经济组织的运营能力参差不齐，在技术、社会化服务、品牌打造和市场销售等环节经验可能存在不足，未必能够实现农业生产经营的最优化。

四、"1+N"多层经营种粮模式基本框架与思路

（一）总体原则

围绕"谁来种粮"和"如何增产、增收"问题，要坚决贯彻落实习近平总书记的指示，"考虑如何提高粮食生产效益、增加农民种粮收入，实现农民生产粮食和增加收入齐头并进，不让种粮农民在经济上吃亏，不让种粮大县在财政上吃亏。"要充分调动当地农民和地方政府保护耕地、种粮抓粮的积极性。

1. 坚持中国特色社会主义

坚持中国特色社会主义道路，发挥中国特色社会主义道路所特有的优势。一是要立足我国小农数量众多的基本国情，以家庭经营为基础，坚持统分结合。二是充分发挥公有制特有优势，依靠全民所有的农垦企业等充分承担粮食安全责任，做好引领示范。

2. 坚持以人民为中心

坚持以人民为中心是党的根本立场。粮食安全是"国之大者"，需要社会各界的共同努力，但是耕地种粮的主体是广大农民，必须充分尊重广大农民的根本利益。在耕地种粮模式中，将农民增收作为工作重点。在利益分配过程中，通过产值提升来做大蛋糕，通过增量分配实现多方共赢，防止侵占农户应有利益。

3. 坚持有为政府和有效市场相结合

强化对政府的行政管制，采取"长牙齿"的硬措施，落实党政同责，严格考核、终身追责。同时对于民众，充分发挥市场引导作用，通过健全粮食生产利益补偿机制，切实提高农户种粮积极性。

4. 坚持科技引领和技术创新

以科技创新培育农业新质生产力，建设农业现代化强国。农业现代化强国建设离不开技术创新，运用创新技术和科学种植手段，构建高产稳产的现代化农业生产体系。加强农业科技创新与推广，针对关键环节开展技术攻关，并将先进技术推广到农业生产活动中。

（二）基本框架

"1+N"模式的核心目标是通过1个在市场环节能够承担粮食安全责任的经营主体，带动农户、合作社等N个农业生产实际参与者积极参与粮食生产，通过开展适度规模经营，利用好技术、社会化服务、集约经营和品牌管理等优势，大面积提高粮食单产，提高农业产值，促进农民增收和多方共赢（见图1）。

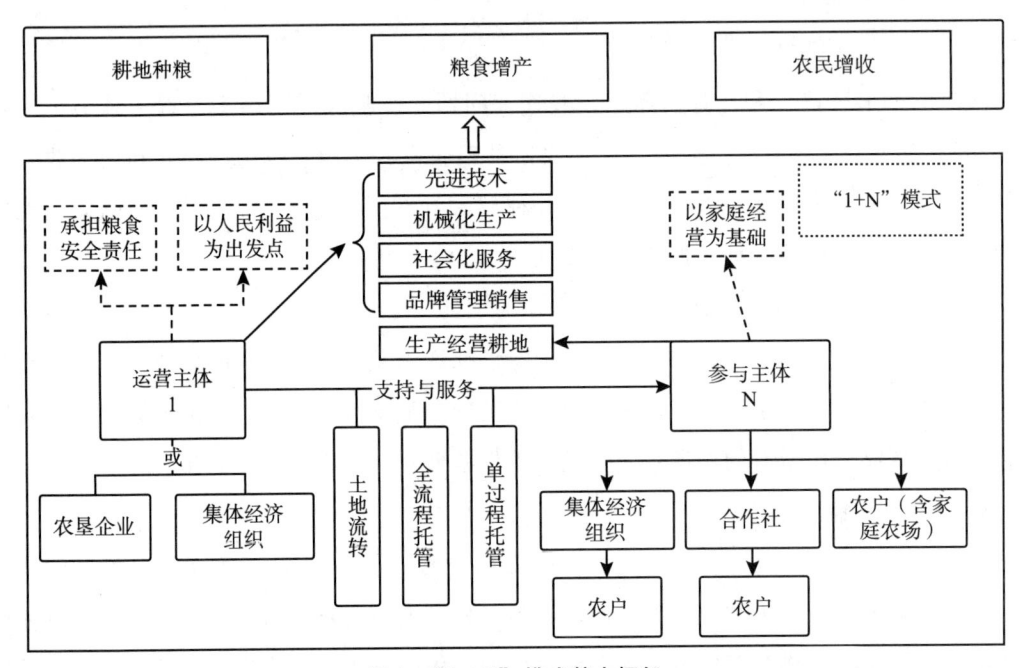

图1 "1+N"模式基本框架

1. 运营主体

农垦企业或集体经济组织开展总体运营。粮食安全是"国之大者",绝对不能被资本裹挟,而且农民作为弱势群体在与资本竞争中往往处于劣势,所以运营主体不能仅是以追求利益为导向的社会资本。农垦企业作为全民所有企业,应回归主责主业,既要充分考虑农户收益,又要承担起粮食安全的责任。集体经济组织是耕地农民集体的代表,能够充分代表农民利益,因而最合适的运营主体应是农垦企业和集体经济组织。农垦企业具有较好的运营和技术优势,集体经济组织更具有普遍性和推广性。在条件成熟的地区,由农垦企业作为运营主体开展运营;在条件不成熟的地区,先由集体经济组织开展运营,同时构建配套的社会化服务体系。

2. 参与主体

参与主体"N"是集体经济组织、合作社或农户。农垦企业开展运营的情况下,参与主体可以是集体经济组织、合作社或农户;集体经济组织开展运营的情况下,参与主体是农户。参与主体既可以以土地为主要资产参与生产,也应该是种植的主体。

3. 运行机制

在"1+N"模式中,根据土地实际经营情况和运营企业的参与程度,可以分为土地流转、全流程托管和单过程托管等方式。

其中,土地流转方式是指土地所有权人或者承包经营权人将土地使用权流转给运营主体,运营企业开展耕地质量建设和生产经营,农户全程不参与生产经营活动,或者以产业工人身份参与农业生产,获取土地流转收入和务工收入。土地流转可以是入股也可以是以流转费的形式发放到农户手中。这种方式由于产业运营和耕地生产经营都由运营主体开展,比较适合已经进城且不再参与农业生产的农户。

全流程托管和单过程托管方式不涉及土地的流转,运营企业主要是负责引导与提供农业服务,可以通过订单式农业服务开展。这种方式仍然以家庭经营为基础,农户始终是农业生产主体。农户或者农村集体经济组织通过合作协议的方式与运营企业达成合作,由运营企业提供良种良机良法及品牌打造和销售。这种模式下农民收入由农业产值决定,农民参与到生产过程中,降低了运营企业的经营成本和风险,运营企业参与积极性较高,农户管理更加精细化,更有利于降本增效。

(三)实施路径探索

1. 中央统筹开展

新型农业经营体系的构建涉及广大人民群众的根本利益和国家粮食安全战略,相关内容涉及产业发展、农业生产、耕地保护,与发展改革部门、农业农村部门、自然资源部门及农垦企业都有紧密关系。必须依靠国家统筹推进相关工作,并由相关部门牵头和配合完成。具体来说,中央可以出台具有战略性、指导性和方向性的意见,并明确各部门职责分工,提出具体行动方向、指南和要求,统筹工作开展。

2. 地方推进落实

各省(自治区、直辖市)根据产业发展状况、耕地本底情况、农垦企业情况及农村集体经济组织的建设情况等,因地制宜制定符合本地区特色的实施方案,落实中央要求。各省(自治区、直辖市)在中央总体框架下出台差异化的配套措施,在产业发展、农业生产、耕地保护等方面提供政策、资金、用地等方面保障,积极推进相关工作。

3. 双向发力推进新模式

省级层面,鼓励和引导农垦企业开展耕地粮食生产、生产托管和社会化服务,为农垦企业开展相关工作提供政策支持。积极推动农垦企业主动承担粮食安全社会责任,发挥创新经营模式的引领示范作用,更大范围地开展省域内农业生产托管和社会化服务,逐步实现省域全覆盖。

集体经济组织层面,以家庭经营为基础,充分发挥集体经济组织作用,统筹不同家庭外出务工与农业生产的差异化需求,落实以家庭为单位的适度规模经营,在农垦企业社会化服务覆盖范围内,统筹对接,引导集体经济组织成员和农垦企业的托管与社会化服务合作。在农垦企业暂未覆盖的区域,集体经济组织或者政府应积极寻求高效的社会化服务作为支撑,集体经济组织还要承担起生产运营职责,实现粮食种植的产业化经营。

五、对策建议

1. 优化耕地保护格局,提高农业产值

习近平总书记强调,"如何管好用好耕地始终是一个基础性、全局性、战略性的问题"。耕地保护格局优化是粮食生产和农民增收的基础。一是适度放宽因为机械化、规模化生产需求引起的耕地和永久基本农田调整,给少量耕地和永久基本农田优化调整留出政策空间。鼓励根据作物种植实践,将开展规模化、集约化粮食生产适宜性高的优质耕地划入永久基本农田保护范围,将在种植实践中出现的少量确实不适宜粮食生产的耕地调整出永久基本农田,确保良田粮用,落实好种植用途管制的具体要求。二是对于一般耕地,在总量动态平衡的前提下,根据区域农业产业发展和自然地理格局特点,优化各类农业生产用地布局,奠定好耕地种粮和农业生产的基础。三是充分利用好耕地一季种粮的认定标准，通过粮经轮作、间作、套种、立体养殖等方式，在符合耕地认定标准的前提下发展多种经营，提高农业生产产值。

2. 探索建立农作物生产配额制度，为经济作物生产留出空间

习近平总书记指出："在保障粮食安全的同时，必须保证其他重要农产品稳定安全供给，特别是抓好大豆和油料生产，抓好生猪和'菜篮子'工程。"[①] 探索在实行统一规划的农业种植模式下，开展经济作物配额制度。对农作物生产进行科学规划，根据粮食供给与经济作物保障需求，在省域范围内确定耕地利用中粮食作物和经济作物的总体比例。在永久基本农田现状种粮耕地只能开展粮食生产的前提下，根据省域内粮经种植总体比例，对开展一定面积粮食生产的经营主体，配比一定的允许经济作物种植的一般耕地。具体以农垦企业为例，农垦企业统一规划和托管的耕地中永久基本农田及一般耕地种粮面积确定后，根据全省粮经种植比例，允许一定数量的耕地开展不破坏耕地耕作层的经济作物生产，以此优化农业生产结构，开展多样化生产，在确保粮食安全的基础上提高农业生产的总产值，提高新经营模式产值增加量，作为农业生产各方参与者新增利益分配的基础。

3. 统筹各类涉农资金，精准支持农业生产

习近平总书记在党的二十大报告中强调，"健全种粮农民收益保障机制和主产区利益补偿机制"[②]。提高种粮收益，要将各类涉农补贴和资金支持精准投入粮食生产中。一是落实2024年中央一号文件鼓励高标准农田建设的要求。鼓励农村集体经济组织、新型农业经营主体、农户等直接参与高标准农田建设管护，让真正的用地主体参与到建设中，将建设资金直接拨付给农垦、农户等相关经营主体，能够让有限的资金发挥更大的效用，将钱"花在刀刃上"，更好地提升高标准农田的整体质量。二是将各类农机补贴、社会化服务的支持资金，以农垦企业或者集体经济组织及现有的社会化服务组织所服务的耕地种粮面积为基数，测算各类资金的补贴强度，将各类资金精准发放给具体落实社会化服务的提供者，提高农业服务业和农机补贴等资金对粮食生产支持的精准性。三是强化对农民种粮的资金补贴，在现有的价格调整机制、农业保险补贴制度基础上，统筹并增加生产者补贴、耕地地力补贴等补贴资金，精准补贴耕地粮食生产。

4. 改革农垦经营考核制度，引导农垦企业承担粮食安全责任

习近平总书记强调："农垦改革要坚持国有农场的发展方向。"农垦企业是国家粮食安全和重要农产品有效供应的国家队，应该更加突出农垦企业在粮食安全中的带动作用。充分调动农垦企业积极性，探索改革以经营状况为主的农垦企业考核制度，将粮食安全责任

---

① 习近平. 加快建设农业强国 推进农业农村现代化[J]. 求是，2023（6）.
② 中国共产党第二十次全国代表大会文件汇编[M]. 人民出版社，2022：26.

承担情况作为考核重要指标之一。即在常规考核基础上,承担粮食安全责任可以额外加分,引导农垦企业种粮和社会化服务积极性。细化考核指标,充分考虑粮食生产面积与产值、社会化服务面积与产值、对农户种粮的引导成效等因素,开展粮食安全社会责任考核。通过考核引导农垦企业积极投身粮食生产和社会化服务,承担粮食安全社会责任。

5. 多部门协同发力,破解耕地种粮、增产、增收难题

"地方各级党委和政府要扛起粮食安全的政治责任"。构建人民政府主导、多部门协调的共同责任机制。人民政府统筹协调下,明确各部门分工责任,发展改革部门做好农业产业规划与引导、社会化服务、农业科技创新等相关政策的支持和引导;农业农村部门做好耕地农业生产相关政策的支持和引导;自然资源部门做好耕地保障和格局优化方面的支持和引导。农垦企业主动担当作为,承担粮食安全责任。

全类型自然资源资产核算技术方法探索的"深圳模式"[*]

张君宇　王欢欢　张　晖　揣雅菲　项　前　杨微石[**]

党的二十届三中全会提出"健全自然资源资产产权制度和管理制度体系",这为持续深入推进生态文明建设,健全自然资源资产管理制度体系提供了方向指引和行动指南。自然资源资产核算体系建设是自然资源资产产权制度和管理制度的基础工作,解决的是"有多少、值多少"的家底盘点问题,这有助于算清资产经济价值,探索资产生态和社会等综合价值,既能支撑所有者摸清资产家底、掌握资产的数量、质量和空间分布,又能够与自然资源有偿使用等制度相互作用、形成耦合,并进一步推动资源要素的市场配置程度、广度和深度,促进自然资源资产高效配置和保值增值。

为进一步贯彻落实党中央、国务院的改革文件精神,聚焦当前自然资源资产核算体系运行中的难点、堵点,提升自然资源资产核算体系的操作性和推广性,深圳市在前期开展的龙岗区土地、森林和水资源资产清查统计与评估核算的基础上,开展了深圳市全域(不含深汕合作区)、全类型自然资源资产清查统计与评估核算工作,对全民所有土地、森林、湿地、矿产、水、草地和海洋 7 类自然资源资产权属、质量、用途、分布等实物量情况和价值量情况进行了统计与核算,探索构建"经济+生态+社会"的自然资源资产评估核算体系,为健全自然资源资产核算和管理制度提供了"深圳方法"。

---

[*] 本文原载于《自然资源经济参考》2024 年第 5 期。
[**] 中国自然资源经济研究院张君宇、揣雅菲,深圳市自然资源和规划局王欢欢,深圳市自然资源和不动产评估发展研究中心张晖、项前、杨微石。

一、深圳市自然资源基本情况

（一）地理环境

深圳市位于广东省中南沿海地区，地势东南高，西北低，大部分为低丘陵地，间以平缓的台地，西部为滨海平原。地形大体可分为三个地貌带，包括西南沿海台地平原滩涂地带、东南部低山高丘地带和中部台丘谷地地带。西南部沿海平原滩涂为三角洲沉积物，台地丘陵为花岗岩、砂页岩和变质砂页岩，山地主要为火山流纹斑岩和花岗岩。有高于海拔500米的山峰17座，最高峰梧桐山海拔943.7米。截至2022年，全市下辖福田、罗湖、南山、盐田、宝安、龙岗、龙华、坪山、光明9个行政区和大鹏新区1个功能区，共有74个街道办事处，676个社区，782个居民委员会。

（二）自然资源概况

深圳市陆域土地面积1986平方千米。深圳市海域面积约为2030平方千米，空间上包括珠江口、深圳湾、大鹏湾和大亚湾四大海湾。从地理位置来说，西部海域以港口建设、机场建设、海工装备制造、滨海旅游开发为主，东部海域以发展港口、滨海旅游、海洋渔业为主。已建有蛇口、赤湾、妈湾、盐田、大铲湾等9个海运港。

深圳市境内河流众多，呈网系发育，河流短小、流向不一、河道陡、水流急。资源主要包括本地常规水资源、市外引水资源，以及雨洪、再生水、海水等非常规水资源。常规水资源主要来源于天然降水，全市流域面积大于100平方千米的河流有5条，分别是深圳河、茅洲河、龙岗河、坪山河、观澜河。深圳市动植物资源主要分布在海岸山脉及大鹏半岛，海洋生物资源丰富，生物群落种类多，国家及省级珍稀濒危植物近30种，国家一级、二级重点保护野生动物近50种。

二、深圳市自然资源资产核算

(一) 核算对象

以深圳市 2021 年国土变更调查数据为基础，参考自然资源部所有者权益司研制的《全民所有自然资源资产清查（试点）技术指南》《全民所有自然资源资产核算通则》(TD/T 1096—2024)，对深圳市土地、森林、湿地、水、草地、矿产、海洋等资源资产进行核算，目的是摸清市域范围内各类自然资源资产实物量，以及经济、社会和生态价值量，为制定自然资源要素保障服务高质量发展的管理政策提供支撑。

确定自然资源资产核算范围主要包括三个方面。第一，明确自然资源定义范围。第二，明确自然资源种类。按用途自然资源资产核算分为七大类，即土地、森林、湿地、矿产、水、草原（草地）、海洋。第三，确定资产价值内涵，如价值类型、价值时点、使用年期等。

土地的核算范围包括农用地、建设用地、未利用地和储备土地，森林的核算范围包括林地、林木、古树名木，草地的核算范围包括其他草地地类。土地和森林的核算范围中部分核算对象根据"国土三调"工作分类又可进一步分为一级类和二级类，如农用地可分为耕地、种植园地等一级类，耕地又可分为水田、水浇地、旱地等二级类。此外，土地核算中储备土地资源核算范围为在库储备土地，森林核算中古树名木为树龄在百年以上的树木，以及在历史上或社会上有重大影响的中外历代名人、领袖人物所植或具有极其重要的历史、文化价值、纪念意义的树木。

湿地采用"大湿地"的核算范围，是指天然的或人工的，永久或者间歇性的沼泽地、泥炭地、水域地带，带有静止或者流动、淡水或者半咸水及咸水水体，包括低潮时水深不超过六米的海域。基于湿地概念，从"国土三调"中提取出包含湿地的地类，分别有：公园与绿地（城市公园水域）、河流水面、湖泊水面、水库水面、坑塘水面、养殖坑塘、水渠、干渠、沿海滩涂、内陆滩涂、湿地沼泽、沼泽草地、红树林。水资源是指地球上具有一定数量的可用质量能从自然界获得补充并可资利用的水，主要空间分布于湿地中（包含水域）。同时，为避免产生重复核算，水资源仅指可以直接利用的水，分为天然水资源和加工过的工程性水资源两类，其存在于湿地（水域）中的生态、社会效益在湿地资源中进行评估核算。

矿产资源资产价值的评估核算对象主要是已探明矿产资源，包括未利用矿区、生产矿山、政策性关闭矿山、闭坑矿山、压覆矿产等储量中具有开发利用价值的部分，可分为两类：一是未出让矿产资源的储量价值；二是已出让矿产资源的所有者权益（资源租金）。因深圳市2006年起全民禁止矿产资源开发，因此价值量估算仅为储量估算。

海洋资源核算范围包括海域资源和海岛资源，其中海域资源资产清查范围为我国内水和领海（不含钓鱼岛和赤尾屿周边海域），无居民海岛资源资产清查范围为我国管辖范围内国务院已公开的无居民海岛。

（二）经济价值核算

经济价值核算主要对两个方面价值开展价值评估核算：一是土地价值评估核算；二是地上附着物经济价值评估核算。

1. 土地价值评估核算

土地价值核算包括农用地价值核算、建设用地价值核算、储备土地价值核算。

农用地价值采用2018年农用地基准地价成果进行评估核算，涉及国有耕地、国有园地、国有林地、国有坑塘水面，基本能够覆盖农用地评估核算对象。将农用地图层与相应的基准地价图层叠加，并充分考虑面积最大原则、临近原则、修正系数，进而核算出农用地的价值。建设用地价值核算中使用标定地价，将标定地价转换为宗地价格，再通过修正系数转换为具有个别特征的待估算地块的清查价格（见图1）。

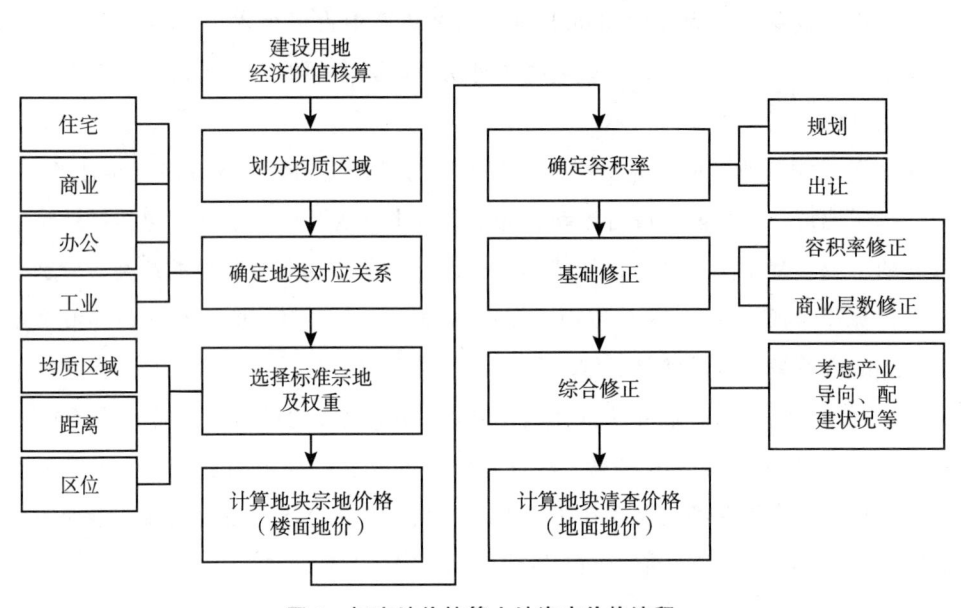

图1 标定地价核算土地资产价格流程

深圳市储备土地因形成时间早、征收地主体多元等因素影响，使得储备土地具有成本数据收集困难、规划用途种类繁多等特点。基于此，深圳市在核算储备土地时，只核算了建设用地部分的储备地价值，核算方法与建设用地价值核算一致。储备土地成本核算则是考虑储备土地从收储到出让全流程所产生的成本，将土地整备成本和管理成本作为成本核算数据的基础，确定全市储备土地成本单价为600元/平方米。

此外，森林资源中的森林土地价值评估核算、湿地资源中的红树林林地经济价值核算方法与农用地一致，均采用2019年的农用地基准地价中的林地基准地价进行核算。草地资源经济价值按照"三区三线"规划分为三部分，城镇开发边界范围内草地资源按照工业用地价格核算，生态红线范围内草地资源按照林地基准地价核算，其余草地资源以耕地基准地价核算。

2. 地上附着物经济价值评估核算

森林资源资产经济价值分为林地、林木、林果和古树名木四部分进行核算，其中林木、林果和古树名木均属于地上附着物。目前林木资源资产评估已经形成了一套较为完善的估价方法，主要有重置成本法、收获现值法、市场价倒算法、年均收获现值法、统计模型法和林地期望价法等。深圳市根据林种、林龄、树种等因素选取不同的经济价值估算方法，对幼龄林林木资产采用重置成本法，对中龄林和近熟林采用收获现值法，对成熟林、过熟林采用市场价倒算法，对竹林、果林经济价值采用年均收益现值法。林果产品按照《森林资源资产评估技术规范》（LY/T 2407—2015），采用年均收益现值法。古树名木的价值核算以深圳市古树名木普查数据为底图，参考北京市《古树名木评价标准》（DB11T 478—2007）。核算每棵古树名木的货币化价值，并运用深圳市的实际案例进行校正，分区域、分类型、分管理主体对古树名木经济价值进行统计分析。

水资源资产经济价值只核算水体经济价值，水体对应的陆地在土地资源中核算。在统计水资源量时水资源被分为地表水、地下水和两者重复水三类，深圳市重复水总量占地下水总量的99.45%，由此可见，深圳市地下水资源几乎全部由地表水补给形成。因此，深圳市水资源资产经济价值量核算，以地表水资源量为基础计算原水价值。

矿产资源经济价值核算采用《环境经济核算体系2012——中心框架》（SEEA-2012）推荐的净现值法，主要是扣除全部费用和正常回报后的应计剩余价值，这与矿产资源权益金制度框架要求一致。基于矿产品销售收入、矿产品总成本和采矿业投资正常回报等参数，建立"标准矿山"模型，通过净现值方法测算各矿种基准时点资产价值，再根据标准矿山剩余可采储量计算出相关矿种的资产清查单位价格。

海洋资源经济价值只估算经营性已取得海域使用权的海域，海洋保护区、保留区以外的尚未取得海域使用权的已填成陆区域和尚未取得海域使用权的未填成陆海域，以及经营性已取得无居民海岛使用权海岛和尚未确权的可开发利用无居民海岛资源资产经济价值（见图2）。对于在《调整海域无居民海岛使用金征收标准》（2018年）颁布后，已经开展了定级并正式颁布了地方海域、无居民海岛使用金征收标准或基准价的地区，优先使用地方标准。对于尚未取得海域使用权的未填成陆海域，通过建立的清查均质区域价格进行估算。

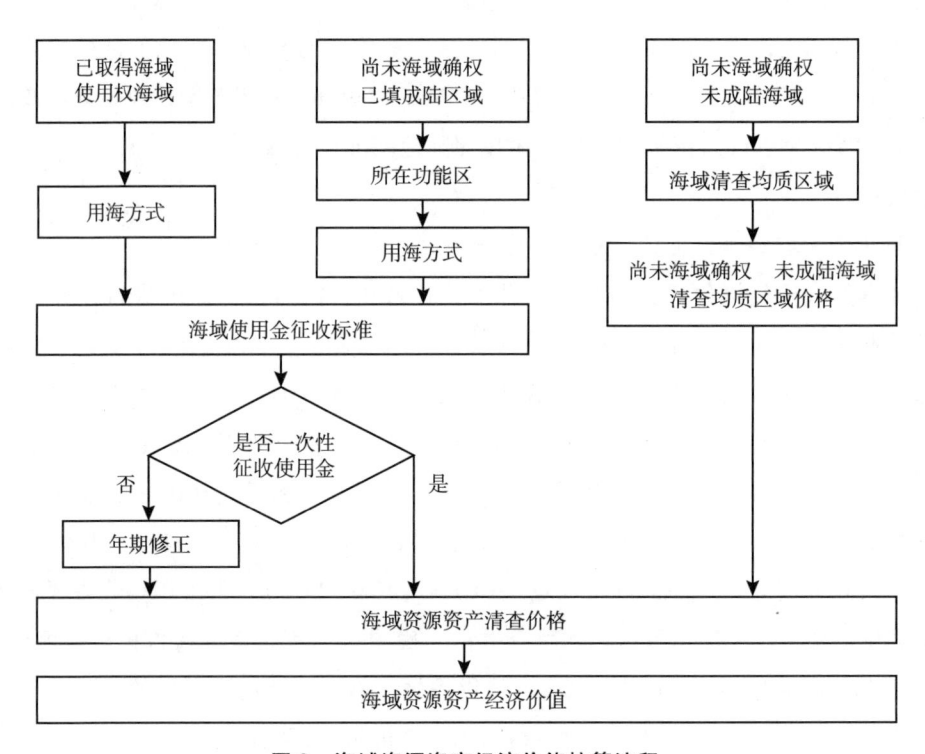

图 2　海域资源资产经济价值核算流程

（三）生态价值核算

1. 生态价值核算方法形成

生态价值评估是自然资源资产价值评估的一个重点，关于生态价值评估的研究较多。2001年6月联合国启动千年生态系统评估计划（millennium ecosystem assessment，MA），通过整合各种资源，对各类生态系统进行全球范围内的多尺度、全面性、综合性评估。20世纪后半期，以联合国可持续发展委员会为首的专家组，把环境因素嫁接到传统国民经济核算中，围绕环境经济核算体系（SEEA），先后形成不同的规范性文本。科斯坦扎（Costanza）等在《自然》杂志提出用当量因子法对全球生态系统服务货币价值化，在区分不同种类生态系统服务功能的基础上,基于可量化的标准构建不同类型生态系统各种服务功能的价值当量,然后结合生态系统分布面积进行评估。2013年,欧阳志云与朱春全首次提出生态系统生产总值(GEP)概念,将其定义为生态系统为人类福祉和经济社会可持续发展提供的产品与服务价值的综合,包括生态系统产品、调节服务和文化服务价值。2020年,英国环境部颁布"启用自然资本评估方法"相关文件,利用成本效益分析方法,将项目或政策分为照旧方案(无变动)和预期方案(政策实施或项目进行后的情况)分别进行评估。

总体来看,资产核算方法很多,但各门类资源工作基础不同,尚无统一的评估核算体系和标准。同时,生态价值的市场属性还没有完全显化,大部分生态系统服务,比如水源涵养、调节气候等,都是"无形"的,既没有交易市场,也没有交易价格。为确保生态价值核算能够反映生态价值长期变化趋势,应注重综合生态效益,同时兼顾反映多种价值类型的表达,并确保核算方法的易操作、可复制、可推广。如深圳市结合龙岗区资源资产评估核算经验,充分借鉴国内外先进经验和方法,以生态系统质量作为评价目标,进一步优化生态价值评估指标体系和核算方法,提出基于"自然基点"的生态价值核算体系和生态价值整体核算体系。

2. 基于"自然基点"的生态价值核算方法

基于"自然基点"的生态价值核算方法有以下六个流程(见图3)。

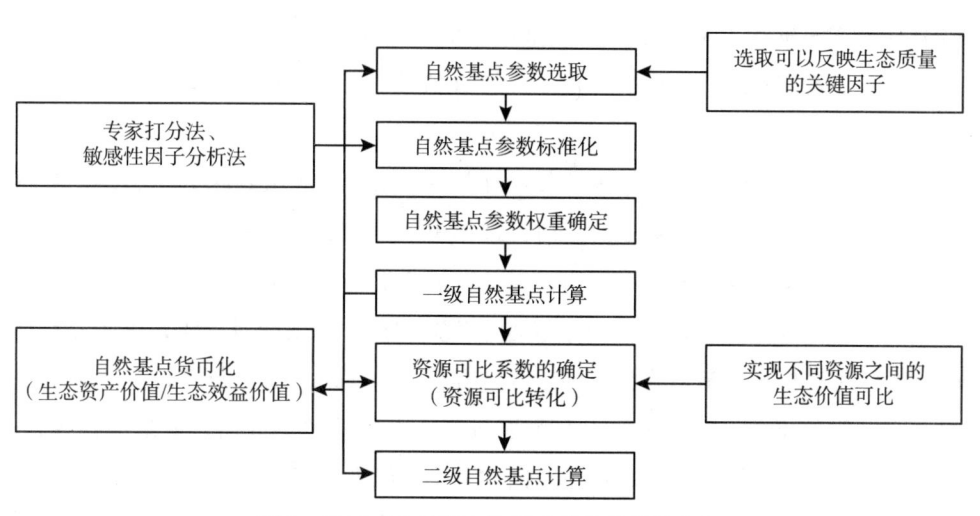

图3 基于"自然基点"的生态价值核算体系

一是划分自然分区。在借鉴黄秉维院士主持的"中国综合自然区划"和郑度院士主持的"中国生态地理区域划分"的基础上,综合考虑气候、地质、地貌、植被类型、土壤类型等因素，在全国尺度上划分自然分区，使得分区内部一致性和外部差异性最大化。二是自然基点参数选取。每类资源选取最关键、最具代表性的评估指标，来反映该类资源的核心生态功能，其中森林资源生态价值评估核算参数选取应符合《森林生态系统服务功能评估规范》（GB/T 38582—2020）的规定，湿地生态价值评估核算参数选取应符合《湿地生态系统服务评估规范》（LY/T 2899—2017）的规定。三是自然基点参数标准化。连续性定量参数采用极差标准化方法将自然属性参数值标准化至［0，100］，非连续性定量参数和定性参数采用专家打分法标准化至［0，100］。四是自然基点参数权重确定。采用专家打分法确定参数权重，采用敏感性因子分析法对权重进行验证。五是自然基点计算。了解对象在资源内部生态质量的相对优劣，实现资源内部生态价值可比，将标准化的参数通过加权求和计算，得到一级自然基点，再通过综合修正计算得到二级自然基点。六是自然基点的货币化。一级自然基点和二级自然基点均可货币化，基于评估核算目标设置标准样地的精度和数量，选取具有代表性的标准样地并核算其货币化价值，进而推算其他任意地块的货币化价值。根据自然资源管理与应用场景不同，采用差异化的具体货币化方法，例如，自然资源资产损害赔偿可以考虑采用重置成本法、生态修复成效评估可考虑采用功能价格法。

3. 生态价值整体核算方法

自然资源资产不同于其他国有资产，其所具有的整体性，体现在山水林田湖草沙是生命共同体。因此，作为自然资源资产所有者，开展价值评估和资产核算时，不仅要把握各门类自然资源资产价值，还要考虑整体价值，在实际工作中，面对如国家公园这类涵盖多种自然资源的情况，亟须一个综合的价值评估方法为资产管理、评价考核提供依据。

复合生态系统的整体生态效益跟三要素有关。一是与资源组合相关，例如，湿地对于其他生态系统的水源供给具有较强的正向促进作用，而水是生态系统存在最重要的核心要素之一，因此湿地具有较强的利他作用，湿地在复合生态系统中，可以发挥复合生态系统的整体效益，而耕地（如旱地）相对于湿地来说其利他作用则相对较弱，因此复合生态系统的整体生态效益与其生态系统类型的组合具有较强的关系。二是与复合生态系统中各资源面积占比也具有较强关系，例如，在湿地与耕地面积的比例方面，如果湿地仅占1%，那么也较难发挥湿地水供给的生态作用，因此其生态综合效应较低。三是与复合生态系统的生态格局具有较强的关系，同样是100亩的森林，若是散落在各地，那么生态功能将受到较大的限制，难以起到物种保育等生态作用。

复合生态系统的生态价值整体核算是在基于"自然基点"的生态价值核算基础上，从资源组合、资源面积配比、资源生态格局三个角度采用专家打分法确定三个角度对整体生态价值的影响，核算复合生态系统的综合生态效益。

（四）社会价值核算

生态系统服务的经济、生态价值常被用于土地利用、空间规划中，其社会价值却很少被考虑到，导致环境研究和决策过程存在局限性；而社会价值关注的是社会大众感知、态度、偏好和价值观，重点在于保障人类福祉，有助于提高规划、政策的社会关联性，基于社会价值评价结果，可识别哪些是高价值、高偏好区域，从而确定保护区域的优先等级，也有助于减少规划和项目可能造成的矛盾冲突。因此，全面评估社会价值，可认识到人们感知与生态环境、景观之间关系的复杂性，有助于灵活地对生态系统进行适应性管理，提高管理效率。

社会价值指人类可以通过自然资源获取的有利于个人心灵、社会健康运行的价值。1997年科斯坦扎（Costanza）和戴利（Daily）明确对生态系统服务进行分类，其中社会价值涉及娱乐、美学和教育，具体包括生态旅游、美学、艺术教育、精神启示和科学价值等方面。从环境经济学角度看，生态系统服务的社会价值中非物质价值及其产生的社会福利均有经济属性，可以通过经济评估方法来衡量，特别是消遣娱乐这类容易通过市场价值体现的，是社会价值中最容易货币化的一类。同时，社会价值中还存在其他价值因未进入市场，无法准确衡量其价值，如社会关注度、美学价值等，难以进行货币化，一般通过非经济价值评估方法来评估。因此，社会价值宜采用定性与定量相结合的方式。深圳市以自然保护地作为核算基本单元，选择"休闲游憩"为定量核算指标，以手机信令大数据和机会成本法进行货币化核算；基于已有的管理数据，选择"科研教育、历史文化、宣传示范"为定性核算指标。

三、深圳市自然资源资产核算问题、结果及成效

（一）核算中存在的主要问题

当前，深圳市构建了覆盖经济价值、生态价值和社会价值的自然资源资产核算方法体系，连续三年完成全域、全类型自然资源资产清查统计与评估核算工作，但核算方法仍需

进一步细化完善。一是缺少湿地、未利用地经济价值核算方法。二是社会价值的概念、范围及核算方法需进一步明晰。三是专家打分法具有一定的主观性，需进一步提升评价的客观性和针对性。四是目前生态价值核算中标准样地的样本点较少，需要扩大样本点数量，以进一步体现各细分类别的特点。五是核算结果应用领域有待进一步拓展，需要持续统计、核算形成数据基础，探索数据在管理实践中的应用与支撑。

（二）深圳市自然资源资产核算体系特点

深圳市自然资源资产全价值评估核算方法体系具有三个特点：货币化与非货币化相结合、分类与整体相结合、定量与定性相结合。

1. 货币化与非货币化相结合

仅考虑生态价值货币化表达并不能完全体现资产质量、数量和重要性：一是生态价值包含内容不同，量化指标和货币化方法也不尽相同，一个货币化的价值只能对应一个生态价值内涵。二是自然资源资产生态价值是由自然资源数量、质量、区位和特性等因素共同作用产生的，货币化计算生态价值无法反映实际价值，例如，处于市中心的一片森林与处于郊区同面积森林计算的价值一样，但两者的重要程度差别较大。因此，货币化不适用于不同自然资源资产间的横向对比和不同区域间同类自然资源资产间的横向对比。三是不同应用领域对于货币化方法的要求是不同的，需要在货币化前有一个共同基点，并以该基点为基础，针对不同的领域建立不同的货币化方法。

2. 分类与整体相结合

自然生态系统是一个复杂的动态系统，是不同自然资源相互作用的结果，充斥着不同来源的能量交换，可以说，生态系统发挥作用不是某一类资源单独作用的结果。另外从实际管理上看，管理单元也并非由单一自然资源构成，如市政公园包括森林、草地和水体等，而自然保护地或森林公园等更大范围的生态系统则包含了更多种类的自然资源，错落分布，共同发挥生态作用。因此，分类核算每种自然资源资产生态价值无法体现各类自然资源间的相互作用，也与管理实际脱节。为此，深圳市提出以管理单元为单位的整体核算，兼顾不同自然资源间的相互作用和政府部门的管理需求。

3. 定量与定性相结合

定量与定性相结合的表达方式主要针对社会价值核算结果的表达。社会价值具有两个特点：一是大部分社会价值指标评价主观性比较强，例如，景观美学价值指标（有多美）和文化价值指标（有多重要），这些指标与个人感受强相关，通常用很重要、一般重要、不重要等描述性词语表达，很难定量表达；二是社会价值与人们的活动息息相关，人类活动信息除了应用大数据进行定量分析外,通过主观感受定性表达也是一种重要的表达方式。

(三) 核算工作应用与建议

1. 加强与自然资源资产管理工作衔接结合

(1) 支撑大鹏新区生态补充标准的制定。大鹏新区管委会发布《关于支持大鹏新区高水平建设"绿水青山就是金山银山"实践创新基地的若干措施》,明确"创新生态产品价值实现机制,推动将全民所有自然资源资产清查核算成果等多种计算方式作为财政转移支付的参考依据"。

(2) 支撑国土空间规划实施监测网络(CSPON)建设。在 CSPON 建设中,增加"自然资源资产核算"模块和"自然资源资产核算结果展示"模块。前者结合规划调整功能,实现不同规划条件下的自然资源资产经济价值、生态价值和社会价值实时核算,从资产视角为规划方案调整提供支撑;后者以图文联动的数据大屏方式展示土地、森林、湿地、草地、水、矿产和海洋七类自然资源资产实物量,以及经济价值、生态价值和社会价值量核算成果。

(3) 开发建设"深圳市自然资源资产权益管理平台",实现资产"一张图"、评估核算、资产负债表填报、生态产品价值实现、自然资源资产损害赔偿和考核评价及数据大屏等功能,初步打造成"数据完善、核算高效、展示多样、支撑应用"的综合平台。目前,深圳市自然资源资产实物量清查、经济价值和生态价值核算已经全部实现线上操作。

2. 助力优势地区拥有更大发展空间

(1) 应用于政府部门各类自然资源资产管理考核评价体系。自然资源资产核算未来可以应用到自然资源管理部门的考核评价中,为生态文明建设贡献自然资源力量。也可应用到生态保护修复工程中,通过自然资源资产评价确定生态系统生态修复工程的成效,为生态修复工程的标准确定、验收等工作提供决策依据。

(2) 应用于自然资源有偿使用。生态价值核算结果可作为自然资源有偿使用的合理定价基础,为地区政府部门之间、政府部门和企业/个人之间、企业/个人之间开展生态产品交易、自然资本核算或生态保护补偿提供参考依据,也有利于推动自然资源有偿使用的市场化,优化自然资源资产组合配置。

(3) 应用于自然资源资产权益管理和资产负债表编制。自然资源资产的实物量和价值量核算结果可以直接纳入自然资源资产权益管理和资产负债表编制,在摸清资源资产底数、构建核算体系、落实资源收益管理、实行动态监督等方面具有重要意义。

（4）为自然资源管理决策提供重要参考。对于涉及因公共利益占用生态资源的情况，可通过自然资源资产核算，对比不同情况下的成本收益差异，进而推动土地开发决策更加科学、高效。同时，系统全面掌握自然资源资产家底，也为资源高水平保护和高效率开发利用提供数据依据和决策支持。

全民所有自然资源资产权利配置优化的"经营权模式"探索[*]

毛馨卉 周玉 林静 李储 张君宇[**]

健全完善自然资源资产权利体系是自然资源部门统一行使全民所有自然资源资产所有者职责、落实自然资源资产所有者权益的重要基础。现行自然资源资产权利体系存在部分权利类型有待拓展、部分资源配置缺乏上位法依据、难以促进资源高效配置等问题。从广东实践来看,基于"自下而上"驱动形成的经营权市场化导向成为地方政府关心的重要方式。

本文聚焦权利配置方式,探索"所有权→经营权""所有权→用益物权→经营权"等多元化配置路径,丰富自然资源资产权利体系,促进资产保值增值。

一、自然资源资产权利体系的认识

健全自然资源资产权利体系是促进自然资源有偿使用、高效配置的关键举措之一,是推进自然资源治理体系和治理能力现代化的重要工作。2019年,《关于统筹推进自然资源资产产权制度改革的指导意见》提出自然资源资产产权制度是加强生态保护、促进生态文明建设的重要基础性制度,加快健全自然资源资产产权制度是当前权益工作的重要关键环节;2021年,《全民所有自然资源资产所有权委托代理机制试点方案》将统筹推进自然资

---

[*] 本文原载于《自然资源经济参考》2024年特22期。
[**] 中国自然资源经济研究院毛馨卉、李储、张君宇,广东省土地调查规划院周玉,广州市城市规划勘测设计研究院有限公司林静。

源资产产权制度改革作为委托代理机制试点的重点任务；2024年7月，党的二十届三中全会进一步将"健全自然资源资产产权制度和管理制度体系"提升至深化改革和推进中国式现代化的战略层面，彰显了党和国家对完善自然资源资产权利体系的重视和决心。

目前，自然资源资产权利配置主要通过所有权和使用权分离的形式来实现，其中设立物权性质的使用权，即用益物权是实现分离的主要形式，例如，《中华人民共和国民法典》、自然资源单行法及自然资源行政法规明确规定的建设用地使用权、海域使用权、探矿权、采矿权、取水权等。上述法律法规对完善我国自然资源产权制度体系，推动自然资源资产多元价值实现，丰富所有权实现形式具有重要作用。

然而，随着要素市场化改革向纵深推进，促进自然资源资产保值增值的呼声越来越高，现有用益物权及资源资产配置的模式难以满足多元化的市场需求，在法定用益物权之外进一步衍生的经营权成为地方完善自然资源资产权利体系及丰富所有权实现方式的重要实践手段。

二、自然资源资产权利体系的特征及困境

（一）以法律法规为主要配置依据，现行部分权利类型有待拓展

自然资源资产所有权是自然资源资产权利体系的原点，具备最完整的占有、使用、收益、处分权能，是其他权利的派生基石。通过委托代理机制及所有权和使用权分离，自然资源资产的各类权能可以让渡给各级履职主体或经营主体，从而形成自然资源资产权利体系。当前，我国初步形成了以《中华人民共和国宪法》和《中华人民共和国民法典》为基础，以各类自然资源单行法为主体，以自然资源行政法规等作为补充的总分式权利结构体系。各类自然资源资产由于开发利用保护导向和市场需求的不同，其构建的权利体系链条在纵深上也存在差异。

《中华人民共和国宪法》和《中华人民共和国民法典》对自然资源资产的所有权范围作了一般规定，其中《中华人民共和国民法典》进一步赋予建设用地使用权、土地承包经营权、海域使用权、探矿权、采矿权、取水权等用益物权以法律地位，成为土地、海洋、矿产、水资源有偿使用和处置配置的重要依据。在此基础上，《中华人民共和国土地管理法》《中华人民共和国农村土地承包法》《中华人民共和国海域使用管理法》《中华人民共和国矿产资源法》《中华人民共和国水法》等单行法衔接上位法中用益物权的规定，立足

生态保护和合理利用的耦合视角，对上述用益物权的取得方式、使用期限、流转抵押、权利义务、收益分配等作出详细规定，进一步完善了用益物权的权能内容。

（二）部分资源权利体系缺乏上位支撑，配置路径尚未完善

以森林、草原、湿地、水资源、国有农用地为代表的自然资源，其权利体系和配置路径在现行法律法规中尚不完善。

1. 部分资源虽在单行法中有制度安排，但权能细节尚未清晰

《中华人民共和国民法典》未对森林、草原、湿地资源之上的用益物权作出规定，尽管《中华人民共和国森林法》明确了国有林地使用权、集体林地承包经营权及森林、林木的使用权，《中华人民共和国草原法》明确了草原使用权和草原承包经营权，但涉及转让、抵押权、收益权等具体权能的细节仍尚待清晰。同时，《中华人民共和国草原法》相关规定是否适用于一般国有草地资源资产配置也尚存疑虑。与此同时，湿地作为一种特殊的生态空间，除《中华人民共和国湿地保护法》外缺乏专门的立法，湿地产权法律制度尚未健全完善。

2. 以水资源为代表的权利体系构造尚不完善，法定物权仅体现于取水权

《中华人民共和国民法典》《中华人民共和国水法》规定水资源属于国家所有，并确立了取水许可制度和有偿使用制度。但在权利构造方面，上述两部法律仅规定了水资源所有权和取水权，用水权仅出现在部门规章或政策文件[①]中，而关于使用水域、滩涂从事养殖、捕捞的权利更是缺乏明确规定及称谓。

3. 部分资源法律法规体系不健全，权利体系主要体现于等级效力较低的行政法规之中

《中华人民共和国土地管理法》将土地分为农用地、建设用地和未利用地，但对于国有农用地的权利并未设立专章或进行系统性规定。但相关立法未对实践中出现的国有农用地使用权的法律性质加以明确，相关表述仅体现在政策文件[②]中，导致国有农用地使用权的法律地位和权利属性仍存争议。

（三）实践中逐渐设立经营权进行配置，丰富所有权实现形式

以用益物权为基本权利基础构建形成稳定的产权关系，对自然资源开发利用、有偿使

[①] 参见水利部关于印发《用水权交易管理规则（试行）》的通知（2024年），水利部、国家发展改革委、财政部《关于推进用水权改革的指导意见》（2022年）。

[②] 参见《关于全民所有自然资源资产有偿使用制度改革的指导意见》《关于进一步推进农垦改革发展的意见》，"明晰国有农用地使用权，有序开展农垦国有农用地使用权抵押、担保试点等相关措施"。

用起到重要的推动作用。但随着市场需求的日益多元化，用益物权单一的权利体系和有限的配置模式难以满足经营活动的开展。在现有产权制度体系框架下，进一步延伸和拓展经营权成为基层一种特殊的资产配置选择。当前，经营权多见于由集体土地承包经营权流转形成的经营权，如农村集体土地经营权、集体林地经营权，这些权利在相关法律法规中均已有规定。结合党的二十届三中全会提出的要健全自然资源资产产权制度和管理制度体系、深化自然资源有偿使用制度改革，在国有建设用地、矿产资源之外盈利水平不高的资源领域，地方已开始探索水面经营权、沙滩经营权、草原（特许）经营权、地下空间经营权、湿地（特许）经营权等新型权能，自下而上地对自然资源产权体系进行补位和探索。

相较用益物权的法定性，经营权的确立一般通过签订债权合同，更多依赖于合同条款和双方的信任关系，具有以下三大优势。

（1）年期短。经营权设立期限多为 5 年、10 年、15 年、20 年，可根据经营主体运营、管理成效进行动态调整，增强政府对自然资源保护开发管理的调控作用。

（2）设置比较灵活。根据不同自然资源的特性和经营管理需求，可以通过合同约定经营主体的权利范围和责任边界（如生态修复及管护要求、产业准入条件等）。对于涉及资源、资产组合供应等复杂情形的，无须综合评估或新设权利，这有助于降低技术难度，提高行政审批效率，推动资源高水平保护与高效率利用。

（3）产出效益高。除国有建设用地、矿产资源、海洋资源外，当前部分自然资源用益物权的配置以行政审批模式为主，市场化竞争相对不充分。相反，经营权出让多采取招拍挂等公开方式，主要通过引入市场机制、竞争促进资源资产溢价，切实维护所有者权益。目前，多地已出台管理办法等效力较低的地方性规范文件，作为基层设置经营权的政策依据。例如，《重庆市国有林场特许经营管理办法（试行）》《新疆生产建设兵团连队职工身份地经营权流转管理办法（试行）》等（见表1）。

表 1　　　　　　　　各类自然资源权利体系及法定依据

资源类型	所有权类型	所有权	用益物权	经营权	法律法规（国家政策）
土地资源	国有	国有建设用地所有权	国有建设用地使用权	洞穴经营权	《中华人民共和国民法典》第三百四十五条：建设用地使用权可以在土地的地表、地上或者地下分别设立

续表

资源类型	所有权类型	所有权	用益物权	经营权	法律法规（国家政策）
土地资源	国有	国有农用地所有权	国有农用地使用权	国有农用地承包经营权、国有农用地经营权	《中华人民共和国民法典》第三百四十三条：国家所有的农用地实行承包经营的，参照适用本编的有关规定
					《国务院关于全民所有自然资源资产有偿使用制度改革的指导意见》提出探索建立国有农用地有偿使用制度。明晰国有农用地使用权
					《中共中央、国务院关于进一步推进农垦改革发展的意见》提出有序开展农垦国有农用地使用权抵押、担保试点
	集体	集体土地所有权	集体经营性建设用地使用权、土地承包经营权、宅基地使用权、（宅基地资格权）	土地经营权	《中华人民共和国民法典》第五十五条：农村集体经济组织的成员，依法取得农村土地承包经营权，从事家庭承包经营的，为农村承包经营户
					《中华人民共和国民法典》第三百六十三条：宅基地使用权的取得、行使和转让，适用土地管理的法律和国家有关规定
					《中华人民共和国土地管理法》第六十三条：经依法登记的集体经营性建设用地，土地所有权人可以通过出让、出租等方式交由单位或者个人使用
					《中华人民共和国农村土地承包法》第六条：任何组织和个人不得剥夺、侵害妇女应当享有的土地承包经营权
海洋资源	国有	海域所有权	海域使用权	沙滩经营权	《中华人民共和国民法典》第三百二十八条：依法取得的海域使用权受法律保护
					《中华人民共和国海域使用管理法》第三条：单位个人使用海域，必须依法取得海域使用权
矿产资源	国有	矿产所有权	探矿权、采矿权	—	《中华人民共和国民法典》第三百二十九条：依法取得的探矿权、采矿权、取水权和使用水域、滩涂从事养殖、捕捞的权利受法律保护
					《中华人民共和国矿产资源法》第三条：勘查、开采矿产资源，必须依法分别申请、经批准取得探矿权、采矿权，并办理登记
水资源	国有	水资源所有权	取水权	水面经营权	《中华人民共和国民法典》第三百二十九条：依法取得的探矿权、采矿权、取水权和使用水域、滩涂从事养殖、捕捞的权利受法律保护
					《中华人民共和国水法》第四十八条：向水行政主管部门或者流域管理机构申请领取取水许可证，并缴纳水资源费，取得取水权

续表

资源类型	所有权类型	所有权	用益物权	经营权	法律法规（国家政策）
森林资源	国有	国有林地所有权、森林、林木所有权	国有林地使用权、森林林木使用权	森林（特许）经营权	《中华人民共和国民法典》第二百五十条：森林、山岭、草原、荒地、滩涂等自然资源，属于国家所有，但是法律规定属于集体所有的除外 《中华人民共和国森林法》第十五条：林地和林地上的森林、林木的所有权、使用权，由不动产登记机构统一登记造册，核发证书
森林资源	集体	集体林地所有权、森林、林木所有权	集体林地承包经营权、森林林木使用权	集体林地经营权	《中华人民共和国森林法》第十七条：集体所有和国家所有依法由农民集体使用的林地实行承包经营的，承包方享有林地承包经营权和承包林地上的林木所有权
草原资源	国有	国有草原所有权	草原使用权	草原（特许）经营权	《中华人民共和国草原法》第十一条：依法确定给全民所有制单位、集体经济组织等使用的国家所有的草原，由县级以上人民政府登记，核发使用权证，确认草原使用权
草原资源	集体	集体草原所有权	草原承包经营权	—	《中华人民共和国草原法》第十四条：承包经营草原的单位和个人，应当履行保护、建设和按照承包合同约定的用途合理利用草原的义务
湿地资源	国有	湿地所有权	—	湿地（特许）经营权	《中华人民共和国湿地保护法》第二十六条：鼓励单位和个人开展符合湿地保护要求的生态旅游、生态农业、生态教育、自然体验等活动

三、自然资源资产权利配置的实践路径

（一）路径一：所有权→经营权

在自然资源资产管理中，通过在所有权之上设立经营权，形成"所有权→经营权"两层权利结构，是地方实践中常见的扩权赋能模式。如海洋资源所有权分离出沙滩经营权，

水资源所有权分离出水面经营权等。这种做法基于市场实践需求，通过对自然资源资产进行增量配置，使得资源利用更加灵活多样，从而弥补现有用益物权较为单一的不足。

（1）用益物权单一且审批难度大，衍生经营权推动资源高效配置。由于法律法规规定的用益物权较为单一，加之自然资源开发利用的管控要求高、审批难度大，为了促进资源高效配置，可以采用设立具有债权性质的经营权创新所有权实现形式。以海洋资源为例，《中华人民共和国民法典》《中华人民共和国海域使用管理法》仅明确海域使用权这一种用益物权，但在部分用海管制严格地区，海域使用权出让面临用海审批难、用海成本高等问题。为此，部分基层政府逐渐探索基于所有权衍生债权的配置模式，即地方政府作为海洋资源的代理履职主体，通过合同约定将沙滩有偿授予市场经营主体，构建形成"所有权→沙滩经营权"的配置路径。例如，惠州市十里银滩以公开招标方式将特定年期沙滩经营、运营权利租赁给经营主体，每年收取10万元运营管理费，实现资源有效配置的同时，解决了沙滩无人管护的问题。

（2）用益物权难以显化价值，设立经营权可以丰富资源利用方式。部分资源由于法律法规规定的用益物权配置需求及其价值有限，亟须通过更加灵活、简易的债权模式将权能内容从资源本体扩展到空间层面，实现扩权赋能。以水资源为例，取水权基于"水体"这一流量资源产生，结合我国干旱地区水资源交易案例可知，水资源流量管理模式下的资源有偿使用主要采取行政配置方式，产生的经济效益并不显著。为了显化资产价值，维护所有者权益，实践中逐渐鼓励以"水面空间"为载体发展水上运动、生态旅游等产业，并通过出让水面经营权授予市场主体经营权限，形成"所有权→水面经营权"的配置路径。例如，江西九江出让六宗湖泊水面旅游观光经营权、水面光伏与风能发电经营权，湖北宣恩"浪漫温泉城"将水面旅游观光经营权等多项权能组合打包，这些案例均是从立体空间层面创新水资源所有权的实现形式。

（3）用益物权上位支撑依据不足，创设经营权实现资源有偿使用。作为一种复合型生态空间，湿地资源资产蕴藏着巨大的生态价值，但由于现行法律法规对湿地资源暂无明确的法定用益物权，湿地资源所有权与使用权暂未分离，加之在开发利用中多强调环境保护与生态修复，因此尚未建立湿地资源资产有偿使用制度，未能转化湿地资源资产"金山银山"价值，甚至成为地方政府的生态包袱。为了推动资源有偿使用，降低基层政府管护成本，实践中多以湿地特许经营权的形式对湿地资源进行配置，准许特定经营主体在特定区域内、特定行业目录、特定开发强度下经营、管理和利用湿地资源，实现生态产业化经营，例如，海南海口谭丰洋省级湿地公园、内蒙古免渡河国家湿地公园均开展了特许经营工作。

(二) 路径二：所有权→用益物权→经营权

在产权制度体系框架下，自然资源资产管理的一个关键步骤是从所有权中分离出用益物权，作为所有权与使用权分离的表现形式。为了应对历史原因导致的权能流转受限或资源配置效率低下问题，当前的立法及实践已出现用益物权进一步衍生和分割形成经营权的模式，从而细化权能分配，增强资源配置的灵活性，形成"所有权→用益物权→经营权"三层权利结构。

（1）用益物权流转受限，衍生经营权实现权能自由流转。基于保护农民生计和维护农民合法权益的考虑，立法规定农村用于农业生产耕种的土地承包经营权仅授予本集体经济组织的农户，农民承包的土地无法自由流转。为了满足进城农民流转承包地的需求，《中华人民共和国民法典》《中华人民共和国农村土地承包法》明确了农村土地"三权分置"的形式，赋予了承包方流转土地经营权的权利，形成了"经营权→土地经营权"的配置路径。土地经营权虽已入民法典，但其法律性质之争依旧存在。持物权说的学者认为将土地经营权定性为物权更契合"三权分置"，并将承包地"三权分置"的物权逻辑解释为"所有权—承包经营权（用益物权）—经营权（次用益物权）"；持债权说的学者认为土地经营者通过与土地承包人签订合同获得土地使用权，"三权分置"的权利结构更适合理解为"所有权—承包经营权（用益物权）—经营权（债权）"。

但无论是物权说抑或是债权说，土地经营权的产生能够推动资源高效配置，以补齐农村集体土地权利体系"短板"。所有权分离出来的土地承包经营权具有身份性权益，其权能流转受限，为了赋予农村承包地自由流转的权利，进一步衍生出不受限制的土地经营权。如广州市从化区和营天下点状供地项目，企业通过与村集体签订土地租赁合同，以租赁方式获取273.22亩农用地经营权（20年租期），并实现与21.3亩集体经营性建设用地的统筹开发，有效盘活了农村集体资产。类似地，除土地承包经营权外，"所有权→宅基地资格权（受限）→宅基地使用权（不受限）"同样属于这种权利配置路径。

（2）用益物权配置效率不高，分离经营权维护所有者权益。除权能流转受限分离经营权模式外，部分资源由于用益物权配置效率不高，也产生了类似的配置路径。以国有农用地为例，其所有权属于国家，为了维护所有者权益、提高资源利用效率，在实践中形成了国有农用地使用权。当前，立法层面虽未明确其权利性质和内容，但从国家政策导向、学界立法倾向来看，国有农用地使用权被普遍认为是用益物权，即通过划拨、出让、租赁、作价出资（入股）、授权经营等模式，对国有农用地行使占有、使用、收益的权利。其中，国有农场作为国有农用地的基本管理经营单元，依法享有国有农用地使用权。

随着经济社会变迁，国有农场经营国有农用地效率低下、效益亏损等问题逐渐显现。为了适应新时代农垦系统管理模式的转变及国有资产保值增值的要求，实践中逐渐衍生出国有农用地（承包）经营权，形成"所有权→国有农用地使用权→国有农用地承包经营权"的配置路径，即国有农场可以将国有农用地发包给农场内部职工从事具体的生产经营活动，农场自身则从经营者转变为资产管理者。类似土地承包经营权，国有农用地承包经营权亦具有身份属性，当国有农用地流转至职工以外的个体时，将进一步形成"所有权→国有农用地使用权→国有农用地承包经营权→国有农用地经营权"的配置路径。例如，新疆生产建设兵团将专属职工的国有农用地承包经营权定义为"职工身份地经营权"，并出台管理办法明确了身份地经营权在流转时，职工依然保留身份地承包权，仅让渡身份地的经营权，从而保障国有农场与职工间承包关系的稳定。自然资源权利配置路径及典型模式如表2所示。

表2　自然资源权利配置路径及典型模式

配置路径	资源类型	典型模式	实践案例
路径一：所有权→经营权	海洋	所有权→沙滩经营权	广东惠州市十里银滩发包沙滩经营权（20年）
			海南陵水黎族自治县将香水湾第14号沙滩经营权授权给市场主体
	水资源	所有权→水面（特许）经营权	江西九江市六宗湖泊公开出让水面旅游观光经营权、水面光伏与风能发电经营权（15年）
			湖北宣恩城区"浪漫温泉城"旅游项目将国有建设用地使用权、采矿权、水面旅游观光经营权、集体林地经营权、林木采伐权进行组合打包
			内蒙古免渡河国家湿地公园出租冰面特许经营权
	森林	所有权→森林（特许）经营权	—
	草原	所有权→草原（特许）经营权	重庆云阳县岐山草场授权国企获得草场（特许）经营权
	湿地	所有权→湿地（特许）经营权	内蒙古免渡河国家湿地公园设置湿地旅游、人工养殖特许经营权
路径二：所有权→用益物权→经营权	集体土地	所有权→农村土地承包经营权→农村土地经营权	广东广州市从化和营天下出租农用地经营权（20年）
		所有权→宅基地使用权→宅基地经营权	—
	国有农用地	所有权→国有农用地使用权→国有农用地承包经营权（→国有农用地经营权）	宁夏为24个酒庄颁发土地（国有农用地）经营权证59本

四、健全完善自然资源资产权利体系的对策建议

结合自然资源产权理论研究及实践探索,借鉴集体所有自然资源"落实集体所有权、稳定农户承包权、放活经营权"的权利构造逻辑,建议设立更灵活、简易的经营权作为丰富全民所有自然资源资产权利体系的重要路径,待经营权授予主体、权能内容、责任义务、配置流程及适用规则清晰后,再考虑将新设权能法定化。具体来说,设立经营权完善自然资源资产权利体系还需考虑以下五个方面:

(一)明确产权主体,拓展资源清单,实现"放权活镇"

自然资源资产经营权作为一种新设权能,首先需明确权能配置的产权主体。当前,全民所有自然资源资产委托代理层级一般到市、县一级,考虑到乡镇(街道)基层政府在对接市场需求、挖掘资产潜能上具有属地优势,建议在厘清不同层级、部门之间职责边界的基础上,将自然资源资产经营权配置权限下放至镇街一级,最大程度实现"放权活镇"。具体做法可以通过衔接自然资源资产所有权委托代理资源清单,在核心清单的基础上适当延长委托代理链条,创新"拓展清单",以行政委托的方式分批下放国有资源资产经营管理权,并要求代理主体承担相应的资源管护及安全生产责任,不断激发镇街内生动力和发展活力。

(二)评估经营权价值,为市场配置提供定价依据

自然资源资产经营权的本质是市场主体通过合法合规的经营活动获取未来收益的权利。在公开出让前,须对自然资源资产经营权进行价值评估,并统筹考虑市场主体收益成本一本账,形成符合市场规律的自然资源资产经营权价格。一方面,应探索经营权价格形成机制。综合考虑前期收储整备及管护修复成本、未来经济收益、潜在经营风险、资本合理利润水平及权能限制等价格影响因素,形成经营权基准价。另一方面,应大量收集自然资源资产经营权出让的历史资料,采集农用地、沙滩、水域空间等资产配置实践中的交易价格样本,作为市场比较的依据修正基准价,构建合理且具有更广泛共识的定价逻辑。

(三) 构建产业准入清单，明确经营权开发利用范围

考虑到未来自然资源资产经营权下放到乡镇基层政府进行配置，更能契合资源管理需求和实际情况，为了规范经营权开发利用范围，建议由市县级政府统一出台产业准入正负面清单。在遵循国土空间规划、自然资源保护和利用规划等用途管制底线要求的前提下，针对生态红线内以保护修复为主的自然资源，设置特许经营权的"正面清单"，明确可以开展的经营事项和活动；针对生态红线外以开发利用为主的自然资源，设置经营权的"负面清单"，列明禁止经营事项和开发活动，最大程度放活经营权。通过特许经营权的"正面清单"+经营权的"负面清单"，构建形成综合经营清单，作为资源开发利用的产业准入条件。

(四) 完善抵押流转机制，提升经营权权能价值

用益物权可以衍生出担保物权，使权利人能够对权利进行质押获取融资，并允许权利人在二级市场进行流转，实现权利自由配置。参考用益物权权能内容，建议赋予经营权流转权和抵押权，以提升经营权权能价值。一方面，完善经营权金融配套服务机制，借鉴国有建设用地使用权、海域使用权抵押融资业务，赋予经营权质押融资的功能，拓宽经营主体融资途径，缓解前期投入的资金压力；另一方面，加快构建经营权二级市场流转机制，明确转让主体范围、程序及其所需具备的资质条件，允许通过转让、出租、入股或其他方式对经营权进行流转，提高权能标的物的吸引力。

(五) 做好收益分配管理，激发地方管理自然资源的主观能动性

我国现行自然资源资产收益分配"税费金"体系中，以土地、矿产为代表的经济效益主导型自然资源资产，县级以上政府占据较大收益分配比重。考虑到通过设立经营权实现扩权赋能的资源类型多为市场化配置程度低或以生态效益为主导的自然资源，建议探索以"谁主导谁收益""谁投资谁收益"为原则，明确各级政府收益分配比例，将经营权配置收益向实际承担管护责任的基层政府倾斜，建立财权与事权相匹配的收益分配机制，激励地方政府管理自然资源资产的主观能动性，提高资源资产配置效能。

有为政府与有效市场协同治理的
生态保护补偿机制路径[*]

李 储 黎蔺娴 王智涵 张君宇[**]

资源环境的生产和消费过程中产生的外部性,对人们的生产、生活产生负面影响,并由此造成福利损失。用福利经济学及外部性理论来理解生态补偿有助于提出明确的政策路径来解决生态环境保护中出现的"公地悲剧"问题。帕累托最优应用到生态补偿里,可以理解为资源分配的一种状态,即在不减少其他人福利的条件下,无论如何分配资源,都不能再使任何一个人的福利增加。卡尔多－希克斯改进应用到生态补偿里,可以理解为一项制度变革可能在使一类人的状况变好的同时导致另一类人境况变坏,但它能够通过相应的机制弥补境况变坏损失,进而使所有人的总体福利增加并且使效益得到改进,那么这项改革就可以继续进行。卡尔多－希克斯改进为我们提供了一个价值导向：在改革中,只要政府能够通过合适的机制对境况变坏的人群进行补偿,那么就可以实现卡尔多－希克斯意义上的社会福利改进。

改革初期,一定地域范围内的资源环境要素能够支撑人类活动,进而实现帕累托最优。新时代以来,自然资源领域改革已进入攻坚期和深水区,单纯追求"不让任何境况变坏"的帕累托最优一定程度上忽视了资源环境承载能力和国土空间开发适宜性,这就需要我们把握自然资源的基本属性和发展规律,立足中国自然资源经济基本原理,基于卡尔多－希克斯改进,提升自然资源治理效能,增加社会福利。2024年6月1日,《生态保护

---

[*] 本文原载于《自然资源经济参考》2024年特23期。国家社会科学基金青年项目"地球表层国际公地自然资源价值测度与治理路径研究"（23CGJ004）阶段性研究成果。

[**] 中国自然资源经济研究院李储、张君宇,辽宁大学经济学部公共管理学院黎蔺娴、王智涵。

补偿条例》正式实施,标志着中国生态保护补偿开启法治化新篇章。生态保护补偿作为生态文明制度的重要组成部分,是践行"绿水青山就是金山银山"理念的关键环节。然而,生态补偿问题具有确权复杂、核估困难、主体多元的特征,在基层治理过程中又面临权利博弈、利益矛盾和资金短缺的客观困难,完善中国式现代化的生态保护补偿制度仍任重道远。

党的二十届三中全会再次强调"充分发挥市场在资源配置中的决定性作用,更好发挥政府作用",为完善中国生态保护补偿机制提供政治指引和实践方向。基于此,本文将以推动"有为政府"与"有效市场"有机结合为抓手,通过梳理生态保护补偿机制的内涵、理论与历史,总结国内外典型案例与经验,以期为推动中国生态保护补偿政策落地提供参考。

一、生态保护补偿机制的内涵

(一)生态保护补偿的概念界定

"生态补偿"是我国政府在借鉴"生态服务付费"概念的基础上,结合我国自然资源全民所有制的国情所首创的。在国际上,与其内涵相似的概念包括:生态效益付费(payment for ecological benefits,PEB)、生态服务付费(payment for ecological services,PES)、生态/环境服务市场(market for ecological environmental services,MES)和生态/环境服务补偿(compensation for ecological environmental services,CEES)等。其本质指因资源使用者无法实现资源所对应的各类生态环境服务而形成的补偿。

《生态保护补偿条例》明确规定,生态保护补偿是指通过财政纵向补偿、地区间横向补偿、市场机制补偿等机制,对按照规定或者约定开展生态保护的单位和个人予以补偿的激励性制度安排。生态保护补偿可以采取资金补偿、对口协作、产业转移、人才培训、共建园区、购买生态产品和服务等多种方式。

(二)生态保护补偿的基本原则

(1) PPP原则,即"谁污染,谁付费"。该原则的全名为"polluter pays principle",演化自庇古税,即可以通过额外征税的方式提高负外部性生产者的生产边际成本,对其生产行为进行抑制并降低其负外部性影响。1972年,国际经合组织正式提出PPP原则并对其内容进行科学表述,现已成为国际上最为常用的一种生态补偿原则。

(2) PGP原则,即"谁保护,谁受益"。该原则的全称为"protector gets principle",由于客观条件限制,例如,贫困、自然灾害等无法要求负外部性生产者提供补偿时,可以通过向贫民补贴以限制其破坏行为,或通过向保护者付费的方式实现环境保护目标。

(3) BPP原则,即"谁受益,谁付费"。该原则的全称为"beneficiary pays principle",虽然生态系统服务具备特定的价值,但是其中的价值也因自然条件、经济发展水平的不同存在地区差异,所以可以就生态系统提供的部分服务进行交易。由生态系统服务的实际受益者向实际所有者支付其使用费用,在确保交易效率的同时保证双方最佳福利水平。

(三) 生态保护补偿的框架

(1) 参与者。生态补偿的参与者主要包括卖方(补偿支付者)、买方(提供生态环境服务)及与生态补偿有关联的组织或个体。在生态补偿中,环境服务的提供者是生态补偿的前提。

(2) 补偿标准。生态补偿中最重要也是最困难的地方在于生态补偿标准的确立。当前主流的补偿标准计算方法包括:意愿支付、机会成本法、条件估值法等,其中使用最为广泛的是机会成本法。

(3) 补偿条件。补偿条件是进行生态补偿支付的事实依据,可分为基于产出的补偿或基于投入的补偿。其中,基于产出的补偿也称为根据结果的支付,典型方式是绩效支付,具体是指依靠指数化方法来衡量服务水平的产出,然后按照合约规定的指数大小进行补偿支付。但是,根据产出决定的支付在实际支付活动中较为罕见,因为在一些提供生态环境服务的场所,消费者难以观察到这些服务真正的价值,导致无法准确衡量其服务产出水平。以投入为依据的补偿条件常见于大部分的生态补偿实践,其衡量标准包括:劳动时间、投资资金、土地面积等。

(4) 补偿模式。典型补偿模式包括市场主导型和政府主导型。市场主导型生态补偿,主要指的是在某些条件下基于科斯定理将外部性问题进行内部化处理。市场主导型补偿模式注重市场在生态补偿中的影响,运行方式主要包括市场产权交易和金融工具等,最终目的是将社会资本吸引到生态补偿项目中,加强生态环境资金的适当流动。政府主导型补偿模式主要是依靠政府的力量,以税收或补贴的方式来获取或支付生态补偿资金,进而使外部性转变为内部性,这是一种强制手段补偿模式,一般辅助以法律、法规或相关规定实施,从而达到保护环境的目的。这种补偿方式包含纵向和横向补偿两种,其中:纵向是指非同一级别单位之间的补贴或税收方式，主要表现为上级政府对下级政府，或下级政府或居民等；横向为国家对国家或政府对政府的环境税收或转移支付等补偿。

不同类型生态保护补偿方式，如表 1 所示。

表 1　　　　　　　　　　　　　不同类型生态保护补偿方式

类型	补偿方式	主要内容
政府补偿	政策补偿	上级政府给予下级政府更大的管理权力，补偿客体可以在权利许可范围内构建创新性的筹资政策
	财政转移支付	指将自身的部分收入以公共财政支出的方式无偿让渡给其他主体进行支配的经济活动
	生态补偿基金	生态补偿基金指由政府、非政府机构或个人其中一方或是共同进行出资，构建生态补偿基金用于生态补偿
	异地开发	在生态保护地区之外的区域进行经济发展活动，以此来支持和补偿生态保护地区的发展限制
市场补偿	一对一交易模式	该模式下买卖双方通过中介或是直接谈判的方式确定交易条件和成交金额
	产权交易模式	产权交易指买卖双方基于市场运作自由交易生态服务的生态补偿方式
	生态标记模式	生态标记实质上是通过消费者所信赖的认证体系实现生态服务间接付费的生态补偿方式

二、生态保护补偿机制的理论基础与历史沿革

（一）生态保护补偿的理论基础

（1）外部性理论。外部性（externality）概念由马歇尔（1890）在《经济学原理》中首次提出，可分为"外部经济（正的外部性）"和"外部不经济（负的外部性）"。外部性一般是指由某种经济活动产生的，存在于市场机制之外的影响。在生态环境服务使用中，一旦外部性没有得到应有补偿或付出相应代价，生态环境保护领域便会难以实现帕累托最优。生态环境的外部性包括两个方面：一是生态环境保护产生的外部效益，二是经济活动造成生态环境变化产生的利益相关者的成本。理论上，将外部性内部化主要有四种方法：征收庇古税、财政补贴、公共管制和市场机制调节。

(2) 产权理论。产权理论是在外部性理论基础上发展起来的，其理论核心为科斯定理。科斯定理提出，在交易成本为零的情况下，无论产权归属于谁，在市场机制的作用下总能实现资源配置的帕累托最优；当交易成本不为零时，产权的初始配置将决定资源配置的效率。产权理论认为，产权是一种人们之间行使一定行为的权力。通过界定产权开展生态补偿的基本前提是明确界定生态环境资源的产权边界，关键在于体现交易方的产权交易成本，或者一方超越产权边界给另一方带来的损失。同时，这种产权是明确的、完整的、可转让的，从而这种"完善的产权"能够引导利益相关方在决策时将生态环境因素纳入考量。产权效率直接影响资源配置效率，因此建立生态环境补偿市场机制，应更加明确生态保护与修复的权利与义务。随着"科斯定理"的发展，生态补偿模式逐步演化为用市场交易替代庇古税。

(3) 公共物品理论。公共物品理论以是否具备非竞争性和非排他性将产品划分为：纯公共产品、公共资源、俱乐部产品和私人产品。自然生态系统及其所提供的生态环境产品一般被视为公共资源。若免费提供生态环境产品，这种开放获取资源（共有产权）的方式，会造成经济学上的"搭便车"问题。公共资源具有不完全的非排他性特征，决定着其不能仅由政府或市场单一模式供给，必须将市场机制与政府政策有机结合，方能实现生态环境发展的帕累托最优。其中，主要合作模式包括：公私合营模式（public-private partnership，PPP）、特许经营权模式（build-operate-transfer，BOT）、"建设—移交"模式（build-transfer，BT）和政府购买模式等。

(4) 补偿原理。补偿原理是福利经济学中衡量社会政策是否可行的基本准则，其核心观点认为：在某项政策改革中，存在受益者和受损者，若能够通过某种方式在补偿受损者损失后仍存在社会福利剩余，那么这项改革就是可取的。主要的补偿原理包括，卡尔多补偿、希克斯补偿、西托夫斯基补偿、李特尔补偿和国民收入检验标准等。补偿原理的发展为生态环境补偿标准的衡量和制定提供了切实可行的方法基础，推动了自然资源产权标准的量化。

(二) 中国生态保护补偿治理的历史梳理

我国生态保护补偿源于20世纪50年代的育林基金和更新改造资金制度，1979年我国第一部《环境保护法（试行）》真正拉开了中国生态保护补偿治理的法治化序幕。改革开放以来，我国生态保护补偿先后经历了"依附于环境管制"的初始阶段、"体现'谁受益、谁补偿'"的发展阶段和"确立生态保护补偿制度"的完善阶段。

(1) 初始阶段：生态补偿依附于环境管制（1978~2004年）。该阶段我国工业化、城镇化高速发展，掠夺式开发利用资源，污染物高负荷排放造成环境严重污染及生态受损等问题凸显。为此，国家实行"污染者治理、破坏者恢复"的管制原则，采取严格措施治理生态破坏和污染排放。其间，生态补偿政策涉及森林、草原、流域和水资源、矿产资源开发等重点领域。但此时的生态补偿政策尚停留在污染治理和生态恢复方面，考虑的重点是生态环境保护的直接生产成本，不涉及发展机会成本，也不涉及对生态环境效益的补偿。同时，由于该阶段为生态补偿政策发展的初始阶段，其资金来源主要是中央政府的专项资金，由中央政府代表生态环境保护受益者进行补偿。然而，这种补偿方式没有很好地体现"谁保护，谁受益"与"谁受益，谁补偿"的原则，没有从机制上解决生态环境产品和服务的受益主体与补偿主体不统一的问题。

（2）发展阶段：体现"谁受益，谁补偿"的原则（2005～2011年）。生态补偿率先在森林等领域取得重要突破，建立了生态保护效益基金等制度，但收益和补偿主体不统一的问题未得到有效解决。该阶段的生态补偿政策设计带有明显的"谁受益，谁补偿"的特征。2005年，党的十六届五中全会首次提出，按照"谁开发谁保护、谁受益谁补偿"的原则，加快建立生态补偿机制。随后，国家发展改革委在编制《全国主体功能区规划》中，设立了国家重点生态功能区专项转移支付，为建立生态补偿机制提供空间布局框架和制度支持。森林、草原、矿山、水资源和水土保持等其他重点领域的生态补偿工作也得到进一步深化，较好体现了生态补偿与自然资源有偿使用的密切联系。但是，这一时期的生态补偿制度并没有很好地贯彻自然资源节约和高效利用政策的初衷，其有偿使用原则甚至在一定程度上诱导了自然资源使用者过度开发和利用相关资源。此外，相关政策设计没有考虑对生态环境保护造成的机会成本丧失予以补偿，在此之前各类补偿制度缺乏沟通和衔接，既存在重要区域生态补偿未全覆盖的问题，也存在一些区域重复获得补偿的问题。以此为契机，后续的政策设计开始更多考虑补偿发展机会成本和生态服务价值。

（3）完善阶段：确立生态保护补偿制度（2012年至今）。党的十八大把生态文明建设纳入中国特色社会主义事业"五位一体"总体布局，这是我国生态文明发展的重要里程碑。之后，国家在构建生态补偿制度方面，形成了以党的意志为引领，法律手段为约束，政策手段为推手，标准技术手段为支撑，山水林田湖草为一体的全方面生态补偿制度。党的十八大报告明确提出，推动建立反映市场供求和资源稀缺程度、体现生态价值和代际补偿的资源有偿使用制度和生态补偿制度。2014年《中华人民共和国环境保护法》第三十一条明确规定，"国家建立、健全生态保护补偿制度"。2016年中央深改组审议通过了《关于健全生态保护补偿机制的意见》，2022年党的二十大报告要求"完善生态保护补偿制度"。截至2023年底，我国在20多部环境和资源保护法律中分别规定了生态保护补偿相关条款，范围涉及森林、草原、湿地、荒漠、海洋、水流、耕地及水生生物资源、陆生野生动植物资源等重要生态环境要素,以及重点生态功能区、自然保护地等区域。

各级政府在制定生态补偿政策的过程中,贯彻新发展理念,践行绿水青山就是金山银山理念,加快健全有效市场和有为政府更好结合、分类补偿与综合补偿统筹兼顾、纵向补偿与横向补偿协调推进、强化激励与硬化约束协同发力的生态保护补偿制度,着力将生态保护效益的外部性内部化,充分发挥市场机制,促进生态环境保护地区与受益地区、不同阶层的社会群体共享发展成果。经过多年努力,我国以生态保护成本为主要依据的分类补偿制度日益健全,以提升公共服务保障能力为基本取向的综合补偿制度不断完善,以受益者付费原则为基础的市场化、多元化补偿格局初步形成,全社会参与生态保护的积极性显著增强,生态保护者和受益者良性互动的局面基本形成,中国特色生态保护补偿制度已逐步建立。

我国主要生态保护补偿政策具体演进过程,如表 2 所示。

表 2 我国主要生态保护补偿政策演进

实施年份	政策名称
1989	《1989~1992 年环境保护目标和任务》《全国 2000 年环境保护规划纲要》
2003	《矿山地质环境专项资金》
2005	"十一五"规划
2006	《全国主体功能区规划》《关于逐步建立矿山环境治理和生态恢复责任机制的指导意见》
2007	《关于开展生态补偿试点工作的指导意见》《中央财政森林生态效益补偿基金管理办法》
2009	《国家重点生态功能区转移支付(试点)办法》
2010	《全国主体功能区规划》
2011	"十二五"规划
2012	党的十八大报告
2014	《水土保持补偿费征收使用管理办法》《中央财政林业补助资金管理办法》
2016	"十三五"规划、《关于全面推行河长制的意见》《国务院办公厅关于健全生态保护补偿机制的意见》
2017	党的十九大报告、《建立国家公园体制总体方案》
2018	《国家林业和草原局关于进一步放活集体林经营权的意见》《国家发展改革委关于创新和完善促进绿色发展价格机制的意见》《财政部关于建立健全长江经济带生态补偿与保护长效机制的指导意见》《国家发展改革委、财政部、自然资源部等关于建立市场化、多元化生态保护补偿机制行动计划》
2019	国家发展改革委《生态综合补偿试点方案》
2020	《生态综合补偿试点县名单》《长江保护法》
2021	"十四五"规划、《关于深化生态保护补偿制度改革的意见》《湿地保护法》《乡村振兴促进法》《区域生态质量评价办法(试行)》

续表

实施年份	政策名称
2022	党的二十大报告、《黄河保护法》《中央对地方重点生态功能区转移支付办法》
2023	《海洋环境保护法》《青藏高原生态保护法》《财政部、生态环境部、水利部、国家林草局关于延续黄河全流域建立横向生态补偿机制支持引导政策的通知》
2024	《生态保护补偿条例》

三、国内外生态保护补偿机制的典型案例与经验借鉴

（一）国外生态保护补偿实践

1. 美国生态补偿实践

20 世纪 80 年代以前，美国的生态补偿制度主要由政府主导，然而政府主导模式在解决生态补偿问题中的低效表现，使美国开始积极探索市场化运作的生态补偿方式。之后，美国不断创新生态产品和服务的提供形式，并加大了生态产品绿色认证、生态服务商品化运营的力度。其中，较为典型的有：

（1）美国水权交易模式。为解决农场经营活动污染城市饮用水源问题，1992 年美国纽约市与凯兹基尔（Catskills）和特拉华河（Delawar）河流上游水源地的居民签订了生态补偿协议，每年向采用最佳生产模式（不破坏水源水质）的奶农和森林经营者提供补偿金，并向重建城市污水处理厂、改进供水设备或者大坝的地区支付 4.7 亿美元补偿金。该措施实施以后，纽约地区的城市饮用水源得到了有效保护，奶农们的生产经营方式也得到了改进。

（2）田纳西河流域保护与开发模式。美国田纳西河流经弗吉尼亚、北卡罗来纳等 7 个州，整体形状呈 U 字形。20 世纪初，由于田纳西河流域开发过度，水土流失和环境严重污染，各类水生物大量死亡。1933 年，美国国会通过《田纳西河流域管理局法案》，该法案的核心是成立田纳西河流域管理局（TVA），全权负责田纳西河流域的生态治理和综合开发。TVA 实行公司化管理，公司董事会的成员由总统提名，经国会批准后方可正式履职，其行政定位确保 TVA 具有一定程度的政策制定权。同时，TVA 还拥有流域开发的高度自主权。比如，通过建设典型示范农场，以点带面促进流域内农业的发展；通过投入大量资源进行林业建设、植树造林和防止水土流失，实现流域的综合治理；加强渔业基础设

施建设，促进渔业快速发展，很好地保证了鱼类的数量和质量；同时，修建了大量的主题公园等特色景点，大力发展旅游服务业并带动就业。

（3）农地发展权交易。为了保护优质耕地、防治人工污染和减少化肥使用，美国创新实施了耕地发展权购买（purchase of development rights，PDR）和农地发展权转移（transfer rights of agricultural land development，TDR）两项制度。发展权购买是一种相对较为长久的农业用地保护途径，能充分发挥被保护农地的经济活力。购买的发展权价格等于建设用地价格减去农地价格，其中城市化程度高和经济发展状况好的地区，发展权的购买价格较高。发展权转移在保护农地面积方面的普及性不及发展权购买的方式，其主要优势是政策实施的成本较低，方式较为灵活，需要的公共财政资金较少，主要依靠私有资金的市场交易来解决。

2. 欧盟生态补偿实践

欧盟国家的生态补偿制度较为完善，生态补偿的投入要求和补偿标准在法律中有具体体现。其中，较为典型的生态补偿案例有：

（1）莱茵河流域生态补偿实践。莱茵河流经瑞士、德国、法国等9个国家，其流域水环境治理体现了生态补偿与流域综合开发的有机结合。该流域的治理经验可归纳为：一是成立全面处理莱茵河流域环境保护问题的保护莱茵河国际委员会（ICPR）统一协调各国行动；二是注重以公约和计划的形式推进治理工作。ICPR在流域保护与治理的过程中，组织各国缔结并严格实施《莱茵河保护公约》等一系列公约；三是引导企业和公众积极支持。大型流域的保护与治理会耗费大量人力、物力和财力，既需要政府财政的大力支持，也要充分调动企业和公民的积极性，努力将企业的利益与生态环境建设紧密联系起来，提升公民的环保意识；四是防治结合，注重监测。强调预防与治理并重，对流域水资源进行有效、实时、广泛的监测，并及时在网上公布数据，供各方查询和监督。

（2）德国易北河流域生态补偿实践。易北河是欧洲较大的河流，主要流经捷克和德国两个国家。20世纪80年代，上游的捷克处于高速发展且污染严重的状态，下游的德国经济已较为发达且对环境质量要求较高。由于发展阶段不同，捷克的发展方式给河流造成了非常严重的污染，影响了下游德国人的生活和生态环境。为共同保护流域生态环境，德国和捷克两国政府于1990年签订易北河保护协议，并设立生态补偿基金（900万马克），用于治理易北河的环境污染，共同开展流域水质的检测、管理、研究、保护、利用。此后，易北河的自然灾害得到有效控制，流域水质也得到明显改善。

（3）法国毕雷矿泉水公司为保持水质的付费市场行为。毕雷矿泉水公司是法国最大的天然矿泉水制造公司，20世纪80年代，其供水水质受到当地养殖业农场的严重污染。为保护矿泉水的品质，毕雷矿泉水公司与当地的养殖农户签订了一份补偿协议，在协议规定的范围内，由毕雷矿泉水公司对禁止养殖的农户进行补偿，补偿的具体标准随市场变化。同时，毕雷矿泉水公司出资设立牲畜粪便治理设施，雇佣当地农户进行污水治理，实现了双赢的局面。

（4）欧盟生态标签制度。欧盟生态标签（ecolabel）是一种自愿性产品标志。获得该标签的产品和服务被称为"贴花产品"，意味着相对同类产品而言环境影响较小。它作为一种新型环境管理手段，通过干预消费者市场需求引导产业方向，实现循环经济和可持续发展战略目标。2009年欧盟颁布了比较系统的生态标签法律文件，明确欧盟生态标签主管机构的职责，保证其中立性、独立性及透明度，包含制定生态标签标准的一般要求及修订程序、宣传计划、市场监测、使用控制规定等。

3. 拉美国家生态补偿实践

拉丁美洲国家较早地开展了生态补偿实践，对于我国充分发挥政府和市场力量，实现各参与方的激励相容具有重要参考价值。

（1）哥斯达黎加的国家基金模式（programa pago por servicios ambientales, PSA）。哥斯达黎加因其生态种类的多样性和复杂性而闻名全球，为了在经济社会建设中保护森林生态环境，哥斯达黎加自1979年起设立国家森林基金，国家通过向企业和森林开发者征收化石燃料税、森林产业税，并与森林管理方签订森林保护合同、造林合同、管理合同等，对开发地区进行生态补偿。

（2）巴西森林砍伐权的交易（BVRIO）。大量巴西民众以砍伐林木为生，但随着砍伐活动的加剧，亚马孙流域国家于2004年召开紧急会议，要求亚马逊河流域各国限制砍伐以保持森林覆盖率。为了实现土地资源的有效利用，同时维持80%的森林覆盖率目标，巴西设立了森林砍伐权交易计划。该计划允许在法定区域内进行砍伐，同时可以交易砍伐权，这种市场化运作方式提高了土地、森林和生态效益，并大幅降低交易成本。

（3）墨西哥水文环境服务付费计划（pagopor servicios ambientales hidrolo'gicos, PSAH）。墨西哥联邦政府通过水文环境服务付费计划，对在林业商业价值较低地区进行流域保护和地下水层补给的林业开发者予以补贴。该项目资金来自用水者的付费，其中近1800万美元用于支付环境服务。虽然该项目属于使用者付费项目，但用水者不能参加协商过程，也没有任何决策权。项目的政策设计、最终决策都在政府，用水者只能被动接受，但其他利益相关者可以在决策过程中参与协商。

（二）国内生态保护补偿实践

1. 鄂州案例：生态价值标准化核算，实现生态补偿机制科学化

鄂州市位于湖北省东部，长江中游南岸，拥有湖泊133个，水域面积65万亩，是著

名的"百湖之市"。由于钢铁、水泥等产业比重过高,传统的珍珠养殖业大量投肥投料影响水质,鄂州市的生态环境一度亮起"红灯"。为改善生态环境,鄂州市以湖北省首批自然资源资产负债表和领导干部自然资源资产离任审计试点为契机,实施生态价值工程,在生态价值计量、生态补偿、生态资产融资、生态价值目标考核等方面强化制度设计,开展实践探索。具体而言,一是开展自然资源调查与确权登记。鄂州市以自然资源调查评价为基础,制定自然资源确权登记试点办法,建立了统一的确权登记数据库和登记簿。对生态环境良好的梁子湖区各类自然资源进行确权登记,摸清自然资源的权属、边界、面积、数量、质量等信息,建立自然资源存量及变化统计台账,形成归属清晰、权责明确的自然资源资产体系,为编制自然资源资产负债表、推动生态价值核算奠定基础。二是采用当量因子法开展生态价值核算。鄂州市与华中科技大学合作,根据植被丰茂度、降水量、各区水质、环境与生态质量等因素,建立反映当地特征的当量因子表,分别计算各区的生态系统价值总量,并选择四种具有流动性的生态系统服务(气体调节、气候调节、净化环境、水文调节)进行生态补偿测算。按照生态服务高强度地区向低强度地区溢出生态服务的原则(价值多少代表强度高低),按照各区四类服务的价值量,分别核算各区应支付的生态补偿金额。三是推动生态补偿和生态价值显化。鄂州市制定《关于建立健全生态保护补偿机制的实施意见》等制度,按照政府主导、各方参与、循序渐进的原则,在实际测算生态服务价值的基础上,先期按照20%的权重进行三区之间的横向生态补偿,逐年增大权重比例,直至体现全部生态服务价值。对需要补偿的生态价值部分,试行阶段先由鄂州市财政给予70%的补贴,剩余的30%由接受生态服务的区向供给区支付,再逐年降低市级补贴比例,直至完全退出。

2. 赤水河横向治理案例:跨省合作与政企联动并重,实现生态补偿的多元化治理

赤水河流经云、贵、川三省,是长江上游珍稀特有鱼类国家级自然保护区,但随着矿产资源开发、白酒产业扩大和城镇化推进,流域内经济开发与生态环境保护的矛盾日益凸显,出现生态环境破坏、水土流失等诸多问题。在赤水河生态环境补偿治理过程中,跨省权责矛盾和治理经费不足问题尤其突出,因此流域政府围绕以上两方面问题开展了针对性工作。一方面,川滇黔三省设立赤水河生态补偿资金。2018年,四川省、云南省和贵州省共同出资2亿元设立赤水河流域水环境横向补偿资金,其中云南省、贵州省、四川省出资比例为1:5:4,补偿资金分配比例为3:4:3。三省将依据各段补偿权重及考核断面水质达标情况,分段清算生态补偿资金。例如,若赤水河清水铺断面水质部分达标或完全未达标,云南省扣减相应资金拨付给贵州省和四川省,两省分配比例均为50%;若鲢鱼溪断面部分达标或完全未达标,贵州省扣减相应资金拨付给四川省;茅台镇上游新增断面水质考核部分达标或完全未达标,贵州省和四川省各承担50%的资金扣减任务。另一方面,建立政企联动的生态保护第三方治理机制。流域政府按照"统筹规划、调查摸底、深入推进、监管考核"的工作部署,有力有序推进第三方治理,在治污设施"投、建、运、管"各阶段通过 BOT、TOT、PPP 等模式运营,推进排污企业退出污染治理市场,以第三方专业技术服务保障治污设施正常运行,最终实现"谁污染、谁付费"和"社会化、市场化、专业化"。

3. 库布其沙漠治理案例:生态产业化,实现生态效益与经济效益的良性循环

库布其沙漠是中国第七大沙漠,位于鄂尔多斯高原北部。30 年前,该地区的植被覆盖度不足 3%,每年发生沙尘暴 50 多次,在当地政府、企业、农牧民和社会各界力量的共同努力下,库布其沙漠有近 6000 平方千米的区域披上绿装,该沙漠核心治理区的植被覆盖度由不足 3% 提升至 65%,实现了从"沙进人退"到"绿进沙退"的历史性转变。生态产业化是实现库布齐"奇迹"的核心。一是依托政府生态工程,大力引入社会资本。通过土地流转、农牧民入股、企业承包、专业合作组织经营等形式,积极调动企业和社会力量参与生态建设,实现治理生态向经营生态的转变。引进亿利、伊泰等 10 多家企业参与生态建设,累计投资近 50 亿元,逐步创造出生态修复、生态牧业、生态健康、生态旅游、生态光伏、生态工业"六位一体",以及一二三产业融合发展的生态产业体系。二是调动农牧民市场化参与沙漠治理的积极性。通过建立多方位、多渠道利益联结机制,积极推广"农户+基地+龙头企业"的林沙产业发展模式,充分调动广大农牧民特别是贫困农牧民治沙致富的积极性和主动性;在"平台+插头"的沙漠生态产业链上,农牧民拥有了"沙地业主、产业股东、旅游小老板、民工联队长、产业工人、生态工人、新式农牧民"7 种新身份,带动周边 1303 户农牧民发展起家庭旅馆、餐饮、民族手工业、沙漠越野等产业,户均年收入超过 10 万元,人均年收入超过 3 万元,517 户农牧民实行标准化养殖和规模化种植,人均年收入达到 2 万元,累计引导农牧民投入约 5000 万元,完成林草种植 20 万亩,使广大群众共享沙漠生态改善和绿色经济发展的成果。

四、中国生态保护补偿治理面临的挑战

(一) 生态保护补偿体系缺乏自然资源经济理论支撑

自然资源与生态环境两者相互依存、相互作用、相辅相成,统一于习近平生态文明思想理论体系,体现在推进人与自然和谐共生现代化建设的实践之中。近年来,有关部门对生态环境方面进行了较为深入的研究,但对自然资源领域理论问题的研究仍有不足,亟待

构建起系统全面、逻辑严密、科学完整的理论体系，用以指导实践。生态保护补偿涉及外部性理论、产权理论、公共物品理论、补偿原理等理论，属于福利经济学范畴。生态保护补偿坚持"谁污染，谁付费""谁保护，谁受益""谁受益，谁付费"原则，实质是将生态保护费用补偿给保护人，实现社会分配公平的一种管理体制机制。生态保护补偿体系的建设亟须具有中国特色的自然资源经济理论支撑。

（二）生态服务价值评估缺乏权威标准

明晰的生态服务价值是推动生态保护补偿市场化、科学化和规范化的基本前提，但当前各地的生态服务价值核算缺乏权威的指导标准。一是现行法律法规条例相对零散，缺乏统一的指导标准和具体操作流程。各地区在制订和执行生态保护补偿计划时，很难科学合理地评估和确定补偿金额标准，并且法规的适用性和操作性不足，实际指导作用有限。二是各地生态服务价值核算的方法、参数和范围都存在差异，全国性的生态资源使用权交易市场难以建立，市场化定价机制作用未能发挥，严重阻碍了市场化、多元化补偿的推进。

（三）生态保护补偿资金来源单一且充足性不强

当前，我国95%以上的生态保护补偿资金源于各项财政拨款。但随着生态保护补偿的领域拓宽、范围的增加和标准的提高，以财政资金为主要来源的生态保护补偿制度其可持续性风险增加。一是地方财政能力有限。生态保护补偿地区多为生态脆弱的欠发达地区，生态保护补偿兼具生态扶贫功能，补偿资金需求较大。特别是重点生态功能区、禁止开发区等地区承担生态涵养、水源涵养等功能，不宜大规模开发，本地财政收入低且提升空间小，对中央生态保护补偿资金的需求较高。二是社会资本参与不足。生态补偿项目的投入大、周期长且风险分担机制不完善，导致社会资本参与积极性不高。当地农牧渔民参与生态保护的机制体制尚未成型，加剧了生态保护补偿的财政压力。三是地方生态补偿资金使用的监管考核机制仍需完善。现阶段，生态补偿绩效考核具有"重项目、轻绩效"的特点，无法准确识别生态补偿的实际效果，存在执行力度低、有效性待提高等问题，难以保障生态补偿资金的高效利用。

（四）生态保护补偿的创新性与市场化不足

在以政府财政转移支付为主的补偿方式下，社会组织、市场主体及公众参与生态保护补偿获得的有效激励不足，市场化机制无法充分发挥作用。一方面，目前生态资源使用权交易市场尚处于初始阶段，生态保护补偿的市场机制作用不明显，吸引社会资本能力较弱，对股权交易、绿色信贷、气候投融资等绿色金融手段的研究和实践存在不足，未能充分体现使用者或受益者直接付费的原则；另一方面，虽然水权交易、排污权交易、碳排放权交易等市场化生态保护补偿方式能在一定程度上解决生态保护补偿资金问题，但是单一化的交易方式使补偿主体利用市场化方式筹措补偿资金的效率降低，未能完全显现市场调配生态资源的效率。

（五）全球性生态环境危机凸显

近年来，以日本核污水排海为代表的区域性、全球性环境问题引发国际社会的高度关注，生态保护补偿的国际协商与合作将成为我国未来生态环境保护工作的重点。然而，国际形势风云突变，单边主义、贸易保护主义、逆全球化暗流涌动，深刻影响我国生态环保国际合作。一是我国发展中国家地位受到挑战，环境国际公约履约面临压力。2020年，美国修订反补贴法下的"发展中国家名单"，否定包括我国在内的25个经济体的发展中国家地位。这将挑战我国在国际条约中的发展中国家优势地位，也会给我国履行环境国际公约带来巨大压力，影响共同但有区别的责任原则，增加我国申请与环境公约相关的全球环境基金和多边基金的难度。二是我国在生态环境国际合作的能力和水平仍有不足，合作的广度和深度不够。我国在全球环境治理体系中的话语权有待提升，在全球气候治理、生物多样性保护等方面的合作成果宣传仍不充分。

五、中国生态保护补偿治理的路径选择

（一）深化自然资源重大基础理论问题研究

开展自然资源领域前瞻性、系统性、战略性研究，构建自然资源基础理论体系框架，优化自然资源管理改革与发展的四梁八柱，厘清自然资源在生态文明建设和高质量发展中的地位和作用，搭建自然资源管理践行党的创新理论的实践平台、创新平台，着力推进理论研究、实践运用和制度创新，推动人与自然和谐共生现代化建设进程中自然资源贡献的提升，推进党的创新理论在自然资源保护与合理开发利用实践中不断丰富发展，更加深入

人心、更好地实践运用、走向世界。

(二) 推动全国性生态资源使用权交易平台建设

建设全国性的生态资源使用权交易平台是实现生态保护补偿治理市场化,推动全国统一大市场建设的关键环节,需要在生态服务价值核算、制度设计和技术支持等方面共同推进。

(1) 推动标准化生态服务价值核算。建立完善自然资源数据库,构建以自然资源价值和生态服务价值为基础的差异化生态保护补偿标准。基于生态系统生产总值(GEP)核算体系,综合考虑区域经济发展水平、地方财政能力和发展机会成本等因素,量化评估不同地区的生态环境状况,为制定生态补偿标准提供科学依据。引入生态保护红线,将生态保护红线作为相关转移支付的分配因素,综合考虑生态保护地区经济社会发展状况、生态保护成效等因素,确定补偿水平,确保在生态保护红线覆盖比例较高的地区得到更多支持。

(2) 完善政策制度设计。通过建立市场化生态保护补偿交易平台信息披露制度,公开披露交易对象、交易金额、交易方式等信息。建立规范的生态资源使用交易管理制度,规范交易流程,引入多元化主体参与评估和监督。

(3) 健全技术支持体系。规范生态产品交易平台,收储各类生态资源和生态产品,开展生态资源和生态产品数据库管理。以交易平台建设为契机,不断完善生态保护补偿技术标准体系,提升生态产品绿色标识、生态产品价值核算、环境损害赔偿量化核算等技术的规范化和专业化水平。

(三) 多渠道拓展生态保护补偿资金来源

深入贯彻新发展理念,将有为政府与有效市场相结合,发挥市场化生态补偿的深层次作用。

(1) 完善生态保护补偿政策配套。进一步健全市场化生态保护补偿机制需要的政策环境、产业条件及市场条件等保障体系,加快建立和完善生态资源的价格机制、产权机制、市场交易机制及市场化投融资渠道,落实生态保护地区排污权的有偿使用和交易,加快建设全国用能权、碳排放权交易市场,调动市场主体保护生态系统的主动性。

(2) 大力发展绿色金融。研究开发绿色金融产品,充分发挥国家绿色发展基金的作用,将生态保护补偿作为重点支持领域,支持地方探索建立生态保护补偿基金,引导带动更多社会资金投入生态保护领域。

(3) 优化生态保护补偿绩效考核机制。研究制定全国范围内的指导性标准，完善相关指标的监测、数据统计和共享机制，建立完备的生态系统监测评价技术体系，健全统一的生态环境监测网络。通过应用数字技术，加强跟踪生态保护补偿工作进展，开展生态保护补偿实施成效评估，将生态保护补偿责任落实情况、工作成效等纳入有关督察考核内容。

（四）创新生态保护补偿方式，推动生态产业化发展

发展新质生产力就是要思想创新、技术创新和模式创新，中国的生态保护补偿治理要充分借力中国科技、金融和信息技术的发展成果，突破传统体制机制制约，真正实现生态保护与经济发展间的良性互动。

（1）丰富市场交易模式。加快完善排污权、碳排放权、用水权、碳汇权益等生态环境权益交易机制，合理界定和配置生态环境权利，依托生态资源使用权交易平台，引导生态受益者对生态保护者进行补偿。完善绿色产品标准、认证和监管等体系，推动现有环保、节能、节水等产品认证逐步向绿色产品认证转型。

（2）创新协议付费模式。通过创新绩效导向付费机制，采用结果导向或与绩效挂钩的方式设计付费标准。例如，依据生态保护的实际效果、污染物减排量、生物多样性恢复情况等具体指标确定支付额度。采用社区参与和利益共享方式，鼓励当地社区居民直接参与到生态保护活动中，通过公平合理的收益分配方案，将生态保护补偿费用的一部分直接回馈给为保护环境作出贡献的社区和个人。

（3）培育高质量现代生态产业项目。高质量生态产业项目是吸引社会资本投入生态资源保护的重要手段。各地应因地制宜地培育优势生态产业，一体化设计生态保护、生态修复与特许经营项目，形成产业发展合力，引导资源保护者和产业投资者通过参与流域综合治理、国家公园管理、大气污染治理、自然保护区建设等生态保护领域获得价值补偿，不断优化市场化生态保护补偿模式。

（五）深化生态保护的国际多边合作

生态环境保护离不开国际社会的共同努力，要秉持人类命运共同体理念，让中国成为全球生态文明建设的参与者、贡献者、引领者，推动构建公平合理、合作共赢的全球环境治理体系。

（1）打造绿色"一带一路"区域环境合作的平台高地。充分发挥"一带一路"绿色发展国际联盟和生态环保大数据服务平台的作用，开展一批惠及民生的生态环保务实合作

项目,以绿色示范项目引领"一带一路"建设,推行企业投资项目分级分类管理,明确生态环境风险正负面清单,为金融机构提供绿色信贷指引,完善境外投资的生态环境管理制度。推动实施"一带一路"可持续城市联盟、绿色丝路使者计划、应对气候变化南南合作计划,协同推进绿色消费、绿色金融、绿色供应链、绿色技术交流应用,为共建国家提供可借鉴、可复制的中国方案,共同推动可持续发展目标的实现。

(2)加强我与周边国家双边及多边环境合作。针对突发跨境环境事件,建立完善多形式、多渠道、多层次、多领域的联络机制。不断拓展与东盟国家、上合组织、澜沧江—湄公河区域国家的合作领域,分析找准双多边环境合作需求,按合作进程深入研究分析合作机制的痛点、堵点,针对区域环境合作平台的不同内容、形式和特点,细化参与举措,推动精准合作,着力发挥建设性作用。

(3)坚决维护多边主义立场,主动参与全球环境治理体系变革。构建国际环境履约支撑平台,深化国际环境履约与国内环境质量改善的工作融合机制与协同效应,健全履约工作国内资金支持机制。积极倡导和践行多边主义,反对单边主义和保护主义,坚决维护联合国环境规划署等国际组织权威,深化与国际组织的合作交流,维护国际环境合作秩序,积极参与全球环境治理体系革新,推动中国理念融入全球环境治理体系。

(4)构建生态环境国际合作与交流的大格局。讲好"中国故事",加强对外合作成果宣传,研究对外传播规律和方式,注重运用国际通用话语体系,强化舆论宣传引导,增进国际社会的理解和支持。加大全球环境问题领域科技支撑力度,加强与国际机构及非政府组织的交流合作,突破生物多样性保护、化学品风险管控、臭氧层保护等关键技术,提高各领域履约应对技术的创新能力和引进水平。加强国际合作人才队伍建设,完善国际组织人才的培养、储备和输送机制,为彰显负责任的生态环保大国形象作出积极贡献。

参考文献

社会主义思想文献

［1］马克思恩格斯文集（1—10卷）［M］.北京：人民出版社，2009.

［2］马克思恩格斯选集（1—4卷）［M］.北京：人民出版社，2012.

［3］卡尔·马克思.资本论［M］.北京：人民出版社，2018.

［4］列宁专题文集（1—5卷）［M］.北京：人民出版社，2010.

［5］毛泽东选集（1—4卷）［M］.北京：人民出版社，1991.

［6］毛泽东文集（1—8卷）［M］.北京：人民出版社，1999.

［7］邓小平文选（第1、2卷）［M］.北京：人民出版社，1994.

［8］邓小平文选（第3卷）［M］.北京：人民出版社，1993.

［9］邓小平文集1949—1974年（上、下）［M］.北京：人民出版社，2014.

［10］江泽民文选（1—3卷）［M］.北京：人民出版社，2006.

［11］胡锦涛文选（1—3卷）［M］.北京：人民出版社，2016.

［12］习近平总书记系列重要讲话读本［M］.北京：人民出版社，2016.

［13］习近平谈治国理政（第一卷）［M］.北京：外文出版社，2017.

［14］习近平谈治国理政（第二卷）［M］.北京：外文出版社，2017.

［15］习近平谈治国理政（第三卷）［M］.北京：外文出版社，2020.

［16］习近平谈治国理政（第四卷）［M］.北京：外文出版社，2022.

［17］习近平经济思想学习纲要［M］.北京：人民出版社，2022.

［18］习近平生态文明思想学习纲要［M］.北京：学习出版社，人民出版社，2022.

［19］习近平新时代中国特色社会主义思想学习纲要［M］.北京：学习出版社，人民出版社，2023.

［20］习近平著作选读（第一卷）［M］.北京：人民出版社，2023.

［21］习近平著作选读（第二卷）［M］.北京：人民出版社，2023.

［22］习近平关于防范风险挑战、应对突发事件论述摘编［M］.北京：中央文献出版社，2020.

[23] 习近平扶贫论述摘编 [M]. 北京：中央文献出版社，2018.

[24] 习近平关于总体国家安全观论述摘编 [M]. 北京：中央文献出版社，2018.

[25] 习近平关于"三农"工作论述摘编 [M]. 北京：中央文献出版社，2018.

[26] 习近平关于全面从严治党论述摘编：2021年版 [M]. 北京：中央文献出版社，2021.

[27] 习近平关于实现中华民族伟大复兴的中国梦论述摘编 [M]. 北京：中央文献出版社，2013.

[28] 习近平关于协调推进"四个全面"战略布局论述摘编 [M]. 北京：中央文献出版社，2015.

[29] 习近平关于社会主义生态文明建设论述摘编 [M]. 北京：中央文献出版社，2017.

[30] 习近平关于社会主义经济建设论述摘编 [M]. 北京：中央文献出版社，2017.

[31] 习近平. 论坚持人与自然和谐共生 [M]. 北京：中央文献出版社，2022.

[32] 习近平. 论中国共产党历史 [M]. 北京：中央文献出版社，2021.

[33] 习近平. 论坚持党对一切工作的领导 [M]. 北京：中央文献出版社，2019.

[34] 习近平. 论坚持全面深化改革 [M]. 北京：中央文献出版社，2018.

[35] 习近平. 论坚持全面依法治国 [M]. 北京：中央文献出版社，2020.

[36] 习近平. 论坚持推动构建人类命运共同体 [M]. 北京：中央文献出版社，2018.

[37] 习近平. 论把握新发展阶段、贯彻新发展理念、构建新发展格局 [M]. 北京：中央文献出版社，2021.

[38] 建国以来重要文献选编 1949-1965 [M]. 北京：中央文献出版社，2011.

[39] 建党以来重要文献选编 1921-1949 [M]. 北京：中央文献出版社，2011.

[40] 十一届三中全会以来重要文献选编 [M]. 北京：人民出版社，1987.

[41] 十二大以来重要文献选编（上、中、下）[M]. 北京：人民出版社，1986-1988.

[42] 十三大以来重要文献选编（上、中、下）[M]. 北京：人民出版社，1991-1993.

[43] 十四大以来重要文献选编（上、中、下）[M]. 北京：人民出版社，1996-1999.

[44] 十五大以来重要文献选编（上、中、下）[M]. 北京：人民出版社，2000-2003.

[45] 十六大以来重要文献选编（上、中、下）[M]. 北京：中央文献出版社，2005-2008.

[46] 十七大以来重要文献选编（上、中、下）[M]. 北京：中央文献出版社，2009-2013.

[47] 十八大以来重要文献选编（上、中、下）[M]. 北京：中央文献出版社，2014－2016.

[48] 中国特色社会主义理论体系形成与发展大事记[M]. 北京：中央文献出版社，2011.

[49] 决胜全面建成小康社会 夺取新时代中国特色社会主义伟大胜利 中共十九大报告单行本[M]. 北京：人民出版社，2017.

[50] 中共中央关于党的百年奋斗重大成就和历史经验的决议[N]. 人民日报，2021－11－12（1）.

[51] 习近平. 高举中国特色社会主义伟大旗帜 为全面建设社会主义现代化国家而团结奋斗 中共二十大报告单行本[M]. 北京：人民出版社，2022.

[52] 中国共产党一百年大事记：1921年7月—2021年6月[M]. 北京：人民出版社，2021.

传统文化文献

[1] 朱熹. 周易本义[M]. 北京：中华书局，2009.

[2] 陈鼓应，赵建伟注译. 周易今注今译[M]. 北京：商务印书馆，2016.

[3] 耿振东译注. 管子译注[M]. 上海：上海三联书店，2014.

[4] 王弼注. 老子道德经注[M]. 北京：中华书局，2011.

[5] 范希春. 孔子本传[M]. 山东：山东人民出版社，1997.

[6] 张燕婴译注. 论语[M]. 北京：中华书局，2006.

[7] 杨伯峻. 论语译注[M]. 北京：中华书局，2017.

[8] 李小龙译注. 墨子[M]. 北京：中华书局，2007.

[9] 毕沅校注. 墨子[M]. 上海：上海古籍出版社，2014.

[10] 左丘明. 左传[M]. 上海：上海古籍出版社，2015.

[11] 戴震著，何文光整理. 孟子字义疏证[M]. 北京：中华书局，1961.

[12] 朱义禄撰. 孟子答客问[M]. 上海：上海人民出版社，1999.

[13] 万丽华，蓝旭译注. 孟子[M]. 北京：中华书局，2006.

[14] 焦循. 孟子正义[M]. 北京：中华书局，2017.

[15] 孙通海译注. 庄子[M]. 北京：中华书局，2007.

[16] 郭象注. 庄子注疏[M]. 北京：中华书局，2010.

[17] 陈鼓应注译. 庄子今注今译（下卷）[M]. 北京：商务印书馆，2016.

[18] 钱穆. 庄老通辨[M]. 北京：生活·读书·新知三联书店，2005.

[19] 安小兰译注. 荀子[M]. 北京：中华书局，2007.

[20] 高华平,王齐洲,张三夕译注. 韩非子 [M]. 北京:中华书局,2016.
[21] 高诱注. 吕氏春秋 [M]. 上海:上海古籍出版社,2014.
[22] 张双棣,等. 吕氏春秋 [M]. 北京:中华书局,2007.
[23] 王世舜,王翠叶译注. 尚书 [M]. 北京:中华书局,2011.
[24] 朱彬撰,饶钦农点校. 礼记训纂 [M]. 北京:中华书局,1996.
[25] 王文锦. 礼记译解 [M]. 北京:中华书局,2016.
[26] 刘安. 淮南子译注 [M]. 上海:上海古籍出版社,2016.
[27] 班固撰,颜师古注. 汉书 [M]. 北京:中华书局,1962.
[28] 王子今. 秦汉时期生态环境研究 [M]. 北京:北京大学出版社,2007.
[29] 范晔撰,李贤,等注. 后汉书 [M]. 北京:中华书局,2000.
[30] 周敦颐著,陈克明点校. 周敦颐集 [M]. 北京:中华书局,1990.
[31] 程颢,程颐著,王孝鱼点校. 二程集 [M]. 北京:中华书局,2004.
[32] 司马光. 资治通鉴 [M]. 北京:中华书局,2011.
[33] 朱熹. 四书章句集注 [M]. 北京:中华书局,2011.
[34] 黎靖德,王星贤点校. 朱子语类 [M]. 北京:中华书局,1986.
[35] 王阳明. 王阳明全集 [M]. 北京:线装书局,2012.
[36] 黄宗羲. 明儒学案 [M]. 沈芝盈,点校. 北京:中华书局,1985.
[37] 张君劢. 新儒家思想史 [M]. 北京:中国人民大学出版社,2006.
[38] 冯友兰. 三松堂全集 [M]. 郑州:河南人民出版社,2001.
[39] 冯友兰. 中国哲学史新编 [M]. 北京:人民出版社,2007.
[40] 方东美. 原始儒家道家哲学 [M]. 北京:中华书局,2011.
[41] 季羡林. 季羡林谈义理 [M]. 北京:人民出版社,2010:59.
[42] 任继愈. 中国哲学发展史 [M]. 北京:人民出版社,1983
[43] 李泽厚. 中国古代思想史论 [M]. 北京:人民出版社,1986.
[44] 陈谷嘉. 宋代理学伦理思想研究 [M]. 长沙:湖南大学出版社,2006.
[45] 许抗生. 道家思想与现代文明 [M]. 北京:中华书局,2015.
[46] 蒙培元. 人与自然 [M]. 北京:人民出版社,2004.
[47] 葛兆光. 中国思想史(第一册)[M]. 上海:复旦大学出版社,2001.
[48] 葛兆光. 中国思想史(第二册)[M]. 上海:复旦大学出版社,2001.
[49] 葛兆光. 中国思想史(第三册)[M]. 上海:复旦大学出版社,2001.
[50] 王玉德,张全明,等. 中华五千年生态文化 [M]. 武汉:华中师范大学出版社,1999.

[51] 罗桂环, 等. 中国环境保护史稿 [M]. 北京：中国环境科学出版社, 1995.

[52] 张云飞. 天人合一 [M]. 成都：四川人民出版社, 1995.

[53] 刘固盛. 道家道教与生态文明 [M]. 武汉：华中师范大学出版社, 2015.

[54] 刘余莉. 儒家伦理学 [M]. 北京：中国社会科学出版社, 2011.

[55] 杨琥. 中国近代思想家文库 [M]. 北京：中国人民大学出版社, 2014.

[56] 任春晓. 环境哲学新论 [M]. 南昌：江西人民出版社, 2003.

[57] 张维青, 高毅清. 中国文化史 [M]. 济南：山东人民出版社, 2002.

自然资源文献

[1] 傅伯杰. 国家生态屏障区生态系统评估 [M]. 北京：科学出版社, 2017.

[2] 欧阳志云, 郑华. 生态安全战略 [M]. 北京：学习出版社, 2014.

[3] 陈发虎. 甘青地区的黄土地层学与第四纪冰川问题 [M]. 北京：科学出版社, 1993.

[4] 丁仲礼. 中国碳中和框架路线图研究 [J]. 中国工业和信息化, 2021 (8)：54-61.

[5] 吕永龙, 贺桂珍. 现代环境管理学 [M]. 北京：中国人民大学出版社, 2009.

[6] 朱永官. 农业环境中的砷及其对人体的健康风险 [M]. 北京：科学出版社, 2013.

[7] 江桂斌. 环境纳米科学与技术 [M]. 北京：科学出版社, 2015.

[8] 尹伟伦. 木材浮压干燥的基本特性 [M]. 北京：中国环境科学出版社, 2015.

[9] 蔡运龙. 自然资源学原理 [M]. 北京：科学出版社, 2001：41.

[10] 牛文元. 自然资源开发原理 [M]. 郑州：河南大学出版社, 1989.

[11] 周其仁. 产权与制度变迁：中国改革的经验研究 [M]. 北京：北京大学出版社, 2004.

[12] 张兰生. 实用环境经济学 [M]. 北京：清华大学出版社, 1992.

[13] 厉以宁, 章铮. 环境经济学 [M]. 北京：中国计划出版社, 1995.

[14] 李金昌. 生态价值论 [M]. 重庆：重庆出版社, 1999.

[15] 李金昌. 资源核算论 [M]. 北京：海洋出版社, 1991.

[16] 封志明. 资源科学导论 [M]. 北京：科学出版社, 2004.

[17] 中国生态补偿机制与政策研究课题组. 中国生态补偿机制与政策研究 [M]. 北京：科学出版社, 2007.

[18] 严金明. 土地法学 [M]. 北京：中国人民大学出版社, 2022.

[19] 张新安. 自然资源管理服务支撑碳达峰碳中和 [M]. 北京：经济科学出版

社，2022.

[20] 孟旭光. 国土资源规划理论与实践 [M]. 北京：地质出版社，2009.

[21] 叶剑平. 中国农村土地产权制度研究 [M]. 北京：中国农业出版社，2000.

[22] 张世秋，李彬. 关于环境税收的思考 [J]. 环境保护，1995（9）：21-24，35.

[23] 林坚，高远，赵晔. 空间开发权视角下的国土空间治理探析 [J]. 自然资源学报，2023，38（6）：1393-1402.

[24] 冯长春，赵燕菁，王富海，等. 面向碳中和的规划响应 [J]. 城市规划，2022，46（2）：25-31.

[25] 沈镭. 面向碳中和的中国自然资源安全保障与实现策略 [J]. 自然资源学报，2022，37（12）：3037-3048.

[26] 姜文来. 促进城乡资源要素合理高效流动是关键 [J]. 当代县域经济，2021（8）：9.

[27] 高敏雪，甄峰. 政府统计国际规范概览 [M]. 北京：经济科学出版社，2017.

[28] 黄贤金，严金明. 土地经济研究 [M]. 南京：南京大学出版社，2014.

[29] 付英. 矿产资源与社会经济发展 [M]. 北京：地震出版社，1994：4.

[30] 谷树忠. 资源经济学的学科性质、地位与思维 [J]. 资源科学，1998（1）：18-24.

[31] 胡鞍钢. 中国现代化之路（1949—2014）[J]. 新疆师范大学学报，2015（2）：1-17.

[32] 李剑，张大伟，杨桦，等. 联合国分类框架现状以及与我国矿产资源储量分类的对比研究 [C]//中国地质学会. 中国地质学会2013年学术年会论文摘要汇编——S15固体矿产勘查理论与技术方法研讨会，2013：52-56.

[33] 李京文. 科技进步与中国现代化 [M]. 北京：中国物资出版社，1998.

[34] 李敬煊. 中国现代化与马克思主义中国化互动关系研究 [M]. 武汉：华中师范大学出版社，2005.

[35] 李路路，王奋宇. 当代中国现代化进程中的社会结构及其变革 [M]. 杭州：浙江人民出版社，1992.

[36] 李强. 新中国现代化建设的成就与经验 [N]. 人民日报，2016-01-17（5）.

[37] 沈满洪. 生态经济学的定义、范畴与规律 [J]. 生态经济，2009（1）：42-47，182.

[38] 沈满洪，陈海盛. 绿色共富的机制创新与优化路径——以浙江淳安为例 [J]. 浙江树人大学学报，2023，23（4）：1-10.

[39] 沈夏珠. 中国道路：历史、理论与战略 [M]. 上海：上海人民出版社，2019.

[40] 张文驹. 中国矿产资源与可持续发展 [M]. 北京：科学出版社，2007：3.

[41] 任继周. 草地农业生态系统通论 [M]. 合肥：安徽教育出版社，2004.

[42] 樊杰. 主体功能区战略与优化国土空间开发格局 [J]. 中国科学院院刊，2013，28（2）：193 - 206.

[43] 袁业立，乔方利. 海洋动力系统与 MASNUM 海洋数值模式体系 [J]. 自然科学进展，2006（10）：1257 - 1267.

[44] 丁德文，索安宁. 现代海洋牧场建设的人工生态系统理论思考 [J]. 中国科学院院刊，2022，37（9）：1335 - 1346.

[45] 王广华. 深入学习宣传贯彻党的二十大精神 为全面推进中国式现代化贡献自然资源力量 [N]. 学习时报，2023 - 01 - 11（001）.

[46] 王广华. 珍爱地球 人与自然和谐共生 [N]. 中国矿业报，2023 - 04 - 22（001）.

[47] 王广华. 为建设人与自然和谐共生的现代化而奋斗 [J]. 旗帜，2022（12）：15 - 17.

[48] 陆昊. 全面提高资源利用效率 [J]. 资源导刊，2021（2）：18 - 19.

[49] 姜大明. 统筹海洋资源保护开发 推动海洋经济高质量发展 [J]. 海洋经济，2021，11（5）：1 - 8.

[50] 胡存智. 生态文明建设的国土空间开发战略选择 [J]. 中国国土资源经济，2014，27（3）：4 - 7.

外文文献

[1] Ahern M, Craddock-Taylor R, Darsley A, et al. Natural capital：an actuarial perspective [J]. British Actuarial Journal, 2022, 27.

[2] Allan T. Virtual Water：Tackling the Threat to Our Planet's Most Precious Resource [M]. London：I. B. Tauris, 2011.

[3] Alrawashdeh R, Al-Tarawneh K. Sustainability of phosphate and Potash reserves in Jordan [J]. International Journal of Sustainable Economy, 2014, 6（1）：45 - 63.

[4] Arrow K J, Dasgupta P, Goulder L H, et al. Sustainability and the measurement of wealth [J]. Environment and Development Economics, 2012, 17（3）：317 - 353.

[5] Azmat G. Leveraging the community development approach to examine the natural capital effect on sustainable development goal 3 - target 2 [J]. Community Development, 2022, 53（5）：607 - 623.

[6] Barlow M. Blue Future: Protecting Water for People and the Planet Forever [M]. Toronto: House of Anansi Press, 2013.

[7] Bastien-Olvera1 B A, Moore F C. Climate impacts on natural capital: consequences for the social cost of carbon [J]. Annual Review of Resource Economics, 2022, 14: 515–532.

[8] Carsten H, Juha H, Katriina S, et al. The co-evolutionary approach to nature-based solutions: a conceptual framework [J]. Nature-Based Solutions, 2022, 2.

[9] Coase R. The problem of social cost [J]. Journal of Law and Economics, 1960 (3): 1–44.

[10] Costanza R, Daly H E. Natural capital and sustainable development [J]. Conservation Biology, 2010, 6 (1): 37–46.

[11] Costanza R, d'Arge R, de Groot R, et al. The value of the world's ecosystem services and natural capital [J]. Ecological Economics, 1998, 25 (1): 3–15.

[12] Costanza R, de Groot R, Sutton P, et al. Changes in the global value of ecosystem Services [J]. Global Environmental Change, 2014, 26: 152–158.

[13] Daly H E. Beyond Growth: The Economics of Sustainable Development [M]. Boston: Beacon Press, 1996.

[14] Daly H E. The steady-state economy: toward a political economy of biophysical equilibrium and moral growth [M]//Daly H E, Townsend K. Chapter 19 of Valuing the Earth, 2nd edition. Cambridge, MA: MIT Press, 1993.

[15] Daniels L T. The potential of nature-based solutions to reduce greenhouse gas emissions from US agriculture [J]. Socio-Ecological Practice Research, 2022, 4 (3): 1–15.

[16] Dasgupta P. The Economics of Biodiversity: The Dasgupta Review [M]. Hm Treasury, 2021.

[17] Derks J, Giessen L, Winkel G. COVID-19-induced visitor boom reveals the importance of forests as critical infrastructure [J]. Forest Policy and Economics, 2020, 118: 102253. https://doi.org/10.1016/j.forpol.2020.102253.

[18] Douglas I. The Driest Inhabited Continent on Earth—Also the World's Biggest Water Exporter! [N]. Fair Water Use Australia media release, 2011-06-07.

[19] Ekins P. The environmental sustainability of economic processes: a framework for analysis [Z]. 1992.

[20] Elisa C, Sergio C, McKenna D, et al. Building climate resilience through nature-based solutions in Europe: A review of enabling knowledge, finance and governance frameworks

[J]. Climate Risk Management, 2022, 37.

[21] Food and Agriculture Organization (FAO). Aquastat Database [EB/OL]. www.fao.org/nr/water/aquastat/main/index.stm and www.fao.org/nr/water/aquastat/tables/WorldData-Withdrawal_eng.pdf, 2016.

[22] Food and Agriculture Organization (FAO). FAOSTAT Agriculture Database, Accessed January 2020 [R/OL]. http://faostat3.fao.org, 2020.

[23] Food and Agriculture Organization (FAO). Global Forest Resources Assessment 2020, Key Findings [R]. Rome, Italy: FAO, 2020.

[24] Gallagher K S, et al. Assessing the policy gaps for achieving china's climate targets in the Paris Agreement [J]. Nature Communications, 2019, 10: 1256.

[25] Gray L C. Rent under the assumption of exhaustibility [J]. Quarterly Journal of Economics, 1914, 28: 466-489.

[26] Green Planet Monitor. Smart Solutions for a Developing World—Curitiba [EB/OL]. www.greenplanetmonitor.net/news/urban/curitiba-sustainable-city/, 2012-12-27.

[27] Hagedoorn L C, Koetse M J, Van Beukering P J H, et al. Reducing the finance gap for nature-based solutions with time contributions [J]. Ecosystem Services, 2021, 52: 101371.

[28] Hardin G. The population problem has no technical solution; it requires a fundamental extension in morality [J]. Science, 1968, 162 (3859): 1243-1248.

[29] Harris J M, Roach B. Environmental and Natural Resource Economics: A Contemporary Approach [M]. 4ed. Routledge, 2017.

[30] Hartwick J M. Intergenerational equity and the investing of rents from exhaustible resources [J]. Am. Econ. Rev, 1977, 67: 972-974.

[31] Hartwick J M. Natural resources, national accounting and economic depreciation [J]. Journal of Public Economics, 1993, 43: 291-304.

[32] Hartwick J M. Twenty years on environment and development economics [Z]. 2014, 19: 285-287.

[33] Hepburn C, Adlen E, Beddington J, et al. utilization and removal [J]. Nature, 2019, 575 (7781): 87-97.

[34] Hotelling H. The economics of exhaustible resources [J]. Journal of Political Economy, 1931, 39 (2): 137-175.

[35] Intergovernmental Panel on Climate Change (IPCC). Climate Change and Land: An IPCC Special Report [R/OL]. www.ipcc.ch/srccl/, 2019.

[36] Intergovernmental Panel on Climate Change (IPCC). Climate Change 2014 Synthesis Report [R/OL]. http://ipcc.ch/, 2014a.

[37] Intergovernmental Panel on Climate Change (IPCC). Climate Change 2014: Impacts, Adaptation and Vulnerability [R/OL]. http://ipcc.ch/, 2014b.

[38] Intergovernmental Panel on Climate Change (IPCC). Climate Change 2021: The Physical Science Basis [R/OL]. http://ipcc.ch/, 2021.

[39] Intergovernmental Panel on Climate Change (IPCC). Global Warming of 1.5℃. An IPCC Special Report [R/OL]. www.ipcc.ch/sr15/, 2018.

[40] International Energy Agency (IEA). Global Energy Review. IEA, Paris [R/OL]. https://www.iea.org/reports/global-energy-review-2020, 2020.

[41] Isabella G, Anna S, Elia L, et al. Characterisation of Franciacorta vineyard agroecosystem to support biodiversity and ecosystem services [J]. BIO Web of Conferences, 2022, 44.

[42] IUCN. New IUCN Report Helps Choose the Right Tools to Assess How Key Natural Areas Benefit People [N/OL]. IUCN News. www.iucn.org/news/world-heritage/201808/new-iucn-report-helps-choose-right-tools-assess-how-key-natural-areas-benefit-people, 2018.

[43] Iza A. Governance for Ecosystem-Based Adaptation [R]. IUCN Environmental Policy and Law Paper, 2021.

[44] Jackson, T, Victor P. The transition to a sustainable prosperity: A stock-flow-consistent ecological macroeconomic model for Canada [J]. Ecological Economics, 2020, 17: 106787.

[45] Jacobs M. Sustainable development, capital substitution and economic humility: a response to Beckerman [J]. Environmental Values, 1991, 4 (1): 57-68.

[46] Jarmila M, Stanislav K, Filip F, et al. Regional differentiations of the potential of cultural ecosystem services in relation to natural capital: a case study in selected regions of the Slovak Republic [J]. Land, 2022, 11 (2).

[47] Joan N, Olumana M D. Integrated approaches to nature-based solutions in Africa: insights from a bibliometric analysis [J]. Nature-Based Solutions, 2022, 2.

[48] Julie S, Roland L, Bülow I G, et al. Assessing the recreational value of small-scale nature-based solutions when planning urban flood adaptation [J]. Journal of Environmental Management, 2022, 320.

[49] Kallis G, Kostakis V, Lange S, et al. Research on degrowth [J]. Annual Review of Environment and Resources, 2018, 43: 291-316.

[50] Key I B, Smith A C, Turner B, et al. Biodiversity outcomes of nature-based solutions

for climate change adaptation: Characterising the evidence base [J]. Frontiers in Environmental Science, 2022, 10: 905767.

[51] Kumar B B, N, et al. Nature-based systems (NbS) for mitigation of stormwater and air pollution in urban areas: a review [J]. Resources, Conservation & Recycling, 2022, 186.

[52] Laco I. Assessment of the selected regulating ecosystem services using ecosystem services matrix in two model areas: Special Nature Reserve Obedska Bara (Serbia) and Protected Landscape Area Dunajske Luhy (Slovakia) [J]. Land, 2021, 10 (12).

[53] López T, et al. Land-use change influence ecosystem services in an agricultural landscape in Central America [J]. Agroforestry Systems, 2022, 96 (2): 281-292.

[54] Luke M, Stephen H. Approaches to accounting for our natural capital: applications across Ireland [J]. Biology and Environment: Proceedings of the Royal Irish Academy, 2022, 120B (2).

[55] Maes J, Jacobs S. Nature-based solutions for Europe's sustainable development [J]. Conservation letters, 2017, 10 (1): 121-124.

[56] Manon D, Baptiste L, Hugues C, et al. Assessment of ecosystem services and natural capital dynamics in agroecosystems [J]. Ecosystem Services, 2022, 54.

[57] Mauro C, Julen G, Ugarte R L, et al. Assessing impacts to biodiversity and ecosystems: understanding and exploiting synergies between Life Cycle Assessment and Natural Capital Accounting [J]. Procedia CIRP, 2022, 105.

[58] McGinty J C. Why the Government Puts a Dollar Value on Life [N]. Wall Street Journal, 2016-03-25.

[59] Miller S. The Dangers of Techno-Optimism [N/OL]. Berkeley Political Review. https://bpr.berkeley.edu/2017/11/16/the-dangers-of-techno-optimism/, 2017-11-16.

[60] NASA. 11 Trillion Gallons to Replenish California Drought Loss [EB/OL]. http://www.nasa.gov/press/2014/december/nasa-analysis-11-trillion-gallons-to-replenish-california-drought-losses, 2014.

[61] National Highway Traffic Safety Administration (NHTSA), U. S. Environmental Protection Agency (EPA). The Safer Affordable Fuel-Efficient (SAFE) Vehicles Rule for Model Year 2021-2026 Passenger Cars and Light Trucks [EB/OL]. Final Regulatory Impact Analysis. https://www.epa.gov/regulations-emissions-vehicles-and-engines/safer-affordable-fuel-efficient-safe-vehicles-proposed, 2020.

[62] Nelson D R, Bledsoe B P, Ferreira S, et al. Challenges to realizing the potential of

nature-based solutions [J]. Current Opinion in Environmental Sustainability, 2020, 45: 49 – 55.

[63] Neumayer E. Weak Versus Strong Sustainability-Exploring the Limits of Two Opposing Paradigms [M]. Edward Elgar, 2013.

[64] Newton P, Civita N, Frankel-Goldwater L, et al. What is regenerative agriculture? a review of scholar and practitioner definitions based on processes and outcomes [J]. Frontiers in Sustainable Food Systems, 2020, 4.

[65] OECD. Agricultural Policy Monitoring and Evaluation [R]. OECD Publishing, 2020.

[66] OECD. Biodiversity, Natural Capital and the Economy: A Policy Guide for Finance, Economic and Environment Ministers [R/OL]. OECD Environment Policy Papers, No. 26, https://doi.org/10.1787/1a1ae114-en, 2021.

[67] OECD. Environmental Outlook to 2050: The Consequences of Inaction, Key Findings on Water [R/OL]. www.oecd.org/env/indicators-modelling-outlooks/49844953.pdf, 2012.

[68] OECD. Managing Water for All: An OECD Perspective on Pricing and Financing [R/OL]. www.oecd-ilibrary.org/environment/managing-water-forall_97892640 59498-en, 2009.

[69] OECD. Policy Guidance for Investment in Clean Energy Infrastructure: Expanding Access to Clean Energy for Green Growth and Development [R]. OECD Publishing, 2015.

[70] O'Hogain S, McCarton L, O'Hogain S, et al. Nature-based solutions [J]. A Technology Portfolio of Nature Based Solutions: Innovations in Water Management, 2018: 1 – 9.

[71] Organic World. The World of Organic Agriculture [EB/OL]. www.organic-world.net/yearbook/yearbook-2020.html, 2020.

[72] Ostrom E. Governing the Commons: The Evolution of Institutions for Collective Action [M]. UK: Cambridge University Press, 2015.

[73] Oxfam. Confronting Carbon Inequality [N]. Oxfam Media Briefing, 2020.

[74] Patricia B, A K B, F A C, et al. Essential ecosystem service variables for monitoring progress towards sustainability [J]. Current Opinion in Environmental Sustainability, 2022, 54.

[75] Pearce D W, Atkinson G D. Capital theory and the measurement of sustainable development: an indicator of "weak" sustainability [J]. Ecological Economics, 1993, 8 (2): 103 – 108.

[76] Pearce D W, Barbier E B, Markandya A. Sustainable development: economics and environment in the Third World. [J]. American Journal of Agricultural Economics, 1990, 38 (4): 1294.

[77] Pearce D W, Turner R K. Economics of Natural Resources and the Environment [M]. Baltimore: Johns Hopkins University Press, 1990.

[78] Pengquan W, Runjie L, Dejun L, et al. Dynamic characteristics and responses of ecosystem services under land use/land cover change scenarios in the Huangshui River Basin, China [J]. Ecological Indicators, 2022, 144.

[79] Prip C. Nature based solutions for biodiversity, climate and people [J]. FNI Reports, 2022 (3).

[80] Rees S E, Matthew A, Andy C, et al. A marine natural capital asset and risk register: towards securing the benefits from marine systems and linked ecosystem services [J]. Journal of Applied Ecology, 2022, 59 (4): 1098 - 1109.

[81] Rehman A, et al. Sustainable agricultural practices for food security and ecosystem services [J]. Environmental science and pollution research international, 2022, 29 (56): 84076 - 84095.

[82] Repetto R, Magrath W, Wells M, et al. Wasting assets: natural resources in the national income accounts. [J]. Washington DC, 1989, 66 (261): 285 - 296.

[83] Ruta G, Hamilton K. The Capital Approach to Sustainability [M]. Cheltenham, UK and Northampton, MA, USA: Edward Elgar, 2007.

[84] Sato R, Kim Y. Hartwick's rule and economic conservation laws [J]. Journal of Economic Dynamics and Control, 2002, 26 (3): 437 - 449.

[85] Sergio S, Daniele P, Simone B, et al. Economic evaluation of Posidonia Oceanica Ecosystem Services along the Italian coast [J]. Sustainability, 2022, 14 (1).

[86] Shahryar S, Qi H, Bauke V D, et al. The nature-based solutions planning support system: a playground for site and solution prioritization [J]. Sustainable Cities and Society, 2022, 78.

[87] Silva D Q, Motta G D M G, Paulo P. Criteria for selecting areas to identify ecosystem services provided by geodiversity: a study on the coast of São Paulo, Brazil [J]. Resources, 2022, 11 (10).

[88] Solow, R. M. Intergenerational equity and exhaustible resources [J]. Rev. Econ. Stud, 1974, 41: 29 - 45.

[89] Solow R M. On the intertemporal allocation of natural resources [J]. Scandinavian Journal of Economics, 1986 (88): 141 - 149.

[90] Sowińska-Wierkosz B, García J. What are nature-based solutions (NBS)? setting

core ideas for concept clarification [J]. Nature-Based Solutions, 2022, 2: 100009.

[91] Spash C L. Economics, ethics, and long-term environmental damages [J]. Environmental Ethics, 1993, 15 (2): 117-132.

[92] Sue O, Danny O, Rachel L, et al. A natural capital accounting framework to communicate the environmental credentials of individual wool-producing businesses [J]. Sustainability Accounting, Management and Policy Journal, 2022, 13 (4).

[93] The importance of biodiversity risks: Biodiversity & Natural Capital Working Party (discussion) [J]. British Actuarial Journal, 2022, 27.

[94] The Trust for Public Land. Parks and the Pandemic [EB/OL]. https://www.tpl.org/parks-and-the-pandemic, 2020.

[95] United Nations Environment Programme. State of Finance for Nature. Time to act: Doubling investment by 2025 and eliminating nature-negative finance flows [EB/OL]. https://wedocs.unep.org/20.500.11822/41333.

[96] United Nations. Marking World Observance, Secretary-General calls for Upholding Right of Access to Water for All amid Climate Change Challenges [EB/OL]. http://www.un.org/press/en/2019/sgsm19503.doc.htm.

[97] United Nations. Sustainable Development Goals: "Goal 6: Ensure Availability and Sustainable Management of Water and Sanitation for All [EB/OL]. https://sdgs.un.org/goals/goal6, 2020.

[98] United States Geological Survey (USGS). Mineral Commodity Summaries [EB/OL]. Various years. https://www.usgs.gov/centers/national-minerals-information-center/mineral-commodity-summaries.

[99] UN Population Division. World Population Prospects [EB/OL]. https://population.un.org/wpp/Download/Standard/Population/, 2020.

[100] UN-Water. Water, Food and Energy. Facts and Figures [EB/OL]. www.unwater.org/water-facts/water-food-and-energy/, 2021.

[101] U.S. Census Bureau, Demographic Turning Points for the United States: Population Projections for 2020 to 2060 [EB/OL]. www.census.gov/library/publications/2020/demo/p25-1144.html, 2020.

[102] U.S. Environmental Protection Agency (EPA). Regulatory Impact Analysis of the Proposed Revisions to the National Ambient Air Quality Standards for Ground-Level Ozone [R]. EPA-452/P-14-006, 2014.

[103] U. S. Office of Management and Budget (OMB). Memorandum for the Heads of Departments and Agencies [EB/OL]. http://www.whitehouse.gov/sites/default/files/omb/memoranda/2016/m-16-05_0.pdf, 2019.

[104] Valentine S, Betheney W, Paul W, et al. Incorporating citizen science to advance the Natural Capital approach [J]. Ecosystem Services, 2022, 54.

[105] Ward J D, Sutton P C, Werner A D, et al. Is Decoupling GDP growth from environmental impact possible? [J]. PLOS One, 2016, 11 (10).

[106] Wenyi H, et al. Embedding nature-based solutions into the social cost of carbon [J]. Environment International, 2022, 167.

[107] World Bank. Off-Grid Solar Electricity is Key to Achieving Universal Electricity Access: The Lighting Global Story [EB/OL]. http://www.worldbank.org/en/results/2020/11/10/off-grid-solar-electricity-is-key-to-achieving-universal-electricity-access-the-lighting-global-story.

[108] World Economic Forum. Carbon Capture Can Help Us Win the Race Against Climate Change [EB/OL]. http://www.weforum.org/agenda/2020/12/carbon-capture-and-storage-can-help-us-beat-climate-change/.

[109] World Wide Fund for Nature (WWF). Better Production for a Living Planet [EB/OL]. Gland, Switzerland: WWF Market Transformation Initiative. https://www.worldwildlife.org/publications/better-production-for-a-living-planet, 2012-05-01.

[110] World Wide Fund for Nature (WWF). About Terai Arc landscape [EB/OL]. www.wwfindia.org/about_wwf/critical_regions/terai_arc_landscape/about_terai_arc_landscape/.